在日记中找寻历史

Discovering Republican History in Diaries

罗敏 主编

中国社会科学院近代史研究所民国史研究室 主办

第3辑

中华民国史研究

社会科学文献出版社
SOCIAL SCIENCES ACADEMIC PRESS (CHINA)

导　论

吕芳上

一

历史是一门需要举证的学问，坚实的论证靠的是史料，刘知几在《史通》中早就说史家须"征求异说，采撝群言"（《采撰》篇）。"若不窥别录，不讨异书，专治周孔之章句，直守迁、固之纪传，亦何能自致于此乎？"（《杂述》篇）也就是说采集材料，范围力求广泛。而另一方面更主张鉴别史料当求严格，否则"真伪不别，是非相乱"，材料多亦无用，因为有些材料如"郡国之记，谱牒之书，务欲矜其州里，夸其氏族"（《采撰》篇），有些材料如"敌国相仇，交兵结怨，载诸移檄，用可致诬"（《曲笔》篇），因此材料不能无批判地采用。广搜史料、鉴别史料，是自古迄今史学研究的不变原则。

清末民初，史学大家王国维即指出，新史料出土，会增加史学议题。当时多种史料的运用，的确一一改写或补充史学、史事的不足。毕竟时代在变，史学也跟着变化。书写工具、媒体的变化，在在改变时人对史料的观念，尤其近代回忆录、日记、口述史，乃至电子史料的推陈出新，更丰富了近代史学研究的内容。

二

"人事有代谢，往来成古今"（孟浩然），"江山代有才人出，各领风骚数百年"（赵翼）。无疑，人是历史的主体，人性是历史的内涵。了解活生生的"人"，才较能掌握历史的真相；愈是贴近"人性"的思考，才愈能体会历史的本质。近代历史的特色之一是资料宏富而驳杂，由当事人主导、制作而形成的资料，以回忆录、口述访问及日记最为重要，其中日记的完成最即时，描述比较能显现内在的幽微，最受史家的重视。

　　宋代以后，中国读书人开始有写日记的习惯，到近代更是蔚然成风。说利用日记史料是近代史学研究的一大特色，并不为过。本来不同的史料，各有特质，日记记述形式不一，有的像流水账，有的生动引人。日记的主要特质是自我（self）与私密（privacy），史家是史事的"局外人"，不只注意史实的追寻，更有兴趣了解历史如何被体验和讲述，这时对"局内人"所思所行的掌握和体会，日记便是十分重要的材料。倾听历史的声音，重要的是能听到"原音"，日记大约非"变音"。1970 年代后现代理论影响下，检验史料的潜在偏见成为时尚。论者以为即使亲笔日记、函札，亦不必全属真实。实者，日记记录可能有偏差，一来自时代与社会的制约，有清一代文网太密，使读书人有口难言，或心中自我约束太过。颜李学派李塨死前日记每月后书写"小心翼翼，俱以终始"八字，心所谓为危，这样的日记记录，难畅所欲言，可以想见。二来自人性的弱点，除了"记主"可能自我"美化拔高"之外，出于主观、偏私、急功好利、现实等，有意无心的记述或失实，或回避，例如《胡适日记》于关键时刻，不无避实就虚、语焉不详之处；《阎锡山日记》满口仁义道德，使用价值几近于零，难免令人失望。三来自旁人的剪裁、"消音"，如《陈诚日记》《胡宗南日记》，均不免有"夫人杀手"的斧凿痕迹，不论立意多么良善，都是史学研究上难以弥补的损失。史料之于历史研究，一如"尽信书不如无书"的话语，对证、勘比是基本功。或谓使用材料多方查证，有如老吏断狱、法官断案，取证求其多，追根究底求其细，庶几还原案貌，以证据下法理脚注，尽力让历史真相水落可石出。是故不同史料对同一史事，记述会有异同，同者互证，异者互勘，于是能逼近史实。而勘比、互证之中，以日记比证日记，或以他人日记，证人物所思所行，不失为一良法。

　　蒋介石是民国史上的"大人物"，他在大陆政坛上活跃了二十六年，也主宰了台湾政治二十三年。要认识这个"人"，细读他的日记，可见其七情六欲、内心世界的活动，常常不见诸尺牍、官文书、档案中的民国历史，也能在日记挖掘中，有所斩获。2006年蒋介石日记（简称《蒋日记》）公开以来，虽未必能"改写民国史"或"颠覆民国史"，但对蒋介石历史地位的重估，补充民国史研究的空阙，是事实。学界所关心的是《蒋日记》的出现，是否对民国史有不同的诠释观点？对民国人物看法是有所增益，抑是有些过火了？杨奎松和林桶法教授的文章是日记开放十多年来研究状况的综合观察和反省。值得学界注意的有二：一是承认《蒋日记》的开放，的确有助于民国史及蒋介石个人研究的深入，成果亦堪称丰硕，但中外学者数百篇的论文，予人不无支离破碎，甚至鸡零狗碎之感，一本好的、具学术性的完整的"人"的《蒋传》仍需期待；二是《蒋日记》开放之后，在大陆对学界的冲击大于对社会的影响，对于社会"民国热"的影响力，物质收益又大于知识效应。在台湾，55册450万字的《蒋日记》公开，引发研究热潮，是意料中的事。综合诸家论文，不认为能颠覆过去学界对民国史的认识，反而随着民主化，日记内容的确有助于蒋介石个人的"凡人化"，学界为蒋介石能走下神龛而庆幸，政界则部分形成过火的"去蒋化"，不无走火入魔之憾。毕竟"民国"的价值，蒋介石个人的历史定位，均不该由政治（官方）来定义。视蒋介石为"凡人"，又能够干出不平凡事业的客观学术评价，应是人人期待的。

　　罗敏教授主编的《在日记中找寻历史》这本书，除了上述的两位学者做俯瞰式综合讨论，另有四位学者利用《蒋日记》深化讨论历史之外，还有九位教授分别从政要、军人、文人的日记及文献中讨论民国史，他们发挥自文献证史、以日记比日记勘史的功力，深化了民国史与蒋介石个人历史的研究。蒋介石由一介平民透过军界，走入政界，他一生八十九岁（1887~1975），深具东方与西方、传统与现代、军人与文人之间徘徊的色彩，他曾希望当贤人、做圣者，毕竟做"凡人"最能长存。在那样一个过渡转型的时代，超凡入圣，非幸运也。现代的史学家对历史人物，多半希望以"凡人"相待，可以看到他的弱点，也可看到他的强项，不论就《蒋日记》的解读，或他人日记的对应与观照，这九篇文章大约可分为四类讨论：其一，蒋介石的政治生涯中的军事处境；其二，蒋介石打天下、争天下过程中的政治、军事斗争；其三，蒋介石与政敌、部属的互动；其四，从巡礼台湾到据守台湾。

<h1 style="text-align:center">三</h1>

王良卿的《从"空命"到"总裁"：蒋介石日记中的党务记事及其心境自剖（1926～1938）》从《蒋日记》入手，叙述蒋介石 1920 年代由军事强人崛起，处于党治形势理想下的两难。一党训政本学俄式体制，在党权、军权拉锯，在文场与武场的权力争持、东征西讨中，对党内老者若迎还拒、对自己新人脉的培成，终在 1938 年党的临全会中，成为名至实归的领袖。作者自《蒋日记》中拉出权力"定于一"的线索，文字运用、网络联结，俱见巧思。《蒋日记》中很常见的起家慨叹是"无组织、无干部、无情报"，过去较少研究讨论的是蒋介石如何"搞情报"，1976 年台北"国防部军情局"曾出版《中美合作所志》，情报史料研究，较新的是吴淑凤等参与编纂的《不可忽视的战场：抗战时期的军统局》（2012）及《戴笠先生与抗战史料汇编》（2011）五种，为研究蒋介石营建情报事，打开了一扇窗子。吴淑凤说《蒋日记》记载戴笠的不多，她文中指出很重要的一点是：日记所没记载或少记载的历史并不表示便没有发生。吴文分析军统局策划下的暗杀，包括 1938 年汪精卫出走人员的行动，1940 年军统局与日本"桐工作"的周旋，均由其他档案中抽丝剥茧，理出被掩盖的一页历史，很具启发性。要认识蒋介石的个性，最好是视察他在危难中的表现。刘维开说 1948 年是蒋介石政治生涯中"领导威信崩坏的一年"，因为第二年便遭到失掉大陆的惨痛与耻辱。1948 年这一年，实际上蒋已自觉，于公"中华民国"朽木难支大厦，于私个人受派系挟持，不只处于无法独裁而且威信丧尽，甚至已到军队倒戈、官僚违命、令出难行的窘状了。但刘维开交互利用熊式辉的日记（书名《海桑集》，哥伦比亚大学珍藏熊日记改编本）、《陈克文日记》、《陈布雷从政日记稿样》，生动

地理出蒋介石这时候表现出的刚强个性，而这或许是他事业失败的陷阱，也可能是他败而能复起的关键所在。在 1942 ~ 1943 年的国共关系中，金以林又指出蒋的另一相反的性格。这两年间国际局势自太平洋战争爆发后有明显的变化，中国加入同盟国阵营、废除不平等条约、开罗会议召开，蒋均亲与其事，声望大增，但作为共产党领导人的毛泽东，不只关注国际形势的变化，且最大限度地利用了这一变化，长时间看，国共斗争胜败因素潜藏其中。金文利用《蒋日记》，利用《毛泽东选集》，精要地分析指出，蒋介石多方且过度依赖美英态度的转变、过分企求苏日开战以解决中共问题，这与毛泽东强调独立自主、摆脱共产国际与苏联的影响，且敏锐调整军略以因应时局大大不同。同时金文认为蒋在处理国共关系上的决断和战术布置，僵硬保守又犹豫不决，主动变被动，蒋、毛相较劲，胜负已见真章。可见利用日记与文件做多方对比，可以为历史做出不同的解释和判断。

本书多篇文字涉及战时及战后国共的军事角逐，汪朝光有关 1946 ~ 1947 年山东战场的讨论，多靠日记的发掘补足，亦见其利用日记的功力。汪文认为内战爆发之初，山东国共势力相比，共强国弱下，双方均欲以大兵团置重兵对抗。在莱芜及孟良崮战役中，国方强调重点、集合并进，共方则以运动战、歼灭战相应；在战场指导上，国方的"遥制"、指挥层次重叠，形成负担，这亦与共方前线的灵活能动性成对比，胜败已可想见。汪文又以《蒋日记》、何成濬战时日记、郭汝瑰日记、马励五日记、王叔铭日记、丁治磐日记交互比对，提出诸多有见地的观点，并提出日记利用的心得：日记类史料不可怀疑，但其主观及夸大有利于己的事，显然不可避免，使用者总宜谨慎使用。

在国民革命军的建军史上，在蒋介石身边有两个不可忽视的人物，一位是来自保定的陈诚，一位是黄埔一期的胡宗南。近年在台湾分别出版了陈、胡二人的日记或回忆录。陈是蒋的爱将，胡是天子门生，身份不同，但蒋对两人信赖有加。本书收录二文，苏圣雄写甲申年（1944）的蒋陈关系，陈佑慎讨论抗战时期带领第一军的胡宗南的表现。或谓陈诚是蒋阵营中的"改革派"，承认蒋领导全民抗日有殊功，但对于蒋用人也颇有意见，在蒋面前敢说能做，具见识，尤其勇于犯颜直谏。他左批孔（祥熙）、何（应钦），右讥蒋（鼎文）、汤（恩伯），直剖豫中会战失利十因，针针见血。《蒋日记》中自谓性格强悍，每在重围中靠攻坚制强、蹈瑕抵隙以自救，但每能危疑间听取陈诚意见以解危，"君臣"相契如此，民国史上并不多见。胡宗南在抗战时带领蒋的"手创第一军"，受托重任，不能不战兢从事。陈诚说胡忠贞负责又不与政客官僚同流合污，赞为人品"上选"。胡及所部自始即有"嫡系"负担，每有失败，舆论交相指摘，蒋胡日记可以互证，胡日记亦往往坦承过失。不过，陈文也指出胡部第一军号称"模范部队"，仍有许多"敷衍作风"。1944 年豫湘桂战役之后，国民党军队弱点暴露无遗，蒋斥老干部无用，责胡及干部狭窄、呆板、缺乏自创能力。其实蒋、胡都应检讨。或谓他们都缺带大兵团作战经验，是否问题所在，由双方日记及战史资料或可验证。1949 年蒋在大陆战败，退守台湾蕞尔小岛之际，曾率几十万大军的胡更受命屈居小小大陈岛指挥官而不以为忤，忠贞相从，恐不只是师生情谊所能解释。

此外，本书收录了利用国民政府文职人员如陈克文、王世杰、傅秉常、竺可桢、雷震及台湾林献堂等人与蒋"对话"日记的相关论文，看出不同领域、时间和地区的故事，很足以补充民国史的某些空隙。竺可桢，1936 年出掌浙江大学，长时间里，竺被视为较接近左派的教育家，皮国立透过 1930～1940 年代竺可桢日记，看出他这时期办大学教育的态度，也看到他 1949 年政治态度转向的原因和过程。简单说，竺是以地理学家、气象学家出任大学校长，地域影响下，他有东南保守主义气质，党派意识不浓，当时他对国共两党并无特别依违。他并不赞成青年学生搞学运、过早碰政治，支持蒋介石领导抗日，对政风败坏则不无微词。1949 年前后，他的政治态度变化与时局的不乐观息息相关，陈布雷的死，有可能是他政治认同转变的关键。可见挖掘内心深处变化，日记是重要材料。同样的例子是台湾耆绅林献堂，林是台中雾峰望族，是日本殖民统治台湾时代台人非暴力抗日代表人物，长时期致力自治运动，有"台湾议会之父"的称号。林的《灌园日记》起于 1927 年，止于 1955 年，跨越日据及国民党时代，凡 29 年。高纯淑根据这套日记，讨论这位名绅如何适应战后变局。1945年台湾光复之初，林担任台湾民间与中央政府沟通桥梁，1946年参加"台湾光复致敬团"，由沪历京、陕，在南京曾见到蒋。同一年10月，蒋飞台视察，也见过林，不过互动似并不热络。二二八事件后，林获任省府委员及省通志馆长，并未受足够的重视。1949年政局动荡，8月23日林最后一次见到蒋，随即飞日不返台，直到1956年客死异乡。《灌园日记》对个人行止有交代，但未多做诠释，但从日记字里行间，仍可揣摩其心境。从日本殖民统治时期到战后他的政治态度，可能与推动台湾自治自期有关，战后国民党在台的土地改革，列属地主的他，不免受波及。加上政局纷扰，影响社会，二二八事件，台湾士绅创痛尤深。1955年，他日记中指台湾为危邦、乱邦，"岂可入居！"战后台湾政权易手之际，台民对"祖国"生疏，国民党对台陌生，台籍知识分子心生不满，《灌园日记》中，实有迹可循。

1940年代中期到1950年代，是国民党自由派知识分子雷震有较近距接触与观察蒋介石的时期，1950年代中期之后，雷由忠诚党员变成党的"叛徒"，终致1960年因《自由中国》案及组党案身系囹圄。任育德拿《蒋日记》与雷震日记交叉比对，形成的论述很能深化对五六十年代台湾的理解。这篇文章有三个提点值得注意：其一，除了《蒋日记》《雷震日记》之外，还运用了时人《王世杰日记》《阮毅成制宪日记》《陈布雷从政日记稿样》《黄炎培日记摘录》《余家菊日记手稿》《胡适日记》《张群日记》《徐永昌日记》《郭量宇日记残稿》等，多方比对，信实可靠。其二，雷日记虽属私人记录，但呈现的是群体历史——1949年聚台的中国自由主义者身影，包括胡适及《自由中国》派知识分子的活动。其三，大局的变动，有些知识分子会衍生自己对时局的不同主张，一变过去的政治作风。雷震在大陆时期为蒋的拥护者，1940年代中期，参与战后党派协商及制宪工作，甚至被视为蒋的扈从。随后主张"民主先行"，50年代初主张以"自由民主"对抗"革命民主"，乃与蒋渐行渐远，终致分道扬镳。雷日记中看到雷对蒋肯定、信赖、反对、被捕的过程，自始至终，雷都表现出"老国民党人"的姿态，日记也能呈显读书人的某种风骨。

使用日记作研究的方法之一是以主题驾驭资料。王文隆用王世杰和傅秉常日记处理战后中苏交涉，即为一例。二战结束前后，属政学系的王世杰担任国民政府外交部长，傅秉常任驻苏大使。王在重庆与蒋接触机会多，其日记中不乏外交事务建言，例如盛世才撤换案、外蒙独立公投案、中苏友好同盟条约缔定案，均见王的参与；而傅属外交官僚，又远在莫斯科，涉苏事务熟稔但多照章行事，因个性急躁，偶亦有越权教蒋不悦者，例如签署四国宣言事。在译自英文手稿的傅日记中，任内有关雅尔塔密约及中苏友好同盟条约，均付诸阙如，大约有意规避历史责难。由此亦可见日记所不记载的事，不必就没有这段历史。使用日记者尤需懂得这种陷阱。

　　政府是国家机器，中央政府主政者，权力笼罩面广，中下级官僚系统权力有限，影响层面相对缩小，《蒋日记》所以重要在此。但中下级人物的日记，仍值得珍视，因为螺丝钉的作用，在机具运作的起承转合，在大局的细致观察中，有时很具洞见，不可小觑。近年出版属此类型又引人注目的日记，至少有两种：一是国民党中央监察委员会秘书长王子壮日记，一是黄克武、赵席夐论文指涉的陈克文日记。陈克文属国民党内的汪（精卫）派，1935 年即任职行政院，1938 年因不赞成汪的"和平运动"，并未随汪出走。汪派人物如何看蒋呢？陈的体会是蒋重细节、事必躬亲，但也愿接纳新事物，甘乃光等新官僚推行革新措施，他乐于付诸实行。不过，也有弄巧成拙的，如《中国之命运》一书兴冲冲地出版，结果反应不佳，很出意料。在陈的观察，战后急于行宪，选举副总统导致党的分裂，显示蒋个人操切、专断，后果往往难予弥补。陈是汪派人，知汪也知蒋，因此日记中诸多记事和论断，为汪的出走组伪政府、为 1949 年蒋败走台湾，做了许多不错的历史注解。

四

　　这本论文集是 2014 年底，台北政治大学历史系与中国社会科学院近代史研究所合办的有关蒋介石日记"金门讨论会"的产品。这是以《蒋日记》与民国史研究为主题系列的第四次会议，会议的初衷是想换个角度，用别人的日记来印证《蒋日记》，并进一步观察蒋在民国史上的地位。讨论的初步结果，据个人观察，大约可归纳成下列四点：第一，从一般日记的书写和内容看，尽管详略不一，不外有五种类型——备忘型、告解型、垂范型、警世型、资料型，各有千秋亦各有侧重。很多人的日记兼有各型功能，《蒋日记》因蒋位高权重，时间长，涉及面广，不能不说是研究民国史不可或缺的史料。围绕在蒋身边的文武职人员日记，与《蒋日记》比对，不失有印证史事的作用。日记的形成，各有习惯、特色，而最令人好奇的是《沈錡日记》，或是还在连载中的《阮毅成日记》，卷帙、篇幅浩繁，是如何形成的？第二，历史的主体是"人"，历史的精髓是"人性"，掌握人性的基本资料来自日记。阅读长时段的《蒋日记》，予人印象，蒋外有顽劣、暴躁、乖戾之气，内有褊狭、猜忌、刚愎、喜怒无常、难予容人之讥。但他一往无前、百折不挠之志，难有其匹。他又惯于清修自守、省克自躬、好读书思考，可能是他成功之道。近代史学的心态史、情感史研究，日记无疑提供了绝佳材料。一如李玉刚《对〈蒋日记〉观察片论》所言，"作为一党之党魁与一国之元首的蒋，即使对爱妻如宋美龄，近亲如孔、宋，昔日的拜把兄弟如黄郛、张群，宠臣如陈布雷、贺衷寒，宠将如陈诚、胡宗南、杜聿明、汤恩伯，打手如戴笠、杨虎，等等，怕也不能尽诉自己所思所想之一切"。对史家而言，日记绝对不是治史的"武功秘籍"或"万灵丹"，靠不同文献史料的佐证补足，才是让日记"活"起来的不二法门。第三，各种日记当然提供了许多历史知识的讯息，受后现代理论的影响，当今史家显然不只对事实（fact）有兴趣，更多关注的是事件发生的过程是如何被体验（experience），而这些体验（经验）又如何被讲述和记录下来的。这是史学研究文本形成过程的讨论，涉及不论"大人物"或"小人物"日记的真伪（有意无心）、可信性（夸大隐瞒），及如何解读、使用的问题。第四，个人日记常牵涉到他人、外在事务，所谓"我中有你、你中有我"，故利用日记做个人、局部、地域研究外，更应利用不同资料的辅助，试图解答时代的一些大问题。《蒋日记》就牵涉到传统与现代问题（如连横合纵的结盟、明来暗去的党派斗争、曲折坎坷的宪政发展），中国与西方关系（外国顾问的聘雇、外来势力的干涉、政制模式的移植）、中央与地方离合（桂李、新盛、晋阎、奉张、滇龙、宁马）乃至国共、蒋毛关系（日记中记蒋读毛著，直到 50 年代仍然），此等议题仍大有展开空间。

基于此，《蒋日记》开放（2006）迄今已十数年，中外及海峡两岸诸家相关论作不下五百篇，成果可谓丰硕。如今，蒋已过世接近半世纪，有关蒋氏的私乘、公档几全公开，对这位有幸及早走下神龛，走入凡间，干了不平凡事业的"凡人"，社会各界期待要有一本较为完整、翔实、客观的学术"全传"，应该不算是奢求了。

目　录
C O N T E N T S

蒋介石笔下的历史

从 "空命" 到 "总裁"

——蒋介石日记中的党务记事及其心境自剖（1926～1938）

王良卿[*]

内容提要 从中山舰事件到北伐完成后，军人蒋介石的权力"跨界"（transboundary）越来越广，也越来越深，但在"南京十年"的绝大部分时间里，他的国民党党务职衔只能落在委员合议的班列之中，其权力行使一直存在"名实未副"的困境。本文运用蒋介石日记为主的一手材料，探讨蒋介石积极过问党内事务后，支配能力日升，然苦于名实未洽而缠磨有年，直到抗日战争初期方能成为制度上的全党唯一最高领袖，终而名实勘合的一页过程。其中，根据主要材料的特质，特别着重蒋追寻党内统治合法性之时的心境自剖，及其与结构、局势的互动。本文认为，蒋介石在追寻党务支配合法性的过程中所一再流露的焦虑感，及其反衬、连动的结构与局势因素，恐怕正是我们理解当事者一切人为冲决或是待时而动等行为逻辑时，值得重新审视的关键。

关键词 蒋介石 国民党 南京十年 领导制度 日记

一 前言

国民党自孙中山逝世后，其党政体制呈现委员合议的形式化格局，但实际上依各时期形势发展，仍有个别领袖人物突出、居于领导重心的表

---

* 台湾暨南国际大学历史学系副教授。

现，例如汪精卫在后孙时期的广州、武汉阶段，就扮演了这样的一个角色。及至"清党"以后的南京，逐渐成为蒋介石大致笼罩的局面，其自承"大小各事皆须亲理"，① 党内异议阵营则指控他遂行"个人独裁"，话语虽然各具立场，总能说明蒋居于笼罩之实的梗概。

值得注意的是，在党务领域，纵使蒋介石取得优势的支配与笼罩能力，然在"南京十年"的绝大部分时间，他的党部职衔只能落在委员合议的班列之中，其权力行使一直存在"名实未副"的困境，始终怀有不同于政务领域的焦虑（尽管政务领域同样呈现了以蒋为中心的"权随人转"而未必名实相副的实质特征）。② 我们看到，直到北伐底定后三年，蒋还认为国民党只算是得到政权之"空命"而已，犹须致力于培养革命基础，方能有济。③ 这里所说的"空命"，显然是指国民党虽有统治之实，然"合法性"（legitimacy）④ 仍有不足，而应设法填实之警觉。引而申之，蒋"皆须亲理"诸事之余，犹自认"年轻资浅之身""威信不足"，以致"人人来侮"，"非自强岂能成业"云云，恐怕一样具有"空命"的自况、自惕的意味。⑤

本文运用蒋介石日记为主的一手材料，探讨蒋介石自 1926 年积极过问党内事务后，支配能力日升，然苦于名实未洽而缠磨有年，直到 1938 年成为全党唯一最高领袖，终而名实勘合的一页过程。其中，根据主要材料的特质，特别着重蒋追寻党内统治合法性之时的心境自剖，及其与结构、局势的互动。一般而言，学界习惯从权力斗争的角度，考察蒋介石迈向人身最高统治的进程。这种研究角度能够建立某些符合线性史实的基本

---

① 《蒋介石日记》，1930 年 12 月 2 日，美国斯坦福大学胡佛研究所藏。

② 在"南京十年"的大多数时候，蒋的党务基本职衔是中央执行委员（虽然从第三届中执会时期开始均排名第一，但在形式地位上，和其他中委并无上下之分）。其间，两度受推为中央政治会议主席，然任期均短。

③ 《蒋介石日记》，1931 年 5 月 20 日。

④ 这里的"合法性"，自非"合法的"（legitimate）之谓，更非"力"的震慑所能轻易证成。它指涉的是统治权力能否获得被治者的认可与服从，往往要透过个人赞同、集体价值规范、法律规则等多重面向，取得协调性的认知与行动，才能得到较好证明。参见让 - 马克·夸克（Jean-Marc Coicaud）《合法性与政治》，佟心平、王远飞译，中央编译出版社，2002，中译本序文，以及原著引言、第一章。

⑤ 《蒋介石日记》，1928 年 6 月 25 日、1928 年 7 月 28 日、1930 年 1 月 8 日。

轮廓，满足读者的基本认识，但也可能流于蒋不二领袖身份之形成只是"以力服人"所致的解释。其实，如果我们能另行补充一个实权者设法追寻党内支配合法性的角度，当能体会到蒋在通往国民党不二领袖地位的道路上，仍须同时面对另一种艰难形式的挑战，亦即如何超克某些横梗在其统治合法性前的障碍因素，取得被治者的认可与服从，俾自党务支配的"名实未副"当中脱困。从这个角度进行再省视，我们也才有机会更能完整理解这位民国上层人物作为一个权力征服者背后依然倍感焦虑的幽微情结，及其名实有别的权力施作在国民党内所可能伴生的制度、人事动态的变化，以及拥蒋阵营在中国全面抗战之前一再鼓吹再造党魁的行为逻辑。

二 "亲理"诸事的"空命"心理

"清党"以后"南京十年"的国民党政治，实际上是蒋介石笼罩的局面。不过蒋在党务领域的支配一直存在名实未能相副的焦虑，即其所谓的"空命"状态，恰正说明这位党事支配者的权力行使，常带有合法性不足的警觉。其原因，部分来自其军权之擅场终究亏负于党治之理想，部分则来自委员合议形式下之党内元老的环伺与羁绊。

（一）誓言今后断不至有"新军阀"产生

蒋介石的"空命"认知，首先是因为其军事强人身份处在党治形式理想下的尴尬。换言之，军权愈为之擅场，终究愈亏于党治旨趣之发扬。

在1920年代前期广州的国民党人事系谱中，蒋介石原本是以一介军人的身份，建立起一己的安身立命与影响力。国民党改组后，他和许多同志都必须在此"革命之再起"的崭新政治宏业的理想形式及动态实践当中，拿自己本业的起家身份，重新学习和这个（新）党之间的对应关系。特别是国民党重新省视了既往"军人持权，党员无力，故党之主张无力"、党"为兵所制"的斑斑泪史，又自俄共方面挪借了"以党领军"的观念与方法，在这当中，蒋介石等高级军人的肆应心理为何，颇堪吾人探究。

改组措施正式启动之前，蒋介石率团访问苏联，对红军"必由其党首负责躬先"的特点已具认识。① 其后担任黄埔军校校长，对于国民党在国民革命事业中的制高地位不吝反复致意，强调党是军队的灵魂，指军队党代表制是"救济中国现在军队惟一的制度"，其话语之清晰无碍，似能深谙国民党改组精神以党作为无上权威的新颖底蕴。② 但另一方面，这位军事要人的认知一旦落实到操作层面，则又往往未必略无泥滞。例如1925 年 1 月，黄埔军校教导第一团各级党代表在东征首途之前，必欲确定该一职位的权责范围，甚至决议"赴省要求廖校党代表"晓示见解，然蒋介石"令其回校痛斥，辩论是非"，事后纠纷犹未缓解，"心又不乐也"。③ 4 月，党的中执会例会通过廖仲恺提议，以教导团一、二两团成立党军第一旅，仍归校长蒋介石节制调遣，其后中央任命廖担任党军之党代表，④ 但蒋在日记直指廖的举动系"有意防范，撤我之权。我但望其自不叛党，而不配防范介石也"。⑤ 尽管这当中涉及跨党党员的人事、意识隔膜，但多少仍显示蒋和此一列宁式政党性质的监军模式仍在磨合之中。

1926 年 3 月的中山舰事件，恐怕是首次且全面地将蒋介石这位军事强人直接推送到过问党事的最前列。5 月，国民党举行二届二中全会，通过整理党务诸案。这场会议攸关国共合作关系走向，以及蒋此后的权力鹊起，唯其虽然居于主导会议、提案的关键角色，但仍全力避免留给人们"以军问党""武主文从"的浮想。22 日，全会闭幕，蒋介石解释议案并致辞，即特别补充声明：本次请求召集全会，"完全是以党员的资格来建议的，决不是以军人的资格要来解决党内的纠纷"，"外面或许有人不明白，以为此次提出整理党务案的是一个有实力的军人，如果这样想，就完

---

① 《近代中国制度的移植与异化——以一九二〇年代国民革命军政工制度为例的讨论》，吕芳上：《民国史论》上册，台北，台湾商务印书馆，2013，第 42 ~ 43 页。
② 蒋中正：《带兵办事与用人的要诀》（1924 年 12 月 16 日），秦孝仪主编《先总统蒋公思想言论总集》第 10 卷，台北，中国国民党中央委员会党史委员会，1984，第 144 页。
③ 《蒋介石日记》，1925 年 1 月 20 日、22 日。
④ 第七十三次会议（1925 年 4 月 6 日），《第一届中央执行委员会会议纪录》，《会议纪录》，台北中国国民党文化传播委员会党史馆藏，档案号：会 1.3/19。
⑤ 《蒋介石日记》，1925 年 5 月 10 日。

全错了"。① 当天日记又表示自己是"以党员资格整理党务,而非以军人干涉党事也"。②

这年夏天,经由二中全会的人事安排以及配合北伐军事动员所祭出的各项措施,蒋介石的权力迅速膨胀,横跨党政军领域,也呈现了集中化的倾向。很快的,西方媒体评论这位政治新星"表现出一个征服者统领一切的气势"。③ 但在国民党内治丝益棼的政治动态下,蒋的权力猛晋与集中化,显然并未获得全体同志的一致认同。特别在左派与跨党分子阵营,一开始就用了相左的口吻,先是暗讽他"有点仗着那两根枪的样子","我们觉得总不大妥","于党的原则上总不大对",④ 继而直接指控"此势力之锋""现不可当"⑤ 的人物正在遂行"个人军事独裁",爰是揭橥"提高党权"口号以压抑之,从而形成蒋的莫大苦恼,只能不惮其烦地提醒,自己的身份还原到最后,其实就是一位忠实"党员"而已。例如1927年2月,武汉方面的排蒋风潮趋于炽烈,蒋介石悲叹"党国其亡",唯亦自辩:"防制独裁制我甚赞成,但CP跨党使真正党员对党不能信仰,何余欲及时摆脱而又不得,苦甚。"⑥ 及至南京方面与共产党决裂,"拥蒋"口号声炽,几乎与"清党"并辔,蒋虽认为"领袖是事实上不可废的",却也不忘表示"拥护党"才是国民革命的第一义,"大家有推爱到中正的地方,也只是因为中正,是忠实的党员之一,尽力为主义去奋斗,这是中正个人的责任和本分"。⑦

---

① 中国第二历史档案馆编《蒋介石年谱(1887~1926)》,九州出版社,2012,第521页。

② 《蒋介石日记》,1926年5月22日。

③ 王良卿:《美国报刊里的"Chiang Kai-shek"——对于 *Time*,*Life* 与 *The New York Times* 的基本调查》,黄克武主编《海外蒋中正典藏资料研析》,台北,中正纪念堂管理处,2013,第110页。

④ 《上大总务韩觉民报告广东政局》(1926年6月15日),陈红民辑注《胡汉民未刊往来函电稿》第1册,广西师范大学出版社,2005,第476页。

⑤ "现不可当",徐谦语,见《中国国民党中央各省联席会议第二次会议录》(1926年10月16日),《会议纪录》,台北中国国民党文化传播委员会党史馆藏,档案号:会2.0/4.3。

⑥ 《蒋介石日记》,1927年2月17日、18日。

⑦ 蒋中正:《拥护党与拥护个人之区别》,郎醒石编《革命与反革命》,民智书局,1928,第357~358页。

　　国民党改组后，对外曾揭言反对"专制余孽之军阀"，其澄清国内武人政治之壮怀激烈显而易见，而实际上，军人割据的传统仍非一时乃至北伐所能彻底克服；[1] 对内则透过"党指挥枪"的崭新治术，力图建立某种"文主武从"的党治逻辑，然而在实务表现上，文武孰主孰从，时人多有不同想象。据此，蒋介石在党内的迅速崛起，乃至成为西方观察家眼中的"征服者"，其最需面对的，恐怕正是某些国人直接视武人政治为国族退化表征的心理，以及若干党人所谓"军权压倒党权"的深切疑虑。1928年7月，时值国民革命军开入北京阅月，蒋介石前往北京大学演讲二日。这位国民革命军总司令在这所引领国内近代思潮的高等学府，既谈到废除不平等条约与统一思想之必要，也坦陈自己的军人身份或将引起大家对于国家前途的疑虑云云。谈次，充分反映了他是如何受到外界以军权秉政为退化、为霸府等情绪意识的缠磨而思以自清的幽微心理，正表示了其明白后北洋军阀时期再以军权治国的合法性不足。他说：

　　　　我是军人，或许引起各位两种感想：一种是说蒋介石现在将要成为一个新军阀；一种是说蒋介石将要创造一个新军国主义。这是错误的！不仅我个人可以明白立誓，确切自信；即以进化史上讲，我中华民族亦断不至有新军国主义和新军阀产生！否则必是天亡中华！[2]

　　这时在国民党内，左派与跨党分子前曾抨击"军权"独擅的言论并未随着"清党"、北伐完成而真正告终，某种角度而言，党内各路的反蒋势力承继了这些声音，并揭橥"护党救国"口号（这与南京方面执行"清党"反共时的口号同出一辙），衍为历次的武装反蒋运动。尽管蒋介石总是将自己化约为一位服膺主义和党的忠实党员，进行自我身份的再标识，并采取积极的自我辩护态度，但效果仍然有限。其实，就蒋的私密心

---

① 《中国国民党第一次全国代表大会宣言》（1924年1月31日），萧继宗主编《中国国民党宣言集》，台北，中国国民党中央委员会党史委员会，1976，第89页。

② 《蒋介石日记》，1928年7月17～18日；《困勉记》，1928年7月18日系事，《蒋中正总统文物》，台北"国史馆"藏，典藏号：002－060200－00002－003。

理而言，常以军人身份自傲于其他文人，然其尽管 "自缘身在最高层"，但对于自己以军事起家的身份治党，恐仍欠缺 "不畏浮云遮望眼" 的信心。1929 年岁杪，蒋面对改组派和实力派军人的异动，认为蒙受 "穷兵黩 [黩] 武、把持党权、野心专横" 之诟，一度寻念 "自矢辞职，以为军人模范"，否则自忖 "谣诼终不能息"。① 辞职之说，证诸当时史实，并未成真，不过蒋的感慨系之，恐怕也正显示了这位上层军人对于党治局面下的权力行使界限到底在哪里，亦即统治合法性的节点上，不无焦虑之感。

（二） "年轻资浅之身" 的 "闷损不堪"

观察蒋介石日记在 "南京十年" 的党务记事，常能看到类似 "权高命空" 等自伤心态的流露。除了前述党治的理想与规模可能给一位志在青云的军事强人带来潜在的制约效果之外，一方面也是党内元老倚靠革命资历与委员合议制度用以自壮，带给蒋的羁绊作用。②

国民党改组后的 "党权" 话语在孙中山逝世后渐有频繁出现的走势，武汉排蒋风潮期间的运用之勤，尤为浩浩荡荡。基本上，这个词指的是一个列宁式政党的支配性权力，其行使的主体在后孙时代经常被认为是中央执行委员会 [国民党总章所明定全国代表大会闭会期间的（最高）权力机关]，及其委员合议机制所涵摄的集体领导精神。在党内，它形成了权力名义行使的紧箍，亦即决策合法性，正如蒋介石必须透过一场二中全会才能贯彻其整理党务的决心和争取更高阶的党内职位；同样的，1927 年 3 月，武汉政权也必须借由一场三中全会才能剥夺蒋的多项要职，以遂行 "提高党权" 而削蒋的企图。尤有甚者，蒋在 4 月发起带有反击意味的 "清党" 行动中，同样必须取得一批中央执行、监察委员的支持与背书，才能创造南京集团的正当性格。

---

① 《蒋介石日记》，1929 年 12 月 29 日。
② 王奇生《蒋介石与党国元老（1925～1932）》一文谈论党内元老在后孙时代的角色，颇有可观。收入黄自进、潘光哲主编《蒋介石与现代中国的形塑》第 1 册《领袖的淬炼》，台北，中研院近代史研究所，2013，第 429～468 页。

南京国民政府建立初期，经历"清党"、分共、宁汉沪三方的合而不流，党争依然不断。这时，蒋介石与闻党事，例必访顾，问问人称"商山四皓"（李石曾、张静江、蔡元培、吴稚晖）的意思，状极尊重。事实上，李、张、蔡、吴等员，人称"仿佛代表一种道德的势力"，正是蒋介石赖以执行"清党"、开府的有力支柱，其党内元老加上委员要席（中监委）的多重身份，本身就是证成南京政权不可或缺的存在。① 但在蒋介石的日常私密书写中，常说这些老者"徒尚意气，而不顾党之存亡"、② "主观太深，不适现代政治"、③ "固执与怕共，几乎失其常态"，④ 形成蒋日记所谓"白虫"之喻，且和"红蚁"（左派）并立，形成"皆来侮辱"的党内纷歧生态。⑤

这时的蒋介石日记，经常留给读者一位党内实力派秉持务实原则而问事，却动辄两难周全的印象。日记一再强调蒋处理党内人事问题的踌躇与苦衷，反而并不怎么写到自己对于党内路线之争的定见。例如1928年2月的二届四中全会是决定党内队伍自去年"清党"以后再次清洗的重要集会，"多认为非开中央执行委员全体会议，不能解决全党的问题"。⑥ 会中通过了整理各地党务决议案，一般认为是伸张了蒋介石的个人意志，具体影响了以后数年南京中央凭借"党务整理运动"名义而反复汰洗地方党部人事的艰巨工程；⑦ 不过蒋日记对此着墨不多，反而再三书写的是全会"新旧二壁垒森严，争执异甚烈"，⑧ 特别对于常务委员人选，一直围绕着"汪胡二人应选与否"的问题而纷呶不休：蒋自谓白虫"防共产之严太过"，红蚁虽"亦防共而手段不同"，然"皆对余怀疑不满"，李石曾、张静

---

① 《商山四皓》（1931年6月30日），罗家伦口述，马伟笔记《道德势力》，罗久芳、罗久蓉编辑校注《罗家伦先生文存补遗》，台北，中研院近代史研究所，2009，第28页。
② 《蒋介石日记》，1927年12月9日。
③ 《蒋介石日记》，1928年1月21日。
④ 《蒋介石日记》，1928年2月6日。
⑤ 《蒋介石日记》，1928年7月28日。
⑥ 《中国国民党第二届中央执行委员第四次全体会议纪录》，中央日报社，1928，第13页。
⑦ 《北伐后国民党之党务整理》，王克文：《汪精卫·国民党·南京政权》，台北，"国史馆"，2001，第55~183页。
⑧ 《蒋介石日记》，1928年2月3日。

江甚至警告"如自由选举,则监察委员必退席反对也",① 直令蒋大有"闷损不堪"之叹。② 最后,蒋记道:全会幕后"决定以先选五人而留四人为后来汪胡回国缺额,费辞甚久,卒能通过。此案既定,则难关已过。第四次全体之开成与其解决之圆满,殊非总理在天之灵所感应不能办到也"。③

在党内元老加上委员合议制度的混成格局中,即令蒋介石的权力有所上升,而其念兹在兹的,犹是己身操持党务之合法性的不足,以致时时带有瞻顾、妥协之感。在南京中央方面,虽然像元老派吴稚晖这样的人物能与蒋介石保持着亲善合作关系,但其方寸之间,却也曾经认为蒋以后进之姿,虽自中山舰事件后"亦有几分""代表党"的资格,唯在历史、人望等条件上,总是稍逊胡、汪,"乃并不是天经地义"。④ 其实蒋的日记也反映了自己非常清楚这种"天经"与"地义"俱短的困境。例如他生平首次发表一场中央全会开幕式的"开会词",就在二届四中全会,当天不仅自记"甚觉惭惶",也在讲演内容特别突出中央委员的法理权力,强调应以中央委员会领导所有的武装、非武装同志,以便完成国民革命云云。观其言,似乎颇为技术。⑤ 1929 年 6 月,三届二中全会闭幕后,自记:"党部宴会,正位无人坐,甚感党部无人主持之难也。余以后生而任要职(按:指国民政府主席),行动言论无在不受人注意与指摘也。"⑥ 又,1928 年、1931 年,蒋两度受推为国民党中央政治会议主席,然任期均不过数月(适与同时期连续担任三年多的国民政府主席形成鲜明对比),曾记道:"以年轻资浅之身而权位反在老成者之上,总理在日尚难应付,无怪陆荣廷、陈炯明之不绝也。吾惟行其正道,不与内争,以待时局之转而

---

① 《蒋介石日记》,1928 年 2 月 4 日。
② 《蒋介石日记》,1928 年 2 月 5 日。
③ 《蒋介石日记》,1928 年 2 月 7 日。
④ 1927 年"清党"后,吴稚晖私告胡汉民曰:"中山先生身后可以代表党者,止有先生及精卫。去年三月以来,介石亦有几分这种资格,乃并不是天经地义……"《吴稚晖致胡汉民函》(1927 年),陈红民辑注《胡汉民未刊往来函电稿》第 1 册,第 462~463 页。
⑤ 《蒋介石日记》,1928 年 2 月 2 日;开会词(1928 年 2 月 2 日),荣孟源主编《中国国民党历次代表大会及中央全会资料》上册,光明日报出版社,1986,第 507 页。
⑥ 《蒋介石日记》,1929 年 6 月 18 日。

已。"① 又记道：以后"事非公开广益不为功也"。②

　　要"公开广益"，就是在政治伦理上要去尊重老者的存在，在权力体制上要去适应委员合议形式的继续磨折。这时蒋介石日记的党务记事，经常呈现半点不由己的无奈感，其实所言恐非完全如是。例如一批老者的政治立场往往未必和蒋的衷心相违和，只是某些过激的坚持倒可能借由其体制身份的加持，妨碍了蒋的权宜运用罢了。1928 年夏秋之际，南京中央伸往地方的党务整理运动具体展开，反而促成汪派势力以"改组派"为名进行盘整集结，掀起波澜甚巨。吴稚晖、李石曾向蒋介石表明"欲从新清党，否则不行"的态度，白崇禧甚至"声言只求清党，虽推总司令称帝亦所愿意"。③ 蒋同样厌恶改组派诸人，但仍记道："余尝思救党为惟一责任，无党不能革命，亦无今日之我也。彼老同志辄指左派为共产党，必欲一网打尽以快其心，不知其对于以后之党应如何处理，不思究竟与是非，而徒重利害并逼人为刽子手，是何可也。"④

　　值得注意的是，尽管蒋介石明白"反动派对余以穷兵黩［黷］武、把持党权、野心专横之谣诼终不能息"，但其日记也经常自辩"不知政治之滋味者以余为高人一等，实则处处受辱，人人来侮，诚忝我所生而已"。⑤ 日记先是充斥着代替党内老者受过的语态，接着"蒋胡合作"局面下，始终让他觉得"闷损不堪"又是一例。蒋一直认为国民党内普遍存在"无粤人汪胡即不成党"的"奇言""封建思想"，⑥ 但他自己在"威信不足，无以行令"的客观态势下，⑦ 却也难脱此一主观"奇言"的制约，必须在整个"南京十年"视时势需要而"联胡"或"联汪"以"成党"。不过 1928 年确立的"蒋胡合作"路线维持没有多久，蒋介石日记又已流露"闷损"的况味，曾自谓"大小各事皆须亲理而用人提议又

　　① 《蒋介石日记》，1928 年 3 月 7 日。
　　② 《蒋介石日记》，1928 年 6 月 25 日。
　　③ 《蒋介石日记》，1928 年 8 月 3 日。
　　④ 《蒋介石日记》，1928 年 8 月 27 日。
　　⑤ 《蒋介石日记》，1930 年 1 月 8 日。
　　⑥ 《蒋介石日记》，1931 年 6 月 19 日。
　　⑦ 《蒋介石日记》，1928 年 7 月 28 日。

不能自主，皆受掣肘"、① "胡专欲人为其傀儡"，② 其中的根本症结在于
蒋介石认为胡汉民以其特殊资历地位自视正统，"以'司大令'自居"，③
并托寄在党内元老加委员要席的混成格局中，"借委员制之名而把持一
切，逼人强从"，④ 几乎使蒋觉得动辄受限，而宁愿相信"政府不安"
"党部内讧"的"总因"恰恰在于"彼"，以致"吾人不察，竟上其当且
受不白之冤……使我成为怨受"。⑤

    蒋介石日记经常忧虑党务的"不统一"，实则泰半讲的是人事派别的
纷歧问题，所谓"党事无办法，则一切皆无办法"，而事实上，他认为军
政皆可谈，"惟党为无办法也"。⑥ 蒋介石当然以统一党务为己任，即使在
委员合议的框架下，日记也曾一度想过贯彻己是，将不同的意见视为
"反动"，而有"不顾"之决心；⑦ 然而1931年蒋胡决裂前，蒋介石又一
度想到胡汉民惯以"军人而不知政治"相讥，反而又觉得要回应以党内
民主措施，"各省党部选举绝对自由，不再圈定，而一切议案亦绝对公
开"，才能杜绝悠悠之口，"此方足以平乱"。⑧ 某种角度而言，同年2月
"汤山事件"之扣胡，恰是蒋的"不顾"心态强压过"民主"浮想的猛
爆表现。⑨ 这位自矢为"军人模范"的强者终究为此付出了宁粤长期分裂
的代价，⑩ 显示了其虽有统一党务之心，可并非全盘皆能着力，更显示了
一位军事强人在党治规模、委员合议体制之下而积极问党的进退失据。5
月，蒋介石与各省党委谈话，勉以"此时革命环境，只可视为本党得到
政权之空命而实行宣传革命工作、培养革命基础之时代，非可视为革命完

① 《蒋介石日记》，1930年12月2日。
② 《蒋介石日记》，1931年2月10日。
③ 《蒋介石日记》，1931年2月15日。
④ 《蒋介石日记》，1931年2月13日。
⑤ 《蒋介石日记》，1931年2月14日。
⑥ 《蒋介石日记》，1928年3月30日、6月11日、6月16日。
⑦ 《蒋介石日记》，1928年3月14日。
⑧ 《蒋介石日记》，1931年2月15日。
⑨ 蒋介石扣胡后，复电张继，说明党员与官吏无自由之理："吾辈如言自由，则人民与党国无自由矣。余宁蒙负友之恶名，而不愿避此恶名以负我党国也。"见《蒋介石日记》，1931年3月7日。
⑩ 《蒋介石日记》，1929年12月29日。

成之时代也"。① 事实上，这时蒋介石与闻党事的权力合法性尚未充分证成，如果拿这种政权空命之说模拟他在党内领导的处境，代以"得到党权之空命"之句，似乎也很恰当。

三　"吾独当其冲"：思以"铁血危死"
形成"新党基础"

1931 年 12 月，蒋介石经历个人政治生涯的第二次下野。他对于这次重大挫折的总结反省，有所谓"今次革命失败是由于余不能自主。始误于老者……再误于本党之历史，允纳胡汉民孙科，一意迁就，乃至于不可收拾""反共以后，吾独当其冲，而乃不学无术，一任所谓元老先进之摆布……一意迁就昔日之朽污"等句。蒋既自承"独当"要津，反又慨叹"不能自主""误于老者""误于本党之历史"云云，其感触之由，正是建立在前述"空命"的认知心理而有以致之。②

根据日记判读，蒋介石渴望掌握党务、摆脱"空命"地位等念头，还是和他有意改造国民党一事同步想象的。1932 年 2 月，蒋曾与贺衷寒等人"谈组织少年党事"，③ 其畀予黄埔嫡系子弟以"少年"颉颃"老者""先进""朽污"的厚望不言可喻。这里所谓的少年"党"，指涉的恐非政党，而应是某种政治组织的集合体之意。学者经常引用这时蒋介石日记"无干部无组织无情报……乃致陷于内外挟攻之境，此皆无人之所致也"的自叹，其实蒋认为其军事干部尚有若干"后进者"可供辅翼，但"党务之干部实一无其人"。④ 在国民党改组以后的运转文化中，"小组织"总是被申令禁绝的一种负面表征，但实际上又总是被各路国民党人视为一种政治资本而爱不忍释，蒋亦作如是观。⑤ 很快的，蒋介石和黄埔

---

① 《蒋介石日记》，1931 年 5 月 20 日。
② 《蒋介石日记》，1931 年 12 月 24 日、1933 年 9 月 26 日。
③ 《蒋介石日记》，1932 年 2 月 15 日。
④ 《蒋介石日记》，1931 年 12 月 24 日。
⑤ 《蒋介石日记》1927 年 2 月 28 日载："非自身训练久交之团员决不可作为团体也。"所谓"团体"，即小组织之意。

早期学生对于"少年党"的讨论,就落实成为力行社的金字塔形组织体系,其后并连同另一支由陈果夫、陈立夫兄弟衔命组建的青白团体系,共同充当起蒋所谓"从头做起,期以十五年工夫,或有收之桑榆之一日"的崭新人事基盘。① 一方面,就蒋的私动机而言,此举带有增益自身领导基础的思考,近于"派系替代"的做法,以新替旧、以亲代疏,是一种利己的尝试;另一方面,就公动机而言,当然也是盱衡国民党党势之老迈,近于医学的代偿作用,希望透过党内人事基础的代际翻转,振党起敝。值得注意的是,就在力行社组成前夕,蒋介石曾与戴季陶深谈,尽管戴对于这种透过人事翻转"以改组本党"的做法期期以为"不可",但显然并未动摇蒋的决心。②

就在 1932 年春夏,蒋介石开始看情报学、各国情报活动内幕等书籍,定情报组织法、与亲信谈情报事,并把锻造亲信干部、秘密小组织与情报事业三件事混同起来,看成利己振党的同一件大事业。例如:"组织政党,澈底革命,必先组织侦探队防止内部叛乱,制裁一切反动,监督党员腐化,宣传领袖主张,强制社会执行,此侦探队之任务。"③ "晚与贺康等生谈组织事,必欲组织一秘密奋斗、人尽其才、控置全国之机关,方得完成革命。如仅普通组织,则必腐化消灭也。"④ 继 1929 年阅读墨索里尼传记并推许其"所以成功"后,⑤ 这时蒋介石又开始阅读俾斯麦传,并尝试将近代德意志国家脉络的"铁血"精神输入到中国政治,曾自记:"反动之力甚大,非铁血不能解决。"⑥ "疲弱之国,惟铁与血、危与死四字,乃能解决一切也。"⑦

不令人意外的是,人们开始臆测蒋介石是否有意在中国推行欧陆时兴的法西斯蒂运动,但蒋非常明白这个可资借镜的外来思潮并不能在国民革命的党治规模下,扛负起名正言顺的指导地位,所以其回复《大公报》电询

① 《蒋介石日记》,1933 年 9 月 26 日。
② 《蒋介石日记》,1932 年 2 月 27 日。
③ 《蒋介石日记》,1932 年 2 月 17 日。
④ 《蒋介石日记》,1932 年 2 月 21 日。贺:贺衷寒。康:康泽。
⑤ 《蒋介石日记》,1929 年 4 月 13 日。
⑥ 《蒋介石日记》,1932 年 3 月 2 日。
⑦ 《蒋介石日记》,1932 年 4 月 20 日。

法西斯蒂组织之有无时，就说道："中正生为中国国民党之党员，死为中国国民党之党魂。只知中国革命的组织惟有一个中国国民党之组织，而中国革命的方式亦惟有一个中国国民党国民革命的方式为中国革命惟一无二的途径。……中正今日唯一之志愿乃在复兴中国国民党十三年之革命精神与其独一无二国民革命之组织和方式而以任实现三民主义自任也。"[1] 又自记："中国国民党以主义治天下，自信其主义与国家必能永存于世界，岂仅周朝八百年之天下而已哉。"[2] 也没有可靠的证据可以指出蒋介石在这时候就已打算另起炉灶成立一个旨在取代国民党的新党组织，就像亲胡汉民阵营的刊物所指控的 "现在军事独裁已舍弃中国国民党了，他已经另有法西斯蒂式蓝衣社的组织了"云云[3]。事实上，蒋真正念兹在兹、须臾未忘的，还是如何透过他的 "派系替代" 工程成就国民党人事基盘朝向自己的崭新翻转，如 1932 年 11 月自记："与立夫谈党事。如明年不能形成新党基础，则再过三年，余年五十，救国之日愈短，希望更少，命令努力进行也。"[4]

四　以 "降尊就屈" 换取 "瓦全"：在五全大会的改制风潮中 "慎之又慎"

1930 年代前期，国民党除了呈现以蒋介石为中心的人事翻转走势之外，拥蒋阵营也因势利便地托庇了举国救亡图存的集体意识，积极营造舆论，针对蒋介石几年以来掌握党权所面对的几个合法性不足的因素，提出了林林总总的翻转性论述。其中最显要者：其一，在日本节节进逼的情势下，把蒋的军人身份及其丰碑般的军事资历，阐释为领导党国的不二条件；[5] 同时

---

① 《蒋致胡政之张季鸾电》（1932 年 7 月 10 日），《蒋中正总统文物》，台北 "国史馆" 藏，典藏号：002 - 090106 - 00009 - 170。并见《蒋介石日记》，1932 年 7 月 9 日。

② 《蒋介石日记》，1934 年 5 月 31 日。

③ 《发刊词》，《力行月刊》创刊号，1933 年 1 月，第 5 页。

④ 《蒋介石日记》，1932 年 11 月 30 日。

⑤ 学者也观察到，学界经常忽略 "政治负面攻击" 在蒋介石通往 "唯一领袖" 之路上所产生的某种不自期的 "贡献" 效果。例如 "九一八" 后的数年间，激愤的知识分子愈以 "不抵抗" 的罪名冠诸蒋，事实上，蒋作为引领民族御侮的领头身份也就愈在话语的辩证层次上显得无可争论。详见王良卿《改造的诞生》，台北，政治大学历史学系，2010，第 67 页。

在法西斯蒂救国的领袖集权、独裁论潮中，将以往蒋蒙受的"独裁"负面指涉，倏地翻转为正面价值的想象。其二，在振党起敝、迅赴事机的呼声中，再三批判党中央现行的委员合议制度，历数其大有碍于决策效能、责任归属、党的团结等，吁请改弦易辙，恢复党已悬置多年的领袖制度，或称总理，或称总裁，赋予"文武兼赅、伟大崇高"而堪当此任者以全权。① 一位出身黄埔的国民党党员自行刊印小册，直陈"目前党国的几个基本问题"，主张建立领袖集权制度，说的最为直截了当："在目前内外夹攻的中国，断非一个白面书生的宰相所能担当，也非多而不专的委员制所能为力，惟有文武兼全，在国民革命具有历史者，才能胜任。"②

除了显而易见的军事背景外，其实蒋介石在国民革命的党务活动这一块，是否充分"具有历史"，尚是一个言人人殊的问题。但委员合议制度见责于领袖集权、独裁论潮之际，连蒋自己都对各班委员的存在深感不耐，视为尸位素餐，状似强自按捺。即使只是在一场中央全会的晚宴上，蒋都"甚感本党中委之才无政治能力，所以武功虽成，文治退步"。③ 复自记道："中央委员非老朽即贪污，不知时机急迫，烦琐延缓，争权夺利，令人起亡国之惧。……是皆余自无主宰之所致也。何怨何尤，惟自承当耳。"④ 在中常会上，则又感于常委"仍不知前方敌寇压境紧急之状，其从容逸雅，胡涂复杂，燕雀处堂，见之忧闷，悲痛不堪言状"。⑤ 甚至"见党委，痛苦异常。负此一担老病幼稚之癫污，虽有总理，亦被累死，而况中正，能免此无益之牺牲乎"。⑥

然而表面上，蒋介石仍相当谨慎地维持自己和党统之所系的中央委员

---

① 这段时期委员制作为一种被诟责的制度，参见王良卿《中国国民党总裁制度的战前酝酿与战时建立》，吕芳上主编《战争的历史与记忆》2《战时政治与外交》，台北，"国史馆"，2015，第212～217页。"文武兼赅、伟大崇高"出自李显廷等廿七人提《确定救党救国原则案》（1935年11月），《会议纪录》，台北中国国民党文化传播委员会党史馆藏，档案号：会5.1/6.12。

② 胡靖安：《目前党国的几个基本问题》，作者自印，1932，第14页。

③ 《蒋介石日记》，1932年12月15日。

④ 《蒋介石日记》，1933年4月3日。

⑤ 《蒋介石日记》，1933年3月30日。

⑥ 《蒋介石日记》，1933年8月7日。

及委员合议体制之间的行仪，乃至于朝仪的关系。在 1932 年夏天，基于国难新局的肆应和国家前景的擘画，蒋日记留下了自己对于新阶段党政领导制度改正的若干思考痕迹。总的看来，这些非正式的想法采取的是"权力集中"之义，一旦实现，势必冲击委员合议的整体格局。例如在政府体制方面，蒋有意"仿美国总统制"，所谓"必使政权容易集中，以对抗外患，则不能不用总统制以为应时制宜之计"；① 在省一级，则考虑改为省长制。② 在党部体制方面，似乎也体现了类似权力集中的思考主轴，例如"党部自县以下，改取独裁负责秘密制"；但是独独对于党中央层级的委员制问题，蒋反而最顾虑其中较为敏感的政治意味，因此日记一方面写道"中央仍以委员制"，一方面则寻思在当中新设"一主席为最后决定之人"以资进行旧制度的新转化。③

国民党总章里的"最后决定之权"，指的是总理孙中山（也是总章明定的中央执行委员会主席）对于中执会的议决事项，得视情况需要，行使其个人最终之可否态度的一项崇隆特权。④ 孙逝世后，中执会再没有常设主席，至于中常会、中政会虽有几次设立主席职位，然亦无"最后决定之权"在握。如果 1932 年蒋介石以党"主席"充当"最后决定之人"的设想可以实现，则差可救济数年来的"空命"之憾，也就未必要去冒进的争取更为敏感的"第二个总理"位子。据此，当 1934 年 2 月，华北地区一些 CC 系的党部委员联名建议中央恢复总理制，并推戴蒋介石出任而引起舆论界侧目的时候，蒋立即"辟党务总理之谣""发表辟总理制谣言""发表辟本党改制谣言"，否认自己打算接管总章里面早就和孙中山名字紧密联结的此一崇隆职位。⑤

蒋介石面向党内与公众而展示了慎谨慎微的个人态度，但另一面并陈

---

① 《蒋介石日记》，1932 年 8 月 4～5 日。
② 《蒋介石日记》，1932 年 6 月 16 日。
③ 《蒋介石日记》，1932 年 6 月 16 日。
④ 关于孙中山与最后决定权的对应关系，参见王良卿《中国国民党改组前后领导制度的转型（1923～1924）》，《国史馆馆刊》第 44 期，2015 年 6 月，第 21～24 页。
⑤ 《蒋介石日记》，1934 年 2 月 28 日、3 月 1 日、3 月 3 日；《恢复总理制的否认》，《国闻周报》第 11 卷第 9 期，1934 年 3 月 5 日，第 2 页。

的实情是，他并未付出同等慎谨慎微的努力，去遏制其麾下势力一再鼓吹党内改制的相关言行。因此，包括"西南两机关"在内的反蒋势力越发相信，前一年曾经借由言词抗争而成功迫使南京中央展延到该年稍后召开的第五次全国代表大会，仍旧会是拥蒋阵营要替蒋介石的党内领导地位完成终极法理化的一次反动尝试。这样一来，就在南京方面接收了两广方面"反对修改总章、恢复总理制"、[①] "蒋氏如坚决独裁，西南当成一合法机关以为抵抗"[②] 之类的警告讯息后，蒋介石不能不再一次正视分离势力的杯葛行动所可能牵动的负面效应，因此决定再度展延五全大会的召开日程。

及至 1935 年，日本进指华北的野心日炽，中国救亡图存的民族情绪达到顶点，人们多将同年 11 月 12 日（总理诞辰纪念）终于召开的五全大会，视为国民党谋求全党团结、共济国运的一次令人感奋的政治表现。特别是在蒋介石派员敦洽之下，即使是反蒋最力的两广当局也派遣代表入京与会。[③] 然而另一方面，举国鼎沸的民族御侮声浪却也让许多党务改制论者觉得"领袖集权"的主张碰到了多年不遇的实践良机——即使连蒋介石自己，似乎也认为或有试探的空间。日记即显示，早在全代会举行前的两三个月间，蒋一边注意尽快谋求和两广方面的妥协，曾顾及会前"应一切维持现状，不可发生变故"；[④] 一边则是继 1932 年夏之后，再次注意到国民党的"改制"问题，并能保有相当程度的想象。特别是，其一，改制之考虑，是与所谓"本人进退与对党之方针"同步酝酿的，换言之，和党务改制问题直接对位的，就是蒋自陈的"本人"；[⑤] 其二，蒋甚至一度产生"改党名"的念头，唯此暂时流于乍闪之灵光罢了。[⑥]

---

① 《陈其尤致蒋介石佳电》（1934 年 9 月 9 日），《蒋中正总统文物》，台北"国史馆"藏，典藏号：002 - 080200 - 00441 - 062。
② 《戴笠致蒋介石感电》（1934 年 9 月 27 日），《蒋中正总统文物》，台北"国史馆"藏，典藏号：002 - 080200 - 00441 - 271。
③ 王良卿：《改造的诞生》，第 63 页。
④ 《蒋介石日记》，1935 年 9 月 2 日。
⑤ 《蒋介石日记》，1935 年 8 月 8 日。
⑥ 《蒋介石日记》，1935 年 10 月 23 日。

在日记中找寻历史

　　根据一份不完全统计，在 1935 年 11 月召开的五全大会上，至少有 12 个党部 279 人次采用了提案与联署、会外建议案与函电等途径，促请大会出席代表实现"领袖入制"，其呼请之激切，尤胜于上一年筹开大会期间。然而两广代表反弹之烈，超乎想象。[①] 其实"团结"两广，本来就是五全大会必欲顾全的政略思考。会前，蒋介石既有"谦忍虚心"以试求"本党复合"、[②]"慎之又慎"以成就"大会之团结旨趣"之想；[③] 会前会中，复又积极考虑扩充新一届中央委员名额，给予两广方面若干比例的保障，欲以形式之名位兼容各方现实之利益（尽管这又继续坐实了人们对于委员名器过于浮滥的负面印象）。[④] 等到目睹改制问题在会中、幕后所遭阻力之大，则只有心生"羞辱""可痛""苦痛"的难堪感受。例如 11 月 17 日，自记："党员自私与患失之心理以及'怠者不能修、忌者畏人修'之观念不除，一有改革即畏惧嫉妒，可痛也乎。"至此，已有"领袖问题不准提出"的对应准备。及至 19 日，粤方主张赋予大会主席团关于圈定中委人选若干名额的权利，唯又立刻遭到其他代表的严厉反对，抨击为越权之举。[⑤] 该日，蒋记道："对外非难，对内为难，而对党为更难⋯⋯"20 日，粤方孙科宣称辞卸主席团身份，以抗议未能取得圈定权利，接着全体主席团成员也打算跟进。就在大会横生波澜，两广代表更声言不惜退席以杯葛"领袖入制"的总章修正案后，蒋用忍戒急，亲自给改制风潮踩了刹车。[⑥] 兹列举其自志之心境数则。21 日："余诚信未孚乎。"22 日："难堪与其所受之痛⋯⋯为甚也。"24 日："轻视目前羞辱，忍住十字架苦痛，耐心直向上帝所指示的正路。"

　　根据蒋介石的评估，自己的退让态度已经成功换取了五全大会"如此完满之结果"，甚至不失乐观地认为"实开党国未有之新纪元"。尽管

---

①　详见王良卿《中国国民党总裁制度的战前酝酿与战时建立》，吕芳上主编《战争的历史与记忆》，《战时政治与外交》，第 225 页。

②　《蒋介石日记》，1935 年 10 月"反省录"。

③　《蒋介石日记》，1935 年 11 月 9 日。

④　《王子壮日记》第 2 册，台北，中研院近代史研究所，2001，第 507～508、510 页。

⑤　《王子壮日记》第 2 册，第 512 页。

⑥　《王子壮日记》第 2 册，第 512～514 页；《蒋介石日记》，1935 年 11 月 21 日。

他也知道自己"对内合作之政策"还没有真正达到全党"精诚团结"的程度，但似乎也相信"形式上已达到瓦全之目的"。① 很快的，蒋顾念"形式瓦全"的心理就又化为某种带有弥缝意味的政治动作，反映在五届中执会初期的高层人事上。溯及五全大会闭幕当天，蒋介石已考虑把"政会与常会设主席"定为一中全会的应办议案。② 其后一个星期内，决意推举胡汉民为中常会主席，为的是配合提议取消"西南非法两机关"，希望以某种人事的补偿手段"安定两广"；另决定以汪精卫为中政会主席，"余兼任两副主席"，"以为本党复合之张本"，并自记："在他人视之，必以余降尊就屈、委屈其全为大难，而此实为应势顺时、一定不易之常理，非此不能救国，更无以安内。"③ 显然蒋介石如同既往，以"尊"自视之余，仍可依"势"、依"时"而权宜"降"、权宜"屈"。只是广州方面并不领情，以致他顾念"瓦全"的心愿只能真的停留在"形式上"。根据蒋日记，在中央"众言纷杂"的会议中，邹鲁捍卫西南两机关的存在最是不遗余力，其言行态度之不满南京，只有让蒋滋生"党国不幸，竟至于此"之想。④ 悲叹之余，蒋想到以往西山会议派如邹鲁者"为共党排挤、生无立足之地"的一页痛史，自问："不知本党之有今日、彼辈享受荣华者，此恩此德是何人所赐，而反面噬人矣。"最后，这位自认布德施惠而未得果报的恩赐者甚至难掩情绪："此党不灭，焉能救国。"⑤

五 "对总裁责任应当仁不辞"：临全大会再启领袖制度

1936 年 2 月，蒋介石在日记"雪耻"栏目写下："天命者凡非'人

---

① 《蒋介石日记》，1935 年 11 月"反省录"。
② 《蒋介石日记》，1935 年 11 月 22 日。
③ 《蒋介石日记》，1935 年 11 月 27 日、"下周预定表"（11 月 30 日后）、12 月 2 日、12 月 3 日。
④ 《蒋介石日记》，1935 年 12 月 3 日、5 日。
⑤ 《蒋介石日记》，1935 年 12 月 5 日

为'而出于'自然',且此'自然'皆合乎常理与人性,即谓之天命。"①
话说得极简,但已可见到蒋介石从"空命"寻往"天命"的挫折经验当
中,已能深谙"人为"之余,尚需等待时移势转的道理。值得注意的是,
正是这一年,并未就任中常会主席的胡汉民猝逝于广州,这件事连同两广
事变的和平解决,不仅显示了四年多来西南两机关半独立状态的终结,也
让蒋介石在争取党国统治合法性的漫长道路中,摆脱了一位饶具革命声
望、恒以捍卫党权自命的异议派主角所投注的多年牵制。接着,南京中央
掀起"蒋公五秩寿辰"祝颂活动的广泛动员,以及西安事变和平落幕后
全国舆论转为快慰的集体情绪,似乎也都说明了:当被治者能把蒋的
"人身生命"与"国族命脉"画上休戚相关的认知等号之时,蒋作为党国
体制唯一领袖的地位自然水到渠成。②

在"一国三公"已折其一的局面下,蒋介石最需面对的,仍是汪精
卫。1937年1月,汪自欧洲经新加坡返国,重新回到中国公众的视线。
蒋介石延续了"降尊就屈"的思维逻辑,在宁波、溪口亲迓汪氏来访之
前,已起意推举这位久违的党国要角担任中常会主席。③ 两人讨论到党务
与经济问题。根据蒋所记录的谈后印象,汪有志于经济,但蒋认为此非
"汪先生"的专长,要办,"必被人欺"。④ 接着,在2月的五届三中全会
幕后,蒋"为推汪任常会主席事甚费周折",⑤ 据说主要的障碍来自居正、
张继等西山会议派的反对,蒋再叹道:"老派自尊,不识大体,只有捣
乱,可痛也。"⑥ 其实1932年"蒋汪合作"以后的国民党党务,基本上已
经不是汪精卫及其改组派旧人能够继续一争雄长的场域。⑦ 在一批党务菁
英的政治计算中,中常会的决策功能不彰,以致开会多往中政会奔竞,更

---

① 《蒋介石日记》,1936年2月12日。

② 详见王良卿《改造的诞生》的讨论(第69~71页)。

③ 《蒋介石日记》,1937年1月19日、25日。

④ 《蒋介石日记》,1937年2月1日。

⑤ 《蒋介石日记》,1937年2月19日。

⑥ 《蒋介石日记》,1937年2月20日。

⑦ 参见《王子壮日记》第1册,第383页;《汪兆铭致叶楚伧电稿》(1938年2月7日),《汪兆铭史料》,台北"国史馆"藏,典藏号:118-010100-0006-027;《改组派的史实》,陈公博:《寒风集》,地方行政社,1944,第甲282页。

导致常会时有"寥寥"之感，不无"随时拉夫"凑成开会的情事；① 至于所谓的常会主席职位，同样缺少制度面权力的实质支撑。

1937年7月，卢沟桥事变乍起，掀起中国抗日战争的序幕。在这场民族战争明显走向全面化、扩大化、长期化发展的趋势下，国家权力面临集中化的需要，特别是蒋介石在国民党内的"权"与"位"如何进行填实，乃至给予法理化的对应，自然也就成为南京当局连锁配套的一个重要环节。先是战前，蒋介石构思"对共方针"而欲组成国共合作性质的"国民革命同盟会"，其主观之设想，颇为注意自己的"领袖地位与权责"，明白说来，就是必须握有蒋在国民党内尚未拥有的"领袖最后决定权"。② 及至8月，国民党中央政治委员会决议设置"国防最高会议"，由军事委员会委员长兼主席，蒋介石依此身份节制"党政军一切事项"，可"以命令为便宜之措施"，并获得国防最高会议常务会议授予其"最后决定权"。③ 到武汉后，蒋介石也曾向各党派领袖表达"化多党为一党"的合作愿望，其中同样注意以蒋自己为指涉对象的"各党最高领袖之责任与权限""推定全国各社团最高领袖，确定其负责领导与特许及干涉取缔之大权"。④

1938年2月3日，国民党中常会决议定期召集临时全国代表大会，筹谋战时党政兴革诸端。⑤ 事实上，这时在国民党中央的幕后，已将推举蒋介石为国民党总裁一事，纳为临全大会的主要任务了。24日起，四天之内，蒋介石日记共有三次带入"党务改制"等相关字句，考虑"党制宜积极刚强"。⑥ 3月11日，蒋介石首次将"党改领袖制"字句写入日

① 《王子壮日记》第2册，第6、63页。
② 《蒋介石日记》，1937年5月17日、5月"反省录"。
③ 参见刘维开的讨论，刘维开：《战时党派合作的开端——国防参议会研究》，张玉法主编《纪念七七抗战六十周年学术研讨会论文集》上册，台北，"国史馆"，1998，第140页。
④ 李璜：《学钝室回忆录》下卷，香港，明报月刊社，1982，第436页；《蒋介石日记》，1938年1月30日、3月11日、3月12日、"杂录"（3月12日）。
⑤ 第六十六次会议（1938年2月3日），国民党中央委员会秘书处编印《中国国民党第五届中央执行委员会常务委员会会议纪录汇编》（上），第184页，台北中国国民党中央党史委员会藏，档案号：5-3-737。
⑥ 《蒋介石日记》，1938年2月24日、25日、27日。

记，并和汪精卫就大会相关提案进行协商，然而汪的反应欠佳，表示不愿再有党魁的意思，从而造成了蒋的困扰。① 这样一来，在全代会开幕前的两三个星期内，蒋持续思考"领袖"问题、"总裁制"问题，甚至自记了一条令人费解的预定事项："各省市以下党部赋与青年团团长指挥监督及改组之全权"云云，极有可能就是考虑到此次"党改领袖制"万一受阻后，仍可利用新设三民主义青年团的团长身份作为从权达变的备案。② 最后，就在全代会开幕前四天，蒋介石自记预定事项，终于确立了"对党不辞领袖""推汪为副"等具体原则。③ 前者表示了愿意担负仔肩的决心，后者应是安抚汪精卫的最后一着，唯汪在会前未必得悉。④

　　1938年初，日本近卫内阁以国民政府缺乏和平诚意为由，发表声明，宣称今后"不以国民政府为对手"。3月28日，日本扶植"维新政府"于南京成立。就在翌日，国民党临全大会揭幕。在会中，蒋介石无疑是把党务"天命"借由改制行动的重大托付，看成自己领导国民党中国最具有合法性的完美证明，自记："雪耻：此时设立总裁，至少可表示本党不妥协之决心，与敌以精神上之打击。"⑤ 又称："对总裁责任应当仁不辞，以救国与对外之道已无他法，此为最后一着，实与抗战增加实力不少。而且确定党国重心，无异与敌精神与其策略上一大打击也。"⑥ 大会闭幕后，蒋介石抚今追昔，或许百感交集，自认"为党国奋斗三十年，至今方得全党之认识"，几乎相信国民党自联共改组以降十五年"飘摇之党基"，至今终可得到稳定。在这一年日记本的"杂录"页面上，蒋自志欣慰之余，最后不禁问道："其为不幸中之幸乎。"⑦

---

① 《蒋介石日记》，1938年3月11日。

② 《蒋介石日记》，1938年3月15日、18日、21日。

③ 《蒋介石日记》，1938年3月25日。

④ 果然如此，则或可进一步解释汪精卫后来在临全大会采取包裹方式而同时推举蒋、汪分任正副总裁时，脸色至为不佳的部分原因。又，一般认为，临全大会采取包裹式推举，是为了避免汪的副总裁通不过；然而，如果考虑到会前汪已表示不愿再有党魁的意思，恐怕这次大会也只有透过包裹的方式，才可消解蒋的总裁任命所可能遭遇的阻力（至少才可缓解蒋的疑虑）。

⑤ 《蒋介石日记》，1938年3月29日。

⑥ 《蒋介石日记》，1938年4月1日。

⑦ 《蒋介石日记》，"杂录"（1938年4月3日、5月1日）。

六　结论

在民国初年的军阀政治中，军人当国并不需要面对一个更上层的权力结构，可在国民党改组后，志在青云的蒋介石，连同党内其他"武装同志"，势必要学习面对一个主张"以党领军"的党机器的节制。严格说来，中山舰事件与二届二中全会可以算是蒋过问乃至操持党务的生涯起点，但经此转折，蒋也无可避免地将自己推到了人们质疑"以军问党"的火线前列。从中山舰事件到北伐完成后，蒋的权力"跨界"（transboundary）越来越广，也越来越深，对后孙时局这样一位快速崛起的上层军人而言，怎么去对应一个列宁式政党的特殊治理话语，以便消减党内同志有关"枪指挥党""武主文从"的联想或指控，隐然也成了挥之不去的困扰。例如蒋一度以"军人模范"而思考个人进退，即令出诸情绪，总能说明文武主从情结对其缠磨之深。

蒋介石的党事支配，经常带有合法性不足的警觉，部分还跟他身为党内后进而又要面对委员合议制度的形式，以及元老的环伺、羁绊所混合形构的复杂政治格局有关。孙中山逝世后，其在国民党总章所享的崇高权位随之高悬，党务支配的合法性（党权）正式落在一个委员合议的格局（而非个人）里头进行塑造，再加上观察者所说的党内元老"仿佛一种道德的存在"，使得蒋以"后进之姿"的"以军问党"，经常在权力伦理上对于一批老者多有瞻顾，在权力体制上则是还需适应委员合议制度"一国三公"般的形式化制约。究其实际，蒋之念兹在兹者，仍是怎么设法超克这些备极困扰的课题，以便把他的权力之"实"与尚待证成的"名"联系起来，期能充分缩摄全党。其实在国民革命运动取得中国的执政局面后，有人开始以"中国的凯末尔"期待同是军人的蒋介石，望其冲决旧绪，领导"党国"未竟的革命事业；但在权力的立足基础上，诚如论者的品评，蒋全无凯末尔那样的崇高威望。① 同在

---

① 《直面中国的革命》，杨奎松：《杨奎松著作集：革命》第 1 册，广西师范大学出版社，2012。

在日记中找寻历史

1920 年代，俄共斯大林进取全党的时间点也和蒋介石相去不远，同样被动卷入甚至主动催化了党内第一代强人逝世而衍生的政治复杂动态，但蒋在权力激烈竞合的同时，仍须设法从"文主武从"的治党逻辑中解困，这和斯大林一开始就站在党的中央总书记的制高位置上是远远不同的。

这种名实不副的景况到了 1930 年代前期产生了重要变化。除了个别得到信任的角色外，作为元老派集体意象表征的"商山四皓"不再动辄得到蒋介石的垂听、请益了；蒋日记对于党统之所寄的一班中央委员，更有老朽无能、贪污争权等等的不耐语，其情绪溢于字里行间，不稍假饰。此外，蒋也延续了武力和羁縻的双重策略，伺机一一消纳党内的军事反侧力量；党内颇富组织、宣传能量的改组派人马，经由南京中央的不断压制，乃至"蒋汪合作"的实现而进入国民政府体制，业已消退了原本在地方党部可观的影响力。另一方面，蒋介石经历生平第二次下野的教训后，开始透过"派系替代"策略，将国民党的人事基盘改向自己而进行崭新的翻转，重新划定了国民党的派系版图。而后，几支迅速膨胀的拥蒋势力（主要指黄埔系学生主导的"力行社体系"、CC 系成员支配的"青白团体系"），一直戮力实践着蒋集"干部、组织、情报"三位一体的权力资本哲学。值得注意的是，在这个年代，拥蒋阵营也因势利便地托庇了举国救亡图存的集体意识，积极营造公共舆论，鼓吹党与国的领袖独裁统治，并试图挑战前述几个横梗在蒋权力阶前的焦虑因素：其一，面对冷峻的民族危机、党势颓唐的冷峻现实，以往"军人"掌权、"个人集权（甚至独裁）"的负面意涵，均被着意翻转成复兴国族、挽救党基的正面价值想象。其二，相对的，行之有年的委员合议制度则是蒙受了更大程度的批判力道。整体而言，它沦为包括领袖独裁论者在内不少人士口诛笔伐的对象，指为决策效能低落、责任不明，甚至是导致政治分裂的制度性元凶。

至于蒋介石自己的想法也有同步发展之处。在国难当头、各界促请政府制定宪法并结束"训政"的年代，蒋同样秉持"权力集中"的思考主轴，摸索国家和地方政制的可能前景，例如中央层级的"美国总统制"、地方的"省长制",也包括县级党部以下的"独裁负责秘密制"。唯独对于党中央的委员合议制度,仍要顾虑其政治象征意义,勉于维持之际,而有添置"一主席为最后决定之人"以资救济的想象。换言之,蒋相信争取总理特有的"最后决定权"(而非贸然立刻接收"总理"的崇隆名位),才是可以真正凌驾于委员合议体制之上的制度化保证。据此,当拥蒋阵营在1935年的五全大会掀起新一波舆论,要求立即实现党的领袖集权,必欲造出第二个总理,甚至第一个总裁时,蒋在幕后还是表达了自己可在委员合议体制之中,扮演一个可能拥有最后决定权的主席的意向。不过,全代会一开始设定的"团结"基调,加上两广代表依然强烈反对大会通过任何形式的"领袖入制"变革,在在注定了最后蒋的谨慎以对,不敢干冒大会破局的风险,从而几乎是以一位大会代表、中央执行委员以及众人拥立的当事者的混合姿态,建议五全大会不必修改总章,暂时撤回了亲善势力的加冕愿望。

五全大会闭幕两个多月后,蒋介石日记提到"天命"出诸"自然"而非"人为",似是对于多年冲决名实未果的省察与感慨。事实上,论者早已指出1936年几个重要事件与蒋的威望再提升,乃至领袖地位"定于一"的正向联结关系;无可否认,当中既有听候"自然"递嬗、等待时移势转的成分,当然也能见到"人为"继续铺陈的苦斗、动员痕迹。及至1937年抗战军兴,配合战时国家权力集中化的需要,如何把蒋在国民党内的权力给予"名"和"实"的法理化联系,自必成为南京当局整体思考的重要环节;特别在1938年初,日本近卫内阁声明"尔后不以国民政府为对手",蒋加紧思考了如何建构自己绾摄全党、团结各党的"最高领袖"身份,看成给予敌人最有力的打击。就在战争初期结构、局势的交糅之下,3、4月之交,蒋终于接受了国民党临全大会赋予的"总裁"荣衔,也以"代行"的名目接收了悬置多年的总理职权。蒋介石成为总裁,回想国民党改组以后的动荡历史,当下流露的欣慰情绪大概是人们很难想象的。他曾经相信,自己获得人所共认的"党国重心"地位,既是全党认可其革命履历的完美证明,也是终结多年以来党基动摇的可靠保证。其实蒋的论断未必契合来日史实，但终究反照了他之争取党务支配的合法性，其心境自剖，是何等的感慨系之。本文认为，蒋介石在求索党内支配合法性的过程中一再流露的焦虑感，及其反衬、连动的结构与局势，恐怕正是我们理解当事者一切人为冲决或是待时而动等行为逻辑时，值得重新审视的关键。

军统局打击汪精卫政权成立

——兼论蒋介石日记中戴笠的缥缈身影

吴淑凤*

内容提要 蒋介石在竞逐中国国民党领导权的过程中，因二次下野的经历，深切体悟到情报和组织的重要。1932 年蒋第二次重返政界，在三民主义力行社下设立特务处，选用黄埔第六期肄业学生戴笠主导，促成戴笠日后成为特务界的一方之霸。戴笠自言对领袖蒋介石绝对信仰与服从，然蒋介石对戴笠态度却有些模棱，蒋留下的文件和日记中，提及戴笠均是寥寥可数。本文拟以蒋氏和戴笠的档案为基础，聚焦戴笠率领军统局刺杀汪派人员的行动和对日本"桐工作"的虚与委蛇，尝试描绘蒋对待戴笠的心态，兼论蒋在日记中略而不提的可能意涵。

以蒋在日记里对汪出走后的关切程度，可知他是在意且迫切想压制的，却对执行反击行动的戴笠和军统局只字不提。这样的反差显示蒋在心态上可能不愿戴笠的工作曝光，也可能是蒋在追求内圣外王的自我期待下，内心不愿面对晦暗、暴力的一面，因而不在日记里留下痕迹，以致让戴笠的身影产生缥缈假象。

关键词 蒋介石 戴笠 军统局 "桐工作"

---

* 台北"国史馆"纂修。

一　前言

蒋介石在竞逐中国国民党领导权的过程中，两次下野的经历，让他深切体悟情报和组织的重要性。1928 年蒋介石复职后，在中国国民党中央执行委员会组织部下设立调查科，即该党中央调查统计局的前身。1932年蒋第二次重返政界，在三民主义力行社①下设立特务处，选用黄埔第六期肄业学生戴笠主导。② 特务处随着时局演变从扩编到升格为军事委员会调查统计局（以下简称"军统局"），在抗战期间迅速成长，不但位居党政机构要角，也让掌握实权的副局长戴笠从崛起到成为特务界的一方之霸。

蒋介石对戴笠而言，是校长、长官、领袖，戴笠自言对领袖绝对信仰与服从。这点从戴笠在专著中强调有志于政治侦探事业者须"绝对信仰领袖""绝对服务命令"可以看出。③ 戴笠还在 1943 年纪念军统局创立的四一大会上，特别将"唯有蒋委员长，才能领导中国革命"列为军统局"四一大会训条"。④ 也因此，戴笠和军统局被视为"蒋介石的佩剑"。⑤反观蒋介石在学生和部属当中是否对戴笠另眼相看？运用台北"国史馆"所建置的档案史料检索系统，可知其典藏的《蒋中正总统文物》（以下简

---

① 蒋介石有意组织一秘密团体求贤聚才，进而人尽其才，个个有力，足以掌控全国，完成革命事业。因此目的，三民主义力行社于 1932 年 2 月 29 日产生（一说为 3 月 1 日），参见周美华编注《蒋中正总统档案：事略稿本》第 13 册（台北，"国史馆"，2004），第267～268、311 页。力行社成立经过请参阅蒋京访问记录《滕杰先生访问纪录》，台北，近代中国出版社，1993；干国勋：《三民主义力行社与民族复兴运动》，台北，出版者不详，1986；邓元忠：《国民党核心组织真相——力行社、复兴社暨所谓蓝衣社的演变与成长》，台北，联经出版有限公司，2000；等等。

② 蒋因九一八事变后的学生运动和第二次下野，对党内所设调查科不满，遂另成立力行社，且与前次模式相同，在组织下设情报机构。请参阅萧李居《戴笠与特务处情报工作组织的开展》，吴淑凤等编著《不可忽视的战场——抗战时期的军统局》，台北，"国史馆"，2012；王奇生：《党员、党权与党争：1924～1949 年中国国民党的组织形态》，上海书店出版社，2009，第 220～221 页。

③ 戴笠：《政治侦探》，国民政府军事委员会政治部编印，1938，第 235 页。

④ 戴笠认为特务处建立于 1932 年 4 月 1 日，故四一大会是军统局创立之纪念会。参见萧李居《戴笠与特务处情报工作组织的开展》，吴淑凤等编著《不可忽视的战场——抗战时期的军统局》，第 2～3 页。

⑤ 参见江绍贞《戴笠和军统：蒋介石的佩剑》，团结出版社，2009。

称《蒋档》）与戴笠直接相关的文件近 1900 个，其中半数以上是戴笠直接呈蒋，可蒋直接给戴笠的书面指示却很贫乏。① 再以其他情报工作人员检索《蒋档》，曾任军统局局长贺耀组的直接相关文件计 2190 个，但多为军事动态报告，而来自蒋的指示则有 323 个，占二人往来函电总数约一成三。除贺耀组外，戴笠的相关文件数量远高于其他情报工作人员。② 然蒋给予戴笠的书面指示却非常少，纵有直接在报告上方批示，亦属极少数之少数。由此可见，戴笠当是亲谒请示居多。

自 2006 年蒋介石的日记开放运用后，曾引发一股研究新风潮，从蒋日记的记述考察蒋对政策的考虑、史事的处置，以及对人物的品评。然而这些研究是依据蒋在日记中提及的人或事，日记中没有记述的人或事就易被忽略。有趣的是，蒋在日记中提及戴笠也不多见，在戴笠多为面谒的情况下，蒋在日记留下对戴笠的记录实不成比例。蒋对戴笠有直呼其姓名，有用戴笠字号"雨农"，可能也有简称"戴"。③ 据目前所见，蒋首次在日记提及戴笠是 1932 年，止于 1946 年记述戴笠失事意外罹难，若包含蒋在日记中的"预定"项目和"反省"，提及戴笠次数最多是 1938 年，主要为长沙大火事，但也仅 5 次；1940 年和 1942 年各 3 次，前者为了特种密电和无线电事，后者是蒋对人事问题的苦恼和自我反省，其余多为 1 至 2 次（参见附录）。反观蒋在 1938 年底记下闻汪精卫潜飞昆明，到 1940

---

① 从"国史馆档案史料文物查询系统"（http：//ahonline. drnh. gov. tw）查询《蒋档》之题名摘由，即文中所指"直接相关"，出现戴笠计 1874 个（除去照片系列），其中戴笠直接呈或电蒋有 1163 个，蒋直接给戴的指示仅有 95 个（2017 年 4 月 3 日点阅）。"国史馆"虽言《蒋档》以件编目，但该文件的文物图书与特务档案系列均有未逐件编目的情形，故检索结果并非精确数字，其比例仍具参考价值。此外，这些统计不含《国民政府档案》中有关戴笠对蒋介石的报告。

② 参见陈进金主编《国内蒋中正典藏资料研究》，台北，中正纪念堂管理处，2013，第 109～111 页。该书统计《蒋档》中与陈果夫直接相关计 1064 个，陈立夫计 1195 个，朱家骅计 903 个。由于"国史馆"修正档案摘由和应"国家发展委员会档案管理局"移交部分档案，书中统计数量与今略有出入。另，主导军事委员会特种技术研究室且兼具秘书身份的毛庆祥是 1137 个，主导国际问题研究所的王芃生 377 个（2017 年 4 月 3 日点阅）。

③ 《蒋介石日记》，美国斯坦福大学胡佛研究所（Hoover Institution Archives, Stanford University）藏。蒋氏日记中所提的"戴"也指戴传贤，本文无法判别者，采阙疑暂不列入讨论。

年 3 月 30 日汪伪政权成立，日记里提及汪精卫不下 160 次。[①] 这些记录呈现了蒋从批判汪不识大体、不顾国家，到派人劝汪出国、关切汪与日互动和找寻对策，再到通缉以汪氏为首的人员。[②]

由于汪精卫的出走河内，意味着国民党阵营的分裂，其"和平"主张可能动摇国人的抗战意志，诚为蒋领导全国抗日的危机考验。但蒋在 1939 年这一年仅有 4 月 6 日的日记"预定"栏言"复季鸾、雨农电函"，再无其他，若非戴笠的档案出现和从蒋档爬梳，是看不到这一年军统局试图摧毁汪精卫成立附日政权的身影。蒋于此关键时期在日记论及汪和戴笠次数呈现极大反差，此一矛盾适凸显戴笠与军统局打击汪伪政权成立的特殊任务，是分析蒋看待戴笠深具意义的个案研究。

本文拟以蒋氏和戴笠的史料为基础，聚焦戴笠率领军统局刺杀汪派人员行动和对日本"桐工作"虚与委蛇的探讨，再参照蒋氏和曾任军事委员会侍从室第六组组长唐纵之日记，尝试描绘蒋对待戴笠的心态，兼论蒋在日记中略而不提的可能意涵。本文特别引用唐纵日记，乃因其曾任特务处的书记长，是戴笠重视之人，且在 1938 年 5 月经由戴笠推荐进入侍从室工作，从其记载可窥见蒋在日记里未记录的有关戴笠之事。[③] 至于"桐工作"的中日密谈内容、经过和日方的用意等，已有学者傅琪贻（原名藤井志津枝）、杨天石和岩谷将的研究论及，不再详述，仅侧重军统局此际作为。[④]

---

① 据初步统计，蒋自 1938 年 12 月 21 日记下闻汪至滇起，至该年底提及汪即有 10 次，1939 年计 113 次，1940 年 3 月 30 日止，计 41 次。

② 参见《蒋介石日记》1938 年 12 月 24 日、1938 年 12 月 27 日、1939 年 5 月 3 日、1940 年 3 月 30 日，余不详列。

③ 公安部档案馆编注《在蒋介石身边八年——侍从室高级幕僚唐纵日记》（以下简称《唐纵日记》），群众出版社，1991。另，王世杰和徐永昌的日记中未曾提及戴笠在此期间的工作。

④ 藤井志津枝（傅琪贻）：《诱和——日本对华谍报工作》，台北，文英堂出版社，1997；杨天石：《找寻真实的蒋介石——蒋介石日记解读（二）》［以下简称《蒋日记解读（二）》］，香港，三联书店，2010，第 157～201 页；岩谷将：《日本陆军眼中的汪精卫和平运动》，吕芳上主编《战争的历史与记忆》，台北，"国史馆"，2015，第 144～165 页。

二 军统局暗杀汪派人员行动

七七事变爆发，随即抗战军兴，担任国防最高会议副主席、国民党副总裁的汪精卫，虽认为应该坚持抗战，但忧心中国国力不足、中共趁机坐大，以及国际正义缺乏制裁力量等，故主张抗战的同时，也不应放弃谋求"和平解决"之道。其后见中国军队屡屡败退，尤其1938年10月广州和武汉相继失守，汪精卫的抗战意志开始动摇。12月18日汪精卫偕妻陈璧君、秘书曾仲鸣等人离开重庆，转往河内，正式展开"和平运动"。

同年12月29日，汪精卫发表"艳电"，公开响应日方的《第三次近卫声明》，呼吁中国在政治上保持主权与行政完整为最低限度，在经济上以互惠平等为合作原则，与日停战、展开谈判。① 汪氏原本构想是从国民政府外部发起"和平运动"声音，引发社会的关注和西南国国民党军将领的呼应，期望由此产生舆论和压力，迫使国民政府修改抗战政策，转而与日本进行"和平"谈判、结束战争。然而现实并未依照汪精卫的规划发展，随着情势演变，汪精卫等人反而在日本对华谋略的引导下，走向筹建附日新政权之路。

1939年3月初，戴笠听闻陈璧君将赴港争取国民党昔日军政人员投效汪精卫，遂要求友人许兆贤设法详查陈璧君在港消息，如有所获即转告军统局香港区长王新衡。② 原先戴笠打算在澳门暗杀陈璧君之弟陈耀祖，但认为用定时爆炸方式无必然把握，故指示部属如果此刻安插的内线能确实掌握陈璧君的行动，并有办法狙杀，则"制裁"陈耀祖行动可以暂缓。③ "制裁"一词实为军统局统称的暗杀行动。

---

① 《汪精卫电蒋介石暨中国国民党中央执监委员》（1938年12月29日），《敌伪组织（一）》，《蒋档》，台北"国史馆"藏，典藏号：002-080103-00009-016。
② 《戴笠电转许兆贤》（1939年3月），《戴公遗墨——情报类》第4卷，《戴笠史料》，台北"国史馆"藏，典藏号：144-010104-0004-062。
③ 《戴笠电奇山》（1939年3月2日），《戴公遗墨——情报类》第4卷，《戴笠史料》，台北"国史馆"藏，典藏号：144-010106-0004-031。

　　从蒋此前的日记考察，蒋写的是对汪精卫举动的关切，并思考应否发表汪与日勾结阴谋。① 3 月，蒋从戴笠的报告得知林知渊和汪氏多次密谈，讨论要蒋交出党政军大权，20 日曾仲鸣被刺后伤重不治，戴笠随即呈报且引当地报载凶手属蓝衣社。② 蒋听闻此案后言 "汪未刺中，不幸之幸也"。③

　　就此案分析，以汪的身份地位，如暗杀汪必须得到蒋的指示。然从蒋在此之前的日记中不断地关注汪的行动，连是否发表汪与日勾结都再三思索，在汪叛迹未显、西南地方实力派动向未明的情况下，蒋岂会冒进痛下杀手。其次，港英政府在汪出走后立即发表保护汪个人行动。④ 蒋需顾及国际观瞻，避免影响国际对中国抗战的恶感。是以戴笠在第一时间引用河内报纸谓蓝衣社所为，是种撇清。再就汪发表 "艳电" 后，各方情治单位均派人前往河内，以情报单位的竞争关系，在河内的行动是有彼此制衡的作用。⑤ 虽然军统局在该年度的工作总报告中提到此事以项目呈报，可能意味河内刺汪案为军统局所为，但项目仍有事后争功，或者对案件调查或澄清之可能。⑥ 由于目前尚无进一步资料比对，宜对作案人身份存疑。

---

① 《蒋介石日记》，1939 年 1 月 1 ~ 3 日、7 ~ 8 日、10 日、13 ~ 16 日、17 日、19 ~ 21 日、24 日、30 ~ 31 日、2 月 1 日、3 ~ 4 日、17 ~ 18 日、21 日、23 日、3 月 13 日、15 日、18 日。

② 《戴笠报告》(1939 年 3 月 11 ~ 13 日)、《译河内晚报》(1939 年 3 月 22 日)，《敌伪组织 (一)》，《蒋档》，台北 "国史馆" 藏，典藏号：002 - 080103 - 00009 - 019。

③ 《蒋介石日记》，1939 年 3 月 22 日。

④ 戴笠在 1939 年上半年呈送的报告中有关汪精卫者，计有转达港英政府重视汪个人行动并予保护、报告该年初汪派在港活动，以及查获陈璧君给汪的信函内述在港活动等，但未提及在香港对汪派的 "制裁"。见张世瑛编辑《蒋中正总统档案：事略稿本》第 42 册补编，台北，"国史馆"，2015，第 88 页；《戴笠贺耀组电蒋介石》(1939 年 1 月 6 日)，《一般资料——呈表汇集 (九十一)》，《蒋档》，台北 "国史馆" 藏，典藏号：002 - 080200 - 00518 - 078；《戴笠贺耀组电蒋介石》(1939 年)，《敌伪组织 (一)》，《蒋档》，台北 "国史馆" 藏，典藏号：002 - 080103 - 00009 - 013。

⑤ 情报单位的竞争可参见王良卿《情报领袖与派系政治——从国史馆新进史料观察戴笠和 CC 系势力的竞争》，吴淑凤等编著《不可忽视的战场——抗战时期的军统局》，第 35 ~ 61 页。

⑥ 《军事委员会调查统计局民国二十八年工作总报告》(1939 年)，《一般资料——军事委员会调查统计局工作报告》，《蒋档》，台北 "国史馆" 藏，典藏号：002 - 080200 - 00612 - 001，但项目不在其中。

同年 4 月，蒋见日本用兵南昌、意欲打通浙赣路，对各重要城市不断轰炸等，认为是威胁之计，迫使中国接受汪的"主和"，曾气愤言"汪肉不足食矣"。① 蒋此后还是密切注意汪之行踪，一面持续思考应否发表汪之阴谋，一面担忧与汪亲善的云南省主席龙云动向，于是着手撰写斥汪文稿，6 月 7 日，蒋一确定汪至东京，表示应即通缉汪。②

不过就《戴笠史料》，军统局在蒋认为要通缉汪之前，已对汪派发动搜索与狙击打算。同年 5 月 10 日，戴笠指示若陈璧君未与汪精卫同行，查其行动予以制裁。③ 24 日，戴笠听闻陈璧君到了香港，立即要求港区人员探知其下落，且"全力以制裁，不必顾虑环境"。④ 6 月 1 日，戴笠得知陈璧君到香港欲劝陈公博赴沪，陈公博以母病为由推辞，遂令在港人员王之光尽速杀掉陈璧君。当时军统局香港区安插一名"玉君"充当内线，戴笠特别询问是何人之化名。⑤

为了除掉陈璧君，军统局香港区人员不敢松懈，有时一日数电，但戴笠回复不见得及时。6 月 2 日，王之光先是回报陈璧君、高宗武在港行踪尚未掌握，唯 1 日发现太子道 292 号的宴会似有汪派重要人员。其后，王之光又报告 20 支左轮枪业已分配。⑥ 关于王之光第一封电文，军统局本部办公室秘书潘其武原本拟复对陈、高均予制裁，然须侦查确实方可行动，并要求对汪派在港活动多方调查。可戴笠批示是如陈璧君在港可予制裁，高宗武则应暂缓执行。⑦ 戴笠此时对高宗武采取暂缓制裁，先前也停

① 《蒋介石日记》，1939 年 3 月 31 日、4 月 1 日、4 月 3 日。
② 《蒋介石日记》，1939 年 4 月 5 日、9 ~ 29 日，5 月 3 日、9 日、13 ~ 14 日、17 日、20 ~ 21 日、25 ~ 27 日，6 月 7 日。
③ 《戴笠复电王之光》（1939 年 5 月 10 日），《戴公遗墨——行动类》第 1 卷，《戴笠史料》，台北"国史馆"藏，典藏号：144 - 010106 - 0001 - 035。
④ 《戴笠指示》（1939 年 5 月 25 日），《戴公遗墨——行动类》第 5 卷，《戴笠史料》，台北"国史馆"藏，典藏号：144 - 010106 - 0005 - 061。
⑤ 《戴笠电王之光》（1939 年 6 月 2 日），《戴公遗墨——行动类》第 5 卷，《戴笠史料》，台北"国史馆"藏，典藏号：144 - 010106 - 0005 - 062。
⑥ 《王之光冬申电》（1939 年 6 月 2 日），《戴公遗墨——行动类》第 5 卷，《戴笠史料》，台北"国史馆"藏，典藏号：144 - 010106 - 0005 - 066。
⑦ 《戴笠电王之光》（1939 年 6 月 4 日），《戴公遗墨——行动类》第 5 卷，《戴笠史料》，台北"国史馆"藏，典藏号：144 - 010106 - 0005 - 064。

下对陈耀祖的暗杀行动，因其主要目标是除掉陈璧君，避免打草惊蛇。[①]
至于第二份电报，5日潘其武拟复要求枪支分配登记，在澳门站行动组岑家焯回澳门后，要王之光电询岑家焯工作的布置，以及严密监视汪精卫的外甥沈嵩（有谓沈崧），但暂缓执行暗杀。7日，戴笠除认可潘其武的条拟外，并要求王之光尽其全力对付陈璧君，并电询王新衡，谓梅光培生病，"玉君"将由何人联络。[②]

这些指示尚未发出，王之光已于3日回报确定陈璧君在港，已开始布置行动。这次戴笠翌日即复电要求侦查人员务必确认陈璧君面貌后方可动手，同时也嘱咐部属转达在港各政府机关的负责人严加戒备，因刺杀行动势必引发港府实施大检查。也因此，戴笠认为王云荪可能被盘查，遂要求王先离港赴韶关。[③] 戴笠要求部属必须一击中的，不可错失机会，但也不愿因刺杀陈璧君而耗损在港打下的基础。

戴笠以陈璧君此次回港实向各方活动，而暗杀陈璧君行动是"极峰"坚嘱，故必须全力以赴。戴笠非常重视此项任务，认为王之光所拟办法不妥，指示不可照办。[④] 9日，戴笠指导王之光，以香港岛、九龙间的交通均须经由渡轮，而陈璧君外出必在早晨或晚间，故要求部属在油麻地之轮渡、尖沙咀的小轮码头，分别派遣勇敢干练的人员伪装黄包车夫等，在九龙方面两码头携带行动武器等候，并严密监视油麻地方面来往汽车以及尖沙咀方面过海的小轮，还要兼顾由港开沪的乘客登轮处，多方化装、昼夜

[①] 1939年2月下旬高宗武奉汪精卫之命再度赴日接洽，迨回港以后请人将报告送给河内的汪精卫，言"东京之行显示，日本人仍然玩老把戏，和我以前在南京外交部任职时一般无二；事实上，由于军事上的胜利，他们现在胃口更大，比以前更坏"。高因此劝阻汪氏继续和日本打交道。另，高宗武在美完成自己的回忆录后，曾写信给友人，慨言自己虽是姑息者，但其书有时也能鼓舞斗士。是以推测高是蒋派在汪身边的密探，恐非事实。而汪未考虑高宗武的建议，与曾仲鸣被刺致死有关。参见王克文《汪精卫·国民国·南京政权》，台北，"国史馆"，2001，第277~278、303页。

[②] 《戴笠指示》（1939年6月7日），《戴公遗墨——行动类》第5卷，《戴笠史料》，台北"国史馆"藏，典藏号：144-010106-0005-066。

[③] 《戴笠电王之光》（1939年6月4日），《戴公遗墨——行动类》第5卷，《戴笠史料》，台北"国史馆"藏，典藏号：144-010106-0005-063。

[④] 然原件未见王之光所拟的办法，仅见戴笠的指示。见《戴笠电王之光》（1939年6月4日），《戴公遗墨——行动类》第5卷，《戴笠史料》，台北"国史馆"藏，典藏号：144-010106-0005-063。

监视，一遇机会要拼命去做，必能达成任务。戴笠担心自己有所疏漏，要求王之光倘若岑家焯回港，可与之面商，或是刘戈青尚未离港的话，亦可请其参详、策划行动。另因港府对枪支登记管制，是以在港的行动不宜使用在港购买的枪支，戴笠言将另行备枪，派人带至香港。①

戴笠对于暗杀陈璧君的指示，就目前可见军统局的"制裁行动"中是极少见的详细，戴笠亲自规划，巨细靡遗地指示部属布桩的地点、乔扮的身份，连陈璧君的习惯以及上海至香港岛、九龙的交通无一放过。戴笠通常对这类行动的指示，多为指定暗杀行动的对象，在何地执行，最多提及以何种方式进行，使其造成吓阻影响，故对陈璧君的狙击指示确属特例。

其后戴笠见欧洲局势不稳，认为英对日必采妥协让步方式，加以汪派人员在港岛各马路公开积极宣传"和平运动"，遂于7月1日要求王新衡查明汪派在港人员的居处和行动，随时待命执行制裁，如若英对日让步，那么军统局就得在港扩大行动。② 刺杀陈璧君虽是军统局最迫切任务，但因缺乏路线，终未能成事。可香港区人员欧君豪于8月16日呈报沈嵩在港极为活跃，请示可否执行制裁。戴笠批示立即动手，唯须绝对严密，最好是用斧砍也。③

随着汪伪政权筹设的脚步，戴笠加快发出暗杀汪派人员的命令，1939年12月要求制裁汪派特工陈明楚、赵刚义、何行健，俟行动成功向蒋报告，还得蒋谕示嘉奖执行人员，戴笠甚至为此发出奖金。④ 迨汪伪政权成立，军统局衔命暗杀行动益发激烈，除了前述人员外，对象还有丁默邨、林之江、李士群、金寄寰、郭履洲等，戴笠也要求调查与陈明楚有关人

① 《戴笠电王之光》（1939年6月9日），《戴公遗墨——行动类》第3卷，《戴笠史料》，台北"国史馆"藏，典藏号：144-010106-0003-039。

② 《戴笠指示》（1939年7月1日），《戴公遗墨——行动类》第3卷，《戴笠史料》，台北"国史馆"藏，典藏号：144-010106-0003-026。

③ 《戴笠电欧君豪》（1939年8月19日），《戴公遗墨——行动类》第5卷，《戴笠史料》，台北"国史馆"藏，典藏号：144-010106-0005-033。

④ 《戴笠指示》（1939年9月6日、12月23日、12月31日），《戴公遗墨——行动类》第1卷，《戴笠史料》，台北"国史馆"藏，典藏号：144-010106-0001-022、144-010106-0001-024、144-010106-0001-025、144-010106-0001-027。

士。戴笠还指定狙杀汪伪政权行政院副院长兼外交部部长褚民谊、外交部次长徐良、航空委员会主席陈昌祖（亦为陈璧君之弟）、国际宣传局局长汤良礼、上海高三分院首席检察官乔万选、曾任四明银行董事长和财政部税务署长的吴启鼎，以及汪伪政权中央党部执行委员汪曼云、林柏生等人。① 由军统局 1939 年的工作总报告，沈嵩和林柏生确为军统局所杀，而原为军统局人员的上海区行动组长过正根、南京区的会计杨超伦、青岛行动队队长赵刚义因投效汪伪政权，均在该年被秘密暗杀。② 此后不论在港澳或在沪杭，军统局和汪伪政权的"七十六号"特工厮杀频繁，是抗战期间的另一种战争。③

除了暗杀行动外，唐纵还提到 1939 年 11 月 22 日戴笠有意运用时任广州行营副主任邓龙光的关系接近汪精卫，请示时为蒋所拒。④ 足见此日蒋接见了戴笠，但在其日记却只字未提；不过参照唐纵从汪出走到汪伪政权成立前的日记，这也是唯一一次明确提到蒋召见戴笠。另，唐纵曾言外界虽视其与戴笠关系密切，但事实上戴笠的文件并不经其转呈蒋。⑤ 唐纵此言说明了戴笠对蒋的报告可以不经侍从室。

三　军统局与日"桐工作"的周旋

1939 年 10 月，日军在南京成立"支那派遣军"（以下称中国派遣军）总司令部，该司令部 11 月底派参谋本部"支那"班班长铃木卓尔，

---

① 参见《戴公遗墨——行动类》各卷。

② 《军事委员会调查统计局民国二十八年工作总报告》（1939 年），《一般资料——军事委员会调查统计局工作报告》，《蒋档》，台北"国史馆"藏，典藏号：002 - 080200 - 00612 - 001。

③ 另有一件叶遇霖的报告，谓汪伪政权的情报机关领导人之一丁默邨派社会部专员张石之抵港活动，其目的在拉拢重庆方面的下级干部从事反间，因为张石之熟识甚多重庆方面派出的干员。戴笠指示，最好查明张石之在港有无嫖妓与跳舞情事，如有，应将张所接近的女子同时击毙，以示情杀。见《戴笠指示》（1939 年 7 月 23 日），《戴公遗墨——行动类》第 5 卷，《戴笠史料》，台北"国史馆"藏，典藏号：144 - 010106 - 0005 - 055。可以确定的是张石之案不在 1939 年军统局的工作总报告中。

④ 《唐纵日记》，第 103 页。

⑤ 《唐纵日记》，第 102 页。

找寻联络重庆国民政府的管道。后铃木卓尔找上旧识——任教于香港大学的张治平，意欲透过张治平拜会宋子文的胞弟宋子良。宋子良当时人在香港，是军事委员会西南运输处处长。经过联系，日本与重庆方面自 1940 年 3 月起展开会谈，日方参与人员为日本参谋本部陆军大佐今井武夫、参谋本部谋略课课长臼井茂树和铃木卓尔，重庆方面据称是重庆行营参谋处副处长陈超霖、最高国防会议秘书主任章友三、宋子良、香港特使张汉年和联系人张治平。然就相关研究和目前的史料来看，宋子良确未参与其事，这其实是一桩军统局乘机操作的情报战。①

日本虽攻下广州、武汉，逼得蒋介石迁都重庆，然现实让日方意识到通过军事行动，迫使中国屈服的目标是益发遥远。因此，日本的对华政策从军事行动转向使用多种计谋手段，期以早日结束中日之间的战争。② 也因此，铃木卓尔被交付此一任务。据张治平表示，是旧识铃木找上他的寓所，承告来此负有寻求"和平"任务，嘱觅路线。当时张治平并无路线，遂搁置之。后铃木复申前请，张治平认为可乘机探取情报，故与军统局的曾政忠相商，乃透过曾政忠结识其联络人卢沛霖。1940 年 1 月，张治平得到卢沛霖响应，表示中央允许其以特工身份进行，但张治平仍先以德国通讯社记者及港大教授身份从私人情谊角度与铃木接触。③ 是以这场中日秘密谈判是日方主动找上张治平，而军统局乘机运作，军统局并非发动者。

日方对此次密谈的人选锁定宋子良，系"相信宋子良先生之有力量"。④ 宋子良是宋美龄之弟，此时掌理西南运输处。该处是军事委员会

---

① 杨天石认为参与密谈的宋子良和章友三都是军统局驻港人员假扮。见杨天石《蒋日记解读（二）》，第 186~193 页。另，张治平申辩与日密谈经过时，言宋子良从未参与，章友三是曾政忠假扮，会中没有陈超霖此人。见《戴笠呈蒋介石报告》（1940 年 9 月 15 日），《和平酝酿（三）》，《蒋档》，台北"国史馆"藏，典藏号：002-080103-00029-003。

② 岩谷将：《日本陆军眼中的汪精卫和平运动》，吕芳上主编《战争的历史与记忆》，第 157~164 页。

③ 《戴笠呈蒋介石报告》（1940 年 9 月 15 日），《和平酝酿（三）》，《蒋档》，台北"国史馆"藏，典藏号：002-080103-00029-003。

④ 《张季鸾函陈布雷》（1940 年 9 月 2 日），《和平酝酿（四）》，《蒋档》，台北"国史馆"藏，典藏号：002-080103-00030-004。

在日记中找寻历史

于 1937 年 10 月 1 日在广州设立的"西南进出口物资运输总经理处",主要掌控越南海防与中国西南的物资运输,也有作战部队运送和进出口物资接转等业务。由于该处职掌事涉军事机密,遂对外称"兴运公司"或"西南运输公司"。[①] 该处的首任处长由广州市市长曾养甫兼任,然翌年 2 月曾养甫以无暇兼管该处辞处长职,政府改派宋子良担任。1938 年 1 月,宋子良接任不到一年时间,蒋介石即通令行政院各部、军委会、航空委员会,凡在香港起卸之货物,皆归"西南运输公司"负责,亦即各部会在香港所有货物的运输,均交由宋子良全权处理。[②] 是以日方认为宋子良除身为蒋介石的姻亲外,在香港承担重任,应该颇受蒋的信任与重视。然令人费解的是,铃木谈判对象既然锁定宋子良,何以不事先调查其长相、习性,反而在会谈中偷拍宋子良照片,事后找周佛海核对,方得知不是宋子良本人。[③] 可主持"国际问题研究所"的王芃生则言铃木的助手张钧与宋子良相善,还于 1940 年 5 月密宴宋子良,同席有铃木和今井等人。[④] 此一矛盾有两种可能性,其一,王芃生如唐纵所言"判断敌情,从未应验",其消息并不正确;[⑤] 其二,铃木等人以为密谈人是否宋子良本人并不重要,要紧的是这条管道可以将讯息传送到蒋介石手上。当然,唐纵的说法可能出自情报机关彼此相轻。

日本的"桐工作"是以"关于日支新关系调整的原则"为基础,中日双方于 1940 年 3 月起展开会谈,日方要求重庆政府放弃抗日容共政策,并与汪派合流,作为停战条件。据今井武夫回忆,当时日方的备忘录重点为:"第一条,中国以承认满洲国为原则;第二条,中国立即放弃抗日容共政策;第三条,日华缔结防共协议,允许日军一定时期内在内蒙古及华

---

① 夏兆营:《论抗战时期的西南运输总处》,《抗日战争研究》2003 年第 3 期。
② 《蒋介石手令》(1938 年 1 月 28 日),《革命文献——国际运输》,《蒋档》,台北"国史馆"藏,典藏号:002 - 020300 - 00015 - 009。
③ 据杨天石考证,当时假扮宋子良的系军统局的曾广。见杨天石《蒋日记解读(二)》,第 188 页。
④ 《王芃生电蒋介石》(1940 年 5 月 26 日),《一般资料——呈表汇集(一〇〇)》,《蒋档》,台北"国史馆"藏,典藏号:002 - 080200 - 00527 - 075。
⑤ 《唐纵日记》,第 101 页。

北地区驻兵；……第七条，停战协议成立后，国民政府与汪精卫派协力合作。"① 就日方资料显示，双方在此基础上折冲往返，历时半年余。

但中方资料显示，3 月底，即双方初次会谈，戴笠认为铃木等所谓"中日和平完全系威胁吾方之企图"，表示绝不能接受，故要张治平暂勿返港，并要曾政忠立即赴渝一谈。② 蒋介石得知日方条件后，于 4 月面谕如日方不能同意解决汪政权问题，"则张治平不准再与铃木辈有任何接洽"。③ 张治平谓其本奉谕示，不再与铃木论及此事，唯铃木数度来访，张遂以采取情报立场与之晤谈，并告以中国决不能接受任何有损领土完整、主权独立的条件。4 月 21 日，铃木奉中国派遣军总司令部参谋总长板垣征四郎之召赴南京，5 月 4 日返港，又迭次联系张治平，并告以微调后的日方谈和条件。张治平将此讯息经港区人员转达戴笠，戴笠于 5 月 23 日向蒋呈报现况，同时复饬张治平如日方不先除汪，中央断难与之言和，今后不可与铃木等涉及中日"和平"问题。可是直至 7 月底张治平还是不断地与铃木碰面，也回复日方提出的建议。④

换言之，张治平是二度接获上级命令停止其涉及中日密谈。其间的吊诡在于，此一谈判工作本应在 4 月宣告终止，至少 5 月也应该停止，但张治平仍持续与日方接触，是其急欲邀功，自作主张将谈判事转向为采集情报而持续与日方接触，抑或另有隐情？就张治平对其工作的认知，由于 5 月间铃木的秘书增田告知"和平"意见 5 项，内有"日本对汪政权拟于一、二月内不予承认，预为中日和平之最后时机"之语，故又"奉准"再与铃木晤谈，唯以"撤销汪伪组织"为先决条件。⑤ 对照戴笠的说法，5 月中旬饬令张治平勿谈中日"和平"事；6 月 27 日、7 月 2 日，戴笠

① 《今井武夫回忆录》，转引自杨天石《蒋日记解读（二）》，第 160 页。
② 《戴笠电王定南》，《戴公遗墨——一般指示类》第 3 卷，《戴笠史料》，台北"国史馆"藏，典藏号：144‒010113‒0003‒025。
③ 《戴笠呈蒋介石报告》（1940 年 8 月 12 日），《和平酝酿（三）》，《蒋档》，台北"国史馆"藏，典藏号：002‒080103‒00029‒003。
④ 《戴笠呈蒋介石报告》（1940 年 8 月 12 日），《和平酝酿（三）》，《蒋档》，台北"国史馆"藏，典藏号：002‒080103‒00029‒003。
⑤ 《戴笠呈蒋介石报告》（1940 年 9 月 15 日），《和平酝酿（三）》，《蒋档》，台北"国史馆"藏，典藏号：002‒080103‒00029‒003。

又接获军统局港区转来张治平的报告，于 7 月 3 日指示"敌方明知汪逆之无用，而仍不肯牺牲之，甚至谓将由板垣偕汪逆来见委座当面言和等情，足证敌方之无言和诚意，同志以站在采取情报之立场与德国通讯社记者之身份，可与铃木见面，但对中日和平之问题，万不可有任何意见之表示"。① 7 月初的指示或许是张治平理解的"奉准"，但在 5 月时戴笠是严令张治平勿再谈"和平"事，张的说法是把"奉准"时间提前了。

7 月 26 日，张治平再次呈上与铃木晤谈内容，铃木补充说明先前所谓带汪前往会面，是指将汪交由蒋处置，而非邀汪参加"和平"谈判。戴笠本欲将此内容转呈蒋，顷接 8 月 2 日南京区电报称近日南京盛传日方与重庆中央谋和，正密商蒋汪二人会面地点。戴笠恐此为日方故意宣传，以图动摇抗战之决心与阵容，故未立即告知蒋，转而密饬张治平在不暴露身份原则下，继续多方探听日方进行"和平"的真实内幕，并随时详复。然戴笠同时要求其他管道探查铃木虚实，是以张治平虽回报铃木言日本决心求和事，然戴笠也从他处获悉铃木以为在港经由张治平觅取与重庆言和未得要领，将另觅路线活动，因此戴笠于 8 月 12 日呈请蒋介石核示后续。② 不久，日本祭出反制，张治平立即身陷双面间谍的疑云。

张治平遭质疑是反间，起于《大公报》主编张季鸾从日本兰机关长和知鹰二听闻张治平交涉时出示蒋介石所书的"委任状"和"亲笔函"，以取得信任。张季鸾以为"铃木之事，疑系受骗或互欺，惟有一点不容忽视，此即竟有人敢伪造委员者之信，此显为重大犯罪行为，应加以彻查"。③

蒋得知后大怒，戴笠也因张治平有反间嫌疑，9 月 7 日将其软禁，并

① 《戴笠呈蒋介石报告》（1940 年 8 月 12 日），《和平酝酿（三）》，《蒋档》，台北"国史馆"藏，典藏号：002-080103-00029-003。
② 《戴笠呈蒋介石报告》（1940 年 8 月 12 日），《和平酝酿（三）》，《蒋档》，台北"国史馆"藏，典藏号：002-080103-00029-003。
③ 《张季鸾函陈布雷》（1940 年 9 月 2 日），《和平酝酿（四）》，《蒋档》，台北"国史馆"藏，典藏号：002-080103-00030-004。

派掌理司法的处长徐业道质询张治平，其后还亲自诘问张治平。戴笠质问重点为：其一，确认张治平是否伪造蒋的"委任状"和"亲笔函"；其二，日方的"和平"条件是否蒋汪合作及其言和诚意；其三，铃木在港与中国人士的来往关系；其四，张治平何以不依指示，返港即借机打入"东亚民族协进会"，假装拥护汪的"和平"主张趁机与汪接近。关于第一点，张治平当然否认；第二点，张治平认为日方的确有言和诚意，在得知重庆态度后，已修正条件为汪交由蒋处置；第三点，张治平闻铃木与杜月笙、李思浩颇有来往；第四点，张治平与汪精卫早已结识，甚至汪在河内时，曾邀张治平前往会面，但为张所拒。1940 年 4 月张治平到过重庆，汪伪政权方面已获悉，故同年 7 月派陈国梁到香港调查，唯陈国梁返沪时被军统局打死。张治平自陈正因参与过"东亚民族协进会"，反而被指为汪的内线。① 戴笠盘问的目的，在于向蒋澄清张治平没有擅作主张伪造文件，也非汪派的内奸；另陈述张治平的观感，日方确有诚意言和。

关于日方谓 1940 年 3 月密谈时中方出示蒋的"委任状"和"亲笔函"，实疑点甚多。第一，"桐工作"一开始即锁定会谈对象是宋子良，因其与蒋的姻亲关系，且是日方主动找上张治平联系重庆方面，如会谈要求中方出示证明文件，岂不容易断了沟通机会。第二，会谈时既已出现伪装的宋子良，中方代表又何需出示"委任状"和"亲笔函"，第一次的接触只是了解彼此的诉求，中方何需如此大的动作。何况戴笠自 1932 年带领特务处从事情报任务，至 1939 年已累积七年经验，怎会如此思虑不周、自降身份，陷自身于不利境地。再者，中方如要出示证明文件，也不会是最外围的联系人张治平，而日方若看到委任状等，何以还要侧拍宋子良照片事后再找周佛海指认。第三，"桐工作"失败后，不见日方相关人员进行辩解，事隔七十余年，也不见日方当事人或学者为"桐工作"被军统局戏耍而翻案过。第四，和知鹰二与张季鸾一直有所联系，何以在"桐

---

① 《戴笠呈诘问张治平谈话纪录》（1940 年 9 月 7 日），《和平酝酿（三）》，《蒋档》，台北"国史馆"藏，典藏号：002 - 080103 - 00029 - 003。

工作"无法继续推动时，才透露消息给张季鸾，这点颇耐人寻味。基于上述，恐怕是日方不甘损失，故以反间计将军统局一军，并趁机另启与重庆联系的管道。

张治平被盘查后，戴笠给其在局内的待遇仍然不差。例如1941年5月，戴笠相中外事训练班的黄金玉女士，要求毛人凤协助她尽快学好国语为军统局所用，并建议将黄金玉移往乡间与张治平夫人同住。① 1943年戴笠指定局内耶诞宴增加三同志，张治平是其中之一。② 这点或可说明张治平宣称1940年5月（实际应是7月，如上文）以后奉指示继续与日接触，其目的是为采择日方情报，某种程度他的行动应是得到了戴笠的默许。

日本对中日"和平运动"是采多重路线同时进行，因是年9月重庆方面对"桐工作"响应迟缓，决定将之改为采集情报性质，而将寄托放在"兰工作"上，并决定承认汪伪政权，为大规模持久战做准备。所谓的"兰工作"是和知鹰二在"桐工作"初起时也到香港，通过张季鸾联系重庆方面。由于此二项工作发生冲突，"兰工作"转入地下进行，先以"桐工作"为主。据研究，日本海军对"桐工作"的态度比陆军审慎，认为有可能是中方计谋；而日本陆军为了观察重庆方面反应，还向汪精卫提出延缓成立"新政权"的想法，这让周佛海意外得知日方与重庆国民政府有交涉动作。日本陆军是将"桐工作"进展一一向日本天皇报告，而日本天皇对此也颇有期待，其后密谈停滞，中国派遣军不得不承认"桐工作"是中方计谋。③ 9月下旬，中日不约而同均下令结束此一工作。因为军统局与"桐工作"的周旋，日本直至1940年11月底才正式承认汪伪政权，军统局的作为对汪伪政权的声势发挥了挫折功效。

---

① 《戴笠电毛人凤》（1941年5月25日），《戴公遗墨——总务类》第2卷，《戴笠史料》，台北"国史馆"藏，典藏号：144-010110-0004-029。
② 《戴笠指示》（1943年12月22日），《戴公遗墨——总务类》第2卷，《戴笠史料》，台北"国史馆"藏，典藏号：144-010110-0004-086。
③ 岩谷将：《日本陆军眼中的汪精卫和平运动》，吕芳上主编《战争的历史与记忆》，第158～160页。

四 结论

蒋介石在竞逐中国国民党领导权的过程中,汪精卫一直是其重要对手,二人声势互有消长。1938年汪在党政地位仅次于蒋的情况下,竟密潜河内选择对日主和,对蒋坚持抗日是莫大打击。虽然历史的发展不可假设,但蒋在汪发表"艳电"的当下,想必思考过如果国民党阵营就此分裂,其领导地位岌岌可危,甚至有可能在日军集中火力下崩溃。是以从蒋的日记可以清楚看到蒋对汪出走后行止的关切,并不断地思考该如何因应和采取行动,但看不到的是蒋已悄悄展开对汪出走后的反制行动。

对档案抽丝剥茧后,可以发现1939年初国民党内人士因不清楚汪的动向,对汪这样一位党政的高层人士确实不敢贸然行动,戴笠此时的工作重点在搜集情报。3月曾仲鸣被刺致死,刺激汪派活动转趋积极。戴笠在听闻陈璧君将前往香港运作旧时军政人员投效汪,接到"极峰"指示,如无汪的作陪,对陈璧君发出狙杀令。戴笠口中的"极峰"当然是蒋介石。蒋、戴对暗杀汪虽有所顾忌,却视刺杀陈璧君可断汪之左右臂,是以成为戴笠最迫切的任务。然陈璧君并非简单人物,没有让军统局轻易得手,军统局改以其他汪派人员为暗杀对象,试图制造恫吓效果,以令汪派人员退却。对这些过程知情的蒋在日记里只字不提,而担任军事委员会参事室主任的王世杰、军令部部长徐永昌的日记里也完全没有提过此事,纵使才刚被戴笠举荐进入侍从室的唐纵,其日记中也不曾提到。这种集体记录的缺漏,值得进一步深入探究。

由于军统局暗杀汪派人员并不能有效阻挠汪伪政权的进行,当日本启动"桐工作"时,军统局即乘机运作以撤销汪伪政权为目的,同时打探日方情报。关于此事,戴笠随时向蒋报告进度,可这件事在蒋的日记还是隐形了。"桐工作"失败关键在于日方条件是蒋汪合作,而蒋方条件是先除汪再谈后续。是以蒋在1940年4月听取报告后,即指示如日本不解决汪伪政权问题,不准军统局人员再与日方接触。虽然其后戴笠时有报告,但其目的已转为采集情报性质,与和谈无涉。至于同年9月爆发中方人员在密谈会上出示蒋的委任状和亲笔函，揆诸各方资料，应是日方不甘"桐工作"之失，祭出反间计将军统局一军。

不论是蒋的指示还是蒋在日记中的记述，均很少提及戴笠。可就蒋对汪出走后的关切程度，以及此际戴笠率领军统局不论是暗杀汪派人员或是与日周旋，借以打击汪政权成立，蒋是在意此事的。至于蒋蓄意选择对戴笠的工作以低调、淡化方式处理，可能与戴笠的工作有着不能曝光和晦暗的特质有关，也可能是蒋对追求内圣外王的自我期待，内心着实不愿面对以暴力解决问题，因而不在日记里留下痕迹，以致产生戴笠的身影在蒋的眼中是缥缈的假象。

附录　蒋介石日记中关于戴笠的记录

时　间	内　容
1932 年 4 月 13 日	军队党务特派员之人选与组织，在高级班与力行社中挑选之，特务组织以徐恩曾、陈希曾、戴笠、郑介民、竺鸣涛为干部，蔡劲军亦可入选
1932 年 10 月 7 日	预定：八、电戴笠加新闻学
1936 年 6 月 28 日	预定：二、戴笠密本防泄
1936 年 11 月 24 日	预定：二、责问雨农缉捕排长
1937 年 2 月 12 日	下午雨农盲肠炎入院，妻往慰问
1937 年 12 月 6 日	预定：一、康泽、戴笠来见
1938 年 1 月 5 日	预定：一、……查雨农住址
1938 年 4 月 14 日	预定：二、见袁冠新、雨农
1938 年 7 月 14 日	十、预七师副李其中与一〇二师副胡松林对调。见戴笠跪求泣诉，太失体态，心甚不悦
1938 年 7 月 19 日	预定：一、见雨农、缺夫。二、调查局会议。注意一、特务工作人员之制裁
1938 年 11 月 18 日	预定：一、约恩来、雨农、贵严来见。……三、限期清除火场。本日设立长沙火事之军法会审
1939 年 4 月 6 日	预定：二、复季鸾、雨农电函
1940 年 2 月 16 日	预定：三、雨农谈特种密电
1940 年 2 月 20 日	五、见雨农
1940 年 3 月 15 日	五、戒雨农勿发无线电
1941 年 9 月 21 日	预定：一、约雨农来见

时　　间	内　　容
1941 年 10 月 31 日	预定：五、切戒戴笠
1942 年 8 月 11 日	预定：六、严训雨农
1942 年 8 月 13 日	近日以人事问题又起顿闷，抑郁非常，尤以昨日为甚。戴笠、世和，乃至于贵严、公侠、铁城几乎无一人不偏不私，奈何，言念革命前途，殊为寒栗，欲求一平凡通达，使余不致时生苦闷者，百不一二，可叹
1942 年 12 月 13 日 "上周反省录"	一、每日言行几乎皆有错误，尤其对贵严声色俱厉，对雨农报告不能详细思索爆急愤怨，毫无修养从窘之气，应切戒之
1943 年 5 月 4 日	令发戴笠特币一千五百万元，抢购沦陷区蚕丝之用
1943 年 11 月 10 日	下午戴笠来报告别动军组织事及英美对泰越韩台等进行策略
1944 年 11 月 5 日	晚约雨农来谈
1945 年 5 月 21 日	预定：十时前到大会，尚有人欲要求变更者，以余态度坚定晤时，彼亦不敢再提也。惟万福麟、马占山、沙王、高桂滋四人未当选，乃命俞济时、萧赞育、刘咏尧、戴笠自动让出以补之，于是重要缺憾方得补苴也
1946 年 3 月 20 日	军事调查统计局长戴笠，字雨农，十七日由青岛起飞赴沪，不幸以气候恶劣竟在南京附近遇险身亡，殊为悲痛，此生虽多缺点，但其忠诚与热心实不愧革命信徒也，今焉则无矣

资料来源：摘录自《蒋介石日记》。

流产的蒋毛会晤：
1942～1943 年国共关系再考察

金以林[*]

内容提要 抗日战争进入相持阶段以后，国共关系逐步由合作走向摩擦，前后经历过三次"国民党反共高潮"。第一次是 1939 年 12 月爆发的山西新军事件，第二次是 1941 年 1 月的皖南事变，第三次是 1943 年 5 月国民党准备闪击延安。中共党史著作对此多有叙述，然而往往没有注意到，在第二次和第三次"反共高潮"之间两年多的时间里，国共关系一度相当缓和，且有过一段较为密切的接触。特别是 1942 年这一年，蒋介石主动提出要与毛泽东会晤。为此毛泽东多次致电在重庆的周恩来，希望面对蒋介石会商国共关系。后因周恩来的反对，改派林彪到重庆见蒋介石。最终双方因差距过大，谈判不了了之。此后不久，随着共产国际的解散，国共双方又展开了新一轮的对抗。

关键词 毛泽东 蒋介石 抗战 国共关系 "反共高潮"

一

抗日战争进入相持阶段后，国共两党关系日趋冷淡，前后出现三次

---

* 中国社会科学院近代史研究所研究员。

"国民党反共高潮"。毛泽东在处理这三次事件中，始终秉持有理、有利、有节的态度并采取完全不同的方法相对应，[1] 始终赢得国共对抗中的主动权。

第一次是山西新军事件。1939年12月，阎锡山命令他长期控制的山西旧军进攻抗战中新成立的山西新军。表面上山西新军归阎指挥，事实上它是由中共领导的一支武装。此时，阎锡山并没有公开反共，晋西的摩擦是以新旧军冲突的形式出现的。对此，毛泽东利用这一点，明确提出：新军可公开将旧军视为对抗日的叛变，"对叛军进攻绝不退让，坚决有力地给予还击，并立即由新派提出反对叛军的口号，但不要反对阎"。"在新军内部迅速巩固党的领导，不可靠者断然撤换。"[2] 同时，毛泽东要求八路军必须支持新军，但不必随新军一起提反对叛军的口号。

在处理这次事件时，毛泽东采取的对策是军事上坚决反攻，政治上不仅不提一句反对国民党，甚至都不公开指名批阎锡山，而是要"在拥阎之下反对阎"。[3] 最终逼迫阎锡山直接与中共谈判解决，并重新划分彼此防地。晋西南为阎锡山活动区域，晋西北归八路军。国民党谈判代表张冲也向中共表示："不再提八路军扩军人事归国民党中央管理。"毛泽东事后评价这次反摩擦的成绩时表示："最大的胜利就是防线的划定，现在我们党的力量可以起半决定作用。"[4]

第二次是皖南事变。这次"反共高潮"同前次最大的不同是，国民党中央军攻打中共直接指挥的新四军，且中共损失惨重。有关皖南事变的研究成果已非常多了，这里不再赘述。以中共当时的实力，不可能同国民

① 毛泽东：《目前抗日统一战线中的策略问题》（1940年3月11日），《毛泽东选集》第2卷，人民出版社，1991，第750页。
② 《毛泽东王稼祥致朱德左权彭德怀电》（1939年12月6日），中共中央文献研究室编《毛泽东年谱（1893～1949）》中卷，中央文献出版社，2013，第148页。
③ 《毛泽东在中央政治局会议上的发言》（1939年12月23日），中共中央文献研究室编《毛泽东传》，中央文献出版社，2011，第553页。
④ 《毛泽东在中央书记处会议上的发言》（1940年3月23日），《毛泽东年谱（1893～1949）》中卷，第182页。

党彻底决裂。因此，毛泽东采取的对策是："政治上取攻势，军事上暂时仍取守势"，① 利用国内外的舆论共同发酵，赢得了人心，彻底摆脱了国民党军令上的限制，很快重建新四军，同八路军一道得以迅速发展壮大。同时，中共只将制造皖南事变的祸首定为何应钦、顾祝同、上官云相三人，始终未正面攻击蒋介石。毛泽东还特意致电刘少奇、陈毅等指示："我们暂时不公开提出反蒋口号，而以当局二字或其他暗指方法代替蒋介石的名字。"②

蒋介石在国内外的压力下，被迫命张冲与周恩来谈判解决皖南事变。为此，毛泽东致电周恩来提出"于十八集团军之外，再成立一个集团军，共应辖有六个军"等12条办法。③ 3月14日，蒋介石主动约见周恩来表示："两个多月未见，由于事忙。参政会开会前，因不便未见。""现在开完会，情形和缓了，可以谈谈。"其间，蒋介石始终对新四军事件有意置而不答。当周恩来提到防地和扩军问题时，蒋介石自知理亏，只是含糊其辞地说："只要听命令，一切都好说，军队多点，饷要多点，好说。"④ 既然蒋介石开口"军队多点，饷要多点，好说"，中共反而可以合法地放手扩军，中共根据地的发展更快了。

这年7月12日，苏联和英国签订《关于在对德战争中共同行动的协定》。毛泽东敏锐地意识到："英苏协定将成为世界政治的枢纽，美国在政治上只能跟着这条路线走，不能操纵一切。英苏协定将影响日本，增加其顾虑，亦将影响中国，促成中苏、国共的好转。"为此毛泽东指示周恩来："关于见蒋，张冲既两次来催，似可一见，看他说些什么，如能释

---

① 《毛泽东致周恩来彭德怀刘少奇电》（1941年1月20日），《毛泽东年谱（1893～1949）》中卷，第262页。
② 《毛泽东王稼祥朱德致刘少奇陈毅张云逸等电》（1941年1月28日），《毛泽东年谱（1893～1949）》中卷，第263页。
③ 《中共中央书记处致周恩来董必武电》（1941年2月28日），《毛泽东年谱（1893～1949）》中卷，第279页。
④ 《周恩来关于同蒋介石谈判问题给中共中央的报告》，《皖南事变（资料选辑）》，中共中央党校出版社，1982，第235页。

放叶挺及发八路军几个月饷，国共关系即可转圜，但仍不可求之过急。"①
正如毛泽东所预料的那样，7月19日，国民党因"国际环境关系"被迫
向中共提出"中央提示案"（即皓代电）：允许"18GA（即第十八集团
军——引者注）编为二军六师（每军三师，每师三团）及一独立旅（两
团制，不准有支队）"，陕甘宁边区"区域"共18个县，同时又设定诸多
限制。② 而此时中共根据地的区域和军队数量都已大大超出这一范围。22
日，毛泽东复电周恩来表示："目前还谈不到对十二条的让步问题，仅在
国民党真有好转诚意时，我们才准备谈判具体条文（对某几条可以商
量）。"③ 故未接受国民党的要求。

在第二次与第三次"反共高潮"之间，也就是1941年3月到1943年
7月的两年多时间，国共关系相对稳定。特别是到了1942年夏，国共两
党一度重新开启谈判。甚至蒋介石主动提出要见毛泽东。这又是为什么？

这期间最主要的一个因素，是国际形势发生了异常激烈的动荡和变
化。特别是在1941年，接连发生了两件震动世界的大事：一是在欧洲战
场，6月德国突然进攻苏联；二是在亚洲太平洋战场，12月日本偷袭美国
珍珠港。这两场大战根本改变了世界的政治格局和力量对比，同时也对国
共关系产生了深刻的影响。

1942年元旦，由美、英、苏、中四国领衔，参加反对德、意、日作
战的26国签署《联合国家宣言》，这标志着反对轴心国的盟国阵线正式
形成，从此中国成为"四强"之一。美、英、苏三国团结的增强，直接
影响着蒋介石的对内政策。此时，美、英两国都不希望中国发生内战，美
国甚至进一步表示：它所给予蒋介石的援华军火，不得用于反共。

---

① 《毛泽东复周恩来电》（1941年7月15日），《毛泽东年谱（1893～1949）》中卷，第312页。
② 《与中共谈话要点案》，另可参阅《参谋总长何应钦呈蒋委员长就林彪周恩来所提要求四项列并附具研究意见列表签呈监核》（1942年12月31日），秦孝仪主编《中华民国重要史料初编——对日抗战时期》第5编《中共活动真相》第4册，台北，中国国民党中央党史委员会，1985，第251～252、244～245页。
③ 《中共中央书记处复周恩来董必武电》（1941年7月22日），《毛泽东年谱（1893～1949）》中卷，第314页。

这年4月，日本占领缅甸，切断了英美向中国输送军火物资的唯一通道——滇缅公路。此时，连接中国与外部世界的通道就只剩下经新疆通往苏联的陆路交通。在重庆的周恩来曾向毛泽东汇报："美对苏关系已好转转好，反苏力量日减。"① 而一向亲苏的新疆王盛世才自苏德战争爆发后，逐步改变其原有的亲苏政策，开始向国民政府表示效忠。为了顺利解决新疆问题，保持中苏交通，蒋介石不得不考虑要同苏联和中共改善关系，决定："对匪应随机处置，不宜整个破裂，以此时无彻底解决之可能；新疆方针，行使其接受驻军条件。"② 或许是受蒋介石之命，蒋经国在此期间赴西安同手握重兵、包围延安的胡宗南会商中共问题时，指出："陕北问题应即解决，先从政治入手，地方入手。"③

与此同时，中共也同样迫切需要摆脱困境，其最主要的因素就是经济上面临极大的困难。自1940年2月，周恩来由苏联养病回国途经西安时，向蒋鼎文、胡宗南领取过部分八路军军饷后，就再没有从国民政府手中领过一分军饷。④ 而皖南事变后的一年是"边区财政经济困难关键的一年"，毛泽东甚至认为：就现实状态，即不发生大的突变来说，经济建设一项乃是其他各项的中心，有了吃穿住用，什么都活跃了。⑤

1941年6月的一天，边区政府开会讨论征粮时，天下大雨，一位与会县长被雷击死，有位农民就说："唉呀，雷公为什么没有把毛泽东打死呢？"当时保卫部门要把这位农民当作反革命处理，被毛泽东阻止。他公开表示："其原因只有一个，就是征公粮太多，有些老百姓不高兴。"⑥ 为了生存，毛泽东提出了两个解决办法：一是大生产运动，一是精兵简政。大致到1942年底，边区经济困难才略有好转。为了缓解边区的困难，这

① 《周恩来致毛泽东电》（1942年6月10日），中共中央文献研究室编《周恩来年谱（1898~1949）》，中央文献出版社，1998，第547页。
② 《蒋介石日记》，1942年3月19日，美国斯坦福大学胡佛研究所藏复印件，下同。
③ 《胡宗南日记》，1942年4月10日，台北"国史馆"藏，下同。本文所引日记均为"国史馆"编修陈佑慎兄提供的抄件。
④ 中共中央文献研究室编《周恩来传》，中央文献出版社，2008，第516页。
⑤ 《毛泽东传》，第619页。
⑥ 《毛泽东在七大的报告和讲话集》，中央文献出版社，1995，第143~144页。

年12月，毛泽东在西北局高干会议上还批评了那种不顾环境需要，单纯强调政府应施"仁政"的观点："为了抗日和建国的需要，人民是应该负担的，人民很知道这种必要性。在公家极端困难时，要人民多负担一点，也是必要的。"同时，他也反对"不顾人民困难，只顾政府和军队的需要，竭泽而渔，诸求无已"。①

进入1942年后，尽管来自国民党的军事冲突和摩擦减少，但在敌后根据地，日军的大规模"扫荡"仍在继续，对中共形成巨大的压力，以至于毛泽东认为："华北、华中斗争极紧张残酷，要熬过今明两年须费极大牺牲，两年后如能保存现有军队（57万）的一半，全国则保存现有党员（80万）的一半，便是胜利。"②

为进一步缓和同国民党的关系，7月5日中共中央公开发表《为纪念抗战五周年宣言》，声明："中国共产党承认，蒋委员长不仅是抗战的领导者，而且是战后中国建设的领导者。"中共"愿尽自己的能力来与国民党当局商讨争取抗战最后胜利及建设战后新中国的一切有关问题"。③同时，毛泽东接连电告各地将领，力避与国民党发生军事冲突，还指示周恩来，主动提出"考虑利用纪念'七七'机会，找王世杰谈一次国共两党关系问题，并表示愿见蒋介石一谈"。④对于即将举行的国民参政会，毛泽东也一改皖南事变时的态度，复电董必武："为争取国共好转，我们准备出席参政会，不争名额，但以维持原额为宜。"⑤

二

1942年7月初，蒋介石在布置本月工作时即"预定：一、对俄政策

---

① 《毛泽东选集》第3卷，第893～894页。
② 《毛泽东致周恩来电》（1942年6月13日），《毛泽东年谱（1893～1949）》中卷，第386页。
③ 《解放日报》1942年7月5日。
④ 《毛泽东致周恩来电》（1942年6月30日），《毛泽东年谱（1893～1949）》中卷，第389页。
⑤ 《毛泽东致董必武电》（1942年7月6日），《毛泽东年谱（1893～1949）》中卷，第391页。

之研究；二、对共方针之检讨，应始宽而后严乎?"① 中共七七宣言发表后，自然引起蒋介石的重视。对于中共表示出的善意，蒋介石明确今后"解决共党问题，用政治方法；此为内政惟一焦点，亦惟一之时机，但不宜过急"。同时确定"对共党交涉方针"："以军令政令统一为前提"的"交涉方针"。② 两天后他约见周恩来，指定张治中和刘斐同中共重开谈判。8 月 13 日，蒋介石再次召见周恩来，表示：想好好解决国内问题，并主动提出他一星期后要去西安，希望转告毛泽东，想同毛在西安会晤。

　　蒋介石此时赴西安最主要的任务是解决新疆问题。苏德战争爆发的最初一年，苏联损失惨重，盛世才刚好利用这一时机逐渐由亲苏转向重庆。这为蒋介石彻底解决新疆问题提供了有利时机，同时也引起了苏联人的警惕。7 月 9 日，苏联驻华大使在会见蒋介石时，还企图挑拨盛世才与蒋的关系。蒋在当天日记中写道：

　　　　四时俄大使来见，特送其外交部长致盛世才之函件内容，交余辩明，对盛弟之暗杀，非俄国驻新官吏所为，并指摘盛在新逮捕行政干部为不当，宣布盛历次要求俄国在新实行共产及其阴谋叛国之证据，而其函中则特提中俄之邦交，此为其对新疆有关文件第一次之表示也。余对此函决置之不理，暂观其以后之变化何如。③

　　两天后，蒋介石收到第八战区司令朱绍良转来的盛世才复函，"以及彼与俄一切秘密交涉与经过详尽无遗，于是俄国在新疆全部阴谋根本暴露"。④ 13 日，蒋介石确定对新疆方针："第一保全盛之地位；第二使俄不恼羞成怒，留有回旋余地。"同时确定"注意"事项两点："一，新疆问题应先防制俄共鼓动新疆各地之暴动，乘机驱盛……二，俄倭战争如终

① 《蒋介石日记》，1942 年 7 月 2 日。
② 《蒋介石日记》，1942 年 7 月 10 日、19 日。
③ 《蒋介石日记》，1942 年 7 月 9 日。
④ 《蒋介石日记》，1942 年 7 月 11 日。

于不起，则我对新疆问题与计划亦照预定程序实施也。"①

由于苏德战争的爆发，苏联一时无力东顾，被迫向中国有所让步。7月18日，蒋介石在日记中写道："新疆问题处置方案，穷数日心力，始定方针，对俄态度以不引起其嫉恶为主，故一以温和处之。"② 蒋介石的努力终于有了圆满的回报，他在年底的"全年总反省"中愉快地记道：

> 新疆省主席兼督办于七月间公开反正，归顺中央，效忠党国，而河西走廊马步青军队亦完全撤退于青海，于是兰州以西，直达伊犁直径三千公里之领土，全部收复，此为国民政府成立以来最大之成功。其面积实倍于东北三省也。此不仅领土收回而已，而新疆归诚中央以后，我抗战之后方完全巩固，倭寇更无意消灭我政府，而俄国与中共之态度亦大转变，不敢为我抗战之害，此非上帝赐予中华民族之恩泽，决不能致此也。总之，本年外交、内政与军事、经济皆在极端变动之中，而于外交与内政收获为最大。③

为了确保新疆问题的彻底解决，8月间蒋介石又亲赴西安布置。但他此时仍担心苏联因素而不敢直接到新疆当面招抚盛世才，"以迪化机场已有俄国之驱逐机驻地也，最后决由妻代我赴新传达意旨，以壮盛胆"。④ 事后蒋介石还盛赞"吾妻独飞迪化，以安盛氏内向之心，尤为难能也"。⑤ 同时，蒋介石还想利用此次西北之行，借缓和与中共的关系来消除苏联的猜忌。为此，他主动向周恩来提出要求在西安会见毛泽东。

周恩来同蒋介石会谈后立刻致电毛泽东，分析了蒋介石约见毛泽东的意图："在态度上还看不出有何恶意，但在其初步解决新疆及回回问题之后，他又自己北上布置，其目的未可测。"周恩来提出两个办法供中共中

---

① 《蒋介石日记》，1942 年 7 月 13 日。
② 《蒋介石日记》，1942 年 7 月 18 日。
③ 《蒋介石日记》，1942 年 "年底总反省"。
④ 《蒋介石日记》，1942 年 8 月 19 日。
⑤ 《蒋介石日记》，1942 年 9 月 30 日 "本月反省录"。

在日记中找寻历史

央选择：一是毛泽东称病，以林彪为代表到西安见蒋介石；二是要求蒋带周恩来到西安，然后由周飞延偕一人（林彪或其他负责人）回西安见蒋。周恩来估计前一个办法可行，后一个办法不易得到蒋介石的同意，除非偕同出来的是朱德。①

中共中央采纳了周恩来的第一个办法。8 月 17 日，毛泽东为中央书记处起草复周恩来电："毛现患感冒，不能启程，拟派林彪同志赴西安见蒋，请征蒋同意。如能征得蒋同意带你至西安，你回延面谈一次，随即偕林或朱赴西安见蒋则更好。"②

但这并不是毛泽东的最终意见。18 日，毛泽东出席政治局会议讨论国际国内形势，会议认为"丘吉尔和斯大林在 8 月 12 日至 15 日进行了会谈，讨论关于建立第二条战线问题。在这种国际形势下，中国局势有好转可能，即亲苏、和共、政治改良"。为此，毛泽东 19 日致电周恩来表示："依目前局势，我似应见蒋。"并明确表示："关于我见蒋，中央亦尚未做最后决定。"③ 但周恩来仍认为：目前蒋介石虽然有用政治办法解决国共关系的意向，但具体问题尚未涉及，对共产党的压迫毫无减轻，会晤地点又在西安，因此觉得蒋毛会面时机并不成熟。当天，他致电毛泽东建议："最好林或朱先打开谈判之门，如蒋约林或朱随其来渝，亦可答应，以便打开局面，转换空气；一俟具体谈判有眉目，你再来渝，便可见渠。"④ 22 日，政治局召开专门会议，"讨论毛泽东同蒋介石会谈问题，决定先派林彪去，看情况再定"。⑤

25 日，毛泽东在修改一份党内通报国际形势及国共关系时，特意加了几段话，其中有"由于缅甸失陷，西南国际通路断绝，迫使国民党不能不注意西北国际通路，并与苏联增强外交关系……这亦是对国共关系避

---

① 《周恩来致毛泽东电》（1942 年 8 月 14 日），《周恩来传》，第 605 页。
② 《中共中央书记处致周恩来电》（1942 年 8 月 17 日），《毛泽东年谱（1893～1949）》中卷，第 397～398 页。另见《周恩来传》，第 605 页。
③ 《毛泽东致周恩来电》（1942 年 8 月 19 日），《毛泽东年谱（1893～1949）》中卷，第 398 页。
④ 《周恩来致毛泽东电》（1942 年 8 月 19 日），《周恩来传》，第 606 页。
⑤ 《毛泽东年谱（1893～1949）》中卷，第 399 页。

免军事解决改取政治解决的重要原因……特别是今年'七七'宣言，重申我党拥蒋合作方针，这不能不起促进好转的作用"。为此，毛泽东仍感到有必要见蒋介石。此后一周间，他多次致电周恩来表示："蒋到西安时，决先派林彪见蒋，然后我去见他。依目前国际国内大局，我去见蒋有益无害，俟林彪见蒋后即确定我去时间。"① "乘此国际局势有利机会及蒋约见机会，我去见蒋，将国共根本关系加以改善。这种改善如果做到，即是极大利益，哪怕具体问题一个也不解决，也是值得的。蒋如约我到重庆参加十月参政会，我们应准备答应他……林彪准备在蒋电约后即动身去，我则在林去后再定去西安的日期。"②

但周恩来仍坚持认为毛蒋会面"时机尚未成就"，蒋对人"包藏祸心"，他在给中共中央的电报中全面阐述了他的看法和建议，电文写道：

> 我认为见蒋时机尚未成熟。……一，蒋虽趋向政治解决，但他之所谓政治是要我们屈服，绝非民主合作；二，蒋对我党我军的观念仍为非合并即大部消灭；三，蒋对人的观念仍包藏祸心（即打击我党领导，尤其对毛，西安事变后尚想毛、朱出洋，时至今日尤要叶挺太太劝叶悔过自新，吾屡次请回延不理，此次我在电答时提到愿回延接林或朱出来亦不许），因此可说他对我党我军及民主观念并无丝毫改变。
>
> 次之，在局势方面，并非对我有利：一，蒋对国际局势的看法，一面承认日寇有续攻中国可能，而英美一时无大力援华，且反内战，但何（应钦）等却看到苏联今日处境需要对华让步，英美亦须中国拖住日本，他正好借此依他的想法解决西北及国内问题；二，中共"七七"五周年宣言，本是我党历年主张的发展，而他却认为由于苏联让步，中共亦不得不屈服；三，毛出为谋改善根本关系，而蒋则可

---

① 《毛泽东致周恩来电》（1942年8月29日），《毛泽东年谱（1893～1949）》中卷，第400页。
② 《毛泽东复周恩来电报》（1942年9月3日），《毛泽东年谱（1893～1949）》中卷，第401页。另见《周恩来传》，第606页。

利用此机会打击地方和民主势力，以陷我于孤立。

因此，蒋毛见面的前途可能有两个：一，表面进行得很和谐，答应解决问题而散；二，约毛来渝开参政会后，借口留毛长期住渝，不让回延（此着万不能不防）。若如此，于我损失太大。我们提议林出，勿将话讲死，看蒋的态度及要解决问题如何，再定毛是否出来。①

经过反复磋商，毛泽东最终接受周恩来的意见。9 月 14 日，林彪从延安动身前往西安。为促成林彪同蒋介石的谈判，第二天毛泽东分别致电在前线的陈毅、李先念、朱瑞等，指示："目前已至恢复国共谈判时期……凡可避免的国共摩擦，均须避免。"②

恰在此时，陕北发生十年未有的大雨，山洪暴发，路面被冲坏。林彪到西安时，蒋介石已回重庆。蒋介石在西安期间还特别在意"共党林彪之不来何耶？"可见，他对与中共的会谈还是有所期待的。③直到 10 月 13 日，林彪到达重庆后由张治中陪同会见蒋介石。根据周恩来两周后致电毛泽东报告：林彪提到"毛甚愿见蒋，惟适患伤未来"。蒋即问毛好。蒋介石对林彪的前几段话表示有兴趣听，但一听提到内战危险，便不耐烦，频频地看手表，约林彪在走前再谈。④

查国民党方面的记录，整个会谈期间，蒋介石只有简单几句问话，大多是林彪向蒋汇报。会谈时，蒋介石首先问道："汝此次来渝，毛润之先生有何意见转告余否？"林彪即答："我未动身以前，延安方面接得校长电报，毛先生即提出中共中央会议讨论，并约我数度谈话，其所指示者，大抵系根本问题——如中共对于抗战建国之观察，与国内统一团结问题，以及对于委座之期望等，今天晋谒对此诸问题，谨面呈梗概。"随后林彪

---

① 《周恩来致毛泽东电》（1942 年 9 月 5 日），《周恩来传》，第 606～607 页。
② 《毛泽东致陈毅等电》（1942 年 9 月 15 日），《毛泽东年谱（1893～1949）》中卷，第 402 页。
③ 《蒋介石日记》，1942 年 9 月 11 日。
④ 《周恩来致毛泽东电》（1942 年 10 月 27 日），《周恩来传》，第 607 页。

谈了中共对国际、国内局势的看法，明确表示："此次余离延安来重庆时，毛先生一再告余，今后吾两党'应彼此接近，彼此相同，彼此打成一片'，以求现在能彻底统一，更求将来能永远团结。此三句口号已中共普遍成熟之思想。"最后谈到内战的危险时，林彪分别"就中国之社会、地理、经济与军事各方面而论，皆希望中国从此能统一团结，而不可发生内战"，并表示："此为中共之观察，特为校长呈明。"最后向蒋转达："毛先生此次本愿应召与校长会晤，因病未克如愿，以后希望两党能互相派人来往。"而蒋介石只表示："在汝离渝以前，余再定期召汝谈话。"①

全部会谈记录近五千言，其中蒋介石的问话不到百字，林彪在回答中共意见时，曾三次提到"彼此接近，彼此相同，彼此打成一片"的方针。而蒋介石对会谈的感受是"林彪奉其共党之命来见，幼稚可叹"。② 此后两天，蒋介石明确处理中共方针，确定为："共党之对策，以要求其先将军令、军政之统一为先决条件。""此时对共党进行政治谈判，使之和平归诚也。"③

毛泽东最初对同蒋介石的会谈寄予了一定的期望。就在林彪动身赴西安的第二天，毛泽东致电周恩来向他分析道：

> 国内关系总是随国际关系为转移。第一次反共高潮发生于德苏协定、苏芬战争及英美反苏时期。第二次反共高潮发生于德苏协定继续存在、英美苏关系仍未好转而轴心则成立三国同盟时期。自苏德战起，英美苏好转，直至今天，国共间即没有大的冲突。这个时期，又分两段，在英美苏未定具体同盟条约及滇缅路未断以前，蒋的亲苏和共决心仍是未下的；在此以后，他才下这个决心。④

---

① 《蒋委员长召见第一一五师师长林彪谈话记录》（1942年10月13日），秦孝仪主编《中华民国重要史料初编——对日抗战时期》第5编《中共活动真相》第4册，第236～242页。
② 《蒋介石日记》，1942年10月13日。
③ 《蒋介石日记》，1942年10月15日、17日。
④ 《毛泽东致周恩来电报》（1942年9月15日），《毛泽东年谱（1893～1949）》中卷，第402页；《周恩来传》，第599页。

　　林彪见蒋介石后两周，毛泽东仍不放弃亲自与蒋会谈，并致电周恩来转林彪："第一次见蒋时是否谈到了我见蒋的问题，如未谈到，第二次见蒋时请提出，征询他关于会面的时间、地点等。"①

　　与此同时，国民党为了缓和与中共的关系，还借陕北遭十年不遇的水灾之机，特派中央赈济委员会委员郑延卓携款 30 万元赴延安救济。毛泽东相当重视郑延卓的来访，同他会谈两次，"谈到边区，我（指毛泽东）说区域维持现状，人员加以委任。谈到军队，我说应编四军十二师。此外停捉停打停封，发饷发弹发药，也说到了"。② 此时，毛泽东对缓和与国民党的关系充满希望，特致电转告在前线的彭德怀："国共关系好转，边区可能取得合法地位。林彪已去重庆，国民党派郑延卓来延安。"③ 毛泽东并应郑之请亲笔致函蒋介石，语气相当客气：

　　　　前承宠召，适染微恙，故派林彪同志晋谒。嗣后如有垂询，敬乞随时示知，自当趋辕聆教。郑委员延卓兄来延，宣布中央德意，惠及灾黎，军民同感。此间近情，已具告郑兄，托其转陈，以备采择。郑兄返渝之便，特肃寸楮，已致悃忱。敬颂勋祺不具。④

　　郑延卓在延安"参观了许多地方，接谈了几十个人。据称：观感与外边所见两样"。⑤ 回重庆后，他向负责与中共交涉的何应钦汇报时提到毛泽东表示："中共不一定要保持武力，惟目前如果没有武力，则党必不能存在。党依附军队而存在，乃不可掩饰之事实。但中共能取得党的合法

①　《毛泽东致周恩来并转林彪电报》（1942 年 10 月 25 日），《毛泽东年谱（1893～1949）》中卷，第 409 页。
②　《毛泽东致周恩来林彪电报》（1942 年 12 月 1 日），《毛泽东年谱（1893～1949）》中卷，第 416 页。
③　《毛泽东致彭德怀电报》（1942 年 11 月 30 日），《毛泽东年谱（1893～1949）》中卷，第 415 页。
④　《毛泽东致蒋介石函》（1942 年 12 月 1 日），此函原件影印件在台北"国史馆"阅览大厅墙柱上长期展览，以"国民革命军第十八集团军总司令部用笺"毛笔书写，共两页。另见《毛泽东年谱（1893～1949）》中卷，第 416 页。
⑤　《毛泽东致周恩来林彪电》（1942 年 12 月 1 日），《毛泽东年谱（1893～1949）》中卷，第 416 页。

地位，则可放弃军队。"郑延卓还特意分析道："中共之所以要求扩军，其原因不外：一，年来奸伪军之发展过快，毛泽东亦有此承认，并承认其扩军已达饱和点，以故统驭上颇感困难；二，奸伪在边区之军队，多系有名无实，整训不易，故此急于要求编军。"① 而同日，国民党中执会秘书处向中常会汇报郑氏出访延安时的内容，却有很大出入。其汇报共七点，内容大致同林彪与蒋介石的谈话相同，唯谈到上述与毛泽东的谈话时，则改为："目前国民党保持强大军队，如共产党将所有军队取消，则全部党员将被解体，希望中央能予以公允整编。至政令、军令统一问题原则上接受，如所发命令中含有毒素，则不能接受。"②

12月24日，林彪、周恩来在重庆同军事委员会政治部主任张治中举行正式谈判。林彪出示中共四项条件："（一）在允许合法化条件下，可同意国民党到边区及敌后办党。（二）军队要求编四军十二师，新四军在内。（三）边区可改为行政区，人员与地境均不动（地境不动一点请注意）。（四）黄河以南部队，确定战后移至黄河以北，但目前只能做准备工作，不能实行移动，此乃完全为事实所限制，绝对无法移动。"③ 并声明："如认为这四条可谈，请留林继续谈，如相去太远，则请蒋提出具体方针交林带回延安商量。"张治中逐条记下后答应报蒋介石。④

随后，张治中向蒋介石逐条分析了中共四项要求的利弊得失，并总结道：

> 一、判断林、周此次所提四项要求，系根据本党所示宽大政策而来，其目的在对于党政军各方面皆欲取得合法地位，不能认为有悔祸诚意。

---

① 《郑延卓在延安与毛泽东谈话摘要》（1942年12月21日），台北中国国民党党史馆藏，毛笔抄件，特字029/6～20。
② 《毛泽东等与郑延卓谈话详情》（1942年12月21日），台北中国国民党党史馆藏，毛笔抄件，特字029/6～16。
③ 《中共中央书记处复周恩来林彪电》（1942年12月18日），《毛泽东年谱（1893～1949）》中卷，第417页。
④ 《周恩来年谱（1898～1949）》，第557页。

二、本党宽大政策之真正作用，应为瓦解中共，绝非培养中共，故林、周所提四项，不能作为商谈基础。

三、如必须与之商谈，似可冷淡置之不予答复。

四、如须商谈则应另以下列原则为商谈基础：

（1）中共不应有军队，其军队须由各战区长官各就驻在于战区内者，切实点验编遣整训，并指挥其作战，不得再行自立系统，及保留变相武装。

（2）中共不应在各地方擅立非法政府，其各地非法政治组织须一律取消，由各该省府派员接管，恢复原有行政系统及区划。

（3）以上两项办到后，始可予中共以合法地位。假定上述原则中共不肯接受，则不必强求商谈，尽可加紧防制，使其停止非常地位，以期动摇其内部，增加其苦闷，俾便将来之解决。

五、如采取敷衍态度，似可告以此事牵涉太多，并令林彪先行回去。①

国共双方所求差距过大，正如张治中所言，国民党对谈判始终采取"冷淡置之不予答复"的态度。而毛泽东此时还对国共关系的改善寄予一定的期望，不断向各根据地发出指示："如有摩擦事件，必须先经报告批准，不许自由行动。"② 并指示林彪：谈判方针，"可以答应以'皓电'为谈判基础"。③ 3月27日，面对国民党蒋鼎文、庞炳勋部向八路军进攻一事，毛泽东和朱德复电彭德怀："蒋、庞挑衅以事先设法消弭，不致引起冲突为上策，因坏人故意寻衅，此时引起较大冲突，对我极为一不利。

---

① 《林彪周恩来向张部长治中所提要求四项原文及研究意见》（1942年12月26日），秦孝仪主编《中华民国重要史料初编——对日抗战时期》第5编《中共活动真相》第4册，第245～246页。

② 《毛泽东朱德王稼祥等致各战略区统战工作指示》（1943年2月27日），《毛泽东年谱（1893～1949）》中卷，第426页。

③ 《毛泽东复周恩来林彪电》（1943年2月12日），《毛泽东年谱（1893～1949）》中卷，第427页。"皓电"即指1941年7月19日国民党在皖南事变后提出的解决国共关系的"中央提示案"。

仅在万不得已时，才可在严格自卫原则下，给向我进攻之部队以部分打击。"① 而针对国民党韩德勤部主动进攻新四军陈毅部时被新四军所俘，毛泽东指示陈毅可同韩德勤订立一合作抗日密约后，礼送出境，发还人枪，并划定彼此活动区域。②

3月28日，周恩来、林彪与参谋总长何应钦举行会谈。何首先向中共提出江北韩德勤部的问题。周恩来因已获知延安态度，当即回复："当敌伪对苏北进行'扫荡'时，韩主席曾派人与陈毅商讨协同抗敌办法，陈亦认为必要，故结果极为圆满，陈毅与韩主席年来相处甚善，韩主席已划定地区为'新四军'驻地。"并主动承诺中共"允将人械全部归还"。随后，周恩来提出："关于二十九年总长代皓电所提示各点，原则上我们已接受，不过请中央考虑者，即时间与数量问题耳（按：时间系指开赴黄河以北时间，数量系指军队扩编数量）。"何应钦回答道："关于这一点，现在情形较前略有不同，俟我请示委座后再告。总之，我们的大前提，要彻底团结共同抗敌。"林彪即从团结角度出发，表示："延安方面，很希望两党问题解决，彻底合作，彼此在现阶段能做到如何程度，即做到如何程度，如此则对整个问题，多少有些促进与改革。"何应钦回复道："所请各点，待我请示委座后结果如何，由张部长转告。"③

当晚，蒋介石在日记中写道："据敬之与恩来谈话情形，中共态度似未比前恶劣，对于其兵劫韩德勤之举动，亦尚未承认也。""中共不像有意挑衅，自美国副总统对俄警告之发表以后，俄对利用共党倒乱各国内政之阴谋或有忌惮，此乃最大原因。"④ 为此，蒋介石在何应钦的正式报告上批示："必须其对中央军政军令，有服从事实之表现，方可与之具体谈

---

① 《毛泽东朱德致彭德怀电》（1943年3月27日），《毛泽东年谱（1893～1949）》中卷，第431页。
② 《中央书记处与陈毅往来电报》（1943年3月27、29日，4月1日），《毛泽东年谱（1893～1949）》中卷，第431页。
③ 《三十二年三月二十八日何总长与周恩来林彪谈话记录》，秦孝仪主编《中华民国重要史料初编——对日抗战时期》第5编《中共活动真相》第4册，第249～251页。
④ 《蒋介石日记》，1943年3月28日。

话，照现时情形无从谈起，如其不来谈，则可不必再复。"① 而毛泽东收到周恩来的报告后，也大致明确了国民党的态度，不再对蒋介石抱有希望。30日，毛主持召开中央书记处会议讨论国共谈判问题，决定："周回林留，或周、林均回，仍须向彼方正式提出，如彼方不允，则林独回。"② 4月3日，毛泽东再次复电周恩来，指出："种种迹象使我们怀疑国民党欲改变十中全会政策，寻找借口停止谈判，并向我们作进攻的行动。"③

至此，国共谈判陷入僵局。

三

1943年5月20日，在延安，毛泽东的俄文翻译师哲将一份共产国际执委会主席季米特洛夫的电报交给毛，电报内容是通报共产国际主席团决定两天后宣布解散共产国际，为此征求毛和中共的意见。毛泽东看后兴奋地说："我就主张不要这个机构。"④

共产国际主动解散的一个重要原因，是斯大林面对苏德战场上的巨大压力，迫切希望英美尽快在欧洲大陆开辟第二战场，而向英美所做的妥协。⑤ 6月10日，共产国际正式宣告解散。7月9日，英美联军在意大利西西里登陆。

共产国际的突然解散，打破了国共两党之间保持了两年多的相对平静状态。对毛泽东和蒋介石来讲，共产国际的解散，都是求之不得的意外惊喜。

---

① 《〈参谋总长何应钦签呈蒋委员长报告与周恩来林彪晤谈情形〉批示》（1943年4月2日），秦孝仪主编《中华民国重要史料初编——对日抗战时期》第5编《中共活动真相》第4册，第247页。
② 《中央书记处复周恩来林彪电》（1943年3月30日），《毛泽东年谱（1893～1949）》中卷，第432页；《周恩来年谱（1898～1949）》，第564页。
③ 《毛泽东复周恩来电》（1943年4月3日），《毛泽东年谱（1893～1949）》中卷，第432页。
④ 师哲：《在历史巨人身边》，中央文献出版社，1991，第228页。
⑤ 杨奎松：《中间地带的革命：国际大背景下看中共成功之道》，山西人民出版社，2010，第433页。

面对共产国际的解散，毛泽东不但没有失望，反而是信心百倍。一是通过精兵简政和大生产运动，边区政府的经济压力减轻；二是通过整风运动，确立了毛泽东的绝对领导权；三是共产国际的解散，使中共彻底摆脱了束缚，可以全面贯彻独立自主方针，统一意志，调整内部，而无须再看共产国际的脸色行事。5月26日，中共中央正式答复共产国际，明确表示同意解散共产国际，并告之"自即日起，中国共产党解除对于共产国际的章程和历次大会决议所规定的各种义务"。① 同时，毛泽东提醒党内干部："对党内政策，一是整顿三风（应坚持一年计划）；二是审查干部（清查内奸包括在内）；三是保存干部（送大批干部来后方学习）。如能实施上述各项，不犯大错，我党即可立于不败之地。"②

尽管毛泽东在抗战爆发后即逐步确立在党内的领导地位，但真正从组织上全面行使权力，是在共产国际解散前后。经过第一阶段的延安整风，这年3月20日中共中央政治局决定调整中央领导机构，推定毛泽东为政治局主席、书记处主席，目的是"使中央机构更加简便与灵活，使事权更加统一与集中，以达到更能增强中央的领导效能"。书记处是根据政治局所决定的方针处理日常工作，在组织上服从政治局，但在政治局方针下有权处理和决定一切日常性质的问题。"书记处会议所讨论的问题，主席有最后决定权。"③ 尽管在中共七大召开以前，毛泽东暂时无法改选政治局委员中仍占多数的"国际派"，但他正式从组织程序上获得了最高领导权。就在取得这一"决定权"的当天，由毛泽东负总责的中央总学委发出《关于整风学习总结计划》，明确决定："学习文件与工作检查四月底结束，审查工作可转入学习结束后之下一阶段，作为今年一年的中心工作之一。"④ 两周后，中共中央发布《关于继续开展整风运动的决定》，此次整风的一个重点就是"党内暗藏的反革命分子"，亦即"审干运动"。毛

---

① 《毛泽东年谱（1893～1949）》中卷，第440页。
② 《毛泽东复彭德怀电》（1943年6月1日），《毛泽东年谱（1893～1949）》中卷，第442～443页。
③ 《毛泽东年谱（1893～1949）》中卷，第430页；《毛泽东传》第659页。
④ 《毛泽东年谱（1893～1949）》中卷，第431页。

泽东认为："整风是思想上的清党，审干是组织上的清党。"① "审干运动"的全面展开，是在共产国际解散不久，其中一重要标志就是这年7月15日康生发表的《抢救失足者》的报告。

在此期间，蒋介石也将国家元首——国民政府主席一职再次拿到了手。早在1931年国民党宁粤对峙期间，蒋介石被迫辞去国民政府主席，二次下野，由林森继任，并将主席权限限制为国家礼仪性的职务，届期两年。到1936年元旦，林森已满两任，依法不能再行连任。后因国民党决定于1936年底召开国民大会，制定宪法，因此临时决议将林森的国民政府主席一职延长至宪法颁布之日止。② 不久全面抗战爆发，国民大会更被无限期延缓。

1943年5月，林森因病不能视事。为此，国民党修正了延用12年之久的《国民政府组织法》，恢复一项："国民政府主席因故不能视事时由行政院院长代理之。"③ 当年删除此项条款是为了防止蒋介石集权，但12年后的蒋介石早已大权在握，恢复这一条款无任何障碍。8月1日，林森病逝。当日夜间，国民党中常会举行临时会议，选任蒋介石代理国民政府主席。9月，国民党五届十一中全会正式修正《国民政府组织法》，一改主席仅为国家礼仪象征，而是直接掌握一切大权。修正内容如下：国民政府主席任期由二年改为三年，连选得连任；主席为陆海空军大元帅；五院正副院长由主席于国政委员中提请中执会选任；国民政府主席对中执会负责，五院院长对主席负责。④ 从此，蒋介石不但以国民党总裁、行政院院长、军事委员会委员长的身份总揽党政军大权，并再次获得"国民政府主席"的桂冠。

同样，共产国际的解散，在蒋介石看来也是妙不可言："莫斯科第三国际宣布解散，此实为二十世纪上半期史之惟一大事，殊为世界人类前途

---

① 《毛泽东传》，第662页。
② 《国民政府主席任期延长案》，《中央党务月刊》第89期，1935年12月，第1027页。
③ 《中华民国国民政府组织法第十三条第二项修正案》，《国民政府公报》渝字第574号，1943年5月29日，第2页。
④ 《中华民国国民政府组织法修正案》，《国民政府公报》渝字第605号，1943年9月15日，第1页。

幸福庆也。而吾一生最大之对象，因此消除。此不仅为此次世界战争中最有价值之史实，且为我国民革命、三民主义最大之胜利也。"① 但蒋介石在判断上，错误夸大了中共失去共产国际支持后的损失，认为"此后对于国内共产党之方针与计划应重加研讨，是乃对内政策之重要时机"。同时，他又不放心苏联会真正放弃对中共支持，认为这是"共党国际之改变方式而事实上决非真正解散也"。②

其实在蒋介石与林彪第一次会谈中，林彪已向他透露中共对共产国际的辩证态度。林彪表示："中共虽信奉共产主义，但决不能照恩格斯、马克思、列宁与史达林所定之具体办法依样实行……故我党现在主张反对主观主义与教条主义，即不主张将恩格斯、马克思、列宁与史达林的教条，主观的搬到中国应用。"③

早在1942年7月，蒋介石几乎同步获得"共党整顿三风二十二种之学术文件，设法检呈研究"。④ 但对中共的整风运动，以及中共与苏联、共产国际的关系，蒋介石始终没有形成一个明确的认识。毛泽东在致周恩来的电报中，屡屡要求大后方的中共党员进行整风学习，特别强调："延安学习二十二个文件收到绝大效果，有一万个干部参加此种学习。""大批青年干部（老干部亦然）及文化人如无此种学习，极庞杂的思想不能统一。"⑤ 通过延安整风，中共不仅摆脱了共产国际的教条主义影响，还成功实现了马克思主义中国化理论，从而取得了中共党内思想的高度集中和党的一元化领导。可见国民党、蒋介石完全不了解整风运动对中共建设的意义和作用。

---

① 《蒋介石日记》，1943年5月25日。
② 《蒋介石日记》，1943年5月24日。
③ 《蒋委员长召见第一一五师师长林彪谈话记录》（1942年10月13日），秦孝仪主编《中华民国重要史料初编——对日抗战时期》第5编《中共活动真相》第4册，第239页。
④ 《蒋介石日记》，1943年7月25日。蒋提到的"二十二种之学术文件"是这年6月7日成立不久的"中共中央总学习委员会第二次会议"上通过的决议所涉及的整风文件，会议决议："按照延安经验，暂时停止其他政治、业务教育及党的历史研究，集中力量研究二十二个文件及检查工作，将整风运动展开到全党。"见《毛泽东年谱（1893～1949）》中卷，第385页。
⑤ 《毛泽东致周恩来电》（1942年6月13日、26日），《毛泽东年谱（1893～1949）》中卷，第386、388页。

　　此时，蒋介石非常渴望日苏关系彻底恶化，这样才有可能最终迫使苏联放弃对中共的扶持。在这一主观因素的影响下，他再次产生错误判断，认为："以实际论，倭必攻俄无疑。"① 整个 6 月间，他反复"研究倭俄交涉内容及动态，几乎穷理究极，精微入神，近日朝夕于兹，梦寐难安，以此实为我国生死存亡之所决也"。② "研究倭俄交涉内容与动向，一周以来，几乎大部精神全在于此，自觉精思入神，未敢一刻放弃也。"③ "倭之对俄情势似有不得不屈服之苦境，此乃为我国极不利之事，然世界形势变化无常，俄未必被其作弄而与之妥协也。"④ 与此同时，毛泽东也清醒地认识到日苏关系深刻影响着国共关系。他在 3 月政治局会议上曾谈道："日苏不战是世界局势的一个枢纽，国共关系要看日苏关系的变化。"⑤ 在国民党内白崇禧也清醒地认识到这一点。据胡宗南日记载，"与白部长谈话"，"其要点为日苏战时，乘机解决中共"。⑥

　　此外，这段时间蒋介石的另一大工作重心是修改他在 3 月公开发表的《中国之命运》一书，几乎是逐段逐章审校该书。仅 6 月一个月内，蒋在日记中提到"修校中国之命运第二版"，⑦ 就达 16 次之多。6 月 24 日，"下午校正'中国之命运'二版，晚再校'中运'二版至第七章完"。⑧ 6 月 30 日，"中国之命运第二版稿校正完毕"。⑨ 而涉及中共问题，只谈到两次，一次是"见周恩来、林彪，谈共党事，则心平气和，应对自如、自觉得体"，⑩ 一次是"对中共应付与方针如计进行，尚能虚心自如也"。⑪

---

① 《蒋介石日记》，1943 年 6 月 10 日。
② 《蒋介石日记》，1943 年 6 月 12 日。
③ 《蒋介石日记》，1943 年 6 月 13 日 "上星期反省录"。
④ 《蒋介石日记》，1943 年 6 月 30 日 "本月反省录"。
⑤ 《毛泽东在政治局会议上的发言》（1943 年 3 月 16 ~ 20 日），《毛泽东年谱（1893 ~ 1949）》中卷，第 429 页。
⑥ 《胡宗南日记》，1942 年 8 月 5 日。
⑦ 《蒋介石日记》，1943 年 6 月 17 日。
⑧ 《蒋介石日记》，1943 年 6 月 24 日。
⑨ 《蒋介石日记》，1943 年 6 月 30 日 "本月反省录"。
⑩ 《蒋介石日记》，1943 年 6 月 7 日。
⑪ 《蒋介石日记》，1943 年 6 月 13 日 "上星期反省录"。

正是在诸多的错误判断下，自共产国际解散后，蒋介石一度想放弃以"政治方式"解决中共问题。6月9日，蒋介石秘密派遣何应钦、白崇禧到西安与胡宗南召开军事会议，策划进攻陕甘宁边区，准备分九路闪击延安。胡宗南抓紧执行，并于7月2日电令所部于十日内完成一切准备，待命行动。①

不曾想蒋介石的秘密军事布置，早为中共所侦知。毛泽东紧急致电留守重庆的董必武："蒋介石调集二十余师兵力包围陕甘宁边区，战事有在数日内爆发的可能，形势极度紧张。请立即将上述情况向外传播，发动制止内战运动。特别通知英、美有关人员，同时找张治中、刘斐交涉制止，愈快愈好。"②7月7日，毛泽东在中共政治局会议上分析指出：国民党"企图利用德苏及日苏的紧张关系，估计日本会进攻苏联，利用共产国际解散机会，实行军事压迫、政治阴谋，企图解散中共、取消边区、取消八路军的反动行为。我们过去两年采用不刺激国民党的'和国'政策，保持了两年多的比较平静，是正确的。现在情况变化，就不适用了，而要采用以宣传对付他们的反共宣传，以军事对付他们的军事进攻"。会议决定在"拥护国民党政府和蒋介石的原则下，集中力量痛斥国民党反共分子的反动政策与挑起内战、破坏抗日团结的'第五纵队'的行为"。为此，中共于7月9日在延安公开召集三万多人集会，发表通电，反对国民党发动内战。同日，毛泽东还以朱德的名义起草致蒋介石、何应钦、胡宗南的通电，要求制止进攻。③随后，中共展开了一系列的强势宣传战，令蒋介石颇为被动。

犹豫不决的蒋介石，最终放弃了闪击延安的计划。一方面是他期待的苏日冲突没有实现。7月2日，就在胡宗南闪击延安布置妥当之时，蒋介石在日记中写道："接倭谋与俄根本妥协之报，顿觉忧郁，纬儿不知我心忧郁，而余亦不愿以余之忧心告彼以增其代忧，此乃父之爱子之

---

① 《毛泽东年谱（1893～1949）》中卷，第445页。
② 《毛泽东年谱（1893～1949）》中卷，第449页。
③ 《毛泽东年谱（1893～1949）》中卷，第451～452页。

心，非可以言语形容。"① 另一方面，美国总统罗斯福正在邀请蒋介石参加中、美、英、苏的"四巨头"会议，而"九日盟军在西西利岛登陆成功，对欧第二战线从此开始矣"。② 蒋介石不得不考虑盟国的因素，最终决定撤军。

7 月 13 日，毛泽东致电在前线的彭德怀告之："我宣传闪击已收效，更因延安紧急动员，迫使蒋介石不得不改变计划。十日蒋介石令胡宗南停止行动，十一日蒋、胡均复电朱德声明无进攻意，十二日胡下令开始撤退一个师及两个军部，内战危机似可克服。"③

此时，已由重庆准备撤回延安的周恩来、林彪一行刚好于 9 日到达西安，经数日与胡宗南接洽，13 日周恩来同林彪致电毛泽东表示："根据连日接洽及研究结果，蒋令胡宗南准备进攻尚未进入行动阶段，中央考虑戒备有必要，但延安民众大会通电'刺激太甚'，重庆、西安宜暂缓印发。"④ 对此，毛泽东的态度截然相反，同日致电西安指示："为击破国民党的无耻反共宣传计，你们仍就将延安民众大会通电密发社会各方，不得停止不发。"⑤

随后，毛泽东在全国范围内发动一场巨大宣传攻势，《解放日报》发表社论，不点名地批判蒋介石新近出版的《中国之命运》一书："今年三月，大后方出版了一本中国法西斯主义的'经典'"，"这本'经典'的中心思想，一句话说完，就是要在两年内解决中国共产党，以便实行法西斯主义"。毛泽东同时致电南方局，要求将陈伯达所写《评〈中国之命运〉》一文"印译为中英文小册子，在中外人士中散发，并搜集各方面对此文的反应"。⑥ 这种对蒋介石的半公开批判，是自抗战爆发以来从未有过的现象。正是在这一时期，王稼祥、刘少奇先后提出"毛泽东思想"

---

① 《蒋介石日记》，1943 年 7 月 2 日。
② 《蒋介石日记》，1943 年 7 月 11 日。
③ 《毛泽东年谱（1893~1949）》中卷，第 457 页。
④ 《周恩来年谱（1898~1949）》，第 572 页。
⑤ 《毛泽东年谱（1893~1949）》中卷，第 456 页。
⑥ 《毛泽东年谱（1893~1949）》中卷，第 458~459 页。

这一概念，很快为中共全党所接受。①

事实上，蒋介石内心深处从没有彻底放弃武力解决中共的意图。对中共的此番宣传战，蒋介石恨之入骨，他在日记中写道："共匪七七以后之言论可谓恶贯满盈……除武力之外，再无其他方法可循，如此只待其时而已，但时间未到，惟有十分隐忍……不可小不忍以乱大谋。"② 但此后他在研判中共问题时，又多次出现错误，甚至认为毛泽东的此轮宣传战，是为了加害正由重庆返回延安途中的周恩来等人。7月28日，他在日记中写道：

> 研究共匪七七至七月十二日在延安解放日报所发表之社论，对中央污蔑诬辱为其最穷恶之挑衅行动，使中央不能不向之进剿者，其最大阴谋乃在为害周恩来乎？以周在此期间正在由重庆往延安，途中经过西安之时，毛匪以为中央见此论调，必一面进剿，一面扣周也，可知至之忘周已极，故对共匪此次挑战言行决以犯而不较处之，并使周安全回到延安，试观其内部如何变化也，以后对共匪方针只有促成其内部变乱，乃此用兵进剿之策略胜过千万矣。

8月1日，蒋介石又记道："俄国请求准其飞机往延安，接其在共党根据地之记者与医生回俄，并声明不再派人替代，此事于我国与俄之关系最大，比俄撤回新疆之军队为尤重要，可知俄国对中共毛泽东等所为之绝望，而其内部对俄之态度，双方冲突，亦更明郎共匪内讧与自残之期必不远矣。"③

查蒋介石日记，在准备闪击延安之前，他日记中几乎只字不提此事。

----

① 1943年7月6日，刘少奇在《解放日报》发表《清算党内孟什维主义思想》，提出："应该用毛泽东同志的思想来武装自己，并以毛泽东同志的思想去清算党内孟什维主义思想。"两天后，王稼祥在《解放日报》发表《中国共产党与中国民族解放的道路》，指出："毛泽东思想就是中国的马克思列宁主义，中国的布尔什维主义，中国的共产主义。"

② 《蒋介石日记》，1943年7月24日。

③ 《蒋介石日记》，1943年8月1日"上星期反省录"。

在日记中找寻历史

而在此后，特别是 8 月间，蒋介石倒是不断自我反省：

> 俄国一方面发表中国局势严重，将有内战之消息，一方面对美国政府当局造谣宣传，称我中央限共匪于八月十五日以前归顺中央，否则即欲讨伐之说，以耸动美国当局。彼美参长麦歇尔果被其煽动，电询子文以此事之究竟，劝我勿用武力，可知俄国谋我之初，与其所谓解散共产国际者，皆欺世妄诞，共匪之为俄作伥，其罪恶甚于汉奸十倍也，可痛。（8 月 11 日）
>
> 共匪之猖狂，尽其谣诼之繁兴，俄国之保护共匪，及其对美宣传之阴谋，现时之发泄，是我国之益，而非我国之害，否则第三国际解散以后，俄对共匪之关系究竟如何，无法穷究也，有此经验，更觉共匪之制裁，非在欧战未了之前解决，则后患更大也。（8 月 13 日）
>
> 对共匪之计划，到此不能再事被动消极，顾忌太多，长此以往，则我愈近就退让，则匪更放肆猖獗。（8 月 20 日）
>
> 注意：1、剿共预想之变故，甲、持久不能解决；乙、倭寇进攻洛阳西安；丙、俄国干涉侵犯新疆；丁、共匪逃窜方向；子、晋西；丑、陇东；寅、宁夏；戊、我军反攻倭寇时之扰乱我后方，此节如我不剿共，则共亦仍欲扰乱我后方也。（8 月 24 日）

经过一个多月的反省，至 8 月底，蒋介石又信心十足地认为自己"尤其对俄国外交国际形势与对共匪方针，皆能获得一缜密考虑之结果，实为个人学力之进步，颇足自慰"。并对自己在 7 月间的行为反省道："上月之判断，是余太浅薄之过也。"①

为此，蒋介石特意召见胡宗南继续布置对中共的作战计划。据胡宗南日记载：9 月 4 日"委座召见，问对延安作战意见。当答以主力由宜川、洛川间直取肤施，以一部攻取三边，以后包围而歼灭之。委座认为现时进

---

① 《蒋介石日记》，1943 年 8 月 31 日"本月反省录"。

攻不甚相宜，因其有备"而再度放弃。① 两天后国民党五届十一中全会召开（9月6～13日），迫于国际、国内的压力，蒋介石最终改变对中共武力解决的态度：

> 对共匪不用武力讨伐而不能不用法经制裁之理由：甲、匪部干部之间及其上下已离心离德，只要我持之以久，匪必不待我攻而自灭，若我讨伐则反促其团结；乙、对匪用兵无异割鸡而用牛刀，若果持久不能解决，徒长匪炎，而与敌寇以复活之机；丙、……彼绝无再扰窜之勇气，故封锁匪区使之自缚阳干为惟一方略；丁、匪之强点在宣传，在希望美国干涉，吾应最注意者，惟此一点而已。②

此时，蒋介石在解决中共问题时又回到了"政治解决"的老路上，甚至错误地判断中共内部会分裂，"不待我攻而自灭"。他只是在一些枝节问题上发了几句狠话："对共处分时应准备之点：甲、新华日报之监视；乙、共籍参政员资格之取消；丙、各地十八集团军办事处之封闭；丁、对共匪在渝之电台与秘密通信机关及其人员之处置，应重加考虑。"③ 最终，蒋介石在全会闭幕式上表示："中共问题是一个纯粹的政治问题，因此应该以政治方式来解决。"④

四

1942～1943年的国共关系发展史，深深留下了毛泽东和蒋介石两人

---

① 《胡宗南日记》，1943年9月4日。对于蒋介石闪击延安的计划，胡宗南在1944年的日记中还曾提到此事。7月5日，他在日记中道：蒋介石说"这次灵宝作战，将我军弱点暴露无遗。侥幸得狠，日军未近。如果日军西进，潼关必关，西安必丢。关中失守，重庆动摇。中国有灭亡之虞矣！委座言时，声色忽厉忽和，忽顿挫忽激昂。最重要之语为：'你看现在大家谁还看重你？假使上半年如剿赤匪，你一定失败。届时影响之大，不知如何也！'等语"。
② 《蒋介石日记》，1943年9月8日。
③ 《蒋介石日记》，1943年9月9日。
④ 《毛泽东年谱（1893～1949）》中卷，第469页。

的烙印，也充分体现出他们不同的个人性格和行事风格。

不可否认，抗战时期毛泽东和蒋介石都是中国最出色的战略家。他们对整体战略的判断，在很多方面是一致的。特别是在国际问题上，双方都有着共同的看法。只是由于他们所处的位置不同，在处理国共关系时的侧重点有所不同。考察这一时期的国共关系，虽然自太平洋战争爆发后，面对日本侵略的扩大和反法西斯同盟的形成，双方都有合作的需求，但各有怀抱。毛泽东期望的是在民主的旗号下求得中共政权、军队合法化；蒋介石则借国家统一的旗号，强调政权、军队一统化。此时在重庆的周恩来，对蒋介石的判断更为准确："他之所谓政治是要我们屈服，绝非民主合作。"正是因为周恩来体会到双方的实际差距，相信谈判不会有实质性的结果，所以不建议毛泽东同蒋介石会晤。而当毛泽东清醒地认识到这一点，特别是当共产国际的解散后，立即放弃同国民党的谈判。同时，蒋介石虽想借此发动第三次"反共高潮"，但作为同盟国的一员，也不得不考虑美、英、苏三国的态度而擅自对中共大打出手。在国际战略方面，毛泽东和蒋介石最大的不同之处是，毛泽东更强调独立自主。抗战时期，毛泽东成功摆脱了曾对中共有过巨大帮助而又有着强烈束缚的共产国际和苏联的影响；而蒋介石则更多地将中国胜利的希望寄托在同盟国身上，过度依赖于美、英政策的转变，相对较少关注自身的发展壮大，甚至在处理国共关系时，希望苏日开战，以此武力解决中共问题。

至于从具体的国共关系的视角考察，无论是宏观战略层面还是微观战术指导，毛泽东都远胜于蒋介石。

"人不犯我，我不犯人；人若犯我，我必犯人。""以斗争求团结则团结存，以退让求团结则团结亡。"这些耳熟能详的语句，都是毛泽东在处理战时国共关系总结出来的炉火纯青的艺术，是他在深刻反思第一次国共合作和十年内战血与火的洗礼中产生的，并将其发挥得淋漓尽致，充分做到了"有理、有利、有节"。[1] 时机尚不成熟，绝不轻举妄动；时机一旦

---

① 毛泽东：《目前抗日统一战线中的策略》（1940年3月11日），《毛泽东选集》第2卷，第745、749、750页。

成熟，绝不轻言放弃；时局发生变化，迅速做出调整，绝不恋战。

而蒋介石在处理国共关系时，尽管在战略判断方面与毛泽东相似，但他所做出的决断和战术布置，却僵硬保守，不善随机应变，更有一个突出特点就是犹豫不决。加之国民党整体的组织、动员力量远远落后于共产党，因此国民党始终处于被动地位。

当1944年欧洲战场节节胜利之时，国民党却面临着一场豫湘桂大溃退，引起全社会的人心巨变。此时中共在调整国共关系时，已不再简单地向国民党提出政党合法、军队扩编等问题，而是公开提出建立"联合政府"的主张。抗战胜利前夕，毛泽东在中共七大上发表了《论联合政府》，并在开幕式上庄严宣告："在中国人民面前摆着两条路。""我们应当用全力去争取光明的前途和光明的命运，反对另外一种黑暗的前途和黑暗的命运。""我们的任务就是这一个"，"建设一个光明的新中国，建设一个独立的、自由的、民主的、统一的、富强的新中国而奋斗"。① 由此展开了新一轮国共关系的演变。

---

① 毛泽东：《两个中国之命运》（1945年4月23日），《毛泽东选集》第3卷，第1025～1026页。

蒋介石与台籍人士的
互动（1945～1949）

——从蒋介石日记与林献堂日记的观察

高纯淑*

内容提要　本文通过比对蒋介石日记及林献堂日记，勾勒出蒋介石在迁台之前，对台湾与台湾人的认识，以及以林献堂为主的台籍人士与蒋介石的接触。1945 年台湾光复之前，蒋介石对台湾人了解实属有限，与在台湾本岛以温和手段抗日的台湾士绅林献堂等人几乎没有交集。光复之初，林献堂积极担任民间社会与政府沟通的桥梁，并加入国民党。1946年 8 月，参加丘念台筹组的"台湾光复致敬团"，前往内地访问。9 月 30日，林献堂面见蒋介石，"并请其来台视察。他颇赞成，约来春欲往"。事隔不到两月，蒋介石即首次赴台，出席光复周年庆祝大会。1947 年"二二八事件"后，国民政府亡羊补牢，改组台湾行政长官公署为台湾省政府，林献堂出任省府委员，翌年又受命台湾省通志馆首任馆长。1949年 8 月 23 日，林献堂与蒋介石最后一次会面，事后林献堂在日记中叹言："其看事不同，何其相差若是之远也。"长期以来，林献堂被外来统治者视为笼络或打压之首要对象，战后政权的更迭并没有改变其命运，而离台隐退，正是他在日本殖民统治台湾时期惯用的抵抗手段。

关键词　蒋介石　林献堂　日记　台湾

---

* 台湾辅仁大学历史学系兼任副教授。

前　言

　　1950 年 2 月，撤至台湾的阎锡山“内阁”，奉中国国民党“中央非常委员会”第十四次会议通过，因应时势，以台籍人士丘念台为“行政院政务委员”。① 正拟发表之际，丘念台却以健康为由力辞，并推荐林献堂、蔡培火、黄国书、李友邦四人，择一继任，于是“行政院院长”阎锡山开列名单，请总裁蒋介石裁示。② 总裁办公室主任黄少谷以“林献堂现在东京，即发表亦未必来；蔡培火较为老成而性颇卞急；黄国书、李友邦可勉称台籍人士中‘后起之秀’”，签请“东南行政长官”陈诚、台湾省主席吴国祯表示意见。经询陈、吴二人意见，以为林献堂最孚人望，但是蒋介石批示“林献堂在日滞留未回，不宜发表。但中无意见，此事以早决为宜”。随后蒋介石于 3 月 1 日“复行视事”，10 日陈诚接替阎锡山“组阁”，12 日发表蔡培火为“政务委员”，蔡培火历经第一次陈诚“内阁”（1950 年 3 月 12 日起）、俞鸿钧“内阁”（1954 年 6 月 1 日起）、第二次陈诚“内阁”（1958 年 7 月 15 日起）、严家淦“内阁”（1963 年 12 月 16 日起），至 1966 年 6 月 1 日，历经 16 年方得卸职，由连震东取代。

　　这一次的人事异动史料的发现，引发笔者的兴趣，想借由蒋介石日记及林献堂日记，并参考丘念台、蔡培火、谢东闵等人的回忆文字，勾勒出蒋介石在迁台之前，对台湾及台湾人的认识，以及以林献堂为主的台籍人

---

①　刘维开编《中国国民党党务发展史料——非常委员会及总裁办公室资料汇编》，台北，近代中国出版社，1999，第 70 页。

②　《阎锡山呈蒋介石函》，《蒋介石总统文物》，台北“国史馆”藏，典藏号：002 - 080101 - 00012 - 007 - 021。所附名单，四人简历如下。林献堂，台湾彰化人，祖籍福建，年 69 岁，为台湾耆绅，曾任省委，主张高度自治，现在日本东京。蔡培火，台湾台南人，祖籍福建，年 61 岁，日本国立东京高等师范学校理科毕业，现任“立法委员”及“东南军政长官”工署政务委员。黄国书，台湾新竹人，祖籍广东，年 44 岁，日本士官及炮专、法国炮校、德国炮专，以及中训团兵役班毕业，历任连长、营长、旅长、军参谋长、师长、副军长、中将参议、铁道委员、国大代表，现任“立法委员”。李友邦，台湾台北县人，祖籍福建，年 44 岁，黄埔第二期毕业，曾任军委会台湾义勇队队长、青年团台湾支团干事长、中央委员，现任台湾省党部副主任委员。

士与蒋介石的接触。林献堂的《灌园先生日记》横跨日本殖民统治与国民党统治两个时代，始于 1927 年，止于 1955 年，前后共 29 年，内容有家族生活、经济活动、政治活动、文化活动等相关资料，不仅是林献堂一生最重要的见证，也可补充官方史料的不足。林献堂地位高、参与活动多，因此《灌园先生日记》被视为一部具体而微的台湾史。蒋介石日记起于 1915 年，迄于 1972 年，长达 55 年。2007 年夏，在美国斯坦福大学胡佛研究所全面向学界公开，带给民国史巨大的冲击。唯蒋介石重心不在于台湾，从有限的接点，观察蒋介石与林献堂的互动，会是个有趣的尝试。

一 光复前夕：蒋介石与台湾

（一）收复台湾的决心与行动

1932 年 9 月 13 日（农历八月十三日），中秋节前两天，蒋介石以"倭寇承认伪满日亟，而国人醉生梦死，麻木不仁，徒以名利与欺诈相当，诚令人愤愧急躁，尽夜不安，人心已死，惟在我一人提倡力行，以冀挽救也"，在日记写下："预期中华民国三十一年中秋节恢复东三省，解放朝鲜，收回台湾、琉球。"① 此为目前所见蒋介石首次提到要"收回台湾"。1933 年 3 月 12 日蒋介石在石家庄纪念孙中山逝世八周年会上言："八年后，不但收复东三省，且要收回台湾。"②

1940 年 3 月 29 日，汪精卫依附日本在南京成立伪政权，敌我形势顿时发生变化，蒋介石乃于次日致电国民党中央组织部部长朱家骅、教育部部长陈立夫及军事委员会国际问题研究所主任王芃生，电文略谓：

① 《蒋介石日记》（未刊本），1932 年 9 月 13 日。
② 徐永昌：《徐永昌日记》第 3 册，台北，中研院近代史研究所，1991，第 4 页。徐记收复地区尚有"琉球"，日记中批蒋此言为"妄人"。

汪逆傀儡登场在即，我方对倭亟宜加大打击，赞助日本、台湾、朝鲜的各项革命运动，使其鼓动敌国人民群起革命，如罢工等等，以骚扰敌之后方，减其侵略势力。即希兄等负责约同日、韩、台在渝革命之首领会同筹划推动为要。①

朱家骅、陈立夫等人乃即展开筹备工作。首先由朱家骅于 4 月 2 日召开会议，研商进行步骤，出席人员有陈立夫、王芃生、贺衷寒、康泽、徐可均、李超英等，会中决定迅速成立国民党台湾党部，有关之决议文如下：

> ……第三、台湾本我辖地，兹拟迅速成立本党党部，为工作便利计，暂用化名，查有前在政治部（军事委员会）供职之刘启光，原系台湾籍，当约其谈话，俟议有具体办法，再呈请核定经费及负责人员。②

会后刘启光建议成立"国民党中央组织部直属台湾党部筹备处"，提出中央常务委员会讨论通过，并即签呈蒋介石批可。③ 国民党随即于 9 月间正式核准设立"中央直属台湾党部筹备处"，派翁俊明为筹备处主任，这是台湾有公开统一党务领导机构的开始。

此后，台湾党部的发展历经重庆筹备、香港设处、泰和训练、永安迁驻等阶段。其组织任务，以策动居留大陆各地及海外富有民族意识之台湾同胞奋起抗日，建立并发展台湾岛内党务组织，启发被迫在日本军中服役之台籍青年民族觉醒，期盼其起义来归为目的。台湾党部尚有计划地编印

① 《国民政府军事委员会侍秘渝字第 164 号代电》（1940 年 3 月 30 日），《朱家骅先生档案》，台北中研院近代史研究所藏。
② 《朱家骅呈复遵办推动日、韩、台革命运动情形》，《朱家骅先生档案》，台北中研院近代史研究所藏。
③ 司马思真：《中国国民党与台湾——追记光复前的台湾党务》，《中央日报》1949 年 10 月 25 日。

在日记中找寻历史

《台湾问题参考资料》，并随时对其附属组织及同志颁发宣传指示。①

到了 1944 年 3 月 9 日，国民政府主席蒋介石与中央设计局秘书长熊式辉在黄山谈及复员事，熊式辉言"台湾及东北四省与内地各省情形不同，复员工作宜有专人负责，早为准备，最好能将预定此后使其在其地任接收工作之人为之更佳"。② 并建议由中央设计局组织东北、台湾两调查委员会，预为筹设战后两个收复区地区之行政，举沈鸿烈与陈仪分别主持之，对外暂不宣布，但告以担任调查研究工作。③ 熊式辉得到蒋介石同意后，于 3 月 27 日与沈鸿烈、陈仪商组东北及台湾调查委员会事。④

3 月 27 日，熊式辉即与沈鸿烈、陈仪商组东北及台湾调查委员会事。⑤ 4 月 17 日，台湾调查委员会举行第一次委员会议，陈仪为主任委员，沈仲九、王芃生、钱宗起、周一鹗、夏涛声为委员，负责调查台湾现况、草拟台湾统治方针、召集并训练行政人员与接收干部。7 月提出"台湾接管计划纲要"，同时大量翻译法令资料，开办行政干部训练班、警察讲习班与银行调训班等。⑥

台湾调查委员会从主任委员陈仪以下，皆无台籍人士，为"多多罗致台湾有关人士"，1944 年 6 月 16 日聘李友邦为兼任专门委员，9 月 25 日改为调查委员会委员，⑦ 聘谢挣强为兼任专员。

---

① 直属台湾党部详情请参阅陈三井《翁俊明与台湾党部成立的一段经纬》，《中华民国史料研究中心十周年纪念论文集》，第 555 ~ 568 页；洪喜美：《光复前后中国国民党台湾党务的发展（1940 ~ 1947）》，中华民国史专题第三届讨论会秘书处编《中华民国史专题讨论集——第三届讨论会》，台北，"国史馆"，1996，第 1009 ~ 1043 页；高纯淑：《抗战时期中国国民党台湾党务——台湾党部的成立与发展》，《中华军史学会会刊——纪念七七抗战 60 周年专号》，台北，中华军史学会，1997，第 39 ~ 59 页。
② 熊式辉：《海桑集》第 6 编《抗日胜利与东北祸患之勃发》，美国哥伦比亚大学图书馆特藏图书馆藏，油印本，第 1 页。
③ 熊式辉：《海桑集》第 6 编《抗日胜利与东北祸患之勃发》，第 1 页。
④ 熊式辉：《海桑集》第 6 编《抗日胜利与东北祸患之勃发》，第 1 页。
⑤ 熊式辉：《海桑集》第 6 编《抗日胜利与东北祸患之勃发》，第 1 页。
⑥ 《中央设计局台湾调查委员会一年来工作大事记——民国 33 年 4 月至 34 年 4 月》、《中央设计局台湾调查委员会三十三年度重要工作项目报告》，张瑞成编《光复台湾之筹划与受降接收》，台北，中国国民党中央党史委员会，1990，第 44 ~ 52、52 ~ 53 页。
⑦ 《中央设计局台湾调查委员会一年来工作大事记》，张瑞成编《光复台湾之筹划与受降接收》，第 45、47 页。

（二）蒋介石"认识"的台湾人

据研究，抗战期间投入国民政府工作的台籍人士，党务部门有柯台山、林忠；外交部门有黄朝琴，情报搜集部门有李万居、谢南光、连震东、林啸鲲、许显耀、蔡培火、林顶立等人，分别服务于国际问题研究所和军事委员会调查统计局；教育部门有浙江大学的廖文毅、湖南大学的游弥坚、中山大学的林家齐、中央陆军军官学校的苏绍文等人；军事作战部门有邹洪、黄国书、王民宁、刘定国等人；宣传部门有苏芗雨、林忠、刘兼善、谢东闵、宋裴如、何非光。①

讨论蒋介石认识的第一批台湾人，首先要提到中央警官学校的台湾警察干部讲习班。1944 年 10 月 1 日，中央警官学校在重庆成立台湾警察干部讲习班，以胡福相为班主任，选调重庆附近之闽、粤、台籍警官受训，计第一期 36 人，第二期 28 人。② 10 月 28 日，补行开学典礼，蒋介石亲临致训，强调："台湾警察干部，将来派往台湾工作，尤其要发挥仁民爱物的精神，使台湾人民怀德感恩，知道我们是爱护他们的革命警察，有此精神，建国工作才可完成。"③

目前所知，蒋介石在日记中第一位提到的台籍人士，是冯玉祥介绍的宋裴如。④ 1945 年 3 月 15 日，蒋日记记曰："宋端华，台湾人，冯介绍。"⑤

第二位提到的是黄朝琴。1945 年 4 月 14 日蒋介石在日记预定事项中注记："黄朝琴、宋端华可派台湾工作。"⑥ 4 月 17 日台湾调查委员会成立后，蒋介石于 4 月 25 日手谕主任委员陈仪："黄朝琴、宋端华二员将来

---

① 林德政：《在中国革命的道路——历史巨变下的台湾人》，台北，五南图书出版公司，2014，第 410～437 页。

② 《台湾省通志稿》卷 10《光复志》，第 26 页。

③ 《警察工作的本质与要领》，《大公报》1944 年 10 月 28 日，第 2 版。

④ 宋端华即宋斐如（1903～1947），原名宋文瑞，曾任国民党直属台湾党务干部训练班教育长。

⑤ 《蒋介石日记》，1945 年 3 月 15 日。

⑥ 《蒋介石日记》，1945 年 4 月 14 日。

可派台湾方面工作，希存记为要。"①

黄朝琴的回忆指出，他在中央训练团高级班受训时，曾写过一篇题为《台湾收复后之工作设计》的论文，因该文筹划周详而获陈仪赏识，并被聘为台湾调查委员会委员，因而得以与闻台湾的接收工作。②

蒋介石于1944年9月17日正式核定台湾行政干部训练班开班办法后，随即交由陈仪全权统筹办理。10月16日，陈仪与周一鹗分别被任命为台湾行政干部训练班的正副主任，随即展开人事及开班相关事务。12月24日，台湾行政干部训练班在重庆复兴关中央训练团正式成立，次日开班授课。③ 其课程规划，陈仪就是着令黄朝琴负责。④

1945年5月5日，中国国民党第六次全国代表大会在重庆复兴关中央干部学校大礼堂揭幕，5月7日晚上6时，蒋介石在上清寺官邸宴请七位出席大会代表，台湾代表谢东闵是其中之一，蒋介石特别垂询有关台湾的种种状况。当天纳粹德国宣布无条件投降，于是蒋在宴会结束时特别留下谢东闵，然后对他说："谢同志，请转告台湾同胞，台湾光复的日子快到了。"⑤

这个消息让谢东闵振奋异常，"这是我一生最高兴听到的话！这一天晚上，我兴奋得几乎睡不着。好不容易等到第二天早上，赶往中央广播电台，把蒋委员长的话，用闽南语向台湾家乡广播，请家乡同胞等待光辉的日子来临"。⑥

蒋介石在日记中轻描淡写："晚约礼卿、季常聚餐，另约学生代表共六人单独谈话，训勉之",⑦ 并未特别提及"台湾代表"。

---

① 《蒋总统事略稿》，1945年4月25日，《蒋介石总统文物》，台北"国史馆"藏，典藏号：002－060100－00199－025。

② 黄朝琴：《朝琴回忆录—台湾政商耆宿》，台北，龙文出版社，2001，第132～133页。

③ 见蔡相辉《中央训练团台湾行政干部训练班初探》，《国父建党革命一百周年学术讨论集》第4册，台北，近代中国出版社，1995，第232页；《团闻》，《复兴关》第236期，1944年10月31日，第1968页。

④ 黄朝琴：《朝琴回忆录—台湾政商耆宿》，第132～133页。

⑤ 谢东闵口述《归返：我家和我的故事》，台北，联经出版事业公司，1988，第179页。

⑥ 谢东闵口述《归返：我家和我的故事》，第179页。

⑦ 《蒋介石日记》，1945年4月14日。

从 1945 年上半年的日记看来，蒋介石着重于战后东北的规划，对东北政治、党务、经济各方人才，考虑再三，而对于台湾除上述宋斐如、黄朝琴之外，对于活跃于重庆或大后方的台籍人士似乎一无所知，其人事安排委由台湾调查委员会主任委员陈仪全权处理。事实上，当时台湾人回"唐山"、在国民政府控制区内活动的，仅占少数，在伪满洲国与汪伪政府的台湾人更多。蒋介石对台湾人了解有限，何况是在台湾本岛以温和手段抗日的台湾士绅林献堂等人。

二　光复之初：林献堂的上海、南京之行

林献堂（1881～1956），名朝琛，字献堂，号灌园，以字行。台湾台中雾峰人，出身于世家雾峰林家。林献堂是日本殖民统治台湾时期非暴力反日人士中的右派代表人物，无论在新民会、台湾文化协会、台湾民众党，还是台湾地方自治联盟等组织中均扮演要角。

不论是 1945 年日本战败后之政权转换，或是 1949 年国民党迁台之变局，林献堂在政治上虽未担任掌握实权之官职，却一直是一位动见观瞻之社会领袖，也是一位举足轻重的政治人物。

林献堂在战后的政治活动大致可分为三个时期。首先是台湾光复之初，积极参与政治活动，出任"民意代表"，担任民间社会与政府沟通的桥梁。其次是在"二二八事件"之后，林献堂出面担任官民桥梁；相对的，政府为了安抚台湾民众，也任命林献堂为省府委员、通志馆馆长。最后是 1949 年 9 月林献堂对国民党治台失望不满，因而退出政坛，避居日本，最后客死他乡。

1945 年 8 月 15 日，日本宣布无条件投降。台湾人士精神兴奋，各方劝请林献堂组织治安维持会之际，8 月 19 日一早，许丙、蓝国城拜访林献堂，"盖欲招余同往上海、南京联络民国要人"。[①] 蓝国城认为重庆和南

---

① 林献堂著，许雪姬编注《灌园先生日记》（17），台北，中研院台湾史研究所、中研院近代史研究所，2010，第 249 页。

京方面迟早会握手合作，而在台湾、上海的日本人可如常在当地营生，更特别的是在台的日军可继续驻屯两年，并拟引用台人以图日华提携。他先在 8 月 16 日去见许丙，拟筹组致谢团到南京欢迎国民党军早日来台，19 日才来台中见林献堂，怂恿林同往见安藤利吉总督。①

林献堂随即北上，20 日与许丙、蓝国城、林犹龙会见安藤利吉、谏山春树（参谋长），"请其指示之事：一、现时人心极平稳，不知此去或有意外之事亦未可料，治安维持须岛民之协力否；二、日本人大部仍居住于台湾，此后日、台之协力当如何；三、对于日、华亲善须吾人出为联络否。总督言他在任中对治安维持如前之继续为之，但恐引渡时，或有多少之支节亦未可知，彼时方请出为协力，日、台融和，日、华亲善皆甚望尽力"。"参谋长乃言往上海之事，若以个人资格种种便宜，欲为准备；若用总督特派，今尚非其时也。"②

8 月 30 日，"盖为劝余往南京欢迎台湾主席陈仪氏等，义不容辞，慨然许之"。③ 8 月 31 日，林献堂、许丙、林熊祥、辜振甫，会同谏山春树等一行抵上海，到海军司令长官福田良三官邸待命。④ 联络民国要人、欢迎陈仪来台是林献堂此行的首要目的。

9 月 5 日，台湾革命同盟会致电蒋介石："为台湾代表团林献堂等为欢迎我国赴台军政长官，冒险抵沪，拟恳派便机迎接来渝，俾能明了该方面近情。"蒋批示交行政院核办，并抄交陈（仪）参考。⑤ 派机迎接林献堂到重庆报告的建议，并未被采纳执行。但是否和 9 月 6 日林献堂日记中所谓"蓝国城自台湾来，言蒋介石命何应钦电达台湾总督，托其招林献堂、罗万俥、林呈禄、陈炘、蔡培火、苏惟梁来南京云云"有关，⑥ 尚待进一步的史料印证。

---

① 林忠：《台湾光复前后史料概述》，台北，皇极出版社，1983，第 127 页。
② 林献堂著，许雪姬编注《灌园先生日记》（17），第 250 页。
③ 林献堂著，许雪姬编注《灌园先生日记》（17），第 259 页。
④ 林献堂著，许雪姬编注《灌园先生日记》（17），第 261 页。
⑤ 《收复台湾意见案》，《国民政府档案》，台北"国史馆"藏，典藏号：001－010020－0001。
⑥ 林献堂著，许雪姬编注《灌园先生日记》（17），第 273 页。

9月8日，林献堂、辜振甫二人飞往南京参加受降典礼，而陈炘、罗万俥、林呈禄、苏惟梁也为此而来。但谏山春树"言他为台湾军代表，君等无参列之必要也"，林献堂等六人并未力争，遂作罢。

9月9日受降典礼之后，林献堂等六人会见台湾行政长官公署秘书长葛敬恩，畅谈关于政治、经济、言论、教育、法律及日本人居住问题等。10日，葛敬恩引导林献堂等会见陆军总司令何应钦，"问余等昨日受降典礼何故不参列，即以谏山之言告之，他颇不悦，即取出受降书示余等"。

林献堂等于9月13日返台，第二天，林献堂、许丙、陈炘即会见安藤利吉，将与葛敬恩会谈告之。河田烈（大成火灾海上社长）"问新政府之情形后，言安藤总督得以住台湾否。答曰以余之见，归东京较为得策也"。由此观之，林献堂此行亦有观察上海、南京情形，以定在台日侨、日军行止的目的。

林献堂未能乘机到重庆，而另一位台湾人蔡培火到了重庆。1945年6月，蔡培火与田川大吉郎密赴重庆，谋求"和平停战"。赴重庆途中日本宣布无条件投降，乃折返南京，后得何应钦协助，乘军机往重庆，谒见国民政府主席蒋介石。1946年1月，蔡培火加入中国国民党，被任命为台湾省党部执行委员。[①] 蔡培火此行对战后政治地位的取得，确有很大的收获。

林献堂此次上海、南京之行，被国民政府视为"以欢迎陈长官莅台名义来沪，实则彼等被台督安藤利吉逼迫，派其向我当局要求准许在台之日侨及被解除武装后之日军留居台湾"。蒋介石致电陈仪请其注意："据报（一）台湾总督安藤利吉现尚在台，鼓动台民独立运动，企图作困兽之斗。（二）此次林献堂、林熊祥等四人以欢迎陈长官莅台名义来沪，实则彼等被台督安藤利吉逼迫，派其向我当局要求准许在台之日侨及被解除武装后之日军留居台湾，此与在台日军埋藏武器及黄金预备将来复化之用

---

① 蔡培火：《家世与经历》，张汉裕主编《蔡培火全集》第1卷《家世生平与交友》，台北，财团法人吴三连台湾史料基金会，2000，第79～81页；蔡培火：《我与王芃生先生的关系》，《中外杂志》第19卷第5期，1976年5月，第52～54页。

有关各等情，希即查报，并应转加注意为要。"①

日后林献堂积极担任民间社会与政府沟通的桥梁，如 10 月 3 日 "余（林献堂）与攀龙在戏园开讲演会，听众约近千名，余讲蒋委员长之广大胸怀，对日本人而行以德报怨；次言新生活运动；末言米配给"；② 10 月 7 日 "培英八时余来，请云龙出为组织三民主义青年团雾峰区队，余颇赞成之"；③ 10 月 8 日，"议打一祝电与蒋委员长表感谢之意之电文"；④ 10 月 10 日，赴双十节庆祝大会致辞；10 月 24 日，迎接陈仪来台；10 月 25 日出席台湾区受降典礼，⑤ 无役不与。12 月 13 日，林献堂在国民党台湾省党部特派员李翼中的拉拢下，加入国民党，同时加入的有黄朝清、林云龙等人。⑥

其实"台湾自治"是林献堂心中最大期望，1945 年 8 月 22 日，林献堂即以"中华民国有联省自治之风说，若能实现，台湾亦为联省之一，日、台协力自治，诚为万幸"，⑦ 来安慰惶惶的人心。联省自治为 1920 年代之说，战后是否仍有此说，仅能存疑。

"二二八事件"之后，林献堂对时局十分灰心，依然是以顾全大局，而后图谋改革态度处世，期望台湾有朝一日能够自治。1946 年 12 月 24 日南投地区民众要向"行政长官公署"索回被日本政府征收的竹林时，他说："继谈竹林问题，余对诸关系言，欲对省政府请返还，是绝对不可能，然尚有一线曙光者，待台湾自治，省长由台湾人选出时，此问题方有望也。"⑧

---

① 《蒋介石致陈仪电》(1945 年 11 月 8 日)，《蒋介石总统文物》，台北"国史馆"藏，典藏号：002 - 090105 - 00014 - 139。
② 林献堂著，许雪姬编注《灌园先生日记》(17)，第 317 页。
③ 林献堂著，许雪姬编注《灌园先生日记》(17)，第 323 页。
④ 林献堂著，许雪姬编注《灌园先生日记》(17)，第 325 页。
⑤ 林献堂著，许雪姬编注《灌园先生日记》(17)，第 329、352~353 页。
⑥ 林献堂著，许雪姬编注《灌园先生日记》(17)，第 405、420 页。
⑦ 林献堂著，许雪姬编注《灌园先生日记》(17)，第 252 页。
⑧ 林献堂著，许雪姬编注《灌园先生日记》(18)，台北，中研院台湾史研究所、中研院近代史研究所，2010，第 461 页。

三　祖国之行：台湾光复致敬团

1946 年 6 月，丘念台筹组"台湾光复致敬团"，准备邀集各界知名人士前往内地访问，"让他们了解中央和国内同胞对台湾有深厚的民族爱，在这个大范围之下，原谅部分地方接收人员的过失；同时也让中央了解台民的热心爱国，以及台民对政府的拥护与敬意，用以加强上下的联系，进而疏通日据时代所遗下的长期隔膜"。① 1946 年 8 月下旬，台湾光复致敬团的准备工作已大致完成，正式代表成员十人，来自全省各地：

黄朝清（台中）台中市参议会议长

林为恭（新竹）台湾省参议会参议员

林叔桓（台南）台南市救济院院长

叶荣钟（台中）台中市人民自由保障会委员

林献堂（台中）新当选国民参政员

姜振骧（新竹）新竹县参议会议员

李建兴（台北）台北县瑞芳镇镇长

钟　番（新竹）新竹县商会理事长

张吉甫（高雄）屏东市参议会议长

陈逸松（台北）台北律师公会副会长

丘念台担任顾问，陈炘（大公企业董事长）为财务委员，林宪（台湾旅沪同乡会理事）、李德松（广州建国日报特约记者）、陈宰衡（台中市水果商同业会监事）三位职员，随团处理事务。

台湾光复致敬团之任务有三：第一，拜谒中山陵；第二，晋见蒋主席及中央各级首长，并献金抚慰抗日阵亡将士家属、救济战乱灾胞、充实教育设备；第三，公祭黄帝陵。

彼等经上海往南京，参谒中山陵，接着拜会重要长官，晋见国民政府主席蒋介石致敬，呈献捐款以供救济战乱难胞及阵亡将士家属。并曾搭机

① 丘念台：《岭海微飙：我的奋斗史》，台北，中华日报社，1962，第 323 页。

在日记中找寻历史

赴陕，于耀县遥祭黄陵。所至饱览祖国河山风光，受到各方热烈接待，对促进内地与台省之感情，消除日本殖民统治时期所造成之隔阂，贡献甚巨。[①]

一行人于8月29日出发，8月30日抵达南京下关，8月31日前往中山陵、秦淮河、中央医院等地参观。9月1日参访明太祖陵（明孝陵）、烈士祠（即国民革命军阵亡烈士公墓）、鸡鸣寺等地。9月2日前往国民政府，并游览国民政府建筑，9月3日前往五台山日本神社参观。9月4日拜访司法院、立法院、考试院、监察院以及行政院一级部会，说明林献堂一行人的来意。9月5日同游玄武湖，9月6日搭机离开南京，前往西安继续致敬团的行程。9月17日返回南京，9月23日游镇江，9月24日抵芜湖，9月25日抵苏州，27日返回南京。9月30日，台湾光复致敬团到大陆一个月之后，终于见到蒋介石。

台湾光复致敬团的三位成员林献堂、李建兴、叶荣钟，记下了9月30日会见的情形。林献堂的《灌园先生日记》如是说：

国民政府九时开纪念周于礼堂，蒋主席出席，余等一行十五名，以曾广汉为导亦参加。外交部长王世杰待式毕，然后报告欧洲平和会议之情形。散会后余等以文官长吴鼎昌为导，谒主席，念台先念颂词，余献长方形之旗，上绣"国族之光"及献金五千万元台湾财政处长严家淦之收条。主席慰谢远来之劳，并约午后茶会。

五时半赴主席之茶会，吴鼎昌、郑彦棻为陪。主席问台湾人民之苦痛，对以失业及物价腾贵。问青年之体格，告以受日人之军事训练，渐次向上。问常会陈长官否，答曰常会。曰愿列位帮助之。余告台湾陆海航军之设备，并请其来台视察。他颇赞成，约来春欲往。次

---

① 丘念台：《岭海微飙：我的奋斗史》，第325~328、350、353页。另参林宪、戴国辉对谈录《二二八的前前后后与丘念台》，叶芸芸编《证言二二八》，台北，人间出版社，1990，第139~140页；林献堂纪念集编纂委员会编《林献堂先生纪念集》第1卷，台北，文海出版社，1974，第79页。

摄纪念写真。①

林献堂言简意赅，叙述井井有条，应答如流，到最后邀请蒋介石来台视察，进退有序，不愧为致敬团领导。

李建兴的《台湾光复致敬团祖国行》叙事详尽，观察入微：

> 上午八时半，乘汽车直抵国民政府，赴大礼堂参加中央扩大纪念周，席上皆政府一般首要约有六百余人，济济一堂，依次入席，至为肃静。九时乐起，即见可敬之国家元首蒋主席莅席，大家起立，行礼如仪，毕，由王外长世杰作外交报告约一小时，继由主席登台向诸人扫视片刻旋即手执党员守则高声朗读十二条。全体循声诵读，毕，主席退场，奏乐而散。中华民族之庄严和谐首次见之。俄顷本团全体即应请进入主席办公室，适吴文官长鼎昌亦在，另有二三人指导仪式整队以待，一堂静肃，主席一如在典礼场时，身御戎装自别室莅临立在中央，目光炯炯射人，寓威严于和蔼之中，向本团同人遍道"辛苦，辛苦"并告以"在庐山迟归，使君等久候"，首由丘念台先生敬致颂词，继由林献堂先生呈献"国族干城"旗帜一面，并献金及书类等事，主席莞尔曰："今夜五时请诸位谈谈。"当一同向主席鞠躬而退。
>
> 本团当午，假励志社招待中央党部张寿贤、冯宗萼（欠席）、曾广汉、孙宏干、白耀武诸先生及郑副秘书长彦棻等西餐。颇简单，以茶当酒而已。下午三时访问粮食部长徐堪，详陈台湾粮食问题，至下午五时，即应召乘汽车直趋中央军校（蒋主席官邸现驻节于此）由吴鼎昌、郑彦棻二先生，肃入客厅坐约十分钟，见一参军（或秘书）持本团同人名单席次表，置在棹上使我等各自检看，吴、郑二先生导我等到会场入席，其时，主席已改御蓝绸长袍乌短褂、军装裤、皮鞋，丰采甚都，即就主人席，向我等叙礼而座曰："辛苦，辛苦，今

---

① 林献堂著，许雪姬编注《灌园先生日记》（18），第358页。

日得与台湾同胞相见，非常欣慰！"先从献堂先生发问住所、贵庚，依次问，再问余职业、住所，余起立以"台北煤矿业"，继问曰："台湾还有什么矿？"余答曰："金矿、铜矿。"继问："矿在何地区？"余答曰："在台北一带"，丘念台先生继告"新竹地方尚有油矿"，主席道："好好"，丘先生更起立介绍，余为日本政府因爱祖国嫌疑与中央联络，拘去囚禁五年，至光复后始释出狱。其时余静立，主席报我青眼，并道："好，好"，余道："非常感谢主席'好好'奖励之金言。"主席手持名单，再向各人逐一问姓名，并看面貌一遍后，方发言问："光复以来台湾同胞有何辛苦？"献堂先生答以："失业甚多，粮食太贵，物价上涨"等等，主席谓："希望台湾同胞协力建设国家，认识人人皆是主人，又希望台湾同胞协助陈长官努力建设，上下一心当必逐渐改善转好"云云。遂请食茶点，其间略有谈话，未几齐起立告辞，主席立在出口处与各人握手，眼光射人，似洞察人之肺腑，使人不敢仰视者，继在外庭园一同摄影留念。拍照后拜别，主席在对各人握手，笑容可掬，别时余曰："谨祝主席健康！"主席答曰："好好。"——辞出（三大愿望之一）共约四十余分钟，是晚大家欣慰，在邸自酌，均言："此行三大目的已达到了。"余遂写寄家书奉慰慈母。①

叶荣钟日记叙述整个会见的过程，对于谈话内容却只字不提：

上午八时余一同兴奋地赴国民政府，入大礼堂等候开纪念周。九时文武官员，党政各机关要人齐集，人数大约有五六百名，妇人亦有十数名。军乐吹奏里，主席缓步入场。我初以为前后必有随行的官，不意竟是独自一个至演坛前七八步而止。赞礼官唱主席就位，主席乃更近两步，诵总理遗嘱，然后就坐左傍椅上。外交部长王世杰报告和

---

① 李建兴撰，吴国炳校《台湾光复致敬团祖国行》，《中外杂志》第 33 卷第 1 期，1983 年 1 月，第 99～100 页。

会经过约四十分，此间主席频频举手摸摸面部。九时五十分散会，主（席）先行，然（后）一同离席。我们仍在礼堂等候约十余分然后受案内入会客室会见吴文官长及张继先生夫妇，在那里又待片刻然后再入对面的会客室。在那里排列时因为各有出头露面的心事，以至混乱不成体统，然后由侍从武官——呼名才排列成两列。主席出来的时候全体肃立，丘先生朗读颂词。献旗时由我捧旗给献堂先生，再由先献翁捧给吴文官长。由侍从报名介绍。主席开口略慰劳的意思。前后约五六分钟，礼成而退。

由国府出来大家归招待所休息，十二时赴励志社招待党部诸人吃饭。

下午三时往粮食部会粮食部长徐堪。出来转到团部会主任委员不着，会到秘书长。然后赶到黄埔路官邸赴主席招待茶会。①

在蒋介石日记中，9月30日记曰："下午接见台湾致敬团茶会。"②"事略稿本"记曰："（9月30日）下午五时半，蒋介石接见台湾省同胞致敬团全体代表丘念台、林献堂等，并接受'国族干城'锦旗。"③事实上，献旗是在上午的总理纪念周，而非傍晚的茶会中。

在总理纪念周中报告的外交部部长王世杰，似乎没有注意到这群来自台湾的听众，日记中只记下报告的内容：今晨予在国府报告巴黎和会情形。予谓："中国政策为'反报复主义'之政策。中国之此种主张决非甘言虚语。日本在华侨民及俘虏二、三百万人，我均已安然遣送其返国，无一残杀或虐待之事。此对日人对华之惨行，恰属相反。此事已使日本普通人民感觉中国确是宽和。"④

---

① 叶荣钟撰，林宪补述《台湾光复致敬团旅行日记》，林庄生、叶光南、叶芸芸主编《叶荣钟日记》（上），台北，晨星出版公司，2002，第259～260页。

② 《蒋介石日记》，1946年9月30日。

③ 《蒋总统事略稿》，1946年9月30日，《蒋介石总统档案》，台北"国史馆"藏，典藏号：002-060100-00216-030。

④ 《王世杰日记》，1946年9月30日。

四　蒋介石首度赴台

　　林献堂在蒋介石接见台湾致敬团茶会中"并请其来台视察。他颇赞成，约来春欲往"。事隔不到两个月，蒋介石即首次赴台，出席光复一周年的庆祝大会，报载"为纪念台湾光复周年，蒋主席及夫人于十月二十一日搭专机到达台北，二十三日飞抵台中，于机场检阅仪队后，乘车前往贵宾馆，沿途经过台中市区，受市民夹道热烈欢迎"。[1] 蒋介石自记："沿途民众学子排列欢迎。八年抗战，今得收复台湾，见到台胞，私心窃慰。"[2]

　　林献堂在日记中记下不同的感受："约朝清同会市长，商欢迎蒋主席，适国民政府总务局长陈希曾至，命将悬挂之国旗收起，告诸市民谓主席今日不来。余闻之颇为意外，对人民无信，影响莫大焉。次言到飞机场迎接，市长一人就可以。十二时美龄号飞机至，余等五十余名排列于道右，主席及夫人车至，同呼万岁。他在车中脱帽答礼。"[3]

　　蒋介石夫妇其后的行程，报载如次："蒋主席伉俪 23 日下午前往日月潭，由陈仪及台湾电力公司总经理刘晋钰陪同游览，并欣赏原住民歌舞，夜宿涵碧楼。24 日上午召见警备总部参谋长柯远芬及七十师师长陈颐鼎，后视察日月潭发电所，下午返回台中，25 日返回台北。"[4]

　　蒋介石夫妇"本拟休息一日，留连其风光之幽美，后因蚊多且易陷疟症，故决回台北，以时间不及，中止台南之行"。"晡二时出发，循昨日原路回台中市，沿途民众欢欣排列迎送，比昨日更为拥〔踊〕跃。草屯市下车巡视区公所，台中市民与学子列队送行者十余里，其情不自禁，敬仰之心流露于行动声色者，诚不能以笔墨所能形容也。"[5]

---

① 《人民导报》1946 年 10 月 24 日，第 2 版。
② 《蒋介石日记》，1947 年 12 月 23 日。
③ 林献堂著，许雪姬编注《灌园先生日记》(18)，第 390 页。
④ 《人民导报》1946 年 10 月 25 日，第 2 版。
⑤ 《蒋介石日记》，1947 年 12 月 24 日。

　　林献堂等人准备大甲席，献给蒋介石："朝清来中央旅社，招余买大甲席一领，以余、朝清、万俥、金海之名义限［献］于蒋主席"。一如昨日至台中市政府迎接，"万俥、朝清近十一时来，约二时半到市政府，一同出迎主席及宋夫人，游日月潭来也。昨日到台中仅休息一时半，及［即］往日月潭看高山族及发电所。余与市长黄克立等，三时排列于中南道路旁迎接，四时三十余分乃至，主席即到陆军病院慰问。次到飞行场，余与市长、朝清、万俥、金海追至，主席对余等握手，夫人亦对余握手，五时十分飞机出发"。① 10 月 31 日，林献堂受黄克立市长之邀，到台中市政府寿堂行三鞠躬礼，向蒋介石拜寿，从县党部会执行委员刘凤仪手中，获赠蒋介石握手照片一帧，② 作为迎接蒋介石首度访台的结束。

　　12 月 18 日起，林献堂、罗万俥同往各地，推进献金建介寿馆之事，谈致敬团之经过，详为说明对蒋介石永久纪念，建设介寿馆之必要，足迹遍新竹、基隆、桃园、草屯、埔里、水里、集集、竹山、清水、东势、丰原、鹿港、北斗、员林等地。

　　台湾光复致敬团、蒋介石来台视察、筹建介寿馆一连串的活动之后，1947 年"二二八事件"还是发生了，国民政府亡羊补牢，改组台湾行政长官公署为台湾省政府，任命魏道明为省主席，刘启光（兼民政厅厅长）、林献堂、游弥坚、谢东闵、南志信、李连春、刘青藜（兼农林厅厅长），"自当遵办：（一）台省府委员十五人，除魏主席外，本省外省各半，厅长六人，本省二，外省四。（二）其人选谨呈如下：（甲）本省委员七人，拟选刘启光（兼民政厅长）、林献堂、游弥坚、谢东闵、南志信、李连春、刘青藜（兼农林厅长）……"③ 第二年林献堂又被任命为新设台湾省通志馆之首任馆长。

　　1948 年 4 月 25 日蒋介石当选中华民国行宪后第一任总统，林献堂未

---

① 林献堂著，许雪姬编注《灌园先生日记》（18），第 391 页。
② 林献堂著，许雪姬编注《灌园先生日记》（18），第 398 页。
③ 《陈仪电蒋介石台省府委员人选》（1947 年 4 月 21 日），《蒋介石总统文物》，台北"国史馆"藏，典藏号：002 - 090106 - 00017 - 295。

能免俗地致电祝贺："南京大总统蒋：欣闻我公以最多票膺选首届大总统，仰见丰功硕德，众望式孚，喜讯传来，普天同庆，从此宪政畅行，国家富强可卜，肃电致贺，敬颂钧安。林献堂叩。"①

五　最后一见：林献堂离台

1949 年 8 月 23 日，蒋介石"约见林显（献）堂等十余人"，② 这是蒋、林二人最后一次见面，泛泛地交谈，"张道藩、罗克典如约八时来，余遂与之同乘往后草山，先会秘书曹圣芬及俞济时、蒋经国。次会蒋总裁，问年冬及余之家族，次问老百姓，约谈十余分间。他将往广州，王世杰等随行，余遂相辞下山。张、罗同来宿舍，谈老蒋作事之英明及其急性之短处"。③

一个月之后，9 月 23 日，林献堂离开台湾前往东京，寓居日本，并执意辞去省府委员之职。行前谣言四起，揣度其要运动托管及反对托管、自治、独立。林献堂一再说明此行目的盖为视察日本经济复兴之情形及将来对日贸易之关系，又为头眩之疾寻医治疗并静养。④

林献堂晚年赴日之真正原因为何？一般盛传他不满三七五减租的土地政策，但是实际上他绝非单纯因对土地改革政策不满而离台。因为受土地政策影响最大的是中小地主，像他这种大地主，只要在政治上与国民党合作，还是大有可为。主要原因在于，"二二八事件"后昔日同志系狱、失踪乃至遇害的打击，加上时局之纷乱紧迫下，林献堂对国民党的统治不满失望，才会抛妻离子避居日本。

林献堂 8 月 23 日与蒋介石的会面，是否造成期望的破灭，不得不准备出走？9 月 13 日，林献堂告诉林垂方："余为此时正好机会，若迟则不

---

① 《林献堂电贺蒋介石以最多票应选首届大总统》，《蒋介石总统文物》，台北"国史馆"藏，典藏号：002 - 090102 - 00008 - 025。
② 《蒋介石日记》，1949 年 8 月 23 日。
③ 林献堂著，许雪姬编注《灌园先生日记》（21），第 317 页。
④ 林献堂著，许雪姬编注《灌园先生日记》（21），第 342 页。

能往矣。其看事不同，何其相差若是之远也。"① 为何有此体认，值得推敲。

12月15日，"中央非常委员会"在草山举行迁台后的首次会议，总裁蒋介石亲临主持，对于台湾省政府人士有所决定。当天下午"行政院"举行院会，通过：台湾省政府委员林献堂呈请辞职，应照准。②

长期以来，林献堂一直被外来统治者视为笼络或打压之首要对象，战后政权的更替并没有改变他这种命运。"二二八事件"后，国民党以省府委员、省府顾问等虚衔来笼络林献堂时，他不可能毫无警觉，而离台隐退，正是他在日本殖民统治台湾时期以来惯用的抵抗手段。

政府自始至终催促林献堂返台，以安定人心。在1951年，包括"行政院院长"陈诚、省主席吴国桢都派员去劝说。"民政厅厅长"杨肇嘉、"警备总司令"彭孟缉、"立法委员"丘念台、"财政厅厅长"严家淦都亲自登门劝驾。甚至蒋介石也亲函表示：国步方艰，希望林献堂病体"一俟痊愈，尚希早日返台，是所至盼"。

回绝返台之敦促劝说正表明他抵抗之决心。正如1955年拒绝蔡培火劝说返台时在日记上所载："危邦不入乱邦不居，曾受先圣人之教训，岂敢忘之也，台湾者危邦乱邦也，岂可入居乎！非仅危乱而已，盖无法律一任蒋氏之生杀与夺，我若归去无异笼中之鸡。"③

结　语

林献堂的《灌园先生日记》基本上是记录事实，甚少提及个人的想法，含蓄内敛；蒋介石日记坦率外放，内容丰富，可惜此时（1945～1949）重点不在台湾，两相对照，仅能整理如此。

1949年6月24日蒋介石迁居草山，并决定设置总裁办公室；8月1

---

① 林献堂著，许雪姬编注《灌园先生日记》（21），第346页。
② 唐振楚编《总裁办公室工作纪要》，刘维开编《中国国民党党务发展史料——非常委员会及总裁办公室资料汇编》，第250～251页。
③ 林献堂著，许雪姬编注《灌园先生日记》（27），第366页。

在日记中找寻历史

日，总裁办公室正式在草山开始办公，草山改名阳明山。从此蒋介石开始他的"台湾时期"，"总裁曾有指示'办公室工作同志应与台湾各界人士接触每人至少应认识十人'，因此当时各工作同志均先后结识若干台籍人士，并经常保持往来，历久无间。工作同志并与阳明山管理局及警察所合作，办理户口调查，对当地民情风俗，有具体确切之了解"。①

---

① 唐振楚编《总裁办公室工作纪要》，刘维开编《中国国民党党务发展史料——非常委员会及总裁办公室资料汇编》，第 157 页。

政要笔下的历史

《陈克文日记》中的
汪兆铭与蒋中正[*]

黄克武　赵席夐^{**}

内容提要　本文以 2012 年出版的《陈克文日记》为基本史料，探讨日记中所记载的汪兆铭与蒋中正。陈克文为广西人，1923 年加入国民党，成为汪的追随者。汪任行政院院长后，陈进入国民政府工作，由行政院侨委会侨教处处长、政务处参事晋升为立法院秘书长。他在日记中详细地记载了抗战前后他与汪的互动，以及他对蒋的观察。抗战前期，陈为汪的贴身幕僚。1938 年底汪自重庆出走，在南京建立伪政权，陈不认同汪的主张，留在重庆继续抗战。然而汪派的烙印使他得不到蒋的重用。抗战期间陈曾蒙蒋召见两三次，而蒋每一次都问他相同的问题。他一方面肯定蒋领导全民抗战，另一方面又对他事必躬亲的做事风格、双元领导的统御手法以及专断集权的作风有所不满。陈对于汪、蒋两位领袖均经历了从追随到背离的过程。

关键词　蒋中正　汪兆铭　陈克文　汪派

一　前言

日记为研究历史的重要史料，不少传统中国读书人以日记作为修身的

---

* 本文曾在台北中研院近代史研究所讨论会报告，承蒙所中同仁提供修改建议；再经陈方正先生斧正，谨致谢忱。

** 黄克武，台北中研院近代史研究所特聘研究员；赵席夐，台北政治大学历史学系博士研究生。

一种方式；近代许多重要人士也都留有日记，不过在功能上不限于修身，亦具有记载经历、抒发情感与加强记忆等作用。① 诚如论者所述，"要认识一个历史人物，莫过于细读其日记，因为日记是记载作者见闻以及感悟的文字。日记仿佛是一扇心灵的窗户，一旦这扇窗户被打开，一切便都呈现在眼前了"。② 在近代人物中，蒋中正写了 55 年的日记，近 500 万字；胡适从 1910 年至 1962 年写了半个多世纪的日记，共有近 400 万字；顾颉刚写了 60 年日记，近 600 万言；其他如竺可桢、吴宓也留下了 30 多年的日记。对日记的撰写者来说，日记是个人思想、经历的记载。对史学家来说，日记是知人论世的重要凭据，可借以了解撰写者行为与思想的转变。

　　2012 年出版的《陈克文日记》自 1937 年开始到 1952 结束，从八年抗战、国共内战到 1949 年国民党撤退、陈氏移居香港、退出政坛为止。③ 编者陈方正为其父亲细心整理考订此一日记，并编了一个大事年表，又附了陈克文曾在报章上发表的许多篇作品，可以让我们比较充分地认识他的一生。此一日记虽无可避免地有其主观的看法，然大致而言可信度颇高，这主要是因为他下笔时并未预期日后此一日记会公之于世，④ 因而无拘束地记载了许多私密性的事情，⑤ 并抒发心中的各种感想，使日记的内容具有真实感与趣味性。这一段时间陈克文担任国民政府行政院的官员，行宪

---

① 有关 20 世纪中国的日记有近 1200 种，较完整的收录参见卢坤林《二十世纪日记知见录》，北京图书馆出版社，2014。
② 孔祥吉：《清人日记研究》，广东人民出版社，2008，第 1 页。
③ 陈方正编辑校订《陈克文日记（1937～1952）》（以下简称《陈克文日记》），台北，中研院近代史研究所，2012。陈克文的日记共 12 册，约 72 万字。自 1937 年起，迄 1952 年 5 月止，缺 1941 年、1942 年两年，1944～1947 年间亦有大量缺记，第 12 册则仅载 1952 年 3～5 月印度尼西亚之行。编者表示，出版之内容为 12 册日记之全文，仅删去小部分个人隐私。陈方正：《编辑与校订说明》，《陈克文日记》，第 2 页。
④ 陈方正先生于 2016 年 6 月 14 日来台访问时表示：在他的父亲过世之后，他在家中抽屉之中发现此一日记以及大量的书信。他拟将日记原件及来往书信捐给台北中研院近代史研究所档案馆收藏。
⑤ 这方面的记载不少，比较有趣的例子是他记载谷正纲的绰号为"六先生"："饭后至德明饭店，打麻将八圈。人笑谷正纲为六先生，不解其意。其后始知谷昨呼妓沈家的荐枕，一夜耗如意袋六枚，故有此号。"《陈克文日记》，1938 年 1 月 7 日，第 167 页。

之后又被选为广西省立法委员。① 在他从政过程中有很长的一段时间为行政院中层事务官，曾接触不同层级的官员，处理许多行政事务，并有机会与高层领导如汪兆铭、蒋中正、李宗仁等人接触，因而了解国民政府内部的运作，乃至一些少为人知的内幕。余英时引用陈方正的话指出，陈克文"长期负责实务，得以从内部和中层来观察政府运作和众多政坛人物言行；而且他刚出校门就入党、从政，与政界乃至学界有广泛接触和交往"。② 陈克文从加入国民党开始即与汪兆铭有密切的关系，他与甘乃光、曾仲鸣、顾孟余等人接触颇多，又因身为广西人，与一部分桂系领导人如李宗仁、白崇禧以及在重庆任职的"旅渝广西同乡"有所往来，③ 这使他具有汪派色彩及广西地方政治人物的双重特色。然他不属严格意义的"桂系"，不过当汪与桂系接触时甘乃光与陈克文等广西籍的干部几乎都在场。④ 如果与同属汪

---

① 有关当时广西立法委员的选举可参考潘宗武（1911~2012）的回忆。当时广西有1500万人口，分三个选区。陈克文所在的第二选区，包括岑溪、苍梧、平南等十多个县。国民党在该区提名四人，分别是林虎、黄绍竑、陈锡珖与陈克文，四人均当选。参见黄嘉谟、朱浤源访问，郑丽榕、丁素湘记录《潘宗武先生访问纪录》，台北，中研院近代史研究所，1992，第136~138页。

② 余英时：《余序》，《陈克文日记》，第Ⅲ页。

③ 在桂系之中，陈克文与李宗仁较熟识，与白崇禧的关系则不那么亲近。1939年他去拜访李、白二人，"内政部次长雷渭南邀往谒李德邻、白健生两抗战名将。先到中央党部邀乃光，后到国府路大溪别墅。李白两人分居于六号和七号，先见白后见李。李固相稔熟，白则仅多以前在香港会晤一次"。《陈克文日记》，1939年9月16日，第482页。抗战后期，白崇禧与黄旭初在过年时会送礼金给在重庆党政机关服务的广西同乡。《陈克文日记》，1945年1月1日，第939页。

④ 有关"桂系"的界定与该派主要人物，可参考维基百科"新桂系"条，主要指1920年代崛起的以李宗仁、白崇禧等广西出身者为代表的军阀，中国国民党内部派系。"新桂系"，维基百科：https://zh.wikipedia.org/wiki/%E6%96%B0%E6%A1%82%E7%B3%BB，2016年3月16日访问。有关桂系与汪派之联系，可以追溯至1925年中国民政府成立之后，汪任主席，李宗仁主动致意，"汪闻之，喜出望外……遂偕甘乃光赴梧州，与李晤面……此时二人握手言欢，相见恨晚，汪亦嘉其为革命军人，而两人之渊源，实自此始"。后西山会议派挑拨离间，两人背道而驰。1931年宁粤之争时期双方又再度合作，"投如胶漆，和若水乳"。光波：《汪精卫与李宗仁渊源》，《福尔摩斯》1931年6月2日，第1版。1937年5月李宗仁、白崇禧派甘介侯（1897~1984）到南京与汪兆铭见面，甘乃光与陈克文参与了晚宴，"晚间汪先生请宴于颐和路三十四号，主要客人为甘介侯［侯］，代表桂省之李、白来京也，陪客有陈树人、吴忠信、谢冠生、甘乃光、李浩驹、谷正纲、王懋功、曾仲鸣等。席间谈话毫无拘束，汪先生之兴致亦甚佳"。《陈克文日记》，1937年5月5日，第64页。甘介侯是美国哈佛大学哲学博士，曾任上海大厦大学教授，为李宗仁之亲信（军师），1938年当选国民参政会参政员。蒋中正对1937年5月

阵营的周佛海比较，陈克文的层级虽不如周佛海高，也没有像周那样时常直接接触层峰并参与决策，但他的日记比周佛海的日记更直率且详细，记述层面也更广泛。[①] 相比之下，陈克文的日记不但内容细致，读起来鲜活生动、兴味盎然，颇能反映时代，成为国民党在大陆时期"由'衰'到'亡'的一个相当客观的提纲"，[②] 并提供了一个了解国民党内中上层官员认识汪兆铭与蒋中正的一个绝佳管道。值得强调的一点是陈克文与汪兆铭关系较密切，有直接的接触；他与蒋中正的关系则较为疏远，只能做远距离的观察。以下首先介绍陈克文的经历，其次分为抗战前后期与抗战胜利至 1950 年代初期等阶段，探讨他在日记之中所描述的汪与蒋。

二　陈克文的仕宦之途

陈克文（1898~1986）出身于西江上游广西省岑溪县桂珍村的一个自耕农家庭，其父祖辈以耕读传家。岑溪位于广西省东南部，与广东接壤，当地人使用粤语方言，不过鼻音较重，与广州话略有不同。此地虽属穷乡僻壤，处丛山叠岭之中，然从梧州有航运可直通广州、香港，因而风气并不闭塞。[③] 陈克文在 1919 年只身前往广州，进入国立广东高等师范学校就读，1923 年毕业，自此脱离农村，成为知识阶层。[④] 广东高师自 1920 年代起就与国民党渊源极深，孙中山曾于 1924 年 1 月 27 日至 8 月 24 日每周一次在该校大礼堂演讲三民主义，而国民党第一次全国党代表

甘代表李宗仁与汪的接触一事十分关切，命特务人员严加监视。汪因此致电蒋，说明甘介侯"此次来京决无他意，敬祈鉴察"。《汪兆铭史料》，1937 年 5 月 4 日，台北"国史馆"藏，典藏号：118 - 010100 - 0043 - 023。

① 余英时在序文中将清代到 20 世纪的日记分为两类，一类是基本是可以信任的，以《吴宓日记》、金毓黻的《静晤室日记》为代表；另一类是未可尽信的，则以《郑孝胥日记》《周佛海日记》为典型。陈克文的日记属前一类，而且是其中的上乘作品。见氏著《余序》，《陈克文日记》，第Ⅵ页。

② 余英时：《余序》，《陈克文日记》，第Ⅵ页。

③ 岑溪离梧州约 80 公里，当时走崎岖的山路去梧州需三四天。

④ 关于陈克文生平经历，可参见其子陈方正的《编者序》。陈方正：《编者序》，《陈克文日记》，第ⅩⅢ~ⅩⅦ页。亦参见陈克文《毛泽东与农民运动讲习所》，《陈克文日记》，第 1401~1402 页。

大会就是在广东高师的礼堂举行。① 孙氏此时主张联俄容共，故该校师生深受社会主义思潮的影响，重视以实践的精神解决社会问题。② 在就读高师期间，陈克文为宣传新思想，与同学创办了广州知用学社，③ 后来又本诸"求知致用"精神，推进中国的教育事业，在广州创办第一所私立知用中学。1923～1925 年，陈克文曾在该校任教。④

　　陈克文于 1923 年高师毕业后在同乡甘乃光⑤的介绍下加入国民党，1924 年担任粤军总司令部政治部宣传干事与广东省党部宣传干事、《国民新闻日报》编辑（甘乃光为该报社长）。⑥ 根据其晚年回忆，"笔者与甘乃光先生同为广西岑溪人，又同在广州读书……我们两人的交情很不错。笔者高师毕业后，教过两年书，后来由甘氏介绍加入国民党，并认识汪精

---

① 吴相湘：《国立中山大学（影印本）现况前言》，国立中山大学编《国立中山大学现况（民国二十四年）》，吴相湘、刘绍唐主编《民国史料丛刊第四种》，台北，传记文学出版社，1971，第 1 页；罗家伦、黄季陆主编《国父年谱》下册，台北，国民党党史会，1994，第 1442 页。

② 国立广东高等师范学校简称广东高师，是国立广东大学的四大组成学校之一，并为今中山大学的前身。广东高等师范学校可远溯至清光绪三十一年（1905）六月，两广速成师范馆成立，继办初级师范，旋改两广师范学堂，翌年改为两广优级师范学堂。宣统三年（1911）又增设附属初级师范。民国元年改为广东高等师范学校，分设文史、英语、数理化、博物四部，四校合并后校长为邹鲁。见吴相湘《国立中山大学（影印本）现况前言》，国立中山大学编《国立中山大学现况（民国二十四年）》，吴相湘、刘绍唐主编《民国史料丛刊第四种》，第 1、43～45 页；陈方正：《编者序》，《陈克文日记》，第ⅩⅣ页。

③ 知用中学亦在香港设立，陈克文、龙詹兴等皆参与其事。关于知用学社与中学的设立，可参考张瑞权《知用学社与知用中学》，《广州文史》，http：//www.gzzxws.gov.cn/gzws/gzws/ml/52/200809/t20080916_ 7906.html，2015 年 5 月 25 日访问。

④ 知用学社到 1950 年代之后仍继续存在，香港社友仍定期举行聚会。《陈克文日记》，1950 年 1 月 1 日，第 1291 页。

⑤ 甘乃光（1897～1956），字自明，广西岑溪上化乡人。1922 毕业于岭南大学经济系，后留校任教，次年加入中国国民党；1924 年 7 月任黄埔军官学校英文秘书兼政治教官。历任国民党与广州国民政府的重要职务。1926 年出任国民党青年部部长、农民部部长，1928 年赴芝加哥大学深造；1932 年出任国民政府内政部政务次长；1938 年 4 月出任国民党中央党部副秘书长、国防最高委员会副秘书长；1947 年出行政院秘书长；1948 年出任驻澳大利亚大使，1951 年去职；1956 年 9 月 28 日病逝澳大利亚。在抗战时期推动行政院公文形式等的改革。徐友春主编《民国人物大辞典（增订本）》上册，河北人民出版社，2007，第 252 页；陈克文：《甘乃光先生事略》，《自由人》1956 年 12 月 15 日。

⑥ 陈克文：《国民党左派三杰：甘乃光与顾孟余》，《陈克文日记》，第 1333～1334 页。有关粤军的渊源与 1920 年后"粤军回粤"，参见吕芳上《朱执信与中国革命》，台北，东吴大学"中国学术著作奖助委员会"，1978，第 297～323 页。

卫先生"。① 1924～1925 年甘乃光在廖仲恺的介绍下担任黄埔军校教官,
与常去学校演讲的汪兆铭熟识。1925 年汪成为广州国民政府主席,对甘
氏十分器重。甘乃光在党内地位因而迅速崛起,出任中央执行委员,先后
兼任青年部部长、农民部部长。② 1925 年甘氏曾在广州组织了一个"左派
青年"(简称 L Y)的小团体,每星期聚会一次,讨论时事或报告读书心
得,共有七八人参加,陈克文也是其中之一。③ 甘氏担任农民部部长后即
重用陈克文,任用陈克文为其秘书 (1926 年),来年初由其在武昌办理中
央农民运动讲习所,训练青年如何在农村做组织和宣传的工作,并讨论土
地改革方案。该讲习所之学员有六七百人,主其事者除了陈克文之外,还
有毛泽东 (1893～1976) 与周以栗 (1897～1934) 等。④ 1927 年 3 月他
与毛泽东、邓演达 (1895～1931,后接任农民部部长) 三人共同以中央
农民运动委员会常务委员的身份提出《对农民宣言——中国国民党第二
届三中全会决议案》。⑤

　　1927 年 4 月汪兆铭自欧洲返国,10 日抵达武汉。7 月武汉分共,邓
演达辞部长职,陈克文于 7 月 17 日担任农民部代部长,在 4～8 月间多次
主持部务会议。同时他因职务之便随同汪兆铭到庐山、南昌等地观察情
势,嗣后于 8 月底再赴广州,受甘乃光之邀 (甘为市长) 出任广州市政
府秘书长。⑥ 1927 年 12 月中国共产党发动广州起义,甘与陈被迫离开广
州,前往香港、上海,又远赴欧美。甘就读于芝加哥大学,陈则在英、法

① 陈克文:《国民党左派三杰:甘乃光与顾孟余》,《陈克文日记》,第 1333 页。
② 有关甘乃光生平与思想的研究,可参考 Lane J. Harris," Defining the Nationalist Party Center: The Text and Context of Gan Naiguang's *Outline of Sun Wenism*," *Southeast Review of Asian Studies*, Volume 34 (2012), pp. 87–113。
③ 陈克文:《国民党左派三杰:甘乃光与顾孟余》,《陈克文日记》,第 1332～1334 页。
④ 陈克文:《毛泽东与农民运动讲习所》,《陈克文日记》,第 1397～1398 页。
⑤ 竹内实:《毛泽东集补卷》(1927 年 3 月 19 日),苍苍社,1983～1985,第 267～270 页。1927 年 3 月 10～17 日在武汉举行了国民党二届三中全会。会中重申国共合作,并消减蒋中正的权力。此次会中决议由邓演达出任农民部部长。对于该次会议之经过及分析,参见李云汉《从容共到清党》,台北,"中国学术著作奖助委员会",1973,第 542～552 页。有关邓演达参与农民运动的情况,参见陈佑慎《持驳壳枪的传教者:邓演达与国民革命军政工制度》,台北,时英出版社,2009,第 247～253 页。
⑥ 陈克文:《几项有关农民运动的历史问题》,《陈克文日记》,第 1421～1422 页。

各地游历，至 1928 年底返港。① 1928 年汪派人士成立"改组派"，次年组织扩展至香港，陈出任"改组同志会香港支部"的负责人。② 1930 年初汪在香港成立《南华日报》作为宣传报刊，由林柏生任社长，陈克文任总编辑（1930～1932）。1932 年 4 月出任国民政府侨务委员会委员及侨民教育处处长（陈树人为委员长）。1933 年 3 月汪返国复职，出任行政院院长，陈克文于 1935 年 5 月担任行政院参事，因而举家迁至南京。③ 他任职行政院期间声誉颇佳，"品格清高，院中同仁称之为圣人"。④

抗战开始后，陈克文随政府自南京迁到武汉，再迁往重庆。他历任行政院政务处⑤参事兼总务组组长等职，⑥ 其直属长官是政务处处长蒋廷黻（1895～1965）。⑦ 至于历任行政院院长虽非直属长官，却常有机会聆听训示。陈克文接触的行政院院长，前后有汪兆铭（1932 年 1 月 29 日～1935 年 12 月 16 日）、蒋中正（1935 年 12 月 16 日～1938 年 1 月 1 日，1939 年 12 月 11 日～1945 年 6 月 4 日，1947 年 3 月 1 日～1947 年 4 月 23 日）、孔

① 陈克文：《广州共党暴动目击记》，《陈克文日记》，第 1351 页。
② 陈克文表示"虽……参加了改组派，但上海大世界的选举及北平扩大会议的活动……笔者却始终未曾参加"。陈克文：《南华日报与中华日报》，《陈克文日记》，第 1359 页。1928 年下半年，由黄惠平调任香港支部书记，接替陈之工作。何汉文：《改组派回忆录》，中国人民政治协商会议全国委员会文史和学习委员会编《文史资料选辑》（合订本）第 17 辑，中国文史出版社，2011，第 118 页。改组派人士至抗战时期仍有联系。1938 年 10 月 22 日，曾仲鸣曾请改组派中级干部，"仲鸣又邀宴于国际联欢社，主客亦两桌。先到留春毂再到国际联欢社，后者皆以前改组派之中级干（部）人物。今政治情势虽已大变，人事渊源仍时时保存过去的历史关系"。1945 年初，他们曾为国民党六全大会之选举举行聚餐。"晚间到黄少谷寓，参加以前改组派同志聚餐，到廿余人。此乃抗战后之第一次集会，参加者有邓飞黄、黄少谷、刘瑶章、钱公莱等"。《陈克文日记》，1938 年 10 月 22 日，第 305 页；1945 年 2 月 1 日，第 948 页。
③ 陈方正：《编者序》、《陈克文先生年表》，《陈克文日记》，第ⅩⅢ～ⅩⅦ、1～8 页。
④ 关德懋：《忆罗君强》，《传记文学》1986 年第 49 卷第 1 期，第 81 页。
⑤ 行政院政务处是 1928～1947 年间存续的一个机构，1947 年 3 月 31 日被取消，但仍设参事职。张朋园、沈怀玉合编《国民政府职官年表（1925～1949）》第 1 册，台北，中研院近代史研究所，1987，第 42～47 页。
⑥ 陈克文谈到他在行政院的工作经历了三次改变，"到院十年，工作的性质，大体来说，连这一次，改变了三次。最先办理总务，其次专办理公务员生活有关案件，又其次第五组主任，现在议事组主任"。《陈克文日记》，1945 年 6 月 29 日，第 990 页。
⑦ 陈克文自入行政院任政务处参事后，首位直属上司是同为汪派的彭学沛，抗战前后是蒋廷黻，当中有一段时间是何廉，但时间不长（1937 年 10 月～1938 年 1 月）。张朋园、沈怀玉合编《国民政府职官年表（1925～1949）》第 1 册，第 285～292 页。

祥熙（1938年1月1日～1939年12月11日）、宋子文（1945年6月4日～1947年3月1日）、张群（1947年4月23日～1948年5月24日）、翁文灏（1948年5月25日～1948年11月26日）、孙科（1948年11月26日～1949年3月12日）等人。不过，自1935年蒋中正接替赴欧疗养的汪兆铭出任行政院院长，到1944年底宋子文先代理再于1945年中接替蒋中正出掌行政院，在抗战八年中除了孔祥熙短暂地主管了一年又近11个月外，大半时间都是蒋中正主导行政院。每当蒋任行政院院长时，孔则居副首之职（他深得蒋之信任）；而当孔祥熙掌政院，副院长是张群（1938年1月1日～1939年12月11日）。[①] 抗战胜利后到1949年撤离大陆前，蒋亦曾在人事纷扰时又再次短暂兼任院长一职（宋子文与张群之间，1947年3月1日～1947年4月23日）。[②] 陈克文曾于1946年以国大代表的身份参与制订中华民国宪法，1947年出任行政院会计长。[③] 1948年1月初陈克文当选广西省的立法委员，年底辞立法委员，在新任立法院院长童冠贤邀约下，[④] 出任立法院秘书长。1948年5月他又协助李宗仁竞选副总统，[⑤] 建议李宗仁在党务改革上，放弃苏联式原则，"彻底采用英美的民主自由原则"。[⑥] 1949年中开始，他再参与由桂系与美国支持、顾孟余与张发奎领导的第三势力的组织工作。[⑦] 这些与汪、蒋、李等人共事

---

① 历任行政院院长与副院长名单，参见"历任行政院长"，"中华民国行政院"，http：//www.ey.gov.tw/cp.aspx？n＝338EAE7851985E1C；"历任行政院副院长"，维基百科：http：//zh.wikipedia.org/wiki/%E8%A1%8C%E6%94%BF%E9%99%A2%E5%89%AF%E9%99%A2%E9%95%B7，2015年5月25日访问。

② 陈克文在党职方面也曾努力争取，然成果不佳。1944年7月参加重庆市党部代表大会，竞选执行委员失败。1945年3月，当选国民党六全大会重庆市初选代表，后放弃竞选，支持好友端目恺竞选六全大会代表，因缺乏派系支持而失败。5月，他又竞选国民党六全大会的中央委员，未被提名。这三次失败对他打击颇大，后来他转向国民党的反对派，或许与此不无关系。"陈方正致黄克武电子邮件"，2016年8月8日。

③ 张朋园、沈怀玉合编《国民政府职官年表（1925～1949）》第1册，第50页。

④ 《立院定明晨举行例会新占长同时就职孙科吴铁城今茶会招待全体立委》，《申报》1948年12月27日，第1版。

⑤ 《陈克文日记》，1948年4月25日，第1083页。

⑥ 《陈克文日记》，1948年8月22日，第1139页。

⑦ 参见黄克武《顾孟余的政治生涯：从挺汪、拥蒋到支持第三势力》，《国史馆馆刊》2015第46期，第103～168页。

的经历又影响到他 1949 年之后选择以香港为栖身之所。1949 年底，他辞去"立法院"秘书长一职，赴香港。此后定居香港，一方面经商，并担任学校的教员，另一方面参与《自由人》杂志的编辑工作与政治活动。1986 年陈克文逝世，享年 88 岁。①

三 "艳电"前之陈克文与汪兆铭

陈克文投身政治并与汪兆铭建立关系是在广州国民政府时期，那时正当国民党"联俄容共"之际，他因甘乃光之介绍入党，而有机会追随汪。自此至"艳电"发表之前，汪是他直属派系的政治领袖，此时"汪先生"三个字经常出现在他的日记中，而"汪公馆"也是他除了办公室、住家外，另一个最常驻足之所。他与汪身边的亲信幕僚如曾仲鸣、林柏生、陈春圃等，以及汪的贴身侍从人员如沈次高（1895～1939，汪之外甥，遭蓝衣社暗杀身亡）、汪彦慈、曹少岩等人都极友好。② 汪对他信任有加，汪的妻子陈璧君对他亦多方提携。

1937 年 1 月汪兆铭自欧洲归国，陈克文在上海怀着兴奋心情去码头迎接，急着想见汪，可惜因褚太极③"办事胡涂"，"余等到公和祥码头迎候不得，急往褚宅，幸获见面，且为最先相见，亦不虚此行矣"。④ 汪到南京时也由他负责政府机关部分的迎接事务，"汪先生定星期一来京。今

---

① 陈方正：《陈克文先生年表》，《陈克文日记》，第 14～19 页。
② 陈克文在日记中曾记载沈次高被刺一事及其前因后果。"汪精卫的外甥沈次高（崧）昨日又在香港被人暗杀死了。沈素来对于广东方面的军人有来往。过去内战时代，关于军事上的拉拢，沈出力最多。这一次汪在广东的种种活动，沈出力当然更少。所谓'复兴军'的组织，劝诱广东军不可对日再战，在广州成立伪中央等等，自然非沈出力不可。沈之死也便是这些活动的结果。沈的死比曾仲鸣的死，对汪的损失更大。"《陈克文日记》，1939 年 8 月 23 日，第 470～471 页。
③ 褚太极指褚民谊（1884～1946），原名明遗，字重行，以精于书法与太极拳闻名，或许因此而在同辈中取得此一外号。据云褚民谊每天的日常晨课"第一课练太极，第二课唱昆曲，第三课写字，所写多为抄录唐人诗句"。参见焰卿《我所知道的"好好先生"褚民谊》，蔡登山编《汪精卫集团》，台北，独立作家，2014，第 252 页。
④ 《陈克文日记》，1937 年 1 月 14 日，第 25 页。

日与若渠①到谷正纲家，商欢迎事：党部方面由谷负责，政府机关由若渠与我负责"。在南京时，陈克文不但与谷正纲合作，为汪兆铭"拟新闻稿"，且"代见新闻记者"，② 可见汪陈两人关系密切。汪派核心成员的聚餐少不了陈克文，1937年1月底，"下午六时应汪夫人约，至褚民谊宅（汪先生暂时寓此）晚饭，系汪先生到京后，第一次与平日较为习熟之同志及家属叙餐，此汪夫人娱汪先生之道也"。这一次聚餐人数共三桌，可以看出当时汪身边较近的人除了家属、私人秘书之外，就是包括陈克文在内的七位主要亲信，"叙餐人数共三桌，除两桌为家属及私人秘书外，余一桌为中委陈树人夫妇、褚民谊、谷正纲、王懋功、曾仲鸣、谭熙鸿及余，汪先生坐主位。汪先生虽遵医嘱，不能随便进食，然食量甚佳，且进红酒数杯"。③ 这七个人之中褚民谊、曾仲鸣两人曾参与"艳电"并随汪出走，其他四位，陈树人（时任侨务委员会委员长）、④ 谷正纲（陈克文称他为汪派"大将"，⑤ 汪"甚倚之"，⑥ 时任国民党中央执行委员、组织部副部长，1940年任社会部部长）、王懋功（曾任黄埔军校教官、汪的侍从武官兼军事顾问，曾与汪共谋反蒋，时任三青团中央评议员）、谭熙鸿（1881~1956，陈璧君妹夫，时任经济部技监）和陈克文一样，留在重庆，未随汪出走。

汪回到国内后虽无公职，但仍有党职，是国民党的副主席与改组后的副总裁，政界事务与对外联系等，经常由陈克文来安排，"与甘乃光先

---

① 滕固（1901~1941），字若渠，上海美专毕业后先后赴日本、德国留学，获德国柏林大学美术史博士学位，归国后任行政院参事，与陈克文乃同事。滕在1941年过世后，陈克文还照顾其遗孤。《陈克文日记》，1937年1月14日、1月16日，第24~26页。

② 《陈克文日记》，1937年1月18日，第26页。

③ 《陈克文日记》，1937年1月22日，第28~29页。

④ 陈树人担任侨务委员会委员长时间长达15年（1932~1947），他的夫人是居若文。陈克文对他的批评颇多，如"树人席中仍不绝自己称汤自己，令人齿冷。天琛云，树人对有势有位者则多方结纳，失势落魄者，则奚落万端，闻者皆许为确评"。《陈克文日记》，1938年1月5日，第165页。又如"晚饭后至兰菱路廿四号参加读书会，仅王志远、甘乃光、李朴生与余共四人到会。批评陈树人已耗去一小时左右之时间，结论得伪、庸、懦三字。以既伪且庸懦如陈树人者而居然得居高位，不可不谓为国民党政治舞台上一怪现象"。《陈克文日记》，1938年5月20日，第228页。

⑤ 《陈克文日记》，1937年9月11日，第110页。

⑥ 《陈克文日记》，1938年5月24日，第229页。

生……到中央饭店访朱朴之①，并为约晤汪先生时间"；②"到颐和路谒汪
先生，请为中山学社捐款，承允捐一千元，又为马君武约晋谒期"，"汪
夫人电话来，嘱即到颐和路三十四号。到时汪先生正进早餐，谷正纲、王
东成均至。汪先生早餐毕，在餐室相见。汪先生欲在下星期一日纪念周，
到国府报告外交问题，嘱向文官处转向林主席请示，故略谈即出"。③ 由
此可见陈克文与谷正纲、王懋功三人在汪兆铭身边之角色相近，负责协助
汪处理日常事务。④ 较有趣的是有一回陈璧君很感慨地训示汪身边这群亲
信不够长进，无能人辅助汪：

> 上午十时因事到颐和路访仲鸣。进到饭厅，见仲鸣、次高、美美
> 姑、谭小姐、汪夫人围坐一桌。汪夫人用一种药料在炉上蒸汽，疗治
> 感冒，余人均默不发言。汪夫人态度甚严重，方滔滔作训话。余至坐
> 其旁，训话仍继续不歇。其要点：希望大家要时时刻刻用心，求学问
> 及见识上进，勿做一智识落伍者；智识落伍，乃一极端可耻之事；汪
> 先生左右，无几人有能力可以助其作事者，殊可痛心；自己从十七
> 起，即做事，因继续生产儿女，学问功夫不成，但始终抱做事不忘读
> 书之旨；今人之病，在读书时不管世事，办事时不求智识上进；又现

---

① 朱朴（1902～1970），字朴之，1928年赴欧后在法国见到汪兆铭，自此追随汪，在1929
　年时与林柏生、陈克文同时办理《南华日报》，林柏生任社长，朱任副社长，陈克文任
　总编辑；1937年出任中央政治委员会土地专门委员。1937年重返香港《南华日报》主
　编《国际通讯》。到"艳电"发表后，他潜回上海，筹办《国际晚报》《时代晚报》
　《古今》等报刊，并先后出任汪政府中央监察委员、宣传部副部长、交通部次长等职，
　于1940年时与樊仲云等25人遭国民政府开除党籍并通缉在案。陈玉堂编著《中国近现
　代人物名号大辞典》，浙江古籍出版社，2005，第212页；秦孝仪主编《总统蒋公大事
　长编初稿》第4卷（下），台北，中国国民党党史委员会，1978，第509页。另可参见
　蔡登山《文史杂志的尤物——朱朴与〈古今〉及其它》，《古今（一）》，台北，秀威经
　典出版策划，秀威信息科技发行，2015，第 i～xi页。
② 《陈克文日记》，1937年2月1日，第32页。
③ 《陈克文日记》，1937年3月25日、1月30日，第49、31页。
④ 周德伟指出汪在改组派同志中"独亲谷正纲"，顾孟余则重用谷正鼎。两人重用谷氏兄
　弟是因为"正纲于民国十八年时，即任二届中委会所辖之各省市党部联合委员会主任委
　员，联系已多；且二人之长兄谷正伦，任宪兵司令，驻南京，极有实权"。周德伟：《落
　笔惊风雨：我的一生与国民党的点滴》，台北，远流出版社，2011，第340页。

社会轻视女子，自己现在想为社会做实在之事而不可得，读书则又有
人谓为矫情，殊可愤闷。说到悲愤处，泪随声下，并言余处境甚苦，
余有时实愿死不愿生。余见汪夫人流泪，此尚为第一次。历时半小时
以上，说话始毕。①

陈克文理解汪夫人这番话主要是为了抒发自身悲愤，并责备曾仲鸣、沈次
高等亲信，但不避其在座，就可见他非外人。汪有时也会主动与陈克文谈
到回来后的心情，也对他的生活变化表示关心，就长官与部属关系言，汪
不失为一温情而体谅下属的领导人：

汪先生本来无事，他却于会客后，要我到会客室去谈了二十分
钟。他说他现在在政治上，专做解决问题的工夫，比从前做行政院长
好，不必忙于公文和人事。……前几天在吴王坟相遇的时候，他问我
小孩子何以没有来，今日他对我道歉，没有知道我的小孩子已夭
折。②

除关心其家庭状况外，汪氏夫妻的家庭活动也会邀请他参加，譬如陈
璧君的生日虽无公开寿宴，因恰巧进谒，亦留他吃饭：

驱车往谒汪先生，到时先生与夫人均在客厅内。夫人临碑帖，先
生嘱少坐，与夫人同驱车往郊外，借舒积劳，一（小）时许复归来。
先生状甚忧郁严肃，知为时局吃紧所扰。先生命入治事之"省斋"
内，拉杂闲谈，有与时局有关者，亦有与时局无关者。汪夫人留午
饭。席间先生始告余，今日为夫人生辰。③

---

① 《陈克文日记》，1937年2月3日，第33页。次高是沈次高；美美姑为汪文惺；谭小姐
　是谭文素，汪兆铭之长子汪文婴之妻。
② 《陈克文日记》，1937年4月12日，第56页。
③ 《陈克文日记》，1937年11月7日，第131页。按，陈璧君的生日为11月5日。

汪自南京疏散至武汉，住在一暂留处所。有一次陈克文前去见汪，然当时有其他宾客在座，门口侍从没有立即为他通传，反而让他于门外等了一阵子。陈璧君送客时见到此事，就将门房骂一顿，"顺谒汪先生……适客在内，门外稍待。汪夫人开门见状，责侍者不报，并谓余虽熟人不应如此。因念我虽不怪，但不知者将谓主人慢客，故余之立待门外实为不当。汪夫人之意，或即在此"，① 可见汪夫人对他十分尊重。在武汉时曾有一阵子，陈因事务繁忙，较少去汪公馆，当他去时，汪关切询问他的状况，"汪先生问近来很忙吗，何以久未见面，真不知如何答话是好"。②

由于汪身体颇多病痛，汪身边服侍者亦会将汪身体违和之事告知陈克文。1937 年中时，汪突发病，陈克文对此甚感难过，关怀之情如亲友一般，"汪先生昨午复突患脉搏中歇症，医言系疲劳过度所至。今晚得次高电话，汪先生全身皮肤发炎，恐肝病复发。亦惟有默佑吉人天相，一如过去所遇，终能渐渐健复也"。③

汪、陈之间也常讨论国家大事。例如对于和、战的看法，汪不时在陈面前展现他的主和意向，当汪与欲当调人的德国大使陶德曼（Oskar Paul Trautmann，1877 – 1950）会商时，陈克文亦参与盛会：

> 饭后汪先生与德大使托德曼长谈，始知此约实具重大意义，非普通应酬性质。托德曼最近始从上海来，曾与日方外交人员会见，今晚与汪先生之谈话亦均与中日时局有关。报载德政府已谢绝参加北［比］京九国公约会议，并表示愿意其它方式努力和平，则今晚之会其用意当即在斡旋和平之上。④

而汪也将他跟蒋讨论时局问题的纲要给陈克文看，陈是少数得见此秘密纲要的身边亲近：

---

① 《陈克文日记》，1937 年 12 月 1 日，第 144 页。
② 《陈克文日记》，1938 年 6 月 4 日，第 234 页。
③ 《陈克文日记》，1937 年 6 月 18 日，第 78 页。
④ 《陈克文日记》，1937 年 10 月 31 日，第 128 页。

晚饭后到商业银行附近汪先生寓所，以委员长记念周中之演说词大要相告。先生言，此蒋先生鼓励群众之言也。先生旋以午后与委员长讨论时局之纲要见示。并云，余非敢动摇蒋先生之决心，第［弟］有决心而无办法，徒供牺牲耳。纲要若干则，最重要者认为，敌人军事胜利后将控制我之经济与财政，以中国人之钱养中国之兵，以杀中国之民。

对今后的危机，可谓指陈痛切。惟积极之办法若何，亦尚付之缺如。临别，先生诚云，余与蒋先生所讨论者，慎勿告人，余谨应曰诺。①

汪也不避讳在陈克文面前批评蒋中正。1938年7月，从武汉撤退至重庆前，汪约陈吃饭，谈到蒋认为行政院会不一定在重庆举行，汪即表示蒋对现代政治机构之运用"似欠深刻之认识"。②

1938年3月，陈克文与端木恺（1903～1987，时任行政院政务处参事）一同晋见汪。此时汪因操劳国事，益形衰老，对大局已感到悲观。陈克文生动地记载汪兆铭外貌与心境的变化，以及两人之间既亲密又保持距离的微妙关系：

下午六时陪铸秋谒汪先生于一德街九号。未见先生已将近一月，先生之容颜又憔悴苍老了许多。比之前两年，鬓髯老了十年以上。精神也似乎十分疲倦，谈话的时候，很见怱怱。谈话历四十分钟，我不断的看着先生的神情，不断为先生的健康担忧。见面的时候，突然问我，你也去了重庆吗？我答并未去。又问，为何许久不见你面？确实已久不来谒，原因是并无事请示或报告，又不愿做无事的献殷勤。先生一面听铸秋的报告，一面叹息摇头。最后说"茫茫前途，真不知变化到如何田地！"这不是为皖省的局部问题发的，是为全国的问题

---

① 《陈克文日记》，1937年12月19日，第153页。
② 《陈克文日记》，1938年7月30日，第260页。

发的。我真不解，先生的态度何以渐渐增加消极和悲观的成分了。①

陈克文不愿主动向汪"无事的献殷勤"与汪对其"党徒"的领导统御的手法有关。汪身边较亲近的人士本来可以随时去汪宅面见汪。然而大约在1938年3月，汪身边亲密的机要秘书曹宗荫（少岩）来电话通知陈克文，② 表示汪近日较忙，不克接见，以后要见面必须事先约好。陈克文对此颇感不满：

> 少岩来电话，谓汪先生日来忙甚，不克见我，俟有暇再通知。星期日即请少岩约期，今始得复如此，不知是否托词，或以何事不喜见我耶！以前本可无须约期，竟前往。后汪夫人传言，以约期为好，无事又不欲数数往。久不去，则似见怪，今欲往，则又似不喜接见矣。政治领袖，本应有一定之时间，接见其党徒，不应令其徒党，存按时趋谒以候起居之心理。汪先生似未注意及此。③

这很可能也是陈克文不愿太主动地前往汪宅"献殷勤"的一个原因。

除了协助汪处理国家大计之外，陈对汪的诗词十分欣赏，许多词句能朗朗上口，"雨后新月，愈见皎洁，终日阴雨，不图于此时得月。诵汪先生双照楼之句，不禁重有感焉"。④ 此外，由于汪将陈视为自己人，所以也不介意在陈面前以粗口表露对一些人的不屑心情，"汪先生适看报，忽用广东最粗俗的骂人口头语说一句'刁那妈，⑤ 邹鲁又来作诗了'……先

---

① 《陈克文日记》，1938年3月2日，第194页。
② 有关曹宗荫的生平及其与汪的关系，参见"曹宗荫"，汪精卫网站：http://wangjingwei. org/associates – cn/cao – zongying，2016年3月16日访问。曹曾于1926年随汪赴法国，1927年随汪回国之后仍随侍在侧。曹于1932~1936年任行政院秘书处秘书，后随汪出走，任汪伪权辖下之中国国民党第六届候补中央执行委员。有关曹在武汉的情况可参考《谭延闿日记》（台北中研院近代史研究所藏），如1927年6月24日"至精卫家饭。九时，偕精卫夫妇儿女、仲鸣、春圃、曹少岩，分三车至人民俱乐部，伤兵救护会演剧筹款"。
③ 《陈克文日记》，1938年3月18日，第202页。
④ 《陈克文日记》，1938年4月13日，第214页。
⑤ "刁那妈"等于国语的"他妈的"。

生于燕居时颇喜用此类词句，粤人大都如此，不仅先生一人，惟未耳闻则已久矣"。①

整体来看，陈克文属于汪的重要幕僚人员。两人不但因公事频繁接触，在私人交往上亦颇多过从。汪会主动关心陈的生活、邀约吃饭，陈也对汪的身体健康感到担忧。只是汪密谋与日本和谈以及"艳电"等事并未让陈参与。② 此外或许是个性与汪的领导统御风格之故，陈克文亦刻意与汪保持一点距离，避免过度主动对汪"无事的献殷勤"。这一现象或许显示陈克文虽属汪之幕僚，然而是核心成员中的外围分子，当时在国民政府之中，陈树人、谷正纲、王懋功等人情况与他类似。

四　"艳电"前《陈克文日记》中的蒋中正

像陈克文这样国民政府中与汪亲近之中层官员，如何看待抗战时期的蒋中正呢？《陈克文日记》可以提供一些线索。诚如前文所述，陈克文与蒋中正没有私人的接触，只能做远距离的观察。日记中对于蒋的领导能力、领袖魅力等，是褒或贬？这些感受与评价是否受到汪兆铭出走或是其他事件的影响？再者，日记中对蒋的观感有无重要的变化？下文以抗战为主轴，而以汪兆铭于 1938 年 12 月底所发之"艳电"为界，略分前后阶段来做观察。

1936 年底，震惊中外的西安事变爆发。1937 年 1 月初，陈克文曾在日记中记述他与友人讨论西安事变主角张学良审判案，"上午十时与柏生同往礼查饭店叙谈，旋同访王东臣 [成]、并谈张学良被审判之经过甚详。西安事变、似非经过武力，终不能结束也"。③ 他显然认为这类的事变不太可能完全经由和谈而解决，未来可能还要诉诸武力。事变发生一年

① 《陈克文日记》，1937 年 12 月 5 日，第 145 页。
② 汪过世之时陈克文想起 1938 年 11 月底汪曾赠他照片，或许有话别的意思，但当时他并不知道汪已密谋出走："下午三时往谒汪先生，谈半小时。先生赠以最近照片一张，亲自执笔签名。"《陈克文日记》，1938 年 11 月 28 日，第 323 页。
③ 《陈克文日记》，1937 年 1 月 8 日，第 23 页。

后，一本小册子《西安半月记》① 刊行，其内容描述整个事件的经过，且按日记载，字里行间颇能展现蒋中正之个性。例如当张学良指出已到此地步尚如此倔强时，蒋中正答以"何为倔强？余为上官，汝为叛逆，国法军纪对汝叛逆均应执行惩罚，况斥责乎？余身可死，头可断，肢体可残戮，而中华民族之人格与正气不能不保持"。② 这一类正气凛然的记述让陈克文阅后甚感佩服，在日记中他记下读后感想：

> 余从罗秘书处得来。读竟，对蒋先生人格之伟大，得作更深之认识。蒋先生魄力之伟，胆量之大，眼光之远，处事之镇定精细，当世真无与匹。此书不当为历史看，直可作处世立身之宝鉴，惜尚未能普遍传播耳。③

他不仅自己阅后大受感动，隔天（2 月 22 日）去行政院时，还向尚未阅读的同事介绍。由此观之，他虽与汪关系亲近，对蒋仍心存敬意，尤其对其立身处事、行为举止颇多赞许。至于宋美龄亦发表关于西安事变的回忆，他的读后感想是：

> 昨日购到蒋委员长所著《西安半月记》及《蒋夫人西安事变回忆录》合订本，今日读毕。《西安半月记》前已读过，回忆录则犹为第一次见到。回忆录文字甚佳，文字上之价值当较史实上之价值为多也。④

---

① 此书乃蒋中正以当时日记就其一身经历状况与被难中之感想，记述其概，并应党内同志之请，作为三中全会上之报告，而在结尾处自责是"余谋国不臧与统率无方之罪而已"。蒋中正：《西安半月记》，收录于蒋中正、宋美龄《蒋委员长西安半月记 蒋夫人西安事变回忆录》，正中书局，1937，第 3 页。汪荣祖与李敖认为此书实际上是由陈布雷依据蒋的意思在事后所编造，其目的"一壁大力为蒋撑面，以维护委员长的尊严，另一壁则尽量抹黑张学良"。汪荣祖、李敖：《蒋介石评传》，《李敖大全集》第 24 册，台北，荣泉文化，1995～1999，第 349、360 页。
② 蒋中正：《西安半月记》，蒋中正、宋美龄：《蒋委员长西安半月记 蒋夫人西安事变回忆录》，第 14 页。
③ 《陈克文日记》，1937 年 2 月 21 日，第 39 页。
④ 《陈克文日记》，1937 年 6 月 5 日，第 74～75 页。

在日记中找寻历史

由于陈克文也是常写文章的人，又颇有旧学根底，加上是国民党党员立场，他对蒋中正与宋美龄的回忆录感想之差别，甚为有趣。他特别强调此书文字上的价值要超过史实，表示回忆录中没有太多外人不知的历史事实，然颇能以优美的文字反映宋美龄之感受。

他对蒋的观察还可自其他几个面向去审视。首先是有关蒋中正的公开言论中表达出坚忍不拔、绝不妥协的抗战精神及其造成重大的社会反响。陈克文最常评述的是蒋的演说与文告。在行政院内陈克文须每周固定在会议中聆听蒋的讲话，且须站立听训，[①] 这些内部训话或讲演、文告等，成了他日记中常常记载的内容。七七事变后抗战爆发，蒋中正于 7 月 17 日在庐山召开第二次谈话会，发表著名的演说"庐山宣言"："和平未到根本绝望时期，决不放弃和平，牺牲未到最后关头，决不轻言牺牲"，"对于'最后关头'的解释，充分表示我们对于和平的爱护。我们既是一个弱国，如果临到最后关头，便只有拼全民族的生命，以求国家生存；那时节再不容许我们中途妥协，须知中途妥协的条件，便是整个投降，整个灭亡的条件"。[②] 陈克文三天后才看到蒋的演说，记下他对此演说之感想，"蒋院长今日所发表之演说词，真是全中华民族所要说的，理直气壮的说话。这一篇演说词已经将全民族置于一道战线之上，以夺敌人之魄矣"。[③]

其后，国民政府因战事不利，开始准备搬迁，然蒋的讲话仍能鼓舞人心。他记载"北平失了，天津的抗战军也消灭了。天津今日已经不复有战事，且敌机已南下到保定，轰炸火车站。寇氛猖獗至此，蒋委员长今日虽发表谈话，表示绝不屈服妥协，战争正在开始，并非终了"。[④] 的确，政府迁徙之后战争才进入开始阶段。其后战事一路不顺，且连番失利，加上较精锐的中央军及中央航空队尚未加入作战，令国人心中着急，苦闷心理遍于全国。对此他引述蒋之解释：

---

① 陈克文记载蒋中正任行政院院长后把行政院礼堂的座位撤去，国父纪念周都是站着听演讲，至 1945 年 6 月 4 日之后才设有座位。《陈克文日记》，1945 年 6 月 4 日，第 984 页。
② 蒋中正：《对于卢沟桥事件之严正声明》，秦孝仪主编《先总统蒋公思想言论总集》第 14 卷，台北，中国国民党中央委员会党史委员会，1984，第 582 页。
③ 《陈克文日记》，1937 年 7 月 20 日，第 87 页。
④ 《陈克文日记》，1937 年 7 月 30 日，第 91 页。

今后我与敌已势不两立，我存则敌亡，敌存则我亡，共存共荣已成为决不可能之事。……须先有准备，有决心，有整个计划，始能操必胜之算。演说时态度坚定沉着，诚恳坦白，至足动人。凡所言无不中理，无非事实，不仅令人知道政府已下应战之决心，且令人深感应战之结果，胜利必属于我。……负责任，自信自重，真民族领袖之精神也。①

陈对于蒋的讲话深有所感，认为蒋的演讲态度坚定、内容明确，表现出一个民族领袖应有之气魄。这时候全面抗战刚起，显示出上至蒋中正，下到官员与百姓都有一种同仇敌忾之心。

当南京失陷后的第一个元旦，蒋为鼓舞人心发表演说，其内容让陈克文大受感动，认为蒋是中国"少不得……的一个领袖"，并了解到个人应致力于学养之增进，方能报国：

蒋委员长……开端便说：去年元旦我们在总理陵前举行庆祝，现在却离开南京，望总理陵而不见了，想大家必有无限感想，言下神情极为严肃。我听了这样，几乎要吊［掉］下眼泪来。以下他却说了许多鼓舞勉励的话，并且始终带着微笑。我当时心中想，中国现在真是少不得他这样的一个人物。有他这样的一个领袖，国家前途是不会绝望的。……过去的失败，我个人深深感觉到学问不足，希望大家注意到学问的修养。②

陈对于蒋的训词十分信服，对蒋演说之效力亦予以高度评价，甚至认为其影响力很大，胜过一两师的兵力，"委员长发表三年前在庐山的演说词，题为《抵抗外侮与复兴民族》。这是一篇极重要的文章，对于全国军人和全国国民，都会有极大的鼓励，和极深的影响，读后深为感奋。这一篇文

---

① 《陈克文日记》，1937 年 8 月 1 日，第 92 页。
② 《陈克文日记》，1938 年 1 月 1 日，第 163 页。

章，不仅胜过千千万万篇无聊的宣传文字，也胜过一两师的兵。这真是抵
[抗]战思想和民族复兴运动的结晶文字，无怪上海方面，敌人尽力设法
禁止发表"。①

　　另一方面，当有同党人龙詹兴批评蒋对日本的抵抗是以旧方法、旧武
器对抗新方法、新武器时，他还替之缓颊，认为蒋之主旨在鼓励军人之精
神。他记道："詹兴对蒋委员长最近发表之长篇演说词，极表不满意，谓
为提倡用旧方法抵抗新方法，此次抗战失败亦根于此种思想。余则认为蒋
之着重点并不在此，蒋非不知非新方法新武器不足抵抗敌人之侵略，不过
认为万不得已时，则旧方法亦可应用，如善于应用亦可取胜矣。此次演
说，鼓励军人精神之作用多，不能谓为蒋之思想偏于保守一方面也。"后
来龙詹兴亦部分同意陈的解释。②

　　只是随战争的拖延，战事步步失利，当蒋在中央月会谈及对武汉会战
的看法时，"对武汉保卫表示乐观，谓有极大之把握，至少可以固守三个
月。不知与南京可以固守六个月之说，是否确有分别"。③此时陈虽感受
到蒋是以乐观精神来鼓舞民心，然文字间有些许不确定，似乎体认到这将
是一场十分艰苦的战争，而武汉最后于10月25日失陷，这也显示蒋估算
大致准确。

　　整体观之，蒋中正这些在抗战前期的演说，站在陈克文的立场，其感
受几乎都是正面的，觉得有鼓舞作用，十分动人。对于蒋的演说魅力，他
是这样记录的："蒋委员长刚毅坚定，沉着有力之声音，即从收音机中铿
锵发出。历十余分钟词毕，所以鼓舞勖勉国人者备至。词意声音，均不失
为全民族艰难苦斗中最高领袖之表现，室中人均肃静倾听"，甚至听广播

---

① 《陈克文日记》，1938年2月6日，第182页。
② 《陈克文日记》，1938年2月22日，第190页。龙詹兴（1902~1985），字大均，广西合
　浦人，广东高等师范毕业，为知用学社发起人之一，并参加创办知用中学，与陈克文相
　熟。龙曾经赴法国中法大学学习，担任改组派驻法支部书记。1938年初受某方面委托赴
　港做国际问题研究，因不肯附汪，生活发生困难，于40年代初回到重庆。1952年自香
　港返回大陆，被打为"反革命分子"与"右派分子"，1978年得到平反。《陈克文日
　记》，1937年1月20日，第27页，注9。"龙大均"，百度百科：http://
　baike. baidu. com/view/8489077. htm，2016年2月6日访问。
③ 《陈克文日记》，1938年6月20日，第240~241页。

者还能忘情随他高呼中华民国万岁，并继续高喊"蒋委员长万岁"。① 可见此时蒋的演说与其展现之领袖魅力，受到后方人民普遍爱戴。

蒋本身的魅力源自深受军事教化的人格，坚毅且律己甚严。在那个兵荒马乱的年代，很多时候透过陈克文的记述，发现蒋往往以身作则，希望能引领部属民众，坚忍抗敌。"京中风声鹤唳，极为吃紧，各处均满扎军队，城内外交通断绝，已入围城状态。云蒋委员长此时仍屹然坐镇其中"，"抑非至最后之一刻，不肯离去其职守乎？"② 也由此看出蒋个性刚毅沉着之处。陈克文认为蒋性格坚毅亦反映在他长期写日记之上，陈克文自己也长年写日记，这一习惯部分受到蒋的影响。张群见了陈克文的日记本就跟陈说他与委员长使用的是同一格式的日记，"岳军见余写日记，谓蒋委员长所用日记本，亦系同一种类。余谓此种本子固佳，但有时嫌篇幅太少"。③

蒋不但自己身体力行，亦推己及人，对公务人员或一般大众一再要求他们吃苦耐劳、为国奉献。陈克文记载了蒋中正对于当时社会风气的诸多批评。他首先对国人不负责任、不切实际的"小聪明"加以针砭。当时百姓普遍不以信守规范为然，总觉能逃出或越过规矩者是"高明"，这样的民族性上的缺点，当面对抗战动员时就一显无遗：

> 中国人却有许多方法，许多手段，将刻板的规定变成一种很活动，很可任意伸缩的东西。这便（是）中国人聪明的地方，也便是中国人最没出息的地方。一切不负责任、不切实的毛病，都是从此生出的。近来蒋委员长演说，曾再三再四说到这种地方，说者谆谆，听者藐藐，亦不见得能生多大的效果。④

蒋尤其针对党政人员之缺失而加以批评。南京沦陷，国民政府迁至武

---

① 《陈克文日记》，1937 年 10 月 9 日，第 119 页。
② 《陈克文日记》，1937 年 12 月 2 日、4 日，第 144～145 页。
③ 《陈克文日记》，1937 年 11 月 27 日，第 142 页。
④ 《陈克文日记》，1937 年 8 月 11 日，第 96～97 页。

汉，蒋对政府与国民党人的怠惰颇有微词，在内部讲演时指出，"武汉的党政人员，还是苟且偷安，得过且过。大家请请宴，见见面，便过日子。又说：过去党政人员都是做少爷，不肯动手，今后非把思想改过，生活改过，实实在在的动手不可。真是痛切深到之论"。①

公务员尤其是行政院的职员最常被蒋点名，要求改正，"公务员有挟伎［妓］跳舞者，政院昨下令禁止。蒋院长今日又通令申诫"，"训勉党政人员，应忍苦耐劳，改革个人之思想与生活，不宜苟且偷安"，"蒋委员长所颁摒除逸乐，与本院禁止公务员从事不正当娱乐，出入舞场之命令，实同具文也"。② 然而这些人还过着纸醉金迷、得过且过的日子，"混女人，吃、喝、跳舞，已成为这一群人国难中之生活矣"。③ 这种习气很容易引致意气消沉，据陈克文观察，此风气日盛一日。④

尽管蒋对于国民党人与政府官员的一些毛病三令五申加以训诫，甚至严重到要枪毙不服从规定者，然一些阳奉阴违之情况仍颇严重。这些问题拖到战后，都一一显现在许多党政事务上，逐渐拖垮蒋的领导与国民党的政权。陈克文记载了蒋对党工的训示：

> 蒋委员长出席训话，中心问题系批评过去之党部工作，及今后应注意改进之点。最动人处，谓过去各级党部工作同志，只知争取名位，不负责任，已变成特殊阶级，有类于清末之旗人。针贬［砭］备至，语重心长，不知听者之反应，至于何种程度。⑤

蒋对党部工作同志的生活要求可说到了耳提面命之程度，甚至比之为"清末之旗人"，这样严厉的谆谆之言常常也能让人感动落泪，可见那时蒋的领袖魅力。《陈克文日记》中反复记录了蒋在演讲中希望大家以南宋

---

① 《陈克文日记》，1937 年 12 月 21 日，第 154 页。
② 《陈克文日记》，1937 年 12 月 5 日、1937 年 12 月 19 日、1938 年 1 月 9 日，第 146、153、168 页。
③ 《陈克文日记》，1938 年 4 月 9 日，第 213 页。
④ 《陈克文日记》，1937 年 12 月 21 日，第 154 页。
⑤ 《陈克文日记》，1938 年 5 月 30 日，第 232 页。

亡国之事为戒：

> 委员长的说话，又是批评党政军各机关公务人员的生活的，并且态度很严厉。他说，他到了重庆以后才知道，公务员的生活松懈浪漫，比汉口更坏。他已经惩办了几个行营的人员，以后还要办，不论是那一个机关那一个人，凡是生活浪漫的都要办。他说，宋室南渡的时候，苟安于杭州，当时的宋室并不是被敌人压倒，是被生活压倒的。他最恨的是跳舞。他说在这时候，无论如何绝对禁止，甚至不惜军法从事。有故意违反的，枪毙他！……可是为国家牺牲最大的是谁，是前线的将士，是老百姓。公务员的生活这样的松懈浪漫，对得起国家，负得起责任吗？所以在这时候，党政军的高级职员应该特别振刷，特别努力。他反复说明这意思，词气虽严厉，却是从无限的光明前途，无限的希望中发出来的。他今天的训话比十二日那一天更有力，更感动人。谢耿民回来说，他今天曾经因感动而落泪。在这时候，在委员长的地位，这一番说话不只是必要，而且是一定有影响的。①

除了批评党政人员之不当娱乐之外，蒋对于公务人员个别的私生活亦深表关切，这些事情其实不仅涉及个人行为，也与蒋中正、宋美龄、孔祥熙及特务机构所形成的领导统御结构相关。对陈克文等人来说，蒋的形象不只是他个人的表现，也与他的家人、亲信，尤其是宋美龄与孔祥熙等的作为，有直接的关系。例如行政院秘书罗君强（1902～1970）就因私生活不检点，"和孔小姐同居"，②虽"此事在他家庭里并没有纠纷，他也没

---

① 《陈克文日记》，1938 年 12 月 18 日，第 334～335 页。

② 罗君强与孔为名（一作孔慧明）女士大约从 1938 年初开始交往，陈克文记载"中午至洞庭村午饭，晚间赴君强约。席间有孔小姐……孔小姐闻颇属意于君强，君强已使君有妇，有情人将为之奈何"。《陈克文日记》，1938 年 2 月 28 日，第 193 页。1938 年日记中陈克文对罗君强与孔为名的恋情记载十分详细。有关罗君强与"粤籍大学生孔小姐"交往之经过，以及后来两人同赴上海之情况，参见关德懋《忆罗君强》，《传记文学》1986 年第 49 卷第 1 期，第 79～81 页。

有因此而耽误职务"，① 却被蒋下条子免职：

> 蒋委员长的手谕，上面写道"行政院秘书罗君强行为浪漫，应即撤职查办"，下面签中正两字。②

这件"行为浪漫"的案子据后来陈克文在另一天日记中记录，很可能与宋美龄有关，或许罗君强素日对孔祥熙的谩骂被人向宋美龄打了小报告，罗君强的罪状又被宋美龄查到，才被处罚，"下午会晤陕岩，谈蒋夫人怎样的为委员长调查各方面的人事情形，和兵役法的推行实况。这一次委员长手令惩办几个公务员，都是和蒋夫人调查报告有关的"。③ 另一个说法认为罗君强处事时一向"盛气凌人"，性格火辣，他在南昌与武汉行营等处任职期间，与特务结下宿怨，"特务人员……查明其原籍尚有发妻，此番结婚实为纳妾……密报当局，指其严重地触犯军令。当时正值军事失利，外交棘手，财政困难，当局见此报，火上加油，不待深查，即予以撤职查办"。④

陈克文认为此事显示蒋借此"整饬官箴"，但另一方面他似乎感到"委员长这样干涉个人的私生活是不必要的"。⑤ 上述这种"夫人政治"的具体操作与影响在其他史料之中十分罕见。后来罗君强投靠汪兆铭，一方面固然由于他与周佛海"私谊极厚，马首是瞻，于是亦步亦趋"，⑥ 另

---

① 《陈克文日记》，1938 年 12 月 13 日，第 331 ~ 332 页。

② 《陈克文日记》，1938 年 12 月 13 日，第 331 页。陈克文将蒋的这一个手谕保存下来，原文是"革职查办"。见《陈克文日记》卷首照片，第 20 页。

③ 《陈克文日记》，1938 年 12 月 20 日，第 335 页。在蒋中正的日记中还记载了另一些宋美龄为他打探属下情报的例子。例如 1938 年 10 月 13 日 "本日得信阳失守之报，无足惊异，照常办公，巡视伤兵收容所，所长无识游滑，污秽不堪，苦我伤兵，痛恨之至，幸有余妻代为监察，聊得自慰也。"又如 1950 年 10 月 5 日的日记中他说："接妻密函报告立人事，其全被共谍所利用而不察，如非余之明见，则误大事矣。"当时宋美龄在美国，却仍然有办法得到有关孙立人的情报。《蒋中正日记》，1938 年 10 月 13 日、1950 年 10 月 5 日，美国斯坦福大学胡佛研究所藏。

④ 宦游人：《由科员爬到部长主席的罗君强》，蔡登山编《汪精卫集团》，第 262 ~ 266 页。

⑤ 《陈克文日记》，1938 年 12 月 18 日，第 334 页。

⑥ 宦游人：《由科员爬到部长主席的罗君强》，蔡登山编《汪精卫集团》，第 266 页。

一方面无疑与此次被蒋查办，强迫去职有关。

除罗君强对孔祥熙之嫌恶外，行政院内亦有些受蒋重用而居高位者为院内职员所不满。1937 年 4 月 5 日王宠惠短暂代理行政院院长（1937 年 4 月 4 日～1937 年 5 月 29 日），并由魏道明（伯聪，1899～1978）随同出任代理秘书长，此事引发行政院内下属对蒋中正任人用事的抱怨，"王亮畴代长政院、魏道明有代秘书长说。魏过去政绩甚劣，操守尤坏。消息传出后，人人愤慨，有致书蒋院长，诋其丑事者，院中同仁尤感不安，羞于〔与〕为伍。……众人心中皆有蒋院长何以必须用此人之感"。①

当时行政院下属对蒋氏用人之抱怨，主要还是集中于孔宋家族成员，此阶段主要针对当权的孔祥熙。孔祥熙长时间任副院长，甚至一度扶正，又兼财政部部长（1933 年 1 月～1944 年 11 月），实际负责行政院的运作。他的一些作为让陈克文等人颇不以为然，这是抗战时他对蒋较明显的不满意之处，兹举几则日记中的记述为例：

> 政府机构改组及人事更动今日始见明令。有人说，老孔今日可谓志愿达到矣。君强常骂孔为乌龟，昨日复以"义不帝秦"自觥。今日来书谓已向蒋院长辞职，亦见其对孔不满之甚。现时骂孔者多矣，外间对军则骂何，对党则骂陈，对政则骂孔。② 其实应负责者不止彼

① 《陈克文日记》，1937 年 4 月 5 日，第 53 页。魏道明为巴黎大学法学博士，返国后先任律师，后担任司法行政部部长、南京市市长，他与王宠惠私交甚笃，王是他与郑毓秀结婚之介绍人。魏道明与郑毓秀的风评一直不佳。1933 年魏在南京市市长任内因为自来水管工程弊案"违法渎职""舞弊吞款"受到监察院的弹劾，后"不受惩戒"。他的风评应该与弹劾案有关。参见《监察院弹劾魏道明案 历指舞弊违法事实 请政府依法付惩戒》，《申报》1933 年 4 月 14 日，第 8 版；《魏道明不受惩戒》，《申报》1936 年 7 月 12 日，第 3 版。1947 年魏出任台湾省政府主席，夫人郑毓秀亦同时赴台。他被举报"安插私人，港口检查松懈，又其夫人在台，生活豪华，有经营商业，垄断市场之说"，蒋中正因而去信劝诫，希望他"有则改之，无则加勉"。周美华编辑《蒋中正总统档案：事略稿本》第 71 册，1947 年 11 月 26 日，台北，"国史馆"，2012，第 511 页。有关魏道明、郑毓秀与王宠惠的关系，参见蔡登山《胡适日记中的郑毓秀"读人阅史"之三》，《全国新书信息月刊》2009 年 12 月号，第 9～13 页。

② "对军则骂何，对党则骂陈，对政则骂孔"，其中何是指军政部部长何应钦，陈指陈立夫、陈果夫兄弟，孔指孔祥熙。

三人也。昨见伯勉①，谓有人传，孔以一切公文交未满十六岁之女儿处理，言下愤极，谓尚未有开苞资格的臭丫头居然处理国事，我们尚何必再做此官耶？外间虽有此传说，但信否未知也。伯勉又言，最近孔以向美定购飞机之权授其子令侃，所得均速率最劣之旧机，每小时不过二百八十哩以下，航空界大愤，但终无法补救云云。②

伯聪秘书长出示孔院长组织行政院警卫大队之编制表及预算书，真是令人哭笑不得。大队长是少将阶级，人数五百人，全月预算两万余元，一年近三十万。每月擦枪杆用油一百五十余元，士兵每年皮鞋两对每对七元，鞋十二对，每对一元，汽车若干辆，汽油每月二千五百余元，特别办公费每月一千元。……我和彦远、介松均已决心反对此案，无论如何不要使这"御林军"成立。③

参政员攻击孔财政部长，蒋委员长在联合纪念周上，骂攻击的人是敲榨［诈］不遂，这也给汪先生以难堪的。④

其时孔祥熙刚从财政部部长、副院长扶正为行政院院长，罗君强是机要秘书，他对孔极其不满。这也因为孔祥熙放任其女儿（孔令伟，1919~1994）任意参与公文批阅，授权其子孔令侃（1916~1992）购买飞机，又放任下属胡作非为。这些事在外间广为流传，应非空穴来风：

孔就新院长。第一次院会，其女公子忽入会场陈事。孔指谓出席诸长官云，此我女儿，常为国家服务，翻译电报，代阅公文，未取国家一文报酬，外间竟有许多闲言，真是气人。散会后，众竟以不要钱的女儿为题，传播新闻。不知孔作此语时，亦想及其女儿身上罗绮与口中肥甘，果从何来也。国家设官授职，各有专司，孔氏又何以必须

① 张锐（1905~？），字伯勉，山东无棣人，是辛亥革命时两广总督张鸣岐之长子，时任行政院政务处参事。《陈克文日记》，1937年1月21日，第28页，注11；1937年3月6日，43页。
② 《陈克文日记》，1938年1月2日，第164页。
③ 《陈克文日记》，1938年1月13日，第169页。
④ 《陈克文日记》，1938年12月23日，第337页。

尚未成年之儿女过问公务耶。

财政部一高级职员来四明银行，谈财部腐败情形。愤言云，只要孔氏一家，便足亡国而有余。孔氏左右所谓副官随从一类人物不下百余人，彼等气炎［焰］比较任何人都可怕。此次由京迁汉，轮船舱位都为此辈及其家属占据，财部职员无敢正视此辈者。途中汽车夫膳费每餐五圆，犹嫌无下箸处，谓为不禁此薄遇，推桌毁器，大骂随行之科长，科长亦无如之何。孔氏当不知其部属之胡为至此，然平日驭下无方，可以概见。做官不难，驭下最难，长官之罪恶，成于本身者少，成于部属者多。

驻外公务员行为浪漫，生活奢侈，如孔院长公子令侃在港挥霍冠于一时。此皆抗战期间，足为气短之事也。

朴生……以所作整饬驻外公务员风纪一文寄示，中引港粤间流传甚广之两语云"爹爹在朝为宰相，人人称我小霸王"，盖指孔院长公子令侃也。[1]

陈克文除了对孔祥熙驭下管理方式不满之外，对他的行政能力，如时间掌控不佳、仓促交办工作等作风，亦有微词：

孔院长来，对非常时期服务团第二次出发团员训话。原定时间为十一时，近下午一时始到，至二时半始毕词。词冗长反复，废话甚多，时为激昂之演说，时又如忆旧之闲谈。以政务丛集之行政长官而有此余时，亦可谓不知时间经济矣。

孔院长对于向五中全会报告的事，又出了新花样。因为今日军事的报告采用大幅的图表，博得大众的欢迎，并得委员长的称赞，于是他老人家又要行政院各部会赶制图表，明日晚便须交卷。设法传达命令，只得坐汽车四处奔跑，找各部会的负责人。有些住址不明，有些不在家，从九时起，直到深夜十二时半，总算把行政院九个部会的负

---

① 《陈克文日记》，1938年1月14日、11月9日、11月28日，第170、314、323页。

责人找到了，把命令传达了，疑问解释了。[①]

这类管理上不察下情，也不管效率与时间经济原则，尤其正当战时，某种程度或看出孔在管理上的无能，使得许多地方都只注意表面工作，"我们的政治可以说是报告的政治，一切似乎都是为报告而作的"。[②]对这些身负执行责任的公务员言，此行径是很不受欢迎的。另一个某次孔主持国民参政会的参政员茶会，对陈克文来说亦是浪费时间的例证：

> 饭后往罗家湾财政部，参加孔院长招待参政员茶会。一开始孔院长便把说笑话的态度说话，很简短的宣布茶话会的意义。以下便是他老人家真正的说笑话，继着是张副议长伯苓，张副院长岳军说笑话，连提倡老子军的老头儿，参政员中年纪最大的张一麐议长、汪先生都说起笑话来了。前后一小时的时间，始终在不很自然的笑话中过去，没有一个人说过一句正经话。这样集会是近年来很少有的，大概在目前严重空气的局面之下，只好说说笑话，轻松躲避严重问题，轻松一下各人心里头的悲观和苦闷罢。可是散会后，却有许多人很不满意，以为不应该如此耗费时间，如此无聊。[③]

由此可见陈克文等人对孔祥熙之不满，而蒋对他却始终倚信，自然也就成了被怨怼的源头。

总之，从1937年至1938年底汪出走之前，陈克文对蒋中正的印象基本上抱持着肯定的态度。这主要由于西安事变后蒋中正的声望崇隆，受到国内民众一致爱戴，认为他领导全民抗战是一位真正的民族领袖。陈克文

---

① 《陈克文日记》，1938年3月21日、1月23日，第203、359页。
② 《陈克文日记》，1939年1月23日，第359页。
③ 《陈克文日记》，1938年10月30日，第309页。张一麐（1867～1943），光绪朝举人，曾任袁世凯、冯国璋的总统府秘书长，1938～1942年任第一、二、三届国民参政会参政员。

尤其对蒋中正坚毅不拔的个性表示赞赏，对他所发表各种激励人心之演说、文告深有所感，同时也认同蒋对社会风气与党政人员之指责。他对蒋较为不满之处在于蒋重用孔祥熙与魏道明。他看到孔放任下属、子女胡作非为，又在行政措施上有许多不当之处，因而连带质疑蒋的用人不当。这样的评估也显示汪、蒋虽为不同政治势力，自 1920 年代以来时有分合，然西安事变至"艳电"之间，双方诚心合作，因此汪身边的机要人员陈克文对蒋大体上抱持着正面的观感。

五 "艳电"后至抗战胜利《陈克文日记》中的蒋中正

1938 年 12 月 21 日，陈克文在日记中记载听到汪出走的消息，"汪先生突然于星期日秘密离开重庆。消息到了昨日，才渐渐透露出来。今早去问乃光，彼尚茫然"。① 开始时他认为这是"无稽"之谈，多方打听之后才由汪彦慈（汪兆铨的次子、汪兆铭之侄，当时随侍汪身边，处理庶务）告知"不止汪先生，曾仲鸣、汪夫人都已经走了，连一些办事人员也都随去。彦慈、允文明早也飞往昆明，除了一些卫士之外，便全家无人了"。汪彦慈与陈克文在汪公馆之前黯然道别，并嘱咐他不要泄露消息。② 12 月 24 日，陈克文从报上得到消息："汪先生远行的消息今日报纸已正式发表，原因说是因为旅行昆明，触发旧疾，已赴河内就医，一时不能回渝。到香港的消息，似未证实。"③

汪出走后，汪派成员顿失龙首。在当时谣言四起的环境中，他们身处疑地，甚至面临去留抉择。特别是像陈克文这样经常出入汪公馆，又曾是政界与汪联络的管道，却对其真正出走动机未曾与闻，就更不知所措；加之他又不停被身边之人套问，可想其处境之尴尬。甘乃光、彭学沛、罗君强等都猜测汪、蒋之间因中共问题而产生矛盾。1938 年 12 月 21 日，蒋

① 《陈克文日记》，1938 年 12 月 21 日，第 335～336 页。
② 《陈克文日记》，1938 年 12 月 21 日，第 336 页。
③ 《陈克文日记》，1938 年 12 月 24 日，第 337 页。

在日记中曾有记录，第一时间接获龙云电报，得知汪"潜飞到滇"，又称病出走河内，"此事殊所不料，当此国难空前未有之危局，不顾一切，借口不愿与共党合作，拂袖私行，置党国于不顾，岂是吾革命党员之行动乎？痛惜之至，惟望其能自觉回头耳"。① 甘乃光则认为除了中共问题之外，还有其他因素：

> 　　汪先生此行恐不止共产党问题意见不合。这一年来，他在政府固然没有甚么地位，即在党里，虽有副总裁之名，亦不过徒有其名，许多措施他从来不曾知道。这是大足以引起他的无名悲愤的。还有最近因参政员攻击孔财政部长，蒋委员长在联合纪念周上，骂攻击的人是敲榨［诈］不遂，这也给汪先生以难堪的。据乃光的推测，汪先生远行的原因很复杂，并且酝酿的时间也决不止一日两日。这推测是很可信的。②

甘的分析对陈有所影响。1939 年 1 月 1 日他前往孔祥熙家贺年之时，孔还拉他到房间，私下问他对汪通电之看法，"孔院长把我拉到一个房间里，问汪先生发通电的事。我有何话可说呢？只好说，汪先生这种意见，酝酿恐怕不止一日。我并且说拿近卫的演说做立论根据，实在很不好。孔连连点头"。③

　　汪出走一事对留在重庆的陈克文有很大的冲击。他一度被怀疑对蒋阵营的忠诚度，被认为可能是汪的内应，"替汪先生在这里通消息"，④ 还被密告到蒋廷黻、孔祥熙处，⑤ 甚至长期遭到跟监，防止他逃离重庆。1939

---

① 《蒋中正日记》，1938 年 12 月 21 日；萧李居编辑《蒋中正总统档案：事略稿本》第 42 册，台北，"国史馆"，2003，第 689～690 页。有关龙云与汪出走之关系，及蒋对龙云之争取与防范，参见杨天石《再论龙云和汪精卫出逃事件》，吕芳上主编《战争的历史与记忆》2《战时政治与外交》，台北，"国史馆"，2015，第 385～417 页。

② 《陈克文日记》，1938 年 12 月 23 日，第 337 页。

③ 《陈克文日记》，1939 年 1 月 1 日，第 343 页。

④ 《陈克文日记》，1939 年 5 月 7 日，第 417 页。

⑤ 《陈克文日记》，1939 年 4 月 20 日，第 402～403 页。

年 5 月 18 日下午，陈克文与庶务科科长乘车往成渝公路老鹰岩歌乐山，调查行政院乡间办公房的地点，车子却在路上被挡住，不准前行，"受到莫名其妙的限制"。5 月 24 日，陈克文与工程师到中梁山甘燕岩踏勘工地，又遭到卫戍司令部的人盘查。陈克文对此感到十分生气，"回到重庆后曾经去找戴笠吵架"。① 其实汪出走之后此类监控是针对所有曾与汪关系较密切的人。陈克文记载 1939 年 4 月 11 日，汪的卫队长周烈洪就在海棠溪车站被怀疑想去河内或香港，而遭便衣特务所扣留；隔日周烈洪的妻子"也被便衣侦探拘去了，仍旧不知下落"。② 此类的监视活动是蒋指示特务机关办理的。③ 根据《军统局渝特区 1939 年度工作总结报告》，汪出走之后军统局对重庆地区汪系人物侦察监视，调查这些人与汪"勾结"的状况。其侦察之内容如下：

> 汪逆出走事件之侦察：汪逆于 27 年 12 月 18 离渝，至 29 日于河内发出荒谬艳电，媚敌求和。本区当时工作曾有如下之指示：（甲）分另各外勤注意汪系在川康人员之言论行动；（乙）注意中央与地方军政人员有无与汪勾结情事；（丙）另各检所切实检查与汪有关之文电；（丁）密派人员驻守车站、码头、机场，经常施行检查与汪案有关人员；（戊）汪系重要份子如彭学沛、陈树人、陈

---

① "陈方正致黄克武电子邮件"，2016 年 8 月 8 日。陈克文对监视者很不满意，曾以骗术报复，5 月 24 日"上午八时再和齐次青，兴业建筑公司的工程师两人，到中梁山甘燕岩踏勘建筑地址，把各部办公房屋的地点都约略分配好了，十二时过后才回来。去时车子过小龙坎，卫戍司令部盘查车辆的人又是啰啰唆唆，并且硬要坐我们车子同去，说是保护我们。一直到目的地还不肯走，不知是何用意，旁的车子并不如此。连起上一次山洞口的往事一想，也许他们是专为留难我个人的，这自然是因为汪先生的关系。他们做法实在太笨了，我如果要离开重庆，何必一定要坐汽车。他们对于公共汽车不查，行路的人不查，我要走也早走了，想起来真好笑又好气。今天强坐我们的车子，形同监视我们（中间）的那一个人。我用了小小的骗术，便把他中途放下，让他步行二三十公里。我想他知道上了当，也一定很气的"。《陈克文日记》，1939 年 5 月 18 日、5 月 24 日，第 421、424 页。

② 《陈克文日记》，1939 年 4 月 11 日，第 397 页；1939 年 4 月 12 日，第 397~398 页。

③ 有关重庆的特务机构，尤其是军统所控制的"卫戍总司令部稽查处"的组织、职掌与活动，参见曾任该处督察长与副处长沈醉（1914~1996）的回忆。沈醉：《我知道的军统内幕》，出版者不详，第 114~140 页。

克文等，均秘予监视，并翻印照片，分寄各站组，作为必要时之用；（己）注意中央各首要及川康军政要员对汪电真实之态度及外侨对此之态度。①

经过近一年的调查，军统局对与汪有关的重要分子陈树人、彭学沛、陈克文、杨全宇（？～1940）、武和轩（1901～1986）、冷融（？～1943）等人提交详细的报告，其中有关陈克文部分的"侦察所得"是：

> 行政院参事兼总务组长陈克文，系陈璧君之侄，为汪系公馆派之首领。② 汪离渝后，与港林柏生往返函电甚多，并搜集渝市各报重要言论及所载与汪有关新闻剪寄香港。但据其自称，前谷正鼎往河内晤汪时，曾携有彼及甘乃光等七人之书信，表示对汪之主张概不赞同，并希望汪考虑未来之出路等语。四月十四日检获香港赵慕儒航函，嘱陈尽量搜集曾仲鸣生平事迹材料，寄港会印纪念特刊。陈之寓所，有汪系份子刘衡静过从甚密。行政院秘书张平群亦改组派份子，与陈时有往还，而张常于德使馆出入，与威尔纳交往密切，极堪注意。③

陈克文无疑知道自己遭到跟监，但应该不知道上述军统对他所采取的

---

① 此件藏于重庆市档案馆。参见《军统局渝特区 1939 年度工作总结报告》，张有高选编，《档案史料与研究》1993 年第 1 期。

② 文中所谓陈克文系"陈璧君之侄"的说法不正确，两人并无亲戚关系。

③ 《军统局渝特区 1939 年度工作总结报告（续）》，张有高选编，《档案史料与研究》1993 年第 2 期；唐润明：《汪精卫出逃后军统对汪系人物的监视》，《民国春秋》1997 年第 2 期。赵慕儒为陈克文在《南华日报》的同事，陈为副社长，赵任职于编辑部。1939 年 11 月赵担任汪伪中华通讯社副社长。汪伪政府成立后又出任"新国民运动促进委员会"委员（1944）、伪安徽省行政督察专员（1945）。参见蔡登山《文史杂志的尤物——朱朴与〈古今〉及其它》，《古今（一）》，第ⅲ页；刘国铭编《中华民国国民政府军政职官人物志》，春秋出版社，1989，第 927、948、959 页。刘衡静应为刘蘅静（1902～?），为郭威白之妻，曾任职中央党部、国民参政会参政员，为陈之好友。张平群也是陈克文的好友，汪兆铭与陶德曼见面时，曾由他担任翻译。《陈克文日记》，1937 年 10 月 31 日，第 128 页。此处所说的纪念册是汪兆铭等撰《曾仲鸣先生行状》（南华日报，1939）。

诸多措施及调查结果，无论如何他对这些质疑似乎都能以泰然之心来面对。

他曾与友人讨论是否要与汪同进退，此一议题让他感到私情与公义之间的矛盾："汪先生的事实在给人精神太痛苦了。顺便探视朱纶的病。她又把这事提起，并问我，我们的进退如何，是否要一同引退？这话真不容易答复。以私情说，当然可以引退，以公谊言，如果不赞成现在谈和的提议，和汪先生这种做法的，当然不必和他一致的离开重庆，离开政府和党。"① 他也向蒋廷黻、魏道明等承认自己曾写信给汪，并托林柏生转交。其中1939年1月6日的《致汪先生函》在日记中留有手稿，信中针对汪之"艳电"主张提出七点疑问，也说明他这些日子的心情。他写道"文追随　先生十有余年，突于报端看见中央决议与艳电主张，精神上所感痛苦实难以笔墨形容。廿四年冬得　先生被奸徒狙击之讯，悲愤之深，尤不及此，曾与乃光先生论及此事，竟于不知不觉之间泫然落泪也。文深信　先生此次举动纯然为国家民族之前途打算，又深信将来必有事实可以证明　先生之用心"。② 同时陈有简札给林柏生，说明他此时不能同意汪之主张，也只能效法汪当年不赞成孙中山组中华革命党时的方式，"消极不合而止"。③ 第二次写信给汪是在曾仲鸣被刺之后，写信慰问。④ 这时期他跟汪的联系除了透过林柏生外，并无其他管道。他向上级陈述给汪的两信分别是慰问其遭开除党籍与曾仲鸣之死；至于另外给林柏生的信，除慰问其受伤外，则是告知他托订杂志的事，并无不可告人处：

> 我想我过去和他们的关系是无容否认的，但不能根据过去便断定我和他们现在的主张一样，并且为他们通消息。其实他们的主张和计划，事前事后一点也没有泄漏给我知道。我对他们的主张更始终表示

① 《陈克文日记》，1939年1月2日，第344页。
② 《陈克文日记》，1939年1月6日，第349页。
③ 《陈克文日记》，1939年1月6日，第347页。
④ 《陈克文日记》，1939年4月20日，第402页。

怀疑，在我给汪先生的第一信，已经很清楚。所以我没有给他们通消息的理由。如果我赞成他们，要为他们通消息，也断不肯背着长官，鬼鬼祟祟，做出这样的勾当。[1]

陈克文的解释为孔祥熙所接受。据魏道明转告陈克文，在国民党正式开除汪兆铭党籍后，约莫一两个礼拜就有人怀疑他与汪的关系，且是院里的人，更有人向院长打小报告，可是院长说"这有什么相干呢？"孔对说话的人说"我可以负责，他不会这样的"。[2]

甘乃光也很谨慎地处理自己与汪的关系。陈克文表示，甘虽是汪派要角，然在武汉时代之后已经"和汪氏貌合神离"，后被归入"政学系"，与汪的关系较为疏远。[3] 1939年1月1日中央党部会议讨论开除汪之党籍案，在林森（1868～1943）与蒋中正表态要"严正表示"之后，进行表决，"乃光说，表决的时候，孔院长、陈树人、于右任没有举手，他自己却举手了。这件事在我们跟随汪先生十多年的人，除了痛心之外，还有何说？"[4] 或许是因为甘乃光举手赞成开除汪之党籍，隔天蒋即召见他。[5] 1月3日甘告诉陈自己被蒋接见的经过，"昨午见蒋委员长的情形。蒋告诉他这次对汪先生的处置实迫于情势，不得不然，平时和汪先生接近的应该安心工作，不要灰心，不要生疑"。[6] 蒋透过甘乃光对汪派人士进行安抚、拉拢，让这些人安心续留重庆，这对大多数汪系人马可能是颇为受用的，至少可以降低汪出走所造成的冲击。

汪兆铭也没有放弃争取他在重庆的原有势力。1939年1月底，陈璧君曾发电报给彭学沛，"请设法取回汪先生卫士的枪械，并且要原来的一

---

① 《陈克文日记》，1939年4月20日，第402页。

② 《陈克文日记》，1939年4月20日，第402～403页。

③ 陈克文：《国民党左派三杰：甘乃光与顾孟余》，《陈克文日记》，1939年4月20日，第1333页。

④ 《陈克文日记》，1939年1月2日，第344页。

⑤ 蒋中正日记仅简单地写"注意……对汪以后之处置……上午纪念周训话，批阅记事与乃光谈话"。《蒋中正日记》，1939年1月2日。

⑥ 《陈克文日记》，1939年1月3日，第345页。

部分卫士到香港去"。① 这很可能是因为"蒋先生最近嘱宋子文劝汪赴欧
洲",② 后来此事未成。4 月 1 日,汪又派一周姓人士来重庆送旅费给他旧
日的下属,请他们去香港,这些人包括陈皋(1899~?)、陈树人、邓飞
黄、范予遂等,③ 其中陈皋接受,其他人如陈树人则不肯收旅费。重庆汪
派人物之中最积极附汪的人是上述"行为不检"的罗君强,他平素观点
与汪主张接近,赞成和谈,④ 又与蒋、孔不合,故倾向与汪同进退。他于
2 月初离开重庆,先去昆明,辗转投靠了汪,在上海出任"中央党部的副
秘书长"。⑤ 1939 年夏天,汪透过罗君强请曾任职行政院的关德懋
(1903~1999)传话给陈克文,希望他去上海"共赴国难"。⑥ 陈不为所
动,他在日记中表示"我想我个人绝不应该说无条件的随汪先生进退,
今后更不应该以同进退或共患难的理由,而对于汪先生有任何的要求"。⑦
事实上,罗君强一直在替汪在网罗旧部,"原来罗君强到昆明后,多方设
法收买各方面的人投入和平运动,若渠也是他们想收买的人,但没有成
功。若渠又说景薇⑧告诉他,汪因我今年一月四日的信,对我很为抱怨。
我想后来汪派人送旅费给这个给那个,他们到香港、上海去,始终不及

---

① 《陈克文日记》,1939 年 1 月 31 日,第 363 页。彭学沛当时为交通部次长,据军统局的
　报告,"交通部次长彭学沛,与汪关系最深。汪出走后,对该系份子之转达意旨及其卫
　队旅行与保释陈昌事,多函彭办理"。《军统局渝特区 1939 年度工作总结报告
　(续)》,张有高选编,《档案史料与研究》1993 年第 2 期。陈昌祖(1904~1994)为陈
　璧君的同父异母弟,后赴南京投汪,1945 年以汉奸罪被捕入狱。陈克文:《忆陈璧君与
　陈春圃》,《陈克文日记》,第 1438 页。
② 《陈克文日记》,1939 年 1 月 24 日,第 360 页。
③ 《陈克文日记》,1939 年 4 月 1 日,第 392 页。
④ 1939 年初罗君强与陈克文讨论汪的问题时,罗即表示赞成和谈,"中午君强来寓午饭,
　又谈汪先生的提议。他甚表赞同,他说照现在的情形抗战下去,愈战中国愈弱,共产党
　则愈形得势,愈见发展。要防止共产党的祸害,非早日和日本讲和不可"。《陈克文日
　记》,1939 年 1 月 3 日,第 345 页。
⑤ 《陈克文日记》,1939 年 9 月 8 日,第 478 页。
⑥ 关德懋忠实地将话带给陈克文,不过其反应是"笑话,不去管他"。关德懋:《忆罗君
　强》,《传记文学》1986 年第 49 卷第 1 期,第 80~81 页;亦见沈云龙校阅,沈云龙、张
　朋园访问,林能士记录《关德懋先生访问纪录》,台北,中研院近代史研究所,1997,
　第 43~44 页。
⑦ 《陈克文日记》,1939 年 4 月 1 日,第 392 页。
⑧ 徐象枢字景薇,原是复旦大学法学教授,1939 年任行政院参事。《陈克文日记》,1937
　年 1 月 19 日,第 27 页,注 7。

我，便是因为那封信的原因。我实在幸而发了这信，省了许多麻烦"。①

"艳电"之后，陈克文通过了蒋阵营的检验，证明他不赞成汪的"和平运动"，也拒绝了汪的邀约，此后蒋成为他心中唯一的"领袖"。同时他对汪则感到不耻，1939年7月11日，他听到汪为日本近卫首相的宣言辩解，"看过之后令人气结欲绝，真要骂他无耻，骂他汉奸了。我想他这种作法，不久真要明白宣布投入敌人的怀抱和南京北平那班汉奸合作了"。② 1939年8月中之后陈在日记中不再称"汪先生"，而改直呼"汪精卫"之名，而且对汪之"和平运动"有许多严厉的批评。"呜呼！今日的汪精卫已十足日本军人的工具矣……十六年至廿年，数年间之国内政争，他虽为主要之角色，但亦无一不归于失败。今后之汪精卫，追随者仅一些二三等的无聊脚色，病态文人，又岂能捣出些甚么名堂来吗？我想今后他非甘心做日本军人的走狗，即当自已愤怼怨恨而死。"③ 他又引日本人对汪的评论："吉冈文六比汪为蚯蚓……汪精卫的性质实在是柔软，他的声音好像猫一样娇嫩，写的字正像女人的字。和汪同流的朋党，从陈公博至高宗武，已死的曾仲鸣、唐有壬都是极柔和而女性的男子。汪的和议主张为敌应声，最近更觍颜事敌，而敌之有识者鄙夷之如此，不知汪亦曾见此文否？"④

总之，汪出走之后陈克文留在重庆，继续支持蒋的抗战主张。抗战期间蒋中正日记之中陈克文仅出现两次，记载十分简单，分别为1945年6月4日的"召见港、澳支部陈委员与简某、陈惕庐、陈克文（院参事）"与25日的"召见行政院参事秘书（陈克文）"。⑤ 有趣的是这两天陈的日记却没有记载被蒋召见，只说了参加"纪念周"。⑥ 在《蒋中正总统档案：事略稿本》之中有三处提到陈克文，其中一处是1936年5月他出任国民

① 《陈克文日记》，1939年10月6日，第490页。
② 《陈克文日记》，1939年7月11日，第448页。
③ 《陈克文日记》，1939年8月15日，第467页。
④ 《陈克文日记》，1939年8月18日，第469页。唐有壬（1894~1935），唐才常之子，因协助汪与日"和谈"，于1935年12月25日下午，在上海寓所遇刺身亡，时年41岁。
⑤ 《陈克文日记》，1945年6月4日、6月25日，第984、989页。
⑥ 《陈克文日记》，1945年6月4日、6月25日，第984、989页。

党中央代表，另外两处是他出任立法院秘书长之后的事。此时陈克文少有机会直接接触到蒋。抗战胜利前后，在陈的记忆中蒋曾召见过他三次，每次时间都很短：1943年10月25日，"院中参事奉蒋主席召见者，一为邓介松，一为张平群，一为陈之迈，并余共四人。陈之迈外，均服务八年以上矣。上午九时到国民政府参加国父纪念周后，十时一刻，分别召见。先介松，次平群，次余，之迈最后，每人谈话约五分钟。所问大概系服务心得，平日研究何种问题，院内情形，以及个人志愿。余昨日推测之召见原因，想大致不差也"；① 1945年5月29日蒋接见出席六全大会的代表，"谈话时系个别引见，有提及大会者，亦有不提及者。余晋见约五分钟，仅询籍贯属何县份，年几岁，在院内办理何种工作，研究何种学问，家中有人口若干，院内平素最密切往来之朋友何人，此外并不多问。最后说'很好，你很努力，以后有何意见可直接告我'，即起立送客"；② 1945年7月23日陈克文与湖南省新任的民政厅厅长邓介松（1896～1967）同时晋见蒋，"下午五时又一次应召往谒蒋委员长于中四路德安里官邸……旋对余询'近来工作情形如何？''年几岁''那一县人''个人的志愿何在''曾任地方行政工作否''学校时研究那一门学问'，一一回答后，又说'很好，你很努力''我替你留心'，便转询邓到湘后，有何计划。对余询问谈话前后，不过二分钟，说话不过十句左右……年来余进见已三次，每次垂询之语句，均大体相同"。③

这时他所观察的蒋中正形象有一部分与"艳电"之前很类似，例如他还是肯定蒋领导抗战，作为民族领袖的他常常能以演讲来鼓舞人心，④在黑暗的时刻揭示大家光明即将来到，"蒋委员长说天将亮时必有一段极

① 《陈克文日记》，1943年10月25日，第815～816页。
② 《陈克文日记》，1945年5月29日，第981～982页。
③ 《陈克文日记》，1945年7月23日，第996～997页。
④ 例如有一天陈克文详细地记载了蒋在国民政府联合纪念周的演讲内容，又说"这一篇演说，很明显的一方面指示党政军机关的工作方法，一方面在鼓励党政军人员的精神和心理。他这种鼓励的演说抗战以来隔了相当的时候便来一次，有些人不免以非笑的态度受之，其实影响是很大的"。《陈克文日记》，1939年8月7日，第463页。

黑暗的时间"。① 陈克文引用日人的说法，"吉冈文六……说蒋委员长令人一见便有'强者威严之感'"。② 他也同意蒋对社会风气与党政人员的批评。再者他仍然对于蒋重用孔宋家族不满。只是这时他批评较多的是宋子文，他对于孔祥熙的意见则有好转之迹象。他认为孔亦不无可取，③ 尤其是为人厚道：

> 孔院长请到范庄吃午饭，有事讨论。被邀的为之迈、介松、平群、耿民、恺锺、次青、晋熊④和我，共八人，张秘书长、蒋处长也在列。吃过饭，孔院长即在原位子，一面吸纸烟，一面说话。话从他在南京做副院长时说起，最初不知道他的中心意义何在，半小时后渐渐知道，是勉励大家，安慰大家的意思。因为不平等条约取销后，今后的内政更加重要。行政院为最高行政机关，所以希望同人更加努力。这几年来大家吃苦耐劳，他自己是很知道的，希望物质生活上，院内要在可能范围内设法改善。虽然训话的形式，但态度十分诚恳，声调十分和缓，劈髣是家人聚谈。大家都说他为人厚道，真是一点不错。⑤

当他的同事孙希文（1892～1948，时为行政院参事）批评孔的政策造成物价上涨之时，他为孔叫屈，"和希文谈到此事，他又大骂孔院长，说他既庸且不做事，实为造成这危险局面的大原因。其实责任不尽在孔，

---

① 《陈克文日记》，1944 年 6 月 22 日，第 872 页。
② 《陈克文日记》，1939 年 8 月 18 日，第 468～469 页。
③ 例如陈克文说"平心而论，孔办财政并不算坏……孔待属员素来厚道"。《陈克文日记》，1939 年 9 月 15 日，第 481～482 页。
④ 之迈是陈之迈，也是政院参事，陈克文同事；介松是邓介松；平群是张平群，名秉勋（1900～1987）；耿民是谢耿民（1909～1981），王宠惠的外甥，见"谢耿民"，维基百科：https://zh.wikipedia.org/wiki/% E8% B0% A2% E8% 80% BF% E6% B0% 91，2016 年 1 月 18 日访问；恺锺是刘恺锺，别号凤曹；次青是齐叙；晋熊是夏晋熊。分别参见《陈克文日记》，"名号别字与姓名对照表"，第 1491 页；1937 年 1 月 19 日，第 27 页。并参见台北中研院近代史研究所 TIS 数据库。
⑤ 《陈克文日记》，1943 年 1 月 16 日，第 704～705 页。

别的人来，也不见得比孔强"。① 甚至当学者名流攻击孔，又将他比拟为汉代的晁错（公元前 200 ~ 前 154）之时，陈克文还说"平心而论，他决不至于有这样的大罪过"。② 这个转变虽与孔的为人处事与 1944 年底时已"失势"有关，③ 然也很可能是孔在处理他遭人指控与汪兆铭勾结时，相信他的清白所致。

孔失势之后行政院院长一职由宋子文接任，蒋于 1944 年 12 月 7 日任命宋子文代理行政院院长，直到 1945 年 6 月真除。陈克文在 1944 年 12 月已经得到"孔下宋上"的消息，"近午国防会朋友来电话，宋子文已被选任为行政院代理院长。多年蛰伏的要人如今又抬起头来了，孔庸之先生的势力在政治上又倒退了一步。……使人有不胜今昔之感"。④ 陈克文对蒋为何让这位习惯讲英语的宋子文来代理院长，有他的观察："代理院长宋子文第一次到院办公，据说以后将每两日来院一次。蒋兼院长既然兼顾不了，似可将院长职务完全交与宋氏，今仅予以代理名义，似尚未肯以全权相给，对宋仍未放心也。宋氏不喜演讲，将不至对院内职员训话，今日亦未接见职员。宋平日常操英语，僚属以华文华语办公，对宋殊属不便也。"⑤ 陈克文对宋子文代理院长，名义上蒋仍是院长，副院长也还是孔祥熙，认为"在法制上是很不合理的"。但他又体谅蒋这种安排，认为是蒋不得不授权柄予宋，却又不信任他，因此特意让张厉生（1901 ~ 1971）以内政部部长兼行政院秘书长，作为对宋之监督。⑥

除了不满意蒋重用宋之外，陈克文还直接批评蒋缺乏民主素养（抗战胜利之后此类的批评更多）。在抗战胜利前一个月，也是战时最后一次开国民参政会，孔自美归来，谣传将再受重用，参政会上诸人大表反对，

---

① 《陈克文日记》，1943 年 4 月 30 日，第 745 页。孙希文认为孔祥熙恰与他的别号庸之相称，"他对于孔常有不满意的批评，总认定他庸人，不能尽他协助委员长的责任"。《陈克文日记》，1943 年 4 月 28 日，第 744 页。

② 《陈克文日记》，1944 年 12 月 22 日，第 932 页。

③ 陈克文说孔祥熙的势力被逐出政府是因为他"是美国方面所不喜欢的人"。《陈克文日记》，1944 年 11 月 20 日，第 921 页。

④ 《陈克文日记》，1944 年 12 月 4 日，第 926 页。

⑤ 《陈克文日记》，1944 年 12 月 7 日，第 927 页。

⑥ 《陈克文日记》，1944 年 12 月 14 日，第 929 页。

尤以周炳琳代表致辞时说得极不客气，此举引来蒋之反感。据陈克文记载，"蒋主席在场，颇为动气，散会后对王世杰等说'周某的话对我太污辱了，我要和他决斗'。后来王世杰劝他不要生气，认为这种话在民主政治上算不了甚么。蒋主席不再说甚么，但是本来预定推周做主席团之一的计划，却立时下命令改变，改推王云五做主席团"。① 看在陈克文眼中，"蒋总裁对民主政治的诚意虽是无可怀疑，对民主政治的习惯和涵养还是很浅薄，很不足的"。② 这种从民主政治的标准来批评蒋的专制独裁，是当时国民党内外颇为常见的观点，陈克文可能受到此一风气的影响，后来他对国民党之统治的失望与转向第三势力与此有关。

这一阶段他对蒋也有更多的认识，尤其对他的统治风格颇多着墨。陈克文认为蒋施政、处事风格的一个重要特点是小心谨慎、注重细节、一丝不苟而事必躬亲。对他而言，此一认真态度是蒋能够成就一番事业的一个重要因素。例如蒋对重大政策总是亲拟条列政策办法，以一种极大的研究苦心去规划。战争后期受通货膨胀之苦，物价飞涨，除少数高级公务员生活较一般平民百姓好过些外，中下级公务员与平民深受物价波动之苦。蒋对此有所感触而亲拟对策。当陈克文拿到侍从室发来给他的抑制物价相关执行策略时，一看是蒋亲笔所拟，也知道这段时间蒋为此闭门苦思研拟，发挥极高的研究精神。他的感想是：

> 侍从室今日送来了一个重要文件，要院里即日油印分发各关系机关。这便是委员长一礼拜来专心致志，拨开一切工作去求解决的平定粮价物价工价的问题。这文件前面是委员长亲手核定的五个原则，后面还有两个重要方案，大概是有关机关或专家条陈的。方案共近三十页，每一页上都有委员长亲笔修改的红绿铅笔的符号，还有眉批指示

---

① 王世杰日记中记载如下："七月七日上午九时第四届参政会大会开会。开会时，周枚荪致答词，词中有现时政治紊乱等语，甚为蒋先生所恶。原议拟推周补王亮畴（主席团）之缺，临时决定命本党党员改选王云五。当选为主席团主席者为张伯苓、王世杰、吴贻芳、莫德惠、李璜、江庸、王云五"。林美莉编辑、校订《王世杰日记》，1945 年 7 月 7 日，台北，中研院近代史研究所，2012，第 712 页。

② 《陈克文日记》，1945 年 7 月 11 日，第 993～994 页。

要点。看这文件可以知道这一礼拜内，他是如何为这问题苦心焦虑，也可知道他研究问题，解决问题是如何小心谨慎。①

甘乃光也有相同的经验与感受。之前他奉蒋之命写的《行政三联制》，初稿也是被蒋细细改正。② 陈克文看了修改的原稿后，深表赞叹：

> 乃光出示他修改那一本《行政三联制》的小册子，上面也是经过他亲手批改，逐句逐字斟酌，满布了红绿铅笔的符号，髣髴国文教师批改学生作文课本一样。他这种对付任何问题，丝毫不苟，精密周到的精神，实在是平常人所难做得到。他一生之所以能成大功，建大业，这种精神当然是极大的因素。③

然而另一方面他觉得蒋谨小慎微又直接干预的态度也是一个治国上的严重缺点，表现出类似明代崇祯皇帝的性格特征，亦即"为人过于精明能干，不能用人"。④ 例如在管理上蒋有时过度注重细节，喜欢下条子指导，事后却少核实，反而使行政成效不彰，"蒋委员长到重庆后，下了许多手谕。有些手谕都变成了纸片工作。譬如要各机关的公务员每周一次工作报告，每一个月由长官作一次总考核，公务员要分组开会讨论工作方法，要由长官指定书籍阅读，读后提出小组报告。这手谕用意很好，各机关虽然作成了很好看的呈覆，说如何如何奉行，可是事实上并无此事，只是公文的奉行而已！"⑤ 有时蒋会亲自处理很细琐的小事，例如他亲自管

---

① 《陈克文日记》，1940年12月21日，第689~690页。
② 甘乃光是国民政府的行政管理专家，除了《行政三联制》外，还著有《中国行政新论》（商务印书馆，1943）。有关1940年国民政府发起行政三联制的行政改革之研究，参见林瑾芬《抗战时期行政三联制的推动与检讨》，东海大学历史学系硕士学位论文，2015。有关甘乃光与他的行政管理之理论，亦参见费约翰《亲民：共和百年来的官绅分离课题》，吕芳上主编《回眸世纪路——建国百年历史讲座》，台北，"国史馆"，2012，第211~236页。
③ 《陈克文日记》，1940年12月21日，第690页。
④ 《陈克文日记》，1943年5月28日，第757页。
⑤ 《陈克文日记》，1939年2月23日，第375页。

理路上汽车如何停放:"蒋委员长又说到汽车的事。他说关于汽车在公路上应该如何的停放,如何的隐藏,本人下了三次的命令,现在才算有了一些效果。这样的小事,居然要他下三次的命令,主管的机关到那里去了,做甚么事的?"① 此事并非例外,其他材料也显示抗战时期为改善重庆的市政设施及其运行状况,蒋中正曾下过一百多道手令。这些命令大至仇货之肃清、轰炸之防范、市民之疏散、防空洞的组织与空间安排,小到垃圾的处理、厕所的位置、墙壁的粉刷等,事无轻重巨细,包揽无遗。②

对于情节重大之事,蒋有时则越过司法程序,也会亲自下条子指示。如蒋极重视物价问题,却仍有人借此贪污谋利,蒋很生气,于是立即逮捕高级官吏。虽说战时特殊情况,然跳过司法程序,多少显见蒋对大小事均与闻之习惯,"被捕的人有司长章元善,和处长吴闻天,此外还有十多人,听说都是因为办理平价购销和粮食供销有了弊端。并且听说委员长的手谕,有一二人是应该立行枪决再行呈报的"。③

蒋细心谨慎又喜欢"直接负责"的另一个例子是他出版《中国之命运》一书。蒋规定次长以上公务员必读《中国之命运》,并撰写感想,陈克文等几个参事秘书自然遵照办理,不过却抱着"塞责"的心态:

> 《中国之命运》研读后的报告已脱稿。既不愿盲目说恭维话,又不能率意批评,很委婉的举感想四点,先给希文、敦伟看过,都说不错,便以此塞责。④

说及《中国之命运》一书。介松认为此书的文字甚为优美,国

---

① 《陈克文日记》,1939 年 8 月 7 日,第 694 页。
② 参见《1939～1944 年蒋介石为改善重庆市政的 106 道手令》,唐润明选编,《档案史料与研究》2001 年第 4 期;程雨辰:《蒋介石与重庆的防空洞》,《档案史料与研究》1993 年第 4 期。有关蒋中正下"手令"的整体研究及其利弊分析,参考张瑞德《遥制——蒋介石的手令研究》,《近代史研究》2005 年第 5 期。作者认为"蒋介石所颁布的手令虽多,但是仅为战争时期的权宜措施";"蒋好发手令,也是长官笼络部属的一种手段";"蒋好以手令越级指挥作战,所造成的祸害,似未如前人想象之大";"蒋所颁手令,大多数具有贯彻命令、提高效率与鼓舞士气的效果,不过同时也造成下属缺乏主动精神及破坏体制等负面影响"。
③ 《陈克文日记》,1940 年 12 月 31 日,第 694 页。
④ 《陈克文日记》,1943 年 4 月 28 日,第 744 页。

防会已发通电，中央各机关次长以上之人员，须于四月十五以前，将研读此书后之意见撰成报告，送国防会转呈委员长。铸秋说，委员长此时不宜作此书，此亦甚有理。大概大政治家于未得志时，或解除职务以后，以一己之意见或经验撰成讨论国政的专书，做政治的号召宣传或供后人之参考原属必要。柄政之日，不宜轻易发言，一有不当，影响殊大也。晨间曾以余读此书后简单之意见两点告乃光，彼亦以为然。余觉此书（一）宣传之气味成分过多，不免减低其讨论事理之价值，（二）对英外交恐将引起不良之影响。①

陈认为此书宣传意味较浓、学理不足，并在外交上带来了负面效果，此外他显然也同意端木恺的观点，认为以蒋的位置不宜轻易发言，因为一有不当会引发立即之恶果，而无缓冲之余地。

陈克文对当时高官请下属代笔撰写心得之事亦有所不满。当时孔祥熙要部下代笔，而以恭谨著称的张厉生也如此办理，这显示蒋之亲信亦阳奉阴违，"国防会发通电：各部会次长以上人员须将读《中国之命运》后的意见，作成书面报告。孔副院长、张秘书长厉生均批交编译组主任罗秘书敦书办理。孔副院长此举尚有可说，惟张殊属不当。张平日对于委员长固以服膺自期许，对于做事亦以切实不敷衍为标榜，独对于此书乃竟以敷衍出之。不只在张个人为不诚，且予僚属以不良之印象"。② 陈克文看了这些奉命缴交的作业，大多是肉麻奉承，不然就是录抄原句充页数，只有少数有价值，"《中国之命运》的报告书，十之八九系敷衍了事的文章。其中有厚至数十页等，亦有简单至六七句者。惟粮食部部长徐堪及次长庞松舟、刘航琛三人联名之一本颇有见解，敢采批评的态度"。③

蒋中正《中国之命运》一书的撰写耗费了许多精力，使他在处理限

---

① 《陈克文日记》，1943 年 4 月 3 日，第 732 页。
② 《陈克文日记》，1943 年 4 月 9 日，第 738 页。
③ 《陈克文日记》，1943 年 4 月 13 日，第 739～740 页。徐堪（1888～1969）为粮食部部长，庞松舟（1887～1990）、刘航琛（1896～1975）为政务次长。刘航琛之事迹请参考沈云龙、张朋园、刘凤翰访问，张朋园、刘凤翰记录《刘航琛先生访问纪录》，台北，中研院近代史研究所，1990。

价政策时思虑不够周密，产生了许多负面效果。陈克文将这两件事结合在一起，批评蒋"直接负责的错误"：

> 铸秋说，亲耳听到蒋委员长说："限价到现在实在是失败了。限价政策的规划和决定的时候，我自己正在忙于写书，没有好好的研究。"限价到了现在不只没有好成绩，而且引起了许多恶果。各地方米价暴涨，粮食缺乏，大部分的原因，都是受限价的影响。委员长所说的书，即《中国之命运》。这书现在似乎也收了相反的效果。英文本翻绎［译］好了，不敢发行，中文本在国内各方的观感也不甚好。大家总觉得以蒋委员长现在的地位，许多事不应该直接负责，以免政策的执行发生困难，同时也可免他的威信尊严发生影响。限价政策的执行和《中国之命运》的出版，都犯了这个直接负责的错误。①

陈克文认为蒋直接负责的结果是在政策执行发生困难之时，立即影响到他的威信尊严。这使他虽有大权，却逐渐丧失了威信，所以他"所下的命令常常不能贯彻"。② 1943 年蒋下令裁减政府人员，结果"至今已半年多，始终未尝执行，并有再也不能执行之势"，也是一个类似的政策推行失败的例子。蒋这种态度至国共内战时也表现在军事方面，他因"直接指挥"而受到蒋经国的劝诫，③ 并饱受何应钦与桂系的批评，蒋则对此

---

① 《陈克文日记》，1943 年 5 月 16 日，第 751 页。
② 《陈克文日记》，1943 年 5 月 28 日，第 757 页。
③ 1947 年底蒋经国也对其父蒋中正事必躬亲、独揽一切，最后"归咎于一身"的情况提出警告，希望父亲能以诸葛亮的史事为鉴，不过蒋中正显然有他自己的看法。"感慨最近以文武干部多成官僚，其生活泄沓懒慢，对工作敷衍潦草，不知负责，故剿匪着着失败，经济日加紊乱，人心动荡，险象四伏，乃不能不亲自督导，对军事又不能不负责主持。不料内外竟因之诟病，以为余独揽一切，使各主官不能尽职，甚至军政失机，皆归咎于一身。经儿闻人说诸葛武侯，事无巨细，无不躬亲，弄到最后则蜀中无大将，廖化作先锋，闻之不胜警惕。在此新旧之交，人事制度未曾建立，所有纪纲道义皆为美国与苏俄所颠倒，荡然无存之际，惟有忍辱含冤，埋头苦撑，成败利纯，毁誉荣辱，听之于人而已。惟天其必知我乎。"《蒋中正日记》，1947 年 12 月 3 日。

类指控感到"心绪抑郁"。①

战争终于在 1945 年 8 月中结束。此时蒋之声望达于最高峰，陈克文记录当时的国民政府联合纪念周情形，"当蒋主席进入礼堂时，众人鼓掌，表示庆祝胜利之意，此为平时所无"。然而这期盼的胜利突如其来，蒋似无兴奋之情，在训话时表示"着重抗战胜利后，如何建设国家，语重心长。声调极为沉重缓慢，并无若何惊喜，与八年来鼓励上下，抗战到底，激昂慷慨之态度，又有不同。惟对共产党曾有严厉的责备"。② 陈对蒋以宽容态度处理日本，颇表赞同，8 月 16 日"蒋主席对日本投降后的广播词主张'不念旧恶'，'与人为善'，最足代表中华民族的传统精神"。③ 9 月 3 日国民政府举行庆祝胜利典礼，由蒋亲自主持，陈克文详细地记录典礼之过程及蒋的神情，认为这时他是世上最快乐的一个人：

> 三日晨从龙井湾赶到国民政府，先于国府前花园，参加遥祭总理典礼，旋进大礼堂参加庆祝胜利典礼，均由蒋主席亲自主持，到者极为踊跃。庆祝典礼开始时，解除警报之汽笛声长鸣十分钟，同时大炮一百余响，隆隆续放。从此海晏河清，警报之声，当不复再闻矣。是日蒋主席虽甚庄静，中心喜悦之情仍不免浮于脸上。十一时左右，乘坐敞车从人海之马路驰过，群众报以掌声及欢呼声，彼今日应为世上最快乐之一人。④

从 1939 年至 1945 年中抗战结束，对陈克文来说是他的生命中的一个

① "近日以何、桂等态度言行，无形中损丧统帅威信，一切军事失败罪恶，均归于余统帅对部队直接指挥。而问其直接指挥何一部队，是否为命令，抑为将领直来请示，以及该区总司令请求余直接手令督促该属之军、师长者，则余不能不批复其来请示与不能不直接督导，而并非余越级指挥之过，而乃白、何等不特其推诿个人责任，而且予统帅丧失威信。如责以为领袖分忧分谤之道，更无论矣。因之对于军会将领急欲有所表示，而又不忍自白，恐失威信，故心绪抑郁，比有冤莫诉更为难堪。"《蒋中正日记》，1948 年 8 月 7 日。
② 《陈克文日记》，1945 年 8 月 13 日，第 1001~1002 页。
③ 《陈克文日记》，1945 年 8 月 16 日，第 1002 页。
④ 《陈克文日记》，1945 年 9 月 17 日，第 1006 页。

重大的转折阶段。8月15日，日本投降那一天，他写道："八年抗战，时间不为不长，其间艰危困苦不为不多。及今回忆，恍如梦寐。惟我个人虽始终随同政府，共甘同苦，对于抗战大业，毫无建树，视流血牺牲之先烈，不无汗颜耳。"① 此虽为自谦之词，然"随同政府，共甘同苦"却是他的绝佳写照。在此过程之中，他先是追随汪，汪出走之后，他未应汪之邀约前往南京，而是选择留在重庆追随蒋。他对蒋的观察一方面延续抗战前期对蒋的尊崇，但批评他重用孔宋；另一方面他也看到蒋过度注重细节、事必躬亲、大权独揽、直接指挥而因缺乏民主素养带来威望丧失、部属失职、政令难行的严重缺点，而这些缺点在国共内战时又再度显现，而陈克文认为它们导致了蒋在1949年的挫败。

六　抗战胜利后《陈克文日记》中的蒋中正

从抗战胜利到国民党迁台是蒋氏由盛转衰的一段时间，陈克文的日记见证了此一过程。战胜初期，从1945年9月到1946年8月，他担任中央党政军机关留渝联合办事处副主任兼第二组组长（主任为朱绍良，另一位副主任为许孝炎），负责安排30余万人的复员运输、还都南京等工作，在此期间"平允周到，任劳任怨"，因而甚获好评。② 至1946年10月陈克文返回南京，参与年底的制宪。此一时期他因工作过于忙碌，日记常常间断，因此我们只能从有限的材料之中了解他的想法。

1946年底马歇尔（George Catlett Marshall, Jr., 1880 - 1959）调停国共失败，调返美国，美方表示"'积极谈判''已因共产党而破裂'……中国人必须解决自己的问题，美国不会介入"。③ 1947年初陈克文记载了蒋对过去一年施政与新局势的反省，蒋一方面肯定复员、制宪工作，另一方面则响应马歇尔的对华宣言：

---

① 《陈克文日记》，1945年8月15日，第1002页。
② 《陈克文日记》，1946年8月22日，第1011页；《中央党政各部首长日内即分批还都行政院廿五日起在京办公》，《申报》1946年4月20日，第2版。
③ 陶涵：《蒋中正与现代中国的奋斗》，台北，时报出版社，2010，第475页。

　　参加国府总理纪念周，蒋主席训话，评述过去一年施政成绩。对于受降及复员两大工作，认为成绩很好，对于军人工作尤加赞美。对于制宪成功，认为是五十余年革命事业之最大成就。最后说到最近马歇尔将军对华声明，认为是完全好意的、建设性的批评，我们应该采"有则改之，无则加勉"的态度。大概马歇尔对国民党与军事领袖的批评太厉害了，恐生不良好的反向［响］，故有此一场训话，不使党内精神发生颓丧或过大的反感，用心亦良苦矣。①

　　陈克文的推断是正确的，蒋确实用心良苦。蒋在日记中实际上并不同意马歇尔对国民党的批评，认为所言"并非事实"，并计划要"反对马歇尔之声明"；他只肯定马"揭发共党毒劣阴险之罪恶"。② 不过在公开演讲时需要表示接受美方的批评。蒋也确实针对马歇尔之批评而有所调整，1947 年 4 月政府改组时，蒋起用党内"自由开明份子"为国民政府委员，如宋子文、翁文灏、王宠惠、蒋梦麟等，即是为了响应马歇尔的批评。③

　　1947 年之后陈克文的日记之中大致仍肯定蒋的政治能力，如"蒋兼院长主持会议仔细敏捷，效率甚高"，④ "蒋团长（主席）亲临训话，对于剿匪战术作极具体极详细的指示……以日理万机之一国元首，还要耗费时间精神于这种工作，对于剿匪之重视可想而见，谋国勤劳令人肃然起敬"，⑤ "如没有他这样的领导，国民党真不免要分裂或没落的"。⑥ 不过也看到蒋对各种事情的处理出现问题，受到越来越多人的批评。⑦

　　在对蒋有所改观之时，陈也调整了他与汪兆铭的关系。随着 1944 年

---

① 《陈克文日记》，1947 年 1 月 13 日，第 1026 页。
② 蒋在日记中谈到他对马歇尔报告之感想，"下午阅马歇尔对美国报告，始觉其对本党右派攻讦甚烈，且非事实，然其全部精神则揭发共党毒劣阴险之罪恶也"。《蒋中正日记》，1947 年 1 月 8 日、12 日。
③ 《陈克文日记》，1947 年 4 月 19 日，第 1052 ~ 1053 页。
④ 《陈克文日记》，1947 年 4 月 1 日，第 1048 页。
⑤ 《陈克文日记》，1947 年 4 月 27 日，第 1055 页。
⑥ 《陈克文日记》，1947 年 3 月 24 日，第 1047 页。
⑦ 李宗仁此时也开始抨击蒋，"午饭后访李德邻先生。谈话中彼对于蒋主席之批评极不客气，颇出余意外"。《陈克文日记》，1947 年 3 月 18 日，第 1045 页。

在日记中找寻历史

汪兆铭的过世与抗战胜利，他不再避讳与汪之间的关系，他与汪家后人、曾仲鸣夫人方璧君（方声洞的妹妹，画家）等直接联系，并关怀关在狱中的陈璧君。这种对汪的情感原是深藏不露，至汪过世才有所改变。1944年11月，陈写道："报载汪精卫先生已经于本月十日下午四时在日本名古屋病逝。以他的一生，竟走到这样的一个结局，虽说是他自取，到底使人有些可惜之感。他的行事不管如何，他对于我个人的提携和奖进，我是不能不十分感激的。"① 这种感激之情至抗战胜利后更毫无保留地显露出来。1945年底，他第一次短暂返回南京即趁机走访了汪之故居："京中景物虽经兵燹，固依稀如故也。铁道部一号官舍，为当年汪精卫寓居办事之所，其中一椅、一砚、一草一木，皆未变动，尤觉感喟万端。"② 1947年1月7日，"午饭后访汪大小姐美美姑，得悉汪夫人狱中近况，及汪家许多人入狱后情形，不胜今昔之感"。③ 过了几天农历新年将至，陈又去汪家送礼：

> 偕振姊乘车到花牌楼一带购买礼品，送给医生和汪夫人的儿女，因为再过两日便是旧历除夕了。汪夫人过去对我很好，很提拔我，现在看见她身羁牢狱，被罪名，家破人亡，心中实在难过。下午亲自把礼品送到赤壁路四号，只有美美姑和她的小女孩在那里。彬彬姑去青岛做了洋尼姑，洵洵姑去了香港，弟弟（汪夫人的最小的儿子）和大少奶在上海，大少爷和大姑爷（美美姑的丈夫）都在牢里，屋子里特别显得凄凉。这屋子在战前，汪夫人和汪先生都曾经住过不少时候，时常在那里和我们见面的。回首前尘，更觉不胜感慨。④

2月1日，陈去探视汪的女儿汪文惺（美美姑），并打听陈璧君之近况：

---

① 《陈克文日记》，1945年11月13日，第918页。
② 《陈克文日记》，1945年12月3日，第1007页。
③ 《陈克文日记》，1947年1月7日，第1024页。
④ 《陈克文日记》，1947年1月19日，第1028页。

饭后到赤壁路探视美美姑。伊方从苏州回，说汪夫人近日颇好，出示其手抄之唐宋绝句诗一册，字甚工整秀劲。并言汪夫人每日在狱中读书写字极为用功，惟大便下血症仍未全［痊］愈。①

3月9日，陈陪同汪家子女去苏州探视陈璧君，又与曾仲鸣、林柏生、褚民谊三夫人见面晤谈。② 汪夫人也亲自自狱中写信向他致意，陈克文读后甚感"凄然"。③ 陈又托汪文惺打听汪兆铭的骸骨之下落，④ 并陪同她去拜见张群。张群表示愿意协助"尽可能使孟晋早些出狱"。⑤ 1948 年 7 月 21 日，在陈克文的协助之下，汪孟晋得以假释出狱。⑥ 此后陈又多方予以协助，⑦ 处理经济问题。1950 年之后汪孟晋也去了香港，并与陈时常见面。总之，1945～1950 年，陈克文基于与汪兆铭夫妇之情谊对其子女多方照顾。在汪派人物之中，陈克文一方面未随汪出走，另一方面汪死之后对其后人与汪派分子之亲人则多方予以援助，由此可以显示其个性。

1947 年之时国共内战已趋激烈，学生运动、财经问题等尤为严重。2 月 11 日开院会时，"各部会长官一见面即说'这如何得了！黄金美钞这样的涨价，市场这样的混乱，几百万的军队和公教人员以至十数万学生如何活下去！'"⑧ 后来黄金与外汇虽平息，可是物价一飞冲天，难再回头，广州甚至爆发抢米之事，南京也几乎买不到米。⑨ 蒋中正的地位在此财经

① 《陈克文日记》，1947 年 2 月 1 日，第 1031 页。
② 《陈克文日记》，1947 年 3 月 9 日，第 1042 页。
③ 《陈克文日记》，1947 年 4 月 6 日，第 1049 页。有关陈克文多次探视陈璧君的过程及陈璧君来信之内容，参见陈克文《忆陈璧君与陈春圃》，《陈克文日记》，第 1435～1445 页。
④ 《陈克文日记》，1947 年 2 月 28 日，第 1039 页。
⑤ 《陈克文日记》，1947 年 3 月 2 日，第 1040 页。汪兆铭的长子汪孟晋（文婴）于 1946 年 10 月因参与汪伪政权之活动被判刑七年。判决书如下："汪文婴（即汪孟晋）连续通谋敌国，图谋反抗本国，判处有期徒刑七年，褫夺公权七年，全部财产除酌留家属必需生活费外，没收。"参见《本报讯：便宜了"太子"！汪孟晋判刑七年，高院申诉轻判理由二点》，《南京大刚报》1946 年 9 月 3 日，第 19 页。
⑥ 《陈克文日记》，1948 年 5 月 11 日、1948 年 7 月 21 日，第 1093、1126 页。
⑦ 《陈克文日记》，1948 年 8 月 25 日，第 1139 页。
⑧ 《陈克文日记》，1947 年 2 月 11 日，第 1034 页。
⑨ 《陈克文日记》，1947 年 2 月 13 日，第 1035 页。

危机之中逐渐由高峰转向谷底。根据陈克文的叙述，影响到蒋之声望的事情有以下几件。第一，蒋重用宋子文，而宋无力解决政经问题，黯然辞职。蒋须对此事负责。[①] 宋的缺失首先是政策错误，又失人和；[②] 而政策的错误，据蒋廷黻的分析是"只顾财政经济，而忽略政治问题"。[③] 其次则是王宠惠指出的："借政治权势经营私人工商业……又说中苏条约亦是宋误国措施之一。"[④] 这些缺点受到人们猛烈的攻击，其中傅斯年所写的《这样的宋子文为甚么还不早些走开》，"对于宋的政策、学问、能力和待人的态度作猛烈的抨击，极讥笑怒骂的能事"。[⑤] 其后立法院、参政会、中央党部开会之时都有人指名抨击"说他应该辞职以谢国人"。[⑥] 宋辞职之后蒋亲自代理院长，立即从政治面来处理财经问题，"只求物资的利用得当，处理敏捷，不必斤斤计较国库的收入如何"。陈认为"这实在是合理的政策"。[⑦]

从陈克文的日记来看，导致蒋地位下降的第二个因素是国民党的内斗、分裂，以及蒋对党的控制力逐渐衰弱。其实从抗战时期开始，陈克文等中上层官员、党员对于党务一直不满。首先是在蒋的重用之下，CC 系长期把持政治、党务。1944 年底陈克文与章笃臣（留法的工程专家，时任交通部参议）谈话时，章即说"十数年来，政治党务只见陈果夫、陈立夫之名，他人无与焉，此国民党之所以无人也。这话不无多少道理"。[⑧] 其次，从党内选举到行宪之后的各种层级的选举使党内出现"许多小组

---

① 蒋非常信任宋子文，1947 年初时，宋曾三度请辞，蒋都予以慰留。《陈克文日记》，1947 年 2 月 4 日，第 1032 页。

② 《陈克文日记》，1947 年 3 月 1 日，第 1040 页。

③ 《陈克文日记》，1947 年 3 月 9 日，第 1042 页。

④ 《陈克文日记》，1947 年 3 月 15 日，第 1044 页。另有关宋子文与中苏条约之签订及其责任，参见刘存宽《重新评价1945 年〈中苏友好同盟条约〉》，抗日战争研究编辑部编《抗日战争胜利五十周年纪念集（1945～1995）》，近代史研究杂志社，1995，第 400～414 页；陈立文：《宋子文与战时外交》，台北，"国史馆"，1991；陈立文：《对苏关系》，吕芳上主编《中国抗日战争史新编：对外关系》，台北，"国史馆"，2015，第135～150 页。

⑤ 《陈克文日记》，1947 年 2 月 18 日，第 1037 页。

⑥ 《陈克文日记》，1947 年 2 月 18 日，第 1037 页。

⑦ 《陈克文日记》，1947 年 3 月 11 日，第 1043 页。

⑧ 《陈克文日记》，1944 年 11 月 24 日，第 923 页。

织结合"，① 企图左右选举，却造成党内的分裂。1947 年 3 月国民党三中全会就出现党内斗争，却对敌党策略与国家建设毫不关心："全会只充分表现党内派系的拼命斗争，并没有对于敌党斗争定出具体可用的方法，更没有对国家社会定出建设和改造的好计划来。他们攻击王世杰，攻击陈仪，乃至取销东北行营两委员会等等，都是攻击政学系的一串行动。这真是党内最可痛心的现象。"②

1948 年选举行宪后的正副总统选举也造成分裂，"国民大会于十九日选出蒋先生做大总统后，已经意兴阑珊，不像初开会时那样吵吵闹闹了。代表们幼稚无聊的言论和举动也已经充分发泄"。这些国大代表素质良莠不齐，尽想争取特权而谋利，连报纸都批评他们"想入非非"。③国民党内斗争也与 CC 系处理副总统选举之方式有关。在副总统选举时，孙科、程潜与李宗仁竞争。蒋发动 CC 与黄埔系支持孙科。④ 陈克文则为李助选，"清晨和孝同兄同访兴安省国大代表富德淳，谈李德邻先生的选票。这一次可算是我惟一一次为德邻先生奔走选票"。⑤ 原先陈立夫还信誓旦旦向蒋保证，要让孙科最高票当选副总统，结果李宗仁胜出，显示党内的分裂与蒋对党员控制力已出现松动。这是因为"李宗仁俨然成为国民党内争取民主改革的代表人物，凡是二十多年来对蒋介石不满的人，大多站到李宗仁这边来了"。⑥ 陈克文说"党和政府已经失去了控制代表的力量"，"党已经没有控制它的党员代表的能力"，"国民党控制力量之薄弱，与内部的分裂是很显明的了。这次选举算妥协下来，将来的祸根似乎已经种下来了。副总统本来是无权无责的，蒋总裁为甚么一定不许李德邻当选，现在一般人似乎都不很明白"。⑦ 陈克文很感慨地说当时山

① 《陈克文日记》，1945 年 2 月 5 日，第 949 页。
② 《陈克文日记》1947 年 3 月 24 日，第 1047 页。
③ 《陈克文日记》，1948 年 4 月 21 日，第 1081 页。
④ 李宗仁口述，唐德刚撰写《李宗仁回忆录》，广西人民出版社，1980，第 886～887 页。
⑤ 《陈克文日记》，1948 年 4 月 25 日，第 1083 页。李溥霖，号孝同，黑龙江人，时任行政院参事。
⑥ 程思远：《我的回忆——百年中国风云实录》，北方文艺出版社，2011，第 200 页。
⑦ 《陈克文日记》，1948 年 4 月 23 日、27 日，第 1083、1084 页。

东、陕西等地已陷入共产党手中，国民党内部却分裂，李宗仁在党内的优势即代表了一股对"国民党正统"的"反叛"而"力求改革"的力量。[①]
王宠惠则断言，"国大开会的结果，证明了国民党失败，蒋总裁失败，国民政府也失败了"，而他估计"立法院开会恐怕要比国大代表还多纠纷"。[②]

的确，1948 年底孙科接替翁文灏出任行政院院长，立法院院长出缺，立法院正副院长的选举，再次让蒋威信扫地。蒋提名李培基（1886 ~ 1969）为院长候选人，党内的正统派"革新俱乐部"（CC 派立委）属意程天放（1899 ~ 1967）为副院长，但院内的"民主自由社""新政俱乐部""一四座谈会"却推出童冠贤、刘健群（1902 ~ 1972）为正副院长的人选，[③] 结果当选的是童冠贤与刘健群。陈克文为"民主自由社"的成员，[④] 他在日记中记载："这结果使蒋总裁的威信又受一次打击。国民党的正统派（革新俱乐部）完全失败，反正统派完全胜利"，"蒋总裁这一次的提名，实在是不智的举动，也可以看出他想保持过去那种英雄式的领导地位是绝不可能了"。[⑤]

陈克文目睹了这场民主选举所造成的分裂。他也注意到国民党的分裂不仅是选举造成的，还有一个很深层的因素，这涉及蒋中正长期以来的"双元的领导政策"。他与张道藩（1897 ~ 1967）讨论时，张对于国民党的历史说了很多话，而且一针见血地指出："蒋先生一向喜欢用两原〔双元〕的领导政策。他说这政策是国民党内部分裂纠纷的大原因，确是公

---

① 《陈克文日记》，1948 年 4 月 28 日，第 1084 页。

② 《陈克文日记》，1948 年 5 月 3 日，第 1087 页。

③ "民主自由社""新政俱乐部""一四座谈会"为 1948 年时立法院内的小团体。"民主自由社"是以吴铁城为中心的一批立委；"新政俱乐部"为三民主义青年团结合黄埔系与复兴社的立委；"一四座谈会"于为周一、周四晚集会，准备周二与周五开会的一群立委，他们不属于 CC 系，也不属于青年团。罗成典：《立法院风云录》，台北，独立作家，2014，第 172 ~ 173 页。

④ 1948 年 11 月 15 日"民主自由社"举行第三次社员大会，由陈克文、张潜华、王泽民三人担任主席。见《民主自由社立委昨集会讨论时局》，《申报》1948 年 11 月 16 日，第 2 版。

⑤ 《陈克文日记》，1948 年 12 月 24 日，第 1183 页。

平之论。"①

　　陈克文了解造成党内分裂不只是选举与蒋本身作风的问题，更牵涉到民主制度实施之困难，而在此混乱之中蒋无法解决民主选举带来的困境与内部权力的斗争，而使他的威信日益低落。对此，陈有他的观察，"行政院院长人选问题仍无解决的消息。朋友见面都把这事做谈话的中心，髥髯异口同声，一致非难蒋总统的态度，以为不够民主，只要他老人家念头一转，不坚持成见，改变作风，这问题立即可以解决。其实这问题演成现在这样一个僵局，不能完全归咎于总统一人。党和立法院都不是全无责任的"，"总觉得民主政治的养成，决不是一朝一夕之功，更不是一二人的意见和努力所能奏效的。我们现在才上第一课，只要大家认定方向，耐心向前走，一定可以慢慢走到目标的"，然而其他人的感觉却是"悲观得很呀！"②

　　在此情况之下，党务改革的呼声已甚嚣尘上。即便是蒋亦有此意，他想扶持党内自由派，并授意吴铁城负责。陈克文也应召去座谈，但他另有想法，主张公开分派（或分为两个或两个以上的党）："我明白的主张，国民党应该分为两党或两党以上。他们的话，差不多都反对我的主张。最后我说第二次话，加强我的理由。"而蒋的反应是：

　　　　总裁对于主张维持统一的党和公开分派都提出疑问，对于分为独立的若干党，并未提出问题，也未表示意见。谈话中，他再三慨叹说，现在的国民党党员既没有革命党的精神，也没有英美政党的风度：自私自利，不守政治的道德，无组织，无纪律，不负责，也不服从，国民党已经名存而实亡了；我领导无方，自觉惭愧，这样的党我

---

① 《陈克文日记》，1948 年 9 月 13 日，第 1146 页。万耀煌（1891～1977）对此有类似的观察。他说蒋"用人始终是双轨制的，可说活用辩证法的矛盾、统一率，最后统一于他，他对许多人、许多事，喜作直线领导，有时收到效果了，但有时属下的矛盾发展到自乱阵营，结果削弱自己，大陆的失败不是没有原因的"。郭廷以校阅，沈云龙访问，贾廷诗、夏沛然、周道瞻、陈存恭记录《万耀煌先生访问纪录》，台北，中研院近代史研究所，1993，第 479～480 页。

② 《陈克文日记》，1948 年 5 月 23 日，第 1100～1101 页。

也不愿意再领导了。①

陈克文公开主张的党内分党或分派的"毁党救国"方案除了傅斯年之外，无法得到他人的肯定。他的主张背后有其民主政治的理念，亦即党的改造不应依赖"领袖的个人力量"，而需重视"民主政治发展的方式"。② 此一观点与胡适在 1950 年代初提出的"国民党自由分化"主张十分类似。③

造成蒋声望低落的第三个因素是蒋在"剿匪"军事上的溃败。1946 ~ 1948 年国民党军事上的失败是一个很复杂的议题，蒋无疑难辞其咎。④ 当时立法院也做过许多检讨，其中 1948 年 6 月 24 日曾召开一秘密会议讨论失败的原因。会中国防部部长何应钦（1890 ~ 1987）列席报告，他表示在现行制度之下部长"并不负责军令部分的责任"，作战方面是由参谋总长顾祝同（1893 ~ 1987）负责，他提出书面的说明。然而立法院的讨论显然于事无补，而且此一秘密会议之内容隔日竟然全部发表在《新民报》之上，⑤ 此举应系与会委员泄密所致。陈认为如此借着新闻自由而泄露政府军事、财政、外交的机密，"给政府的打击很大"。⑥

6 月下旬"军事的消息不好，物价疯狂上涨"。⑦ 6 月 21 日共产党军队占领开封，人们更觉悲观，"大家都说：开封失陷，郑州必不可保，徐

---

① 《陈克文日记》，1948 年 9 月 1 日，第 1141 ~ 1142 页。

② 《陈克文日记》，1948 年 9 月 1 日，第 1142 页。

③ 1951 年 5 月 31 日胡适也曾建议蒋中正"国民党自由分化，分成几个独立的新政党"。见《南港档》，台北中研院近代史研究所藏，档案号：HS－NK04－008－015。1952 年 9 月 14 日，胡适再次提议："民主政治必须建立在多个政党并立的基础之上，而行宪四五（年）来未能树立这基础，是由于国民党未能抛弃'党内无派，党外无党'的心理习惯。……国民党可以自由分化，成为独立的几个党。"曹伯言整理《胡适日记全集》第 8 册，台北，联经出版公司，2005，第 799 页。

④ 有关 1948 ~ 1949 年三大战役中蒋中正与毛泽东两人全局性作战指导之比较，参见金冲及《决战：毛泽东、蒋介石是如何看待三大战役的》，北京大学出版社，2012。

⑤ 《新民报》于 1929 年 9 月创刊于南京，先后出南京、重庆、成都、上海、北平等版，有 8 个日、晚刊。抗战胜利后，总管理处设于南京，罗承烈任总主笔，赵超构任副总主笔。该报因主张和平民主、反对内战，1948 年中被迫停刊。

⑥ 《陈克文日记》，1948 年 6 月 25 日，第 1117 页。

⑦ 《陈克文日记》，1948 年 6 月 18 日，第 1114 页。

州也便危险；如果徐州有失，京沪也立即动摇了"。① 当时许多人当将军
事的失败归咎于蒋中正。例如程潜将蒋比喻为明末的崇祯皇帝，他说：
"有人问程对于剿匪军事的意见。他大发议论，痛斥蒋总统，认为军事
失败全是蒋总统反民主的作风产生的结果。他把蒋总统比作崇祯，他
说崇祯在煤山吊颈的时候，还不觉悟，蒋总统也是无法觉悟的。"② 即
使面对如此之溃败，蒋却仍人要大家相信他。陈克文记下蒋对立法委员的
训示：

> 总统说："各位对军事不应如此悲观。军事我绝对负责，绝对有
> 把握，请各位相信我。"但是这种话，他老人家说了不知多少次了。
> 军事愈来愈坏，现在他老人家绝不能够再拿一句空话来安慰人，人家
> 也不能再凭他一句话来相信他了。③

这种对蒋信心的丧失，无疑已预测了他的失败。

当时许多人对蒋与国民党的统治彻底失望，最具代表性的例子是陈布
雷之死。1948 年 11 月 13 日陈布雷过世，是因病或自杀都有流传，陈克
文第一时间去祭拜，在日记中他描绘了当时所见到的景象：

> 午饭的时候突得陈布雷先生逝世的消息。饭后和耿民兄同往宁海
> 路吊唁。据随从的人员说，昨日布雷先生还是和平常一样，并无若何
> 异态，和某先生谈话至两小时之久。晚饭亦如恒，十时就寝。今晨过
> 十时未见起床，破门入室，抚视始知已经僵冷。据推测，他平常身体
> 多病，不离针药，每日非服安眠药不能入睡。昨夜恐是服安眠药过
> 多，以至心脏病突发，遽尔丧生。惟另有追随布雷先生甚久的叶君偷
> 偷对我说，恐系因大局日见危险，过度悲观，实行自杀，亦未可
> 知。……床前燃一油灯，景象极为凄楚。室中遗书满架，此多年从事

① 《陈克文日记》，1948 年 6 月 21 日，第 1115 页。
② 《陈克文日记》，1948 年 7 月 15 日，第 1125 页。
③ 《陈克文日记》，1948 年 6 月 16 日，第 1113 页。

革命，蒋先生视同左右手的革命宣传者，一生新［辛］苦寂寞，遽尔于时局最艰危的时候，撒手长辞，令人不胜悲痛。三鞠躬之下，禁不住泫然雪涕。我们登楼的时候，蒋总统才离不久，总统对此更不知伤心至何等地步。①

陈布雷之死似乎预见了蒋与国民党的命运。

1948 年底政局混乱、经济恐慌，"剿共"内战亦节节失利。李宗仁在 12 月 25 日告诉陈克文，蒋有意下野来谋和，"德邻先生和我谈了我个人的事之后，又纵谈目前大局，冠贤兄适亦在座。他认为目前只有'和'这一条路，并且愈快愈好。他又说孙哲生组阁是负有'和'的任务的，又说蒋先生也已经准备为构［媾］和而下野"。② 到年底前，陈克文已意识到"蒋总裁的下野恐怕已不在远"。③ 1949 年 1 月蒋宣布下野，李宗仁成为代总统，由何应钦出任行政院院长，"何氏出长行政院是国民党政府最后一张王牌。在目前这危机重重的局面之下，这张牌究竟能够发生多大的效果，实在是不敢预言"。④

蒋下台后李宗仁积极推动和谈，但时局已成和不可能、战无法战的垮台之象。李宗仁打算追回运至台湾的黄金，"最后决定要用种种的方法迫财政当局把国库运往广州台湾的外汇和金银运回来，作为供给军队的费用。大家都知道这一举动不免要和溪口的蒋先生冲突甚或破脸，但大局到此，也不惜出此一举了"。⑤ 蒋在最混乱之时却去了广州住宿黄埔，"蒋先生这一次到广州到黄埔去了几次，并在那里住宿、见客、举行会议。他对黄埔的追念和恋恋不舍的精神可谓充分表现出来。现在已经不是黄埔时代了，他是否想恢复黄埔精神呢？他们说他已经有了改变，从这一点看，他并没有任何的改变"。⑥ 蒋与李宗仁的不和其来有自，到危机关头就更加

---

① 《陈克文日记》，1948 年 11 月 13 日，第 1164 页。
② 《陈克文日记》，1948 年 12 月 25 日，第 1184 页。
③ 《陈克文日记》，1948 年 12 月 28 日，第 1185 页。
④ 《陈克文日记》，1949 年 3 月 15 日，第 1208 页。
⑤ 《陈克文日记》，1949 年 4 月 9 日，第 1216 页。
⑥ 《陈克文日记》，1949 年 7 月 21 日，第 1241 页。

严重，陈克文观察认为："蒋、李之间似乎裂痕愈来愈大了。关于这一件事，我们也谈了很久。蒋、李之间的嫌怨，本来由来已久。李做了代总统之后，我总觉得他本人和他的左右，对于和蒋的相处始终没有一个明确的方针，以至弄成今日的地步。由此演变下去，将来会成一个甚么局面，实在是很可焦虑的。十四年汪、蒋破裂的往事，会不会重演，谁又敢说呢？"① 陈克文对未来更感悲观，他认为："蒋先生虽然再三认错，今后他会不会改正，会不会继续做下去，从他的过去的作风和他的性格，是不难想象得到的。"② 陈克文终于在 10 月 11 日获准辞去立法院秘书长一职，③从此结束他的公职生涯，在"1949 大迁徙"时举家迁居香港。他总结国民党二十年的统治，认为少有成就，而对他来说失败的主因在于蒋中正的"中央集权，个人专断"：

> 国民党廿年的统治，真同一场梦境，又譬如一出戏，我们都是剧中一些脚色。如今戏完了，梦也完了，心中有说不出的悲伤。又说这廿年的统治比洪秀全的太平天国似乎还不如。洪秀全创造一些新制度，实行一些新办法，我们这廿年到底做了些甚么呢？④

> 下午访王亮畴先生。谈到二十年的国民党统治，不期崩溃之速一至于此，相与叹息。说到原因，亮老重视军人的跋扈腐败。我则认为中央集权，个人专断，最为致命之伤。又卅五年政治协商（会议）国民党未能贯澈初衷，与卅七年之行宪，与蒋先生之出任总统，均为政策上的大错误，则两人均有同感。⑤

> 哀哉，二十年的统治，竟落得如此下场，真难怪陈布雷先生要自杀，以避免眼看这悲惨凄凉的结局。⑥

---

① 《陈克文日记》，1949 年 9 月 25 日，第 1264 页。
② 《陈克文日记》，1949 年 9 月 27 日，第 1265 页。
③ 《陈克文日记》，1949 年 10 月 11 日，第 1271 页。
④ 《陈克文日记》，1949 年 1 月 12 日，第 1192 页。
⑤ 《陈克文日记》，1949 年 1 月 16 日，第 1193 页。
⑥ 《陈克文日记》，1949 年 1 月 19 日，第 1194 页。

陈克文将国民党统治的失败归于蒋在领导上的专断独裁，这无疑是将一个复杂的现象简化为单一因素，然这却是历史当事人最深切的感受。

七　结论

　　1923年陈克文在广东高等师范学校毕业之后因为甘乃光介绍，加入国民党，而开始与汪兆铭建立密切的关系。他曾是汪的亲信与贴身幕僚，然而他与汪的关系不如顾孟余、陈公博、周佛海、曾仲鸣等核心成员那么密切。1938年底在汪出走之后，他被迫对汪的选择做出回应。他决定留在重庆追随蒋中正继续抗战，而不认同汪所采取的"中日亲善"、与日妥协的路线。在这方面与他采取相同立场的汪派成员有甘乃光、彭学沛、陈树人、谷正纲、王懋功等人。此外顾孟余也同样反对汪在"艳电"中的"和平"主张，而于1939年之后投向蒋阵营。顾、陈立场颇为类似。后来陈克文在香港支持顾孟余所主导的第三势力运动，并非偶然。

　　不过陈克文与其他汪派人物还有一个很大的差异。在汪的"和平运动"失败之后，随汪出走者，或被处死，或入狱服刑，或远走藏匿；而未随汪出走者，在汪死后也多半与汪的后人保持距离，避免惹祸。只有陈克文，在汪出走时并未追随；在汪氏过世、抗战胜利之后，对于汪夫人陈璧君与汪氏之子女伸以援手，多方协助。在思想倾向上陈克文与其他汪派人物一样，在宁汉合作、公布太原约法之后，放弃了"左派"与"联俄容共"的主张，支持自由民主理念、反共、反个人独裁与中央集权。

　　陈克文除了与汪亲近之外，又因身为广西人，同桂系的李宗仁等人关系密切。他在进入立法院后，并不站在蒋的一方，而较支持李宗仁等"反对派"。对他来说，李宗仁不只是同乡，更重要的是他的民主素养要超过蒋。[①]

　　因此对蒋来说，陈克文一方面是自己人（国民党党员），另一方面也不属自己人（汪派、广西人）。这样的立场使他与蒋的亲信部属及反蒋的

---

　　① 《陈克文日记》，1949年3月16日，第1209页。

中共党员有不同的观察。前者大力肯定蒋，后者则全力贬抑蒋。陈克文的观察有其独特之处，他一方面身为国民党党员对蒋有同情的了解，另一方面因为他参与实际的政策执行工作，以及在政治理念上与蒋不同，而能看到蒋的优缺点。

再者，陈克文在不同阶段看到的蒋有不同的面貌与感受。在他任职行政院时，身为事务官员，接触蒋是间接的，甚少有亲近并直接交谈的机会，且经常执行政策实务，因而看到许多外人与上位者看不到或不知道的细微处。到国共内战期间，他慢慢晋升到立法院秘书长，使他有机会接近层峰，甚至能参加蒋主持的座谈，这又给予他另种印象，更能掌握其施政风格与领导统御之优劣。就陈克文所描写的蒋而言，整体观之可归纳出以下几点。

首先是陈克文对抗战时期蒋所扮演国家领袖之角色赞誉有加。蒋中正领导八年抗战终获胜利，虽是惨胜，但是毕竟挣脱了日本的侵略，提升了中国的国际地位。抗战时期蒋的领袖魅力维持不坠，至抗战胜利达于最高峰。他对蒋呈现的人格特质与行止深表敬佩，他眼中的蒋是坚毅、自约力强的民族领袖。此外，蒋在讲演之中也指责人们（尤其党政参与者）有很多因循苟且的恶习，这些批评也能获致他的认同。

其次，陈克文了解蒋领导统御的特色及优劣。汪出走之后蒋一开始时还希望不要过度刺激汪，等到确定无法挽回后，才公开于党员面前责骂汪，并迅速安抚汪派留在重庆的人。同时，他又暗中派情治机构监控留在重庆的汪派成员。这种笼络与监控并用，是陈克文亲身经历的蒋的高明手腕。

陈克文也认为蒋在用人与管理上有其盲点，尤其以其信任孔宋家成员最受诟病。抗战初期陈克文对蒋所重用的孔祥熙颇多不满，尤其是他的下属与家人胡作非为最受批评。再者，蒋放任宋美龄插手政府人事。蒋也依靠宋美龄与情治单位打探下属的私生活，并据以惩处。这样涉入属员私生活的作风，自是毁誉参半。抗战后期，陈克文则对蒋重用宋子文为代理院长又不予授权颇有微词，以为不符法制。抗战胜利之后，宋子文无力处理财经与政治危机，最后在众人声讨之中黯然辞职。陈克文也认为蒋应对此事负责。

陈克文认为蒋做事的一个特点是小心谨慎、事必躬亲、直接指挥。这样做法反映了蒋认真负责的态度，是他事业成功的重要因素。然而另一方面，事必躬亲常常导致不尊重程序，跳过正常官僚系统或是法律程序而越级指示。的确，蒋若亲自下条子，主其事者会立即处理，有时会变得极具效率。不过，如事必躬亲又对命令之后的状况未予追踪考核，则常常达不到其效果。陈克文认为蒋这种"直接负责"的做事风格，会导致一个严重的后果，亦即直接指挥而命令无法贯彻时，会损及蒋之威信。这一点配合蒋集权、跋扈、专断之作风，以及对民主的敷衍态度，成为蒋的致命伤。

在国共内战时期，蒋对内无法掌控国民党，造成党的严重分裂，对外又在"剿共"战争中连连失利，又无法得到国际上的支持，这使得他的声望日益低落。陈克文日记中清楚地描写了此一由衰而亡的过程。在他的笔下有许多关于1948年行宪后正副总统选举、立法院正副院长等不良选风。蒋常采"双元领导"，让部属间彼此制衡，还不时伸手意图操控政治运作，更令整个宪政走调。这种种纷扰都重创蒋的威信，最终失去知识分子与一般人民的拥护与爱戴。陈布雷愤而自杀，而连陈克文这样的老党员都对蒋灰心失望。

历经对两位领袖的期待与失落后，陈在1949年辞职，他写道："我在十月十二日乘飞机到香港。我离开广州后三日，广州也便沦陷于共产党之手。我在廿四年五月入行政院服务，去年底转到立法院，在国民政府工作十四年零四个多月。这一次离开政府说不定政府便从此消灭了。回顾前事，不胜感慨。"[1] 陈克文于1949年后选择了定居香港，投身第三势力。这一运动失败之后，他复归于平淡，以教书、经商为业，也在杂志上发表文章，评论时政。他的晚年既有知识分子的落寞与无奈，也表现出宦海浮沉后的练达与通透。

---

[1] 《陈克文日记》，1949年10月23日，第1272页。

从王世杰、傅秉常日记看蒋介石对战后中苏关系的态度

王文隆[*]

内容提要 对南京国民政府来说，与英美虽因二战期间并肩合作，得以奠立在战后持续合作关系的渊源，但苏联则迟至日本即将败降之时才投入东亚战局。然因中苏领土接壤，边界极长，加上还有外蒙古的争议，在在都使国民政府不得不面对战争结束之后该怎么与苏联维持关系的问题。本文以抗战末期担任外交部部长的王世杰，与担任驻苏联大使的傅秉常这两位身当前线的外交官所撰述的日记为本，分别观察重庆与莫斯科两地关于战后中苏关系安排的构想，以及蒋介石对此的态度。

关键词 中苏关系 抗战 中苏友好同盟条约 王世杰 傅秉常

抗战期间的四强，包括中、美、英、苏四国。这四国同为盟国，但苏联在二战最末才对日本宣战。虽然中国在 1941 年 12 月即因对德意宣战与英、美、苏在对德问题上站在同一阵线，但在对日问题上，中、美、英、苏四国站同一阵线，则是要到 1945 年 8 月 9 日苏联对日宣战之时。此时离日本天皇宣布无条件投降，二战全面告终，不及一周。

虽说苏联对日宣战的时间较其他盟国晚得多，但苏联地跨欧亚大陆，并与日本在中国东北、朝鲜、西伯利亚、千岛群岛与库页岛等地多次争锋，因此苏联对战后东亚应该怎么安排，并非没有考虑。只不过苏

---

* 南开大学历史学院副教授。

在日记中找寻历史

联在《日苏中立条约》的限制下未对日宣战，便以此为词拒绝参加有国民政府代表参与的高峰会议或外长会议。这也能视为，中苏双方在领袖的层级，并没有能够讨论战后国际秩序的直接渠道，以外长会议的管道也同样缺乏，在 1945 年中宋子文往访莫斯科前，只能透过驻外使领传递讯息。

对国民政府来说，与英美虽因二战期间并肩合作，得以奠立在战后持续合作关系的渊源，不过因与苏联领土接壤，边界极长，加上外蒙古的争议，在在都使国民政府不得不面对战争结束之后该怎么与苏联维持关系的问题。以往对于中苏关系的研究，通常围绕着国民政府与苏联关系，或中共与苏联关系的议题，鲜少触碰两国对战后国际秩序的讨论；而国内关于战后国际秩序的相关研究，也多以中、美、英三国为视角，较少谈及苏联与国民政府关于战后秩序的讨论。① 而关于战后秩序的考虑，既然没有中俄双方高峰会为凭，就只能透过外交管道彼此试探。本文拟以台北中研院近代史研究所出版的《王世杰日记》与《傅秉常日记》为核心，讨论国民政府与蒋介石在战争结束之前，对于牵涉苏联的战后规划，有何讨论与盘算。

---

① 就台湾地区的研究来说，中苏关系史在"动员戡乱"时期结束之后，才逐渐摆脱帝俄侵华史的论述主轴，慢慢地有一些研究成果，如李齐芳所撰，由联经出版公司于 2001 年出版的《中俄关系史》，便是较具学术价值的作品，但因为是通史类的著作，并未着重于本文打算讨论的范畴。反而是中研院近代史研究所助研究员吴启讷，在张玉法院士与南京大学教授张宪文合编的《中华民国专题史》第 13 册中有专文。相对的，中国大陆的研究成果较多，这或许因为中华人民共和国成立之后与苏联亲近，有大量的苏联史研究成果，但因中苏关系在斯大林逝世后有矛盾，许多议题成为禁忌。这几年较为著名的成果要属华东师范大学沈志华教授围绕冷战史的一系列研究，其中也有触及冷战缘起问题而讨论抗战末期中苏关系的文章，较集中于 1944 年的三区革命。另外较为重要的要属中国社会科学院近代史研究所薛衔天研究员于 2009 年出版的《民国时期中苏关系史》一书，在《雅尔塔密约》、《中苏友好同盟条约》、涉疆问题等重要议题上着墨甚多。但薛衔天未便利用台湾所藏民国时期《外交部档案》以及相关人等的回忆录，仅能以苏联及中国大陆的史料或出版物为本书写。关于宋子文在抗战外交上的贡献，涉及《中苏友好同盟条约》的部分，则以陈立文的研究最为重要，参见陈立文《宋子文与战时外交》（台北，"国史馆"，1991）。另也可以参考郑会欣教授以《蒋介石日记》与《王世杰日记》比对而发表的《"忍气吞声，负重致远"：从蒋介石日记看他对雅尔塔协议的态度》一文（《社会科学》2008 年第 7 期）。

一 王世杰与傅秉常日记中关于外交的内容

挑选这两个人的日记有其原因。这要从他们两人在抗战时期的经历以及他们的日记内容谈起。

王世杰，字雪艇，湖北省武昌府崇阳县人。北洋大学就学期间，因辛亥革命爆发，返回武昌担任秘书。1913 年前往英国伦敦政治经济学院取得政治经济学学位后，转往巴黎大学，于 1920 年取得法学博士学位返国，任教于北京大学。1927 年 6 月受任为国民政府法制局局长，同年 12 月，转任湖北省政府委员兼教育厅厅长，1929 年 3 月起担任武汉大学校长，1933 年 4 月升任教育部部长。1938 年元旦退任教育部部长，转任国民政府军事委员会参事室主任，并任政治部指导委员。同年 6 月，转任国民参政会秘书长。1939 年 11 月，复兼任中国国民党中央宣传部部长，直到 1942 年 12 月辞任。另又于 1941～1943 年兼任中央设计局秘书长。1943 年 4 月，任三民主义青年团第一届中央监察会监察。1944 年 11 月，复任中国国民党中央宣传部部长。1945 年 5 月，王世杰当选中国国民党第六届中央监察委员。同年 7 月，原任外交部部长的宋子文升任行政院院长，王世杰接任外交部部长。一个月后，王世杰代表政府，与苏联签订《中苏友好同盟条约》。

虽说王世杰在抗战后期主要从事党务工作，任职于中央设计局与宣传部，但因亲近蒋介石，且对外交事务有所涉猎，蒋介石还算是常与他讨论外交事宜。而他也在日记中记录了他参与的讨论内容，间或有他自己的作为和想法，能弥补史料中无法见得的细节。

《王世杰日记》始自 1933 年 5 月，止于 1979 年 9 月，促成该批日记收藏于台北中研院的，是时任近代史研究所研究员并兼任总办事处秘书主任的陶英惠。1990 年时，适逢王世杰百岁诞辰，在时任所长张玉法院士指挥下，由中研院院史室许淑玲、李慧玲以及中研院近代史研究所陶英惠研究员与张力研究员通力合作，仅耗时 4 个月，采手稿影印的方式，交中研院近代史研究所于 1990 年出版，共 10 册。因该批日记以手稿出版，判读不易，为便利学者利用，自 2006 年起，中研院近史所研究员张力以及副研究员林美莉、潘光哲与孙慧敏，一同投入日记判读工作，陶英惠研究员时已退休，但义务协助，历时 4 年完成，随即建置数据库，开放供公众使用。2012 年，由中研院近代史研究所出版上下两册排印本，更便于学界利用。①

傅秉常，字褧裳，广东省广州府南海县人。香港大学毕业后，投入护法运动，担任伍廷芳的秘书，开始学习外交事务。1920 年出任护法军政府财务部及外交部驻香港代表，后转任琼海关、粤海关监督。1928 年任立法委员，1929 年出任驻比利时公使，1931 年起任外交部次长，1933 年回任立法委员并担任外交委员会委员长，1941 年 7 月重任外交部次长，1943 年 1 月出任驻苏联大使，直到 1949 年 3 月奉命接掌外交部，才于该年中离开莫斯科。

傅秉常于离开莫斯科前，将日记的一部分与其他照片、私人物品，交其下属陈定保管。傅秉常于 1965 年过世，公子傅仲熊于数年后向陈定取回父亲遗物，存于英国家中，现经家属授权由中研院近代史研究所研究员张力协助校注工作，于 2012 年 11 月出版第一本 1943 年的日记，后来陆续出版 1944 年与 1945 年的日记。②

中研院近代史研究所出版的《傅秉常日记》打字稿，时间恰为 1943 年他任职驻苏大使之初，到 1946 年底二战结束之后，共有 4 册。傅秉常所写的日记，每日记事通常比王世杰多，除了他私人生活的点滴外，还有他参与外交讨论、接待会面，或抄录的收发电文。因为他是驻苏联大使，多少有参与实际交涉的细节载录于日记当中。只可惜，关于后世人们最多关注的《中苏友好同盟条约》签署的相关内容，在日记中并无所得，略之而去，但仍能依照他在日记中所撰述的其他内容，抓出一些脉络。

这两人的日记，一份在重庆书写，一份在莫斯科书写，恰是中苏关系

---

① 林美莉编辑、校订《王世杰日记》，台北，中研院近代史研究所，2012，第 xiii ~ xvi 页。
② 张力编辑、校注《傅秉常日记》（1943），台北，中研院近代史研究所，2012，第 3 ~ 22 页。

的两个对口，算是能补充抗战时期中苏关系的一扇窗，本文也就依此为基础发展。

二　关于战后秩序中与苏联相关的部分

战后秩序可以从两个方面来看，一个是国际组织的新立，这指的是联合国的建立，以及联合国如何运作的相关讨论，包括常任理事国的资格与权力、各会员国的参与与要求等。另一个指的是沦陷区的接收、全球领土重划与战后政权的恢复。对蒋介石以及国民政府来说，东亚如何安排才是最紧要的事情，这包括了接收、领土归属、结盟关系等，与苏联关联较大的要属外蒙古和中国东北、新疆这些与苏联势力接壤的地区。

1. 联合国

联合国的创建通常会追溯到 1941 年的《大西洋宪章》，以及其后于 1942 年元旦由中、美、英、苏四国共同签署的《联合国宣言》。联合国可以说是战后最重要的国际组织，其创建要能顺利推动，除了英美等国必须参与之外，以苏联为首的社会主义国家也必须投入，这才能有稳定的局面。随着战局逐渐对盟国有利，对于宣言内容的讨论与落实成为签约各国必须在战争结束前完成的工作。

1943 年 10 月，在莫斯科召开的莫斯科会议就是往后高峰会议的预备会议，出席该会议的有苏联外长莫洛托夫（Vyacheslav Molotov）、美国国务卿赫尔（Cordell Hull）、英国外交大臣艾登（Anthony Eden），要讨论战后新国际组织的建立、协调各方战略，以及讨论在欧洲开辟第二战场的问题。这一次会谈，国民政府方面没有代表参加，但基于中国在对日战争上的牺牲颇大，在战后自也必须在各国一律平等的原则下，参与维护世界和平与安全的新国际组织。因此就战后国际组织成立的部分，赫尔建议邀请国民政府驻苏联大使傅秉常代表签署。傅秉常获悉后，自莫斯科去电中央询问是否能签署该宣言。①

---

①　林美莉编辑、校订《王世杰日记》，1943 年 10 月 30 日，第 548 页。

　　若国民政府参与莫斯科会议所提宣言的签署，定能提升中国国际地位，但是苏联对此有些疑义。就未对日本宣战的苏联来说，并不愿意与国民政府共同签署内容如此详尽的宣言，反而是美国坚持中国必得签署，苏联才有所让步，经英、美、苏三国外长磋商后，同意由国民政府授以傅秉常全权的方式为之。然而，签署日已近，全权尚未发到，美国国务卿赫尔表示，如傅秉常没能取得全权，那就只能由英、美、苏三国签署发表。傅秉常原本打算假冒已经取得全权，径行签署，还自解地认为，此一宣言签署意义重大，蒋介石必将原谅他的莽行。所幸于10月28日当晚取得蒋介石授予全权的电文，顺利地在次日上午签署完成，该宣言也就成为《四国宣言》。①

　　《四国宣言》的主要内容有四：①中、美、英、苏继续其在作战时之联合行动，一同维持战后之和平与安全；②四国对共同敌人之投降及解除武装有关一切事项，当共同行动；③四国承认尽早建立一般性之国际组织，以维持国际和平与安全；④四国在战争结束后，不得在他国境内使用武力，并达成限制军备之一般协议。宣言并确定，所有爱好和平之民族一律平等，不分国家大小均可加入此一国际组织。

　　蒋介石对于《四国宣言》的签署颇表满意，认为这是国民政府外交地位巩固的基础之一。② 蒋介石将《四国宣言》节略交给王世杰审议，作为不久后与罗斯福、丘吉尔在开罗会商的参考。王世杰对此提出建议，包括要设立四国机构或联合国机构；成立远东委员会，设立远东参谋会议于重庆或其他适当地点，关于远东战事进展与盟军收复地区与占领地之暂时管理；成立三国协议，关于日本溃败后的处理也要透过三国协议等，以提高中国参与国际事务的发言权。关于领土的部分，王世杰表示除了提出台湾及澎湖与九一八事变前之中国领土必须归还国民政府外，朝鲜应该独立，港九的问题则听任罗斯福相机设法解决。蒋介石对此表示同意，这就

---

①　张力编辑、校注《傅秉常日记》(1943)，1943年10月28日，第170~171页。
②　秦孝仪编《总统蒋公大事长编初稿》第5卷上册，台北，中正文教基金会，1978，第425~426页；张力编辑、校注《傅秉常日记》(1943)，1943年11月6日，第180~181页。

成了蒋介石在《开罗宣言》中对东亚领土处置的呼吁。① 《四国宣言》的签署，看来傅秉常出了不少力，不过在国内的报道中却不常提及。傅秉常注意到此事，但认为如此颇佳，不想多出风头以免他人眼红树敌。②

　　1944 年 8 月底召开至 10 月中止的橡巴顿会议，是联合国建立的另一个重大会议，也受限于苏联未对日本宣战，因此会议分为两个阶段。第一阶段由英、美、苏三国参加，第二阶段由中、美、英三国参加，因此国民政府几乎只能被迫接受英、美、苏三方所做的决定。会中对于联合国的基本架构有了讨论，尤其受到关注的是安全理事会对于侵略的制裁程序。安全理事会中四强的投票具有否决权，能否决任何议案，但这衍生出另一个问题，倘若四强成员为争议国，能否使用投票权。就英美两国的立场论，四强成员为争议国时，自然不能行使投票权，否则该制裁必然无法成立。但苏联方面坚持，即使四强中任一国为争议国，在制裁投票时仍须经四强全数同意才可为之。王世杰的见解与英美相同，认为争议国不应该参与投票，也认为这么一来就失去了制裁的原意。③ 中国参与华盛顿会议之代表团明白表示支持英美所持立场，无法接受苏联主张。④ 但苏联对此相当坚持，致使安理会四强投票的问题一时没有结论。所以依照《联合国宪章》，争端当事国是不能投票的。

　　由于王世杰曾经担任教育工作，因此对战后国际的教育安排也相当关注。如王世杰曾于 1943 年 6 月 30 日在中央党部参加由秘书长吴铁城召集的会谈，提及战后和平的方案，其中讨论到要由国际组织成立国际大学，此议乃附和英国学者罗素（Bertrand Arthur William Russell, 3rd Earl Russell）的建言，王世杰也表赞成。⑤ 王世杰在会见澳大利亚公使时，也曾经提出来讨论。⑥ 不过在战争结束之后，该所大学并未立刻创设，而是到了 1969 年时才由联合国秘书长吴丹（U Thant）倡议筹组，于 1975 年

① 林美莉编辑、校订《王世杰日记》，1943 年 11 月 17 日，第 553 页。
② 张力编辑、校注《傅秉常日记》(1944)，1944 年 3 月 12 日，第 73 ~ 74 页。
③ 林美莉编辑、校订《王世杰日记》，1944 年 8 月 19 日，第 629 页。
④ 林美莉编辑、校订《王世杰日记》，1944 年 10 月 7 日，第 642 页。
⑤ 林美莉编辑、校订《王世杰日记》，1943 年 6 月 30 日，第 517 ~ 518 页。
⑥ 林美莉编辑、校订《王世杰日记》，1943 年 7 月 12 日，第 520 页。

在东京成立总部，建立联合国大学（United Nations University，UNU），以培养发展中国家人才，并提供学术讨论、交流的平台。[1]

2. 苏联与盛世才

盛世才自 1933 年起主政新疆，一度呈现半独立状态，与苏联接近，1938 年时还引入苏联红军第八军团进驻哈密，和苏联签署协议，共同开发经济。1942 年 3 月，盛世才四弟在家中遭枪杀，盛世才认定这是苏联在背后唆使的结果，与苏联关系破裂，转向国民政府求援。对国民政府与蒋介石来说，如何处理涉疆问题，成了影响中苏关系的关键之一。

傅秉常从 1943 年 1 月起担任国民政府驻苏联大使，除了一般仪节往来之外，他被赋予的任务就是中苏亲善与解决涉疆问题两端。因此，傅秉常从重庆出发前往莫斯科前，先见了苏联驻华大使潘友新（Alexander Panyushkin），除了表达中苏友好之外，也传达外交部已经派吴泽湘担任驻新疆外交特派员，如外交事件将尽量移拨中央处置的原则。[2] 蒋介石在傅秉常即将出发前夕召见，向他说明国民政府对苏外交的立场，重申外蒙古跟新疆的主权都必须收回，但在经济上只要不违反我方经济主权的范围内能与苏联合作的大方针。[3]

苏联与盛世才间关系逐渐恶化，双方曾经一起合作的飞机制造厂与独山子油矿中的苏联专家和红军第八军团，在 1943 年 5 月初撤离。[4] 中央为了确定所有权，乃由国民政府于 1943 年 9 月出资价购飞机制造厂与独山子油矿。[5]

苏联专家和红军撤离并未使苏联与盛世才关系和缓，双方在阿尔泰的边界争议又浮上台面，蒋介石对苏联撤离新疆后的评语云："俄人险诈多端，其对新疆恐未必罢手也，应特加慎重，不可过于乐观。"[6] 1944 年 3 月，苏联出动飞机轰炸盛世才派往剿灭哈萨克斯坦的军队，地点在中蒙交

---

[1]　联合国大学：http：//unu.edu/about/unu。
[2]　张力编辑、校注《傅秉常日记》（1943），1943 年 1 月 28 日，第 40 页。
[3]　张力编辑、校注《傅秉常日记》（1943），1943 年 2 月 4 日，第 46 页。
[4]　张力编辑、校注《傅秉常日记》（1943），1943 年 5 月 9 日，第 93～94 页。
[5]　张力编辑、校注《傅秉常日记》（1943），1943 年 9 月 28 日，第 153 页。
[6]　秦孝仪编《总统蒋公大事长编初稿》第 5 卷下册，第 477～478 页。

界处，国民政府先向苏联驻华大使潘友新询问此事，彼方称不知情，辩称飞机上纵然有苏联国徽亦有假造可能。但隔了一天，却由潘友新向国民政府外交部部长宋子文声明称，新疆部队越界进入外蒙古追逐哈萨克斯坦难民，苏联基于1936年曾签署的《苏蒙互助协定》要给予外蒙古一切必要的协助云云。为此，宋子文、王宠惠、魏道明、吴国桢与胡世泽等人会商讨论应变方法。王世杰认为必须声明我国对外蒙古的基本立场，但绝不能扩大事端。[1] 1944年4月3日，苏联官方媒体塔斯社（the Telegraph Agency of the Soviet Union）发出一份与潘友新向宋子文陈述声明相类的报道，蒋介石听闻后即约了外长宋子文、侍从室第二处主任陈布雷与王世杰，会商对苏交涉方针。[2] 为免美国误会，还在蒋介石要求下致电罗斯福，解释冲突情况，另由外交部发出声明，强调并未越界。王世杰此时建议，不要在媒体上争上风和苏联撕破脸，只消在中央社发出消息表示塔斯社所传与事实不符，低调处理，蒋介石表示同意。[3]

　　傅秉常在驻苏使馆内与同仁分析，认为苏联此举大概有三种意涵，一是要表明外蒙古已经独立并非中国领土，一是要策应中共，一是表达对盛世才的不满，要压迫国民政府撤换。[4] 王世杰私下也探询白崇禧与何应钦，都认为将盛世才调离新疆才能解决问题，王世杰允将向蒋介石做此建议。[5] 1944年4月17日，王世杰向蒋介石提出解决蒙新争议的三个方案。①严令新疆当局力避边境冲突；②盛世才调离新疆；③待中俄关系恢复之后，促请美国总统罗斯福提出联合国组织方案。[6] 蒋介石同意王世杰所提的建议。[7] 因此，蒋在王世杰于1944年4月25日准备会见苏联驻华大使潘友新的前一天，与其商量，要王向潘友新透露中央准备解决新疆冲突，

① 林美莉编辑、校订《王世杰日记》，1944年4月1日，第593~594页；张力编辑、校注《傅秉常日记》（1944），1944年3月15日，第76页。
② 秦孝仪编《总统蒋公大事长编初稿》第5卷下册，第503页。
③ 林美莉编辑、校订《王世杰日记》，1944年4月3日，第594页；张力编辑、校注《傅秉常日记》（1944），1944年4月2日，第89页。
④ 张力编辑、校注《傅秉常日记》（1944），1944年4月2日，第89页。
⑤ 林美莉编辑、校订《王世杰日记》，1944年4月14日，第596页。
⑥ 林美莉编辑、校订《王世杰日记》，1944年4月17日，第597页。
⑦ 林美莉编辑、校订《王世杰日记》，1944年4月19日，第597页。

只是需要时间处理。与此同时，蒋亦顾虑盛世才在新疆尚有三万余人的兵力，不愿急骤。① 王世杰会见潘友新时，便据此回答。② 然而苏联对此似乎并不满意，便要驻华大使潘友新面见蒋介石称病返国，另要在华军事顾问一同返国，以行动表达不满。③ 苏联支持哈萨克斯坦的情况似乎有增无减，除了哈萨克斯坦军队人数增加之外，其中也间杂了苏联军官与穿着苏联制服者。④

很显然，盛世才成了改善中苏关系的阻碍，但要调离盛世才，也得找一个合适的人选接替。王世杰曾建议蒋介石召请莫德惠担任新疆省主席，军事方面再择他人专任。⑤ 但蒋介石没接受，倒是借着美国副总统华莱士（Henry Agard Wallace）由莫斯科途经新疆访华的机会，要王世杰实地到新疆去看一看，名义上要去迎接，实际是勘查情况。虽然王世杰表示身负与中共的谈判工作有辞意，但蒋介石仍坚持要他去一趟。⑥ 行前，王世杰草拟蒋介石与华莱士谈话的内容，主要有三项，分别是：关于中苏关系，中国方面愿接受美国总统之一切斡旋；国际安全组织方面希望能在1944年内成立；在军事方面必须准备中、英、美三方的协议，规定如何处理收复区域跟占领区域的行政。⑦

王世杰在1944年6月15日出发，次日抵达迪化，住于盛世才督办公署的东花园。华莱士在6月18日飞抵迪化，在场迎接的中央人员有王世杰、罗家伦、郭斌佳，以及驻新疆外交特派员吴泽湘等人。⑧ 6月19日晚，王世杰与盛世才讨论中苏关系的问题。盛表示，如中央为了改善中苏关系，需要将他内调或是令他退休，他愿意配合，要王世杰将这个意愿向蒋介石转达。王则希望盛直接跟蒋介石报告，他不便转知。隔天，王世杰

---

① 林美莉编辑、校订《王世杰日记》，1944年4月24日，第598页。
② 林美莉编辑、校订《王世杰日记》，1944年4月25日，第599页。
③ 秦孝仪《总统蒋公大事长编初稿》第5卷下册，第519页。
④ 张力编辑、校注《傅秉常日记》（1944），1944年5月22日，第115~116页。
⑤ 林美莉编辑、校订《王世杰日记》，1944年4月28日，第600页。
⑥ 林美莉编辑、校订《王世杰日记》，1944年5月27日，第607页。
⑦ 林美莉编辑、校订《王世杰日记》，1944年6月10日，第610~611页。
⑧ 林美莉编辑、校订《王世杰日记》，1944年6月18日，第612~613页。

要陪同华莱士转往重庆，临登机前，盛世才表示，接受王世杰要他亲向蒋介石报告的建议。但王认为，盛的内心仍眷恋现职。①

蒋介石于1944年6月21日为华莱士设宴洗尘，之后陆续与华莱士谈话，谈话的内容除了战事进展之外，最紧要的要算中苏关系。蒋介石不断强调中苏关系的关键为中共问题，美国应该要求中共遵从中央命令，而非要中央速求解决。华莱士表示，中苏关系为罗斯福最为关注的问题，美国不便居间调停，不过如果中共确有苏联背景，那国民政府应该尽速与苏联恳谈解决。而华莱士也再度转达苏联的期待，希望战后大连能为自由港，作为苏联进出的口岸，而苏联支持将满洲归还中华民国。蒋介石表示，此点在开罗会议时罗斯福曾经跟他提到过，他也同意了。②

关于中苏关系改善方面，王世杰于1944年7月中所呈交的报告中分析，要与苏联改善关系，最好能做到边境不设防，或是建立中苏同盟，不过这在苏联对日宣战前不易做到。因此目前能做的，就属调整新疆人事，以及发动中苏亲善舆论两法。③ 傅秉常在莫斯科同感紧张，认为中苏关系改善的其中一项关键是涉疆问题，因此密电宋子文，历数苏联不愿与盛世才合作之情况，并言及苏联打算在我国新边五馆实行报复行动，加以蒙新冲突，局面不稳。④ 内外交逼下，盛世才也知局面对己不利，去电向傅秉常解释，但傅秉常认为若将盛世才的辩词转达，无益于中苏关系，便未转达。⑤ 不久后，传出盛世才下属谋叛的消息，盛世才同意于1944年9月11日离开迪化转往重庆。国防最高委员会中发布由盛世才转任农林部部长，遗缺由吴忠信接任。吴忠信到任后曾发电给傅秉常，表达赴新是要改善中苏关系。⑥

---

① 林美莉编辑、校订《王世杰日记》，1944年6月20日，第613页。
② 秦孝仪编《总统蒋公大事长编初稿》第5卷下册，第543～548页；林美莉编辑、校订《王世杰日记》，1944年6月23日，第614～615页。
③ 林美莉编辑、校订《王世杰日记》，1944年7月11日，第619页。
④ 张力编辑、校注《傅秉常日记》（1944），1944年7月26日，第172～173页。
⑤ 张力编辑、校注《傅秉常日记》（1944），1944年8月19日，第186～187页。
⑥ 张力编辑、校注《傅秉常日记》（1944），1944年11月2日，第258页。

　　吴忠信虽然到任，但中苏关系的改善有限。苏联《消息报》仍公开批评国民政府，指摘国民政府作战不力、装备不良，且内部有亲德、日分子，并不团结。[1] 不久后，又逢伊宁事件爆发，苏联驻伊犁副领事重伤身亡。苏联竟公开支持伊宁事变，而此一事变也影响了美国装运汽车假道新疆运输进口的可能，影响中国后方补给。这使得王世杰开始构思与苏联关系必得改善，以为至迟在1945年2月之前要有处理。[2]

　　国内民众此时对苏联多有疑虑，主要原因在于新疆局面，伊宁被白俄攻陷，传闻有苏联在背后军援接济。基于如此氛围，身为中央宣传部主事的王世杰担心媒体效应影响，使得中苏关系更加恶化，特别约见《益世报》主笔范争波，叮嘱勿对苏联表示恶感。[3] 然而，透过罗家伦转达的消息指出，伊宁爆发的匪变实有苏联大量接济的枪炮弹药，国民党军进入新疆的两个半师，共有2万余人，已经折损了1/3以上。[4]

3. 中苏友好同盟条约

　　王世杰在欧洲战局逐渐翻转之后，料想苏联定会参加远东战争，如此一来中央就不能不考虑对中共的政策，尤其是苏联参战后，中共可能与苏联结合，应该预想一个防止苏联届时承认中共或是接济军火，进而使中共有力量与中央对抗的办法。[5] 一如王世杰所料，此时，苏联正开始考虑加入远东战局的时间，1945年2月间召开的雅尔塔会议可以说是她构思的序幕。[6] 苏联所要的，是恢复大部分她曾经失去的在华特殊利权，诸如中东铁路由中苏共管，并给予苏联战时运兵的特殊权力，以及使大连成为自由港、旅顺租借等条件，并维持外蒙古独立的现状；国民政府所要的，是苏联仅以国民政府为对口，不再扶植中共。

　　正准备打硫磺岛战役的美国，为了换取苏联出兵远东，夹击日本，承诺将劝说国民政府同意苏联所提条件。这使得雅尔塔密约一开始并不向外

---

① 林美莉编辑、校订《王世杰日记》，1944年12月4日，第658页。
② 林美莉编辑、校订《王世杰日记》，1944年12月4日，第658页。
③ 林美莉编辑、校订《王世杰日记》，1945年2月23日，第679页。
④ 林美莉编辑、校订《王世杰日记》，1945年3月28日，第687页。
⑤ 林美莉编辑、校订《王世杰日记》，1944年8月30日，第632页。
⑥ 傅秉常在日记中对雅尔塔会议的内容几乎不谈。

透露，因此留给了苏联专心解决纳粹德国的时间。就在苏联红军进逼德国首府柏林时，苏联开始了动作。首先在法律上解除对日本的许诺，苏联宣布《日苏中立条约》将在 1946 年 4 月 13 日约满后失效。接着，苏联邀请国民政府代行政院院长兼外交部部长宋子文访苏。1945 年 4 月 6 日，宋子文出发前和王世杰碰了面。王世杰盘算宋子文此行出访，必定会遭遇领土问题，特别交代关于满洲领土跟主权不能让步，不过很微妙地没提到外蒙古。① 不提外蒙古，大概也是认清现实的表现。外蒙古自 1920 年代起，便受苏联势力掌制，脱离中土控制已久。

1945 年 4 月 29 日，苏联红军已经冲入柏林，欧洲战场即将结束，美国驻华大使赫尔利（Patrick Jay Hurley）谒见蒋介石，现场仅蒋介石、赫尔利与王世杰三人。此次会面中，赫尔利奉命以口头方式转达雅尔塔会议的内容，并征询蒋介石的意见。蒋介石除了对旅顺租借一事认为不妥之外，仅说对其他事项细节要等考虑后再谈。赫尔利补充了一句，说当前有两件大事必须赶快在 90 天之内解决。一是要使中共参加中央政府，避免苏联借词承认中共；一是要赶快跟苏联成立协议，以达成苏联所要求的条件。② 次日，希特勒自戕，消息在 1945 年 5 月 1 日多尼兹宣布继任德国领袖之后传出。

希特勒一死，欧洲战场结束迈入倒数阶段。1945 年 5 月 4 日，赫尔利往见王世杰讨论中苏关系的问题。王世杰表示，要中国租借旅顺、允许苏联在中东铁路的特权两事，将会是中国政府最难接受的。③ 5 月 6 日，赫尔利又见了蒋介石，谈中共跟中苏关系两个问题。蒋介石认为中共问题是中苏问题的一个部分，而对于苏联，希望在不违反中国领土完整、主权独立以及行政完整的原则下，容纳苏联对东北的合理主张。④ 日后，蒋介石约见苏联驻华大使彼得罗夫时，也特别重申前述与赫尔利所提的内

---

① 林美莉编辑、校订《王世杰日记》，1945 年 4 月 6 日，第 690 页。
② 林美莉编辑、校订《王世杰日记》，1945 年 4 月 30 日，第 696 ~ 697 页。
③ 林美莉编辑、校订《王世杰日记》，1945 年 5 月 4 日，第 698 页。
④ 林美莉编辑、校订《王世杰日记》，1945 年 5 月 6 日，第 698 页。

在日记中找寻历史

容。①

5月8日，欧洲战场结束。苏联的注意力迅速聚集到远东。罗斯福下令要赫尔利在6月15日，透过正式文书将苏联的要求提交重庆当局。赫尔利接到训令后，先在6月11日将训令内容完整透露给蒋介石知悉，内容共有七点声明与四点要求。斯大林所做的七点声明，包括：

（1）赞成促进中国在蒋介石领导下的统一；

（2）赞成此一领导应在战后继续；

（3）赞成中国统一与安定，满洲全境应为中华民国之一部分，受中华民国统治；

（4）斯大林对中国没有领土野心，军队开入中华民国境内将尊重中华民国主权；

（5）斯大林欢迎蒋介石在苏联红军开入中华民国后，派遣行政人员前往占领区组织行政机构；

（6）赞成美国主导的门户开放政策；

（7）赞成中美英苏对朝鲜设置托治制度。

要求有四点，分别是：

（1）维持外蒙古现状，意即"蒙古人民共和国"的现状必须维持；

（2）1904年苏俄的权力应该被恢复，这包含了南库页岛及邻近岛屿应归还苏联、大连商港国际化、苏联租借旅顺军港的权力、中华民国能保有满洲主权但中东铁路应由中俄双方共同经营，且苏联保有特殊权力；

（3）千岛群岛应归还苏联；

（4）中苏间要签署友好同盟条约。

---

① 林美莉编辑、校订《王世杰日记》，1945年6月5日，第702页。

上述种种，罗斯福跟丘吉尔都已经同意。①

苏联虽表示将承认蒋介石为国民政府领袖，且不侵害中国主权，但王世杰对于苏联做出的这一份许诺跟要求并不安心，认为苏联表面上承认中国政府领土主权的完整，但实际上能履行多少确是问题。② 两天后，也就是 6 月 13 日，蒋介石约见赫尔利，由王世杰作陪，赫尔利表示苏联原本希望在满洲有一走廊，作为苏联滨海省与西伯利亚间的通道，并要求割让旅大，但会议结果并没遂苏联所愿。此一说法似乎是要蒋介石相信，美国已经尽力协助保全中国在东北的领土完整了，③ 因而要蒋介石同意签署与苏联间的条约，认可美国曾经许诺的内容。

同年 6 月 15 日，赫尔利将正式的通知传达后，蒋介石便决定加派蒋经国，随宋子文前往苏联面议。④ 关于中苏间的协议，宋子文的看法跟王世杰不大相同，宋子文较为乐观地觉得苏联已经决定抛弃中共，转以国民政府为对口，但王世杰则认为，苏联即使与我方订约，也不见得会抛弃中共，这才是最值得忧虑的。⑤ 王世杰受命与宋子文商议对苏协议，获得结论如下：

①旅顺在中苏同盟条约期内可供苏联使用，不过行政权要归国民政府所有；

②对于苏联所要中东铁路的特殊利益，应明白规定范围仅限于货物跟战时运兵，而不用"特殊利益"字眼；

③暂不提出外蒙古问题，另拟一备案要由朝鲜提出一港口供苏联租用，而中国政府以间岛之一部让与朝鲜。

宋子文认为此议不易提出，不过蒋介石则认为能作为备案。⑥

1945 年 6 月 7 日，宋子文自重庆出发前往莫斯科，同行的有蒋经国、胡世泽、沈鸿烈、钱昌照等人，但回报的消息，都是苏联坚持外蒙古必须

① 林美莉编辑、校订《王世杰日记》，1945 年 6 月 11 日，第 705～706 页。
② 林美莉编辑、校订《王世杰日记》，1945 年 6 月 12 日，第 706 页。
③ 林美莉编辑、校订《王世杰日记》，1945 年 6 月 13 日，第 706～707 页。
④ 林美莉编辑、校订《王世杰日记》，1945 年 6 月 16 日，第 708 页。
⑤ 林美莉编辑、校订《王世杰日记》，1945 年 6 月 20 日，第 708 页。
⑥ 林美莉编辑、校订《王世杰日记》，1945 年 6 月 25 日，第 709 页。

维持独立现状。蒋介石在 7 月 5 日的日记中，便已经透露牺牲外蒙古，换取东北的决定。[1] 7 月 6 日，重庆方面收到宋子文发来的电报称，苏联对东北尚能让步，对于外蒙古却一步不让，苏联方面甚至要求先成立密约承认外蒙古独立，在战后公开即可。蒋介石收到电文后找来王世杰商量，王世杰称东北问题能在不损主权的方式下解决，那外蒙古则能在战后以公投的方式自决，况且外蒙古已经实质脱离中国二十多年，这么做还算合算。当天下午，蒋介石找来邹鲁、孙科、戴季陶、于右任、吴稚晖、陈诚等党国大老商量，最后决定外蒙古的部分可以让步，所采的就是王世杰所提的办法。[2] 此一决定，蒋介石先在 7 月 8 日告诉赫尔利，7 月 9 日复命王世杰拟一电文知会宋子文，表示：外蒙古的独立应由中国宣告，苏联在国民政府宣告后发表照会，尊重外蒙古独立。[3]

　　7 月 11 日，蒋介石复约王世杰来谈，提及宋子文所传电报中已经载明，苏联同意在战后以公投方式解决外蒙古独立问题，但对旅顺仍主军港应由苏联管理，中东铁路必须共营，苏联则同意不接济中共军备，也禁止由新疆私运军火。蒋介石坚持苏联不能参与旅顺附近的行政权，中东铁路平时不能供苏联运兵，以及大连的行政权苏联不能参加等项。[4] 但显然苏联无法接受蒋介石所提的要求，在无法解决僵局的情况下，宋子文也就回到了重庆向蒋介石汇报称，苏联方面表示要专管旅顺军港，行政权能属中国，而中东铁路则要求非用苏联人为局长不可。[5]

　　鉴于中苏间的协议免不了"丧权辱国"的批评，宋子文决辞去外长，于 1945 年 7 月 24 日邀王世杰接任外长。[6] 王接任的意愿并不高，因而蒋介石也加入劝说，并言宋子文担心中苏协议中有涉及外蒙古独立一节，不愿负责，便从莫斯科回来了。蒋介石还说，外蒙古早非我有，关于这

---

① 郑会欣：《"忍气吞声，负重致远"：从蒋介石日记看他对雅尔塔协议的态度》，《社会科学》2008 年第 7 期。
② 林美莉编辑、校订《王世杰日记》，1945 年 7 月 6 日，第 712 页。
③ 林美莉编辑、校订《王世杰日记》，1945 年 7 月 9 日，第 712 页。
④ 林美莉编辑、校订《王世杰日记》，1945 年 7 月 11 日，第 713 页。
⑤ 林美莉编辑、校订《王世杰日记》，1945 年 7 月 18 日，第 715 页。
⑥ 林美莉编辑、校订《王世杰日记》，1945 年 7 月 24 日，第 717 页。

件事情无须顾虑，而公投办理外蒙古独立，是王世杰的主意，要他接任
负起责任。但王世杰认为，后世与他人对此将有责难，除非外蒙古与东
北问题能绑在一起，迫使苏联将东三省依照原议交还，那让与外蒙古之
举便成为不得不的交换，才不致受到责难。① 王世杰大概是迫于无奈，拖
了几天但总是拖不掉接手外长的命运，他只能明确跟蒋介石表示，如接外
长，须以辞去中央宣传部部长一职为条件。② 蒋介石要陈布雷去跟王世杰
商量，在 7 月 30 日国防最高会议中，宋子文辞去外交部部长兼职，由王
世杰接任。③

　　7 月 31 日晚上，王世杰与蒋介石讨论中苏协议，认为双方不能有任
何私密条款，外蒙古问题在批准之前，最好也向立法院及参政会驻会委员
会报告，否则对负国家折冲责任的人不利。蒋介石对此表示同意。④ 王世
杰认为，条约必须经过批准之后才能实施。⑤

　　8 月 5 日，宋子文领着王世杰、蒋经国、熊式辉、沈鸿烈、卜道明、
刘泽荣等人同行，于 8 月 7 日抵达莫斯科。抵达当晚，双方便开始中苏协
议的讨论，讨论的内容围绕着旅顺、大连、中东铁路、外蒙古疆界与中苏
盟约。苏联不断强调她对中国并无领土野心，只是担心日本再起，因此不
得不做预防措施。⑥

　　8 月 6 日，美国于广岛投下第一颗原子弹，这一天刚好也是欧洲战场
结束三个月，苏联眼看东亚战局即将结束，如果没有趁此机会分一杯羹，
将再无机会，便宣布将于 8 月 9 日对日宣战，并将此决定告诉人在莫斯科
的王世杰。⑦ 对国民政府来说，苏联正式参战后，时间越发紧迫，而美国
驻苏联大使哈里曼也往见王世杰，提到美国已经承认苏联所提的特殊权益
条件，且斯大林对大连行政要求港务管理与警察权责颇为坚持。王世杰只

① 林美莉编辑、校订《王世杰日记》，1945 年 7 月 25 日，第 716~717 页。
② 林美莉编辑、校订《王世杰日记》，1945 年 7 月 27 日，第 717 页。
③ 林美莉编辑、校订《王世杰日记》，1945 年 7 月 30 日，第 718 页。
④ 林美莉编辑、校订《王世杰日记》，1945 年 7 月 31 日，第 718 页。
⑤ 林美莉编辑、校订《王世杰日记》，1945 年 8 月 3 日，第 719 页。
⑥ 林美莉编辑、校订《王世杰日记》，1945 年 8 月 7 日，第 720~721 页。
⑦ 林美莉编辑、校订《王世杰日记》，1945 年 8 月 8 日，第 723 页。

好跟宋子文商量，拍电回重庆要求蒋介石在此局面下准许他们有权宜拒纳。[①]

但很快的，美国在长崎投下了第二颗原子弹，日本投降只是早晚的问题，局势顿时对国民政府极端不利。8 月 10 日，宋子文找来王世杰、蒋经国、熊式辉商量，决定对苏联表达仍愿缔约的诚意，但不做任何重要让步。当晚，斯大林邀请宋子文跟王世杰续商，谈及大连行政权问题时，王世杰强烈表示大连的行政权必须归还中国，如苏联不让中国政府收回大连的行政权，则往后要向英国收回港九的行政权便不可能。斯大林听闻后表示愿意在此让步。[②] 原本，蒋介石也希望在外蒙古的疆界能先商妥，不过随着红军大规模地占领中国东北，再拖延下去，局面将对国民政府更加不利。在此压力之下，宋子文邀集王世杰、蒋经国、傅秉常等人讨论，本想不顾蒋介石的电示，直接与斯大林解决。但王世杰认为此举不可，将来必会衍生争议，即使条约签署也不能批准，建议应先去电询问蒋介石说明，请他同意能权宜处理，并在外蒙古问题的换文中增列外蒙古疆界限以现有疆界为据。这是基于 1919 年外蒙古疆界包含了阿尔泰地区，与当前不同所做的规划，而这也是此地爆发边界冲突的缘由。[③]

为了等蒋介石的授权，中俄双方的会谈延至 8 月 14 日的午夜零时开始，首先谈的就是外蒙古问题，斯大林接受王世杰提议以现有疆界为界。谈及大连时，斯大林要求中华民国不得将港口、码头及其他设备租与他国，中方不愿书面为之，仅以口头许诺，问题遂告解决。[④] 中苏双方在 8 月 15 日签署协议，斯大林亦出席，但因苏联由外长莫洛托夫代表签署，中国方面便由王世杰出面签约以示对等。[⑤] 该约在 8 月 24 日在国民党中央党部召开的中常会及国防最高委员会联席会议中提请讨论。

---

① 林美莉编辑、校订《王世杰日记》，1945 年 8 月 9 日，第 723 页。
② 林美莉编辑、校订《王世杰日记》，1945 年 8 月 10 日，第 723 页。
③ 林美莉编辑、校订《王世杰日记》，1945 年 8 月 13 日，第 724 页。
④ 林美莉编辑、校订《王世杰日记》，1945 年 8 月 14 日，第 724 ~ 725 页。
⑤ 林美莉编辑、校订《王世杰日记》，1945 年 8 月 15 日，第 725 页。

王世杰在会中说明，外蒙古已经脱离中国统治二十年了，不能不承认其独立，但依约苏联必须在战争结束后三个月内撤离中国东北，我方虽有让步，但范围不大，且东三省主权得以收回，建请同意批准。蒋介石请与会同仁起立表决，全体一致起立。[①] 驻苏大使傅秉常在他的日记中，竟对宋子文访苏以及《中苏友好同盟条约》的签署历程全略去不提。

三　结语

就王世杰、傅秉常两人的日记来看，或许能有一个粗略的印象。傅秉常对中苏关系的推动，多是在社交活动中，在其任内有处理包括盛世才离任、蒙新冲突、《四国宣言》签署，以及《中苏友好同盟条约》的签订等重大工作，但在日记中，除了《四国宣言》的签署外，并不常见他提出主意。甚至当国内媒体不多提他在签署《四国宣言》的功绩时，反而还觉得安心，显示一个忠实的外交官僚，善尽沟通与传递消息的职责。相应于王世杰的日记所展现的，却是另一个情况。或许是王世杰接近蒋介石，常有机会直接向蒋介石建言，而蒋介石遇到外交问题时也会将王世杰找来讨论，因此在王世杰的日记中，出现了许多建议被蒋介石所接受。撤换盛世才、外蒙古公投独立、以外蒙古换取中国东北等，似乎都是出自王世杰的建议，也因此在《中苏友好同盟条约》签署时，便由他代宋子文受了过。若以王世杰跟傅秉常的风格来看，在处理外交工作上，王世杰似乎较为谨慎，在未获得蒋介石的授权之前并不会越权承诺，但傅秉常在《四国宣言》签署的过程中，反而显得较为积极，这是因为两者性质不同，后者对中国有利，前者相反。

《雅尔塔密约》与《中苏友好同盟条约》，在傅秉常的日记中，几乎不见相关细节，仿佛全然不知该会议一般。而宋子文两度前往莫斯科谈判《中苏友好同盟条约》的相关纪事，在他的日记中也全数阙无，徒留一片

---

① 林美莉编辑、校订《王世杰日记》，1945年8月24日，第727页。

在日记中找寻历史

空白让后人难以捉摸。相对来说，王世杰的日记在这两件事情的记述上相当详细，能见到他跟蒋介石对雅尔塔协议，以及中苏关系维持上的想法，也能从中见得蒋介石的确受到王世杰的影响。中国与苏联间关于战后东亚秩序的规划，或许受到王世杰的影响，远比傅秉常来得多，两人虽都秉承蒋介石的意旨，但前者算是策士，后者则谨言慎行。

蒋中正在 1948 年的处境

——以党政相关人士日记为中心的观察

刘维开 *

内容提要 蒋中正在 1948 年，军事上面临国共战争的节节败退，政治上亦出现副总统选举、行政院院长人事、立法院院长选举与预期不符的情形，财经上更是无力回天，金圆券币制改革失败，通货膨胀严重。而这一连串的失败实际影响到他的领导地位，党政人士对他的公开批评越来越多，甚至形成一股风气。熊式辉、陈布雷、陶希圣为蒋氏重要幕僚，熊以军事为主，陈、陶以文字为主，陈并兼及于政治方面，三人日记中均有与蒋氏近距离接触的记录。陈克文为行宪后第一届立法委员，与蒋氏关系甚为疏远，但由于其长期任职行政院，接触面广，在立法院中并非主流之 CC 系，日记中记有立法委员与蒋氏之间的互动。本文以四人之 1948 年日记为主，透过日记中的相关记事，从他者角度探讨蒋中正在 1948 年的处境。

关键词 蒋中正　熊式辉　陈克文　陈布雷　陶希圣

一　前言

如果说 1949 年是蒋中正自认最悲惨、最受侮辱的一年，1948 年就是蒋中正领导威信崩坏的一年。1948 年中，蒋中正不只是军事上面临国共

战争的节节败退，政治上亦出现副总统选举、行政院院长人事、立法院院长选举与预期不符的情形，财经上更是无力回天，金圆券币制改革失败，通货膨胀严重。而这一连串的失败实际上影响到蒋氏的领导地位，使他威信逐渐下降，党政人士对他的公开批评越来越多，甚至形成一股风气。笔者曾于 2011 年从宪政体制与权力竞逐的角度，撰文探讨身为总统之蒋中正在 1948 年面对的政治困境，问题集中于蒋氏自身对于困境的因应。[①]然而政治困境的形成，原因不止一端，本文将以熊式辉、陈克文、陈布雷、陶希圣等党政相关人士之 1948 年日记为主，透过日记中的相关记事，从他者角度探讨蒋中正在 1948 年的处境。

熊式辉、陈布雷、陶希圣为蒋氏重要幕僚，熊以军事为主，陈、陶以文字为主，陈并兼及政治方面，三人日记中均有与蒋氏近距离接触的记录。陈克文为行宪后第一届立法委员，与蒋氏关系甚为疏远，但由于其长期任职行政院，接触面广，在立法院中并非主流之 CC 系，日记中记述的立法委员与蒋氏之间的互动，对于蒋氏在 1948 年的困境提供了另一角度的观察。

二　熊式辉的建言

熊式辉曾任江西省政府主席、中国驻美军事代表团团长、中央设计局秘书长，深获蒋中正信任。抗战胜利后，任国民政府军事委员会委员长东北行营（后改为"国民政府主席东北行辕"）主任，主持东北接收及对苏谈判，1947 年 8 月辞职，寓居北平。1948 年 3 月 16 日，熊式辉奉召，自北平返抵南京，17 日晚单独面谒蒋氏，谈话中除关于时局意见外，熊以"今日有二大病，一属于施为次第之间，一属于主席之个人者"面陈己见。熊先就"属于主席之个人者"，以古今中外领袖人物中，失败者二人——希特勒、明思宗，成功者三人——汉高祖、唐太宗、罗斯福为例，

---

① 刘维开：《宪政体制下的权力竞逐——蒋中正在 1948 年的政治困境》，黄自进、潘光哲编《蒋介石与现代中国的形塑》第 1 册，台北，中研院近代史研究所，2013，第 355～388 页。

对蒋氏的领导作风提出个人意见，蒋氏亦针对熊所言予以回应。熊式辉于日记中记录了这段对话，兹节录并整理于下：

熊：尝阅德人所作《心理学》一书（政治心理、战争心理），其中有一段关于领袖之心理者，彼言领袖惯易患①：（1）亲细故而忙，而睡眠不足，致以烦燥易怒，而招遗误与过失；（2）常有优越感，轻视他人，以为俱在己下，自然更不会从人谏语，喜闻已过，终至孤独，以骄而败事。德人作此书，盖专为希特勒阅读者，希氏竟坐其病而失败，我在京闻各方人言，包括陈布雷在内，主席亦时有此病，乃举一一二事例以为证（略），并将原书折角奉呈披阅。

又阅《纲鉴总论》言及明庄烈帝败亡之因，曰"一柄两操，明知故用，因激成愎，缘渎为猜"，并将原书折角奉呈披阅。……

蒋：一柄两操之事是对信任干部不专，我无其病，国防部人言余每每直接指挥军师，或干预部中厅处事，从过去军政部何应钦为部长起以迄于今，余绝不愿多操劳，超越层级过问其事，奈彼等每每颓废而不知理，乃不忍坐视其败坏，故常常加以指示，此并非故为一柄两操者。

熊：此即一柄两操。

蒋：有他事证否？

熊：党务有朱、陈②之分，特务有军统、调统之别，警察有署校之异，等等皆是。

蒋：特务乃性质不同，各由其历史造成之结果。

蒋：余用人素不猜疑，素不任有牵制。

熊：不然，即就各省言，省保安副司令等官，不允由省主席选任，必由中央直派，即为牵制。

蒋：此为制度。

---

① "彼言领袖惯易患"，熊式辉日记作"彼言领袖惯易有"。

② 朱为朱家骅，陈为陈果夫、陈立夫，三人均曾任中国国民党中央组织部部长。

　　熊：此即牵制之制度，满清人事制度，亦为中央集权，但考选府
道县长，分发各省，除极少数特殊者外，决无带缺出京之事，今中央
分发各省之人，动有指定之职务，非以候补者，各省主席不得视其人
之能否，为之先后次第，一到地方便走马上任，谁复更能指挥如意，
此非牵制如何？

　　蒋：即以东北为例，君在东北，予曾面授全权，君不知运用，反
以为未全信任，以致事事姑息，军队纪律败坏。

　　熊：东北事，主席未言及不敢提，既言及当便陈明，以为殷鉴。
我奉命出关，名义上是党政军三方面的首脑，诚然曾一再奉有口头及
文电，明示授予全权，但实际却大不然。先言党务，初到长春，见东
北各省地下党部两派争持不下，苏军即借口认为是有组织之反苏，事
为亲者痛，仇者快，乃令一律取消，重就当地党部人员加之整理，拟
成立一整理委员会，中央党部指为毁党造党，不问当地实际情形，直
接区处，另令组织一整理委员会，任命委员十一人，我与杜聿明、余
纪忠等皆为委员之一，会章规定委员十一人轮流主席，开会时我必须
与更次一级之部属轮流为主席，尚有何全权可说？

　　蒋：为何当时不讲？

　　熊：此岂待讲，中央始能明了者耶？况并曾有杜聿明赴牯岭晋见
时托其代陈原委，当时屡电坚辞，承电慰留，不准者再四矣，此
其一。

　　次言政治，即如沈阳市长之更调，事前事后，本人毫未闻知，迨
董（按：董文琦）前任与金（按：金镇）后任中间发生了问题，始
稍稍知其情节，此能谓政治方面已受有全权耶？

　　蒋：金市长为君所保荐者。

　　熊：余从未曾有过口头或文电保荐以金易董之事。

　　蒋：可再查。

　　熊：对主席岂敢当而撒谎？此其二。

　　再言军事，当新一军到达锦州之日，气候已冷，我检阅部队，
见官兵头上冒蒸气，咳嗽之声不绝于耳，一翻其身上外套，知皆为

美制绒底，不足以御边地之寒，当即允许该军迅换羊皮外套，归令兵站发给，乃以必须总长有令始可照办，后经严令强制，等于抢夺，新一军官兵始免于受冻。及后四平街之役，官兵四十余日夜苦战，始将匪军击退，当日我飞往劳军，疮痍满目，遗尸遍地，我即以主席名义犒赏官兵三千万元，事后呈报中央，中央电覆此后赏金，须先报准然后可发，电亦主席名义发出者，以上二事，容为各部所拟办者，但去年五月间主席亲莅沈阳，面饬直接指挥事，惟军队人事，必交杜聿明负责，在军事犹能谓受有全权者耶？此其三。以上说明并非敢有丝毫怨愤，特以证实信任不专，有责无权者难言事功耳。

熊氏对以上谈话，谓："主席无词，但曰余认识不够，未领会主席信任之重，且力言对余决不是以寻常部属看者（因余曾指出北平市长之调动，以何继熊，李主任宗仁亦同样事前不知），[1] 旋复指出去年五月间匪五次攻势时，余不主固守永长而主集结永长兵力对匪作一决战，为不沉着，言将孤注一掷以了事，若非主席亲往，则已不堪设想云云。余以为此乃战略原则之运用关系各人见解之问题，仁智不同，军事方案没有绝对的谁是谁非，当时若照余主张能集中兵力补捉匪之主力予以决战，又焉知不较仅解四平之围为更得计？因牵涉太多，余亦未及再加辩论。"

熊式辉继续陈说上述今日之另一大病"施为次第之间"之意见：中央一切措施，轻重先后之顺序，宜有加检讨者，例如昨日主席在华中绥靖会议说"此番决议必须执行，无论党政军那一方面，余皆绝对负责"，以上说话，便成反映到平日令之不行，乃需要主席如此亲自"旦旦信誓"，管子有言"令不行，令不法也"，无赏无罚，自然令之不行，禁之不止，不以严行赏罚为重，先着手于此，而徒然在口头在文字上费工夫，只见其"言者谆谆""听者藐藐"终不济事；又如主席电令，时有于尾端加以"中正手启"字样者，以为此则必行，但没有一种赏罚观念在后面，依然

---

① 何为何思源，熊为熊斌，李宗仁为国民政府主席北平行辕主任。

不足以推动疲玩，此俱过去之事实。

　　蒋：有赏罚不行之例证否？

　　熊：个人原不宜说，但以主席立场言之，不应否认现实，免重蹈
前失，即如胡宗南在陕西之失败，何以不见处分？陈诚在东北之处置
乖方，何以不问？

　　蒋：胡已撤职留任，陈不宜处分，免为匪所窃笑。

　　熊：此诚适得其反，坏人坏事隐瞒不了天下人，我能信赏必罚，
实足以馁匪气而振作自己军心，陈即不加惩处，岂可仍令带职养病，
罢免参谋总长之职，亦不当为耶？

　　蒋：继任之人未定。

　　谈话至此，熊谓"自觉'我已尽其心，亦已尽其言'，不宜再有所陈
述，乃曰除赏罚事外，应检讨者尚多，时间已晚不能尽，主席乃曰：今日
谈话甚好，时晚且止"。①

　　蒋中正对于熊式辉提出关于他个人及行事的意见，似乎没有什么感
觉，当日日记只有一句："晚，天翼来谈，其心理似已承认剿匪为已失
败，故满腔悲观，可叹。"②

　　熊式辉会对蒋氏提出这样一段直率的意见，与他对时局的无奈有关。
自前一年（1947）9 月辞职，由陈诚继任后，曾于 11 月自北平抵南京，
奉蒋氏命草拟《新剿匪手本》，并备咨询军事相关事务。张治中（国民政
府主席西北行辕主任）认为熊对蒋的了解相当深刻，"认为蒋一切用人行
政不外三'缘'（地缘、血缘、学缘）"，对于政局表示悲观。③ 熊于 1948

_____

　　① 洪朝辉编校《海桑集——熊式辉回忆录（1907～1949）》，台北，明镜出版社，2008，第
　　　 663～667 页。熊式辉于该书后叙称："余个人日记，从不间断，但自离开大陆之后，耳
　　　 冷心灰，亦不敢更有一言涉及时事，兹所摘录，仅属于民国五年至民国三十八年间事，
　　　 切齿腐心，濡笔编次于大陆沦陷之后。"按：回忆录实系摘录日记完成，相关记事时间、
　　　 地点明确，因此以日记视之。
　　② 《蒋中正日记》，1948 年 3 月 17 日。
　　③ 《张治中回忆录》，中国文史出版社，1993，第 763 页。

年 1 月底完成《新剿匪手本》稿，面呈蒋氏后，返回江西老家一行，于 2 月下旬再至北平，观察华北局势。

熊式辉对于陈诚在东北的作为深感忧心，认为情势十分危险，主张撤换，而以时任联合国安全理事会军事参谋团中国代表团团长之何应钦取代，早在 1948 年 1 月初即曾对行政院院长张群表示："东北事余不愿多种多言，尤其有关于陈诚者，但今日已危在旦夕，应不避忌，决意将向主席直陈一番，并主张以何易陈，见到纳与否，不计。"依熊所记，换陈并非其一人主张，所往来之汤恩伯（衢州绥靖公署主任）、刘斐（参谋本部参谋次长）等亦持相同意见，认为"不去陈，东北必失，全局皆将受其影响"。[①] 然而访张治中谈东北情形，张曰曾向蒋氏陈述意见，主张制度与人事宜检讨，军政与军令宜分开，并以参谋总长顾祝同易陈诚，"主席未置可否，顾左右而言他"；再与张群谈与蒋氏见面情形，张谓"大局可虑，人人言之，惜不易上达"。尔后获悉国民政府设置东北"剿匪"总司令部，以卫立煌为东北行辕副主任兼东北"剿匪"总司令，实际上即为接替陈诚，以为此举"恐已无济"。熊曾建议卫慎重考虑此事，"但彼似求之不得者，且将欣然从命，天下真有此懵懂人，东北前途，不堪设想"；熊亦以电话告知张群，以卫立煌赴东北事，并不可乐观，希注意。[②]

熊于 1948 年 1 月 20 日面见蒋氏时，直言大局形势一般人认为危险，并谓政治、经济、外交、军事、社会等方面形势俱不佳，其中当以军事最堪忧虑。蒋氏问："谁说的？"熊答："自南至北，由外而内，人人皆如此言。"并陈述在军事方面三项意见："一、中央统帅部，宜加充实，以免主席亲自操心，陈诚现恐不宜再任其事，是否召何返，而令陈暂休息养病。二、方面之任，宜授以权，清代曾、左之所以能成其中兴之功，并非其时中央有能，只是方面大臣有权。而今在外者，事权不一，故不能有功耳。三、部队之编制人事待遇等事宜改进。"蒋氏问："东北局面如何？"熊答："甚为可虑，因东北已失去战略持久之条件，盖未能巩固各方据

---

① 洪朝辉编校《海桑集——熊式辉回忆录（1907～1949）》，第 658 页。
② 洪朝辉编校《海桑集——熊式辉回忆录（1907～1949）》，第 659～660 页。

点，掩护资源，控置内线交通，转移兵力，粮源既断，后方交通线亦复不通，实难持久。"① 蒋氏对于熊的意见并没有响应，只要求其与卫立煌研讨此后做法。而在当日日记中，蒋氏记道："朝课后研究战局，与天翼谈话。""雪耻栏"则记："近日共匪猖獗……士气民心皆为之动摇，几乎有风声鹤唳朝不保夕之状态。尤以外侨与使领馆人员更听信共匪之宣传，以为中国政府三个月内必崩溃，而东北与华北为匪完全占领仅为时间问题，不能超出三个月以上。故上海一般所谓实业界与智识分子如胡霖等辈一面求得共匪之谅解，一面对美国告洋状，急使推倒中央政府以为其自保之地步，甚至文武官吏心神亦全为此种空气所笼罩威胁，而现悲观瘫痪之象。余告以共匪并不足畏，而且必有把握保证其必可平定匪乱，则不之信，殊为可痛。"次日，复记道："盖匪之实力不大，而且已到其最大限度，只要我国军不为其所败，而反予之补充养大，则各种条件我皆优胜于匪，只要假以时日，不难就歼，何必求速也。"② 显然蒋氏对战局的评估较熊式辉等乐观。因此当熊于 3 月 7 日在北平接到蒋氏"请兄早日回京为盼"之电报后，十分犹豫，自思"大局败坏至于今日，谁复更有回天之力？"但又不忍坐视，因此"奉召怆怀，不知所措"。次日，与天津市市长杜建时谈南行问题，杜劝道："知其不可为而为之，且尽可能尽其心力。"熊乃于 10 日复电"遵即回京"；16 日抵南京后，立即与白崇禧（国防部部长）、张群、刘斐、汤恩伯等晤谈，知蒋氏尚无撤换陈诚之表示，决定面呈五事："一、撤陈某正是非，安军心。二、不分派别，信任方面大员。三、奖有功。四、扩充能战部队。五、不能战部队虽亲亦宜惩处。"③ 同时陈述对时局看法，并直率提出对蒋氏个人及处事之意见，希望蒋能接纳，但是蒋的反应令熊感到失望。

是年 10 月，熊式辉至南京，探访吴鼎昌（总统府秘书长）、何应钦、顾祝同等，"凡所与谈，对于时局无一不抱悲观者"；11 月，东北战事结束，徐蚌会战甫开始，熊式辉至上海，汤恩伯来访，主张熊出任东南军

---

① 洪朝辉编校《海桑集——熊式辉回忆录（1907～1949）》，第 660 页。
② 《蒋中正日记》，1948 年 1 月 20 日。
③ 洪朝辉编校《海桑集——熊式辉回忆录（1907～1949）》，第 662 页。

事，劝熊即至南京对蒋氏贡献安定现局，及准备最恶劣时期之措置之意见。熊曰"我正在考虑，时至今日，诸事嫌迟，大错早已铸成，积重久已难返，任何人不可能有奇迹，我当入京备咨询，但是亦从未见有何裨益，承君估计太高，殊以为愧"。张群亦劝熊赴京，共商办法，熊谓"我将往，但决不会有办法"。① 11 月 29 日，熊奉召至官邸聚餐，何应钦、顾祝同、唐生智等在座。前一日，熊曾拟定四事，预备晋见蒋氏时陈述：（1）挽回颓势，争取时间，必须稳定徐蚌军事，至少不至溃败；（2）政府须有安定环境，主动迁都，避免慌乱；（3）争取与国，转移外势，只要于今日颓势挽回有利，一切皆应忍耐将就；（4）争回人心，转移内势，机警应变，沉着不是麻木，坚决不是刚愎，从前作风有当改变者即予改变，此时用人更要推心置腹，不能疑忌。然见在座人多，决定不多说话，"承询有何意见，答曰无，盖此时不宜说话，即说亦不会发生任何作用"。而当蒋氏言及"过去军事教育殊为失败"，熊谓"余亦未插一言"。离席时，蒋氏再次询问熊有无事谈，熊见蒋氏并没有留他单独谈话的意思，认为"人多亦不能畅言"，乃答称"没有话"，将离去时，蒋氏复询问熊"数日内乃在京否？"熊答"在"。熊以为如果蒋氏真有求人直言之意，再召见其，其言始有作用。"归途沉思成败兴亡，俨有数在，当不系于唇舌之间，不胜伤感。"②

熊式辉在南京停留至 12 月 5 日，始终未见蒋氏召谈，决定返回上海，到下关搭乘火车，站内混杂不堪。时碾庄战役已告结束，黄百韬所辖第七兵团溃败，黄维兵团遭共产党军队压缩于双堆集一带，形势对国民党军不利，大局益发危急。而行政院改组，张群不愿接任，以孙科继任，孙又迟不就任，蒋氏用人陷入困局，曾对张群、张治中表示，"可将军事、财政、外交等一切交诸内阁全权负责，伊可不问"，③ 希望对于局势能有所

---

① 洪朝辉编校《海桑集——熊式辉回忆录（1907~1949）》，第 669~672 页。
② 洪朝辉编校《海桑集——熊式辉回忆录（1907~1949）》，第 673~674 页。按：该次聚餐，蒋氏日记仅记："晚课后约宴孟潇、天翼等。"见《蒋中正日记》，1948 年 11 月 30 日。
③ 洪朝辉编校《海桑集——熊式辉回忆录（1907~1949）》，第 678 页。

挽回。然而在熊式辉看来，问题并不单纯，对于以陈诚代魏道明为台湾省政府主席一事，认为蒋氏"仍信任陈诚甚深"，熊在人事发布前即已获得讯息，谓"（台湾）付托于谁，闻有腹案，是木已成舟之事，断难转变，只有敬而远之"。[①]

三　立法委员的自主

1948 年行宪后，对于蒋中正最困扰的问题之一，是政府人事安排，尤其是行政院院长的人选。依《中华民国宪法》（简称《宪法》）规定，行政院院长由总统提名，经立法院同意任命（第 55 条）；亦即总统对行政院院长有提名权，立法院有同意权，总统提出的行政院院长人选，必须获得立法委员同意，始得任命，总统与立法院存在相互尊重、合作的关系。《宪法》又规定，总统公布法律，发布命令，须经行政院院长之副署，或行政院院长及有关部会首长之副署（第 37 条）。因此行政院院长一职，除了要获得立法委员支持，还需要是总统所信任、政策推动上能配合者。立法委员中，中国国民党籍占绝对多数，按理而言，总统提名之行政院院长人选，应该可以顺利获得同意，但是国民党内部的派系冲突，使蒋中正对于行政院院长的提名工作，陷入极为困窘的地步，使中华民国行宪后的政府一度出现空转的状况。

行宪后的首任行政院院长，蒋中正属意由宪政准备时期的行政院院长张群续任，但是张没有意愿。张群与蒋中正自日本振武学校同学起，有长时期的深厚交谊，而外界亦一直将张群视为蒋中正的代理人。自北伐统一后，在蒋氏统军主政的人事布局上，张群一直是一枚活棋，哪里需要就放在哪里，而张也从不拒绝，并大多能顺利完成所交付任务。唯独此次，张群坚持不接受，主要原因除了局势困难，有力不从心之感外，关键在于党内派系之争。张曾对时任行政院会计长，亦是刚当选第一届立法委员的陈克文表示："再做下去最困难的是对付立法院这一批委员，人家说我是政

---

① 洪朝辉编校《海桑集——熊式辉回忆录（1907～1949）》，第 672 页。

学系，其实我一向不搞党这一套，毫无组织，不容易应付。"① 当时立法院尚未开议，但是情况已十分复杂，各方面角力不断，特别是委员间的拉拢，组成各个小团体，以便日后在议场发挥力量。5 月 8 日开议后，首先面对的是院长、副院长的选举。立法院院长、副院长依规定由立法委员互选产生。对于这两个职位，中国国民党中央决定提名孙科、陈立夫担任。孙科为行宪前的立法院院长，委员大多接受，但是对于陈立夫担任副院长，部分党籍委员持反对立场。在"反现状，反统制，反陈立夫"的号召下，另推他人对抗。最后陈立夫虽然顺利以出席人数过半数当选，但是"反对派的存在，并且势力也颇不弱，已经很为显明"。② 对于立法院的情势，蒋中正于 5 月 12 日主持官邸会报，谈及立法院副院长选举，党籍立委意见分歧时，在场的陶希圣记述蒋氏的回应："总裁认为党之存亡所在，乃党员对党魁之问题，而非立夫问题。"③ 显然蒋氏对于问题有更为清楚的认识，知道症结不在陈立夫或是派系之争，而是透过选举产生的立法委员有其自主性，不再如同以往，党员完全接受党领导者的指示。

立法院正、副院长产生后，接着是对总统提名行政院院长人选进行同意权的行使。如何行使同意权，立法院要订立相关议事规则。对此，立法委员分别提出甲、乙、丙、丁四个草案，四案差异在于审查过程，其中争议性最大者，为甲案规定在审查过程中，"全院委员会如认为必要，得咨请总统通知所提人提出施政及用人意见"，以及乙案规定在审查过程中，"得咨请总统通知所提人提出施政意见"。④ 5 月 20 日中午，立法院开会讨论行使同意权议事规则之前，蒋中正邀宴全体党籍立法委员，席间致辞说明时局之危险，政治之严重，并对于同意权的问题，表示所拟议甲、乙两案不仅对于行政院院长提名人过于约束，且有违宪之虞，希望委员们能多加考虑。但是会议的结果，却是通过了蒋氏认为"违宪"的乙案。对

---

① 陈方正编《陈克文日记（1937～1952）》下册，台北，中研院近代史研究所，2012，第 1089 页。

② 陈方正编《陈克文日记（1937～1952）》下册，第 1097 页。

③ 陶晋生《陶希圣日记》（上），台北，联经出版事业公司，2014，第 134 页。

④ 中国第二历史档案馆编《国民政府立法院会议录》（28），广西师范大学出版社，2004，第 129～131 页；《申报》1948 年 5 月 16 日，第 1 版。

在日记中找寻历史

于这样的结果，蒋氏非常"愤慨"，甚至怪罪于陈立夫。① 陈克文则认为这个结果与蒋氏在会前的讲话有关，但是接下来要如何处理，才是问题，记道："开会之前，蒋总统宴请立法委员于国防部，作了一篇很不客气的讲演。主要的意思（是）说，如果立法院行使同意权的时候要求被提请同意的人，提出政见和用人标准，是违宪的；如果这样的条文竟然通过，总统我也不干了。这一番说话，不但没有收到预期的效果，反而发生更坏的反应。开会的时候，会场情绪非常激昂，结果竟通过了总统认为违宪的条文。散会之后，大家交头接耳说，怎么办呢？总统是否真的不干呢？就职的第一天，立法院便直接给总统这样的一个无情的打击，将来的发展如何，谁能料得及呢？"②

立法院关于行使同意权的议事规则通过后，蒋氏虽然没有如他之前所称"辞职"，但是在行政院院长人选上，坚持提名张群，张则不接受，于21 日一早搭飞机回成都。而在同一天，立法院进行的假投票，何应钦获得最高票 259 票，张群只有 94 票，尚不及何的一半。蒋氏对于这个结果十分生气，认为立法委员以假投票对他进行"压迫挟制"，当晚，中国国民党中央政治委员会秘书长陈布雷奉召前往官邸谈话，蒋氏"慨愤溢于言表"，陈则"殊无词以慰之"。③ 此后两日，行政院院长问题陷入僵局，陈克文记道："行政院院长人选问题仍然没有可以解决的迹象。假投票虽然以何敬之得票最多，但总统并没有召见何氏，何氏亦坚决表示不干。据说总统老人家还是怒气未消。总统虽就了任，因为没有行政院长，无人副署，不能发布命令，不能组织政府。无政府状态已经三日，再拖延下去，谁知道会发生甚么乱子。立法院停会已两天，等候总统把行政院院长的人选提出来。总统却因为立法院通过了他不愿意的议事规则，生了气，不肯提出人选。这僵持的局面，如何打开？"（22 日）"行政院院长人选问题

---

① 陶晋生编《陶希圣日记》（上），第 136～137 页。

② 陈方正编《陈克文日记（1937～1952）》下册，第 1098～1099 页。陶希圣亦记道："总裁召见立委，表示议事规则甲乙丙案如通过，彼辞总统。"见陶晋生编《陶希圣日记》（上），第 136 页。

③ 《陈布雷先生从政日记稿样》（五），1948 年 5 月 21 日，东南印务出版社承印，台北"国史馆"藏，第 988 页。

仍无解决的消息。朋友见面都把这事做谈话的中心，鸒鸗异口同声，一致非难蒋总统的态度，以为不够民主，只要他老人家念头一转，不坚持成见，改变作风，这问题立即可以解决。其实这问题演成现在这样一个僵局，不能完全归咎于总统一人。党和立法院都不是全无责任的。"（23日）①

实际上，蒋氏对于行政院院长人选问题，此时已有提名张、何之外第三者的打算。陶希圣于 22 日记道："今日总裁尚未提行政院长，告孙科称立夫以何打张，两人都不能干，余将提第三者，如立院不通过，余即辞职，至第三者为何人，余事前绝不相告。"② 24 日，蒋中正决定提名曾在1936 年其担任行政院院长时的秘书长、时任资源委员会委员长之翁文灏为行政院院长，并亲自出席国民党籍委员会议，说明提名翁氏之理由，随后在立法院的同意权行使，翁氏以超过八成的同意票，出任行宪后首任行政院院长。陈克文记道："蒋总裁今日说话的态度和口气非常的诚恳和平，没有丝毫命令的意思，出席的党员也就因此大受感动，一反前几日那种反抗的精神。到了立法院开会的时候，虽然还有几个人说些似批评、似不满意的话，结果也很顺利的大多数投以同意的票子。"③ 而蒋氏在这一次行政院院长提名过程中，继立法院副院长选举风波后，党内领导权在立法委员自主意识下，再度受到挑战。副总统李宗仁旁观此事，引用他人的譬喻说："现在的总统好比一匹野马，自由自在惯的，一旦加上缰绳，配上鞍蹬，并且坐上一个人，这匹马自然不肯往前跑，并且不免发怒了。"④ 只是蒋中正并没有因此而调整他的习性，行政院院长同意权行使后，对于立法院继续采取领导的态度。7 月 26 日下午 5 时，陈克文忽然接到中国国民党中央党部的临时通知，蒋氏于 5 时半以茶会招待党籍立法委员和监察委员，席间蒋氏做 30 分钟左右的讲话，对于两个月来立法院和监察院开会的情形，虽然表示相当满意，但两院的党员没有组织，不能够发挥党的力量，反复痛

---

① 陈方正编《陈克文日记（1937~1952）》下册，第 1100~1101 页。
② 陶晋生编《陶希圣日记》（上），第 137 页。
③ 陈方正编《陈克文日记（1937~1952）》下册，第 1101 页。
④ 陈方正编《陈克文日记（1937~1952）》下册，第 1100 页。

说不当；希望今后能够大家觉悟，共同努力，矫正过去的毛病。他说，大家希望党能够改革，政治能够改革，但改革的责任，不尽在我个人，非要大家负责不可。又说，行宪之后，大家都沉醉于民主，以为民主无须党的领导了，这是很错误的。他对于目前军事和经济的危机又极力表示有转危为安的把握，希望大家无庸悲观。对于蒋氏的讲话，陈记道："话虽说得很激昂，会场的空气，却异常沉闷，每一个听众似乎都发出一个极大的疑问眼光。这种情形，是从来没有见过的。"① 而蒋氏的这种以党、以总裁为中心的领导，甚或一再以"辞职"作为要求，使他在年底的立法院院长选举中，遭受更大的挫折。

1948年11月，行政院院长翁文灏请辞，蒋中正原拟请胡适继任，曾嘱陶希圣前往北平征询胡氏意愿，胡坚决不同意，以"体力能力不胜繁剧"为由恳辞。② 蒋氏亦曾数度征询张群同意，张氏未接受，为避免再增困扰，决定征询孙科意愿，孙同意出任。立法院于26日接到总统咨文后，立即改开全院委员会，对孙科的提名案行使同意权，孙以八成三的同意率，成为行宪第二任行政院院长。

孙科出任行政院院长，立法院院长一职出缺。为阻止副院长陈立夫顺势成为院长，立法院除CC系以外的各派系立即进行串联，推举同时担任中国国民党秘书长之吴铁城为院长，吴氏亦表达争取院长职位的决心。不料孙科在组阁过程中并不顺利，原因在于孙氏希望延揽党内各派系主要人士，包括吴铁城、张群、陈立夫、张治中、邵力子等入阁，共同负责，应对时局。但是在邀请的过程中，或因另有规划，或因新阁政策不明，纷纷婉拒，致使孙氏一度萌生退意，不愿出任行政院院长。③ 其中吴铁城的动向尤为关键，孙科表示如果吴不同意入阁，他就立即宣布辞职。为避免孙内阁流产，吴只有同意出任行政院副院长兼外交部部长。④ 吴的决定，引

---

① 陈方正编《陈克文日记（1937~1952）》下册，第1128页。
② 陈存恭等访问《陶希圣先生访问纪录》，台北，"国防部史政编译局"，1994，第242页；陶晋生编《陶希圣日记》（上），第186页。
③ 罗俊强：《行宪第一届立法委员之研究（1948~1949）》，硕士学位论文，台北，台湾师范大学历史学系，2000，第114~115页。
④ 陈方正编《陈克文日记（1937~1952）》下册，第1181页。

起支持者的反弹，蒋氏为安抚不满情绪，于 12 月 20 日下午在官邸召见十余位立法委员，请以大局为重，不要加以反对，并表示立法院院长的人选，一定会和大家商量，再做决定。[①]

吴铁城入阁后，原先决定推举吴氏为院长候选人的几个团体，必须重新推举候选人，加上陈立夫接受孙科延揽，担任行政院政务委员，副院长亦出缺，要同时考虑人选，经过讨论后，决定推童冠贤竞选院长；以 CC 为首的几个派系亦决定支持程天放竞选院长。但是在此同时，中国国民党中央却有新的决定。22 日，中央常会通过蒋中正提出"推李培基同志为立法院院长候选人、刘健群同志为立法院副院长候选人案"，[②] 以李培基、刘健群为正、副院长候选人。蒋氏此举实际上违反其之前"立法院院长的人选，一定会和大家商量，再做决定"的承诺，立即引起立法委员的反弹，决定不理会中央的提名。反 CC 及 CC 两股力量，经各自商议后，反 CC 力量，院长仍然支持童冠贤，副院长则支持提名人刘健群；以 CC 为首者，则是院长人选支持中央提名的李培基，副院长人选则支持原本预定竞选院长的程天放。[③]

12 月 24 日下午，立法院进行院长、副院长选举。院长选举，发出选票 351 张，童冠贤得 196 票，李培基得 123 票，依立法院院长副院长互选办法第四条第一项规定，童冠贤得出席人数过半数之票数，当选为院长；副院长选举，发出选票 342 张，刘健群得 202 票，当选为副院长。[④] 蒋氏得知这个结果，至为沮丧，感到对党员失望，对党的前途绝望，而有决心下野，重起炉灶之想法，自记："下午五时，选举结果正院长为童冠贤，而非李培基，此为平生入党以来任党务后惟一之打击，从此本党等于破产，革命历史完全为若辈叛徒所卖，立法院亦无法维持矣。此实比诸四月间哲生不能当选副总统时之失败更惨也。悲乎！何使党败至此，岂非余无

---

① 陈方正编《陈克文日记（1937~1952）》下册，第 1181 页；《蒋中正日记》，1948 年 12 月 20 日。

② 中央委员会秘书处编《中国国民党第六届中央执行委员会常务委员会会议纪录汇编》，台北，中央委员会秘书处，1954，第 752 页。

③ 陈方正编《陈克文日记（1937~1952）》下册，第 1183 页。

④ 《申报》1948 年 12 月 25 日，第 1 张第 1 版。

能罔德所致之罪恶乎？余乃决心下野，非重起炉灶，另造干部，无以革命矣。"① 陈克文同样认为这个结果对国民党的前途和政治上一定有所影响，记道："这结果对于国民党的前途和政治上的影响如何，我们且看将来的事实。但我相信总是值得注意的一件大事。"但是在他看来，"蒋总裁这一次的提名，实在是不智的举动，也可以看出他想保持过去那种英雄式的领导地位是绝不可能了"。②

四　领导威信的下降

蒋中正"想保持过去那种英雄式的领导地位是绝不可能"的原因之一，是军事上的失败。1948 年 11 月失去东北后，情况更加严重，熊式辉由江西至南京，沿途听闻，一片悲观。11 月 8 日，路过衢州，访汤恩伯，知失去沈阳，全军覆没，"殊深痛惜，更切忧危之念"；至杭州，与省主席陈仪见面，谈时事，知大局不易撑持，"彼曰政局不改观，国内外形势俱不能转变。闻余将入京，曰亦恐无补救之策可筹"。9 日，至上海，探访前东北行营经济委员会主任委员张嘉璈，适张氏兄长、中国民主社会党主席张君劢亦至，询问京沪情形及时局，"均以为已至无可挽救地步，政局不能更新，决无方法可以收拾人心，恢复信用"。15 日，陈仪来访，"询其在京粮食会议情形及与总统谈话，知政局甚少希望改善，军事前途亦不易乐观"；22 日，与张群等谈话，张言及日前中常会推派代表见蒋，探询对时局主张，蒋谓：共党目的在推倒彼个人，以使全部瓦解，彼不中共党之计，退位或自杀，言中听不出有何旋转乾坤之办法，"张群言至此，感慨不已"。27 日，抵南京，与诸人见面，张群"对时局极悲观，曰军事无把握"；何应钦谈时局亦极悲观，言内阁改组必辞国防部部长职；顾祝同谈军事情况，认为必败。③ 此时，有建议请美国派驻日联军统帅麦克阿瑟（Douglas MacArthur）来华相助，熊亦赞同此主张，认为"此或能

① 《蒋中正日记》，1948 年 12 月 24 日。
② 陈方正编《陈克文日记（1937～1952）》下册，第 1183 页。
③ 洪朝辉编校《海桑集——熊式辉回忆录（1907～1949）》，第 669～672 页。

起死回生，转变中美关系"，曾探询外交部部长王世杰意见，王答以"马歇尔在位不能通过"。事后，熊始得知关键并非在马歇尔（George C. Marshall）同意与否，而是王世杰率团在巴黎开会时，马歇尔曾向其提议，美国可派遣麦克阿瑟赴中国替蒋氏指挥军事，请为问同意否？王电南京请示，蒋氏覆电指示缓议。当时正在巴黎之行政院政务委员彭学沛得知蒋氏覆电后，"以为国事绝望，悻悻归国"；熊得知此事原委后，叹道："天心未必真亡我，人事无如只仇快。"①

熊式辉所接触者，多为与中央关系密切，或长时期追随蒋氏者，对蒋氏纵有不满，亦不便公然表达。陈克文所接触者则不然，立法委员各有不同的背景，对蒋氏有不同的意见。就陈克文自身而言，对于蒋氏的做法亦颇不以为然。6 月 16 日下午，蒋氏召见包括陈克文在内的十余位立法委员座谈，听取对于立法院开议后的观感，其中不免谈到时局及对军事的忧虑，蒋氏表示："各位对军事不应如此悲观。军事我绝对负责，绝对有把握，请各位相信我。"陈记道："这种话，他老人家说了不知多少次了。军事愈来愈坏，现在他老人家绝不能够再拿一句空话来安慰人，人家也不能再凭他一句话来相信他了。"②

随着战事的发展，对于蒋氏的批评益发激烈。7 月 15 日，陈与数位委员聚餐，湖南省主席程潜亦在座，席间有人问程对于"剿匪"军事的意见，程"大发议论，痛斥蒋总统，认为军事失败全是蒋总统反民主的作风产生的结果。他把蒋总统比作崇祯，他说崇祯在煤山吊颈的时候，还不觉悟，蒋总统也是无法觉悟的"。③ 9 月底，济南失陷，军事形势益发不好。蒋氏将军事失利与立、监两院的作为连在一起，"蒋总统在中央党部纪念周对立监委员提出警告，说立监两院成立之后，剿匪军事着着失利，希望今后不要对政府多加牵制。这一番话，引起立法委员不少的反感，民

---

① 洪朝辉编校《海桑集——熊式辉回忆录（1907~1949）》，第 681 页。
② 陈方正编《陈克文日记（1937~1952）》下册，第 1113 页。
③ 陈方正编《陈克文日记（1937~1952）》下册，第 1125 页。

主制度的前途恐不免发生许多波折"。① 10月中旬，锦州、长春相继失守，军事的崩溃也似乎无可避免，加上金圆券的币制改革失败，通货膨胀严重，陈克文记道："立法院内和院外朋友聚谈，无一不充满了悲观绝望的论调。有人主张非行政院改组无法挽救这危险的局面，更有人主张非蒋总统下野不可的。骂政府，骂军人，骂豪门，骂孔宋两家，都不外是怨愤不平的声音。这局面真是危险极了，土崩瓦解之势不知如何才可挽救得来。"② "经济灾难愈来愈甚，到处都是抢购，到处都是闭市，粮食、肉类、油类好几天都买不到了。首都已经开始做防御工事，首都附近数十里便有共产党的部队活动。下关和浦口有大批的难民麇集，这些都是大难临头，局势一刻不能再保的情形。翁院长昨日飞到北平向总统请示，不知有何妙计。总统到了北平已经多日，还没有回京消息，也不知作何打算。这里的立法委员昨日有人公开请总统下野的。这一切一切都表示时局已经到绝症，再没有起死回生之力了，是多么令人着急的局面呵。"③

11月14日，陈克文参加立法院次级团体民主自由社的紧急会议，讨论对当前时局的主张。"许多人都认为政治不能革新，即不能够获得美援，没有美援即不能击溃共产党。如何革新政治，大家都说要蒋总统改变作风，要民主自由分子团结起来。这种议论不知听了多少了。我问大家，民主自由分子有没有起来担当责任的准备，到底那些人是民主自由分子，大家似乎都答不出来。"中午到吴铁城家，"监察委员唐鸿烈谈他们见蒋总统呈递意见书的经过。他说总统否认孔宋是豪门，又否认中央对军队的

---

① 陈方正编《陈克文日记（1937～1952）》下册，第1156页。此系指蒋氏于1948年11月16日主持中国国民党中央党部扩大纪念周时讲《当前时局之分析与对本党同志之希望》，原文为："半年来所以不能依照预定的计划获得战果，我当然要负责任，但立监两院同志，也应该自己反省，自从两院成立以来，是否对军事有所补益？是否有使军事当局感受牵制和顾虑的地方？大家要知道军事一方面贵乎心理的主动，一方面要看最后的成败，'胜负兵家之常'，如果中途稍有挫失，就立刻加以责问，使政府负责人变成罪人一样，在立法院里遭受审判，这是军事当局所受不了的！其结果必然因受到这种牵制而改变原定的计划，以致不能达成任务，这种结果，不独是军事方面的损失，而且是国家的损失！"见秦孝仪主编《先总统蒋公思想言论总集》卷22"演讲"，台北，中国国民党中央委员会党史委员会，1984，第498页。

② 陈方正编《陈克文日记（1937～1952）》下册，第1158页。

③ 陈方正编《陈克文日记（1937～1952）》下册，第1158页。

待遇不公平"。① 而在前一天（13 日），陈布雷服食过量安眠药，自杀身亡。

陈布雷为蒋中正最亲近的幕僚，除了外界所知蒋氏文稿大多为陈所起草，视之为蒋氏之"文胆"外，包括人事在内之诸多事项，蒋氏均交其协调办理或与其研究讨论。陈氏一向需服安眠药始能入睡，尝自记："余之于安眠药，服食既久，习惯已深，其实不服亦能睡，但睡眠不深，则次日必头昏目眩，精神略逊耳。"② 9 月以后，身体日衰，曾多次向蒋氏请假休养。10 月中旬以来，在军事、经济等不佳的情势下，情绪颇受影响，记道："总统赴北平已届六日，而北方战局仍紧张。锦州为匪军突入，尚未收复，长春又有一军被围缴械。大局艰难益甚。而经济市场为商人掀起恶潮，显欲突破八一九之限价而后快。中枢情形则冗碌烦碎，而各机构之连系极薄弱，有若干部门形成散漫迟滞之现象，余知总统数月来之焦劳日甚，然余身体衰弱至此，且知识暗陋，才具短绌，徒知焦忧，迄无丝毫之裨助。近来对个人之健康与服务能力，绝对丧失自信。回念二十年来以身许国之初衷，真觉无地可以自容。如此因循视息，真无异于赘疣与禄蠹，实惭恶惶悚，达于极点。他姑不论，抑何以对吾父吾兄之教育乎。"③ 28 日自记："怅念时局，百感交集，观于近来群言庞杂之情形，洵为一二年前所预想不到者也。九时一刻出席中央常会，讨论之例案虽不多，而各委员对时局现况纷纷发言，对总裁之领导作风亦有批评，有主张开全体中委座谈会者，有主张向总裁进言者，最后推定李文范、孙科、道藩、天放、衷寒、健群等十一人作初步检讨，余亦被推参加，此会直至二时三刻始散。"④

蒋氏处此变局中，仍力持镇定，10 月 30 日下午自北平返抵南京，11

---

① 陈方正编《陈克文日记（1937～1952）》下册，第 1164～1165 页。"呈递意见书"系指 11 月 10 日下午，监察委员邹鲁、孙玉琳、刘平江、冷曝东、唐鸿烈、邓蕙芳、祁大鹏七人，代表监察院赴总统官邸，面陈《挽救时局危机致总统书》。见《中央日报》1948 年 11 月 11 日，第 2 版。原文为"昨（十一）日"，系手写之误。
② 《陈布雷先生从政日记稿样》（五），1948 年 8 月 19 日，第 1015 页。
③ 《陈布雷先生从政日记稿样》（五），1948 年 10 月 20 日，第 1027 页。
④ 《陈布雷先生从政日记稿样》（五），1948 年 10 月 28 日，第 1028 页。

月 1 日召开中央政治委员会临时会议，蒋氏亲自主持，说明此次东北作战经过及失利原因，勖勉同人接受失败之教训，应再接再厉，坚定信心，团结合作，以扭转时局。① 但陈布雷已感受到些许不寻常的气氛，11 月 2 日见总统秘书周宏涛谈话时，"语极激切而高昂"，为"前所未闻"，次日，回忆昨日周宏涛来谈时之情绪，以为"可以反映中心领导之已发生动摇"，"军事紧张之局未弛，翁阁又在坚辞中，如此内外动荡不安，将何以善其后？余为蒋公设身处地以思，洵觉忧愤无已"。② 5 日，蒋氏面谕四事：（1）挽张群组阁；（2）战时体制；（3）集中决策机构；（4）戒严令等，命陈与张群、陈立夫接洽。6 日，陈与陈立夫面见蒋氏，商议设置党内国策决定机构之组织，奉指示研拟战时体制；7 日，蒋氏约陈至官邸谈话，询问战时体制研拟情形，并谈新行政院长人选决定之困难，意在先觅一适当之人过渡，陈则建议"如此不如维持翁内阁"。③ 8 日，蒋氏亲自主持中国国民党中央党部总理纪念周，讲《重申贯彻戡乱剿匪的决心》，分析失去东北后之局势，兼及经济改革等，勉励同人务必作持久奋斗之决心，"言词慷慨"。④ 11 日，蒋氏主持中央政治委员会临时会议，讨论行政院提出之修正金圆券发行办法，以及修正人民所有金银外币处理办法，发言者络绎不已，然均就建立信用与不在于短期内变更上着眼，未有对政局进行批评者；会前，陈氏感慨"余已衰老至斯，此半月来痛自责验，乃知脑力不堪思考，知虑枯拙已竭。如此虚生蹉跎，既无执戈杀贼之能，又无靖献策画之用，洵不知此后岁月将如何度过矣！"会后，陈氏"觉体力心力不支，不得不作短期二三天之休息"。⑤ 13 日，服安眠药身亡。自书遗言二十五则，另有致蒋中正、致亲人、致友人遗书多封；二十五则遗言并无条理，似为杂记，其中一则："而今我是为了脑力实在使用得太疲劳了，思虑一些也不能用，考虑一个问题终觉得头绪纷繁，无从入手；而

---

① 《陈布雷先生从政日记稿样》（五），1948 年 11 月 1 日，第 1030 页。
② 《陈布雷先生从政日记稿样》（五），1948 年 11 月 2 日，第 1030 页。
③ 《陈布雷先生从政日记稿样》（五），1948 年 11 月 5 日、6 日、7 日，第 1030～1031 页。
④ 《陈布雷先生从政日记稿样》（五），1948 年 11 月 8 日，第 1031 页。
⑤ 《陈布雷先生从政日记稿样》（五），1948 年 11 月 11 日，第 1031～1032 页。此为陈布雷日记之最后一日。

且拖延疲怠，日复一日，把急要的问题应该早些提出方案之文件（如战时体制）一天天拖延下去，着急尽管着急，而一些不能主动，不但怕见统帅，甚且怕开会。自己拿不出一些之主意，可以说我脑筋已是油尽灯枯了。为了这些苦恼，又想到国家已进入非常时期，像我这样，虚生人间何用。由此一念而萌自弃之心，虽曰不谓为晚难苟免，何可得乎？"可以看出陈氏临死仍以无法完成蒋氏交付之任务为念，亦可见其对蒋氏之忠忱。蒋氏得陈氏身亡报告，"悲痛异甚"，立即亲临其寓悼唁，于日记中记道："今日再无他人可以任其之代劳与调节各派之中坚主持之人矣"，"失此忠实同志，诚无异折我手足耳"。[1]

五　结语

熊式辉的建言，或许掺杂个人情绪的因素在内，但是其直接指出了蒋中正在人事安排及领导统御的诸多问题，与陈克文、陶希圣在日记中所陈述立法委员自主、不接受蒋氏指导现象，以及陈布雷于日记中所陈述外围听闻对于蒋氏的批评，要求其下台的言论，实际上具有共同点，即是政治困境的造成，相当程度与蒋氏个人的领导风格有关。固然在 1948 年国共战争进行的过程中，政府方面实际处于极端不利的状况，而政府内部的人事冲突或派系斗争并没有因为在这样不利的状况下，稍有减缓。但是蒋氏在国民党军队失利讯息频传、内部人事冲突或派系斗争不断的情势下，仍然坚持他的领导，强调他的立场，未见稍有调整。张群曾对陈克文表示："总统的性格太刚强了，时局愈困难，责任心愈重，这时候他决不会把责任交给少数的干部的。"[2] 居正亦说："总统的性格是很刚强的，绝不会和共产党妥协，一定坚持到底。"[3] 但是蒋氏对于失败似乎预见，且十分坦然，不只是在 1948 年 4 月 4 日中国国民党六届临时中全会上午、下午的两次讲话中，都告诫同志如果不接受他的主张，"至多两年""不出两

---

① 《蒋中正日记》，1948 年 11 月 13 日。
② 陈方正编《陈克文日记（1937～1952）》下册，第 1169 页。
③ 陈方正编《陈克文日记（1937～1952）》下册，第 1160 页。

年", 就要重蹈 1913 年革命失败的覆辙。依据熊式辉的记录, 蒋氏在 11 月 29 日的讲话中, 直言 "今日失败为当然之事, 必须失败, 始可苏生新局面, 今日局势并不甚足惜"。① 陶希圣于 12 月 15 日亦记道: "下午四时会报, 总统表示失败为一定的, 彼不怕失败。"② 或许蒋氏此时对于他在是年 10 月 10 日晨起默祷, 得天父指示为《启示录》第二十一章, 其中的 "新天新地" 一节, 已经有新的认知。③

---

① 洪朝辉编校《海桑集——熊式辉回忆录 (1907~1949)》, 第 673 页。
② 陶晋生编《陶希圣日记》(上), 第 191 页。
③ 《圣经》《启示录》第二十一章, 共有二十七节经文, 其第一节为 "我又看见一个新天新地; 因为先前的天地已经过去了, 海也不再有了"。蒋中正于 10 月 10 日日记记道得此章系天父 "明示光明世界之将临, 中国必能转危为安, 剿匪终可转败为胜, 竟得新天新地之恩宠" (见《蒋中正日记》, 1948 年 10 月 10 日), 是蒋氏将该章重点置于 "新天新地"。

军人笔下的历史

"模范军"的实与虚

——《胡宗南日记》中的蒋介石与陆军第一军

陈佑慎[*]

内容提要 抗战时期的胡宗南,以第一军为骨干,高峰期统率 27 万余人,承蒋介石之命坐镇关中,奉"东御日寇,北制共匪,西防苏俄,内服四马"为主要使命。当时外界盛传,胡宗南的兵力雄厚,大部分是美式装备,只是鲜少将枪口对外。但究其实际,第一军的实力常被夸大。而夸大之所以产生,与胡宗南的治军作为有关。欲探析历史上特定军队的实力与作为,理想上须评估其组织、战术思想、人事、兵种、战斗序列、武器装备、教育训练、后勤补给、指挥能力、纪律士气等项实况,亦即军事史研究中的"军史"取径。本文基此思考,透过晚近刊布的《胡宗南日记》等史料,参酌蒋介石、胡宗南往来的文书,以及各类档案资料,重探胡宗南部第一之历史图像,并论析黄埔军系发展过程中的若干问题。

关键词 胡宗南 蒋介石 陆军第一军 "模范军"

一 前言

1945 年 7 月 2 日,蒋介石以中央陆军军官学校校长的身份,赴西安王曲主持军校第七分校第十九期的毕业典礼,由第一战区司令长官兼分校主任胡宗南(1896~1962)陪同。同日下午,续乘火车至邻近西安的赤

---

* 台北中研院近代史研究所博士后研究人员。

水，校阅陆军第一军第一师。第一军在国民党军队中的地位非比寻常，它可上溯至 1925 年的黄埔军校教导团，系由蒋介石亲手创建。第一军正式成军以后，蒋即为首任军长（1925～1926）。而胡宗南虽是第六任军长（1936～1937），却是第一位黄埔军校毕业生出任的军长，向来以"铁肩担主义，血手写文章，服从领袖，从头收拾旧山河"自诩，① 现仍以战区司令长官身份统率第一军，意气风发。对所谓"黄埔军系"来说，这应当是极富传承意味的盛事。

　　殊出意料的是，蒋介石在校阅场上，竟是面色凝重，感到"如不来此检阅，则余以为第一军真是全国之模范军"。② 胡宗南在当天的日记中记述称，蒋介石之所以不悦，是因为见到第一师"军容腐败，驴马瘦小"。无独有偶，一行人经赤水镇上，迎面又是"民众躲避，家家闭户"的景象，蒋介石以为这是第一师官兵平日军纪不佳所造成，默无一语。返回火车车厢后，蒋介石当即痛斥胡宗南"第一师为中国最劣部队"，又说第一师师长呆春涌（军校五期毕业）"在阅兵台前表现猥琐、卑劣"，而现任第一军军长罗列（军校四期毕业）"真是白面书生，一天到晚在办公室内工作之人物，以致成绩之坏，出于想象"。一天之后，蒋介石当面要求胡宗南立即撤换呆春涌。胡宗南只能照办，但对第一师"最劣"的评语提出辩解，试图"证明其他部队并不如委座想象"。蒋介石闻言，不以为然，依旧责备胡宗南"仅能知彼而不能知己"。③

　　蒋介石之所以对第一军不满，自非仅仅出于阅兵场上的"军容腐败，驴马瘦小"，某种意义上，这是一个耐人寻味的军事史切入点。抗战时期的胡宗南，以第一军为骨干，高峰期统率 27 万余人，承蒋介石之命坐镇关中，奉"东御日寇，北制共匪，西防苏俄，内服四马"为主要使命。④

---

① 李润沂：《我所认识的胡宗南先生》，胡故上将宗南先生纪念集编辑委员会编辑《胡宗南先生纪念集》，台北，"陆军总司令部"，1963，第 59 页。
② 《蒋中正总统档案：事略稿本》第 61 册，台北，"国史馆"，2011，第 265～266 页。
③ 蔡盛琦、陈世局编辑、校订《胡宗南先生日记》上册，台北，"国史馆"，2015，第 480～481、483～484 页。
④ 罗泽闿：《胡宗南先生盖棺论定》，胡宗南上将宗南先生纪念集编辑委员会编辑《胡宗南先生纪念集》，第 261 页。

而无可讳言，除了"东御日寇"一项，其他任务并非不会引起外界非议。就在蒋介石痛责第一师"驴马瘦小"的同时，外界正盛传胡宗南的兵力雄厚，"大部分是美式的装备"，只是鲜少将枪口对外。① 前揭传闻的出现，难免和国共党争有关，唯即使在国民党人群体内，也不乏相似说法。1950年，胡宗南大军已于国共内战中斫丧殆尽，台北"监察院"提出弹劾案，当中犹言胡宗南的"新式武装当全国三分之一"。当局最后接受胡宗南的辩解，在裁决案中表示其部队规模未如外界想象之大，实际装备以国械和杂色枪支为主。② 然而，前揭裁决亦非毫无疑问。本文将会指出，第一军这支"模范部队"的实力确乎常被夸大，但"夸大"之所以产生，其实仍与胡宗南本身的治军作为有关。

探析历史上特定军队——包括胡宗南部队——的实力与作为，理想上需评估其组织、战术思想、人事、兵种、战斗序列、武器装备、教育训练、后勤补给、指挥能力、纪律士气等项实况，亦即军事史研究中的"军史"取径。③ 但必须注意的是，近代中国各类军事体制处在流动状态之中，犹以战场为实验室；其庞大数量的军队，不仅来源复杂，背后也缺乏支撑它的社会结构，以及新的军需、财政体系，从而与现实政治上的纷扰相互牵引。④ 而研究者尝试加以厘清之时，又会面临史料上的困难。尤其是中国军事参谋、经理的落后，叙作战过程"战斗详报，则信口雌黄，乱吹法螺"，⑤ 述军规军制则"兵无实额，枪非实数"。⑥ 这种资料，在当日已使主事者苦无可稽之册，遑论在后世让研究者稍窥其情。此处提及的

① 许亚川：《我所了解的胡宗南》，《陕西文史资料精编》第6卷《胡宗南军事集团》（上），陕西人民出版社，2010，第8页。
② 《袁守谦呈蒋中正胡宗南案裁决书》（1950年11月10），《蒋中正总统文物》，台北"国史馆"藏，典藏号：002 - 080102 - 00042 - 001。
③ 有关军事史研究路径的讨论，参见刘凤翰《中国近代军事史资料与研究》，中研院近代史研究所《六十年来的中国近代史研究》编辑委员会编《六十年来的中国近代史研究》，台北，中研院近代史研究所，1990，第835～836页。
④ 黄仁宇：《从大历史的角度读蒋介石日记》，台北，时报文化，1998，第122～123页。
⑤ 蒋中正：《今后军事教育的方针》，秦孝仪主编《先总统蒋公思想言论总集》第23卷"演讲"，台北，中国国民党中央委员会党史委员会，1984，第98页。
⑥ 中国国民党中央委员会党史史料编纂委员会编《革命文献》第11辑，台北，中央文物供应社，1955，第294～295页。

许多问题，胡宗南部队中同样存在。

　　大抵说来，过去学界针对胡宗南及其部队的研究，在"军系"及"战区"范围内，对其战略任务、整军与扩张、人事等项，已有相当清楚的认识，并存在不同的评价。部分论者认为，抗战时胡宗南部已呈"虚骄不实"，国共内战时更"误国误蒋"。① 另一部分论者则认为，除了"反共"任务较有争议外，胡宗南部队确能提高中央政府在西北的威信，也成功阻止日军西渡黄河。② 但无论如何，这类鸟瞰式的研究，对军级以下的战斗序列与沿革较难顾及。更重要的是，主要受到史料方面的限制，学界对胡宗南部队的战术思想、指挥能力、武器与装备、纪律与士气等问题，仍没有足够的认识，这部分却是"军史"研究的关键问题。正如前述，胡宗南部队的实际战力，同外界对它的想象相比，似乎存在一种微妙的落差。这种落差，应当是蒋介石1945年赴西安后，何以感到"如不来此检阅，则余以为第一军真是全国之模范军"之理，值得研究者细加玩味。

　　本文的写作，即是透过新公布的《胡宗南日记》等史料，参酌蒋介石、胡宗南往来的文书，以及各类档案资料，试图勾勒出更丰富的胡宗南部队历史图像。唯为了行文方便及篇幅计，主要是以抗战时期的第一军作讨论案例。1938年，胡宗南奉命率第一军移驻关中，嗣后在关中整编、督训部队，高峰时计有十余个军番号。不过，当中相当数量的部队，在最高统帅部调度下，或支持华北各省前线，或空运西南地区，流动性大。及至抗战后国民党军进行整编，胡宗南"指挥隶属完整之部队，仅为第一军、第二十九军"。③ 第一军始终是胡宗南的"骨干部队"，有一定的代表性。而第一军更因军史上的特殊地位，蒋介石本人投注的期望与心血不可不谓之深，这正可供吾人论析黄埔军系发展过程中的若干问题。

---

　　① 刘凤翰：《论抗战对中国军事的冲击》，《中国近代军事史丛书：抗战》（下），台北，黄庆中出版，2008，第429页。

　　② 刘纬道：《抗战期间胡宗南军系的组建与发展》，《国史馆馆刊》第22期，2009年12月，第101~132页。

　　③ 徐枕：《一代名将胡宗南》，台北，台湾商务印书馆，2014，第477页。

二 第一军的建立与发展

1. 胡宗南，从革命青年到大兵团指挥官

正如一般军事史研究者注意到的，抗战时期国民党军队将领有"黄埔化"的趋势。抗战前国民党军队高阶军官由保定军校毕业生所占的优势，战时逐渐为黄埔军校毕业生所取代。在直接掌握兵权的军长、师长阶层，这种趋势尤为明显。然而，抗战时期担任军、师长以上的黄埔毕业生，多出自黄埔军校的前几期，仅受过粗浅的军士教育，服役后又多未进修接受高级指参教育，对国民党军队的素质影响甚巨。[1] 就此而言，胡宗南并非例外，甚至可以说是显眼的案例。1925 年春，本为小学教员出身的胡宗南，自黄埔军校第一期毕业，分发至军校教导第一团见习，旋升机关枪连排长，投入东征战役。胡宗南以血性青年之姿，初入战阵，即因战功调升教导第二团第二营副营长。[2] 一位甫自军校毕业的青年军官，未经连长历练，径升副营长，既可见上级之推重，但也是"革命"、内战时期的特殊现象。

胡宗南所服役的教导团，很快扩为蒋介石赖以发挥政治、军事影响力的"基本部队"。东征战役期间，广东革命政府将教导团与黄埔军校第二期学生总队、炮兵营、工兵队、辎重队，及第三期入伍生第一营组成军校之"校军"。"校军"未几扩编为"党军"，以蒋介石为司令官。[3] 国民党人既建党军，亦有意整编麾下的其他各军。1925 年 7 月，广州国民政府成立，即由新设置的军事委员会负责，推行军令统一，取消各军袭用的省称，划一为"国民革命军"。经此改组，党军与许崇智部粤军于 8 月合编为国民革命军第一军，蒋介石为首任军长。1926 年 5 月蒋介石出任国民

---

[1] 张瑞德：《抗战时期的国军人事》，台北，中研院近代史研究所，1993，第 9~12 页。

[2] 东征战役军次，曾云："国危民困，至今而极，既不能救，深以为耻。献身革命，所为何事？此次出发，但愿必死。"见胡宗南上将年谱编纂委员会编《胡宗南上将年谱》，台北，1972，第 15~16 页。

[3] 王正华：《国民政府之建立与初期成就》，台北，台湾商务印书馆，1986，第 38~39 页。

革命军总司令，第一军军长则改由何应钦继任，但仍被外界视为蒋的"嫡系"。①

　　黄埔建军，亦值国民党"联俄容共"时期，故在创立初期的第一军内部，颇有共产党人的活动。随着国共斗争暗潮的涌现，胡宗南亦难置身于旋涡外。1925年春，胡宗南曾参与由贺衷寒（军校一期）等人发起的孙文主义学会，试图抗衡左翼的中国青年联合会。不过，胡宗南仍与共产党人胡公冕过从甚密，以"老师"称之（其实两人算是旧识）。② 其后，胡公冕出任黄埔军校卫兵司令，教导第一团、第二团之营党代表（相当于红军政委）。北伐出师后，更任国民革命军总政治部宣传大队长、东路军前敌总指挥政治部主任等职。③ 胡公冕担任教导团党代表一职期间，即是胡宗南由排长晋任副营长之时。由于这段情谊，胡宗南一度被反共国民党人目为"跨党分子"，幸赖贺衷寒辩白，蒙受之猜疑始为消解。④ 不过，嗣后国共走向武装对立，胡宗南在1930年代身为"力行社"与"复兴社"要角，且于抗战时统率西北大军监视延安共区，依旧与胡公冕时相往还。这层关系并非不为人知，只是胡宗南等人将之定位为"超越党派的关系"。⑤

　　唯无论如何，胡宗南对蒋介石的追随，坚定未移。1926年7月，以第一军第一师第二团团长身份，参加北伐战役。1927年春，第一师攻克浙江，胡宗南尝电蒋介石称："军行所过，人民热烈之忱，粤湘赣民众尚所未及。钧座以手创之军入浙，官兵争气，不至倒公之霉。"⑥ 也可以说，

---

① 文公直编《最近三十年中国军事史》第2编，台北，文海出版社，1971年影印本，第446页；张光宇：《第一次国共合作时期的国民革命军》，武汉大学出版社，1989，第34～36页。

② 张朋园、林泉、张俊宏访问、记录《王微先生访问纪录》，台北，中研院近代史研究所，1996，第19页。

③ "国军政工史稿编纂委员会"：《国军政工史稿》，台北，"国防部总政治部"，1960，第137页。

④ 胡宗南上将年谱编纂委员会编《胡宗南上将年谱》，第17页。

⑤ 《胡宗南先生日记》谓："胡公冕君与我们关系，超越党派的关系。我们团体内人物，多属青年冒失鬼，而胡则老成多矣。"（蔡盛琦、陈世局编辑、校订，上册，第325页）

⑥ 《胡宗南致蒋中正电》（1927年2月2日），《蒋中正总统文物》，台北"国史馆"藏，典藏号：002-090101-00002-095。

胡宗南此后半生戎马，有相当时间是统率着蒋氏的"手创之军"。而北伐战争期间，胡宗南勇敢、沉着，屡建战功，晋升尤速。1927年5月，北伐军克南京后，胡已是第一军第一师副师长兼第二团团长。翌年8月，第一军第一师参加龙潭战役——北伐战争中最血腥的战斗之一，[①] 由于师长邓振铨久假未归，由副师长胡宗南指挥作战，歼敌甚众。11月，第一师续沿津浦铁路北进，16日克蚌埠。胡宗南以战功升任第二十二师（系收编部队）师长，仍隶属第一军战斗序列。不过，随着1928年北伐告成，全国部队进行整编，胡宗南的第二十二师，连同第二师等部，改编为第一师（原第一师改为第九师）。胡直属部队缩编为第一师第二旅，本人降任旅长。[②]

北伐告成，主导南京中央政府的蒋介石，与冯玉祥、阎锡山、李宗仁等军事集团再起内战。1929年9月，胡宗南的第一师第二旅改编为第一师第一旅，仍任旅长，奉蒋介石命讨伐冯玉祥。1930年5月"中原大战"爆发，第一师作为蒋的"基本部队"，继续投入作战。据陈诚当时说，叛军各部以为中央军除第一师、第四师[③]等部外，均属"不堪一击"。[④] 值得注意的是，第一师代师长徐庭瑶在战斗中为迫击炮所伤，胡宗南乃代理师长，再度指挥起师级部队的作战。11月，中原大战结束，第一师移驻开封，胡宗南以战功实授第一师师长。[⑤]

胡宗南正式升任第一师师长后，堪称独当一面。盖据1929年国民党军编遣会议的规划，中国军队将以"师"，而非北伐时期的"军"作为战

---

① 龙潭战役期间，国民革命军伤亡达9000余人。其对手孙传芳军动员5万余人，除逃窜、伤亡、溺毙者外，被俘官兵3000余人。刘安祺回忆，龙潭战役是其"平生经历过的最大、最激烈的场面"。见张玉法、陈存恭访问，黄铭明记录《刘安祺先生访问纪录》，台北，中研院近代史研究所，1991，第26~27页。

② 胡宗南上将年谱编纂委员会编《胡宗南上将年谱》，第24~28页。关于第一军的改编经过，参见《第一军组织递嬗》、《陆军部队沿革史》、《国军档案》，台北中国国民党党史馆藏，档案号：15.43/7241.16。

③ 1930年第四师师长先后为张治中、徐庭瑶，参见《陆军第四师沿革纪要》，军事委员会铨叙厅调制《陆军各部队沿革纪要》，1937，未著页次。

④ 《陈诚致蒋中正电》（1929年4月15日），《陈诚副总统文物》，台北"国史馆"藏，典藏号：008-010202-00035-001。

⑤ 胡宗南上将年谱编纂委员会编《胡宗南上将年谱》，第31~36页。

略单位。中原大战的爆发，使得这一改革无疾而终。即令如此，第一军自
1929 年至 1936 年间，确仅有军之名义，并未有军部的设置。及至 1936
年 5 月，第一军始重新扩编成立，并以胡宗南为军长，下辖第一师（由
原第一师之第一、第二旅编成）、第七十八师（由原第一师第三旅、独立
旅编成）等部。其后，第一军的战斗序列仍有几次的变化，唯第一师、
第七十八师作为该军"骨干师"的地位，基本上已经确立，直到最后消
失于历史舞台。[①]

　　升任师、军级指挥官后，胡宗南长期率部转战于中原、西北，甚至是
移驻江淮，无不是奉中央统帅之命。对蒋介石来说，非嫡系军队或出于
"地盘"连接，或出于政治忠诚度疑问，总是难以像指挥嫡系部队般如臂
使指。在其嫡系部队之中，胡宗南自属表现耀眼。然而，用后见之明来
看，胡宗南的教育养成与实务经验，还是难以应付即将登场的大兵团作
战。即胡宗南本人，数十年后亦不无"工作常在边僻之区，而又无机会
受训上学，智识益减，错误益多，以致于蹉跎岁月，无补时艰"的慨
叹。[②] 除此之外，这一时期胡宗南的用兵风格，也和连排长时代的忘却生
死大异其趣，予人"性格保守，从无出奇制胜的战法，用兵向来稳扎稳
打，慎重其事"的印象。[③]

　　2. 战术思想与指挥能力

　　第一军作为蒋介石"手创之军"，又肩负着"模范军"之名，其部队
主官的战术思想与指挥能力，应是令人感兴趣。不过，这类问题非但涉及
指挥官的个人特质，亦与同时期的兵学发展有关。唯后世论者，或出于隐
恶扬善，或是武断是非，抑或受党派之见所限，要尽量接近当日的历史脉
络，确实并不容易。

　　浙军系统出身，先后毕业于保定军校、陆军大学的于达，在 1930 年

---

① 《第一军组织递嬗》，《陆军部队沿革史》，《国军档案》，台北中国国民党党史馆藏，档
　　案号：15.43/7241.16。
② 《胡宗南革命实践研究院党政军干部联合作战研究班研究员自传》，《胡宗南档案》，台
　　北"国史馆"藏，典藏号：149-010300-0003。
③ 张朋园、林泉、张俊宏访问、记录《于达先生访问纪录》，台北，中研院近代史研究所，
　　1989，第 103 页。

代长期居胡宗南幕下，担任第一师、第一军的参谋长。于达对于清季以来的中国军事发展有很多反省，晚年回忆称：蒋介石"把他们（黄埔学生）从无知的少年训练长大，老是觉得这批毛头小子会出乱子而不放心"，遂时常越级指挥，事事干预，致使前方主官无法处置瞬息万变的军情，也养成军队无法独立作战、指挥系统相互矛盾的弊病。① 类似的点评，广为历史学者所熟知，常引述于相关著述，也可在一定程度上作为认识胡宗南部队的依据。不过，这种评语，主要是聚焦于蒋介石，以自上而下的角度。若改以胡宗南为中心，其实还有若干耐人寻味的问题。

大抵说来，蒋介石对胡宗南颇为信任，寄予独当一面的厚望，唯对于第一军的指挥、战术，仍时常加以过问。例如，1936 年 11 月，胡宗南率部赴西北，协同张学良东北军"剿共"，第一军第七十八师却于山城堡战役——西安事变前国民党军"剿共"的最后一役中受挫。蒋介石闻讯，除直接要求调整该师人事外，② 便责备胡宗南第七十八师的师部距离前线过远，"此非畏缩怕死而何？"要求指挥官须在主力所在地附近，免失机宜。③ 1937 年中日战争全面爆发，8 月淞沪会战开始，第一军再度投入作战，并于 9 月接到蒋介石亲下的"不自动撤退"严令。④ 前揭战术指导，乃是基于下列看法："本月第一军与十八军（陈诚系）阵形皆甚动摇，前方指挥又不得其人，只想后退。余严令制止，问其廉耻与主义何在？乃皆安心死守，将敌击退，此实转危为安之机也。"⑤

唯持平而论，蒋介石命第一军等部在上海死守狭小前线，固有政略上的用意，但在军事上并非毫无可议。1939 年 3 月，时任军事委员会委员

---

① 张朋园、林泉、张俊宏访问、记录《于达先生访问纪录》，第 121～122 页。
② 《蒋中正致胡宗南电》（1936 年 11 月 28 日），《蒋中正总统文物》，台北"国史馆"藏，典藏号：002－080200－00272－098。嗣后，蒋中正要求撤换七十八师师长丁德隆，而胡宗南求情未果，见《胡宗南致蒋中正电》（1937 年 5 月 11 日），《蒋中正总统文物》，台北"国史馆"藏，典藏号：002－080200－00482－059。
③ 《蒋中正致胡宗南电》（1936 年 12 月 3 日），《蒋中正总统文物》，台北"国史馆"藏，典藏号：002－080200－00273－033。
④ 《蒋中正日记》1937 年 9 月 11 日"本周反省录"曰："须知敌军优长者惟飞机与炮兵，而步兵之怯弱不堪言状。然而战场决战之主兵在步兵，以我精勇之步兵而抗战敌军萎靡怯弱之步兵，必可操最后之胜利。"
⑤ 《蒋中正日记》，1937 年 9 月 13 日。

长侍从室第一处主任的张治中，即向蒋介石指出，沪战使大量"训练成熟之国军"在抗战初期承受难以弥补的损失，却不能有效掩护全国动员，"诚战略上之一失着"，此后仅余训练有限的部队勉强维持前线。① 张治中所谓"训练成熟之国军"，主要是指抗战前夕的国民党军"调整师"部队。1936 年，国民政府深感大规模整军之不易，乃先选择"已就国防位置"的十个师（以第八十七、八十八等"德械师"为首）予以调整充实，嗣后再以所余装备整理十个师，共计二十个师，命名为"调整师"。国民政府原计划自 1936 年至 1938 年，整理六十个师，配以相当特种部队，作为国防军的骨干。计划未成，中日战争已经爆发。② 第一军所属的第一师、第七十八师，系于 1937 年春进行整理，是抗战前最后一批整训完成的调整师。③

抗战前第一军整训期间，胡宗南曾询第七十八师参谋长吴允周，讨论可能即将爆发的中日战争。吴允周表示："对内征剿匪逆与国际战争，迥然不同。且本军连年作战屡建奇功，致兵骄将悍，似太大意，对于新的军学尤未及时补修，是其最大缺憾，深恐与日军交绥时弊多吃亏之处。最好开办短期训练以资补救。"胡宗南闻言善之，即命吴允周办理训练。训练主要是将团营连长编为战术训练班，排班长编为战斗训练班，并分别从陆军大学、步兵学校聘请教官来授课。6 月初，第一军开办的战术及战斗训练班将近结业，最后举行团对抗演习，其间卢沟桥事变已经爆发。通过这次整训，第一军在防空、反战车战术，疏散与集结，以及土工作业等方面，获得一定的加强。④

然而，就像其他投入上海"血肉磨坊"的国民党军部队，战前已试

---

① 《张治中上蒋中正呈》（1939 年 3 月 27 日），《蒋中正总统文物》，台北"国史馆"藏，典藏号：002 - 080102 - 00046 - 004。

② 张瑞德：《一九三七年的国军》，黄自进主编《蒋中正与近代中日关系》上册，台北，稻乡出版社，2006，第 252 页。

③ 何智霖编辑《陈诚先生从军史料选辑——整军纪要》，台北，"国史馆"，2010，第 69 ~ 76 页。

④ 吴允周：《忆旧》，《王曲文献》第 4 期，第 431 ~ 432 页；吴允周口述，黄润生笔记整理《淞沪抗战及创办西安王曲军校之回忆》，《王曲文献》第 5 期，第 104 ~ 105 页。

图为现代化战争作准备的第一军，仍承受惨重的损失。12 月，经过三个月的浴血苦战，胡宗南亲率参战的十六个团官兵（满编应有 16000 余人），仅余"勤务、卫士、司书、书记、军需、输送兵、饲养兵等一千二三百人"。[①] 十数年来，胡宗南亲力统率、培训的战斗兵员，基本上消耗殆尽，"连排长几无幸存者"，[②] 这使胡悲恸不已。12 月 20 日，胡宗南曾于无锡阵地致电戴笠，即语及："此次前方撤退各军，秩序纪律毫无，官无斗志，士多伤亡……黄埔部队多已打完，人无撑持，其余当然望风而溃矣。第二期革命已失败，吾人必须努力培养第三期革命干部，来完成未来之使命也。"[③]

沪战几乎使抗战前编训的国民党军精锐付之一炬。不过，在国民政府积极重生战力的努力下，国民党军素质虽难以复原，但规模急遽扩张。沪战期间，胡宗南已升任第十七军团之军团长，唯仍以第一军军部作为指挥机构。1938 年春，胡宗南率部辗转移驻关中，始正式成立军团部，解除第一军军长兼职。胡以军团长身份，除第一军外，尚统领数军之众，已见大兵团指挥的格局。1940 年 5 月，第十七军团再扩编为第三十四集团军，胡宗南任总司令，整补、督训十余个军。1944 年，更以第八战区副司令长官，改任第一战区副司令长官，稍后升任司令长官。关中俨然成为中国西北的重镇，胡宗南亦得"西北王"的诨名，[④]

① 抗战胜利后的 1946 年 1 月，胡宗南曾返浙江省亲。胡展谒父墓，感慨无极，叹曰："父亲死于廿六年十二月九日，其时余正苦战上海三阅月，所统十六个团只剩勤务卫士司书书记军需输送兵饲养兵等一千二三百人。在大场交防于廖磊之桂军后即开后方补充。未三日廖磊军溃败，余奉命守苏州河，半月后复奉命撤退，转战无锡常州。某日奉命赴南京，委座命守南京，而以卫戍副司令长官职相界。命未下，委座又令至浦口督战，而以罗卓英为唐生智之副。俟为四日到南京，六日或七日到浦口。八日委座离京。十日敌攻浦口，十二日南京陷落。而父适于九日病逝于孝丰鹤溪。电讯不通，烽火漫天，行人断绝，骨肉流离之际，而余尚在击楫中流意气豪迈，真可慨可痛可耻可悲者也！"见蔡盛琦、陈世局编辑、校订《胡宗南先生日记》上册，第 534～535 页。
② 胡宗南上将年谱编纂委员会编《胡宗南上将年谱》，第 82 页。
③ 胡宗南：《致戴雨农将军电》，《宗南文存》，台北，中国文化研究所，1963，第 117 页。
④ 胡宗南旧部徐先麟认为，"西北王"是当时报刊中普遍使用，但多少带有讽刺意味或"不友好的恭维"。参见氏著《胡先生的军人本色》，胡故上将宗南先生纪念集编辑委员会编《胡宗南先生纪念集》，第 205 页。

甚而有"西北坐大"之评。[1]

无可讳言的是，胡宗南成为战区级指挥官后，其实有不算短的时间，未承受大兵团作战的考验。1939 年开封会战结束后，第一军开赴西北，驻防陕东平原迄潼关一线，任务是防止日军西渡黄河，但基本上数年未遇大战。当时胡宗南亦自承"我八战区各部队，两三年来，多半是在整训中，专站在旁边看别人拼命，看别人立功"。[2] 处此情势，胡宗南仍不时思索、考虑军事指挥问题，并于日记中记述。例如，1941 年 5 月 3 日，胡宗南与第一战区司令长官卫立煌谈话，记述卫的言论如下："（参谋总长、军政部长）何应钦军事思想已落伍，其建议、思想皆为北伐时代小兵团之办法。"[3]

不过，胡宗南本人很快也无法避免"小兵团办法"的批评。1944 年春，日军发动"一号作战"攻势，亦即中国战史所称"豫湘桂会战"。会战揭开序幕未久，国民党军蒋鼎文、汤恩伯部即在中原战场遭受毁灭性打击。而日军既获胜利，除继续以主力沿平汉铁路南下，复决定以部分兵力对胡宗南坐镇的潼关一带做试探性攻击。[4] 由于胡宗南部"专在西北训练军队而未使用者，达五年之久"，"中外人士皆以此军为生力最坚强之部队"，蒋介石期望它能发挥战略预备队的作用。[5] 然而，胡宗南部在 6 月投入灵宝战役后，虽成功确保关中，但过程是有惊无险。7 月 5 日，胡宗南记述蒋介石责备"这六年多训练，我以为你的部队一定很好了。但在灵宝一仗打下来，才知道这种部队不仅不能打日本，而且不能剿匪"。对于部队表现欠佳的症结，蒋介石直指"各级指挥官之不行，尤其军师

---

① 《胡宗南先生日记》谓："人家评论西北坐大，坐大是不好的名词，无锻炼、无刺激，只有腐化，不会坚强的，胖起来了，是显示无有劲了。"（蔡盛琦、陈世局编辑、校订，上册，第 304 页）

② 《将校班训话集每日训练口号》，《胡宗南档案》，台北"国史馆"藏，典藏号：149 - 010200 - 0003。

③ 不过，这份批评也是立基于"忠诚度"问题之上，"（何应钦）政治思想倾向于政学系，官僚派头太重，自视为第二领袖，因之削弱领袖（蒋介石）之威望"。参见蔡盛琦、陈世局编辑、校订《胡宗南先生日记》上册，第 31 页。

④ 曾清贵译《一号作战（一）河南会战》，台北，"国防部史政编译局"，1987，第 773 ~ 774 页。

⑤ 《蒋中正总统档案：事略稿本》第 57 册，台北，"国史馆"，2011，第 237 页。

长之作战指导幼稚无能","又如用兵之时，使用某一师，而使军长不参加战场，想你一个人来掌握，这是要不得的"。①

对于蒋介石的指责，胡宗南并未接受，令人印象深刻地记述称："余静聆之余，汗透夹背，然气度从容，并无粗陋卑鄙之态。当奉答这次灵宝作战检讨错误，仅仅预备队使用不当。如能加上两个团，则必获大胜利。"② 不过，胡宗南以大兵团指挥官身份，时常干涉师级以下的指挥，确实引起诟病。稍后，陈诚亦劝其改正"事必躬亲而精神太好，不能造成层层节制，师长不能指挥团长"之弊。③ 甚至，1948年春，蒋介石犹电胡宗南谓："弟之带兵，一般批评为直接团长，而不信任师旅长，故师旅长皆无权力，不能发挥其独断专行之长才。此为陈旧带兵之方式，应彻底改正"，"又弟用兵好为分割建制，此为兵家最忌之道者。再不彻底改正，则今后作战更失败到底矣"。④ 所谓"陈旧带兵之方式"的批评，似乎是基于长期的观察结果。但这种批评，又与外界对蒋介石本人的批评相似，至少是有意义相通之处，这就不能不引起学者注意了。

另可注意之点，是胡宗南部队在火线的战术表现。从日记及其他文本看来，胡宗南确实勤于督促所部演训"山地攻防、村落攻防、夜间战斗、伏兵战、对唐克车之肉搏、对空射击、毒气、爆破"等课目。⑤ 当中强调的反战车、防空，当是适应现代化战争需求而来。不过，由于强调守势作战，"一般将领没有机动作战的观念，完全是纯步兵的思想，营长的马也不过是代步而已"。⑥ 日后，第一军与共产党军队交手时将会体认到，其行军力较强（轻装，且重视这方面的训练），更能实现机动作战。此为后

---

① 蔡盛琦、陈世局编辑、校订《胡宗南先生日记》上册，第363~364页。
② 蔡盛琦、陈世局编辑、校订《胡宗南先生日记》上册，第364页。
③ 蔡盛琦、陈世局编辑、校订《胡宗南先生日记》上册，第384页。
④ 《蒋中正致胡宗南电》（1948年4月3日），《蒋中正总统文物》，台北"国史馆"藏，典藏号：002-020400-00020-034。
⑤ 蔡盛琦、陈世局编辑、校订《胡宗南先生日记》上册，第19页。
⑥ 蒋纬国口述，刘凤翰整理《蒋纬国口述自传》，中国大百科全书出版社，2008，第69~71页。

话，应是抗战时胡宗南等人所料未及。[①]

3. 战斗序列与人事关系

军队的战术思想，与其历史渊源亦有相关。唯以国民党军军史言，各部队常有番号变动、改编、缩编、并编、解编等情形，不一定能清楚地勾勒其沿革，胡宗南部队也不算例外。不过，胡宗南的第一军（特别是第一师）始终保有蒋介石"手创之军"——北伐时期国民革命军第一军的直接血统，甚至继承历史性的番号。1930 年代，在德国军事顾问协助下，蒋介石及其国民政府继续进行整军工作，从而创建新的中央军精锐第八十七师、第八十八师等"德械师"。胡宗南的第一师（及扩编后的第一军）并未接受德械改装。但即使如此，其重要性未尝稍损。在黄埔军系内部，甚至有人公开质疑蒋介石"只信第八七、八八师、第一师，其余各师皆不信任"。[②] 在外界，1930 年代的知识分子议论中日必将一战，也"常谈到国军的第一军军长胡宗南将军"。[③] 当然，这种特殊地位有时亦为包袱。1932 年"一·二八"事变爆发，舆论界多以为粤系的第十九路军是孤军抗日（其实中央军的精锐第八十七、八十八师已经秘密投入战场）。而在许多人看来，南京政府是否真心抗日，第一师的动向是关键性指标。[④] 再如 1936 年 11 月，第一军第七十八师于山城堡战役受挫，蒋介石闻讯，颇

---

① 有第一军军官回忆称，国民党军有两样不如共产党，一是情报工作，二是行军人力。尤其是后者，共产党军队士兵以轻装为主，粮食大多就地征取，可日行 90 公里；国民党军队装备较重，还要各自背负粮食，仅能日行 65 公里，颇为影响作战行动。参见胡健国、何智霖、赖淑卿等访问《曾祥廷先生访问纪录》，《中共教导旅陕北作战日志（1947 年 3 月 22 日～1948 年 3 月 13 日）》，第 263～264 页。

② 《胡宗南致蒋中正电》（1933 年 9 月 4 日），《蒋中正总统文物》，台北"国史馆"藏，典藏号：008-010202-00035。发此言者是第八十三师二四九旅长陈铁，黄埔军校一期毕业。

③ 郑学稼：《忆胡宗南将军》，《王曲文献》第 4 期，第 101 页。

④ "一·二八"事变期间，蒋介石将第一师从郑州秘密调至龙潭、栖霞、下蜀一带，但对外使用"第四十三师"名义。其时中央军第八十七师、第八十八师已在上海苦战多日，而外界犹以为是粤系的第十九路军孤军作战。据说，宋庆龄、何香凝当面质疑蒋介石不愿抗日，"你如果有意作战，第一师总应调来嘛！"蒋莫可如何，只好透露第一师之事。宋、何乃径直趋第一师驻地确认，唯访视结果，对军容不甚满意。宋、何返回后向蒋告状称："第一师我们找到了，但你自己去看过没有？""你自己去看看第一师，已经不成话了！"最终导致驻地团长遭撤换的事件。参见张朋园、林泉、张俊宏访问、记录《王微先生访问纪录》，第 36～37 页。

为焦急，以为共产党军得利犹小，而启"友军（指张学良东北军等）轻视"则不宜轻忽了。①

抗战爆发后，胡宗南部队急速扩张，唯胡仍始终以第一军为骨干，再进行各军的整训。陈诚尝言，"关于胡宗南，有人媒孽其短，说他的部队不能打。但他的部队除第一师外，都是中央要他收编的，原来都是打我们的部队"。② 此叙述虽不无夸大，唯仍可以"中央化"称之。国民党军"中央化"的提高，有学者认为是抗日战争进行大兵团作战的重要条件。③ 但某种意义上，这也可能是胡宗南时常越级指挥的重要根源。例如，原属湘军系统的陶峙岳部第七十六军，于抗战初期隶属胡宗南的第十七军团。1938 年 8 月，胡宗南下令将陶峙岳与第一军军长李铁军对调。对陶峙岳来说，不无"七十六军被他（胡宗南）夺走了，第一军还是他的"之感。实质上，陶峙岳也只携带少数僚属赴第一军军部就任新职，而所属各师仍旧听命胡宗南的指挥。④

抗战时期第一军的骨干，是第一师与第七十八师。第一师的历史可上溯至 1924 年的黄埔建军。至于后者，第七十八师本为著名的粤系第十九路军所属之番号。"闽变"勘平后，部队由中央改编。1935 年秋，人员全部编并桂永清的教导总队，仅余番号。1936 年 8 月，胡宗南抽出第一师部分人员，增设工兵、辎重等部队，使用此空出的番号，成立新的第七十八师。⑤ 另一方面，1938 年武汉会战后，原第一六七师作战失利，撤销番号，最高统帅部另由第五师、第九十五师组成新的第一六七师，配属于胡宗南的第一军。⑥ 新编组的第一六七师，骨干系出李烈钧赣军，是老部队，但战力不差。改编入第一军以后，胡宗南将第二任师长改委黄埔一期毕业的周士冕。周乃赣籍人士，而第一六七师的干部老兵仍以赣籍居多，

---

① 《蒋中正日记》，1936 年 11 月 28 日"本周反省录"。

② 何智霖编辑《陈诚先生回忆录——抗日战争》（上），台北，"国史馆"，2004，第 147 页。

③ 张瑞德：《抗战时期的国军人事》，第 122 页。

④ 陶峙岳：《陶峙岳自述》，湖南人民出版社，1985，第 63～64 页。

⑤ 《陆军第七十八师沿革纪要》，军事委员会铨叙厅调制《陆军各部队沿革纪要》。

⑥ 唐次昕：《抗战初期信罗作战追随邱清泉将军的回忆》，《王曲文献》第 5 期，第 237 页。

故被称为"江西部队"。①

胡宗南是否对第一师、第七十八师、第一六七师有差别对待，是耐人寻味的。平日，胡宗南对第一军所属三个师，无不勤加视察，督促整训，既有奖勉，也有批评。② 不过，1942 年春，胡宗南视察第一师后，尝训话称："技术训练不够研究创新。第一师已不能代表中国军队矣！"③ 此种对第一师的特殊心理，显然是在其他部队身上少见的。尤有甚者，和第一师、第七十八师相比，抗战时第一六七师确实遭到较多的惩处。1944 年灵宝战役期间，第一军投入作战，但第一师、第七十八师负担战略预备队的任务，第一六七师则派往前线。战后，第一六七师团长贺一持又以"擅自撤退"罪名，按连坐法枪决。④ 无论如何，当时人确有"第一师、七十八师怕吃亏"，故而常将第一六七师先推上火线的感想。⑤

部队人事方面，外界形容胡宗南部队，有所谓"黄、陆、浙、一"之语。其实，第一军带兵官的省籍涵括湖南、广东、山东各地，并未以浙江为主。不过，学历背景的确是黄埔军校占绝对多数，⑥ 早期"外人"亦难进入第一师任职。及至抗日战争前夕，第一军始较积极向外延揽新血。而由于第一师老干部出身陆军大学者较少，吸收新血的重点遂以陆军大学毕业生为主。但据说，干部若仅有陆大毕业生身份，而无"黄埔""第一师"等渊源，仍难在胡宗南部队中发展，恐沦为"幕僚来幕僚去""高参

---

① 胡健国、何智霖、赖淑卿等访问《曾祥廷先生访问纪录》，《中共教导旅陕北作战日志（1947 年 3 月 22 日 ~1948 年 3 月 13 日）》，第 270 页。第一军所属的战斗序列，另参见《步兵师旅整理计划大纲》（1937 年），《蒋中正总统文物》，台北"国史馆"藏，典藏号：002 - 080102 - 00070 - 001；军事委员会铨叙厅调制《陆军各部队沿革纪要》；《第一军组织递嬗》《第一军重要人事异动》，《陆军部队沿革史》，《国军档案》，台北中国国民党党史馆藏，档案号：15.43/7241.16；"国防部作战参谋次长室"编订《国军历届战斗序列表汇编》第 1 辑，台北，"国防部"，1964，未著页次。
② 蔡盛琦、陈世局编辑、校订《胡宗南先生日记》上册，第 116 ~ 118、125 ~ 126、190 页。
③ 蔡盛琦、陈世局编辑、校订《胡宗南先生日记》上册，第 117 ~ 118 页。
④ 蔡盛琦、陈世局编辑、校订《胡宗南先生日记》上册，第 361 页。
⑤ 胡健国、何智霖、赖淑卿等访问《曾祥廷先生访问纪录》，《中共教导旅陕北作战日志（1947 年 3 月 22 日 ~1948 年 3 月 13 日）》，第 270 页。
⑥ 胡健国、何智霖、赖淑卿等访问《曾祥廷先生访问纪录》，《中共教导旅陕北作战日志（1947 年 3 月 22 日 ~1948 年 3 月 13 日）》，第 269 页。

（谋）高教（官）来往互调"的命运。①

对于胡宗南的用人风格，蒋介石另有若干批评。据胡宗南日记所载，1944 年 7 月，蒋介石诫胡宗南曰："你对用人，如用团长不经师长考察，而滥用自己所拔擢者。我们既用了人，为何不信任人？"② 12 月，又诫胡宗南："你的毛病，似乎放手不开，格局嫌小，气度不够。以独当一面之人，器局、态度、度量必要相配"，"最要不得为团长以上人事，亦由你干涉，这是打败仗的道理。团长以上人事，统应由军长负责，直向铨叙厅保举，不好有一些干涉。师长以上，则又另当别论"。③ 唯正如前述，半年后蒋介石就亲自过问，要求胡宗南撤换第一军第一师师长杲春涌。倒是胡宗南亦渐感"第一师已觉老大"，④ 遂萌意以非黄埔军校出身的黄正成（炮兵专家，日本陆军士官学校毕业，曾赴德国考察）接掌第一师师长。⑤这一人事方案，胡宗南曾向蒋介石当面报告，蒋的反应是"黄非黄埔学生，然亦可"。⑥

抗战时期，第一军另一个特殊的人事任命，是蒋介石的公子蒋纬国在第一师的低、中阶军官历练。此前，1937 年，蒋纬国进入德意志国防军第一师第九十八山岳步兵团，接受军官教育入伍训练。1939 年，再自德国慕尼黑军官学校（Kriegsschule）毕业，以陆军少尉身份入德国步兵第八师服役，参与德国入侵波兰战役。在波兰战役中，德军采两翼攻势，蒋纬国因所属部队负责守势作战，未亲临火线。不过，蒋纬国仍借此体验了欧陆现代化战争的部分面貌，这对当时的中国军官甚属难得。未几，蒋纬国离德赴美，进入美国陆军航空队空战战术训练班、陆军装甲训练中心受

---

① 慕中岳：《关于胡宗南》，《陕西文史资料精编》第 6 卷《胡宗南军事集团》（上），第 3～4 页。
② 蔡盛琦、陈世局编辑、校订《胡宗南先生日记》上册，第 363～365 页。
③ 蔡盛琦、陈世局编辑、校订《胡宗南先生日记》上册，第 410～411 页。
④ 蔡盛琦、陈世局编辑、校订《胡宗南先生日记》上册，第 117 页。
⑤ 据称，胡宗南曾问第一师参谋长张仲雷："你看现在第一师情况如何？"张表示"一代不如一代"，原因是"你将第一师师长交给李铁军，他打仗是不错，但比起你来是差了一点；李铁军又交给李正先，我看李正先打仗也不如李铁军。未来的师长是杲春涌（黄埔五期），我看杲春涌还不如李正先"。胡宗南很感慨，日后遂有黄正成接掌第一师的安排。参见胡健国、何智霖、赖淑卿等访问《曾祥廷先生访问纪录》，《中共教导旅陕北作战日志（1947 年 3 月 22 日～1948 年 3 月 13 日）》，第 269 页。
⑥ 蔡盛琦、陈世局编辑、校订《胡宗南先生日记》上册，第 483～484 页。

训。据蒋纬国说，当时美军尚在筹组第一支装甲师，他以在德国受训所学，"帮助"美方完成了编训工作。1940 年底，蒋纬国返回暌违数年的国门。翌年初，以陆军少尉身份，自重庆赴西安，由何应钦"亲手"交给胡宗南分发工作。[1]

据日记所载，胡宗南初见蒋纬国，时在 1941 年 4 月 8 日。[2] 对于蒋纬国的安置，胡宗南似乎是几经思量。5 月 15 日，胡宗南电询蒋介石，蒋纬国究以进入第一师担任排长，抑或入西安王曲中央陆军校第七分校教育队工作为宜。在蒋介石授意之下，[3] 同月 19 日，蒋纬国终于入第一师第三团第二营第五连第一排，担任排长。[4] 唯蒋纬国既任排长，胡宗南不免仍以特殊眼光相待。9 月，胡宗南向蒋介石报告蒋纬国入伍近情，谓"蒋纬国同志在第一师工作，该师每月均有考核。其最大优点，为意志坚强，有贯彻力，数理根底优美，故胆识俱佳，且能持之以恒"，"拟再若干时间，将纬国调往装甲兵第二团服务，俾获得机械化部队实际应用之经验"。蒋介石同意照办。[5] 不过，当胡宗南提议让蒋纬国参观十月秋操，蒋介石立即否决，强调"军人一体，不可有特殊待遇，以坏我军风"。[6]

其实，蒋介石之意，是令蒋纬国在第一师"服务应经过相当时日，再定工作程序"。[7] 1943 年 9 月，蒋介石一度命蒋纬国赴印度，至驻印军郑洞国部任联络参谋，借机增进军事经验，年底返国。[8] 翌年初，胡宗南

---

① 蒋纬国口述，刘凤翰整理《蒋纬国口述自传》，第 51～67 页。

② 蔡盛琦、陈世局编辑、校订《胡宗南先生日记》上册，第 27 页。

③ 《蒋中正致胡宗南电》（1941 年 5 月 17 日），《蒋中正总统文物》，台北"国史馆"藏，典藏号：002 - 070100 - 00046 - 040。

④ 蔡盛琦、陈世局编辑、校订《胡宗南先生日记》上册，第 35 页。

⑤ 《胡宗南致蒋中正电》（1941 年 9 月 15 日），《蒋中正总统文物》，台北"国史馆"藏，典藏号：002 - 080200 - 00296 - 007。

⑥ 《蒋中正致胡宗南电》（1941 年 9 月 23 日），《蒋中正总统文物》，台北"国史馆"藏，典藏号：002 - 080200 - 00296 - 014。

⑦ 《蒋中正致胡宗南电》（1941 年 9 月 17 日），《蒋中正总统文物》，台北"国史馆"藏，典藏号：002 - 070200 - 00011 - 078。

⑧ 《蒋中正致蒋纬国电》（1943 年 9 月 22 日），《蒋中正总统文物》，台北"国史馆"藏，典藏号：002 - 040300 - 00002 - 016；《蒋中正致郑洞国电》（1943 年 11 月 8 日），《蒋中正总统文物》，台北"国史馆"藏，典藏号：002 - 010300 - 00052 - 055。

向蒋介石提议，拔升蒋纬国为第一师第三团第二营少校营长。蒋介石仍持保留态度，谓蒋纬国少尉停年未满，不宜晋升少校；仅在原任营长依法有缺升调的条件下，方可调补蒋纬国为上尉营长或代理营长。① 蒋纬国稍后仍然获得升职，但同年即改调青年军第二○六师六一六团第二营少校营长，离开了第一军。

对胡宗南而言，蒋纬国之事，自不无蒋介石托付的重要意义。1942年初，胡宗南与汤恩伯谈话，两人便语及"对蒋纬国之培植，不入陆大不出国，而予以教导团团长，使之继承领袖精神"。② 然而，事情似乎不算完全顺利。一方面，蒋纬国这位受德国正规训练的青壮军官，很难满意中国军队的现状，即使是对号称"模范军"的第一军。蒋纬国回忆，他对胡宗南部队的第一印象其实不好，抵关中之初"胡长官本来想向我炫耀他的军械库，结果却让我发现他的部队水平不过如此而已"。③ 另一方面，蒋纬国显然也有不同于其他低阶军官的作风，不无使胡宗南为难。1942年初，胡宗南记述称，蒋纬国"因某班长赌博，亲自用驳壳枪击毙某班长"，惊动了第一师师长李正先，感到"班长赌博该诛，然应请命而行之，不应由纬国自己杀也。拟设法规劝之"。④

综合观之，似乎不难理解，胡宗南与汤恩伯谈蒋纬国事之时，还有如下的说法："中国军队在目前情况之下，不合理想，任何队伍如此。不合理想的情形，而以蒋纬国力量，能否挽救不能？既不能，好发牢骚。此牢骚与部队决为无利。为此应即调回，全权交蒋训练一种新队伍，牢骚才平，中国情形才会明白。"⑤ 蒋纬国在稍后的军旅生涯，倒是获得训练"新队伍"的机会——抗战后的陆军装甲兵教导总队战车第一团，但已与胡宗南系统关系不大。

① 《蒋中正致胡宗南电》（1944年1月11日），《蒋中正总统文物》，台北"国史馆"藏，典藏号：002 - 070200 - 00020 - 018。
② 蔡盛琦、陈世局编辑、校订《胡宗南先生日记》上册，第78页。
③ 《陆军第七十八师沿革纪要》，军事委员会铨叙厅调制《陆军各部队沿革纪要》。
④ 蔡盛琦、陈世局编辑、校订《胡宗南先生日记》上册，第91~92页。
⑤ 蔡盛琦、陈世局编辑、校订《胡宗南先生日记》上册，第94页。

三　第一军的兵员与饷械

1. 武器装备与特种部队

前文提及，抗战期间，外界盛传胡宗南部队装备良好，只是甚少用于对付日军。其实，即使在 1944 年灵宝战役前夕，进逼潼关的日军同样相信"主要敌人为胡宗南军，为蒋委员长的秘藏部队，其装备不逊于我军"。[①] 第一军是否为蒋介石"装备不逊日军"的"秘藏部队"，自是可以商榷。一支装备良好的国民党军部队，单兵近接战斗器材的确未必落后日军，只是火力上要差于对手。[②] 而后者的差距，主要是基于炮兵与机械化部队的实力。但和欧陆列强相比，日本陆军的装备亦非先进，一旦面对配备进口军械的中国军队时，仍无轻忽之心。其实，当时中国的官方宣传或民间报道，也多侧重于国民党军较现代化的一面，而不同于后世所强调的国民党军"劣势装备"。[③] 这个历史现象值得探析，第一军的情况亦为可注意的案例。

在抗战前的陆军整编中，第一军并未改编为德械部队，但仍比一般国民党军装备整齐。步枪、轻重机枪、迫击炮、轻型火炮尚称充足，是有一定战力的轻装步兵单位。[④] 然而，胡宗南并不满意只统率轻步兵，还盼望拥有特种兵。特别是，1937 年底至 1938 年初，徐庭瑶、杜聿明在湖南湘潭扩建当时中国陆军唯一的机械化部队——第二〇〇师（1939 年初扩编为第五军）后，胡宗南自西北遥望，不无"眼红"，也开始想方设法筹获陆军新式装备。

---

① 曾清贵译《一号作战（一）河南会战》，第 784 页。

② 林石江译《初期日军作战（一）从卢沟桥事变到南京战役》，台北，"国防部史政编译局"，1987，第 547 页。

③ 1937 年 9 月 19～27 日出版的上海《战时画报》第 1、2、3 期即以可观篇幅登载国民党军步炮、反战车炮、机关炮、高射炮、装甲车、战车、战机之照片。第 6 期（10 月 9 日）亦以"我军新式武器"为题，宣传国民党军战车、装甲车、高射炮等武器的阵容。

④ 袁杰三口述，黄润生笔记《第一军参加淞沪会战之回忆》，《王曲文献》第 5 期，第 91～93 页。

陆军新式装备，主要是指战车、战车防御炮、车辆牵引重炮、战防炮等项。国民政府在抗战前已自德国、意大利、英国等处进口若干数量，抗战爆发后，继续由苏联军援取得。以技术条件言，抗战初期国民党军队所使用的苏制 T - 26 轻战车、意制 CV - 33 小战车、德制 SFH 18 榴弹炮、德制 Pak36 战防炮，多为欧陆现役装备，绝不逊于日本陆军，问题在于数量有限，最高统帅部仅能做重点配置。1938 年 6 月，胡若愚建议蒋介石编组国民党军 3 ~ 6 个"突击纵队"，集中可用资源，作为重点打击部队。突击纵队配属战车营一、炮兵团一、步兵团一、工兵连一、特务连一、通信兵排一、汽车管理排一，均采摩托化编制。① 此建议获得蒋介石认同，开始筹办，并遴选第一军第一师为"突击师"之一。而借着"突击师"改编工作，胡宗南不独获得重炮、山炮、工兵、车辆的补充，② 更成功说服蒋介石拨派第二〇〇师的部分战车（约45 辆）入陕。③

1938 年国民党军突击师的编组（第一师、第二〇〇师均在计划之内）并未成功，胡宗南却因此掌握珍贵的装甲部队。一般关于抗战初期国民党军队装甲部队的介绍，主要聚焦于杜聿明第五军所属的装甲兵第一团，殊少注意名义上仍属第五军序列，实际上已由胡宗南全权整训、起用与罢黜人事的装甲兵第二团。④ 1939 年编成的第五军，拥有战车 210 辆，稍后投入著名的昆仑关战役，机械化实力要远高于胡宗南的部队。不过，胡宗南掌控中国"唯二"之一的装甲团，象征意义并不为小。1941 年 9 月，胡宗南曾建议蒋介石择期将蒋纬国调入装甲兵第二团历练，⑤ 即缘出于此。

装甲兵第二团既入西北，实质上等于"第一军的直属队"，部分人员

① 《胡若愚上蒋中正呈》（1938 年 6 月 19 日），《蒋中正总统文物》，台北"国史馆"藏，典藏号：002 - 080200 - 00283 - 036。
② 《胡宗南致蒋中正电》（1938 年 7 月 24 日），《蒋中正总统文物》，台北"国史馆"藏，典藏号：002 - 080200 - 00500 - 081。
③ 《何应钦致蒋中正电》（1938 年 6 月 14 日），《蒋中正总统文物》，台北"国史馆"藏，典藏号：002 - 080200 - 00498 - 122。
④ 《张治中上蒋中正呈》（1940 年 4 月 10 日），《蒋中正总统文物》，台北"国史馆"藏，典藏号：002 - 080200 - 00524 - 210。
⑤ 《胡宗南致蒋中正电》（1941 年 9 月 15 日），《蒋中正总统文物》，台北"国史馆"藏，典藏号：002 - 080200 - 00296 - 007。

在日记中找寻历史

装备则担任西安王曲中央军校第七分校的练习连。此外，胡宗南另掌控有炮兵第五十二团（以战防炮为主）、炮兵第二旅（汽车牵引榴弹炮）等特种兵。炮兵第二旅旅长黄正成，1945 年 9 月甚至出任第一军第一师师长。逢外宾参访，胡宗南常举行阅兵，除第一军步兵部队外，总是安排一个战车连、战防炮连、榴弹炮连、高射炮连组成机械化支队参加。火炮连同战车，纵深相当大，浩浩荡荡通过阅兵台，颇给予外界第一军器甲鲜明的印象。①

　　唯耐人寻味的是，胡宗南极少在实战中投入机械化特种部队。胡宗南是否出于对日军"保存实力"，姑置不论。但是，这支特种部队似乎也没有认真用来对付共产党军队。1942 年夏，胡宗南确曾考虑趁日苏开战，"用机械化部队沿公路北上"，解决中共问题（出自白崇禧的提议）。② 即使如此，抗战后胡宗南真正挥军攻略陕北之时，实战部队依旧没有配属机械化特种兵，建制炮兵都是骡马炮兵。骡马炮兵以山炮为主，火力小，唯能分解装载，或许更跟随步兵在陕西的山区作战。③ 无论如何，在战车、车辆牵引榴弹炮并未投入实战的情况下，第一军的火力和普通中央军没有根本上的差异。

　　特种兵数量过少，可能是胡宗南不愿将之投入实战的原因之一。为了扩充特种兵的规模，1940 年 5 月，胡宗南曾呈请设立"西北机械化部队指挥部"，以整训战车营、机械化炮兵团。④ 然而，最高统帅部在资源有限的情况下，只能优先补充投入滇缅作战的装甲部队（包括杜聿明部队），始终无法同意胡宗南的扩充请求。⑤ 某种程度上，胡宗南的特种兵部队，仅能算是装点门面，象征意义要远大于实际意义。

---

① 柳屆春：《胡宗南在西北所控制的机械化部队》，《文史资料选辑》第 139 辑，中国文史资料出版社，2000，第 199～203 页。

② 蔡盛琦、陈世局编辑、校订《胡宗南先生日记》上册，第 144 页。

③ 柳屆春：《胡宗南在西北所控制的机械化部队》，《文史资料选辑》第 139 辑，第 204～205 页。

④ 《胡宗南致蒋中正电》（1940 年 5 月 16 日），《蒋中正总统文物》，台北"国史馆"藏，典藏号：002－080200－00525－034。

⑤ 《军政部重要业务处理周报表（一）》（1945 年 5 月 27 日），《陈诚副总统文物》，台北"国史馆"藏，典藏号：008－010706－00038－024。

其次，在战术思想上，抗战乃至于国共内战时期，国民党军一般军官仍视战车为步兵的火力支持，与欧陆正在成形的"装甲兵种"理念有所差距。① 对于当时不强调机动作战的国民党军来说，这种情形应是雪上加霜。就此而言，胡宗南并非例外。但胡宗南亦非对于新兵学思想完全隔阂，只是认为应就中国现实论事。1943 年，胡宗南与人谈论"国军装甲兵之父"徐庭瑶的装甲兵建军理论后，记述了如下看法："（徐庭瑶）殊不知机械化只能算装备，不能算兵种也。研究学术与解决现实不同，中国研究学术应有限度。坐汽车快实，然没有汽车将如何？进步论、进步论固矣。然没有东西将如何？……研究外国战术，而不能配合中国的现实。穷小子家当，讲阔少爷战术，害死人了。研究方面，不能空调。教育方面，找住现实，然后教育才不落伍。"②

中国方面幸运的是，其对手日本陆军也常将战车零星使用，较少实行装甲师团的机动作战。然而，1944 年的豫湘桂会战，日军集结运用大量战车、重炮，是这少数中的例外。汤恩伯部在中原首当其冲，防区遭到穿插分割，莫能阻挡，一败涂地，胡宗南部在灵宝战线则是有惊无险。胡宗南记述：灵宝战役结束后，蒋介石当面询问对汤恩伯兵败的意见，胡当即引 1940 年德军"闪击战"（Blitzkrieg）的战例，强调"此次受挫，完全在装甲师团之影响"，试图为汤恩伯部队辩护，表示"汤军军官如石觉、陈大庆等皆极优秀"，唯"我之装备训练，经不起快速部队之闪击而已。当年法国尚固守惨败，则河南战争亦有可原谅之点在也。如汤本人既有才干能力学问，而又干练、又忠实，此种难得之将，而遭逢不意之挫失，委座应一力挑承，代他负责，而鼓励其再战"。蒋介石闻言，并不否认胡宗南在纯军事观点上的申述，只是仍坚持整顿汤恩伯部队的军纪。③

诚然，灵宝战役中，第一军即苦于战防炮过少，难以应付日军战车的任意穿插。直至紧急空投美援战防枪、火箭筒后，始能遏止日军的闪击战

---

① 孙建中：《国军装甲兵发展史》，第 15 页。
② 蔡盛琦、陈世局编辑、校订《胡宗南先生日记》上册，第 193 页。
③ 蔡盛琦、陈世局编辑、校订《胡宗南先生日记》上册，第 363～365 页。

术。① 以纯军事观点论，国民党军在 1944 年的挫败并非无因，胡宗南为汤恩伯的辩护（其实也算是为自己辩解）有其道理。嗣后第一军接受美援武器，仍系以战防枪、火箭筒这类单兵武器为主，数量与品项不见得比其他部队多。② 无怪乎，胡宗南在 1950 年坚称所部始终"以国械和杂色枪枝为主"来回应外界对他内战丢失西北的诋评。但同样无可讳言的是，抗战时期胡宗南长年在西北摆开战车团、重炮旅的阵仗，装点出高于部队真正实力的门面，也不能说是合乎纯军事的观点。

2. 兵员与教育训练

在特种部队象征意义大于实质意义的情况下，胡宗南的主要实力凭借，仍旧是一般的步兵师。抗战前，胡宗南统帅第一师、第一军官兵，堪称勤于治军，亦有成绩。唯麾下劲旅在 1937 年沪战中折损殆尽，"连排长几无幸存者"。抗战爆发后，胡宗南奉命在西北地区整训部队，或可视为蒋介石重建黄埔系军事力量的重要决定。其部队兵员、基层干部训练（如中央军校第七分校、军事委员会战时干部训练第四团）的情况，学界已有相当程度的认识。③ 不过，《胡宗南日记》及其他史料文本，还能提供不少耐人寻味的历史细节。

1944 年底，胡宗南代理第一战区司令长官职后，曾记述："蒙（蒋介石）谕现时国军精华集中一战区，如一战区失败，国本动摇，真不可为人矣。现时中心问题为补兵问题，大家应集中全力为之。在陕加征五万人，速令祝绍周（陕西省主席）办理；新兵十万人，要明年三月前空运到重庆，方能应急济难。"④ 由此可知胡宗南在西北的整训军队之于蒋介石心中全盘战略的分量。例如 1945 年春，美军在西南编训机械化部队，胡宗南即奉命挑选官兵空运西南，前后计士兵 46000 余人，军校学生9300 余人。时由美军医务人员实施体格检查，被淘汰者甚多。胡宗南不

---

① 徐枕：《阿毛从军记》，台北，福记文化图书有限公司，1987，第 168～169 页。
② 《抗战末期美援抗战军事损失及接收日本赔偿资料》（1944 年 11 月 25 日），《陈诚副总统文物》，台北"国史馆"藏，典藏号：008 - 010701 - 00015 - 001。
③ 参见刘纬道《抗战期间胡宗南军系的组建与发展》（《国史馆馆刊》第 22 期，2009 年 12月）一文。
④ 蔡盛琦、陈世局编辑、校订《胡宗南先生日记》上册，第 416 页。

得不再由第一军第七十八师挑选千余人空运，直至 4 月因西峡口战役爆发始暂停空运，但"精练之兵，已去其大半"。①

大体上，抗战中期以前，胡宗南西北整训部队的成绩，尚为外界称道。1942 年夏，军事委员会军训部部长白崇禧视察西北部队与中央军校第七分校，即称赞不已。胡宗南记述称，"（白崇禧）校阅七八师，分列、阅兵，精神振奋"，"检阅第一师，对近战示范、手榴弹训练、排据点攻击、班之攻防等，白部长皆认为满意"。② 白崇禧将此结果呈报蒋介石，蒋介石尤感欣慰，自记曰："此次白部长校阅，成绩以第一军为最，且超过第五军之成绩，闻之甚慰。深闷时得此，如服良剂，心境顿开矣，而且纬儿在该军任连长正一年也。"③

然而，第一军的"成绩"亦非不会引起外界侧目。1943 年 7 月，蒋介石电胡宗南表示："据一般视察第一军回渝者称，'第一军对于演习经费颇多浪费，如其他部队亦能有同样之经费，则亦不难做到目前第一军之成绩'等语。对于此项批评，望弟切实注意。并希望以后对于节省经费，就地取材，与适合实战之要旨，必须设法做到，使能与其他部队同处艰困之环境，亦能以拮据之经费，表现优异之成绩。"④ 但电文没有点出的更严重问题是，蒋介石前此以为的"各战区纪律废弛，精神散漫，逃兵之多，卫生之坏，思之寒心；惟西安第七军分校与胡宗南所属部队进步甚多，稍足自慰"，⑤ 可能是过分乐观。

从胡宗南日记看来，"纪律废弛，精神散漫，逃兵之多，卫生之坏"同样是西北部队棘手的问题，而且能够解决者十分有限。胡宗南平日巡视察觉，即使是第一师这样的骨干部队，也存在士兵"营养不足，面有菜色，眼病甚多"的问题。⑥ 检阅中央军校第七分校学生，亦见学生"体力

① 胡宗南上将年谱编纂委员会编《胡宗南上将年谱》，第 161 页。
② 蔡盛琦、陈世局编辑、校订《胡宗南先生日记》上册，第 101～102 页。
③ 《蒋介石日记》，1942 年 8 月 14 日。
④ 《蒋中正致胡宗南电》（1943 年 7 月 19 日），《蒋中正总统文物》，台北"国史馆"藏，典藏号：002-070200-00018-082。
⑤ 《蒋介石日记》，1942 年"三十一年总反省录"。
⑥ 蔡盛琦、陈世局编辑、校订《胡宗南先生日记》上册，第 117 页。

及基本训练不够"。① 胡宗南部队兵员的整体情况还有待进一步考察，但基本上可确定存在"（兵员教育）纯为表演式而不普及""空缺尚多""部队文化水平太低、常识不够""部队到何地即补何地之兵，一出发而即逃亡""下级干部不行"等情况。② 胡宗南曾说，自己对第一军军长韩锡侯所要求者，不外乎："（一）士兵体力强壮；（二）兵额充足；（三）武器保养得法；（四）训练合乎规定"，③ 似可见一斑。④

而无可讳言，就像利用装甲兵第二团、炮兵第二旅来装点门面，胡宗南的步兵单位同样不无粉饰的作风。根据中国大陆出版的回忆性资料，外界所见的第一军演训成果，乃是出于样板化的表演。例如第七十八师照搬中央军校第七分校的训练方法与设备，于驻地大修演习场所、模型场、立体沙盘，各式器材应有尽有；胡宗南甚为满意，乃不时以第七十八师应付中外各界的参访。但其实七十八师的训练并没有普及全师，仅是抽训少数官兵，使之成为特定科目的专长。整体部队的战力，并未得到多少提升。⑤ 当时内部亦盛传，由于兵员空缺过多，第一师遇检阅时，会借用第七十八师人马暂时补足，反之第七十八师遇检阅亦然。至于演习中的炸射课目，更常营造精确射击的假象。⑥ 对照胡宗南门生故旧在台湾较委婉的说法，胡宗南部队"在某些方面仍曾有过纪律废弛的表现，其中最坏的毛病就是虚伪和欺骗，也就是不'诚'"，⑦ 当有一定的可信度。

面对军中的沉疴，胡宗南应非没有整顿之心。例如，他曾下令中央军

---

① 蔡盛琦、陈世局编辑、校订《胡宗南先生日记》上册，第 90～91 页。
② 蔡盛琦、陈世局编辑、校订《胡宗南先生日记》上册，第 398～400 页。
③ 蔡盛琦、陈世局编辑、校订《胡宗南先生日记》上册，第 118 页。
④ 蔡盛琦、陈世局编辑、校订《胡宗南先生日记》上册第 94 页"补记 3 月 19 日王昇之谈话"条谓："军队第一要求，营养好，体力强壮。第二再要求技术高明。体壮然后气盛，艺高自然胆大。当年西北军一切落伍，每一兵脸色红身体壮，故在十九年战争中以善守驰名，即全赖此体壮也。现在第一军最要之事，即为恢复体力也。"
⑤ 乐典：《胡宗南侧记》，《陕西文史资料精编》第 6 卷《胡宗南军事集团》（上），第 91 页。
⑥ 蔡惠圃：《关于胡宗南部的一些见闻》，《陕西文史资料精编》第 6 卷《胡宗南军事集团》（上），第 265 页。
⑦ 王治南：《黄埔精神在王曲》，《王曲文献》第 1 期，第 545～546 页。又谓中央军校第七分校曾为迎接外宾，彻夜构筑马路和行道树；贵宾离去后，数百棵行道树很快死亡殆尽，因其为匆匆砍掉树根移植而成。又如某部队进行"克难生产"运动，其实是借用老百姓饲养的猪，再临时搭盖猪圈，供参观之用。

校第七分校不合格的学生总队"不准升学",延长训练时间,不无宁缺毋滥之意。① 唯胡宗南似乎更倾向于认为,"中国军队在目前情况之下,不合理想,任何队伍如此"。值此情势,他仍力图对外维系"模范军"的意象,② 这就难免造成"不诚"的作风了。曾在第一军第一师担任数年基层军官的蒋纬国,便认为"胡宗南将军对形式的注意多过于实际",军中各类训练活动亦多"敷衍了事"。③ 然而,"政治可吹大炮,军队必须拼实力"之理,胡宗南不会不知。④ 1944 年秋,胡宗南曾记述称:陈诚诚其"人家来看部队,不许另外摆一套给人家看。养成实在风气,而免表面"。⑤ 主动写下这种文字的特殊心境,应当是值得玩味的。

3. 部队经理与军风军纪

"纪律废弛,精神散漫,逃兵之多,卫生之坏"作为胡宗南部队的痼疾,终于因国民党军在 1944 年豫湘桂会战的失利而暴露于世。只不过,胡宗南所承受的指责,未若汤恩伯为高。灵宝战役结束后,胡宗南曾记述蒋介石的一段谈话曰:"他(汤恩伯)战败,我可以代他负责,但他不许作生意。军人如作生意,一心一意在钱上打算,还能打仗么?""我没有肯定的叫他不作生意,这是我的不是。你叫他不作生意,我可对他负责。但我还是要处罚他。"⑥

究其实质,军风、军纪之维系,除了要靠主官整饬外,症结恐怕还是出于经理问题。抗战后期,有第一师军官表示,"二等兵月饷五十元,买线补衣,犹嫌不足。士兵社会地位,同于乞丐"。⑦ 当时法币贬值,官兵薪饷与部队公费难以应付物价水平,是国民党军各部队的普遍现象。要求

---

① 蔡盛琦、陈世局编辑、校订《胡宗南先生日记》上册,第 89～91 页。
② 从日记看来,胡宗南本人曾为了外宾参访,思索限制参访团路线,刻意减少路上军运民运,"切实规定某师何处作战、调下整理","反共标语一律除去","陪往之人,一个专讲,一个装不懂英文"等问题。见蔡盛琦、陈世局编辑、校订《胡宗南先生日记》上册,第 325～327 页。
③ 蒋纬国口述,刘凤翰整理《蒋纬国口述自传》,第 68～75 页。
④ 蔡盛琦、陈世局编辑、校订《胡宗南先生日记》上册,第 398～401 页。
⑤ 蔡盛琦、陈世局编辑、校订《胡宗南先生日记》上册,第 378～379 页。
⑥ 蔡盛琦、陈世局编辑、校订《胡宗南先生日记》上册,第 363～365 页。
⑦ 胡宗南上将年谱编纂委员会编《胡宗南上将年谱》,第 144 页。

生存条件形同"乞丐"的武装士兵对民间秋毫不犯，不啻是一种空想。因此，汤恩伯于防区成立物资调节处、酒精厂、造纸厂、纺织厂、煤厂，本意未尝没有筹措部队经费之意。但高级长官经商得利，下级干部纷纷效尤，各种假公济私乃一发不可收拾。何况一般士兵较难从此获利，与其官长更加隔阂，益难维系团体聚力。而许多兵站未能适时补给部队粮弹，反将军粮贷放甚至盗卖，部队则直接就食于民间，造成军民关系恶化。此外，部队运输力太差，遂由兵站征用民间交通工具，唯大部分是用于商人包运货物，或为部队走私。这样的部队，要发挥斗志与军风纪，如何可能？①

　　1944 年夏，陈诚奉蒋介石急命出任第一战区司令长官，收拾中原战场的残局。除了一般军事部署，尤其重视军纪及其相应的经理问题。陈诚首先决定整饬"走私""经商""吃空""赌博""盗卖公物"等"一般所谓纪律废弛之事实"，并设法改善士兵生活条件。陈诚倒是认为，"除宗南所部尚能统筹截旷、核实补给外，一般（国军）多干没自肥"，这是说胡宗南的"吃空"是为公，可给予较高的评价。② 年底，蒋介石命胡宗南代理第一战区司令长官，亦询问胡宗南，士兵生活经改革措施后，是否能得解决？胡宗南记述说，他回答蒋介石："不能，必须发给实物，才能解决。此后如能在燃料鞋袜方面注意而解决之，即能解决士兵生活之大半。假如民间每家制多少鞋袜，则军需局对各军即可发实物矣。"胡宗南欲解士兵之倒悬，意念似乎跃然于纸上。③ 但究其实质，胡宗南部队既同样存在吃空缺的情况，仍旧会造成部队战力的错觉。何况，胡宗南吃空固以"为公"自持，其下仍不无纪律废弛的情事。此外，胡宗南部队在西北亦有经商，④ 只是不若汤恩伯之于河南那样"恶名昭彰"。

　　大体说来，抗战以前，胡宗南在担任第一师师长时代，所部军纪、士

---

① 何智霖编辑《陈诚先生回忆录——抗日战争》（上），第 145～146 页。
② 何智霖编辑《陈诚先生回忆录——抗日战争》（下），第 628 页。
③ 蔡盛琦、陈世局编辑、校订《胡宗南先生日记》上册，第 415 页。
④ 张朋园、林泉、张俊宏访问、记录《于达先生访问纪录》，第 110 页。

气尚佳。1932 年第一师从安庆出发,投入"剿共",胡宗南即下令"剿匪必先爱民。民众不欢迎,虽胜亦败。所以第一件事要做到'不扰民'、'不拉夫'、'不取民间一针一线'、'公平买卖,不赊不欠'、'借住民房,要打扫干净,物归原处'"。① 而胡宗南常到各团点名训话,对排以下军士,稍有表现者都能直呼其名,使得不少基层官兵大受感动。② 对于伤亡官兵的安置,亦为重视,成立伤兵年会、官兵互助会,甚至枪毙遗弃伤兵的卫生队长。尤其是伤兵年会,胡宗南往往亲陪伤兵吃酒看戏,三天后送礼话别,"就是铁石心肠,也要流出不少的眼泪"。③ 胡宗南更以部队结余经费、本人部分薪饷、上级奖赏来办理福利事业,并以委员会管理。抗战爆发后,胡宗南出任战区司令长官,仍组织官兵福利委员会,管理各部队旷饷与渭滩垦区生产收益,统筹分配运用。④

唯随着统兵愈多,胡宗南"部属盗卖枪械粮饷的关了一会儿还是再用","他的部队本来像一杯浓茶,因为冲水冲多了,部队扩编太大了,大家做官也做大了,精神松懈,贪污的事便发生了"。⑤ 从日记看来,"(中央军)纪律太差,如伐树、催粮、拆庙、殴辱民众等。而官长赌博、骄傲、自大,造成反动之风气,致为人民看不起"等情,时有所闻。⑥ 1944 年 12 月,胡宗南记述参谋长罗泽闿"报告我部队缺点",更指出:① "哀兵精神没有了",形成骄傲敷衍风气;② "层层节制之纪律没有了",形成贪污吃空,而无人问;③ "河防真正走私贩毒吃空者,实在极多";④ "民众控告于军队者,最近更多";⑤ 空额严重,"嗣后一定要按照编制核实,不得有过去的腐败吃空"。⑦ 无可讳言,这样的纪律废弛情

① 汪雨辰:《革命军人——胡宗南上将》,胡故上将宗南先生纪念集编辑委员会编辑《胡宗南先生纪念集》,第 89 页。
② 欧阳文麟:《关于胡宗南军事集团的见闻录》,《陕西文史资料精编》第 6 卷《胡宗南军事集团》(上),第 280 页。
③ 王微:《怅望千秋一洒泪》;李少陵:《胡将军轶事》,均收入胡故上将宗南先生纪念集编辑委员会编辑《胡宗南先生纪念集》,第 4、49 页。
④ 张瑞德:《抗战时期的国军人事》,第 99 页。
⑤ 张朋园、林泉、张俊宏访问、记录《于达先生访问纪录》,第 108～109 页。
⑥ 蔡盛琦、陈世局编辑、校订《胡宗南先生日记》上册,第 93 页。
⑦ 蔡盛琦、陈世局编辑、校订《胡宗南先生日记》上册,第 524 页。

形，也存在于胡宗南的骨干部队第一军。①

第一军的经理与军纪情况，还有待更多资料予以考察。不过，胡宗南在 1943 年 8 月的日记中记述了预备第一师师长陈鞠旅（军校五期毕业，为胡宗南长第一师时期旧部）详陈军队经理问题，或可作一定的参考。陈鞠旅表示，所部各级主官津贴及余粮处置为"每团以空额 37 名（每连 2、独排 1、输送连 12）为团内各级主官津贴之用。其津贴数目，常随市价高低而转移。另有空额 10 名及逃亡病故之绝旷，为团内人马医药及特殊开支之用。师部 50 名，直属部队 14，为各级津贴及特殊开支之用"。②

陈鞠旅另指出"由副长官部军需处指定军需一员，专责各部队余粮处置"的重要性，盖"各级若能遵照规定实行，不但风气为之一振，而各级待遇均有一定之标准，不平之气自消，部队之团结力亦可从此增进。否则不但于事无补，反为部队增辟财源是减，大可注意者也。为防止流弊起见，各经理单位，自应有健全经委会之组织。惟照一般习惯，所有经委会多具型式有名无实。此则由于各主官无形中露有不快之形迹，而其主事者亦乐得迁就，而避免冲突。故经委会之健全与否，全在主官副主官之人格、及责任心而定"，"官兵情感如何，可以决定逃兵多寡、纪律优劣、战斗力强弱。排长、连长不合，士兵无形中会形成一种派别、牢骚猜疑；挑拨、误会随之而生；虽有大力，不能缩此距离。排长不肯用命，多起于经理之不平"。③

至于蒋介石何时确切理解第一军的真实情况，也还有待进一步推敲。但可以肯定的是，1945 年 7 月，蒋介石检阅第一师后，已见到驻地"民众躲避，家家闭户"，意识到这是官兵平日军纪不佳所造成，遂对第一军这支"模范部队"勃然大怒，不复见过去的欣慰评价。④

---

① 例如，第一军七十八师在驻地附近拆毁庙宇、挖掘墓砖、改造民房、砍伐树木、霸占民地，引起当地人民多次向胡宗南控告。见乐典《胡宗南侧记》，《陕西文史资料精编》第 6 卷《胡宗南军事集团》（上），第 91 页。

② 蔡盛琦、陈世局编辑、校订《胡宗南先生日记》上册，第 244～245 页。

③ 蔡盛琦、陈世局编辑、校订《胡宗南先生日记》上册，第 244～245 页。

④ 蔡盛琦、陈世局编辑、校订《胡宗南先生日记》上册，第 481～485 页。

四 代结语："光荣历史"的包袱

在蒋介石 1945 年 7 月痛责胡宗南前不久，6 月底，盟军中国战区参谋长魏德迈（Albert Coady Wedemeyer）也赴西安视察第一战区部队，会谈美军登陆后国民党军队策应的问题。由于魏德迈曾于德国普鲁士军事学院（Prussian Military Academy）进修，胡宗南乃命同样曾赴德国学习军事的战区副司令长官兼参谋长范汉杰等人详细规划视察项目与讨论议题。6 月 26 日，魏德迈在胡宗南陪同下，视察中央军校第七分校。第七分校系采用德国军事教育方式，魏德迈因而感兴趣，赞美备至。翌日，续至潼关前线视察第一军第一师，以及德制重炮掩体。行程间，胡宗南侧重在说明第一师的"光荣历史"。① 其实，胡宗南最迫切的期望是争取美械装备。是时，美援军械主要集中在湘、黔、滇地区，而非胡宗南驻军下的西北。28 日，双方举行会谈，胡宗南及其僚属即试图说服美方，美军应在山东登陆，再由第一战区部队东出潼关，两面截击华北的日军。②

如前文所述，胡宗南刻意向魏德迈介绍的第一师"光荣历史"，既是他的珍贵政治资产，也是略显沉重的包袱。前一年豫湘桂会战的结果，显然给予国民政府难以忽视的政治后遗症。1944 年 6 月，当蒋鼎文部、汤恩部伯已尝败绩，而胡宗南部一度退出灵宝，毛泽东即撰文讽刺"（苏美英盟军）那边在进攻，（国军）这边在退却"。③ 不久之后，毛泽东更以国民党军队表现低劣等理由，要求改组中国军队统帅部。国共在政治谈判上的筹码，确实为之一变。④ 值此蒋介石及其麾下军队备受舆论考验之际，胡宗南尤其动见观瞻。

---

① 蔡盛琦、陈世局编辑、校订《胡宗南先生日记》上册，第 476～479；范汉杰：《关于胡宗南和魏德迈会谈经过的回忆》，《陕西文史资料精编》第 6 卷《胡宗南军事集团》（上），第 114～115 页。

② 范汉杰：《关于胡宗南和魏德迈会谈经过的回忆》，《陕西文史资料精编》第 6 卷《胡宗南军事集团》（上），第 117 页。

③ 毛泽东：《纪念联合国日，保卫西安与西北！》，《毛泽东文集》第 3 卷，人民出版社，1993，第 172～173 页。

④ 中共中央文献研究室编《毛泽东年谱》中卷，人民出版社，1993，第 556 页。

　　毕竟，胡宗南部队能够在西北久训未战，除了肩负抗日作战的战略预备队任务外，多少是基于监视延安的特殊使命，容易招致外界的批评。

　　处此情势，胡宗南仍试图强化所属的军事力量。其接待魏德迈之举，即显示他并不满意特种部队徒供装点门面的现状，而有意争取实质上的美国军援。然而，胡宗南的意图只能算是部分成功。1945 年 4 月，胡宗南麾下的第一军三个师，还有第十六军李正先部、第八十五军刘戡部、第九十军严明部各两个师，皆获军政部遴选接受美援。唯正如前述，这是以轻兵器为主的援助，且因抗战胜利的突然到来，规模大减。① 胡宗南可能始料未及的是，外界仍始终相信他拥有大量的"新式武装"。不过，对一位曾率领中国"唯二"之一装甲团的高级将领来说，这不能算是太天马行空的想象。

　　综合观之，胡宗南部队的人员、装备、训练、纪律，在国民党军部队当中应有一定水平。然而，由于任务与驻地的关系，它其实未列于国民党军队现代化进程的最前沿，无论是在抗战前的德械，抑或是抗战中后期的美械改编。它的名声，很大程度是来自历史性的番号，作为蒋介石"手创之军"的第一军。那么，蒋介石倚重这样的部队，在抗战时期"东御日寇，北制共匪，西防苏俄，内服四马"，应予什么样的评价？而《胡宗南日记》等新资料的运用，对于相关议题的理解，又能带来什么样的帮助？以下尝试做几点简单的析论。

　　首先，胡宗南秉承蒋介石意旨，坐镇西北，整训并储备国民党军力量（不论是用于抗日、反共乃至于"开拓西北边疆"），学界在过去已有相当的认识。《胡宗南日记》中的记述，仍旧可印证蒋氏对胡宗南寄予厚望，也可提供研究者若干饶富意味的历史细节。② 但这部分因篇幅及题旨关

---

① 徐枕：《阿毛从军记》，第 186 页。
② 例如蔡盛琦、陈世局编辑、校订《胡宗南先生日记》上册，第 259 页："委座召见，问对延安作战意见。当答以主力由宜川洛川间直取肤施，以一部攻取三边以后包围而歼灭之。委座认为现时进攻不甚相宜，因其有备也。"第 363～364 页："（蒋介石称）这次灵宝作战，将我军弱点暴露无遗。侥幸得很，日军未近。如果日军西进，潼关必失，西安必丢。关中失守，重庆动摇，中国有灭亡之虞矣！委座言时，声色忽厉忽和，忽顿挫，忽激昂。最重要之语为'你看现在大家谁还看重你？假使上半年如剿赤匪，你一定失败。届时影响之大，不知如何也！'"

系，本文未多做引述。不过，本文基于"军史"的角度，更看重的是日记中反映的国民党军队战术思想、经理及人事思维等项。例如，1942 年 9 月，胡宗南记述蒋介石在西安军事会议训示"士气之盛衰，完全在将领身上。强将之下无弱兵，就是此理。现在逃兵多、纪律坏、军需弊病、营养不良等等。当然中央也该负一些责任，然根本问题还是在主官。如主官有办法，则一切皆可挽回过来"。[①] 又记蒋谈"要团结先要发生情感，先要军官有团结精神，每团要有军官团之组织"，[②] "打仗胜负除技术外，还是编制。编制可影响作战成败，因此各将领对编制一项，实为最大的学问"。[③] 是可知对相关问题的重视与理解。

"委座事业，吃亏在军事认真、政治敷衍"，[④] 是胡宗南记下的 1942 年与汤恩伯的一段谈话。唯无可讳言，综合本文的讨论可知，即使是第一军这样的"模范部队"仍旧有许多"敷衍"作风。1944 年豫湘桂会战后，国民党军的弱点已是暴露无遗。蒋介石先是怒称"现时老干部并无用处"，[⑤] 继之再以为"胡宗南及其干部皆为狭窄、呆板，毫无自动创造之能力"，[⑥] 或可见一斑。当然，若仅用这些现象武断评价胡宗南及其第一军，仍是有失公允。某种意义上，蒋、胡都是中国军事发展脉络下的产物，两人同样违背大兵团作战原则的指挥作为，可为一例，将来恐怕还需要研究者做更多的考察。但至少胡宗南在日记中不避实际问题，似乎显示他勤于思考解决的方案。至于国民党军沉疴未能根解，则可说问题既深且广，非第一军的局部问题。而胡宗南日后退居台湾，"能屈能伸"，虚心学习，并自愿从蕞尔小岛（大陈岛）的指挥官重新干起。仅以此言，这位曾经指挥数十万大军的"西北王"固然是赍志以殁，犹有令人钦佩的地方。[⑦]

① 蔡盛琦、陈世局编辑、校订《胡宗南先生日记》上册，第 104~105 页。
② 蔡盛琦、陈世局编辑、校订《胡宗南先生日记》上册，第 106 页。
③ 蔡盛琦、陈世局编辑、校订《胡宗南先生日记》上册，第 107 页。
④ 蔡盛琦、陈世局编辑、校订《胡宗南先生日记》上册，第 96 页。
⑤ 蔡盛琦、陈世局编辑、校订《胡宗南先生日记》上册，第 366 页。
⑥ 《蒋中正总统档案：事略稿本》第 61 册，第 265~266 页。
⑦ 徐复观：《哀悼胡宗南先生》，《王曲文献》第 4 期，第 152 页。

甲申三百年

——陈诚日记中的时局和蒋中正（1944 年）

苏圣雄[*]

内容提要　1944 年是国民政府险象环生的一年，史学家郭沫若撰写《甲申三百年祭》一文，于报章上发表，轰动一时，认为明朝败亡之现象，又一一复见于今日。该年的确为中日战争结束前极重要的一年。是时日军发动"一号作战"，国民党军队溃不成军，史迪威与蒋中正摊牌，中美关系降到冰点。日军又攻入贵州独山，国民政府震动，有迁都昆明之议。政治上，贪污腐败横行。蒋中正面对此"国家生死存亡千钧一发的时期"，召开黄山会议，发动大规模整军；是年底，反省年来经过，以为足见"历代亡国之惨象与由来"。

本文爬梳该年陈诚之日记，参阅其回忆录、书信等史料，重建陈诚当时的活动，并摘要其对时局及对蒋中正的观察、态度，期望对 1944 年的政局发展与蒋、陈关系，以及陈诚眼中的蒋中正，有更深刻的认识。

关键词　陈诚　蒋中正　第一战区　军政部部长　抗日战争

一　前言

陈诚自担任建国粤军连长开始，于东征、北伐、"剿共"诸役，颇著功绩，因而受知蒋中正，不次拔擢，13 年间，由上尉（1923 年）升至上

＊　台北中研院近代史研究所助研究员。

将（加上将衔，1936年），① 是蒋中正刻意栽培的重要将领。中日战争期间（1937～1945），陈诚受蒋倚重，履任要职。淞沪会战爆发之初，任第三战区前敌总指挥。会战后，任武汉卫戍总司令、政治部部长、湖北省政府主席、第九战区司令长官、三民主义青年团书记长等职。1940年枣宜会战后，任第六战区司令长官、湖北省政府主席，负责拱卫陪都重庆，同时卸下中枢职务。1943年，兼任远征军司令长官。②

陈诚有书写日记的习惯，其日记始于1931年6月，迄于1964年1月，时间甚长，唯保存状况并不理想，多页被陈诚夫人谭祥以事涉敏感等因素撕去。中日战争期间的陈诚日记，虽仅缺1938年日记本，但其他各册，已被撕去多页，因此除了1944年日记，其他年份相当不完整，1937年存有140页，1939年有136页，1940年有33页（仅存1～2月），1942年有112页，1943年有133页，1944年有424页（包括日记和杂录——赴陕豫视察战况日志、一战区日记），1945年有17页（仅存1～2月）。③

陈诚日记保存状况，以1944年最好。该年是国民政府险象环生的一年，史学家郭沫若写了一篇名为《甲申三百年祭》的论文，在报章上发表，轰动一时。明朝灭亡的崇祯十七年（1644）为甲申年，而民国三十三年（1944），适为300年，又再度岁次甲申。衍申来看，郭似将民国三十三年之甲申，比作崇祯十七年之甲申，认为明朝败亡之现象，又一一复见于今日。陈诚肯定郭文的看法，认为因中日战争延续甚久，以致一般国

---

① 1935年4月4日，陈诚升任陆军中将；1936年9月26日，陆军上将衔；1939年5月2日，升任陆军二级上将；1947年1月27日，升任陆军一级上将。《陈诚详历复印件》，《陈诚副总统文物》，台北"国史馆"藏，典藏号：008 - 010401 - 00004 - 001；秦孝仪主编《中华民国名人传》第1册，台北，近代中国出版社，1984，第431～454页。

② 余传韬：《任贤以救亡，相地而择守——陈辞修先生参与抗日战争的筹划与实践》，何智霖编辑《陈诚先生回忆录——抗日战争》下册，台北，"国史馆"，2004，第957～962页。

③ 《陈诚副总统日记（1931年6月至1964年1月）》，《陈诚副总统文物》，台北"国史馆"，入藏登录号：008CR000063V - 008CR000086V。以下征引，不著入藏登录号，并简称《陈诚日记》。该日记已于2015年7月出版。林秋敏、叶惠芬、苏圣雄编辑、校订《陈诚先生日记》，台北，"国史馆"、中研院近代史研究所，2015。由于本文完成于《陈诚先生日记》出版之前，且已出版的《陈诚先生日记》未收入部分陈诚较杂乱的笔记，故本文未更新征引来源为已出版图书。

民悲观、消极、怨愤气氛到处弥漫。反映在生活方面，就是可以享乐者，无不尽情享乐，以"今朝有酒今朝醉"为准则；而无力享乐者，则以怨天尤人的方式，过"活一天算一天"的生活，毫无自力更生的打算。在部队，更是士气消沉，纪律败坏，战志低落。为官者面对此国家最大之危机，以言为戒，缄口不言，伪装太平。陈诚认为，郭文之轰动，正因为它对时局的看法有相当代表性，并非全出偶然。①

1944年，无疑为中日战争结束前极重要的一年。该年日军发动"一号作战"，国民党军队溃不成军，史迪威与蒋中正摊牌，中美关系降到冰点。日军又攻入贵州独山，国民政府震动，有迁都昆明之议。苏联则对新疆有领土野心，发动事端。政治上，贪污腐败横行，中国国民党党内要人孙科为此激烈批评政府。蒋面对此"国家生死存亡千钧一发的时期"，②召开黄山会议，发动大规模整军；是年底，反省年来经过，以为足见"历代亡国之惨象与由来"。③

本文爬梳该年陈诚之日记，并参阅其回忆录、书信等史料，重建陈诚当时的活动，并摘要其对时局及对蒋中正之观察、态度，期望对1944年的政局发展与蒋、陈关系，以及陈诚眼中的蒋中正，有更深刻的认识。

二　养病与观察时局

1943年10月，陈诚在远征军司令长官任内罹患胃溃疡，病况危急，蒋中正因而派卫立煌代理（1944年7月实任），陈诚遂至重庆近郊山洞养病。自1943年11月至翌年5月中旬再起止，约计半年，为陈平生少有的

---

① 何智霖编辑《陈诚先生回忆录——抗日战争》上册，第148～149页。关于《甲申三百年祭》问世的政治、学术等脉络及影响，参阅潘光哲《郭沫若与甲申三百年祭》，《中央研究院近代史研究所集刊》第30期，1998年12月，第285～334页。
② 蒋中正：《对于整军会议之训示——知耻图强》（1944年7月21日），秦孝仪主编《先总统蒋公思想言论总集》第20卷"演讲"，台北，中国国民党中央委员会党史委员会，1984，第444页。
③ 《蒋中正日记》，1944年12月"本月反省录"，原件由美国斯坦福大学胡佛研究所藏。

休闲时间。① 其于养病之余，观察时局，与友人讨论、思忖对策。陈于日记之中大量记载此一过程。

（一）国家全面腐化

陈诚以为，当时国家已全面腐化，各方面都出现问题。来访之党政军人士亦有同感。经济方面，1944 年 1 月 7 日，陈诚 46 岁生辰时，负责宣传与经济的潘公展和萧铮等来谈，批评中央经济政策，认为无论学美、学英，均与孙中山之民生主义相违背，而且有造成阶级斗争之可能，现一般情形可用"官僚资本"四字概括。陈亦有同感，并忧虑战事如在短期不能解决，则社会有崩溃可能。② 17 日，张森自浙江至重庆谈浙江省政府对于所需物资，明为照限价八成取之于民，实则等于完全向人民征收，人民因此对政府观感极坏，陈闻之，深感"现在我国对于经济充满英、美私人资本之观念，尽量发挥苏联军事共产时期之手段，恐非至整个崩溃不止"。③ 29 日，朱一成来谈经费事，谓所负责之邮电已不能维持，资源委员会之各工矿事业，亦有一部停工，旧历年关，仅重庆市停业之工商业机关，共 1200 余。陈听闻，以为"照此看来，社会危机已渐显著，但此种现象似为经济问题，实囿于政治关系可决定，殊演殊坏"。④ 4 月 1 日，女子工艺社（布厂）工务主任李则民来谈，该厂出品布衬衣交中央纱布管理局每件作价 50 元，而纱布管理局出售则每件售价 280 元，李谓："政府做生意，物价如何不高，此种行为如何使民众对政府有好感？"⑤ 23 日，粮食部部长徐堪来谈粮食供应困难情形，认为一切关键在于物价太高，而政府对物价之毫无办法，在于不能统筹及命令不彻底。⑥

由于物价上涨、失业严重，偷窃、抢劫频传，治安堪虑。⑦ 5 月 5 日，

---

① 何智霖编辑《陈诚先生回忆录——抗日战争》上册，第 210 ~ 214 页。
② 《陈诚日记》，1944 年 1 月 7 日。
③ 《陈诚日记》，1944 年 1 月 17 日。
④ 《陈诚日记》，1944 年 1 月 29 日。
⑤ 《陈诚日记》，1944 年 4 月 1 日。
⑥ 《陈诚日记》，1944 年 4 月 23 日。
⑦ 《陈诚日记》，1944 年 4 月 1 日。

重庆市政府秘书长杨绰庵、地政署副署长祝平来谈，杨谓重庆市偷案迭出，"大部分均是工兵［兵工］署所裁工人，因生活关系，有组织来偷抢"，认为"战时兵工厂裁人，为古今中外之奇闻"，又谈"现我国一切无办法，实由于无组织与不知用组织，现正在争取胜利之时，不可将精神与力量用之复员工作，尤其对于工业建设，以现在仅有之工业不予以维持，而计划将来之工业更为笑话"。①

经济恶化，造成官僚贪污腐败，盖若为清流无贪，便难以维持生活。周亚卫对陈诚说："中央除蒋先生不必做生意外，谁能不做生意？"② 一彭君亦言："以现在物价之高，公务人员没有死，便可证明是贪污。"③ 经济情势不佳，一些高级官僚却铺张浪费，吃香喝辣，一食万钱。4月9日，李惟果谈英国对于战时粮食之分配非常切实，凡政府规定每人每日吃一颗鸡蛋，自英皇起，无一人多吃一颗，不比中国有钱有势者任意浪费，而一般平民即便最低生活，亦无法维持。④ 18日，陈诚母亲76岁生辰时，陈仅备素菜一席招待，并暗讽副参谋总长白崇禧："较之白某老太太生日，大事铺张，竟费壹千余万元，虽觉太简单，然余母甚以为慰，并说浪费即罪过。"⑤ 30日，陈闻湖北省政府参政员严重过世，叹息好人不长命，记道："以今之在位者，虽人人希望其早死，因均自私自利，对于个人之身体非常注意，大都均极肥胖。又古人有'老而不死是为贼'云云，均足证明余之所感也。"⑥

经济凋敝，政治上也呈现停滞、倒退。2月17日，陈诚记道："'财匮于兵众，力分于将多，怨生于不均，机失于遥制。'古今同慨。"并云："古者爵人于朝、刑人于市，唯恐众之不睹、事之不彰。凡是谮诉之事，多非信实之言，利于中伤，惧于公辩。"又曰："今之特务机关林立，重

---

① 《陈诚日记》，1944年5月6日。
② 《陈诚日记》，1944年3月"反省录"。
③ 《陈诚日记》，1944年5月20日"本星期预定工作课目"。
④ 《陈诚日记》，1944年4月9日。
⑤ 《陈诚日记》，1944年4月18日。
⑥ 《陈诚日记》，1944年4月30日。

庆一市即有十五个单位可以自由捉人，不知当局亦知古制否？"① 18 日，
"新生活运动"纪念日，陈闻"重庆市警察强迫民众清洁，民众问拉
［垃］圾倒哪里去？警察答以倒在委座（蒋中正，下同）看不见的地
方"。② 3 月 3 日，陈立夫来告"中央实无办法，根本在无一套整个东
西"。③ 9 日，陈铭枢、李一平、刘健群同来访，刘逗趣嘲笑李一平主张素
食，然每遇有肉食，李必尽食之，现国民党主政者亦复如此。众人因而发
笑，因当今负责者自己之主张与行为，完全相反，刘之隐喻贴切。④ 11
日，中国共产党要人周恩来谈在渝三年观感，认为"重庆无政治，如有，
只有'拖'字"。陈诚认为周固存恶意批评，但"细加检讨，中国今日尚
有共匪存在（无任何条件可以使共匪存在），实由我中央本身之缺点，以
现在情形论，除'拖'外，实无其他字句可以形状，如要加的话，只有
'推'、'拉'二字。凡事要负责便'推'，有利则（'拉'）。所谓'推'、
'拖'、'拉'，原指当时北平官僚腐化政治而言，不意今日本党执政亦有
此现象，实不胜痛恨！"⑤ 4 月 6 日，杜时霞来谈浙江情形，谓"浙江当
局对于下级多不信任，但每以众人所认为坏的，当局者则认为好的"，并
云"政治基层最可怕的原有乡镇长大都是土劣，现加上党团外衣，任意
作恶，无人敢言"。⑥ 26 日，王东原谈国民党自 1924 年改组迄今，初则毁
党建党，继则造成各系各派，因之影响政军各立门户、各自为谋，至今一
事无成，一筹莫展，全国怨气冲天，委实可怕。⑦

军事方面，由于陈诚仍兼远征军司令长官，虽未负实际责任，对远征
军内部有所关注，唯该军军纪败坏，逃兵之风甚炽，陈对之十分失望，且
认为"现非独远征军如此，实不愿闻，亦不忍闻"。⑧ 参谋总长兼军政部

---

① 《陈诚日记》，1944 年 2 月 17 日。
② 《陈诚日记》，1944 年 2 月 18 日。
③ 《陈诚日记》，1944 年 3 月 3 日。
④ 《陈诚日记》，1944 年 3 月 9 日。
⑤ 《陈诚日记》，1944 年 3 月 11 日。
⑥ 《陈诚日记》，1944 年 4 月 6 日。
⑦ 《陈诚日记》，1944 年 4 月 26 日。
⑧ 《陈诚日记》，1944 年 1 月 30 日。

部长何应钦亦因此甚望陈能早返远征军整顿。① 其后，陈又闻远征军人事
变动，叹道："一朝天子一朝臣，深感国家一切之不上轨道、无组织，无
怪被人轻视也。"②

（二）权臣误国

5 月 13 日，政治部部长张治中来访，谈中央必须改革之情形，陈极
为感动，但认为"委座又被群小包围，恐不易下决心耳"。③

陈诚所谓包围在蒋中正身边的"群小"，为行政院院长孔祥熙、军政
部部长何应钦等中央要员，认为他们应该为国家腐化负责。2 月 8 日，陈
闻中国银行董事长改由孔祥熙担任，记道："政治只有利害，而无信义、
道德以及感情，实不我欺也。在表面上须得董事长之名，而实际之损失则
非仅孔之一人，真不胜感概［慨］。"④ 11 日，由谭伯羽处闻有肃清君侧
之组织，以孔祥熙、何应钦为对象，白崇禧因此避桂，谭问陈是否有所
知，陈答以"余向不管彼等闲事，且在休养期内，一切均不问不闻，虽
所感国家前途之危险，但向［来］信委座一定有办法，如委座无办法，
任何人负责均不堪问"。⑤ 12 日，记道："王东成（懋功）批评孔庸之
（祥熙）为贪污腐败之总代表，何敬之（应钦）（为）阻碍人材之大障
碍，凡事非请示他即做不通，请示他则不负责。"⑥ 3 月 13 日，与财政部
张某谈及现在中央一般腐败情形，如"何敬之尚做生意（贵州盐由何等
帮办，去年一年得数万万）"。⑦ 26 日，姚味辛（姚琮）来谈何应钦之罪
恶，俞大维则建议陈诚不宜对何有意见，陈告以"如何能看得清楚？我
们均有死在委座之前之可能，则对余自无问题，不然在彼（何）认为委

① 《陈诚日记》，1944 年 2 月 20 日。
② 《陈诚日记》，1944 年 2 月 25 日。
③ 《陈诚日记》，1944 年 5 月 13 日。
④ 《陈诚日记》，1944 年 2 月 8 日。
⑤ 《陈诚日记》，1944 年 2 月 11 日。
⑥ 《陈诚日记》，1944 年 2 月 12 日。
⑦ 《陈诚日记》，1944 年 3 月 13 日。

座死后只有他，与他作对只有我，那自无办法使他对余谅解"。① 4 月 1
日，陈记曰："蒋先生为孔贼（祥熙）受过，尚在其次，如使国家社会崩
溃，实为革命罪人。"② 25 日，唐生智来谈，认为孔祥熙对财政、何应钦
对军事、陈立夫对思想，是使一切无办法、致国家于危殆之关键，尤其何
应钦不知以其地位为国家负责、为部属减除困难，为最无耻，并说总长办
公厅主任参谋阮绍昌谈彼请示何指示方针，何嘱以"对作战不参加任何
意见，对人事须经我（何自称）看过"，为古今中外幕僚长之奇闻。③ 27
日，后方勤务部部长俞飞鹏来谈，对于军政部极不满，且不敢讲，因愈讲
而困难愈多，陈谓："在此国家危亡之时，而不能和衷共济，处处给人为
难，实小人之尤者，可叹！可叹！"④ 5 月 7 日，即将奉命赴美之商震与陈
谈，谓"对于美国最感困难者，因我国军政部与美国隔阂太深，即一切
以敷衍拖延处之，不予解决，尤其对于军械之分配无重点，完全出之于分
赃式最为不满，如前次林赛来渝（史迪威驻桂办事处主任），经四个月之
时间，对于部队之装备与训练，始终不予以决定，实太无理"。⑤ 13 日，
陈诚对王世杰表示，政府必须改组，而军政、财政两部人选尤须更易，唯
蒋先生似尚无决心。⑥

陈诚对蒋中正十分效忠，认为蒋为国家当然领袖，谓："当前的抗
战，当然非本党领导不可，而将来的建国亦然，尤其是需要总裁，盖总理
创其始，总裁继其绪，承先启后，人所共知，希望今后确能使全国对三民
主义之信仰与实行，及对总裁绝对服从。"⑦ 然而，当前国政败坏，陈在
日记中，亦多少透露对蒋的不满，认为其为权臣所包围，无法下定决心彻
底改革。1943 年 12 月 20 日，军事委员会委员长侍从室第一处主任林蔚

---

① 《陈诚日记》，1944 年 3 月 26 日。
② 《陈诚日记》，1944 年 4 月 1 日。
③ 《陈诚日记》，1944 年 4 月 25 日。
④ 《陈诚日记》，1944 年 4 月 27 日。
⑤ 《陈诚日记》，1944 年 5 月 7 日。
⑥ 林美莉编辑、校订《王世杰日记》上册，1944 年 5 月 14 日，台北，中研院近代史研究
　所，1990，第 605 页。
⑦ 《陈诚日记》，1944 年 11 月 12 日。

对陈说"凡权臣无不误国，可以得罪皇帝，不能得罪权臣，但为国家计，如此下去，非但不能争取利，而且明年度预算即无办法，兄（指余）如担任（军政部部长），固不能有十二分把握与成绩，最少总不致使三百多万万完全浪费"。陈答以"除非委座有决心先将军事机构澈［彻］底改革，不然任何人均无办法"。① 陈诚在 1943 年日记的杂录中，载录许多古代名臣对皇帝建言的故事或文字，如"上无劝善之意，其举善也必不至；上无劝不能之意，其教不能也必不息。上以劝倡，下以劝感，为忠为孝，不在多言"。② 陈诚以古讽今，并在日记中直道："对委座希望：审察群情，有所改进，勿可好人之所恶，恶人之所好。"③

（三）解决之道

陈诚对于国内问题洞若观火，不断思考解决之道。1 月 1 日，仍兼湖北省政府主席的陈诚，电湖北省公教人员，大意谓：年来以不假公济私、营私舞弊相勉。今日我国一切问题，均在我不在敌，在内不在外，在上不在下，在后方不在前方。④ 20 日，施建生率焦庆隆、申惠文、朱谱英来谒，陈向他们说道："对于现实确与吾人之理想相差太远，但如其责人，不如责己。""对于主义之推行，固在高级者之以身作则及一般人之心理建设，但吾人更须努力。"⑤ 25 日，检讨青年从军问题，记曰："青年从军问题——收—养—教—用，应以'用'为目的，不然徒招反感；年来党团之失败，在未注意'用'字。"⑥ 26 日，记云："问题须人去解决，不能叫问题来解决人。问题是整个的，不可因个人关系增加问题之困难。物质方面是中央负责，精神方面须吾人负责。"⑦ 28 日，适逢"一·二八"事变 12 周年，陈想到当时一面参加上海战事，一面又有共产党威

---

① 《陈诚日记》，1943 年 12 月 20 日。
② 《陈诚日记》，1943 年"杂录"。
③ 《陈诚日记》，1944 年 10 月 31 日"本月反省录"。
④ 《陈诚日记》，1944 年 1 月 1 日。
⑤ 《陈诚日记》，1944 年 1 月 20 日。
⑥ 《陈诚日记》，1944 年 1 月 25 日。
⑦ 《陈诚日记》，1944 年 1 月 26 日。

胁，而蒋中正离职赴杭，中央无人负责，薪饷无着，感"当时之困难实较今日有过无不及，今日之事非不能为，是不为也"。①

面对当前难题，陈认为三民主义是最佳解决办法。2月15日，叶溯中、萧铮、徐恩曾等来访，问现在状况有无办法，陈答以"只要实行三民主义即有办法"。② 3月7日，对湖北省政府主任委员陈绍贤及马星野、李俊龙等谈鄂省政治，认为"鄂省一切均照三民主义去做，成绩不敢言，但对于主义之信心已确立，今后党政如能配合，纵各处有意外事变，鄂省当可作为支撑点"。③ 3月29日，记道"能实行三民主义才算纪念先烈"。30日，又曰："以现在之中央而纪念先烈，先烈其瞑目乎？"④

陈诚于湖北省政府主席任内积极推行民生主义，对土地问题，已有相当认识。⑤ 3月27日，萧铮等来谈经济问题，萧著有《征借地主租谷施行实物预算以应国用而制物价议》，陈对于原则甚为赞同，尤其实物预算，鄂省已有一部实行。⑥ 31日，记曰："如不能计口授粮则自然发生卖买，有卖买而黑市之弊自无法制止，以今日之我国政治尚未上轨道，一切办法愈简单而弊端自愈少。总之，不可为坏人开方便之门为最重要。"⑦

一般人民生活困苦，陈诚此时赋闲在家，经济亦颇困窘。1月18日，孔祥熙托人送医药费给陈。孔原托行政院秘书长张厉生转送，因张知陈之性情，恐碰钉子，故嘱他人前来。陈表示"现在生活已成为一般的问题，非仅余个人困难也"，婉谢医药费。⑧ 5月5日，陈收到蒋中正给的端午节费用五万元，记曰："此数不算不大，然以目前物价情形，仍无济于事，纵余个人有此节费能补助于一时，但整个民生主义不实行，终归于失败

① 《陈诚日记》，1944年1月28日。
② 《陈诚日记》，1944年2月15日。
③ 《陈诚日记》，1944年3月7日。
④ 《陈诚日记》，1944年3月29、30日。
⑤ 何智霖编辑《陈诚先生回忆录——抗日战争》上册，第309~320页。
⑥ 《陈诚日记》，1944年3月27日。
⑦ 《陈诚日记》，1944年3月31日。
⑧ 《陈诚日记》，1944年1月18日。

也。吾人纪念革命，政府首先自不贪污始，然以今日之政府人员离'革命'二字，实太远也。"①

军政部的问题，陈深感处理之困难。4 月 15 日记曰："今日研究军政部之人事。如不调整，良心上过不去；如加以调整，事实上实多困难。"②对于军队，陈认为目前主要问题是兵员充实及官兵生活，欲解决这两个问题，应该裁并机关与缩编部队，"因部队后调未必能充实前方，徒减少战力，不如缩无用之部队，将经费充实有历史、有战力之部队"。③

陈诚深知国家的问题，因而视外国人对中国的批评为箴言。1 月中，陆军大学代理校长陈仪与陈诚谈中国本身缺点及美国人对中国之批评，"均感我国所谓三个朋友，谁不明了我国之缺点，惟美国这个朋（友）比较痛快、肯讲出来而已"，陈诚并以为，"除比较痛快外，而且确实对中国存善意而热诚，但一般均好谄媚而恶真言，所谓'良药苦口、忠言逆耳'，真正革命者应有此种观念乎？"④ 5 月 4 日，史迪威随从参谋刘某（中国人）来报告此次驻印国民党军反攻情形，以及中美间误会之原因，"实由于军政部负责不明大体所致，而最大关键在我高级将领以史迪威为出风头，以我国本身无反攻能力，故一切均认为多事，而欲以敷衍拖延了之"。⑤

三　视察第一战区

1944 年 4 月中旬，日军为破坏中国空军基地，阻遏中美空军空袭日本本土之企图，并欲打通纵贯中国大陆的铁路交通线，确保本土与南方军之陆路联系，同时粉碎国民政府续战能力，调集日本陆军史上规模最大的

---

① 《陈诚日记》，1944 年 5 月 5 日。
② 《陈诚日记》，1944 年 4 月 15 日。
③ 《陈诚日记》，1944 年 2 月 19 日。
④ 《陈诚日记》，1944 年 1 月 15 日 "上星期反省录"。
⑤ 《陈诚日记》，1944 年 5 月 4 日。

50 万人兵力，发动"一号作战"。①

首当其冲的中国第一战区，与日军爆发豫中会战，战事极其不利。5 月 8 日，蒋中正派侍从室第一处主任林蔚亲见尚未痊愈的陈诚，请陈在第一战区司令长官与远征军司令长官中择一赴任，又表示远征军困难较多，不如至第一战区。陈答以"临阵易将为兵家所最忌，宜昌、桂南两役倘非健忘者，当尚能回忆当时之错误，现委座意既欲余至第一战区，更不应有此不诚意之指示"。"余并不想在中央任职，但如今日中央之军令、军政，任何将领均无办法，余对于远征军、第一战区均不能去。以人情来说，余无以对蒋铭三（鼎文）与卫俊如（立煌）；以事实说，余病初愈，且所有幕僚均已分散，任何事一时均无办法，希妥转委座，惟设身处地想，只有准备前往一行。"② 9 日，蒋约陈谈，决定陈先赴第一战区视察。10 日，陈拟书函言军政得失，11 日呈蒋，③ 其要点为：

（一）外交受内政之拖累，情势渐形逆转，近日人心惶惶不可终日，整个问题非从速检讨改革不可。

（二）今日第一战区之事，战区长官固应负责，但军政之不能配合，军队素质之不健全，指挥权责之不分明，以及中枢主管部门之欠缺整个主动计划、欠缺真知灼见与诚意等，使任何人易地而处，亦均无办法。

（三）俾斯麦时代，共党已活跃于德国，但俾氏善于处理共党之责难，不讳疾忌医，取长去短，将共党之主张演化为德国之社会政策，故主动改革为消弭内忧之上策。

（四）今日政治、经济、军事危机均甚严重，挽救之道仍在讲求任使、选贤与能、知人善任，貌似常谈，理实精要。孰为居者，孰为

---

① 防衛庁防衛研修所戦史室編『戦史叢書：一号作戦〈1〉河南の会戦』朝雲新聞社、1966、第 1~69 頁；原剛「一号作戦——実施に至る経緯と実施の成果」波多野澄雄・戸部良一編『日中戦争の軍事的展開』慶應義塾大学出版会、2006、第 283~295 頁。

② 《陈诚日记》，1944 年 5 月 8 日。

③ 《陈诚日记》，1944 年 5 月 9~11 日。

行者；孰为将领，孰为幕僚；孰任封疆，孰任枢要。一经选定，当付以权责，假以时日，以求计日成功。

（五）陈诚奉命赴豫一行，为服从目的，自当不日就道，惟事前毫无准备，自料难有办法。证以1940年春桂南之役，及同年秋宜昌之役之往事，仓卒受命，无补时艰，至今蒙垢，与此如出一辙。而大局病根之深、个人健康之坏，更远不如往年。故此行除服从钧座命令外，实别无意义，亦别无效益。①

书上后，12日，陈飞赴西安。同日，林蔚向陈批评第一战区司令长官蒋鼎文"大部精神应付委座，一切认为听命委座即算了事；换言之，一切责任向委座身上推，自己完全不负"。陈答以"今日党政军干部大部如此，非蒋长官一人也"。②

14日，陈赴华阴，晤第八战区副司令长官胡宗南畅谈。③ 15日，陈居于西安事变华清池故地，函夫人谭祥，告以此次战争失败在意料之中，而中央尤须负责。④ 16日，俞飞鹏由渝飞陕，陈与之晤面，俞告以"汤（恩伯）部完全溃散，汤仅光棍一条"，陈闻之不胜感叹，记曰："如中国各将领思想不变改，中国绝无希望，以蒋铭三（鼎文）言，地位不算不高，令其反攻则说部队失去联络，命令无法下达，要钱则部队位置似甚清楚。如此矛盾，焉得不败？"⑤

返回西安后，陈诚与第一战区司令长官蒋鼎文以次各高级将领均已取得联络，和党政及地方人士亦多所接触，对西北局势明了渐深。当即建议中央：第一战区目前危急情势，非本身所能处理，中央须发动第五、六、

---

① 何智霖编辑《陈诚先生回忆录——抗日战争》上册，第139、141页。全函参见何智霖编辑《陈诚先生书信集——与蒋中正先生往来函电》下册，台北，"国史馆"，2007，第567～573页。
② 《陈诚日记》，1944年5月12日。
③ 《陈诚日记》，1944年5月14日。
④ 何智霖编辑《陈诚先生回忆录——家书》下册，台北，"国史馆"，2006，第532页；《陈诚日记》，1944年5月15日。
⑤ 《陈诚日记》，1944年5月16日。

九、二、八各战区协同行动，始有挽救希望。^① 陈并认为，豫中会战虽然不利，但"如中央今后有决心整军，则此次失败当可因祸得福，而为最有价值之教训"。^②

陈诚因连日接见宾客，披阅地图，联络各方，致每日睡眠极少；至19日眼疾大作，视力模糊不清，但仍加紧工作，颇有无法支持之势。^③ 同日，闻"对于一战区有'以经济化之部队（指第一战区蒋、汤均经营工商业）对机械化之部队（指敌），其胜败不战可知'之责难"。^④ 20日，陈与第一战区副司令长官汤恩伯通电话，汤报告"豫西民众太厉害，蒋长官之特务团被解决"。同日，两次与林蔚通话，告以"余可任一、五两战区之连络，但不能任指挥，因指挥须有机构，尤其交通、通讯无法解决"。^⑤ 是日自记："整军（一）权责划分：即各级将领专心整训部队，不得兼办任何事业（如政治、教育、工商业）。（二）各级必须经费及官兵最低生活，中央须予以合理解决。"^⑥ 21日，与陕西省政府主席祝绍周谈话，祝提议先铲除贪污，陈告以既往不咎，免蒋中正为难，并云"须集思广益，只要不违背主义之意见，均可采纳，不可效一般所谓独裁办法"；"群众心理之注意，以减推行主义之阻碍"；"用人不问地方与派系（共党除外），只有对主义有无认识与有无实行主义之决心与能力"；"经济须实行民生主义"。^⑦ 同日，检讨此次河南战役失败之原因，总括为："（一）军人经商，走私包运，驻军可称贸易军。（二）各自为政，互不协和，计有以下六不和：将帅不和、官兵不和、军政不和、军民不和、军民不和（按：重复，原文如此）、官兵不和。（三）各有分野，互不侵犯，计有三不犯：敌不犯我、我不犯敌、军民不犯。数年涣散，已濒崩溃，故

---

① 何智霖编辑《陈诚先生回忆录——抗日战争》上册，第141~142页。
② 《陈诚日记》，1944年5月18日。
③ 何智霖编辑《陈诚先生回忆录——抗日战争》上册，第142页。《陈诚日记》记作20日，现暂依日记。
④ 《陈诚日记》，1944年5月19日。
⑤ 《陈诚日记》，1944年5月20日。
⑥ 《陈诚日记》，1944年5月20日"上星期反省录"。
⑦ 《陈诚日记》，1944年5月21日。

敌人进攻，则无法收拾矣。"①

22 日下午，陈诚离西安飞渝。次日谒见蒋中正，面报赴陕经过，略谓："目前军事当无大问题，惟有部队无兵打仗，及纪律因生活关系无法维持，实值得注意。""此次豫省战事，军民之隔阂更明显、更加深，对地方善后实刻不容缓。"对于第一战区的补救措施，陈认为"是头痛医脚，绝无办法，现在我国军队之不能作战，全国皆然，第一战区不过先行暴露弱点，其余之不能作战，所恃者是敌未来耳。政治亦然，如中央无办法，无论战区或地方，均无办法"。②

24 日，陈诚函蒋中正坚拒担任第一战区司令长官及河南省政府主席，并痛陈大局之危机，绝非头痛医头、脚痛医脚所能解决，而头痛医脚、舍本求末，尤期期以为不可。③ 并退回先前蒋所发给之特别费 50 万元，以为"余之出处不能金钱来决定，如在去年过年贫病交加时发，则不胜感激矣"。④

25 日，陈诚由渝飞安康转至第五战区司令长官部所在之老河口。次日，因飞机不能至老河口，公路又被洪水冲坏，决定改乘民船前往。⑤ 旅途中，与同僚谈军事，咸认为现在部队虽多，绝不能作战之原因为："（一）指挥机构庞大，层次太多，致失时机。（二）特种兵均直辖军政部（如战防炮等），部队无法适应时机，发挥力量。（三）机关单位多，生活无法解决。（四）人民负责过重，怨及部队（正粮、副粮、马干、工事、工料等等，均使人民无路可走，尤其对于正粮用种种手段取之于民，复使人民向军队购粮缴军粮）。"⑥

行程历时 5 日，29 日始达老河口，晤第五战区司令长官李宗仁，商讨协同反攻问题。30 日，北去南阳，晤刘汝明等军政首长多人，河

---

① 《陈诚日记》，1944 年 5 月 21 日。

② 《陈诚日记》，1944 年 5 月 23 日。

③ 全函参见何智霖编辑《陈诚先生书信集——与蒋中正先生往来函电》下册，第 573~575 页。

④ 《陈诚日记》，1944 年 5 月 23 日。

⑤ 《陈诚日记》，1944 年 5 月 25 日。

⑥ 《陈诚日记》，1944 年 5 月 27 日。

南省政府主席李培基由内乡（时河南省政府迁至此）来南阳晤谈，陈提示注意事项："（一）速行恢复党政系统与机构。（二）防止军民互相报复。（三）防止奸党打入民众。（四）大量购买粮食，但须照市价发现款。"据陈观察，"李确为典型官僚，恐无法再维持下去，惟以河南目前情形，如不速行做亡羊补牢，恐今后将不可收拾。总之，河南缺乏中心人物"。[①] 同日，陈诚自老河口入河南境经邓县、镇平而至南阳，见土地肥沃，小麦黄熟，一片黄云，举目无际，感今年麦收为历年所未有，可称丰年，但麦已熟却尚未刈割，陈思考可能原因："（一）征兵额重，劳力渐感不足。（二）最近豫战影响，逃难者尚未回乡。（三）民间牲畜、车辆征用空乏。"[②] 31 日，国民党河南省党部等人员来谈，咸认为河南军政，均非从速设法调整不可，并望陈诚来负责，陈告以"目前大家只有精诚一致，互相谅解，才能渡过难关，绝非一、二人之调整问题"。[③] 6 月 1 日，与南阳各机关团体欢宴，并谈关于河南善后问题，咸以汤部对民众收缴该部武器，将实行报复为虑。陈表示此事可由政府办理，并可酌发奖金。众人均以如能如此做，则地方民众当感激不尽，不然恐为奸伪制造机会。众复表示，因历任粮政人员非但不发粮价，且对于运输苛扰，更使人民怨恨政府与军队，而养成今日之结果。[④] 2 日，陈接见第五十五军军长曹福林，相谈甚久，曹告以汤部之纪律实在太坏，并举方城、临汝各县事实证明。[⑤] 同日，陈诚电蒋中正建议此间善后问题六项，大意为："（一）恢复地方党政机构。（二）派员来豫慰问民众，并促成党政军之合作一致。（三）党政军之权责，宜明白划分。（四）民众深恐军队报复及防止办法。（五）收购粮食——照市价发现款。（六）防止特奸。"[⑥] 3 日，至内乡，地方士绅

---

① 《陈诚日记》，1944 年 5 月 30 日。
② 《陈诚日记》，1944 年 5 月 30 日。
③ 《陈诚日记》，1944 年 5 月 31 日。
④ 《陈诚日记》，1944 年 6 月 1 日。
⑤ 《陈诚日记》，1944 年 6 月 2 日。
⑥ 《陈诚日记》，1944 年 6 月 2 日。全函参见何智霖编辑《陈诚先生书信集——与蒋中正先生往来函电》下册，第 575～576 页。

挽陈长期留豫以解倒悬者甚众，陈均逊谢之。是日下午，赴西峡口，始亲晤汤恩伯，其面有惭色，对此次豫战失利，深自谦抑，陈以为殊为难得，[①] 记道："汤此次失败，各方之责难，等于余当年在赣剿匪失败之情形相同。然不同者，当时赣省民众对余所率之部队及余个人感情甚好，又各部队虽失败而基础仍极稳固，且各级干部均能咬紧牙根，而不怨天尤人的埋头苦干，图雪战败之耻。而此间民众对于汤部则有不能两立之势，实为可怕。"[②] 5日，在陈驻在地之老庙岗中心小学内，召集内乡、新野、淅川、邓县、镇平五县士绅代表，以及在地军政当局（汤恩伯、李培基等）开谈话会。地方人士所要求者，仅为收回运输工具、柴草粮秣分担、机关军队疏散等善后问题，对于政府并无苛求，陈愈见政府对不起老百姓，当场同意合情合理解决问题，众人咸感满意。[③] 7日，李宗仁也赶来西峡口，会同汤恩伯做一次全盘商讨，李指出："（一）军政职权须划分（认为过去汤不务正军［业］，干涉政治经济）。（二）军政人事均须调整（省府主席主张以张轸充任）。（三）战区作战地境须重行考虑。（四）部队系统须重行调整（汤部易地整训，或与冯治安对调）。"另对于第一、五、八各战区协力对敌的问题，有进一步的决定。[④] 其后，陈诚赴西安，托第八战区司令长官朱绍良向蒋转报："（一）西北、华北党部比较复杂，目前应防果夫派及骝先（朱家骅）派之互相报复。（二）西北问题，希中央多尊重渠之意见，以免纷歧。（三）对第一战区主张维持，蒋铭三对汤部则主张易地整调为官。"陈随即飞返重庆。[⑤]

河南行，陈诚听到不少当地人对汤恩伯的评价。一般对汤恩伯均持批判态度，如第五战区政治部主任骆德荣指出汤恩伯失败之原因：

① 何智霖编辑《陈诚先生回忆录——抗日战争》上册，第142页；《陈诚日记》，1944年5月29日。

② 《陈诚日记》，1944年6月3日"上星期反省录"。

③ 何智霖编辑《陈诚先生回忆录——抗日战争》上册，第142~143页。

④ 何智霖编辑《陈诚先生回忆录——抗日战争》上册，第143页；《陈诚日记》，1944年6月7日。

⑤ 《陈诚日记》，1944年6月8~10日。

"（一）各级人事调动太利［厉］害，各级均无法掌握。（二）汤对部下太严，任何人均不敢向汤建议或报告，致上下非常隔阂。（三）汤对各方招忌太多：1. 扩军；2. 干政。（四）各级走私营商无所不为，有钱自然不能作战。"① 但亦有不同说法，如湖北省第八区行政督察专员王开化的意见，陈以为"比较公正"："（一）汤与地方冲突，可以说是革命与反革命之争，汤做事多，所以得罪人就多。（二）河南政治完全在土劣兼团阀手中，此种政治之养成自非一朝一夕，去之亦非一朝一夕所能成功。（三）汤之缺点亦应纠正：1. 收民枪扩充部队，战事发生，均带枪逃回家；2. 为部队生活而营业；3. 政治上的事应由政府负责；4. 用沈克及张轸为失败主因。（四）孙仿鲁（连仲）在河南处得比较好，因孙能敷衍、善应付。"② 可见汤或有值得肯定之处，对其之评价不应非黑即白。陈诚整合诸多意见，记道："余对汤恩伯非常希望其成功，然他确已成为姑息之骄子，猖獗之势已到横流之时，今虽稍有挫折，恐非一时所能纠正。"③

四　接任第一战区司令长官

（一）推辞赴任

6月11日，陈诚向蒋中正报告赴豫经过及各方意见，促解决第一战区及河南省政府人事问题，④ 14日又与蒋谈战局。蒋嘱拟处置豫、陕两省军政具体方案。⑤ 15日晚，陈诚与张治中、熊式辉、林蔚等研究第一、第八两战区问题，"咸以胡之神密［秘］、汤之粗暴及委座过去之放纵，不易解决"。复与熊式辉谈一般情形，"深恐政府不易维持下去，且一时对

① 《陈诚日记》，1944年5月31日。
② 《陈诚日记》，1944年5月28日。
③ 《陈诚日记》，1944年6月10日"上星期反省录"。
④ 《陈诚日记》，1944年6月11日。
⑤ 《陈诚日记》，1944年6月14日。

委座无法进言，只有一面准备，一面静待时机之一法"。① 16 日，与林蔚研究汤恩伯、胡宗南两部之处置，以二案建议蒋："1. 废战区变更战斗序列，其用意在着重以制度改变汤、胡之观念，重建西北与华北。2. 复行营，其用意在以委座之力确实整饬汤、胡两部。"附带报告："1. 国防工事应停止（谕允停止）。2. 冀、察一切问题应由冀察战区及两省府负责，以立中心。3. 对伪军以不收编为原则。4. 第一、第五两战区后方交通之修理。5. 指示五战区之位置应在安康。"复与周至柔、林蔚谈，以为"西北、华北问题确实需要改革，不然中华民国大半命脉要断送汤、胡之手，余等均同归于尽，但问题实在太艰巨，除非汤、胡能觉悟，将非法权利放弃而务正业，事尚可为，不然实太危险"。②

　　是时，蒋中正定要陈诚接任第一战区，并准陈辞去远征军司令长官的职务。6 月 19 日，林蔚电话转告蒋中正意思，希望陈赴西北，勿再增加其困难。陈告以"非余不愿为，实不能为，个人牺牲不足惜，误事之罪实太大，老实说，对宗南、恩伯尚可服之以理，动之以情，而对中央之军政、军令，实在头痛"。③ 20 日，赴曾家岩官邸开会，研究长沙失守后之处置，会毕，与蒋同车返老鹰岩林园。在车上，蒋问今后军队应如何处置为妥，陈答以根本危机在部队纪律废弛、精神瓦解，其原因则在军政与财政；年来虽屡次越职建议，而终不能争取时间为蒋分忧分劳为憾，今后仍希望速下决心，做亡羊补牢之计。蒋表示，目前整个改革似不可能，只有由局部树立基础，希陈至西北，如能于西北整顿 30 个可用师，则事尚可为。陈答以 1940 年离开中央至第六战区兼鄂省主席，即拟局部建立基础，做整个崩溃时，尚能支持半年至一年之时间，做重整旗鼓之打算，然而所得之教训，为中央无办法，无论军事、政治，局部均难收效。④ 相谈后未久，23 日，蒋电陈谓"所请各项均予照准，除分电何总长外，希即遵照为要"。陈阅此电，认为"委座及林主任（蔚）唯恐余不干，任何办法均

---

① 《陈诚日记》，1944 年 6 月 15 日。
② 《陈诚日记》，1944 年 6 月 16 日。
③ 《陈诚日记》，1944 年 6 月 19 日。
④ 《陈诚日记》，1944 年 6 月 20 日。

能照准。惟何敬之一定为权责关系，予以妨碍。惟余所希望者，能使委座知余不去之征［症］结所在，而能进一步下最后之决心耳"。① 可见陈此时坚辞不就，乃是以退为进，希望蒋能推动更彻底的改革，亦即"整个问题不下决心，任何战区均无办法，时至今日尚无决心革命，决不会成功"。②

6月24日，陈与周至柔、陈初如晤谈，咸认为陈"对于西北，事实不能不去，惟去后困难甚多，如能得何之谅解，成功必大，不然其余人员均爱莫能助，因现在唯（一）办法在整军，而整军先决条件须有积极之精神与方法。只要积极去做，障碍必多，同时不能事事请示委座，纵委座均能照准，而执行仍在何（应钦），彼纵不会正面妨碍，但只要消极使各单位拖延时间，即无办法"，并希望陈能委曲求全。陈认为"此完全是思想问题，凡思想落伍自私自利之人，实无善法可以解决，惟国家如此危急，负责者不以国家存亡为先务，深为可叹"。③ 是日自记：（1）恃敌之不来与待盟军胜利之观念，为造成今日危机之最大根源。（2）因以上观念，致失去一切准备时机，时至今日，不能不下最大决心来争取时间，准备敌秋季攻势，预计尚有三个月时间。（3）努力与积极改革现状，为目前克服困难、渡过难关之不二法门。（4）一经改革，凡自私自利、醉生梦死之徒，必起而阻挠，非有锲而不舍之精神与此辈奋斗，绝无成功之望。（5）委座此时须表示态度与决心，并令各单位限期拟订具体计划与改进方案，并打破怠者不能修、忌者畏人修之亡国劣根性。（6）计划方案核定后，即令各单位负责者前往各战区，督促各级确实遵照，彻底执行。④

6月28日，陈诚接蒋26日电令，接替蒋鼎文任第一战区司令长官兼冀察战区总司令。⑤ 下午，陈访何应钦，表示不能任第一战区司令长官，

---

① 《陈诚日记》，1944年6月23日。
② 《陈诚日记》，1944年6月25日。
③ 《陈诚日记》，1944年6月24日。
④ 《陈诚日记》，1944年6月24日"上星期反省录"。
⑤ 《陈诚日记》，1944年6月28日。

何认为恐非去不可，对于军政方面，可授权由陈负责．但须顾及制度，并饬军政部办公厅陈厅长、军务司王司长、军需署陈署长访陈商洽。唯陈仍表示不能前往第一战区，其原因为"陕、豫、冀、察之复杂，无权固不能办；纵有权，以中央整个无办（法），局部不会有办法"。当晚，张治中约吴铁城、朱家骅、王世杰、熊式辉、梁寒操等与陈诚晚餐，咸认为以目前情形，如不改革，绝无法维持，对于陈之任务，均认为非去不可，但去亦无补大局。① 陈乃考虑："违令与违法。自奉令调第一战区后，如不去，则有违抗命令之讥；如去，除非不负责则已，如负责即须违背中央法令。今日环境实非耿直如余者所能胜任，所赖者委座之信任与一般民众尚能同情耳。"②

陈诚日后于回忆录中说因在中国的日军有"狗急跳墙"之势，豫省地居中原，陕省屏藩西北保障西南，假如豫陕不保，可能会加强日军"大陆决战"的幻想。第一战区司令长官责任重大，假若其不肯干，既不是服从领袖的道理，也不是其"我不入地狱谁入地狱"的宿志，于是也就答应下来。其实，从日记看来，陈还是很不愿就任司令长官职。7月3日，林蔚电话问陈何时可动身，陈尚谓："此去完全为服从命令而已，以现在之中央，绝无办法。"③ 于是陈拖延动身，以致蒋频频催促。7日，林蔚奉蒋命问陈如何能动心，陈答以："合法的权尚未解决，可否请委座、总长分别令行？""战斗序列尚待研究"云。④ 8日，蒋传见陈，亲促陈赴第一战区，免人借口，最好下礼拜一动身，最迟下礼拜三走。⑤ 13日，蒋约陈午餐，谈第一战区与豫省府事，除接收并改编长官部及两副长官部与冀察总部外，对于部队部署，亟须调整，其余对于军风纪，如走私吃空，必须严禁。蒋问陈在三个月内是否能有头绪，陈答以"如三个月毫无办法，请以后准辞一切职务，绝不再负任何责任，以免误己误国"。⑥

① 《陈诚日记》，1944 年 6 月 28 日。
② 《陈诚日记》，1944 年 6 月 30 日 "本月反省录"。
③ 《陈诚日记》，1944 年 7 月 3 日。
④ 《陈诚日记》，1944 年 7 月 7 日。
⑤ 《陈诚日记》，1944 年 7 月 8 日。
⑥ 《陈诚日记》，1944 年 7 月 13 日。

（二）检讨失败

陈被迫就任第一战区司令长官职后，着手处理相关人事问题。推荐以刘茂恩担任河南省政府主席，唯刘恐遭取消集团军总司令名义而脱离军职，故不愿就任，陈以为"此一般落伍军人之共同观念也"。刘又向陈表示河南省政甚为困难："1、军队干政；2、游击队太多；3、地方武力太乱；4、对共党无办法；5、对党团无办（法）应付。"对于豫省厅、处长人选，蒋中正嘱陈与陈果夫商量，陈诚以为"以陈（果夫）之小织组［组织］关系，如由他介绍人选，恐豫省无前途矣"。① 最后，刘茂恩仍出任河南省政府主席。②

陈诚动身前，蒋鼎文告陈第一战区所办之福利事业及抢运物资，由其自行结束，如有人向陈告发，希不予处理。陈怒记："无耻！无耻！"③ 但仍觉得这些营私与走私机关由蒋鼎文自行结束为妥，唯此次担任第一战区长官，自不能做生意与吃空额，要请中央代为安排官兵生活。④

7月14日，中央正式命令陈诚担任第一战区司令长官，副长官有胡宗南、汤恩伯、曾万钟、郭寄峤、孙蔚如五人。⑤ 陈即动身飞往南郑，次日飞抵西安就职。汤恩伯电告第一战区在卢氏交代，仅关防两颗，人员百余，其余无交代，陈甚为不满，认为"此种交代实闻所未闻"，"（蒋鼎文）真所谓打败仗得便宜"。日后，陈提示各部注意移交时谓："西北党政军每于新、旧交接之际，将公家物品或私相分取，或挪移拍卖，迨至正式移交，鲜有留存，前后相沿，遂成风气。须知私人擅取公物，迹同贪污，非唯有伤廉洁，抑且干犯法纪。"⑥ 并于致夫人谭祥信函中提到"蒋铭三交代实在太混账，除关防两颗（一长官部、一冀察总司令部）及一百多员官长外，其他毫无所有。其原有人员，各级均主张能不用为妥。因

---

① 《陈诚日记》，1944 年 7 月 2～4 日。
② 刘茂恩口述，程玉凤撰著《刘茂恩回忆录》，台北，台湾学生书局，1996，第 673 页。
③ 《陈诚日记》，1944 年 7 月 9 日。
④ 《陈诚日记》，1944 年 7 月 10 日。
⑤ 何智霖编辑《陈诚先生回忆录——抗日战争》上册，第 143 页。
⑥ 《陈诚日记》，1944 年 7 月 16 日、7 月 15 日"本星期预定工作课目"、8 月 29 日。

大部出身商界，除贪污牟利外，他无所长"。①

在第一战区，陈诚意欲推动三民主义，认为"今日吾人应以整个社会为对象，以三民主义去解决社会一切问题（共党在内），不然任何人均无办法"。复考虑："1. 三民主义招牌挂在延安；2. 总理批评欧美民主不澈［彻］底，今欧美各国反责我国不民主，而本党同志跟着欧美人叫民主。"②

7月22日至8月4日，陈诚在西坪及西安召集师长与师政治部主任以上将领及后勤人员，分别举行作战检讨会两次，充分检讨豫中会战失败原因：

　　1. 事前疏于防范：日军进攻之前，国军本已获得情报，但除疏散在洛机关外，对于准备应战方面欠积极。且认系日军故意散发谣言，以威胁国军行动。

　　2. 兵站腐败：长官部成立抢购委员会，以兵站总监部汽车至河岸抢购敌区物资，以致战事发生，兵站无法对部队适时补给粮弹。兵站总监部所属各仓库，平时均将军粮贷放农民，坐收利息，更有盗卖军粮者，故对部队军粮欠发甚巨。所发军粮均为小麦，军队多以战斗兵磨麦，影响战力。甚至有许多部队直接就食于民间，造成军民关系之恶化。此外，兵站征用民间交通工具甚多，但大部用于为商人包运货物，或为部队走私货物。又有谓走私以"特工人员第一，高级将领第二，政府人员第三，商人第四"。③

　　3. 部队斗志低落：日军行动之初，仅用数百人，后渐增至千人，国军均不战自溃。时豫北陷区及日军新占领地域，防务空虚，国军自孟津河防至泛水、密县一带有 6、7 个军之多，却皆袖手旁观，不予出击，而坐待日军之各个击破。

　　4. 指挥不统一，命令难贯彻：第一战区长官部及副长官部之指挥不能统一，许昌失守后，日军主力迂回洛阳，并已迫近龙门，统帅部命副长官汤恩伯及各军会师洛阳，均未遵行，致日军得合围洛阳，

① 何智霖编辑《陈诚先生回忆录——家书》下册，第 535 页。
② 《陈诚日记》，1944 年 7 月 14 日、15 日"上星期反省录"。
③ 《陈诚日记》，1944 年 8 月 4 日。

并分兵直捣长官部所在地。蒋鼎文与汤恩伯指挥机构难以喘息，致无判断指示之时间，因而部队各自行动，造成崩溃不可收拾之局面。

5. 长官部形同瘫痪：长官部移动时零乱不堪言状。电务员二十余人，因不能追随行动而失散。电话机失落甚多，又因密本遗落，及无线电台与各部队波长呼号错误，以致失却联络，无法指挥。而兵站总监部于转进时，科长以上职员多擅自后移，致前方兵站业务无人负责。

6. 上下经营商业：长官部在洛阳开设面粉厂，并利用陇海路营运煤斤图利。汤恩伯为自筹经费自谋供应计，在界首成立物资调节处（后改民生公司），变相征收税款，另于漯河开设中华烟厂、界首开设三一酒精厂、嵩县开设造纸厂、镇平开设三一纺织厂、鲁山开设煤厂，经营范围甚大。本意未始不善，但结果则完全成了假公济私的组织。长官部既然如此，部队纷纷效尤，遂一发不可收拾，各级干部成了官商不分的人物，腰缠累累，穷奢极欲，而士兵生活仍苦，于是官兵生活不能打成一片，部队斗志无法发扬。

7. 军纪废弛已极：河南民间早就有"宁愿敌军烧杀，不愿国军驻扎"的口号。汤恩伯不能以身作则，又个性太强，上行下效，往往相率蒙蔽，不敢举发。军队所在，到处鸡犬不留，军民之间俨如仇敌。战事进行中，军队因此不能获得民众协助，而各地身任乡镇保甲长或自卫队长等之土劣恶霸，且有乘机劫杀零星部队及予以缴械之事。长官部人员，并有抢中央银行钞票之行为。[①]

8. 汤恩伯部将帅不和，互信不立：汤恩伯对于部下军师长，除少数外，极少信任。部队仍有地方、中央之别。许多北方部队装备较差，均以杂牌部队自居，无法和衷共济。又汤作风使人怕，又个性性急，组织不健全，幕僚不能帮忙。[②]

9. 部队普遍吃空：部队兵员缺额极多，以战前而论，洛阳市上之食粮，半数以上由部队售出，即可见一斑。由于高级将领需要下级

---

① 《陈诚日记》，1944 年 7 月 26 日。
② 《陈诚日记》，1944 年 7 月 21 日。

吃空额来维持上级人员，因此无法要求部下。①

　　10. 军队政工，有名无实：各部队政治部，平日既不能宣传组训，战时又不能与部队同进退，且多有干涉地方行政、假公营私情事。② 对于胡宗南所派之地方动员民众之指导员，有民谣"世事要好先杀指导，前方不见后方捣乱"。③

　　第一战区诸多弊端在溃败于日军攻势后无形中消失不少，如走私货物、经营商业已有改进。长官部更改组织之后，指挥不统一之处，也有所改善。

　　陈诚接事之初，许多人认为其势必无法与胡宗南、汤恩伯相处。陈以为，胡宗南之忠贞负责及其不与政客官僚同流合污，可称上选。毛病在讳莫如深，不喜与人接近，因此成了西北有名的神秘人物——不仅为地方父老所不了解，就连中央也觉得他不易驾驭。汤恩伯之忠贞努力亦无问题，唯喜排场，个性太强，不易接受他人意见。汤前与蒋鼎文一正一副，蒋遇事不免延诿，汤则独断独行，说做就做，两个人各行其是，互不参商。陈于任内，汤、胡做了调查，得知汤在河南的无数罪状，许多是被冒充所为，陈为此向河南父老为汤洗刷，得到谅解。对于胡宗南，有人媒孽其短，言其部队不能打仗，但陈得知胡的部队除第一师外，都是中央命其收编，这些部队原来与中央敌对，故对胡过于苛求，并不公道。陈本着这样的了解，与胡、汤二人开诚合作，因此长官部、兵站等种种问题，得有改进。④

　　军粮问题方面，陈诚在第六战区司令长官兼湖北省政府主席任内，便曾为此问题和第五战区有所冲突，可见此问题普遍存在。陈到第一战区后，查知陕西省的军粮，是由地方直接拨给军队，浪费甚大，于是在各方帮助下，提出统筹办法，算出军队需求数目，由政府照数拨发，不由军队直接向人民需索。如是因剔除中饱，减少漏洞，陕省军粮每年减少100万石的负担。⑤

---

① 《陈诚日记》，1944年7月25日。

② 以上十项主要整理自何智霖编辑《陈诚先生回忆录——抗日战争》上册，第144～146页。

③ 《陈诚日记》，1944年7月31日。

④ 何智霖编辑《陈诚先生回忆录——抗日战争》上册，第147页。

⑤ 何智霖编辑《陈诚先生回忆录——抗日战争》上册，第147页。

陈诚除四处奔波，探查问题，构思解决方法外，还注意桂系之动向。第一战区考虑向东求发展、求出路，而东面最重要者为大别山与山东之间，唯平汉路以东、大别山区驻有桂系李品仙部，第一战区向东扩张有所阻碍。中央明知该地重要，却不能下决心将李部解决，胡宗南、汤恩伯均主张逆取，但须由陈负责。陈以为，"必要时恐亦非如此不可"，不过"最好中央解决"。① 9 月 22 日，陈由第十五集团军总司令何柱国处闻李品仙现拟组织企业公司，基金 17 万万亿，预计今年可得利 100 亿，陈以为"此正造匪之办法也"。何又透露途经老河口时，李宗仁表示对陈之疑忌。②

（三） 访阎锡山请教

第二战区司令长官阎锡山，坐镇山西多年，累积许多地方治理及与中共斗争之经验。陈诚上任两个月后，至山西亲访阎锡山请教。

陈诚于旅途中，见沿途道路之坏，曰："实有想不到者，委座有'中国之交通，最聪明的人要成为最笨的人，最健全的人要成为最孱弱的人'。信然。"又见沿途军运所征人车均不给价，自韩城至宜川，每一大车须陪累八千元至一万元，以为"此种办法，人民焉不怨恨？"③

9 月 25 日，陈诚访得阎锡山，相与晤谈，内容及于国际情形与中美联合作战指挥问题，以及对中共之问题。阎以为，能以美国统一指挥，于我绝对有利；对中共绝无妥协可能，对中共政略取被动，但战略须主动，在对日反攻前，先行解决中共为有利。④

26 日上午，与阎第二次谈话，内容为战后经济、教育问题。阎以为，土地问题必须解决，并倡其兵农政策。陈亦将鄂省根据三民主义试行情形，向阎说明。⑤ 下午，第三次谈话，谈对中共作战之方案及兵农政策。阎表示，中央处置中共，若顾虑国际，可由阎下令，但部队可由陈指挥，

---

① 《陈诚日记》，1944 年 9 月 19 日、20 日。

② 《陈诚日记》，1944 年 9 月 22 日。

③ 《陈诚日记》，1944 年 9 月 23 ~ 24 日。

④ 《陈诚日记》，1944 年 9 月 25 日。

⑤ 《陈诚日记》，1944 年 9 月 26 日。

因作战非阎之长。①

27日，与阎第四次谈话，阎认为陈之土地政策平稳易行，对公布兵农政策表示后悔，因恐中共仿行，为虎添翼。阎认为我国现行行政制度，以科员妨碍方面大员，为国家最大损失，并认为一切政令推行，以多采纳下级意见为妥。又说在野者多是非，有权者不问是非，故发生种种隔阂。②

28日，第五次谈话，阎表示中国国民党的危机甚大，中共的发展与我之危机成正比例，假使本党与中共易地而处，早被中共解决。国共不能并存，政治解决不可能，唯军事解决有顾虑。美国为战后和平，不能不敷衍苏联，苏联一定以护中共而影响我对其之处理。又美国对我种种不良之批评，影响我国际之地位，并警告我国须实行民主。阎结论："同志应为委座考虑真正办法，使国家真正统一，切实统制中国，并针对目前缺点——征兵与土地问题之解决，考虑避免内部之矛盾，使美国无闲话而助我。"陈表示"须有整个政策"，并提及预定对于第一战区及冀察战区加强党政办法之纲领。阎表示同情，但认为陈非兼省政，恐难贯彻。③五次谈话，陈对阎有好印象，认为"阎先生情形，刻苦一致，可佩"。④

陈诚担任第一战区司令长官的表现，获蒋中正肯定，谓："第一战区自辞修上月到任以后，整顿渐有显者，此为基本之图，必须此战区充实强固，则全局乃有转危为安之道也。"⑤ 1944年11月，因中枢机构改组，陈诚奉调中央，出掌军政部，结束其第一战区司令长官短暂的任期。⑥

五　黄山军事会议及就任军政部部长

（一）黄山军事会议

面对国家严重腐化，尤其在日军大举进攻之下，军队毫无战力，蒋中

---

① 《陈诚日记》，1944年9月26日。
② 《陈诚日记》，1944年9月27日。
③ 《陈诚日记》，1944年9月28日。
④ 《陈诚日记》，1944年10月3日。
⑤ 《蒋中正日记》，1944年8月31日"本月反省录"。
⑥ 何智霖编辑《陈诚先生回忆录——抗日战争》上册，第148页。

正决定发动大规模整军，7～8月，召开黄山（蒋重庆官邸所在）会议，以整军为主题，以反省、自责、知无不言为宗旨，先后召开预备会议及正式会议两次，历时多日。① 时陈诚远在秦豫，未能参加，仍获蒋多次征询。② 7月10日，蒋手令各部主管研究整顿军纪、振作士气、充实兵员、加强战力等十事。陈诚接令后，于12日上签呈陈述意见，首先陈明对于当前局势之综合观察，建议对于冀、豫、陕三省一切设施，应以整个社会为对象，使各阶层民众各得其所，尤其注意争取青年，积极实行三民主义。今日问题总根源，实在思想与政策，在上而不在下。又建议中央机关性质重复或相近应予归并或取消者，宜由军事委员会所属各单位中，择其预算最大、浪费最多，而性质并非必要之机关着手。关于如何裁减或归并现有部队单位、充实各单位之兵员，陈诚建议分别按实际需要，以及军队历史，与作战成绩为标准，公平考核，以定取舍。关于如何提高官兵生活待遇，解决副食问题，陈建议无论如何，一切均须照编制发给，万不可以缺额作预算，以余粮作周转，否则无异提倡吃空额。关于新兵生活待遇之提高，交兵接兵方法之改善，勿使士兵在中途病死或受虐待等，陈建议壮丁训练，宜由地方政府负责，征兵则彻底由管区司令负责，同时补充前方时，多利用车船运输，以减少途中之痛苦与损失。关于吃空走私营商官长之检举惩罚，则建议首需针对当前事实，解决各级困难，使之无所借口，方为治本之策。最后提及今日一切，并非看不出、做不到，而完全在于无决心、不去做。③

蒋对陈的意见甚为赞同，7月21日黄山会议开始之前，蒋发表痛切训示，指出外国人"实际上不仅不把我们当一个军人，而且简直不把我们当一个人"；"长此下去，眼前就要亡国！长此因循下去，再不力求振作，不要说我们的力量不能消灭日本，就是日本失败而灭亡了，也绝不是我们的胜利"。并批评部队腐败，主要责任在中央高级主官，致使军政废弛，现行办法"有些几乎是纵容一般部队公开舞弊，使一般部队不能不吃空额，不能不贪污，不能不腐败"。兵役办理方面，亦极为败坏，"沿

---

① 何智霖编辑《陈诚先生回忆录——抗日战争》上册，第149页。

② 何智霖编辑《陈诚先生回忆录——六十自述》，台北，"国史馆"，2012，第95页。

③ 何智霖编辑《陈诚先生书信集——与蒋中正先生往来函电》下册，第576～580页。

途新兵都是形同饥莩，瘦弱不堪，而且到处都是病兵，奄奄待毙。有的病兵走不动了，就被官兵枪毙在路旁"。①

黄山会议期间，陈诚以第一战区司令长官名义多次上电提供建议。8 月 17 日，函呈第一战区检讨失败概况，并请副司令长官郭寄峤将各项目报告携渝呈核。② 18 日，蒋接阅第一战区整军意见书，"此心为之一慰"，谓："以上下皆知军队之积弊，不能不澈底改革也。"③ 陈诚所提意见，成为蒋推动全国军队改善之根据。④

根据各方提案与蒋的指示，黄山会议预备会议以及黄山会议决议案共计 14 项，略为：第一，调整部队案：应采"实兵"主义，而进于"精兵"主义，减少大单位，充实小单位，即以裁并节省之费，移作挹注之用。1944 年底以前，将全国官兵裁减为 500 万人，再于 1945 年再裁减编足 200 个师的精强军队。第二，提高官兵生活待遇及解决副食马干案。第三，确立补给制度案：以后勤部为中央统一补给机构。第四，改善卫生发给实物案：决定配发实物，并确保来源，以免匮乏。第五，调整机构案：（1）简化级层，以三级或四级为标准；（2）裁汰冗员十分之一或十分之二；（3）裁减骈支机构；（4）公役改为十员用一名；（5）限制机关、部队编制外设参咨议及非战斗人员。第六，整饬机关部队风气及纪律案：（1）部队不得经营生产事业；（2）部队官兵，禁止携眷随营行动；（3）提倡正当官兵娱乐、体育及研究学术，以调剂官兵精神生活；（4）彻底执行连坐法；（5）严订法规，彻底制裁部队长违法行为（在战时军律内，增订走私、包庇走私、吃空、浮报、冒领军实、假公济私，分别处刑与无期徒刑等规定）。第七，确立政工重点案。第八，调整法制案。第九，改进国防工事案。第十，整理国军增强战力案：（1）确立统率体系；（2）革新军事教育；（3）调整经理制度。第十一，加强军师管区司令职权，及改善新兵待遇、接兵送兵征补办法。第十二，一保数兵与

---

① 何智霖编辑《陈诚先生回忆录——抗日战争》上册，第 150 ~ 151 页。
② 何智霖编辑《陈诚先生书信集——与蒋中正先生往来函电》下册，第 580 ~ 581 页。
③ 《蒋中正日记》，1944 年 8 月 18 日。
④ 何智霖编辑《陈诚先生回忆录——家书》下册，第 534 页。

一甲一兵之应如何采取案：一保数兵与一甲一兵两案，准自由采用。第十三，加强部队主官对于经理应负权责案。第十四，政工各案办法案：制定部队政工人员与地方党团、各机关、各学校及民众联系办法；部队政工人员抚慰抗属及抗战先烈遗族暨伤残军人办法；连经理委员会组织规程等办法。①

陈诚认为，黄山会议系历年各地举行的军事会议中，最重要的一次："黄山会议不啻给当时奄奄一息的军事，打了一剂强心针，颇有振衰起敝作用，否则不必等到日本战败，我们也会自就灭亡。"会议后，为持续推动改革，1944年底，有中央机构之改组。②

（二）就任军政部部长

早在陈诚暂离远征军司令长官后，蒋中正便有意以陈接任军政部部长，因何应钦对内、对外（美国），均无法再拖下去。陈答以"因病未愈，目前自谈不到"，又"各部队风气已坏，亦绝非局部所能解决"，故不愿出任。③ 1944年4月7日，蒋传见陈问病况及远征军战况，透露因军政部腐败影响国际与军心，急待整顿，预定开中全会后解决。④ 同月16日，军政部部长何应钦询陈诚出任军政部部长之意向，并说其已不能再做下去，又云孔祥熙对财政无办法，致物价高涨，军队生活无法解决。陈答以："余病初愈，绝不能负此重任，且以余之性情，无论对内、对外，均不相宜，年来不能为上官分劳，已觉万分惭惧，如任军政部，以过去政治部为例，只有增加上官之麻烦，更无以对上官。"⑤ 5月4日，俞大维劝陈诚至前方打仗，不愿陈任军政部部长。陈告以"余并不愿（任）军政部长，但请老兄注意，以现在之军政、军令负责者之不负责及有意阻碍，在前方亦绝不能使部队能打仗。"⑥

陈虽表态不任军政部部长，但仍对整个时局有所措意，其初始拒绝出任第一战区司令长官，便是认为中央不做大幅改革，一切绝无办法。政治

---

① 何智霖编辑《陈诚先生回忆录——抗日战争》，第152～154页。
② 何智霖编辑《陈诚先生回忆录——抗日战争》，第152～154页。
③ 《陈诚日记》，1943年12月19日。
④ 《陈诚日记》，1944年4月7日。
⑤ 《陈诚日记》，1944年4月16日。
⑥ 《陈诚日记》，1944年5月4日。

部部长张治中亦同意陈诚的看法,认为蒋要陈出掌第一战区,是"毁坏"陈,以现在之军委会各部情形,如不改组,任何将领均无办法,尤其对于军政之改革,非陈不可。[1] 张并连日向蒋中正提出建议,指明现在军队之不能作战,完全是军政问题,此问题如不速行解决,影响抗战胜利与建军、建国关系太大,若欲改革军政,只有陈诚可以。蒋答以命令既已发表,待相当时机再讲,并预定三个月以后,再行调动。[2] 陈诚闻之,认为蒋一时不会有决心改革,"以现在之军政亦非短时间或任何人所能做好,因风气已坏,不易转移,尤以军政部本身之十二万干部,其贪污腐败之劣根性实在太深"。[3]

陈诚任第一战区司令长官期间,日军连下第九、第四战区防区衡阳、桂林、柳江等地,国民党军队节节败退,舆论沸腾,国民参政会指摘军政部等机关误国。蒋中正痛斥兵役署署长程泽润腐败,将其枪毙。参谋总长何应钦乃欲辞去军政部部长兼职,推荐顾祝同、刘峙、薛岳自代,签呈数上,皆不获准,蒋最后批示"辞修如何?"遂内定由陈继任。[4]

11 月 7 日,陈奉召入都。11 日,蒋中正嘱陈担任军政部部长,陈答以"政府改组确为目前急要之举,但政策制度之改革更为重(要),仅调动一、二人,恐仍无济于事",并举学理与事实证明之,最后表示不愿就军政部部长,"非不服从,要有办法"。[5] 于是陈诚与张治中等研究具体办法。13 日,蒋复与陈谈,陈表示"现在非军政局部问题,应注意整个问题"。蒋对此颇不以为然,认为"今日整个做好为不可能之事实,须局部去做",并说"现军政部最重(要)之经理与武器,如能有办法,其他自然无问题",又云"可将铨叙厅归余(陈)整顿,以林(蔚)厅长为军政部次长,再使交通运输归军政部"。[6] 14 日,何应钦向陈表示决辞任军政部部长,希望陈能继任,如陈不能离开第一战区,最好以钱大钧代理。

---

[1] 《陈诚日记》,1944 年 7 月 11 日。

[2] 《陈诚日记》,1944 年 7 月 12 日。

[3] 《陈诚日记》,1944 年 7 月 12 日。

[4] 何智霖编辑《陈诚先生回忆录——六十自述》,第 95 页;孙宅巍:《蒋介石的宠将陈诚》,台北,台湾先智出版公司,1994,第 330 页。

[5] 《陈诚日记》,1944 年 11 月 11 日。

[6] 《陈诚日记》,1944 年 11 月 13 日。

当晚，蒋又约陈等谈政府改组问题，仍以陈任军政并兼后勤，陈未置可否，但说明现在最高统帅对于一切不能推行，原因固多，应注意无一总揽、健全之机构（指侍从室与办公厅）。蒋表示侍从室可取消，并可改组办公厅。① 18 日，蒋再约陈提其掌军政部，陈不得已，只得答应试办。② 于是在 20 日召开的中国国民党临时中央常务委员会及国防最高委员会常务委员会上，特任陈诚为军政部部长。同时，国民党的组织部、宣传部、海外部，行政院之内政部、财政部、教育部，各机关人事均大幅更动。③

陈诚答应出任军政部部长后，蒋指示军政部主要工作为整理人事及充实能作战、听命令之基本部队。陈建议第一战区司令长官应以胡宗南升充为妥，因西北一般对刘峙感想太坏。蒋认为胡优点固多，但"能力不够、作战不行，以刘之地位，各方或无异议"。陈复建议可否将李宗仁提为总司令，而以胡宗南任第一战区，以孙连仲任第五战区，吴奇伟任第六战区司令长官，蒋甚赞同。④

陈原有意以俞大维任军政部次长，俞以何应钦对其表示已向陈代为说明不愿就任，故不便出任、不愿得罪何，并希望陈与何不因其关系而发生误会；俞最大之希望，即陈与何能合作。陈闻之，记曰："大维确实聪明，敬之何其小也，对余则谓大维非军人，不宜任军次，对大维则谓其不愿任。"⑤

12 月 1 日，陈诚接任军政部。3 日，向蒋面辞第一战区司令长官，蒋准以胡宗南代理。4 日，陈正式宣誓就职。⑥ 陈养病半年亟思改进的中央军事重担，最后落于其肩头之上。

（三）推动军政工作

陈诚接事之初，日军攻陷独山，有进攻贵阳、直趋陪都重庆之势。美国驻华之麦克鲁（Robert B. McClure）将军，主张放弃四川，退往昆明。

---

① 《陈诚日记》，1944 年 11 月 14 日。
② 《陈诚日记》，1944 年 11 月 18 日。
③ 何智霖编辑《陈诚先生回忆录——六十自述》，第 95 页。
④ 《陈诚日记》，1944 年 11 月 26 日。
⑤ 《陈诚日记》，1944 年 11 月 27 日。
⑥ 《陈诚日记》，1944 年 12 月 1 日、3 日、4 日。

陈告以："我国对敌抗战，兵源粮源，大部取给四川。云南地瘠民贫，若退往昆明，贵国是否能飞越驼峰，转运大量物资，接济军队？现在我希望贵国速派飞机，调第一战区部队增援，我必能予敌以歼灭。"盟军中国战区参谋长魏德迈（Albert Coady Wedemeyer）亦以为然，乃空运大军进黔阻击，收复独山，局势稍定。①

重庆危机过去，陈诚就军事机关、学校、全国部队，以及补给、运输、兵役、力役、兵工、医药等军政相关工作，详加检讨。计有单位数千，官兵 180 余万，组织繁复，系统淆乱，权责不清，浪费经费。至于全国部队，高级指挥机构 56 个，110 余军，340 余师。饷册列报官兵 400 余万，部队各级官佐，咸有溢额，而士兵常不足于编制。以西南之地言之，补充不易，师旅空虚。国民党军队一师之众，不能当日军之一旅，军队因此不能作战。1945 年 1 月，陈兼任后方勤务总司令。3 月，提出整军纲要，配合国家预算，顾及人力物力，适应反攻要求，以充实部队作战力量，计分为"整编部队""加强训练""改善卫生""实物补给""平均待遇""核实发放""裁并机构""简化系统""安置编余人员"等项。②

在整编方面，各战区以及后方部队，一律裁撤三分之一，充实其余三分之二。在实施新订纲要中，首自西南，次及晋豫、长江上游，次及东南各区部队，迨一一整编完成，则遍行于全国。在官兵待遇方面，自 1945年 4 月至 11 月，三度调整，较抗战前，官佐增加 6 ~ 7 倍，士兵约 30 倍，而主食副食，一律核发实物。至 1945 年 6 月底，完成整编者，甲种编制12 个军 36 个师，乙种编制 17 个军 43 个师。裁并步兵 14 个军 40 个师，骑兵 2 个军 4 个师。裁减 42 万余人。军事学校裁撤 21 个，官生兵夫 5.8万余人。军事机构裁撤 1100 余个，人员 42.9 万余名。③

在日本投降前夕，复与军令部、军训部、法制局、中央设计局等，擘画军事复员之蓝图，拟全国只保留部队官兵 170 万，机关员兵 27 万，学校员生 3 万，共约 200 万人，以树立平时军事体制，适应战时动员需要。

①　何智霖编辑《陈诚先生回忆录——六十自述》，第 96 页。
②　何智霖编辑《陈诚先生回忆录——六十自述》，第 96 页。
③　何智霖编辑《陈诚先生回忆录——六十自述》，第 96 ~ 97 页。

复员官兵 300 余万，遵照孙文兵工政策之原则，化消费为生产，寓建设于兵工。预计集团转业者，有官佐 10 万 ~ 20 万，士兵 90 万 ~ 180 万。分配于筑路、水利、渔业、矿产、垦殖等。个别转业者，约 20 万，分配于政治、教育、治安等机关。资遣老弱约计 50 万。[①]

六 结语

陈诚于 1943 年 10 月因病离任远征军司令长官，在重庆山洞中观察时政，与友人往还，咸认为当前国家全面腐化，党、政、军从中央到地方，都出现严重问题，高层官员腐化尤其严重，问题根源，集矢于军政负责人何应钦及行政负责人孔祥熙。对于国家领导人蒋中正，陈诚仍表信仰，但以为蒋受到"权臣"蒙蔽，而无法下决心改革。

陈对时局用力研究，思考解决之方，向蒋上书改革建议，以为当前若不能由上而下全面改革，而仅及某部分或某区域，皆无法使大局转佳。或谓军政窳败，积重难返，改革恐徒劳无功；陈以为实行困难固多，不行则危险更大。[②] 陈素持改革立场，因此早在 1943 年底，便有由陈出任军政部部长之议。当时陈以身体无法负荷拒绝，半年后健康较为好转，陈又借目前谁出任都无法解决问题而推辞。

日军发动"一号作战"后，蒋中正派陈诚视察第一战区，厥后令其担任司令长官，解决当前燃眉之急。陈认为若无法实行全面改革，仅由第一战区展开变革，成效有限，故初始态度消极，经过蒋中正三催四请，陈方才上任。于任内，陈四处视察，探清民瘼，发现诸多隐情，并向阎锡山请教，复召开大规模检讨会议，为改革做准备。逾 4 个月任期，第一战区战情稳定。

1944 年中，蒋中正召开黄山会议，发动大规模整军，陈诚虽远在陕豫，不在重庆中枢，仍多次上书提供整军建言，成为蒋改革的重要依据。

---

① 何智霖编辑《陈诚先生回忆录——六十自述》，第 97 页。关于整编成效较新的研究，参见陈汉璋《国军正规陆军整编与编余官兵之安置》，硕士学位论文，台北，台湾大学历史学系，2014。

② 何智霖编辑《陈诚先生回忆录——六十自述》，第 96 页。

11 月初，蒋召陈返重庆，请其担任军政部部长，陈仍多次推辞，认为当前是全面问题，仅整顿军政部，仍非办法，且有意以退为进，激发蒋彻底改革。最后，陈在蒋等人的催促下，不得已而出任，开始推动部队整编、加强训练、改善卫生、核实发放、裁并机构等工作。

美国人认为，何应钦为"中国抗战之罪人"，① 接替史迪威（Joseph Warren Stilwell）工作的魏德迈，则誉陈诚为中国之拿破仑（Napoleon Bonaparte），至于对中国一般将领，仍十分轻视。② 陈诚对国民党军队的观察，与史迪威等外国军人相近，对何应钦主持的军政工作亦极不满，认为"国家危机在党，党的危机在军，军的危机在高级干部之腐化堕落"。③ 陈因此反省："要使盟邦无闲话，只有自己埋头苦干，尤其要将党政军负责者无德（自私自利、发国难财）、无识（妄自尊大、以〔倚〕老卖老）、无志（苟且偷安、坐待胜利）之徒，澈〔彻〕底淘汰。"④

对于国家全面腐化，陈诚期许蒋中正拨乱反正，却不如人意，乃至于写下："未有君明臣不良，晚节昏庸国便亡。"⑤ 陈虽透露对蒋之不满，但仍尽力改变蒋的作为，多次直言促请改革。是时，蒋中正是否如陈诚所见，为权臣包围，无法下定决心全面改革？蒋如何认识"国家全面腐败"的情形？囿于本文主轴及篇幅，难以全面探讨，以下仅提出初步分析。

从蒋日记所见，1944 年初，蒋花费极大的心力于对美外交，对于财政不良、军政腐败，亦有所认识。如 1 月 4 日，记道："听最近物价报告，殊为骇异。" 8 日，谓："对经济问题时用忧虑，物价高涨至此。" 12 日，对各部门的舞弊，批斥改正。⑥ 蒋对问题早有所知，而其是否因受权臣包围，乃未及时采取全面改革措施？

蒋曾自省"左右缺乏人才，更无组织，对于重要业务皆由独自裁决，

---

① 《陈诚日记》，1943 年 12 月 19 日。
② 《陈诚日记》，1944 年 11 月 14 日。
③ 《陈诚日记》，1944 年 9 月 9 日。
④ 《陈诚日记》，1944 年 9 月 30 日。
⑤ 《陈诚日记》，1944 年 7 月 25 日。
⑥ 《蒋中正日记》，1944 年 1 月 4 日、8 日"上星期反省录"、12 日。

或为一二人成见或激语所转移，因此贻误不少"，① 可见蒋自承会受侧近
的影响，改变其施政方向，此或为权臣说来由之一。除了受侧近影响，其
初始之所以不发动全面变革，或因感国家许多弊端，系大环境、外交因素
所造成，且当前乏才，难以更替负责人。② 其次，蒋身为国家领导人，对
政府的批评，某种程度上就是对其本人的批评，其所重视者，为其个人、
国民政府或中国国民党的整个声誉，因此面对内部的批评，常抱持着
"化除意见""同舟共济"的态度，③ 或因此，蒋虽对朽败疾言厉色，但
仍包容性大，未能及时大刀阔斧革除腐化。④ 再者，就蒋个性言之，其性
格甚强，明知某事某人不善，若他人攻击之，或感到这是对他个人的施
压，抑或认为批评者之本意为私利、夺权、派系斗争，于是本预定更易
者，因此而暂缓。⑤ 又，蒋自道：

> 余性行狂直愚拙，故对人对事皆无戒惧，更无疑虑。所谓径行直

---

① 《蒋中正日记》，1944 年 2 月 24 日。
② 如蒋曾记道："美军用费太大，法币无限澎［膨］涨而物价不时上升，内部弛怠，弊端
百出。"《蒋中正日记》，1944 年 2 月"本月反省录"。反省当时朝野对孔祥熙的不满时，
记云："近来以俄态骤变，因之人心动摇，尤其党内中央不肖委员乘此泄愤，而全国心
目皆以庸之（孔祥熙）为众矢之的，此非权势所能平息也，应加注意。"《蒋中正日
记》，1944 年 4 月 13 日。又反省当前危机之根源，记曰："所处逆境已有半年，而至本
月为最甚，抑尚有其未来不测之患乎？推厥原由，实由于对罗斯福感情之不融为其基
因，因之国内政治、社会、心理之动荡，继之以军事之节节失利，而致陷今日穷蹙之境
地。"《蒋中正日记》，1944 年 6 月 30 日"上月反省录"。显示蒋认为，美军费用、对苏
及对美外交等大环境因素，影响内部政治、民心士气。
③ 《蒋中正日记》，1944 年 4 月 24 日。
④ 蒋在台湾亦对行政机关持相同态度，对于"立法院"的批评，多站在行政立场，予以回
护。参阅苏圣雄《蒋中正与迁台初期之立法院——以电力加价案为核心的讨论》，黄克
武主编《同舟共济：蒋中正与 1950 年代的台湾》，台北，中正纪念堂管理处，2014，第
199～201 页。
⑤ 此为张治中评论蒋中正为何不让孔祥熙去职之看法。中研院近代史研究所编《徐永昌日
记》第 7 册，1944 年 10 月 17 日，台北，中研院近代史研究所，1991，第 459 页。1944
年孙科对政府批评甚烈，蒋便判断这是"附和共匪与外国舆论"，"以为其反对我之武
器"；"文人之面誉背毁、口是心非，有如傅某（斯年）者。其重外轻内，依赖洋势，
侮辱政府，不以为羞"。《蒋中正日记》，1944 年 4 月 30 日"本月反省录"、6 月 30 日
"上月反省录"。陈永发：《关键的一年——蒋中正与豫湘桂大溃败》，刘翠溶主编《中
国历史的再思考》，台北，联经出版事业公司，2015，第 427～428 页。

程者乎。因之虽入险境而不知其为冒险，已当万难而不知其为犯难，及至险难一一暴露，方知此身已陷重围，乃不能不发愤拼命，予之恶战苦斗以自救。而自救之道，一则攻坚制强，一则蹈瑕抵隙。惟余之处事，决策多用瞑眩疗疾之方，孤注一掷之举，以为最后之一着，而此最后之一着，即为起死回生、绝处逢生之机，亦即兵家所谓置之死地，陷之亡地，而后生后存之道。此余一生之所以不能不茹苦含辛者在此，而无数次之蒙羞忍辱者亦在此。①

蒋并曾自评："长于应变，短于处常，用人行政皆于临急关心。"② 于是，蒋虽入险境万难，但非到身陷重围，不会展开彻底行动，或因此被人视为无改革决心。

陈诚认为，高级干部之腐化堕落，为国家危机之根源。军令部部长徐永昌亦认为，军政问题，若见不妥，随时随事筹划改革，何至积弊至此？"此皆由于领导阶级无能，不能认真行法，作奸犯科者遂得肆无忌惮，致令公道不彰，爱国热心亦归泯灭。"③ 对于高级领导出问题，陈诚与徐永昌看法相近。然则，蒋中正是如何面对这些不肖高级干部的，又为何晋用这些人？

蒋曾自省："重事而不择人，所以无健全之干部。"④ 复记云：

> 此时最难者，莫如高级将领之粗拙无能，尤其是旧有将领，不自知其无能，而又自以为有资格之旧部，非予以重要位置，则不甘心。余不能以为事择人，亦视其资格与关系任命，此今日蒋鼎文在第一战区之所以败事也。⑤

引文就高级将领为论，实际上，文武高级干部之晋用亦皆似此。蒋依

---

① 《蒋中正日记》，1944年2月5日。
② 《蒋中正日记》，1937年"杂录"。
③ 中研院近代史研究所编《徐永昌日记》第7册，1944年7月22日，第382页。
④ 《蒋中正日记》，1944年8月5日"上星期反省录"。
⑤ 《蒋中正日记》，1944年5月6日。

"资格"与"关系"任命高级干部,并有较多政治考虑,或因此难以从速革去无能腐化之干部,迁延日久,影响大局至深,届时再展开动作,时机已去,便只能采"瞑眩疗疾之方","孤注一掷"了。诚然,吾人不可忘却大环境对蒋的限制,人事上若大幅更易,势将影响政局摇动,对抗战前途未必为佳。

借由本文之叙述,可见陈诚对蒋直言诤谏之实况,这样的蒋陈关系,一直延续到在台湾陈诚过世之前。1961 年 7 月,蒋、陈在草山大吵,蒋认为陈破坏统帅威信,并阻挠"反攻大陆"计划,复对数十年来之培植感到失望。陈其后将这段争论记在笔记本中,陈去世后,谭祥将此页撕下,交"诸儿"阅读保存,并写下:"夫人(宋美龄)闻大声吵闹,乃即出劝停止。后又跑到我们家慰爹爹(陈诚),并告我情形,二人皆性燥,为国争论。数十年,爹爹直言,也有争时,不过总统对爹爹后来总是听之,也谅之。自知只有爹爹说直话。"①

本文以《陈诚日记》为主要论述资料,可以注意到,在目前所出版的史料中,《陈诚先生回忆录》对人事纠纷基本上略而不提,"六十自述"则偶一为之,②《陈诚日记》则大量呈现这些人事纷扰,及陈对时局的判断、对他人的品评或不满,这些史料,对研究的深化,颇具价值。当然,陈日记呈现的是陈诚的角度,本文所述,系有意站在陈的立场呈现历史、观察蒋中正,而更全面的历史分析,尚需补充多方面史料,方才完整。

1944 年,岁次甲申,恰距明朝灭亡 300 年,该年为国民政府在中日战争期间内忧外患至于极点的一年,即陈诚所谓"久病无孝子,板荡识忠臣,抗战八年各方确有疲弊现象"。③ 陈诚在回忆录提到郭沫若当时所撰之《甲申三百年祭》有其代表性,呼应是时一般国民弥漫之悲观、消极、怨愤气氛,他没有提到《甲申三百年祭》一文大量讨论崇祯皇帝、李自成的领导问题,以及大臣李岩的规谏及悲剧。④ 吾人若深刻认识 1944 年国民政府各方面出现的严重问题,或较能理解战后国共斗争中,国民党

---

① 何智霖编辑《陈诚先生回忆录——六十自述》,第 273 页。
② 何智霖:《编后语》,何智霖编辑《陈诚先生回忆录——六十自述》,第 279 页。
③ 《陈诚日记》,1944 年 10 月 21 日"上星期反省录"。
④ 郭沫若:《甲申三百年祭》,人民出版社,1954。

在日记中找寻历史

何以如此迅速溃败。盖 1944 年时，国民政府已极端衰败，其后进行改革，渐次复苏，1945 年 8 月突如其来的胜利，又加重建工作，使各方益显混乱，于是 1944 年的败坏，完全重现。① 诚如蒋于 1949 年大失败后所记：

> 六年以来，依赖因循，矜持忽略，无远见无决心，以致国家分崩离析，人民水深火热，生灵涂炭，同胞倒悬，回天无术，解救不力，皆由中正不肖所造之罪孽，其将何以自解？怨天乎？尤人乎？抑待罪补过，以求有以自赎，以报党国而救民命乎？②

1949 年的 6 年前，正是 1944 年，是蒋深知该年国家已现崩溃之象，却补救不利。如是说来，探讨国民党政权失去大陆之缘故，除检讨国共内战时期，或亦可向前追溯；1944 年，该政权已极端空虚，"所恃者，是敌未来耳"。③

---

① 1948 年 5 月 3 日，张治中呈蒋中正长函《对当前国是之检讨与建议》，所述国政问题，几与陈诚 1944 年所见如出一辙。参见《张治中致蒋中正函》（1948 年 5 月 3 日），《政治——含西安事变项目（三）》，《特交档案·分类资料（特件）》，《蒋中正总统文物》，台北"国史馆"藏，典藏号：002 - 080114 - 00012 - 008。
② 《蒋中正日记》，1949 年 12 月"民国三十八年反省录"。
③ 《陈诚日记》，1944 年 5 月 23 日。

国共内战初期的山东战场

——以蒋介石和国民党高层人士的日记为中心

汪朝光*

内容提要 山东是国共内战期间双方争夺的重点地区和主战场之一，并在内战进程的胜负演进中，起到了至关重要的作用。内战期间山东战场的战争进程，既有一般性，也有特殊性，更能体现国共双方统帅部的战略运思高度和前线将领的领悟执行能力。与中共始终坚持不移的战略相比较，国民党经历了战略的变化过程，而国民党军战术的机械教条，又与中共部队的灵活主动形成对比。再就战场指导方针而言，中共强调放手让前线将领发挥主观能动性，国民党方面的问题则在于蒋介石的干预过多过密，指导往往脱离战场实际，指挥层次太过重叠。因此，就山东战场国共军队的表现而言，中共成功地做到了示形于外而决胜于中，而国民党则形虽示而胜未决。这样的格局和结果亦体现在国共内战的总体进程中。

关键词 国共内战 山东战场 国民党 中共

山东地处中国海岸和南北交通要冲，北望京畿，西邻中原，南接苏皖，东与辽东半岛隔海相望，战略地位极其重要，向为兵家必争之地。抗战时期，国共两党都在山东开展了敌后作战，但中共以其进取心、坚韧性、灵活性终居上风，建立了基本囊括敌后的山东根据地，拥有山东大部地域和人口，成为抗战时期中共最主要的根据地之一。然国民党亦不甘放

---

* 中国社会科学院世界历史研究所研究员。

弃山东，在抗战胜利后力图卷土重来，山东由此又成为国共两党争夺的重点地区和内战的主战场之一，在齐鲁大地上，上演了一幕幕战争大剧，并在内战进程的胜负演进中，起到了至关重要的作用。本文着重运用蒋介石及部分国民党军政高层人士的日记记载，参以其他档案文献史料，以国共内战初期的山东战场为论述的中心，期以为这段历史进程提供更多学术视角的观照。①

一　国民党军困守一隅：全面内战爆发前的山东

抗战胜利后，国共两党因为受降权的争执，未能联合受降，中共不理会国民党令其"固守原防"的命令，以和平或武力的方式，在山东从日伪军手中接收了 60 余座城市，包括烟台、威海、淄川与博山、临沂、菏泽、曲阜、济宁等地，而国民党军队则依赖铁路运输和投降日军的配合，由第十一战区副司令长官李延年指挥第十二军自徐州沿津浦路北进，接收了山东省会济南；第八军由美国军舰运输自华南北上，接收了胶东重镇青岛；第九十六、五十一、七十七军进至鲁南津浦路沿线的兖州、泰安等地，从而形成了战后国共山东对峙的基本格局。

从抗战胜利到 1946 年 1 月停战令发布前，围绕战后中国的政治走向，一方面，是国共双方在谈判桌上唇枪舌剑的针锋相对、讨价还价；另一方面，是双方在战场上对于控制地盘你来我往的实际争夺。津浦路是国民党军队北上接收的重点路线，在国民党军队接收济南后，与徐州形成南北呼应之势，大体控制了津浦路徐州至济南段，便于其后继续四下扩张，对中共"向北发展，向南防御"的战略部署形成较大威胁。为此，中共中央在决策将山东主力部队调往东北后，决定将苏北新四军主力北移山东，并将军部与山东军区合并，由陈毅任军长兼司令员，要求"截断津浦路，

---

①　有关国共内战初期的山东战场，在海峡两岸的内战军事史通论性著作中都有叙述，尤其是大陆学者的研究更多，可以参阅，但专门性的论述却不多见，尤其缺乏对于国民党军方面的研究，此当为本研究之出发点。

阻止顽军北上，并力求消灭北上顽军之一部或大部"。① 1945 年 10 月中旬，山东军区组成津浦前线野战军，陈毅任司令员，以津浦路徐州至济南段为中心，发动阻击和攻击作战，迟滞国民党军队的北上。

津浦战役之始，中共部队首先在 10 月 19 日占领津浦路之邹县，随后向南北扩展，南段攻占滕县，围困临城、枣庄，北段攻占宁阳、曲阜，包围兖州、泰安。坐镇济南的李延年和困守临城的十九集团军司令陈大庆，均连电向军委会告急，称"援军如再迟延不到，恐将影响山东全局及铁路煤矿"；"恳速饬大军北上，否则鲁省恐将不保"。② 蒋介石对此颇为恼怒，致电徐州绥署副主任汤恩伯称："陈大庆精神萎靡，行动迟钝，贻误军机甚大，而且此次临城枣庄被匪围攻已久，损失颇大，而该总司令仍逗留后方，不知责任何在，应将撤职查办。……希弟亲赴徐州临城，负责整顿指挥为要。"③ 不过，这一时期国共两军在山东的作战地域、规模、烈度都还有限，集中在主要铁路通道周边。至 1946 年 1 月停战时，国民党军在山东只能困守几座城市之一隅，山东两条铁路交通要道——津浦路济南南万德至徐州北韩庄段、胶济路济南东张店至昌乐段，均在中共部队控制下，中共山东和华中两大根据地已连为一体，成为对国民政府统治中心南京、上海地区最为直接的威胁。

1946 年 1 月 10 日停战令颁发后，山东的热战暂时止息，但是，双方的军事作战准备并未停止。在蒋介石心目中，武力解决共产党问题是谈判不成之后的既定方针，早在上年底，蒋已经在考虑"重新审核全国军队部署及剿共序列"，决定"剿匪"计划应分三区，其中排在首位的就是"临城与鲁南区陈毅"。④ 1946 年 2 月，军方拟出名为复员计划而"实一作战计划"上呈，蒋介石于 3 月 4 日"批交军政、军令、军训三部秘密研究准备"。该计划将未来的军事行动分为三步：第一步拟攻占热河的赤

---

① 《军委关于截断津浦路阻止国民党军北进给陈毅等的指示》（1945 年 10 月 12 日），中央档案馆编《中共中央文件选集》第 15 册，中共中央党校出版社，1991，第 335 页。
② 《何成濬将军战时日记》，1945 年 12 月 11 日、31 日，台北，传记文学出版社，1986。
③ 《蒋介石致汤恩伯电》（1945 年 11 月 30 日），《蒋中正总统档案·革命文献·戡乱时期（国共协商与共军叛乱）》（下）第三册，第 372～373 页，台北"国史馆"藏。
④ 《蒋介石日记》，1945 年 11 月 27 日、12 月 18 日，美国斯坦福大学胡佛研究所藏。

峰、承德及察哈尔的多伦、张家口，同时以数军由海道输连云港登陆，以扰苏北鲁南共军之背而歼灭之；第二步则打通津浦线；第三步则再击灭冀南、豫北共产党军队。① 由此观之，包括苏北和山东的华东战场，在蒋介石的军事进攻计划中，实居于上下联络的中心地位。

自1946年3月起，国共首先在东北发生大规模武装冲突，国民党军队自沈阳一路北进，在5月中下旬先后攻占四平和长春。中共随之决定，"我在大局上仍忍耐，惟须取局部报复手段"。② 中共选择的报复地点便是山东，理由是："一则时局发展是逐渐的，不是突然的，我宜从小的打起显得有理，不宜从大的打起，显得无理；二则消灭上述三部后看顽方如何动作，然后决定我主力使用方向，方不陷于被动；三则……我可于运动中消灭增援之敌。"③ 6月7日，山东军区以"讨逆自卫作战"名义发起进攻，先后攻占德州、张店、周村、枣庄等地，几乎占领了山东全境。中共的行动使蒋介石感到华东中共部队的莫大威胁，更加强了他准备在关内动武的决心，随后即调动五十四军和七十三军至山东青岛和济南，停战协定在关内实际已很难执行。蒋介石还在和美国调停特使马歇尔谈话时，明确表示"保障山东决心，告其宁可放弃东北九省，务必全力巩固山东"。④

1946年6月，一方面是东北停战，关外战火稍有止息；一方面是关内国共关系日趋紧张，国民党高官多数倾向动武，内战已难避免。北平行营主任李宗仁建议，"如协议不能进行时，则以军事为主，政治为辅，迅即增调兵力……以津浦南北段与胶济路及鲁西方面四路进军，扫荡山东之共军主力"。⑤ 6月13日，国防部举行作战会报，参谋总长陈诚提出的战略方针是：长江以北应以军事为主，长江以南则以政治为主；战前准备极

---

① 《郭汝瑰日记》，1946年3月9日，北京军事博物馆藏。
② 《对顽军进攻取局部报复手段》（1946年5月19日），中共中央文献研究室、中国人民解放军军事科学院编《毛泽东军事文集》第3卷，军事科学出版社、中央文献出版社，1993，第228页。
③ 《山东军区以首先消灭吴化文等部为有利》（1946年5月30日），《毛泽东军事文集》第3卷，第242页。
④ 《蒋介石日记》，1946年6月12日。
⑤ 《李宗仁致蒋介石函》（1946年6月1日），《蒋中正总统档案·特交档案·分类资料（剿匪）：全般措施》，第002卷第6号，台北"国史馆"藏。

端重要，兵员粮弹补充愈快愈好，要统一思想，节约兵力，集结机动使用。参谋次长刘斐具体解说作战计划是："今后作战方针，应关内重于关外。关内首先打通津浦、胶济两铁路，肃清山东半岛，控制沿海口岸。"[1]从苏北到山东，便成为蒋介石部署军事进攻的重中之重。由蒋介石决定的军事行动开始之期的排序为，苏北6月25日，胶济路7月30日，鲁南8月15日，津浦路8月30日（实际开始日期有前后参差）。[2] 当时参谋本部方面有人建议陈诚，"应在鲁南方面集中优势兵力，扫荡陇海路以北地区"。[3] 但考虑到军事部署的实况和地域重要性的区别，国民党军队的进攻重点起初仍然放在苏北。

二　攻方有守，守方有攻：全面内战爆发之初的山东战场

全面内战爆发时，济南设有第二绥靖区，王耀武任司令，负责山东全盘军事防务，当时国民党军队在山东部署有5个军，但只控制着济南、青岛、潍坊三市，大约占全省面积4%的地区。面对几乎占据着山东全境的中共部队，要经略全省显然实力仍然远远不够，因此，国民党军在山东的初期作战目标，主要为打通胶济路，建立济南、青岛两大城市间的联系，同时从徐州以一部进出鲁南，争取控制攻击出发地，等待苏皖战场完成作战任务后，再会攻山东。第二绥区制订的山东作战计划，以"贯通胶济路西段为目的。以一部确保济、青基地，而以主力编成东、西兵团，分由济南、昌乐，沿胶济路对进"。[4] 兵力部署为：东兵团第八军，由军长李弥指挥；西兵团七十三、九十六军，由第二十集团军司令夏楚中指挥；五十四军出击胶东，策应东兵团；十二军固守济南。6月25日，东、西兵

---

[1]　《国防部作战会报记录》（1946年6月13日），北京军事图书馆藏档抄件。

[2]　《蒋介石日记》，1946年7月6日。

[3]　《郭汝瑰日记》，1946年9月7日。

[4]　三军大学编《国民革命军战役史第五部》第3册，台北，"国防部史政编译局"，1989，第158页。

团开始发起攻势。

山东战事开始后，面对国民党军的进攻，中共山东军区各部节节抵抗，但因实力不济，只能被迫节节弃守。7月6日，东、西兵团在张店西会合，打通了胶济路西段。随后，第八军于9日占淄川，七十三军于11日占博山，胶济路西段作战结束。

胶东方面，6月23日，五十四军由青岛北的城阳对即墨发动进攻。城阳距即墨不过15公里，然因中共部队的阻击，五十四军耗时10天，直至7月2日才攻下即墨。随后，五十四军以全部主力西进，10日占蓝村，12日占胶县。

9月底，第二绥区开始胶济路第二期作战行动，以"贯通胶济全线之目的"，"打通胶县至坊子间交通，并索匪主力而歼灭之"。[1] 具体部署是，第八军为西路，五十四军为东路，分自坊子和胶县东西对进。10月1日，第八军占昌邑，9日五十四军占高密，次日与第八军会合，打通了胶济路全线。不过，国民党方面对此次作战的评估是，"国军仅沿交通线进剿，实予匪以退避之良好机会，故仅收复点线，而未能歼灭其主力，尤不能控制广大地区，致贻后患，不无遗憾"。[2]

1946年底，国民党军队基本收复了苏北和皖北，并逼迫中共华东部队的主力从苏皖步步退到了山东。国民党军统帅部认为，中共部队实力在苏皖地区作战中受到重大损失，因此企图在山东与中共部队决战，首先由在苏北的国民党军队主力由南而北推进，鲁南由此成为国共两军在山东交锋的主战场。

1946年12月底，整编二十六、五十一、五十九、七十七师已经推进到鲁南，其中整二十六师的位置最为突出，进至向城地区，距中共山东根据地的中心城市临沂不过几十里路程，"惟以前进位置过于突出，兵力极感薄弱，形势极为孤立"。有鉴于此，师长马励武曾建议后撤一段距离，但徐州绥署却令其就地固守而不同意后撤，使其"孤军久暴，既不进又

---

① 《国民革命军战役史第五部》第3册，第171页。
② 国防部编《绥靖第一年重要战役提要》，1948，第59页。

不退，前后左右皆空，此诚军语所谓挂形也"。① 这样的态势，为中共部队提供了可乘战机。毛泽东指示前线将领："鲁南战役关系全局，此战胜利即使苏北各城全失亦有办法恢复。……第一仗似以打二十六师三个旅为适宜，因该师系鲁南主力，该师被歼，全局好转。"② 为此，陈毅和粟裕决定集中山东和华中野战军共 27 个团的兵力，围歼整二十六师，同时部署仍留置苏北的部队适时北撤，集中山东。对于中共作战部署的这一重要改变，国民党方面并未得到相应的情报并引起足够的警惕，从而自始即处在被动挨打的不利地位。

1947 年 1 月 2 日晚，山东野战军突然出现于向城地区，包围了整二十六师和第一快速纵队。整二十六师师长马励武事先毫无察觉，元旦那天正在峄县后方欣赏京剧《风波亭》，结果"风波"来时，前方部队群龙无首，惊慌失措，仓促之中决定于 4 日突围。可是，突围之日"天忽大雨，道路泥滑，人马车辆均陷泥淖，行动倍增困难"。③ 突围当日下午即被全歼。得知整二十六师被歼，蒋介石认为："半年以来剿匪损失，以此为最大。此乃伯陵（薛岳）指挥错误，对战车重炮皆置于最前方突出部，且其时甚久，此无异送精械于匪部，违反战术原则所致也。余曾以此战车部队太暴露，又预知匪将来攻，而未能切实纠正。此余以政治烦忙，无心细研之过也。惟望经此教训能澈底改正，则犹可补救也。"④

整二十六师被歼后，陈毅等原计划再打冯治安部整五十九、七十七师。冯部原已奉令增援整二十六师，但为保存实力，推进缓慢，此时更迅速收缩至运河南岸固守。陈毅等遂改变计划，自 9 日起分头攻击峄县、枣庄，并于 11 日占峄县，俘整二十六师师长马励武，20 日又占枣庄，歼整五十一师，俘师长周毓英。至此，整编二十六、五十一师和第一快速纵队共 5 万余人被歼，蒋介石认此为"二十年剿匪以来最大之损失"。⑤ 而在

① 《马励武致友人信》，《马励武日记》，枣庄市出版办公室编《鲁南战役资料选》，山东人民出版社，1982，第 152～153 页。
② 《鲁南首战以歼敌二十六师为宜》，《毛泽东军事文集》第 3 卷，第 591 页。
③ 《马励武日记》，《鲁南战役资料选》，第 152 页。
④ 《蒋介石日记》，1947 年 1 月 5 日。
⑤ 《蒋介石日记》，1947 年 1 月 25 日。

近 20 天的战争过程中，徐州绥署居然没有做出有力反应，尤其是在陇海路南的十几万部队停留原地不动，未有增援动议，令人莫名所以。或许是向城失利较为突然，缺少心理准备，造成其后"因向城损失太大，故大小动作无不惊心吊胆也"。① 空军副总司令王叔铭认为："国军如此不能作战，高级指挥官应负责任。徐州外围之挫败，薛岳应负指挥错误之责，而陈（诚）总长迄未有表示。回忆郑州刘（峙）主任因第三师失败即被撤职，而薛岳连续损失两师之众及其快速部队之全部，亦未见受惩处，有许多军人对此颇表不满。"王叔铭还认为，此役失利与"前方士气不振，官长有钱不愿打仗"也有关系，② 反映出战后接收中官员的贪污腐败现象，军方高官亦不能免，从而不能不影响军队的作战士气和意愿。

三　国民党军旋进旋退之失：莱芜（鲁南）战役

国民党军虽在鲁南遭遇重大损失，但同期在苏北却有明显进展，1947年 1 月中旬，中共部队放弃苏北最后一座县城沭阳，蒋介石认为：沭阳"今既收复，则峄县虽失尚无大碍，尤其是金乡之围已解，则徐州左侧之威胁已去，乃可专心进剿鲁南陈匪主力矣"。③ 蒋判断："关内土匪计有四大股，为贺龙、聂荣臻、刘伯承、陈毅等，现贺聂已无大能为，如陈刘两股能一举击灭，则中原大局可早安定。"④ 他判明中共部队主力已经移至山东，符合其原先设想的决战之机。1 月下旬，蒋"审察战局，指导辞修应注意各点"，"核定山东作战计划"。⑤ 同时指示陆军总司令顾祝同："此次陇海东段与鲁南之决战，实为堵遏共军成败之唯一关键，万不可以一隅之得失，而置根本计划于不顾……必须先集中我主力对付陈毅一股以

① 《蒋介石日记》，1947 年 1 月 7 日。
② 《王叔铭日记》，1947 年 1 月 23 日、28 日，台北中研院近代史研究所藏，档案号：63 - 01 - 001 - 002 - 001。
③ 《蒋介石日记》，1947 年 1 月 11 日。
④ 《郑州绥署鲁豫边区作战经过概要》，中国科学院历史研究所第三所南京史料整理处编《中国现代政治史资料汇编》第 4 辑第 18 册（油印本）。
⑤ 《蒋介石日记》，1947 年 1 月 21 日。

后，再肃清刘伯承股，此为既定不易之方针。"① 秉承蒋意，参谋总长陈诚认为，鲁南"为主要战场所在地，同时更为匪我决战所关"，② 为此亲临济南，策划鲁南会战。他命令将攻击部队编为南北两个兵团，南兵团为主攻兵团，由整编十九军军长欧震指挥整编十一、二十五、五十九、六十四、七十四、七十七、八十三师和第七军，由陇海路出发，沿沂河、沭河分三路直指中共华东区的中心所在地临沂；北兵团为助攻兵团，由第二绥靖区副司令李仙洲指挥十二、七十三军和整四十六师，由胶济路出莱芜、新泰，期断中共部队后路。整个战役部署是南北对进，企图以优势兵力在沂蒙山区夹击中共部队而歼之。1 月 30 日，国防部决定鲁南会战方案。2 月初，蒋介石亲至徐州、郑州部署，"责令前方将领乘此有利形势，把握战机，督率所部继续前进"。③

1947 年 1 月中共华东部队大部撤至山东后，2 月 3 日编组成立了华东野战军，陈毅任司令员兼政治委员，粟裕任副司令员，谭震林任副政委，陈士榘任参谋长，所辖部队编为 11 个纵队及 1 个特种兵纵队，总兵力达到 30 万人。中共中央在整二十六师被歼后指示陈毅和粟裕：不要轻动，而要休整部队，充分准备，创造战场，吸引国民党军北上到适当地区，然后歼灭最为有利。"总之，一切以打大歼灭战为目标。"④ 可见国共两军此时都有了在山东打大仗的心理与物质准备。

1 月 28 日，国民党军队各部开始行动，或许是吸取了过去失利的教训，南线十余万兵力在宽不过几十里的战线上，以密集平推方式缓慢推进，稍遇阻击便停止不前，7 天才走了不到 70 里，且各部互相观望，都不愿过于突出，表现比较谨慎。外界观察是，"近来自陈总长以下各层指挥官均兢兢不能发展，只图保守，无急进之企图"。⑤ 而北线部队以往未遭败绩，表现比较冒

① 秦孝仪主编《总统蒋公大事长编初稿》第 6 卷（下），台北，中国国民党中央委员会党史委员会，1978，第 362 页。
② 陈诚：《告剿匪各部队官兵书》，引自《大众日报》1947 年 3 月 10 日。
③ 《总统蒋公大事长编初稿》第 6 卷（下），第 380 页。
④ 《一切以打大歼灭战为目标》，《毛泽东军事文集》第 3 卷，第 603～604 页。
⑤ 《王叔铭日记》，1947 年 2 月 2 日，台北中研院近代史研究所藏，档案号：63－01－001－002－002。

进，2 月 1 日开始行动，4 日便到达莱芜，8 日整四十六师已前出至新泰，3 个军（师）的兵力沿莱芜、新泰公路摆成了一字长蛇阵，且脱离了胶济路后方。按原计划，北线为助攻，但在南线主攻部队迟疑缓进的情况下，北线助攻部队过于突出，喧宾夺主，实际已处于不利地位。

对于南线部队的迟疑缓进，陈诚、薛岳等主张整顿休息再攻临沂的建议，蒋介石颇为不满，他连续指示前线将领，此时"对临沂进剿已建立基础，万不宜停顿整理……放弃我主目的而为匪所牵制以达其扰乱之目的，应切令辞修万勿改变原定方针转移目标为要"。2 月 2 日，蒋介石亲飞徐州，"指示方略"，"决定对临沂进剿之策"；并告诫前线将领，"陈毅实为共匪中最强悍老练之一股，如能消灭该股所谓新四军老匪，则其他当易与为力乎"。①

中共方面对于国民党军队的进攻早有准备。② 根据情报，1 月底中共中央指示华野："我军方针似宜诱敌深入……可连续打数个大歼灭战，使自己处于完全主动地位，丝毫不陷于被动（如打得太早即有打成胶着陷于被动可能）。"③ 华野最初的设想是在南线诱敌深入，争取歼其一路，但因欧震所部行动谨慎，没有暴露大的弱点，2 月初，陈毅和粟裕报告中共中央，南线"敌前进甚极稳重"，"如目前我军进行出击，只能击溃，很难达成歼灭"，提出"主力急行北上，彻底解决北线敌人"的作战方案，④ 得到中共中央的同意。10 日，华野令一、四、六、七纵自临沂北上，会合由胶济路南下的八、九、十纵，围歼李仙洲部，二、三纵在南线担任牵制任务。当日，参战部队秘密撤离临沂，急速北上，由于严格保密，并部署了一系列佯动（临沂外围伪装主力的节节抗击，在运河上架桥，筹集

① 《蒋介石日记》，1947 年 2 月 1 日、2 日、7 日。
② 鲁南会战方案于 1 月 30 日下午 5 时由国防部作战会报讨论通过，5 时半中共即通过秘密情报渠道得知。
③ 《宜在鲁南诱敌深入打大歼灭战》（1947 年 1 月 31 日），《毛泽东军事文集》第 3 卷，第 649 页。
④ 《拟待敌第二步前进时歼其一路》（1947 年 2 月 4 日）、《歼灭山东南北两线敌人的作战方案》（1947 年 2 月 5 日），粟裕文选编辑组：《粟裕文选》第 2 卷，军事科学出版社，2005，第 244、247 页。

渡船等），国民党军队一时难以判断华野的真实意图。

2月9日，徐州绥署令南线各部于10日起"向临沂及其以西地区攻击前进，诱致匪主力于当面一举歼灭之"。① 由于华野主力已转兵北上，南线部队佯作抵抗后即行撤离，国民党军于15日占领临沂。蒋介石得报后颇为得意，自信"此次战略可说完全成功"，"此心略慰。研究鲁南与鲁西之追击计划，指示空军杜绝黄河各渡口之措施，勿使共匪主力向北岸流窜也"。② 他认为"陈毅已失其老巢，就再不能发生过去一样大的作用了"；"国军占领临沂以后，如果我们计划周密，部队努力，则鲁南、胶东不难收复，以后的问题，都在黄河以北了"。③ 对于外传中共部队是主动撤退的说法，蒋不屑一顾，认为"在临沂附近搜出重要武器，可知匪之撤退临沂，并非有计划之行动也"，④ 声称"他们退出老巢，放弃军事重镇，便证明他们是受了严重的打击，不能不出此穷途末路的一着了"。⑤

然而国民党军队未经大战便占临沂，使第二绥区司令王耀武起了疑心，他还得到中共部队正在北移的情报，遂判断"由南向北急进之匪军，应为其主力之转用，显有打击北路兵团之企图"，⑥ 王耀武为此急令李仙

---

① 谢声溢：《徐州绥靖概要》，1946，第85页。

② 《蒋介石日记》，1947年2月15日。

③ 蒋介石：《剿匪战役之检讨与我军今后之改进》（1947年2月19日），北京军事图书馆藏档抄件。

④ 《蒋介石日记》，1947年2月16日。

⑤ 《对于最近社会经济军事情势之分析》（1947年2月17日），秦孝仪主编《先总统蒋公思想言论总集》第22卷，台北，中国国民党中央委员会党史委员会，1984，第21页。国民党军队将领对攻占临沂亦极为乐观。陈诚称"中共之损失极大，现正向鲁西溃退"；"中共此次集号称二三十万人之众，败后残余渡河者当不过十万人"（《王世杰日记》，1947年2月17日、20日，台北，中研院近代史研究所，1990）。空军司令周至柔报告，临沂一战，共产党军队因空军轰炸伤亡七八千人，毁汽车千余辆，陈毅主力被迫向泗水方向退却（《郭汝瑰日记》，1947年2月15日）。实则中共部队是主动转移，而当时中共部队还很少有汽车，所谓千余辆汽车明显是夸大其词。这种虚报战果的情况，在很多情况下影响到国民党的作战决策。蒋介石其后训诫部下，"过去我们的作战计划往往凭借空军的侦察报告而下判断来决定的，但照这次莱芜战役的经验，空军的侦察并不能作为唯一可靠的根据，以后还是要你们靠陆军本身在前方实地的侦察来决定，前方将领在必要时，就可以依照你们自己所得的实际情况，决定计划，独断专行，向敌人进攻"〔《国军剿匪必胜的原因与剿匪战术的改进》（1947年4月15日），"国防研究院"编《蒋总统集》第2册，台北，1960，第1578页〕。

⑥ 《国民革命军战役史第五部》第3册，第214页。

洲部收缩。不过国民党军统帅部的判断与王耀武正相反，他们以为中共部队是"无力与我军主力作战，有北渡黄河避战的企图"，因此命令王耀武执行原南北夹击之作战方案，"勿使其继续北窜"，并派飞机向李部空投命令，严令其回防，否则以抗命论处。① 本来李仙洲部在接到王耀武的命令后已于16日开始行动，将整四十六师自新泰后撤颜庄，七十三军自颜庄后撤莱芜，十二军自莱芜后撤胶济路，次日又因徐州绥署和南京统帅部的严令，各部重回原地，部队来回运动，疲于奔命。及至19日，中共大部队已出现在李部四周，王耀武不等批准即命李部火速后撤，王的性格本"大胆果断"，但在上峰的错误指令下，无法发挥其指挥才能，而就是这三天的动摇与延误，注定了李仙洲的覆灭命运。

2月20日，华野首先以八、九纵在莱芜北设伏，歼灭了由博山南下莱芜归建的七十三军七十七师；又以六纵攻吐丝口，封闭李部向北退路；以十纵担任阻击莱芜西北国民党军可能的增援。此时整四十六师自新泰北撤，且战且走，21日到达莱芜南，而莱芜城外各要点多已为华野占领。南线欧震兵团自占领临沂后，因对华野动向判断不明，迟迟未有行动，距李部尚有相当距离。王耀武认为，李部孤守莱芜，粮弹缺乏，援军无望，因此下令李部突围，先至吐丝口与新三十六师会合。莱芜至吐丝口不过20余里路程，王耀武认为"以如此强大力量，在空军掩护下作短距离之战斗前进，绝未料其失败"。② 但李仙洲属下的两个军（师）互有矛盾，李本人既非军事长才，又无与中共作战的经验，仓促决定的突围注定很难成功。更令王耀武想不到的是，整四十六师师长韩练成与中共早有联系，上年11月调往山东前，董必武在南京曾交代韩与华野联系的办法。战役开始前，韩与华野建立了联系，并透露了国民党军队的行动部署。战役开始后，

---

① 王耀武：《莱芜蒋军被歼记》，中国人民政治协商会议全国委员会文史资料研究委员会编《文史资料选辑》第8辑，中华书局，1960，第121页。

② 《国民党第二绥靖区司令官王耀武莱芜战斗详报》，山东省政协文史资料委员会、莱芜市政协文史资料委员会编《莱芜战役纪实》，中国文史出版社，1995，第287页。国民党方面战后总结认为，"第二绥区未能恪遵本部迭次指示，使新泰莱芜我军坚守待援，反饬令其退却，致于半途遭优势匪军截击，蒙受重大损失"（军官训练团编《一年来剿匪重要战役之检讨》，1947，第39页）。

整四十六师因韩之拖延而行动迟缓，及至李仙洲接令突围，韩坚持准备不及而要求将突围时间自 22 日延至 23 日，使李部进一步陷于不利境地。①

23 日晨，李仙洲部开始突围行动。临行前，韩练成不知去向，此时李仙洲尚不知韩已在中共安排下离队出走，他以七十三军和整四十六师并列行动，因突围心切，出莱芜城后即径行向北，未派有力部队占领突围路线外侧山地要点掩护，也未派一部留守莱芜以为支持，而华野已派第一、七纵在左，四、八纵在右，六纵在北，各在既定阵地设伏。李部后尾刚刚脱离莱芜，华野便占领莱芜城，断李部回城之路，预伏各部发起有力攻击，李部全军陷入重围。② 因北撤队列位于一狭长地段，正面宽不过几公里，机动空间有限，无法展开，李部被迫向内收缩，互相拥挤，队形大乱，已无法实施有效指挥。整四十六师因韩练成离队，全军失去指挥，在中共部队打击下，迅速崩溃解体，并直接影响了七十三军的队形与士气。4 万人的部队，不过 4 个小时即遭全歼，李仙洲和七十三军军长韩浚及多名高级将领被俘。③ 当晚，驻守吐丝口的十二军新三十六师弃城而走，又遭

---

① 周士观：《回忆我所参加的军事策反工作》，中国人民政治协商会议全国委员会文史资料研究委员会编《文史资料选辑》增刊第 1 辑，文史资料出版社，1985，第 28 ~ 29 页。国民党内对韩练成与中共的关系一无所知，在莱芜战前与韩有过交往的国民党将领的印象中，韩"深愿出国求学，充实知识，准备第三次世界大战，效力国家"（《丁治磐日记》，1947 年 1 月 8 日，台北，中研院近代史研究所，1995）。莱芜战后，韩练成以突围而出的身份回到南京，继续为中共从事地下工作，蒋介石不明底里，还召见韩炼成谈话，询问战役经过情况（《蒋介石日记》，1947 年 3 月 18 日）。后来居然又在对国民党将领训话时大夸韩"从莱芜带了一百余人，在敌人的后方横行五六百里，历时十余日，最后安抵青岛……如果共匪真的厉害，韩师长又何能以这样薄弱的兵力横行于这样广大的匪区？"〔《国军剿匪必胜的原因与剿匪战术的改进》（1947 年 4 月 15 日），秦孝仪主编《先总统蒋公思想言论总集》第 22 卷，第 64 页〕闻之令人啼笑皆非，诚可谓既不知己而又不知彼也。其后，蒋安排韩为侍从室武官。直到一年后，韩与中共的关系暴露，他才脱离国民党，秘密潜赴香港转往解放区。

② 据王耀武回忆，在他下令撤退前，曾派人飞南京向蒋介石报告。蒋认为，敌前撤退不利，既已下令北撤，应特别注意后尾与两侧的安全。而李仙洲在撤退时将此完全置之不顾，使蒋事后大为恼怒（王耀武：《莱芜蒋军被歼记》，《文史资料选辑》第 8 辑，第 124 ~ 125 页）。

③ 李仙洲：《莱芜战役蒋军被歼始末》，中国人民政治协商会议全国委员会文史资料研究委员会编《文史资料选辑》第 28 辑，中华书局，1962，第 91 ~ 94 页；刘贯一：《关于争取国民党第四十六军军长韩练成的工作情况报告》（1948 年 1 月 3 日），《莱芜战役纪实》，第 104 页。

华野九纵伏击，大部被歼。华野乘胜占领博山、张店等地，再次切断胶济路。

莱芜战役打响后，蒋介石"研究莱芜附近战况与审核追击计划"，感觉"情势甚危，不胜挂虑"；认为这是因为"高级将领几乎怠傲成习"，"昔日之勇气与精神可谓丧失殆尽"。他特别不满意陈诚之所为，认为"临沂收复以后，辞修以为匪已向黄河北岸溃窜，故对剿务一若已完者，故其自徐州回来请病休假，时现自足之骄态，不料陈毅主匪已向我莱芜吐丝口一带进攻，前方布置未妥，多为匪在途中袭击消灭"。在得知李仙洲部的撤退行动后，蒋介石"颇为疑虑"，"但愿上帝能保佑我此三万余部下安全撤回。继思非即速纠正不可，乃再致手书，令其到吐丝口为止，万不可再由吐丝口向北撤退也"。战况发展证实了蒋的"疑虑"，23日晚蒋接空军报告，"吐丝口与莱芜地区之间尸横遍野，已不见我军……乃知第七十三军与四十六师已被匪部一网打尽"。但即便如此，蒋介石仍感觉，"即使被匪伏击或诱陷，则此三万余众之部队决不为其全部消灭，故终难置信"。①

令人诧异的是，就在国民党军统帅部严令北线各部不得后退之时，南线欧震兵团在占领临沂后，却在原地停止不动，徘徊近10日之久。既然判断华野主力向北"溃退"，正应令欧兵团从速北上，以实现南北夹击之原定计划，而且也不至于使北线李仙洲部其后处于孤立无援之境。② 2月16日，蒋介石电令陈诚与薛岳，望吸取以往之教训，"务希激励所部积极扫荡，以为一劳永逸之计"。③ 但直到23日李仙洲部被歼当天，徐州绥署才下令以一部"监视临沂以北山地之匪"，主力向临沂西北费县、曲阜、汶上、东平"进剿"，"会师兖泰，将匪压迫于黄河右岸而歼灭之"。④ 此

---

① 《蒋介石日记》，1947年2月21日、22日、23日、24日。

② 粟裕在战后总结中认为：进占临沂的国民党军离华野预定在北线发起攻击的时间（18日）不过3天的距离，如其继续前进，"则在我打响第二天即可赶上与北线之敌会师"［《莱芜战役初步总结》（1947年3月8日），《粟裕文选》第2卷，第268页］。国民党方面在战后总结中也认为，徐州绥署未能"使欧震兵团适时迅速放胆跟踪追击，进出蒙阴新泰，致匪得以充裕时间，集中全部兵力，围攻我新泰莱芜。至廿四日，徐州绥署始转用十一师六十四师由临城北进，已不及挽救战局"（《一年来剿匪重要战役之检讨》，第39页）。

③ 秦孝仪主编《总统蒋公大事长编初稿》第6卷（上），第392页。

④ 《徐州绥靖概要》，第94页。

时中共部队早已脱离战场，所谓"决战"便不得而行。

莱芜战役，国民党方面损失 7 个师（旅）近 6 万人，为内战以来之空前失败。王耀武自认"不仅损失重大，使党国蒙忧，而本部一年来在鲁省艰苦奋斗所开创之新局面亦悉告破产，每一回忆实有无限之沉痛与惭愧"。① 连同先前之鲁南（峄枣）战役，国民党军在鲁南的攻势顿挫，被其战史称为"对双方战力与士气之消长，影响尔后作战者甚巨，所以此次作战，实为双方在主战场上胜败之转捩点所在"。② 在战后总结中，陈诚认为："匪以轻装，我以重装，面大线长，消极防守，未有不败。"③ 王耀武认为："此次南进兵团之失败，为战场上诸种错误之总和。本部在奉令向新泰进出之前，已深感态势不利，既进出新泰之后，尤觉兵力分散过于突出，随时有被敌各个击破之虞，共军放弃临沂后，本部即已判断共军必打击我南进兵团，以挽回其颓势，故一再要求机动作战，但层峰因有整个计划，始终未能采纳。"④ 结果，"旋进旋退，轻进轻退，举棋不定，措置乖方，涣散了军心，打乱了步骤，以致造成了不可收拾之局"。⑤ 王叔铭则"断定其（李仙洲）失败之原因如下：一、行军部队太挤，且无作战之一切准备；二、指挥官不能控制；三、不能散开及运动；四、士无斗志"。⑥

莱芜之败使蒋介石受到莫大的打击。蒋全程指挥此役，结果却是"如此重大失败为生平未有之惨败"，痛心"今后剿匪已成不了局"，承认"实为国军无上之耻辱"，"最可耻之失败"。⑦ 高级将领从旁观察，亦注意到蒋介石"至为痛心"，"仍极愤慨"；⑧ "面现悲愤之色"，"极为伤心"。⑨ 可见蒋对此次失败的"痛心""伤心"之情在下属面前也已无法

---

① 《国民党第二绥靖区司令官王耀武莱芜战斗详报》，《莱芜战役纪实》，第 287 页。

② 《国民革命军战役战史第五部》第 3 册，第 218 页。

③ 《陈诚对鲁南战役的检讨》，北京军事图书馆藏档抄件。

④ 《国民党第二绥靖区司令官王耀武莱芜战斗详报》，《莱芜战役纪实》，第 287 页。

⑤ 韩浚：《国民党第七十三军和整编第四十六师莱芜就歼纪实》，《莱芜战役纪实》，第 182 页。

⑥ 《王叔铭日记》，1947 年 2 月 23 日，台北中研院近代史研究所藏，档案号：63 – 01 – 001 – 002 – 002。

⑦ 《蒋介石日记》，1947 年 2 月 25 日、26、28 日。

⑧ 《王叔铭日记》，1947 年 2 月 24 日、3 月 1 日，台北中研院近代史研究所藏，档案号：63 – 01 – 001 – 002 – 003。

⑨ 《丁治磐日记》，1947 年 2 月 25 日。

克制而溢于言表。但是，蒋介石并不承认自己的指挥有何失误，而是将责任推给下属。2 月 24 日，他亲飞济南部署善后，将失败的原因总结为"李仙洲指挥之无方实有致之"，"全在李仙洲指挥部署处置错误"，王耀武"不知其人不能用而误国至此"；[①] 军事"行动间应交互稳进，不可全部行动，致无掩护"，而李仙洲部署"四纵队同时行动，以致遭腰击，致遭失败"。[②] 26 日，蒋介石在南京召集陈诚、白崇禧、顾祝同、汤恩伯等高级将领训话，"指示今后剿匪方针，斥责前后方高级将领骄矜自大，目空一切，对统帅命令意旨轻视违背，阳奉阴违，故有今日悲惨之失败"。[③] 在追究失利责任时，徐州绥署主任薛岳成了替罪羊。3 月 3 日，徐州与郑州绥署被撤销，另设陆军总部徐州司令部（陆军总司令顾祝同兼任司令）和郑州指挥所（主任范汉杰），由顾祝同坐镇徐州，统一指挥华东战事。此举实际是将陆军总部搬到了徐州。然而顾祝同其人并非大将之才，守成有余，进取不够，被评为"太无军事天才"，"军事上之庸才耳"，[④] 故很难期望他能够改变华东战局。中共得知国民党军换将的消息后，粟裕评论说："薛岳用兵尚机敏果断，而顾祝同则历来是我军手下的败将，这无异以庸才代替干才。在高级军事指挥人员的更迭上，正象征着国民党的日暮途穷，最后必然会走向崩溃。"[⑤]

莱芜战役国民党军队失败之时，正值黄金风潮爆发，蒋介石认为，"发生经济大风波，物价激变，无法制止，几乎崩溃在即"，"实为军事经济政治最拮据困难之一月，恐为从来所未有"。[⑥] 1947 年 3 月，国民党召开六届三中全会，参谋总长陈诚出席报告战事，不能不承认鲁南"国军

---

① 《蒋介石日记》，1947 年 2 月 25 日、26 日。

② 《丁治磐日记》，1947 年 2 月 25 日。

③ 《蒋介石日记》，1947 年 2 月 26 日。

④ 《郭汝瑰日记》，1947 年 5 月 27 日、30 日。某次，郭汝瑰至徐州总部与顾祝同研讨作战计划，感觉顾"噜苏半天，于大处全得不着要领"，可见其在军事将领心目中的印象（《郭汝瑰日记》，1947 年 5 月 28 日）。蒋介石对顾祝同的评价似亦不高，在国民党军攻击临沂时，蒋评价"墨三有机不攻，一得为足，放弃良机，实为不能再用矣"（《蒋介石日记》，1947 年 2 月 10 日）。

⑤ 《莱芜战役初步总结》（1947 年 3 月 8 日），《粟裕文选》第 2 卷，第 274 页。

⑥ 《蒋介石日记》，1947 年 2 月 28 日。

数师伤亡损失亦较重"。与会委员闻之咸感震惊，有委员表示，"如果不是总长亲口说的，我们还不相信这种现象是真的。……我们所谓剿匪有把握，是人数多，器械比人家精，如果拿这次战事来证明，我们的战斗信心完全失掉了"。但陈诚犹如蒋介石一般，仍然文过饰非，认为"鲁中作战之失利，并非匪如何厉害，乃我们自己的过失"；"事实上鲁中挫败，由于指挥官无能与疏忽轻敌，致铸大错。……事前事后毫无处置，粗疏轻率，至一被袭击，即成混乱之局，虽欲展开战斗而不可能，言之悲愤万端"。① 他在国防部会报中仍称"决负责到底，苟非主席不令其负责，决不消极辞职"；"鲁中之失败虽然痛心，然战事仍有把握"。② 不过，陈诚的话语言犹在耳，不出 3 个月，国民党军在山东遭遇了又一次令蒋介石觉得"悲哀痛愤"的大失败。

四 "百万军中取上将首级"：孟良崮战役

就在莱芜战役前后，国民党军在各战场的进攻也由盛而衰，趋于停顿。经过大半年的作战，国民党军远未达成其击灭中共部队的战略构想，而其进攻机动兵力不足的弱点却在逐渐显现，如其高官所论，"盖每发动一攻势，胜后即将能机动之部队悉供于驻守，则尔后即无再主动能力"。③因此，国民党军的全面进攻已是心有余而力不足，不得不对其攻势战略重做检讨。

1946 年 11 月中，陈诚在国防部作战会议上提出："为争取主动计，我应采取战略攻势，战术守势，分区扫荡原则。先肃清苏北、鲁南地区，再准备解决刘伯承匪部主力，进一步再准备对刘伯承、聂荣臻两股匪军联合之作战。"④ 1947 年初，国防部在作战检讨中认为："国军因受政略影

---

① 《国民党六届三中全会第四次会议速记录》（1947 年 3 月 19 日），台北中国国民党党史馆藏，档案号：6.2/37.2，6.2/64-3。
② 《郭汝瑰日记》，1947 年 3 月 1 日。
③ 《徐永昌日记》，1946 年 12 月 3 日，台北，中研院近代史研究所，1991。
④ 《熊式辉日记》，1946 年 11 月 18 日，美国哥伦比亚大学珍本和手稿档案馆藏。

响及局部状况之诱惑，致将主力逐渐分散于各战场，遂使主战场之陇海方面，无法集注绝对优势及精锐之部队，以致进展迟缓"；"散布各战场之兵力，因种种关系，抽调转用，多不自由，以致每每发现良机，而不能捕捉"。① 高级将领在总结军事失利的原因时亦认为，失利是因为"常犯逐次使用不充分兵力之过失"，"多行全面攻击，兵力分散，攻防均无重点，建制常被分割，指挥系统重复而紊乱"；建议今后"确实控制战略要点，控置战略机动部队，迅速以围歼匪之主力不计其他点线得失"，"要点要线应施以据点工事，以节约兵力而围守，得以彻底集中兵力，以机动歼灭敌人"。②

经过大半年的作战，蒋介石感觉中共并非其预想的那样不堪一击，他承认："我军不知采取运动战，不知主动攻击敌人，只知以稳扎稳打为保存实力、观望不前之掩饰口号。或株守一地，或阵布长蛇，首尾不能相应，予匪以运动集中、各个击破我军之机会。致匪越战越强，我则兵力日减，士气日以萎靡不振。"③ 1947 年 3 月，国民党军队在全国范围的进攻已呈疲态，蒋考虑收缩进攻方向，集中于陕北和山东。他曾将其如此设想解释为：中共在关内有三个重要根据地，即以延安为政治根据地，以沂蒙山区为军事根据地，以胶东为交通供应根据地，因此"凡是匪军的老巢，尤其是他的制弹厂和粮秣、弹药的集中地，及其发号施令的首脑部的所在地，必须犁庭扫穴，切实攻占"；"最要注意的是分清主战场与支战场。我们在全国各剿匪区域中，应先划定匪军主力所在的区域为主战场，集中我们部队的力量，首先加以清剿，然后再及其余战场。同时在这个主战场中，又要先寻找匪军兵力最强大的纵队进攻，予以彻底的歼灭"。由此出发，蒋将攻击重点置于山东和陕北完全符合他的设想。前者是捕捉中共主力进行决战，后者是摧毁中共首脑机关所在地，而在这两个战场中，蒋更

① 国防部第三厅第二处编《绥靖作战检讨》（二），引自军事科学院军事历史研究部《中国人民解放军全国解放战争史》第 2 卷，军事科学出版社，1996，第 263 页。
② 《军官训练团第二期第一次战术小组讨论一般战法综合汇编》，军官训练团编《第二期军事小组讨论结论汇集》，1947。
③ 蒋介石：《对匪军战斗手册之研究及对策》，引自《中国人民解放军全国解放战争史》第 2 卷，第 262 页。

注重山东战场，因为他认为，"照现在的战局来观察，匪军的主力集中在山东，同时山东地当冲要，交通便利，有海口运输，我们如能消灭山东境内匪的主力，则其他战场的匪部就容易肃清了。所以目前山东是匪我两军的主战场，而其他皆是支战场。在主战场决战的时期，其他支战场惟有忍痛一时，缩小防区，集中兵力，以期固守"。①

根据蒋介石的战略构想，国民党军统帅部大体确定了以山东和陕北为重点的进攻方略，其在山东战场的基本意图是：以徐州绥署为主攻，首先摧毁沂蒙山区陈毅根据地，消灭陈毅主力，控领山东，截断中共来自东北之外援，尔后再北渡黄河，以主力进出天津及其以北，另以一部左旋，于石门附近会合第一战区，协同郑州绥署，捕歼刘伯承部，肃清关内中共。② 在这样的进攻方略指导下，1947年3月以后，国民党军队在山东战场继续投入重兵，国共双方主力云集山东，大规模战争再度展开。

莱芜败后，蒋介石认为是前线将领不听其指导的结果，遂再度亲自出马，部署新的攻势。他召见陈诚、顾祝同等，"指示其对鲁中进剿处置方略"，"研讨进剿计划与更调高级将领，重整阵容，再事进剿"。他自己也在"研究剿略，陈匪忽南忽北，狡悍异甚，预计其将在泰安东南地区与我国军决战以后方能放弃其老巢山东"；注意陈毅主力"或向鲁北移动，但其鲁中蒙阴山脉决不放弃"。③ 在蒋介石的指示下，负责全盘作战指挥

---

① 《匪情之分析与剿匪作战纲要》（1947年5月15日），秦孝仪主编《先总统蒋公思想言论总集》第22卷，第114、117页。
② 《国民革命军战役史第五部》第3册，第334~335页。据国民党方面的说法，所谓重点进攻计划并未发现己方的原始资料，而系根据中共方面之资料判断其存在。但据时任国防部主管作战的三厅厅长郭汝瑰的回忆，国民党军攻占延安之后，蒋介石主观以为"可抽调主力在山东寻求决战，是进攻延安后的临时决策而不是预定计划"。郭认为，"蒋介石本人在战略上就根本还未着眼到重点进攻，更未想到钳形攻势。他进攻陕甘宁边区，初意也只是想压迫解放军东渡黄河进入山西，以便转用兵力，但兵力转用何处也并无定见。至于重点进攻山东，那是以后才决定的"（《郭汝瑰回忆录》，四川人民出版社，1987，第243~244、420~421页）。郭的看法亦有其理，印证以国民党方没有重点进攻的原始资料，因此，所谓重点进攻，更可能是国民党军统帅部根据战场情况的适时决策，而非事先精心计划的结果。然据蒋介石日记所载，他对山东和陕北"作战方针与前后之程序"，"考虑甚切，心神战兢戒慎，不能自己"；"关注地区仍以山东陈毅股匪为主目标也"（《蒋介石日记》，1947年3月5日、22日）。
③ 《蒋介石日记》，1947年2月27日、3月4日、5日。

的陈诚，对于山东的下一步攻势下了绝大的赌注，集中了陆总徐州司令部当时能够运用的绝大部分机动兵力，并将其编组为3个兵团。汤恩伯指挥第一兵团所辖整编二十五、二十八、五十七、六十五、七十四、八十三师，以临沂为中心，加强据点工事，准备向北推进；王敬久指挥第二兵团所辖第五军及整编七十、七十二、七十五、八十五师，以主力自宁阳、汶上东进，攻击大汶口、泰安等地；欧震指挥第三兵团所辖第七军及整编十一、四十八、六十四师，自兖州进出曲阜、邹县，并续向新泰、蒙阴攻击。三路互相协力，构成半月形攻击态势。王耀武指挥第二绥区所辖第八、十二、五十四、七十三、九十六军，冯治安指挥第三绥区所辖整编五十九、七十七师，李玉堂指挥徐兖绥区所辖整编二十师，担任守备、牵制任务，整编第九师为总预备队。总计24个军（师）45万人，[1] 可谓下了大本钱。基本目标是"迫匪于蒙山与沂山地区，与我决战，抑或迫匪放弃沂蒙山区老巢，向胶济路以北、东北地区退缩，以利我尔后之围剿"。[2]由于以往作战常因缺乏协同而被各个击破，此次以大兵团集群编组，强调统一指挥和行动，基本战法为加强纵深，密集靠拢，稳扎稳打，逐步推进，强调纵深配备与兵力密度，最重要的变化是，此战强调寻找中共主力决战，而不再如以往着重于点的占领。

4月1日，国民党军各部开始行动，当天占领泰安，随后打通了津浦路济南至兖州段和临沂兖州公路。不久，徐州司令部发现华野部队由鲁中向南运动，遂调整部署，令第一兵团向临沂收缩，调第三兵团第七军和整四十八师东援，同时以第二、三兵团东进威胁华野侧后方。此举虽使华野打击第一兵团的计划未能实现，但同时使泰安陷于孤立。华野遂拟订泰蒙战役计划，集中3个纵队，十纵于22日围攻泰安，一、三纵预备打援，希望以此调动国民党军驻大汶口的两个师北上而歼之。对于前方将领的谨慎，蒋介石颇不以为然，他训斥顾祝同、汤恩伯等：敌人退了你不知，自己又无计划，不知打什么仗，令其迅速行动。[3] 顾祝同遂决定，置泰安于不顾，各部按原计划行动。

---

① 《陆总徐州司令部鲁中会战经过概要》，《中国现代政治史资料汇编》第4辑第17册。
② 《国民革命军战役史第五部》第3册，第250页。
③ 《郭汝瑰日记》，1947年4月18日。

26日，泰安被华野攻占，整七十二师被歼，而汤恩伯、王敬久兵团仍无大的进展，只有欧震兵团经过激战，于28日占蒙阴，30日占新泰。

对于国民党军队在山东的攻势，中共是有准备的，基本方针是继续以内线作战打破国民党军队的攻势，为转入外线作战创造更有利的条件。中共中央指示华东野战军，"须从长期作战的思想出发"，"不论什么地方，只要能大量歼敌，即是对于敌人之威胁与对于友军之配合，不必顾虑距离之远近"。[①] 华野为此进行了充分的准备并不断在寻找合适的战机，但是，国民党军此次表现较为谨慎，大军麇集一团，稳扎稳打，不以一地之失而变更计划，而华野"耐心持重不够，战役企图过大，兵力不够集中，因而几次决心都未能实现"。[②] 陈毅、粟裕在给中共中央的报告中称："蒋、陈以进攻山东为其战略重点，企图依靠黄河封锁，迫我东撤海滨，同时集中使用兵力，不轻易分散，自然增加我方许多困难。"[③] 在这种情况下，中共中央多次指示华野："敌军密集不好打，忍耐待机，处置甚妥。只要有耐心，总有歼敌机会。""让敌放心前进，又使敌完全不知我主力所在，当此时机，好打则打之，不好打则以主力转入敌后，局势必起变化。"[④] 华野遂将部队集结待机，同时采取各种行动，调动、迷惑对手，等待并创造战机，而这样的战机终于来了。

国民党军在经过一段巩固调整后，得到情报称华野"损失甚重，刻已北窜"。更有甚者，"根据各方有力之情报，陈毅有炸死之可能。又最近朱德发布之命令，山东匪区亦无陈毅名字，并以徐向前指挥鲁中战事"；"陈毅被飞机炸毙事由多方情报证明大有可能"。[⑤] 这种不实情报不

---

① 《考虑作战行动应以便利歼敌为标准》（1947年3月6日），《毛泽东军事文集》第4卷，第1页。

② 粟裕：《孟良崮战役总结》（1947年5月20日），中共山东省委党史资料征集研究委员会、中共临沂地委党史资料征集委员会编《孟良崮战役》，山东人民出版社，1987，第212页。

③ 《放弃歼敌十一师的计划拟一部南下鲁南华中》（1947年5月3日陈、粟向军委的报告），《孟良崮战役》，第31页。

④ 《只要有耐心总有歼敌机会》（1947年5月4日）、《不性急不分兵诱敌深入相机歼击》（1947年5月6日），《毛泽东军事文集》第4卷，第52、59页。

⑤ 《王叔铭日记》，1947年4月1日、2日，台北中研院近代史研究所藏，档案号：63-01-001-002-004。

仅误导前方的行动，而且犹如一剂强心针，使蒋介石认为，"如果属实，则今后剿匪时间可以缩短……深信上帝有灵，此消息当不子虚，不久必可证实其毋妄也"。为此，蒋介石期望"能在莱芜以西地区歼灭陈匪主力，勿令其退窜沂蒙山地，延长鲁战，则万幸矣"。① 5月3日，蒋介石飞徐州、济南，部署新的攻势，令汤恩伯兵团自正面北进，欧震兵团和王敬久兵团自西向东推进。但是，蒋又对于"前方各师军长精神萎顿疲玩，各图自保，毫无互助合作，协同一致精神，以致屡失战机，处处被动。又不遵奉其上官命令，故全线停滞延缓，形成呆死态势，殊深忧虑"。为此，蒋介石这次亲临前线督导，明确作战目标为："先封锁其公路各山口，勿使其主力向外发展，自由往来；向各主目标分期更番推进；多备运输车辆，使各主力部队能协同互助，随时形成优势兵力，打击匪部主力；专对匪之主力进击，不为其后方游击队所牵制；尽力利用外线作战之利；最后主力则分进合击，一面对其游击散匪，予以各个歼灭之。"对于这次济南与徐州之行，蒋介石颇为自得，认为"军事之效已见。莱芜已如期收复，而匪竟向北溃退，彼必以余到济南督导我军向胶济路进展，故其仓皇北撤，默察匪情实已呈举棋不定，惶惑无主之象，陈毅似已毙命乎？"②

在蒋介石的一力督促下，顾祝同于5月10日下令各部开始行动，重点在汤恩伯第一兵团，令其进至莒县、沂水、坦埠一线。③ 第一兵团自此次进攻开始后，行动较他部更为谨慎，不敢轻进，此时汤恩伯也认为当面中共主力部队已北撤，遂令所部于11日自临蒙公路上的垛庄，经孟良崮北进，"先行攻略坦埠，尔后，与友军协同，求匪主力而歼灭之"。④ 攻击

① 《蒋介石日记》，1947年4月1日、26日。
② 《蒋介石日记》，1947年5月3日、8日、10日。
③ 据国民党军战俘云，顾祝同认为当面情况不明朗，北进有风险，但陈诚以整七十四师战斗力强，可以造成有利战术形势为辞，力主即行北进（《孟良崮战役》，第249页）。而陈诚之所以如此坚持，盖因蒋介石之迫促。据王叔铭观察，"为鲁省剿匪事，主席与陈总长之意旨不甚符合。主席求速战速决，陈总长则稳扎稳打，统帅与幕僚长之意旨不一，是作战最忌之事也"（《王叔铭日记》，1947年5月3日，台北中研院近代史研究所藏，档案号：63-01-001-002-005）。
④ 《国民党一兵团孟良崮战役战斗详报》，《孟良崮战役》，第418页。国民党方面通过情报得知坦埠为华野指挥部所在地，企图一举摧毁华野指挥中心，但华野指挥部此时已移至坦埠东北的西王庄。

部队以整七十四师为中心，其左翼为整二十五、六十五师，右翼为整八十三、四十八师及第七军，整个部署成弧形态势前推。行动开始后，由于整七十四师比其他部队速度稍快，12 日已进至坦埠南，处于弧顶的位置，而且与两翼拉开了一段距离。

华野得知对手的新动向后，立即做出相应的部署。陈毅、粟裕认为，整七十四师态势突出，又正处华野主力当面，便于分割歼灭，虽然该部战斗力较强，且四周国民党大军云集，一旦形成胶着于华野极不利，但陈、粟仍定下了打整七十四师的决心。陈毅豪迈地说：打整七十四师就是要在百万军中取上将首级。5 月 12 日，中共中央军委致电陈毅和粟裕，指示根据情况选其一路打之，"究打何路最好，由你们当机决策，立付施行，我们不遥制"。① 此战的关键，一是将整七十四师割裂出来并迅速歼灭，使对手不及应援；二是在对手的大军环伺下，能否阻止其增援。陈、粟为此做了周密部署，以一、八纵自左右插入，割裂整七十四师与他部的联系，六纵封闭其退路，四、九纵正面攻击，二、三、七、十纵负责阻击、牵制国民党援军。此役华野一改中共部队先打弱敌的传统战法，舍弱取强，说明其能够根据主客观形势适时改变战法，出其不意，攻其不备，造成强弱易势。粟裕在战后总结中认为："我们几次定下决心和变更决心，而最后决心集中全部兵力捕歼位于敌军密集队形中央的'王牌'第七十四师于孟良崮地区，是很不容易的。充分体现了歼敌决心的坚定性和战术的灵活性。"②

5 月 13 日，华野一、八纵队分向整七十四师左右两翼运动，但国民党方面此时尚未判明华野的真实意图。参谋本部判断，在汤兵团进至沂水后，中共部队有攻其右翼可能，但并未料到中共部队会强行楔入汤兵团的当面中心。③ 因此，蒋介石于当日决定在山东发起全面攻势，令汤恩伯部占莒县、沂水，欧震部占南麻，王敬久部占淄川、博山，"达成包围歼灭

① 《须不失时机歼击一路好打之敌》（1947 年 5 月 12 日），《毛泽东军事文集》第 4 卷，第 70 页。
② 粟裕：《孟良崮战役总结》，《孟良崮战役》，第 216 页。
③ 《郭汝瑰日记》，1947 年 5 月 14 日。

淄博山地共匪之目的"。① 汤恩伯即令整七十四师于 14 日攻占坦埠。但实际情况完全不似国民党方面的判断，15 日整七十四师发现华野部队续向其两翼运动，有封闭其退路的征兆，而左翼整二十五师一〇八旅和右翼整八十三师十九旅已在华野打击下放弃界牌、桃花山要点后撤，己部陷于孤立，正面华野四、九纵又对其发起猛烈攻击，师长张灵甫"乃确信解放军有积极企图，已成包围我师之态势，乃决心撤退"。② 但出乎张灵甫的意料，华野在鲁南埋下的伏兵六纵昼夜兼程，两天急行军 200 余里赶到战场，15 日拂晓攻占整七十四师后退必经之地垛庄，断其退路。张灵甫遂决定在空军掩护下，全师退踞孟良崮高地，固守待援，他以为如此可以居高临下，态势有利，然而以后的事实证明这是他犯的致命错误。

整七十四师被围后，起初张灵甫"以为左右友军，在毗接相靠，决不会有意外问题"，又以"顾虑战责及上级指定勿退"，因此指挥所部顽强抵抗，"战斗空前激烈，官兵伤亡重大，骡马、非战斗人员多漫山遍野，通讯机构时断时续，已成混乱状态；且因石地无法构筑工事，伤亡特大，而伤兵又无法护运，呻吟不绝，士气影响很大"。③ 虽有"空军全部力量在孟良崮助战，发现土匪之处甚多，各机均予以猛攻"，④ 但仍无法抵挡华野部队的猛烈攻势。据整七十四师作战详报载，张灵甫为集中兵力，将全军挤在一处，又盲目相信高地的优势，然而"退守山地之后，饮料断绝，渴不可支，体力渐弱，各种火炮以俯角全失，效力降低，且阵地毫无遮蔽，全受共方火制。而山地概系岩石，匪方射击威力倍增，人马损害更大，尤以我军骡马及杂役兵夫，受敌炮击惊扰奔窜，引起部队混乱，致使掌握困难，匪军因得自各方渗入"。⑤ 经 15 日的战斗，整七十四师阵地"人马纷杂，混乱不堪"，大部已失去抵抗能力。

闻知张灵甫部在孟良崮态势不利，本来对此次攻势自信满满的蒋介石

---

① 秦孝仪主编《总统蒋公大事长编初稿》第 6 卷（下），第 449 页。
② 《战俘供述：对孟良崮战役的检讨》，《孟良崮战役》，第 252 页。
③ 《战俘供述：对孟良崮战役的检讨》，《孟良崮战役》，第 251 ~ 253 页。
④ 《王叔铭日记》，1947 年 5 月 15 日，台北中研院近代史研究所藏，档案号：63 - 01 - 001 - 002 - 005。
⑤ 《国民党一兵团孟良崮战役战斗详报》，《孟良崮战役》，第 432 ~ 433 页。

困惑恼怒，又将责任归于下属，指责顾祝同"指导错误，殊乏常识，其愚拙不可恕谅"，"坦埠之役功败垂成，将领之拙劣无能，至此殊堪痛愤，然已纠正无及，虽加痛斥亦无补益，故忍痛自制，不用电话责罚，免自伤神"。但是，张灵甫尚在孟良崮坚守，援军也在赶往前线，蒋仍期待"此次匪果被我强制，其不能不与我决战形势之下，如我各部队能把握此惟一战机，必可予以制命之打击，惟祈天父佑我完全胜利为祷"。① 据王叔铭记载："依今日之我匪态势看，如援军不及时赶到，七十四师则处境不利，经告主席，奉谕该师力大可有办法。而汤恩伯屡坚称，如该师能立足，则绝无问题。顾（祝同）总司令、张（世希）参谋长等均如此论调。"② 为此，蒋介石不断督促前方部队全力应援，意图展开决战。

整七十四师被围，国民党军统帅部认为是决战之机，企图以整七十四师吸引华野，调各部援军对华野实行反包围，与华野决战。汤恩伯致电张灵甫，称此"实难得之歼匪良机……贵师为全局之枢纽，务希激励全体将士，坚强沉毅，固守孟良崮……协同友军予匪痛击，以收预期之伟大战绩"。对于张灵甫所处之困境，汤恩伯为他打气说："目前战局，贵师处境最苦，而关系最重，本日空军全力来助，黄（百韬）、李（天霞）两师并王凌云师即向东出击，只要贵军站稳，则可收极大之战果，亦即贵师极大之功，希必转告全体将士，一致坚毅奋斗，以达成此伟大任务。"③ 汤恩伯令驻桃墟的整二十五师，驻青驼寺的整八十三师，驻汤头的第七军和整四十八师，驻蒙阴的整六十五师，王敬久令驻新泰的整十一师，共计6个师（军）向孟良崮增援，这些部队多数离孟良崮只有一两天路程，它们如能及时赶到战场，华野将承受相当的压力。在孟良崮外围还有第五军和整六十四、二十、九师接令向孟良崮运动。然而事实证明了国民党军队指挥系统不一、缺乏协同精神、行动迟缓、不能互救的顽疾。据王叔铭观察，"八十三师及廿五师各在孟良崮东西相距四五公里，但均不前进，询

---

① 《蒋介石日记》，1947 年 5 月 14 日、15 日。
② 《王叔铭日记》，1947 年 5 月 14 日，台北中研院近代史研究所藏，档案号：63 - 01 - 001 - 002 - 005。
③ 《国民党一兵团孟良崮战役战斗详报》，《孟良崮战役》，第 421、423 页。

顾司令及汤恩伯，均答云八十三师以兵力薄弱进攻无力，廿五师则称彼被
匪攻击甚烈。是否事实，均有待证，陆军无彼此相援之道义，是一大危险
也"。① 16 日汤恩伯在电令各部增援时已近于恳求："我张灵甫师连日固
守孟良崮孤军苦战，处境艰危，我奉令应援各部队，务须以果敢之行动，
不顾一切，星夜进击，破匪军之包围，救袍泽于危困，以发扬我革命军亲
爱精诚之无上武德与光荣，岂有徘徊不前、见危不救者，绝非我同胞所
忍，亦恩伯所不忍言也。"② 然而两天时间里，各部多则前进十余公里，
少不过三五公里，及至整七十四师被消灭，离孟良崮最近的整二十五师仍
在 10 里开外的界牌。从而也印证了张灵甫在战役开始前给蒋介石的电文
中所言："以国军表现于战场者，勇者任其自进，怯者听其裹足，牺牲者
牺牲而已，机巧者自为得志，赏难尽明，罚每欠当，彼此多存观望，难得
合作，各自为谋，同床异梦，匪能进退飘忽，来去自如，我则一进一退，
俱多牵制，匪诚无可畏，可畏者我将领意志之不能统一耳。"③

　　5 月 16 日，华野部队对孟良崮发起总攻。据空军飞机观察，"我投送
之粮弹均挂于山坡中，无人敢取"。"下午一时四十分顾总司令接张师长
电报，凡有符号而无国旗之处均为匪，可攻击之。""下午四时张灵甫最
后之电报告称，彼之部下已无，仅率其高级幕僚数人固守山头，敌距山头
十数公尺，已至最后关头。嗣后则无消息。"④ 战至下午 5 时，整七十四

---

① 《王叔铭日记》，1947 年 5 月 15 日，台北中研院近代史研究所藏，档案号：63 - 01 - 001 -
002 - 005。

② 《国民党一兵团孟良崮战役战斗详报》，《孟良崮战役》，第 427 页。

③ 秦孝仪主编《总统蒋公大事长编初稿》第 6 卷（下），第 446 页。蒋介石曾将张灵甫此
电交前方将领传阅，意图对他们有所训诫，然此恰增其他将领对张灵甫的不满，更不愿
积极救援。蒋介石亦"闻我方将领间有不睦情事，殊为系虑"，希望他们秉"师克之在
和，古有明训"之理，"克己复礼，以大事小，在精神与行动上处之，足资我革命军官
之表率⋯⋯务希以大局为前提，不以阶级位置是论，时时遵从上级命令，达成所赋之任
务。对于各友军，尤应切实联系，互助协力，共图一致，誓灭共匪，克尽天职。则友军
之成功与光荣，即为吾人之成功与光荣。何况论功行赏，自有定论，则区区一时之阶
级，更不在吾人之心目矣"［《蒋介石致吴绍周电》（1947 年 5 月 13 日），《蒋中正总统
档案·筹笔（戡乱时期）》，第 16003 号，台北"国史馆"藏］。然高级将领对蒋此言，
亦不过言者谆谆、听者藐藐而已。

④ 《王叔铭日记》，1947 年 5 月 16 日、17 日，台北中研院近代史研究所藏，档案号：63 -
01 - 001 - 002 - 005。

师 3 个旅 32000 余人被全歼，师长张灵甫、副师长蔡仁杰以下高级军官多人被击毙，华野损失 12000 余人。①

当张灵甫困守孟良崮的最后时刻，蒋介石得空军报告，孟良崮阵地"仅留二山头，其无线电联络亦已中断，情势严重"，为此"心神焦灼无已。临睡前得七十四师不利情报，忧虑更甚，悲痛之情为近来所未有也"。但蒋介石此时仍有决战之念，"严令前方各师仍向孟良峪（崮）积极进攻，令辞修即赴徐州指挥"。② 同时手令各部，"此为我军歼灭共匪完成革命之惟一良机。凡我全体将士，应竭尽全力，把握此一战机，万众一心，共同一致，密切联系，协力迈进，各向当面之匪猛攻……如有萎靡犹豫，逡巡不前，或赴援不力，中途（停顿）以致友军危亡，致使匪军漏网逃脱者，定以畏匪避战，纵匪害国，贻误战局，严究论罪不贷"。顾祝同因而命令"集中主力围歼匪军于蒙阴以东汶河畔"。③ 除了第一兵团继续北进外，令欧震进驻新泰指挥整十一、九师向东进攻，与第一兵团会师孟良崮。但华野部队迅速脱离战场，使蒋的决战计划又落了空。

5 月 19 日，整八十三师终于进至孟良崮，但华野部队已经撤退，空余前日激战的战场供其凭吊。此时此刻，蒋介石方"悟过去对匪之判断与估计完全错误"，"因之决定在蒙阴新泰一线停止，整训所部，阻止急攻，此实为转危为安之一重大处置与决策"。20 日，蒋介石飞赴徐州，与前线将领讨论下一步计划，"决定暂驻原防，作攻势防御，一面整训各师，改正官兵战术与技术，以期与匪最后决胜之准备也"。④ 次日，陈诚与顾祝同赴临沂处理善后，国民党军在山东的攻势暂告段落。

孟良崮战役，精锐的整七十四师被全歼，山东攻势顿挫，蒋介石为之

---

① 国民党方面称张灵甫等为自杀，此处据陈毅、粟裕等给中共中央的报告："据最后调查证实，七十四师师长张灵甫、副师长蔡仁杰、五十八旅旅长卢醒，确于 16 日下午 2 时解决战斗时，被我六纵特（务）团副团长何凤山当场所击毙。"（刘树发主编《陈毅年谱》上卷，人民出版社，1995，第 494 页）
② 《蒋介石日记》，1947 年 5 月 16 日、17 日。
③ 《国民党一兵团孟良崮战役战斗详报》，《孟良崮战役》，第 428～429 页。
④ 《蒋介石日记》，1947 年 5 月 19 日、20 日。

"痛愤无已",感觉为"悲痛愧愤最可耻之一事";① 痛责"高级军官已成了军阀,腐败堕落,自保实力,不能缓急相救","官兵生活脱节,军心涣散"。② 5月29日,蒋介石发出通令称:"以我绝对优势之革命武力,竟每为乌合之众所陷害,此中原因,或以谍报不确,地形不明,或以研究不足,部署错误,驯至精神不振,行动萎靡,士气低落,影响作战力量,虽亦为其重要因素;然究其最大缺点,厥为各级指挥官每存苟且自保之妄念,既乏敌忾同仇之认识,更无协同一致之精神,坐是为敌所制,以至各个击破者,实为我军各将领取辱召祸最大之原因。"为此,他下令对作战不力的整八十三师师长李天霞"革职拿办,交军法审判",其他"与作战应援有关者,迅即查明责任,依法严处,以昭炯戒"。随后,第一兵团司令汤恩伯被撤职,整二十五师师长黄百韬被告诫。③

对于孟良崮战役之失败,国民党内部亦有不少人感觉不可理解。郭汝瑰写道:余以纯军事立场甚觉此失败十分怪异。整七十四师左右翼友军均相距五六公里之遥,何以竟三日之久不能增加。各部队如此不协同,战斗力如此之差,舍失败而外,当无二条路。他认为,山东已集中全国兵力,如仍失败,则政府军前途堪虞之至。④ 王叔铭认为:"我陆军目前有下列大缺点:一、指挥官思想战术均须改变,且须重新训练,方能打仗;二、各指挥官均虚报情报;三、各指挥官无彼此援助之道德;四、官兵均无斗

---

① 《蒋介石日记》,1947年5月17日、22日。
② 秦孝仪主编《总统蒋公大事长编初稿》第6卷(下),第467页。
③ 秦孝仪主编《总统蒋公大事长编初稿》第6卷(下),第462~463页。此役李天霞的整八十三师和黄百韬的整二十五师离张灵甫最近,但两部先则后退,致整七十四师被围,后又未积极救援。李天霞打仗惯于保存实力,自诩为打巧仗,不打硬仗。上年苏北作战失利,就在此次战前的5月3日,蒋介石"重申赏罚,并将李天霞革职留任,以警其余将领之玩忽者戒也"(《蒋介石日记》,1947年5月3日)。但事实说明,李天霞并不为此"革职留任"所动,战前他屡次装病请假要求不干,开战后蒋介石严令他于17日到达孟良崮,但李部直至19日才到。战后李天霞虽被撤职查办,最后仍是不了了之,并在1948年复出任第一绥靖区副司令。汤恩伯被撤职后旋又复职,次年出任衢州绥署主任。汤恩伯、李天霞都出身黄埔,自奉"天子门生",对于处分并不十分在意,国民党军纪不严于此可见,亦为其作战屡屡失利的原因之一。
④ 《郭汝瑰日记》,1947年5月17日、1日。

志，士气极不振作；五、攻失均无信心。"①

孟良崮之战败后，蒋介石认为，"若依我高级将领过去疏忽散漫之行为与精神相比，其不为匪所一网打尽与整个崩溃者，当无此理。故决心停止进剿，整顿阵容，另定方案，以为重起炉灶之计"。在山东的高级将领大半被召到南京受训，以"对整个军队之战术、精神、纪律，作一番彻底检讨，彻底改革"。但是效果如何，连蒋介石自己也没有把握，他在日记中写道："心神忧虑沉闷，而工作紧张，对军训团研究鲁中进剿计划之指导不遗余力……自十时至十二时一刻训话二小时以上，心力已尽，未知果能有效否？"②

全程指导了孟良崮战役的蒋介石，并不承认他的作战指导有什么错误，而是责备顾祝同"无知妄为，所有重要决策无不错误，愚而自用，又不肯请示，故余之意图与计划皆为其粉碎，演成杂乱无章之象"；"此次鲁局之坏完全由墨三处置错误所致也"；故"致墨三长函，严训其不学无知，指挥无方……令其自反改过"。③ 他又指责汤恩伯错在部署失当、下令整七十四师孤军仓促行动，张灵甫错在后退时不留意地形、不肯放弃地点，甚而指责重装备部队不该使用于山地。他忘了正是他自己下令汤部速进，下令张部坚守，并且很以己方的重装备而得意的。在莱芜战败后，蒋介石"严训官兵不怕包围。……守阵地乃为生机，出阵地为自寻死路"；"解围部队须立稳脚跟，才有力打击敌人"。④ 张灵甫固守孟良崮，援军进展迟缓，倒是都遵循了蒋的上述指导，唯其结果如此，真真令蒋无言以对。对于以后战术的改进，蒋介石这次又提出应遵循下列各点：（甲）行进应选小径；（乙）增援应分主助二路；（丙）奖励夜间行动；（丁）行进应用梯次纵队；（戊）防御应用闭锁堡、梅花阵；（己）攻击应用中央突破与包围战。⑤ 上述乙、丁、己各点，一直在用而又无何成

① 《王叔铭日记》，1947年5月17日，台北中研院近代史研究所藏，档案号：63-01-001-002-005。
② 《蒋介石日记》，1947年5月31日、6月7日。
③ 《蒋介石日记》，1947年5月17日、19日、22日。
④ 《丁治磐日记》，1947年2月25日。
⑤ 《蒋介石日记》，1947年5月31日。

效，甲、丙两点脱离实际，要求主力重装备部队夜间在小径行进，实在是有点勉为其难也。最妙的是，蒋介石提出行"梅花阵"法，并在军官训练团训话时具体解释为"可采逊清打长毛所用梅花阵办法"。[①] 他倒没有具体说明，在现代战争条件下如何摆梅花阵法，可见蒋自己对如何与中共作战也心中无数，失了方寸。

孟良崮战役对中共而言，"付出代价较多，但意义极大，证明在现地区作战，只要不性急，不分兵，是能够用各个歼灭方法打破敌人进攻，取得决定胜利。而在现地区作战，是于我最为有利，于敌最为不利。现在全国各战场除山东外均已采取攻势，但这一切攻势的意义，均是帮助主要战场山东打破敌人进攻"。[②] 此时距全面内战爆发还不到一年，国民党方面损兵折将，而且与孟良崮战役几乎是同时发生的"反饥饿，反迫害，反内战"学潮更是震撼了都市社会。蒋介石承认："时局因军事挫折而发生大动摇"，"本党党员之大部分皆抱如此情态，可痛之至！""已有不可收拾之势，此诚存亡危急之秋，应作最后之准备。"[③] 战争的转折点即将到来。

五 示形与决胜：国共两军的战略战术运思及其得失

由全面内战爆发之初的全国战场观察，国民党处于强势，中共处于弱势。然就山东局部战场而言，中共又处在相对强势（地域广大、人口众多、动员便利），而国民党则处在相对弱势（地域狭小、局促城市、动员困难），因此，山东战场的战争进程，既有与全国战场一致的一般性，也有因其自身特点而形成的特殊性，并非由国民党全攻而中共全守，而是国民党攻中有守，中共守中有攻；双方的总体实力各有千秋，国民党军事力量强，适合外线进攻作战，中共地方基础好，适合内线防守作战。在这样的态势和格局下，更能体现国共双方统帅部的战略运思高度和前线将领的

---

① 《主席对孟良崮战役之讲评》，《一年来剿匪重要战役之检讨》，第 55～57 页。
② 《军委关于歼灭第七十四师的意义及下一步行动方针给陈毅等的指示》（1947 年 5 月 22 日），《中共中央文件选集》第 16 册，第 452 页。
③ 《蒋介石日记》，1947 年 5 月 24 日。

领悟执行能力。再由实际的战争进程观察，国共双方统帅部的战略构想各有其出发点，战术和战法亦各有其意义。在战略层面，国共双方都看重山东地位的重要，都不惜在山东投入重兵交手，可谓全面内战初期双方大兵团作战的主要战场。在战术层面，国民党由四处开花、全力突进，转为强调重点、集合并进；中共则强调以运动战法调动对手，寻其弱点，力求打歼灭战。但是，与中共始终坚持不移的内线运动作战、集中优势兵力各个消灭敌人、不以保守地盘而以歼灭对手实力的战略相比较，国民党经历了由全盘进攻、争夺地盘，到集中兵力、力图捕捉并消灭对手主力的战略变化过程，说明其战略构想未必那么明确一贯，而且其调整过程多少有些被迫而非积极主动，从而显出国共双方统帅部战略运思的差距。在战术层面，国民党军的行动机械教条、协同甚差，与中共部队的灵活主动、团结一心，又成鲜明对比。而就战场指导方针而言，中共统帅部是"不遥制"，在中央统一指挥的大前提下，放手让前线将领根据战场实况发挥其主观能动性，从而可以己之长，克敌之短。而国民党最大的问题就在于，蒋介石的干预过多过密，而以其长期的独裁威权，下属又很难改变蒋的指导方针，结果，蒋的指导往往脱离战场实际，许多指示貌似合理，而以时间和地点之差别，既无法适应战场情况的瞬息万变，更无法达致理想的结果。再者，国民党军队的指挥层次太过重叠，其架构为：最高统帅—参谋总长—战区司令—兵团司令—军师长，多达五六级（中共军队的指挥架构则为最高统帅—战区司令—军师长三级），在这样重叠交错的指挥系统下，实际担任作战指挥的军师级主官难有多少主动性的发挥，也无法根据战场情况独立应变，适时调整部署和战术，往往形成以己之短而因应对手之长的尴尬局面。因此，就山东战场的战争进程而言，中共成功地做到了隐蔽自己的战略意图，迷惑对手的战略判断，坚持自己的战略目标，发挥灵活的战术战法，示形于外而决胜于中；国民党的战略构想前后游移，战术战法不断失误，不能应时应地而变，空有外表而无实效，形虽示而胜未决。这样的格局和结果亦体现在国共内战的总体进程中。

　　再就日记的史料价值而言，以本文引用的几种日记为例，所记事实大体不虚，可以互相印证，如蒋介石对李仙洲的差评，各种日记的作者都有记载；在具体史实方面，尚未见有刻意作假不实者。因此，日记可以作为历史研究的重要参照，体现出日记类史料在证实或证伪历史事实方面的独到价值，尤其是对于军事史研究，日记的逐日记载更可显出其对于战场作战决策回顾及细部研究的价值。唯在事实评论方面或在事实于己不利的方面，各种日记的记载和看法间有不一或回避处，体现出日记作者所处的不同位置及其主观感受的差异，也大体符合日记类史料很难避免的主观性色彩。例如对陈毅被"炸毙"事，在蒋介石日记和王叔铭日记中都有记载，可见此种传闻当时已在国民党高层中扩散，并都信以为真，但是，这些日记都未记载过后陈毅被证实并未被"炸毙"时他们有何反应。可见，日记的作者在记载个人活动和感受时，更多地倾向于记载自己"过五关斩六将"的历史，夸大于己有利的事实，而较少记载自己"走麦城"的历史，有可能忽略于己不利的事实。再如，即便是在日记中，对于蒋介石在作战指挥中明显的失误和败笔，他的下属的记载仍然极为克制，反映出在蒋介石的独裁威权体制下，他们对于领袖人物自觉或不自觉的服从以及对领袖人物赞否的谨慎之处。这样的问题或许并不仅仅是日记作者的个性和个人的问题，也反映出人性中的某些共通性的特点。因此，在历史研究中运用日记类史料时，研究者既需要如实利用其独到的价值，也需要有必要的谨慎和辨析判断，如此方可使日记类史料成为历史研究中不可或缺的重要参考。

文人笔下的历史

知识分子眼中的蒋介石
与国共两党

——以《竺可桢日记》（1936～1949）为中心

皮国立[*]

内容提要 本文拟透过梳理《竺可桢日记》，探索他对国民党政府及其领导人蒋介石的观察。现存日记，比较完整的始于1936年，该年4月也正是他接掌浙江大学的开始。自此而至1949年，竺可桢作为一优秀的科学家、知识分子、大学校长，周旋与妥协于校务和政治之间。他本无很深的党派成见，但对办学与政治之发展，有自己的想法与坚持。其筚路蓝缕，辛苦经营浙大，许多二手研究都已经谈过。本文重点不在其治校理念之探讨，而是透过他的观察，侧面了解一位知识分子对当时政党政治与领导人的看法。当国民政府在1949年底将首都迁至重庆时，竺已称共产党军队为"我军"，这其中的转折为何？他如何看待国民党与共产党之作为，并拿捏政党与学生运动之间的关系？面对后期逐渐形成之"浙大为共产党所策动中心"的指责，他的看法为何？透过他敏锐而细腻的日记文字，本文将探讨他对时局发展之观察与推断，对国民党内部问题的独到见解，及其微妙的政治心态转变。

关键词 竺可桢 蒋介石 浙江大学 知识分子 国民党

---

* 台湾中原大学通识教育中心助理教授。

一　导论

竺可桢（1890～1974，字藕舫，浙江省绍兴县人），近代中国著名的气象学、地理学研究者，因长期执掌浙江大学，同样被视为著名的教育学家。目前对于竺个人的历史研究，多着重在他的个人事迹、教育与治校理念、科学研究等方面，[①] 也出版了比较多的纪念集和回忆文字、[②] 简谱等形式的资料，[③] 这对我们了解竺都有非常大的帮助。笔者的困惑是：在目前既有的著作中，都非常喜欢且重复强调竺的自由民主观念、爱护学生、讨厌特务等面向的观察，[④] 而这些论述似乎又顺理成章地形成了他不来台湾，而选择留在中国大陆的"民主"形象，情形是否真的如此？笔者认为值得考究。何以发此疑问，竺原为科学家，是一地道的知识分子，但他也是浙江人。众所周知，他掌浙大的机缘，就是蒋介石、陈布雷等人促成的，如果掌浙大是竺同意的，在当时的政治环境下，他必须与国民党有一定的合作与接触。其实，后来竺担任不少国民党政府的职务，他又为何在 1949 年后选择不和蒋及其政党站在同一阵线，而选择了共产党一方？他的心境转变为何？笔者认为必须透过个人的日记，才能全面探索竺在政治倾向上的改变。

故本文最基本的史料，就是由上海科技教育出版社出版的《竺可桢全集》，里面包含了竺的日记和一些文稿、信件、手稿、专著等，是最重要的一手材料。不过，一篇文章是没有办法塞进这么多东西的，幸好，在前人的研究基础上，本文的撰写得以省去不少重复论述的可能。康建武的研究梳理了竺可桢对国民党的一些看法，然而较偏重贪污的问题，对于其他的面向，关切比较简略。[⑤] 何方昱的研究比较全面地梳理了竺对国民党

---

① 张彬：《倡言求是　培育英才：浙江大学校长竺可桢》，山东教育出版社，2004。

② 秦大河主编《纪念竺可桢先生诞辰 120 周年文集》，气象出版社，2010。

③ 李玉海主编《竺可桢年谱简编》，气象出版社，2010。

④ 早期的论述皆特别强调国民党特务与镇压学生运动等问题，如竺可桢传编辑组编《竺可桢传》，科学出版社，1990，第 97～155 页。

⑤ 康建武：《竺可桢对国民党执政现实的观感述论》，《重庆科技学院学报》（社会科学版）2012 年第 24 期。

的看法，虽然文章对蒋的着墨比较不深，但已初步论述竺对国共两党的认识与抉择，自有其贡献，本文可细部补充一些看法，例如竺对共产党、共产党军队以及蒋的观感，而正文则可以省略何文已论述的学生运动和党化教育的部分。[1] 更有意义的是，竺的政治抉择可能不是他个人的抉择而已，特别是对这种学习科学类的知识分子心境之转变，应不同于文史或社会科学学者的想法，学界也较少论述这种差异。故探讨竺的政治观察与其心境之转变，无论是放在知识分子或国共关系史，还是对国民党、蒋介石的历史研究脉络中来看，都有新的帮助。

二 起源：接浙大校长前后的观察

早在竺可桢接掌浙大以前，他已在日记中写下不少对浙大校务的关切。可从 1936 年 1 月 28 日谈起。这天他写下："中午肖堂与晓峰约在美丽川中膳，到咏霓、谢季华、冯景兰（怀西）等。据咏霓云，浙江大学教员与学生均不满于校长郭任远，郭辞职，教部已有允意，但蒋因学生排斥校长不可长，故决维持郭，在郭辞职时曾有人主派余前往掌浙校之议云。"[2] 从这段记载中可略窥蒋对浙大校长去留之态度，"学生排斥校长不可长"，是蒋认为还不能骤然换校长的原因。众所周知，蒋身边的陈布雷积极主张竺为浙江大学校长，蒋早在 1932 年起，就计划性地召见甚至起用一些知识分子，作为新人才的考虑，而蒋对知识界并不熟悉，所以往往要透过牵线，[3] 陈布雷也可以视为这类中介人物。竺已知道陈的意思，只

---

[1] 何方昱：《党化教育下的学人政治认同危机：去留之间的竺可桢》，《史林》2010 年第 6 期，第 133～140 页。浙大几次重大的学生运动，可参考浙江大学校史编写组编《浙江大学简史》第 1、2 卷，浙江大学出版社，1996，第 126～150 页。

[2] 竺可桢：《竺可桢全集》第 6 卷，《日记》1936 年 1 月 28 日，上海科技教育出版社，2005，第 16 页。按："肖堂"即胡焕庸（1901～1998）的字，江苏宜兴人，乃近代地理学家。"晓峰"即张其昀（1901～1985），浙江人，为民国时期著名史学家、地学家及教育家。曾任中华民国教育部部长、中国国民党秘书长等要职。"咏霓"即翁文灏（1889～1971），又字永年，是近代中国最早的地质学家之一。

[3] 金以林：《蒋介石的一九三二年》，吕芳上等：《蒋介石的亲情、爱情与友情》，台北，时报出版社，2011，第 244～249 页。

是他认为，在当时之时局下，难保两三个月内不会发生战事，"京杭兼顾势所不能，故余不愿就，若能于浙大有所补益，余亦愿竭力全力以赴之也"。① 他担心气象研究所的研究事务才刚起步，又将忙于校务，故仍有疑虑，但没有把话说死。竺认为，大学校长的工作量比既有气象研究所的工作一定更忙上十倍，而且不是短时间就能见效，好的教员已被各方罗致，欲养成新的好老师，又非短期可为。陈布雷则转述蒋希望竺能够赶快决定的意思，竺考虑后认为：可否只当半年，因为他志向本来就不在长期做大学校长；但陈又认为半年太短，只将这个要求转达让蒋知悉。② 后来竺和陈还晤谈了数次。

当时竺的其他疑虑也在日记中表露无遗，他说："余数日各方探访结果，知浙大自程天放掌校以后，党部中人即挤入浙校。程离浙时陈立夫拟提余井塘，但为学生所不愿，乃推郭任远。郭之失败乃党部之失败。学生方衔恨郭甚，有欲推黄华表为校长者，故此时余若不为浙大谋明哲保身主义，则浙大又必陷于党部之手，而党之被人操纵已无疑义。余固思推人以自代，联想及于季梁，渠本夏即可返国。此事刚复及蔡先生均赞同，余并请蔡先生提人，蔡先生谈及汤尔和。"③ 当时是有些人选的，但是竺最不愿意的还是国民党人入校，而党被人操纵之语，其实就是指陈果夫、陈立夫兄弟，这将使大学情况变得更复杂，难以控制。邵元冲则告诉竺，二陈现在不受蒋信任，故不敢为难蒋决定的人选，"但暗中挑拨等事则在所不免也"；至于竺的亲人，如二姐，则认为不如勇于承担，"借此可以转易学风，展施怀抱"。④

3 月 8 日，竺要去找陈布雷之前，先去找王学素，王劝竺说道："两面兼是可以借此与蒋接近，而因以得扩充气象事业。"但竺认为，此事不能单从利害着想，因气象研究所要和航空方面合作，是必然之事，但自己却不愿受政治干涉。后来再去找陈布雷，陈的话显示，他根本还没有把竺

① 竺可桢：《竺可桢全集》第 6 卷，《日记》1936 年 2 月 11 日，第 23 页。
② 竺可桢：《竺可桢全集》第 6 卷，《日记》1936 年 3 月 1 日，第 32 页。
③ 竺可桢：《竺可桢全集》第 6 卷，《日记》1936 年 2 月 23 日，第 29 页。
④ 竺可桢：《竺可桢全集》第 6 卷，《日记》1936 年 2 月 25 日，第 30 页。

"只想当半年校长"的意思跟蒋报告，陈的意思是："以最短时期能觅替人为止。"竺随即提出三要求：财政必须源源接济、用人校长有全权、不受政党之干涉，但仍以半年为限。竺的日记记载：陈布雷说，大学的训育"党部不能不有人在内"，大学所需之经费，国库可稳定支持。竺又指出，暨南大学党派很复杂，陈则回应说浙大不至如此，而暨大除共产党外，还有西南和胡汉民派，当然复杂；① 而竺最担心的还是 CC 派插手教育之问题。隔天，竺的态度已有所松动，他早上阅读了《浙江大学概况》，大体了解浙大成立之经过以及郭任远任内的各项工作。郭任内重要政绩在于增加军训，使学生生活军队化，等等。但竺一开始对之颇为感冒，他说："办大学者不能不有哲学中心思想，如以和平相号召，则根本郭之做法即违反本意。余以为大学军队化之办法在现时世界形势之下确合乎潮流，但其失在于流入军国主义，事事惟以实用为依归，不特与中国古代四海之内皆兄弟之精神不合，即与英美各国大学精神在于重个人自由，亦完全不同。"他还对浙大的状况做了全盘性的思考。② 隔日，竺正式愿意接掌浙大校长，但直至 5 月 15 日，竺才说要补行就职典礼，发出请帖四五十份，蒋介石没有到场，而是派浙省主席黄季宽（即黄绍竑，1895~1966）代表监誓，后来因故又由北京大学校长蒋梦麟监誓。③ 18 日行宣誓典礼，所宣之誓为："余恪遵总理遗嘱，服从党义，奉行法令，忠心及努力于本职。余决不妄费一钱，妄用一人，并决不营私舞弊及授受贿赂。如违背誓言，愿受最严之处罚。"④ 竺并开始着手规划校务，此事研究已多，不需多述。

在此之前，日记记载，竺可桢在看了《南开校友》第 1 卷第 4 期中

---

① 竺可桢：《竺可桢全集》第 6 卷，《日记》1936 年 3 月 8 日，第 36 页。
② 例如日记记载："目前办学之难即在此点。郭之办学完全为物质主义，与余内心颇相冲突也。此外浙大尚有数点应改良：课程上外国语文系有七个副教授，而国文竟无一个教授，中国历史、外国历史均无教授；其次办事员太多，薪水当在每月万元左右；一年级学生即分别系科亦嫌太早也。"引自竺可桢《竺可桢全集》第 6 卷，《日记》1936 年 3 月 9 日，第 36 页。
③ 竺可桢：《竺可桢全集》第 6 卷，《日记》1936 年 5 月 15 日，第 73 页。
④ 竺可桢：《竺可桢全集》第 6 卷，《日记》1936 年 5 月 18 日，第 75 页。

林同济写的《国防的意义》一文后，可能修正了过去军事化教育进入大学教育内的想法。他写道："谓九一八以后，中国已由政治经济中心时代转入而为国防中心时代。又引俄国史学家之言，谓自纪元前一千五百年到现在，只有三百卅年是和平的日子，十三年半的战争始有一年的和平。欧洲过去三百年内有二百八十八年有战争。国家有人说就是国防，无国防，不能成立国家。中国过去谈天下，天下与国家不同，四海一家便没有国家。真正国家须有求独立、求生存的本领。国防与政治的独立、统一、集权、经济、教育、尚武精神统有关系。现代战争乃国力战，全国人民及各种工商交通都参加作战，全国动员，所以国防是全民的。"① 竺在日记中抄录这一段，可见他已略为修正几天前的看法。他过去一直认为学生生活军事化的做法不当，主要还是担心大学之整体发展策略，例如几天后王雪艇（即王世杰）与竺商量浙大事，王认为半年太短，竺却坚持不肯松口，仍认为半年已足够。并且，竺非常介意地提到：关于办学方针是否采英美 Academic Freedom 学术自由，还是法西斯蒂独断行为？这个问题王则没有明白宣示。②

竺可桢的犹豫不决，绝非政治的思考与担忧而已，他这样摇摆的立场，其实是在争取希望要到的充足经费，而事实证明，竺所接触的政治圈朋友，确实透过不断的商量，在争取一些可能的经费。例如，"接翼如函，知为地理学会向中央党部募集基金，已允得五百元之数，总算极难得矣"。③ 这些经费还是国民党给的，地理学会是 1933 年竺与翁文灏、张其昀一起发起创立的学会，④ 当时治校经费、社团学术经费如果要充足，党政关系不好还不行，甚至相关的消息也必须掌握，竺就透过他的朋友圈，来一步步争取他的经费。他在 3 月 28 日与傅斯年相遇时，傅透露从朱家骅处得知，蒋每年拟拨给教育部临时费约六百万元。竺坚持中央要给浙大

---

① 竺可桢：《竺可桢全集》第 6 卷，《日记》1936 年 3 月 12 日，第 38 页。
② 竺可桢：《竺可桢全集》第 6 卷，《日记》1936 年 3 月 16 日，第 39~40 页。
③ 竺可桢：《竺可桢全集》第 6 卷，《日记》1936 年 3 月 19 日，第 41 页。"翼如"即邵元冲（1890~1936），初名骥，字翼如，浙江省绍兴府山阴县人。
④ 李玉海主编《竺可桢年谱简编》，第 31 页。

六万元，王雪艇当时并没有很快答应，但竺以此为条件，毫不退让，最后终于获得王雪艇同意拨下此经费。①

在治校理念方面，竺可桢也在追求一种平衡，虽然他不反对军训或军事化生活，但他始终不希望政治力过度进入校园，竺在 4 月时还和郭任远谈了一次有关军训之问题。郭认为此制度有检讨之空间，但也不讳言"目前穿军服则学生即有精神，否则仍然颓废"。② 竺认为军训不是不可行，而是要由适当的人来管理与施行，即"训育指导员"，因为他们负责实际的军事管理，但是之前聘请的人薪水比较低，素质也不好，故得不到学生之尊敬，学生在"寻常高压之下，敢怒而不敢言，一旦爆发，乃不复可抑制。故余此次觅训育指导，必须资格极好，于学问、道德、材能为学生所钦仰而能教课者为限也"。后来是蒋柏谦愿意到浙大，竺也认为符合其标准，此问题才算初步解决。③ 而当时许多决定，大学政策之施行，都要得到党部的认可，例如董伯豪与竺谈高工训育主任事，"不欲与党部发生关系"，竺认为很难商量，无法聘用。又谈到聘请马一浮的事，言"一浮提出一方案，谓其所授课不能在普通学程以内，此点余可允许，当为外国的一种 Seminar。但一浮并欲学校称其为国学大师，而其学程为国学研究会，则在座者均不赞同，余亦以为不可。大师之名有类佛号，名曰会，则必呈请党部，有种种麻烦矣"。可见当时除了竺的个人意见外，党部的意见也左右大学之用人。④

竺接任校长以后，其实对学生的行为与规矩非常重视，5 月 1 日记载："黄（云山）教官来，与谈做纪念周、学生服装及早上升旗事，并督促其下次（航）（防）空练习之不能马虎。"⑤ 隔几天，竺出席他在浙大第一次参加之纪念周，明确肯定训育的重要性，认为升旗是为了相信

---

① 竺可桢：《竺可桢全集》第 6 卷，《日记》1936 年 3 月 30 日，第 47 页。
② 竺可桢：《竺可桢全集》第 6 卷，《日记》1936 年 4 月 16 日，第 56～57 页。
③ 竺可桢：《竺可桢全集》第 6 卷，《日记》1936 年 4 月 28 日，第 63 页。
④ 竺可桢：《竺可桢全集》第 6 卷，《日记》1936 年 8 月 1 日，第 121 页。
⑤ 竺可桢：《竺可桢全集》第 6 卷，《日记》1936 年 5 月 1 日，第 65 页。

在日记中找寻历史

"中华民族是有出路的"，而不是为了党国。① 他说："谓顾名思义由纪念中山先生而立，但在学校，纪念周犹有命意，即对于训育方面有所裨益。在中国书院制度，德育较智育尤为重要，而现行中国大学学制模仿美国，如考试制度、学分制度，但美国学制对于训育全不注意。国际联盟前三年所派几位专家如 Becker、Tony、Langevin 均不赞成美国制，即美国本国教育家如 Lowell 亦拟更张制度，如哈佛、耶鲁均用导师制，要有指寻学生行为之任务。中国不必取法于任何一国，而现行制度有改良之必要乃不可掩之事实。次论及五四以后学生之沦于悲观，实由于缺乏信仰中华民族之必能复兴。"② 可以看出，竺对于英美自由主义那一套理论还不完全赞同，他反而认为中国必须找到一种适合的体制来增强民族信心，这与蒋的想法其实又是一致的。

过去研究竺治校部分的作为，是一大重点。经过日记梳理以后，得到的答案似乎和过去多数研究有所不同。竺接掌浙大时，其实就有不少反对政府，甚至有共产党学生运动之嫌疑。例如，5 月 11 日，竺接到消息指出，浙大的"时事研究会"在文理院的墙报上写出："十九路军之光荣战绩均于五月五日被当时卖国政府与汉奸之停战协议所断送。"同日，该会又宣布美国中国学生联合会来函，谓该会中所有分子为社会主义、共产主义、爱国主义等联合阵线，希望国内亦有此种组织。时事研究会中的主要人物为梁涛（土木三年级，天长人）、唐淑昭（外语二年级，四川成都人）、侯焕昭（土木三年级，松江人）、姚国伟（化学四年级，江都人）、李永照（机械三年级，无锡人）等，都在驱郭（校长）风潮中扮演中坚分子。竺可桢非常不以为然地评论说："此等反动言论，校中教职员竟无一人见到而报告于余，实属可怪。余以此事性质极为严重，故于纪念周时提出报告。"③ 可见他一开始掌浙大就对学生运动与宣传大有疑虑与戒心。隔几天竺又记下："为学生贴墙报事昨仍继续，今日告志超嘱以后弗得再

---

① 竺可桢：《升旗典礼的意义》，《竺可桢全集》第 2 卷，上海科技教育出版社，2004，第 365 页。
② 竺可桢：《竺可桢全集》第 6 卷，《日记》1936 年 5 月 4 日，第 67 页。
③ 竺可桢：《竺可桢全集》第 6 卷，《日记》1936 年 5 月 11 日，第 71 页。

贴，因其中言论多少有煽动成份，而外间不察，以为足以代表学生之言论则过矣。因欲消除误会故决计停止《时事研究》之墙报。"① 可见竺对言论自由的开放尺度仍有一定之界限。而对与共产党之运动学生，竺也保持很大的戒心，因为他的日记中曾记载："外人传浙大内有一晚电灯忽熄，各处即贴有共产党之宣传品云云。余谓'九一八'半晚曾有反中央之宣传品出现，但此乃外人所散，至于电灯熄灭数分钟而满处贴共产宣传并无其事。"② 竺处理这类事件相当谨慎，后来又发现学校有共产党刊物之散布，他写道："黄教官以共产党之印刷品《我们的路》创刊期交来，其中多讽刺政府当局之言论，此种刊物在寻常时期虽无所损，但在前方有战事，国家危难之秋，则后方之捣乱，实足危害国家。"③ 可见他早期对共产党的态度并不友善。

还有学生游行之事，竺也不甚赞同。例如："据黄教官报告，知天津于昨学生罢课游行，上海学生亦蠢蠢思动，有停止考试提前放假消息，嘱注意。"④ 隔几天，黄教官又来报告，几个学生团体集会，组织杭州各界抗日会等，其中有共产党渗入，竺可桢立刻以上课为名，嘱咐学生不得任意停课开会，还叫校警予以阻止。⑤ 许多研究指出竺具有政党信仰完全自由、言论自由等精神，⑥ 可能还值得商榷，因为竺的自由与政党倾向，还是有所偏重的。后来，竺还询问如"全国学联会"是否有法律上之根据，教育部响应说没有，故浙大学生不得加入；竺还开会否决了现有学生大会之合法性。⑦ 这件事情还可能引起军警之注意，让竺一度很紧张，因为"全国学生联合救国会"乃非法团体，浙大学生一旦加入，军警就可以入校逮人，这是竺不愿意发生的状况；而且若以学校利益为主，这些学生应

---

① 竺可桢：《竺可桢全集》第 6 卷，《日记》1936 年 5 月 13 日，第 72 页。
② 竺可桢：《竺可桢全集》第 6 卷，《日记》1936 年 10 月 14 日，第 163 页。
③ 竺可桢：《竺可桢全集》第 6 卷，《日记》1936 年 10 月 5 日，第 174 页。
④ 竺可桢：《竺可桢全集》第 6 卷，《日记》1936 年 5 月 30 日，第 83 页。
⑤ 竺可桢：《竺可桢全集》第 6 卷，《日记》1936 年 6 月 5 日，第 87～88 页。
⑥ 张彬：《倡言求是培育英才：浙江大学校长竺可桢》，第 114 页。
⑦ 竺可桢：《竺可桢全集》第 6 卷，《日记》1936 年 6 月 6 日，第 88 页。

该立即离校，甚至认为停止修业一年再复学也无妨。① 后来在 6 月 8 日，竺指出：学生"自治会"，顾名思义，要先能奉公守法，才能谈自治，"一人不守法则受法律裁制，学校不守法则受军警之干涉"，罢课之学生，何能谈自治？更不能做诸同学之领袖。② 隔天，梁涛离校，罢课风潮暂时告一段落。从竺上任以来处理的第一件学生运动可知，竺对于任意罢课、破坏秩序，都是不允许的。11 月 28 日，发生学生罢课募款之事，竺也是抱持慎重态度，而且认为有政治煽动，在学学生不应该参加。③

其他必须关注的，还有竺对学生行为管理的重视。1936 年 9 月 16 日，日记记载一则事件："陈庆堂、黄云山来，知高工三年级对于军事管理又发生问（题），因早膳时有学生将饭桶倒地下，黄教官主张予以开除处分，而陈庆堂④则不赞同，后余主张暂记一大过。至中午又有高工三年级学生十余人在膳食未到时间擅自冲入饭厅，先行吃饭，以是破坏军事管理规则。"竺虽不主张管太严，但还是颇认同军事管理，和一开始的排斥态度不同。⑤ 最后的裁决为："高工机械三年级学生叶正庆以不守膳厅规则，经黄云山、邹剑庵二人之主张应予开除处分，后余查得叶生平时品行成绩尚佳，故予记二大过，留校察看。"⑥ 该处分宽中带严，还是以纪律为主。而竺所认为的青年训练与纪律要求，例如"民族自由，重于个人自由"，⑦ 与当时蒋介石的想法甚至"新生活运动"的展开，都有符合之处。他在日记中曾记下："晨六点起，行升旗典礼，余讲民国廿五周纪念之感想。……十一点纪念周请陈柏青讲现今青年训练之趋势，结论谓欧洲各国之青年训练不脱国防、党化及精神训练三者云云。余谓我国古代虽讲究和平，但孔子智、仁、勇三者并重，孟子谓'志士不忘在沟壑，勇士不忘丧其元'，此正 Theodore Roosevelt 老罗斯福所谓 Speak softly but with a

---

① 竺可桢：《竺可桢全集》第 6 卷，《日记》1936 年 6 月 7 日，第 88～89 页。
② 竺可桢：《竺可桢全集》第 6 卷，《日记》1936 年 6 月 8 日，第 89 页。
③ 竺可桢：《竺可桢全集》第 6 卷，《日记》1936 年 12 月 5 日，第 191～192 页。
④ 陈庆堂（1895～1976），字承吉，时任浙江大学高工部染织科主任、高工部主任等职。
⑤ 竺可桢：《竺可桢全集》第 6 卷，《日记》1936 年 9 月 16 日，第 146 页。
⑥ 竺可桢：《竺可桢全集》第 6 卷，《日记》1936 年 9 月 17 日，第 146 页。
⑦ 竺可桢：《初临浙江大学时对学生的训话要点》，《竺可桢全集》第 2 卷，第 331 页。

big stick 说话轻柔但手执大棒。"① 另外，当学生不守规矩与秩序时，竺也会祭出严格的罚则加以管束，例如："高工三年级学生因不肯剪平头，今日行升旗典礼时特责令于今日剃去，否则开除。又昨晚高工机械系学生冯绍庭，兰溪人，晚膳食与教官黄云山口头冲突，今日予以开除处分。实际殊觉太严，但过去高（工）二、三两年级学生极不服从，膳厅秩序破坏，故不得不杀一以警百也。"② 竺也感叹，为什么非要用高压手段，学生才愿意听话呢？事实是，高压手段有时也不失为一种好法，在当时的历史情境与文化中，竺是选择严守规矩与纪律的，他说："高工三年级均已剃头，此辈学生必须用高压手段始肯听命，真不知何意也。下午二点，昨开除之学生冯绍庭来，谓渠日前在膳厅咆哮，事后颇为懊丧，甚希望黄教官召见而训斥之，殊不知受开除之处分，渠之前途殊为黑暗云云。余告以数月（来）高二、三在膳厅秩序过坏，非整饬不成事体，日前听叶生记大过即所以警告其他诸（生），警告而不听则只（能）出诸于开除矣。余并谓渠受开除处分于目前为极大打击，但能从此改过自新未始非日后之福也。"③ 其实前校长郭氏就是以"开除学生太多，而与教职员又不能融洽"而离开浙大，④ 但竺认为：学生该开除还是要开除，不能纵容。还有，过于自由而破坏团体纪律的情况，竺也不赞同，他说："黄云山来。据云一年级军训学生有百人左右，因雨自行散去，此种自由行动之风不可长。"⑤ 这些想法，其实和蒋重视团体纪律的想法都有类似之处。

三 与蒋介石的关系

竺、蒋关系，不能算是密切，因为竺毕竟是教育、学术界人物，他对政治人物的观察是有距离的，保持关注却不主动接触。竺曾言自己"不

---

① 竺可桢：《竺可桢全集》第 6 卷，《日记》1936 年 10 月 5 日，第 156 页。
② 竺可桢：《竺可桢全集》第 6 卷，《日记》1936 年 10 月 16 日，第 163 ~ 164 页。
③ 竺可桢：《竺可桢全集》第 6 卷，《日记》1936 年 10 月 17 日，第 164 页。
④ 竺可桢：《竺可桢全集》第 6 卷，《日记》1936 年 2 月 21 日，第 27 ~ 28 页。
⑤ 竺可桢：《竺可桢全集》第 6 卷，《日记》1936 年 12 月 11 日，第 195 页。

善侍候部长、委员长等，且亦不屑为之",① 道出了他固执、不愿碰政治的性格。但正如前面所言，竺跟蒋的想法还是有许多一致性的，这边需要谈的还有竺对军人的态度。1936 年 10 月 9 日，他记载："晨六点起，行升旗典礼。今日高工、大学一年级新生制服已好，故余讲我人对于军服应有之观念。谓昔人之所以看轻兵士，有好汉不当兵之说，乃由于国人向来爱好和平，视兵为寄生虫，而士大夫又高自位置之故。目今国内统一兵力全可用之于对外，我人对于兵士一致加以尊敬，应视为保卫国家之壮士云云。"② 可见他当了浙大校长后，对军事化或军事文化本身是不排斥的，这与蒋的尚武精神一同。③ 又，竺认为专业的气象学者做事要认真负责，更与"新生活运动"的多种精神相似。竺叙述气象学的重要与使命时说道："中国虽地大，但物之博与否，则国人懵无所知，但知信口雌黄而已。有其地而不知利用，坐令人之觊觎，东三省之被日人攘夺，虽由于政府之颟顸而军阀之横蛮，而一般青年之无大志，但愿坐守家乡而不务远图，实为重要因子。气象所之使命在于觇知我国各地之气候及其合于何种农产品，水利如何，高空如何，皆在调查之列。"中研院气象研究所之调查就是要展现一种实事求是、不偷懒、不谎报的态度，好好调查中国的地理、气候与物产。④

在接浙大校长之前，蒋已希望和竺见面商谈，1936 年 2 月 16 日的日记中记载，陈布雷表达蒋介石希望在周五与竺晤谈。⑤ 隔天，竺去见蔡元培，蔡给他的建议是：能不去浙江最好，但蒋已约了，就不妨去一下，婉言推辞即可。当时竺还不想接浙大校长。⑥ 而与蒋见面是在 2 月 21 日，日记记载：

> 晨七点半起。八点至所。九点半乘车至中山门外遗族学校对面孔

---

① 竺可桢：《竺可桢全集》第 6 卷，《日记》1936 年 2 月 25 日，第 30 页。
② 竺可桢：《竺可桢全集》第 6 卷，《日记》1936 年 10 月 9 日，第 158 页。
③ 竺可桢：《大学教育之主要方针》，《竺可桢全集》第 2 卷，第 334 页。
④ 竺可桢：《竺可桢全集》第 6 卷，《日记》1936 年 12 月 9 日，第 193～194 页。
⑤ 竺可桢：《竺可桢全集》第 6 卷，《日记》1936 年 2 月 16 日，第 25 页。
⑥ 竺可桢：《竺可桢全集》第 6 卷，《日记》1936 年 2 月 17 日，第 25 页。

庸之寓中晤蒋先生，系昨所函约者。本约上午十点，余到约早十分钟。程远帆已先余而在，此外尚有七八人，络绎而至者又八九人，均在会客室相待。遇王文伯、甘乃光、陈布雷等等。……待约一小时，蒋始来，盖在军校训话云云。待约五分钟，即偕布雷同见蒋。渠最初问余是否初来自北平，余告以去年曾至北平，但渠意终以为余方由北平回也。次即约余赴杭州掌浙大事，余告以须与蔡先生谈后方能决定。渠意即欲余允任，余告以尚须考虑，谈约七八分钟而出。①

第一次的会面非常平顺与平淡，蒋只有希望竺立刻接浙大校长。隔天，竺在日记中谈到暨大人事时，又言："谓沈鹏飞长校后，党部人趁机而入云。"② 这是一种当时对执掌大学的担忧，当然，竺最后还是接了校长一职。其他一些对蒋的描述，大部分还是竺听他人所转述的，例如日记记下："（翁）咏霓谈及蒋之为人，谓其事无巨细，务必躬亲，对于所用之人，概不十分信任。"③ 一开始竺对蒋也是不了解的，大多是听来的。

当竺接了校长之后，最困扰他的还是经费问题，其间竺曾透过陈布雷或相关人士向蒋或教育部争取经费。4 月 19 日日记记载："八点晤陈布雷，余询以李振吾，据云渠与党部意见不合，且排郭有嫌疑云。建筑经费方面，余谓浙大需八十万（元）方可有一规模，拟与蒋先生谈，渠以为此事实有困难云。"④ 当时竺希望建设工学院初步工程，先用 30 万，设计图样已获教育部批准；虽说已批准，但经费需要自己争取。来年 2 月，日记记下："晨六点半起，晨见报载蒋先生已到杭。未几王学素来传布雷意，嘱余弗辞，但谓浙大一百廿万元之计划建筑恐有困难，此事须与王雪艇商榷，因蒋屡为国防上事要款，区区一百廿万自不便再向财政部争执

---

① 竺可桢：《竺可桢全集》第 6 卷，《日记》1936 年 2 月 21 日，第 27～28 页。
② 竺可桢：《竺可桢全集》第 6 卷，《日记》1936 年 2 月 22 日，第 28 页。沈鹏飞（1892～1983），字云程，又字卓寰，广东番禺人。1932 年任国民政府教育部高等教育司司长，后代理国立暨南大学校长等职。
③ 竺可桢：《竺可桢全集》第 6 卷，《日记》1936 年 4 月 15 日，第 56 页。
④ 竺可桢：《竺可桢全集》第 6 卷，《日记》1936 年 4 月 19 日，第 58 页。李振吾，曾任浙江大学工学院院长。

也。但余前见报上谓孔庸之赴英贺英王加冕，有蒋代财部之消息，如此事果确，则筹款较易矣。"① 竺一直关心经费来源（120 万）与陈布雷、王雪艇、翁文灏帮他争取的过程，希望蒋能够在经费上予以支持。至该年 3 月 30 日，竺终于能与陈布雷至"澄庐"与蒋会面。陈提醒竺，当日专谈浙大经费，不要谈其他，例如军械局收地的事情。日记写道："未几蒋先生来。渠首问学校之纪律如何，余答以此事与军训教官有关，盖纪律依目前状况乃表面文章，军训教官如不（得）其人，则不但不能辅助学校而反受其累。如徐树人、黄云山之闹意见，即其一例也。"接着蒋又询问叔谅图书馆之近况，再询问浙大建筑。蒋首先问及军械局问题，说他可以帮忙处理，竺顺势提出建筑费用之事，蒋说："一百二十万作两年分嫌过多，分作五六年可矣。"后陈布雷立即发电教育、财政两部，言浙大建筑确实破旧，嘱咐拨建筑费用。② 但阴错阳差却又很有意思的是，其实这笔经费早有眉目，日记记载："中膳后何淬廉③来，知下年度预算教部早送入国府，已开会四次，今日为最后一次之审查，故蒋电成马后炮。三点复得淬廉电话，知经常（费）加二万，而临时（费）则为十五万，虽与吾人之希望相距太远，但浙大过去八年均未增加，今经常、临时均略有补益，在部中已算卖力矣。"④ 与蒋的会面等于白费了，但至少竺认为终有斩获。当然，竺似不以为满，总认为经费太少。他说："教育部之奚落浙大乃向来政策，不自此次始也。至于再欲增加，则再无门径可寻，惟如蒋先生特别欲帮浙大，则可于临时预备费想法耳。"⑤ 至于前面所提的军械局，是因为会给浙大带来危险，所以竺一直希望能够搬迁，此事蒋也是同意的，故于 10 月时，日记曾载："晨接行政院秘书处公文一件，本星期二之行政院会议已通过将浙大工学院旁之军械局地址拨归大学应用。蒋先生虽不在南京，而此事之得成功竟如斯迅速，乃赖布雷、味霓之帮忙不

---

① 竺可桢：《竺可桢全集》第 6 卷，《日记》1937 年 3 月 24 日，第 271 页。

② 竺可桢：《竺可桢全集》第 6 卷，《日记》1937 年 3 月 30 日，第 275 页。

③ 何廉（1895～1975），字淬廉，湖南邵阳人，近代中国著名经济学家、教育家。1936 年夏，在蒋介石的邀请下，出任国民政府行政院政务处处长。

④ 竺可桢：《竺可桢全集》第 6 卷，《日记》1937 年 3 月 31 日，第 276 页。

⑤ 竺可桢：《竺可桢全集》第 6 卷，《日记》1937 年 4 月 20 日，第 287 页。

少。卅年以来火药库与大学毗邻，人心不遑宁处，今一旦解决为之大快，而浙大百年大计亦于此决定。"① 在此事的处理上，他还是感谢政府的帮助。蒋对浙大也保持一定的关注，有一次竺还邀请蒋到浙大演讲，日记记载："（晨）六点半出发赴航空学校，由蒋坚忍招待上检阅台，遇徐青甫、程远帆、许绍棣、周三农及周至柔、陈庆云诸人。七点半蒋院长及孔庸之等来，上检阅台后，蒋颇关心浙大，故询余校中近况，余告以校中极安静并请其至校演讲，渠谓欲来一观，日间以电话通知云云。"② 竺也提供一些资料来供蒋参阅，例如："晚八点晤布雷，将《半年来浙大之改进》一文交与，嘱转蒋先生。"③ 而在蒋、竺互动的过程中，竺也不一定赞同蒋的"建议"，在日记中可以清楚看到："接蒋先生电，系阅余半年来之报告后而发表意见者，主张添加文哲教员，此又与教育部之政策相冲突，以大学教育而言，则文哲确极重要，但与近来之注重实科则又背道而驰矣。"④ 竺似乎认为当前国家还是要发展实科，可能竺自己也比较认同教育部的政策。

竺可桢在一些党部的活动中，也会碰到蒋，并记下蒋的讲话内容，例如 10 月 19 日记载："晨五点半起。八点赴省党部出席纪念周。前日迭接三函，谓将于今晨在省党部成立浙省经济建设运动会分会，包括省党（部）诸人及本校童立民、朱仲翔、梁庆桩等。昨伍廷扬来，始知开会乃所以号召而已，实际为蒋先生之训话。余往时适遇布雷亦到，并遇钱大钧、马寅初、金润泉诸人，知蒋于今晨十点即出发回京。八点半作纪念周，秩序甚佳，行礼如仪后，蒋讲浙省形势虽较前进步而精神尚差，剿匪亦尚待进行，使人民有自卫之能。最后引'大学之道，在明明德，在新（亲）民，在止于至善'及《中庸》'好学近乎知，力行近乎仁，知耻近乎勇'，以勉各界。"⑤ 这种记录，竺并没有评论，但至少可以确认他是把

---

① 竺可桢：《竺可桢全集》第 6 卷，《日记》1936 年 10 月 5 日，第 174 页。
② 竺可桢：《竺可桢全集》第 6 卷，《日记》1936 年 10 月 13 日，第 162 页。
③ 竺可桢：《竺可桢全集》第 6 卷，《日记》1936 年 10 月 27 日，第 170 页。
④ 竺可桢：《竺可桢全集》第 6 卷，《日记》1936 年 10 月 4 日，第 174 页。
⑤ 竺可桢：《竺可桢全集》第 6 卷，《日记》1936 年 10 月 19 日，第 165 页。

蒋所言当作一回事来对待的，他也在观察领导者的言论和行事；甚至，当
蒋生日前，竺也记下了："时本校学生适以预祝明日蒋委员长生日作提灯
会，将出发，共四百五十人，即高工与大学一、二年级生。"① 竺对此种
活动是顺应与乐观的，没有阻止或认为是在拍马屁。10 月 15 日，蒋终于
受邀来到浙大，行程有些"突然"，日记记载：

> 适接蒋院长寓来电，知其将（来）校。未十分钟车即至校门外，
> 由文理学院入时，乔年、守耕②适在会议室开章则修改委员会，乃邀
> 渠等与晓沧③均作招待，随从来者约七、八人，布雷亦陪同而至。先
> 至校长办公室，余即谈及扩充校舍须将火药库即军械局之地（纳
> 入），蒋先生即允可无问题。其次谈及经费，余谓临时费非于一二年
> 中大加扩充，则校舍无从建筑，渠以本年无办法，俟诸下年度。次即
> 出至文理学院教室、图书馆、物理室视察一周，借可知屋宇之零落，
> 渠即谓确非加新建筑不可。余请向学生演讲，渠以无时间，俟下次再
> 说。学生本已在大礼堂坐定，闻不讲相率蜂拥而出，时适余陪其参观
> 图书馆，幸黄云山将学生排成队伍站立于文理学院外，故秩序尚佳。
> 蒋偕布雷至外一观队伍后即别。④

蒋虽没有演讲，但巡视了一圈，至少对浙大的状况有所了解。10 月
22 日，竺还参阅了要上呈蒋的报告，蒋希望了解过去半年浙大改进校务
的总体状况。⑤

隔了没多久，震惊全国的西安事变爆发了。事变发生后，竺不断

---

① 竺可桢：《竺可桢全集》第 6 卷，《日记》1936 年 10 月 30 日，第 171 页。
② 李寿恒（1898～1994）字乔年，江苏宜兴人。化学工程学家、教育家。浙江大学化学工程系的创始人和第一任系主任。"守耕"则指卢守耕（1896～1989），字亦秋，近代中国著名农学家、园艺学家。1936 年被竺可桢聘为浙江大学农艺系教授，并出任农学院院长。
③ 郑宗海（1892～1979），字晓沧，号粟庐，浙江海宁人。1929 年后长期在浙江大学任教，创办教育系，历任系主任、教务长、代理校长等职。
④ 竺可桢：《竺可桢全集》第 6 卷，《日记》1936 年 10 月 15 日，第 163 页。
⑤ 竺可桢：《竺可桢全集》第 6 卷，《日记》1936 年 10 月 22 日，第 167 页。

透过报纸、电报、谈话来掌握新的状况，日记记下："本校学生本拟在元旦开师生联欢会，后以西安事变自治会代表会提出重议，结果仍照原议进行。余于纪念周曾报告劝学生于蒋先生未出险以前，此事可以推迟，但自治会李永照等仍拟依照原计划。故余告伯谦、鲁珍，如届时蒋未恢复自由，不得在校内举行任何联欢会。"① 竺也会不断透过各种消息，掌握整个事变的发展状况。蒋获释后，竺在1937年2月19日8点15分还去听了蒋介石对"新生活运动"三周年的演讲，时间约一个小时，显见其关心时政的一面。② 日记还记载竺阅看《西安半月记》，记下"知蒋之得安然得出，实万死一生"。③ 竺对蒋的个人史也有一定的兴趣，例如他曾看吴世汉翻译日本人石丸藤太写的《蒋介石论》，自言其对蒋的父母有相当之认识。④ 待抗战爆发后，1937年7月17日，竺在牯岭，他记载先由汪精卫报告外交形势约25分钟，再由蒋报告卢沟桥事件的政府处置，竺认为到会者均认为满意，中午由蒋邀请用餐。隔天早上8点，竺记下蒋在烈日中发表建国工作之演讲，台下很多人因烈日曝晒而昏倒，竺自己在台上也感到无法支持，"幸靠墙壁得免"，台上方东美、张至让也都坐倒，可以想见蒋当日的演讲应非常冗长。⑤ 之后，竺也不断透过新闻、友人来了解蒋的状况，例如"昨据侍从室书记翁祖望告叔谅云，敌机炸柳州，前月卅及二号两次均为蒋委员长故，因外间传其于卅号抵桂，实则一号始到，五号离桂赴渝云"。⑥ 竺掌握蒋的"行踪"，比外界消息更准，这也是他透过周遭人际关系网络及各种讯息传达所获知的，此为竺了解党务和国家政策的主要管道，从日记中的许多记载可以看到。以下再探讨他对国民党与政治的一些看法，可作为印证。

---

① 竺可桢:《竺可桢全集》第6卷,《日记》1936年12月22日, 第201页。
② 竺可桢:《竺可桢全集》第6卷,《日记》1937年2月19日, 第253页。
③ 竺可桢:《竺可桢全集》第6卷,《日记》1937年3月3日, 第259页。
④ 竺可桢:《竺可桢全集》第6卷,《日记》1937年3月9日, 第263页。
⑤ 竺可桢:《竺可桢全集》第6卷,《日记》1937年7月17~18日, 第336页。
⑥ 竺可桢:《竺可桢全集》第6卷,《日记》1938年12月10日, 第625页。

四　对国民党与政局之观察

竺在还没接浙大校长时，已经颇为关心国家教育的发展，并对教育政策有所评论。1936年3月4日日记记载："葛绥成来，知新近教育部又重订中小学课程标准，《卫生》取消，归入《生物》，《公民》取消，添《童子军》，史地课程亦全部改变。因此商务、中华两家损失已数十万元。地理课程标准系黄海平、王成组、李贻燕三人所起草，将从前标准全部推翻，近于儿戏。而目前所订亦未能合时宜，故不久又将翻案云云。"[①] 又综合他对整体内政之看法，有不少批评之语，例如："中午至雨岩寓中膳。遇德国使馆新回之王太太，谈及郭复初、程天放两人在欧洲之艳史。中国外交官不以外交手腕著称，而致力于内交，亦可叹也。"[②] 西安事变发生时，他与友人谈及张学良之处分，言："军法处判为监禁十年，而同时蒋即有请求给予特赦。据咏霓，此事且先定，一俟新年假后即发表。闻宋美龄偕宋子文飞西安曾携有英美两国大使函件，嘱张学良放蒋，并保证张个人之安全云云，但从此国家威信、纲纪扫地矣。对内一不足以服人心，二足以长下级军官及将士群起效尤之风。对外则足以表示我国人对于危害国家命脉之人物可以任其逍遥法外，即对于张学良自己亦有不利。若能下图图三五年，则国人知其悔悟，怜其自作自受，尚可宽恕。"[③] 所以他当下觉得对张的处分应该更严格一些。

在抗战爆发前，竺尚有努力配合政府政策之一面，例如对大学教师进

[①] 竺可桢：《竺可桢全集》第6卷，《日记》1936年3月4日，第34页。葛绥成（1897~1978），又名葛康林，字毅甫，浙江东阳人，地理学家。曾在1918年进中华书局任史地部编辑，从此专事地理学研究及编辑著述。30年代起，曾任震旦大学、大夏大学、英士大学、暨南大学地理系教授，又曾发起成立中华地学会。

[②] 竺可桢：《竺可桢全集》第6卷，《日记》1936年4月27日，第63页。"雨岩"即蒋作宾（1884~1942）字，湖北省德安府应城县人，民国时期政治及军事人物，外交官。任过国民政府驻日大使、内政部部长等职。1936年12月，蒋作宾作为蒋介石的随从到西安，因西安事变而被幽禁，事件结束后回到南京，1937年之后又任安徽省政府主席等职务。

[③] 竺可桢：《竺可桢全集》第6卷，《日记》1937年1月2日，第227页。

行可能的一些分工，以因应战争之到来。他在日记中写下："余报告非常时期教育委员会之组织，请各人签名认定防毒、救护、消防、交通、防私、货物统制六组中各认一组，以交通、救护为最多，消防为最少。"① 当中日战争爆发时，日军的攻势强劲，中央已预订好迁都之计，且有些强迫的意思，竺非常不以为然，他在日记中写道："强迫迁移之说确系事实，此种庸人自扰办法，可见军事家之头脑不清，亦亡国之征也。要知目前须教育国人使之头脑慎静，视死如归，不然皮之不存，毛将焉附？我们大家何所逃于天地之间？告诫居民以迁徙则可，强迫何谓？"② 他还观察到空军的腐败，写道："据王吉人云，航空委员会主任周至柔系渠之同乡，近已撤职，因二千架飞机中只二百五六十架可用也。飞行人员多患花柳病，二百余人只七十余人可以支持四小时继续之飞行云。"③ 有时在日常生活中的所见所闻，也会引来他对政府的抱怨，例如 1938 年时："在（开远）车站上竟不能觅到中国字之火车时刻表，凡广告均用法文及安南（文），其蔑视中国可知。法国人若欲夺取云南要亦非难事，因我国政府诸事不顾，惟知收取老百姓之税收而已。"④ 显示出他对政府不满的一面。

在中日战前，抗日、"剿共"与地方军阀等问题，都是蒋亟待处理的老问题，但先处理哪个，常成为当时内政中的棘手问题。竺从许多党政朋友那边听到不少消息，也发表不少看法。在他接任浙大校长那年的 6 月，陈济棠与李宗仁组成反蒋抗日联盟，是为"六一事件"，内战一触即发。竺在日记中记下："得章克生函，知有飞机二十架自都飞长沙，昨晚见沪车满载兵士来杭，大抵系赴湘赣者。强敌当前而尚自相残杀，则不亡何待？"⑤ 当时氛围是不希望开启内战的，各方也做了不少努力，可以从竺的日记中得到印证。例如："今日得农山函，促余发电广西，制止进兵。同时元任来函，知六学术团体代表会已致电广西，嘱弗启内战。"⑥ 后来

① 竺可桢：《竺可桢全集》第 6 卷，《日记》1936 年 6 月 11 日，第 91 页。
② 竺可桢：《竺可桢全集》第 6 卷，《日记》1937 年 8 月 2 日，第 345 页。
③ 竺可桢：《竺可桢全集》第 6 卷，《日记》1937 年 8 月 13 日，第 351 页。
④ 竺可桢：《竺可桢全集》第 6 卷，《日记》1938 年 12 月 18 日，第 630 页。
⑤ 竺可桢：《竺可桢全集》第 6 卷，《日记》1936 年 6 月 11 日，第 91 页。
⑥ 竺可桢：《竺可桢全集》第 6 卷，《日记》1936 年 6 月 12 日，第 92 页。

浙江大学也加入，通电中央希望不要进兵邻省。后来事情有所转机，竺日记载："晨六点起。今日《东南日报》载西南之兵在湘境有后退之势，则中央军尚未接触，总尚有和平之希望，惟此一线光明，未识如何能使之普照耳。"① 又写道："晨六点起。八点至水晶台地质调查所晤咏霓，询以中央对于西南之见解，是否有避免战争之可能。据咏霓之意则战争似难免，因西南固不愿撤兵，而中央有若干将士亦以为此乃夺取两广地盘之时机，胜则可以以开府粤东，败则负其责者乃蒋个人也。据云今日报纸上所发表蒋之谈话乃最后一次之忠告，即令两广之兵撤回原防，而他方之兵亦决不侵入粤桂之境。"② 一句"败则负其责者乃蒋个人也"一语，显示当时中央若干将士对军队国家化的概念还不甚清楚，军方互推责任，还处在争抢地盘的思维中。幸好蒋处理得宜，该事件在 9 月和平落幕，③ 没有开启战端。④ 但 10 月时竺又记下"布雷对于中日交涉前途颇抱悲观，谓中国内部意见不一，如冯玉祥、白崇禧辈均唱高调"，也记下了张群和日本人的谈判"彼等亦难满意，而难免不发生纠纷云"，⑤ 显示竺对当时政局的担忧。有意思的是，竺并没有认为"剿共"是开启内战或自相残杀的恶果，与其对西南军政的态度相比，大不相同；反倒是 1937 年 2 月，竺在日记中第一次写下对中共军队的好感："阅上海 *Evening Post*《晚邮报》（有三、四、五号）晚报 Edgar Snow 埃德加·斯诺关于陕西共产党之情况。谓共产组织严密，为首领者能与士人共甘苦。共产军十分之七识字，共产区农民对于政治均能有兴趣。又谓当地农民均欢迎共产军。后询吴耕民，据云张、杨部队毫无纪律，是则驱人民而共投共产也。此次西安之变，劫夺人民者尽张、杨之部队也。"⑥ 共产党能与士人同甘共苦，恐怕是最为关键的一句，毕竟竺是知识分子；反而是对张、杨部队抱持着反对与批评

---

① 竺可桢：《竺可桢全集》第 6 卷，《日记》1936 年 6 月 13 日，第 92 页。
② 竺可桢：《竺可桢全集》第 6 卷，《日记》1936 年 6 月 26 日，第 100 ~ 101 页。
③ 吕芳上：《民国史论》中册，台北，台湾商务印书馆，2013，第 1024 ~ 1033 页。
④ 李宗仁口述，唐德刚撰写《李宗仁回忆录》，美国论坛报出版，出版年不详，第 212 ~ 213 页。
⑤ 竺可桢：《竺可桢全集》第 6 卷，《日记》1936 年 10 月 27 日，第 170 页。
⑥ 竺可桢：《竺可桢全集》第 6 卷，《日记》1937 年 2 月 18 日，第 252 页。

的态度。

至于对日方面，竺似乎也对蒋迟迟不与日军开战有所理解，6 月他邀请中央委员刘健群来浙大演讲，刘为中央军校政治训练部主任，隶属蓝衣社，竺也知悉，因透过蒋伯谦而为其安排，只是来听的学生仅有八九十人，实在太少；刘主要谈中国之上策为（对日）缓战，下策为即战。① 9 月时，他还对国人挑衅日本的行为感到忧心，写道："今日报载上海虹口又有流氓枪及日本水兵，死一人伤三人之事。自成都群众围攻旅馆毙日人二名，继之以北海十九路军杀死日本商人，又继之以汉口日（租）界日捕之被人暗杀，显然乃有组织之一种挑拨。日本人使其军阀取一种强闹态度无疑，中国人之不知爱国乃至于如此，可叹也夫。"②

其他像是对于党务问题的看法，竺也常发表在日记上。例如他观察到国民党地方派系之复杂，说："陈贻孙来，余询其觅吴望笈为训育指导事，渠大反对，出余意料之外，盖陈与吴同为省党部委员也。据振公报告浙省党部分三派，即方青儒与吴望笈为一派，罗霞天为一派，胡健中、许绍棣、陈贻孙为第三派。第一派组织青年服务团，第二派青年励志社，第三派组织青年团，以一省党部而四分五裂如此，安能做事和衷共济耶？"③ 而且当时校中有许多国民党的员工，党务与校务有时是一体的，竺有一次批评："午后辞去会计处出纳钟孝澄，渠在此九年，一旦辞去，固属未免无情，但据沈鲁珍及倪志超之报告，均谓其人奸猾，且有一次晚间私入会计处，取匙开锁，故决计去之。……据（袁修德）云目前党部中人最乏精神，全注意于外貌，而省立学校当局则又不能不与党部接近云云。"竺有时所发之怨言也会指向国民党的问题，甚至批评党的腐化行为，例如有一次竺被要求入党，他写道："八点晓峰与叔谅来，以布雷函相示，嘱余入国民党，因上月代表大会后，党中有改组之意，其中有一办法，即拉拢教育界中人入党。余谓国民党之弊在于当政以后，党员权利多而义务少，因此趋之者若鹜，近来与人民全不接近，腐化即由于此，拉拢若干人入

---

① 竺可桢：《竺可桢全集》第 6 卷，《日记》1936 年 6 月 15 日，第 94 页。
② 竺可桢：《竺可桢全集》第 6 卷，《日记》1936 年 9 月 24 日，第 150 页。
③ 竺可桢：《竺可桢全集》第 6 卷，《日记》1936 年 5 月 23 日，第 79 页。

在日记中找寻历史

党，殊不足改此弊。"① 意思是他加入也没有用，问题出在党的本身。厉德寅还曾要替竺可桢运作选国大候选人，但竺在日记中表明，他对国民大会毫无兴趣，并不想涉足政治。② 其他还有一些小的感想，例如谈到各国大学校歌"我国党歌虽庄重，但嫌过于滞凝稳重无激（昂）慷慨之态度也"，③ 有时也会在日记中看到。

至于贪污问题，乃竺所最厌恶之事，这是他性格中一个很明显的特色。④ 批评贪污，通常指向政府的财政单位，而箭靶常是孔宋家族的人士。早在还未接浙大校长时，他就在日记中写下："英国派来之财政顾问 Leith Ross 留华数月，各方接洽，愿借款与中国，而中国政府不爱渠随处说今日财政当局之腐败，故孔庸之、宋子良辈均不喜之，因之失望而去。故将来如与日开战，欲得英国之同情，难矣。"⑤ 外国人知道中国的财政问题，反倒孔宋家族之人不喜欢，这令竺感到气愤。没隔几天又记下："今日见报《大公报》载财部孔庸之告诫财部人员不得操纵公债，任意买卖。下午偕侠晤吴保之，知此全系鬼话。财部司员全能操纵公债，盖欲操纵公债之价格，必非仅购千元万元所能上下，必也至数千百万，则非财政当局而谁乎？保之又说，财部次长徐堪本一北京时代之财部科长，国民政府成立后，夤缘至银行界，近以为宋蔼龄、孔祥熙做公债投机事，以消息灵通，所赢巨万，为孔、宋所信用，遂得为财次并中央委员。新近徐遣一女往美留学，予以六十万元之支票。中国政治之黑暗至于如此，安得不亡国！"⑥ 可见孔宋家族这些台面下的事，在外早已传得沸沸扬扬。至该年 12 月，他又记下宋子良等人的恶行恶状，与友人之谈话时谓："中央新派之建厅长刘维炽及财厅长宋子良，抵粤后贿赂公行，宋抵粤后未数日因宿娼（女尼）而为公安局所扣，刘则每月搜索，必达二万。使粤人对于中

---

① 竺可桢：《竺可桢全集》第 6 卷，《日记》1938 年 5 月 30 日，第 527 页。
② 竺可桢：《竺可桢全集》第 6 卷，《日记》1936 年 9 月 22 日，第 149 页。
③ 竺可桢：《竺可桢全集》第 6 卷，《日记》1936 年 7 月 4 日，第 105 页。
④ 张彬：《倡言求是培育英才：浙江大学校长竺可桢》，第 230～237 页。
⑤ 竺可桢：《竺可桢全集》第 6 卷，《日记》1936 年 2 月 4 日，第 19 页。
⑥ 竺可桢：《竺可桢全集》第 6 卷，《日记》1936 年 2 月 9 日，第 21～22 页。

央为之侧目，可叹也。"① 可见当时地方对中央的看法，贪腐绝对是一大问题。至抗战爆发后，又曾写道："阅《扫荡报》、《武汉日报》，汪、蒋各有宣言。蒋《告国人书》及汪昨在国民参政会之演讲，均甚佳。惟孔祥熙所发表一年来之财政，谓救国公债五万万元已悉数销去，金公债一万万元亦有着落，殊为自欺欺人之语。"② 其实竺在批评孔宋家族时，并没有批评蒋的领导无方，这个时期他还是支持蒋的，只是实在看不惯一些贪污的问题，所以常在日记中抒发，至于其他军队贪污之事，有时也会记载："据叔纲（云），马当江防最初无高级将领指挥，而主其事者各人均肥己囊，故工程不佳，现尚在与日人争夺中云云。"大体印证了他的关切，以及对政府整体政治中较为不满的一面。

五　国共内战时期态度转变之因素

竺可桢在抗战时是拥护国民党政府的，1938 年发生过一次事件，他在南京国民政府大门前拍照，结果被卫兵阻止，后来将相机底片取出后才平息风波。竺不但不怪卫兵无礼，甚至写下"此实余不应为者也，因急于拍完此卷照，故拍之耳"，③ 可见其遵守法制的概念，不会事事迁怒政府。而在 1945 年以前，竺对共产党的了解是零星片面的，但也不见得完全显示出恶感，例如："至图书馆阅书报，见《亚细亚》杂志上有关中国共产军一文，述共产党四巨头陈独秀、李立三、朱德、毛泽东之历史。其中李与毛为湖南人，朱系云南人。"④ 竺一开始是客观的观察者，只知道共产党人士被暗杀之事，但没有多做评论。⑤

由于本节欲探讨竺的政治立场转变，他心里的想法为何，可以作为对

---

① 竺可桢：《竺可桢全集》第 6 卷，《日记》1936 年 12 月 24 日，第 202 页。
② 竺可桢：《竺可桢全集》第 6 卷，《日记》1938 年 7 月 7 日，第 545 页。
③ 竺可桢：《竺可桢全集》第 6 卷，《日记》1938 年 4 月 26 日，第 511 页。
④ 竺可桢：《竺可桢全集》第 6 卷，《日记》1936 年 8 月 28 日，第 136 页。
⑤ 日记记载："在车上阅《丁玲传》，知 1933 年 5 月 14 日被捕时，有一人名丁休自楼上坠下而死。杏佛即因知内中隐秘，向外宣传，亦不幸而为暗杀者所算也。"引自竺可桢《竺可桢全集》第 6 卷，《日记》1938 年 7 月 12 日，第 547 页。

知识分子政治抉择的一种观察，所以还是把史料时间范围缩至1948年和1949年，比较容易看出这个趋势。1948年是国民政府开始大崩溃的一年，[①] 在1948年2月时，竺都还没有改变政治选择，甚至认为当时成为众矢之的的蒋不应该下野。他说："谈及时局，渠（路季讷）认为如此内战戡乱下去国家总无办法。余告以中央政府如欲和平，共产必欲抗战到底则也无可如何。渠以为目前惟有委员长下野，庶几时局尚有一线希望。余谓委员长下野于彼个人有利，但于国家未必有利，因起而代之（者）多半尚不及也，总之目前时局实不能乐观。"[②] 竺虽对时局不乐观，但认为目前国家仍没有一个有能力的领导者比蒋更足堪担当大任，故有此言。

一般都知道，在这个时间点以前发生了许多学生运动的政治事件，[③] 但是这个时候我们却可以看到，竺其实不希望浙大变成共产党的"温床"，也对外界指责多感不耐，例如："此次余告陈（业荣）、向（惟）二生以自治会对政治兴趣太浓、舆论太偏、手腕太玩弄"，"渠等犹力辩。但过去自治会所出之《浙大周刊》、《求是周刊》以及学报，对于学术文字完全不载，满篇均是骂政府之文字，无怪乎外人以浙大为共产党之集中地也"。[④] 早在抗战后期，本土之青年学生与教师就开始对英美自由主义有所疑虑，共产主义的方针愈来愈为人们接受，[⑤] 但这种说法，并不适用在竺身上，因为竺当时仍不喜共产主义。只是竺仍有爱护学生的一面，日记在1948年2月16日记载：外界颇有议论，认为浙大对于学生过于放任。浙江省府甚至送来名单，要把三四十位左派学生开除。但竺认为，这

---

① 这一年的转变，参考蒋永敬《崩溃年代：1948》，《国史馆馆刊》2011年第29期，第87～129页。

② 竺可桢：《竺可桢全集》第11卷，《日记》1948年2月9日，上海科技教育出版社，2006，第35页。

③ 杨奎松：《蒋介石与战后国民党的"政府暴力"——以〈蒋介石日记〉为中心的分析》，吕芳上主编《蒋中正日记与民国史研究》，台北，世界大同出版有限公司，2011，第485～518页。

④ 竺可桢：《竺可桢全集》第11卷，《日记》1948年2月14日，第39页。

⑤ 易社强：《战争与革命中的西南联大》，饶佳荣译，台北，传记文学出版社，2010，第417页。

种方法只能收效一时，何况名单并不一定准确，前几年抓的学生，"迄今均在中央政府做事，亦不见有异"。所以竺认为："吾人总须爱惜青年，不能以其喜批评政府而开除之。"这样看来，似乎是言论自由的展现。不过，竺仍说："如省府以为学生中有共产党，即可嘱法院向学校提人，或由教育部给名单，则学校当然开除也。"① 意思是如果确定是共产党，应当开除，这显示了竺的政治立场还未改变。4月1日，竺可桢在浙大21周年成立纪念致辞时指出：共产主义的力量在于恨，与国际上共产集团用威胁等语，对共产主义仍多疑虑。② 他还告诫学生，有天发生一件事："储润科、王劲夫来谈，谓学生今晚有演讲，题为'共产党渡江'。拟于明日告诫杨振宇，此种瓜田李下之论题，必有一日警局将入校捕人也。"③ 他希望学生不要去碰危险的政治议题，以免被抓；当时竺也担心这种情况会持续发生，所以召学生来告诫："恐迟早难免不发生警察来捕学生之举也。"④

1948年的学生运动并没有因此结束，反而愈演愈烈。4月13日，省府人员通知竺，说到浙大自治会墙报上有以"总理叛徒"为标题，绘一形如蒋主席者，背上插一"斩"字之墙报。竺担心地写下："省府方面似不久将见诸行功，学生之墙报及自治会之言论亦随处可以造祸。"⑤ 当日晚餐后，竺又紧急召开会议，日记记载，已有三家报纸抨击浙大为共产党中心，"军警必来校捕人，而学生尚不自检点，到处张（贴）反政府、骂人以及侮辱元首之墙报"。学生被指责后，又要罢课，竺认为："侮辱谩骂之墙报必须撕去，则谣言自息。"⑥ 5月，竺去拜访教育部司长吴兆棠等人，谈到当月之五四学潮。教育部掌握情报，说南开、北大之学生均派代表来浙大开会，特务已欲乘机加以逮捕。竺表示，北大、南开学生他可以不管，浙大学生则不能进校逮捕。如确认是共产党，也应在校外逮捕，甘

---

① 竺可桢：《竺可桢全集》第11卷，《日记》1948年2月16日，第40页。
② 竺可桢：《竺可桢全集》第11卷，《日记》1948年4月1日，第77页。
③ 竺可桢：《竺可桢全集》第11卷，《日记》1948年4月8日，第83页。
④ 竺可桢：《竺可桢全集》第11卷，《日记》1948年4月10日，第85页。
⑤ 竺可桢：《竺可桢全集》第11卷，《日记》1948年4月13日，第86~87页。
⑥ 竺可桢：《竺可桢全集》第11卷，《日记》1948年4月13日，第87页。

在日记中找寻历史

四小时以内送法院，应较为可行。[①] 当时竺一直碰上学生罢课问题，流言蜚语满天飞，竺仍认为学生不应随意罢课，或乱骂人，进行人身攻击，甚至使用"下流龌龊""滚蛋"等不妥言辞。[②] 16 日，蒋经国约竺可桢一同吃饭，[③] 不知是否谈及此事，但 6 月初又发生浙大有海报诋毁青年军为职业学生的事件，蒋经国还帮忙来函告知青年军和青中，说"不能打浙大"，事件遂告平息。[④] 8 月，有一位刘英士参事来校商议，竺记下了当时政府的命令，言："上星期四总统府密令逮捕各校职业学生，其对象系：（1）国际学联（青年）活动分子，（2）历次主要罢（课）人员，（3）反动刊物之主编人。步骤由特种法庭检举，向校中提人，不到，再提，最后通缉、开除。如逮捕，交特种法庭。此项办法专限于学生，不牵涉及教员。"刘恐陈仪（时任浙江省主席）派大批宪兵来校逮捕学生，故特来杭疏通。竺告诉刘，陈仪已与他当面接洽，他亦主张疏导，不致有派宪兵捕学生之事。[⑤] 从日记中还可看出竺透过翁文灏了解台湾之发达，竺认为陈仪在台湾励精图治，可惜专卖局所用非人，遂至酿成"二二八"大祸，并没有对陈仪有太多批评。[⑥]

接下去学潮之发展，竺持续努力，避免军警抓学生的事件发生，而且没有批评政府。后来特种法庭果然逮捕了几位学生，在 25 日时，竺去找陈仪，说起自己的想法："以星期日特种法庭逮捕学生事，引起全校之不安，故希望嗣后非有特殊重大罪犯，弗至学校捕人，否则学校中学生人人自危。学校方面得传票后自当尽力交出学生使投案。如屡告不到，即暂时停止其学籍，迫其离校。"陈仪赞同竺的说法，但是陈也说，中央非常重视逮捕之事，吴铁城曾打电话询问抓了几个人，昨天蒋介石又亲电询问"浙大捕几人"，蒋认为名单上有 40 人，竺认为是"俞嘉庸所供给，其名

---

① 竺可桢：《竺可桢全集》第 11 卷，《日记》1948 年 5 月 3 日，第 102 页。
② 竺可桢：《竺可桢全集》第 11 卷，《日记》1948 年 5 月 19 日，第 115 页。
③ 竺可桢：《竺可桢全集》第 11 卷，《日记》1948 年 5 月 16 日，第 113 页。
④ 竺可桢：《竺可桢全集》第 11 卷，《日记》1948 年 6 月 10 日，第 132 页。
⑤ 竺可桢：《竺可桢全集》第 11 卷，《日记》1948 年 8 月 15 日，第 184 页。
⑥ 竺可桢：《竺可桢全集》第 11 卷，《日记》1948 年 2 月 20 日，第 43 ~ 44 页。

单全不可靠",最后竟只抓 3 人,蒋颇怪浙省抓人标准过于宽泛。① 这对竺是一个警讯,因为蒋已注意到浙大的问题,这不仅是外界舆论传言,实已惊动中央。至 9 月 5 日,有学生吴大信被定罪,判刑 10 年,当时竺仍希望学生不要因此有罢课举动,否则军警会入校。之后陆续又公布浙大学生参加共产党名单,大多退学或毕业,竺未在日记中评论,仅止于记录,也尚未有明显的厌恶之感。② 竺甚至说:"校中发现共产党能剔除,则校中风潮较少。余素来主张,政党不要入学校也。"③ 隔天早上和孙斯大去看墙报,在《费巩墙报》上见到有捧张学良、杨虎城之文。竺在日记中写下:"大致说来,可谓一致反对政府之言沦,无怪乎外兼攻击'浙大为共匪张目之中心'矣。许多新闻译自《字林西报》,但均为对于政府不利之消息,盖得自共产党传播者也。"④ 而且竺仍认为需要取缔,是因为不喜共产党在校内生事。有关学生、教授(如 1945 年费巩案)政治运动的问题,始终是研究竺的重点,一般认为竺不喜欢政党过于干涉自由,甚至也骂政府搜捕的行为有如"盖世太保",⑤ 不过,从竺个人的日记来看,在 1949 年以前政治立场转变前,他其实不太喜共产主义,认为学生不去散布共产主义,就不会被抓,军警也不会入校,这可能与他支持言论自由、厌恶军警入校逮捕等历史评价,还是有差距的。从几次学生被捕之事来看,也没有明显影响到他的政党倾向与政治抉择,这是必须澄清的。

在军政方面,竺也有许多观察。关于 1948 年初的东北战役,竺写道:"关于国家局势,咏霓亦不乐观,认为陈辞修去东北已太晚。武官贪污已养成习惯,陈欲更张,均不听命。陈失败以后更无办法。卫立煌虽能人,但回生乏术矣。东北之放弃,迟早问题矣。美国于一年前曾主张以东三省交 UNO 代管,但政府不允。现则美国亦不能不撒手,鞍山、抚顺人材均

① 竺可桢:《竺可桢全集》第 11 卷,《日记》1948 年 8 月 25 日,第 191 页。
② 竺可桢:《竺可桢全集》第 11 卷,《日记》1948 年 10 月 1 日,第 220 页。
③ 竺可桢:《竺可桢全集》第 11 卷,《日记》1948 年 12 月 12 日,第 280 页。
④ 竺可桢:《竺可桢全集》第 11 卷,《日记》1948 年 12 月 13 日,第 280 页。
⑤ 张彬:《倡言求是培育英才:浙江大学校长竺可桢》,第 255~268 页。

已退出。"① 而关于 3、4 月选总统之事，竺对李宗仁的副总统之争，在日记中有所描述，但主要是偏向记录，没有显示出竺个人之好恶，只言从此事可以看出党内意见颇不一致。② 6 月 24 日时，竺又听到一些不利于政府的负面消息，在日记中记下：

> 渠（指咏霓）对目前政局极为悲观，谓傅孟真有函给骝先③，告以美国方面意见，以为中央军尚不能抵御共产军，则美军毫不能为力。目前华中军事形势极不利于中央。开封于日前失落。蒋总统到郑州十里铺飞机场时几为共军所包围。主将各不相统属，各自思保存实力。山东军事亦不利。南京空虚，共军有直捣浦口之可能。余询以何以戡乱与行宪二事并进，因战争时期不能实行民主也。渠亦以为然。对于财政部，渠主张蒋廷黻，经蒋主席之二天考虑始允诺。T. F（廷黻）来电以党部 CC 派之捣乱为虑，不敢就，电复咏霓。咏霓以之示主席，渠亦无如党部何，只云只可另行物色。美援有物资等于抗战前三分之一，米与棉（米、麦四十万吨，棉三十万吨），足用军用在外之汽油，但军事不利则诸事无法进行。近来物价高涨，由于滥发纸币。④

这一段谈话几乎囊括了当时国民政府失败之原因，包括军事失利、党内斗争、经济衰退等因子，竺都透过翁文灏的口中得知，笔者认为，这对竺考虑自身的出路很有关系，但当时仅是失望，还未到绝望之地步。

随着国民党战事之失利，竺对于国民政府的批评也愈来愈多，笔者以为甚至超过对政府处理学生运动的负面指责。7 月，竺记下蒋百里的话：

---

① 竺可桢：《竺可桢全集》第 11 卷，《日记》1948 年 2 月 20 日，第 43～44 页。
② 竺可桢：《竺可桢全集》第 11 卷，《日记》1948 年 4 月 24 日，第 96 页。
③ 指朱家骅（1893～1963），浙江省湖州府吴兴县人，中国近代地质学家、政治人物，中国近代地质学的奠基人，曾担任包括教育部部长在内的多项政府要职。
④ 竺可桢：《竺可桢全集》第 11 卷，《日记》1948 年 6 月 24 日，第 142～143 页。

"生活条件与战斗条件相一致者强，相离者弱，相反者亡。"并写下自己的看法："我们今日戡乱战事尚没有与改善民众生活紧接在一起，戡乱只是政府军队的事，人民对戡乱只有低潮而无高潮，乱何以平，国何以安？"[1] 此为批评政府没有注意到百姓之生活。至于军队记录，竺更是感触良多，他举了一些例子，很多是和友人聊天所得知的各地情况。他说："关于解剖之设备，抗战时全末搬出，但已装箱。至胜利后接收后三日始不见，为中国军队取去。如此军队安能治国安民？"[2] 又言："国军均欲保存一己实力，不互相援救，而共军之士气则远胜国军。"[3] 这几乎已与后来史家论断国民党军之败一致，而且到徐蚌会战时更加明显，竺有时也会在日记开头用小字记载哪里失守以及战况情形。[4] 至于党团方面，他也看出一些问题："国民党团原有六百万人，而本年重新登记只一百零二三万人。"[5] 可见党机器的运作出了问题，国民党原本就没有深入基层，[6] 人数虽非唯一重点，但人数不足，显见党机器在后期更无力顾及基层工作。至于对蒋的关注，竺很注意他的动向，例如蒋哪一日到何处，他有时会用小字记下，但似乎不常评论蒋的个人，而多批判政府。

再次提到竺对政府贪污的指责，此时又加入经济崩溃之冲击，让竺更加不满。10月时，他记下：

> 昨与竹垚生谈，谓胜利之初国家有九亿元之美金，但迨宋子文下台、张岳军接手时，此数已用罄，为时不过年余耳。乃作为军事及发售与商家购汽车等之用，其时兑价限2020元。宋子良之中孚公司、孔令侃之扬子公司得有特权，可以卖外汇，而一时洋商亦大发其财。宋子文之误国殃民如此。余谓胜利后伪币调法币以200:1，上海工资

---

① 竺可桢：《竺可桢全集》第11卷，《日记》1948年7月11日，第156页。
② 竺可桢：《竺可桢全集》第11卷，《日记》1948年7月18日，第161页。
③ 竺可桢：《竺可桢全集》第11卷，《日记》1948年7月18日，第161页。
④ 竺可桢：《竺可桢全集》第11卷，《日记》1948年10月4日，第222页。
⑤ 竺可桢：《竺可桢全集》第11卷，《日记》1948年7月19日，第162页。
⑥ 关于国共党员人数，参考王奇生《党员、党权与党争——1924～1949年中国国民党的组织形态》，上海书店出版社，2003，第356～362页。

之特别提高，与接收之不合理三者，虽非宋子文之主张，而皆在其行
政院长任内为之。故宋之罪，贪污犹其次，而刚愎自用、不学无术
罪，为尤大也。①

　　贪污问题没有解决，经济崩溃之颓势已无可挽回。8月底实行金圆券
制度，规定黄金收归国有，外汇不能买卖，竺把一些外币交与政府。他
说："国法既如此规定，不得不尔。"但也坦言此举使人民损失更多，导
致无人敢信任政府。他说："目前政府之所以不能取人民之信用，由于每
次立法结果使奉公守法之人处处吃亏，而横行无忌的人逍遥法外，如扬子
公司孔令侃即其例。更有何人愿守法？从此遂使奉公守法之人亦要偷盗犯
法，此所谓率天下之人而尽归于偷盗也。如此政府安得不失败哉！"② 竺
仍针对贪污问题抒发个人不满。他还写道："渠（蒋慰堂）对于孔、宋二
人亦认为国人皆曰可杀，若蒋经国于查出扬子公司偷盗国税、私运汽车数
千百部入国，予以枪毙，必大快人心云云。"③ 可惜这样的期待并没有发
生，但也可以看出他对孔宋家族的痛恶。来年1月，竺又因兑换制度、米
油的配给制度不公而产生抱怨。当时财政问题严重，竺除了在日记中书写
他所听到的消息外，也指示从现有学校中的存款，赶紧购买米、柴、油等
各项用品，以备不时之需。④ 他抱怨政府的配给和兑换制度弊端丛生，言
"政府之不能公允也"。⑤ 竺认为，物价上涨没关系，可以解释是战后通货
膨胀，这他都可以理解，但如果物价上涨是因为贪污，并导致人民受苦、
经济不振，这就不可原谅了。

　　最后两年间，竺对共产党及其军队的看法也是逐渐转变的。延续上
论，在1949年前，竺对共产党的负面评价多于正面，但正面的评价随时

---

① 竺可桢：《竺可桢全集》第11卷，《日记》1948年10月4日，第222页。
② 竺可桢：《竺可桢全集》第11卷，《日记》1948年11月2日，第246页。
③ 竺可桢：《竺可桢全集》第11卷，《日记》1948年11月7日，第251页。"蒋慰堂"即
　蒋复璁（1898～1990），字慰堂，浙江省海宁人。曾任国立北平图书馆（中国国家图书
　馆前身）、国立中央图书馆第一任馆长、台北"故宫博物院"院长等职。
④ 竺可桢：《竺可桢全集》第11卷，《日记》1948年12月11日，第279页。
⑤ 竺可桢：《竺可桢全集》第11卷，《日记》1949年1月9日，第347页。

间往后而慢慢增多。关于西北的状况，竺在 6 月的日记中写道："气象班学生孙毓华来，知曾在武功农校授气象，后至西北大学地理系为副教授云。武功被共产党沦陷时，（共军）不入校内，但校中同事之财物均为护路警及中央军抢夺一空。谓胡宗南将军之军队在陕久有家小，不愿战，临阵即逃，可慨也。"① 虽然这样的评价对共产党军队并非正面，但显然国民党军纪律不佳或怯战的行为，让竺心生不满。而对共产主义与政治思想的理解，竺在 1948 年还是颇不以为然地说："马克斯之学说诚有其优点，但其主张阶级战争流弊滋多。"② 几天内还曾对学生演讲说："目前苏联供给我们以马列主义，美国供给我以白米面包，但吾人生而有知，应该有独立之思想，不能人云亦云，食人唾余，更属可鄙，故自强不息实为目前之急务。"③

对于共产党军队之不断胜利的情形，竺也多是听说，接下来看到的几则史料，可代表竺对其态度已开始慢慢转变。首先是在 7 月，竺写道："（沈学年）方自开封陷落逃回。……共产党入城，将六十六师士兵俘获，对于百姓尽力宽大，打开城门，任人进出。惟满载物资、法币而去，计有五百车之多。沈与农林部职（员）七八人出门，虽经检查，并不留难。谓共产军正规军纪律甚佳，但土八路则不然。"④ 对共产党军队正规军的赞扬，这算是第一次见到明确的例子。另外，陈布雷在 11 月 13 日死亡，当时竺还以为是心脏病。⑤ 两天前，竺日记写道："接陈雪屏（函），要余重新登记为国民党党员。关于政治党派，余均不感兴趣。前被选为中央委员，实非余意料所及，故虽经布雷来函，余亦未去登记也。"⑥ 陈劝竺不果，但可以知道的是，竺不愿"再次"登记确认为国民党党员，也对自己当选中央委员不屑一顾，此应可视为竺心境开始转变的一个时间点上之观察。12 月初，徐州战事逐步失利消息传开后，开始出现逃亡潮，竺看

① 竺可桢：《竺可桢全集》第 11 卷，《日记》1948 年 6 月 22 日，第 141 页。
② 竺可桢：《竺可桢全集》第 11 卷，《日记》1948 年 7 月 7 日，第 153 页。
③ 竺可桢：《竺可桢全集》第 11 卷，《日记》1948 年 7 月 5 日，第 151 页。
④ 竺可桢：《竺可桢全集》第 11 卷，《日记》1948 年 7 月 18 日，第 161 页。
⑤ 竺可桢：《竺可桢全集》第 11 卷，《日记》1948 年 11 月 14 日，第 256 页。
⑥ 竺可桢：《竺可桢全集》第 11 卷，《日记》1948 年 11 月 11 日，第 254 页。

在日记中找寻历史

到撤退时的悲剧与混乱情况，有感而发地说："中国不爱守法，尤其党国要人。余因此觉政府之无能，实由于在上（者）之不守法。上有好者，下必有甚也者。"① 渐渐可以看出竺对政府的失望。同月，竺自述有一位离校的学生二十年前思想左倾，但现在则右倾，因此他说："左倾、右倾于年纪大有关系也。"② 可见竺时常留意学生思想转变之因素，而有如此长时间的观察心得。

在此之前，竺会批评政府、党，但总未对蒋有太多的批评，现在则不一样。从记录他人谈话开始，日记中再加上自己的评论，显示他觉得蒋的一些决策上之不当，例如："据（谭炳训，北洋大学工学院教授）云此次东北损失计四十万人，长春二军、沈阳十军全部装备均付共产党。Wedemeyer 并于二年前劝放弃长春与沈阳，蒋主席不从。杜聿明谓沈阳我军不能出击，而蒋必欲出击。我军之失败实由人谋之不臧云。"③ 这是在指责蒋的决策错误。但是，当 1949 年元旦他看到蒋之文告，记载："共产党苟有诚意，中央政府愿意和平。渠之个人进退，可以不计云。此与过去之'戡乱到底'口吻已不相同。一般百姓莫不希望和平，故闻者莫不喜形于色。"④ 这样代表和平似有一线希望，但其实许多政府机关、资源已开始往台湾移动，这一点竺也注意到了。他在 1 月的日记中写道："知数学所将搬台湾"，⑤ 以及"《晚报》载蒋总统告假赴台湾之说"。⑥ 当 1 月 15 日竺在记下毛泽东提出的停战条件后，也记下了一些大学迁移的状况，竺也坦承，理、工、医多数学员不愿意迁校，这可能跟理工研究需要较贵重之实验器材有关，它极可能影响了竺的政治抉择，因为竺毕竟是学科学的，仪器、器材、硬件都在大陆，如果没有一个很强的动机，他是不会考虑去台湾发展的。⑦ 随着共产党军队势力一步步获胜，开始在各地区接

---

① 竺可桢：《竺可桢全集》第 11 卷，《日记》1948 年 12 月 7 日，第 275 页。
② 竺可桢：《竺可桢全集》第 11 卷，《日记》1948 年 12 月 20 日，第 285 页。
③ 竺可桢：《竺可桢全集》第 11 卷，《日记》1948 年 12 月 10 日，第 278 页。
④ 竺可桢：《竺可桢全集》第 11 卷，《日记》1949 年 1 月 21 日，第 341 页。
⑤ 竺可桢：《竺可桢全集》第 11 卷，《日记》1949 年 1 月 3 日，第 343 页。
⑥ 竺可桢：《竺可桢全集》第 11 卷，《日记》1949 年 1 月 8 日，第 346 页。
⑦ 竺可桢：《竺可桢全集》第 11 卷，《日记》1949 年 1 月 15 日，第 351 页。

收，竺也只是记下只字片语，一开始并无展现太多好恶。但在这段时间，对竺影响颇大的是陈仪的问题。2 月初，陈仪因有"通匪"嫌疑而卸下浙江省政府主席一职，身份非常敏感，当时竺并不知情，竟去找陈仪聊天。李季谷跟竺说，他在月初去奉化，蒋也绝不提陈仪更调之事，是看报纸后才知道，竺当时什么都不清楚，但皆认为是蒋的意思；而他们推测，可能与"上月廿六吴大信释放时浙大学生大贴标语，省府置之不问不闻，与此次之更调有关"。所以，竺可能认为自己将成箭靶，毕竟他是浙大校长。因此他说："余以此知余地位之危险。陈叔谅早有言，谓浙大学生应加取缔，不知校中教职员全不管事，而使余首当其冲也。"① 这是很特别的想法：自己不是不取缔学生，而是校中职员消极放任所致。21 日，竺去找陈仪谈话，还不知自己已身陷危险之中，当日记载：

> 晨六点半起。七点半即趋车至石塔儿外宾招待所晤陈公洽，渠方倚装待发。余去时即入内谈十分钟。余告以过去渠对于浙大同人给与无价米每月七斗，同人极为感激，而对于学生之越轨行动，保安司令部与特务机关均欲严办，总由渠个人加以宽容之办法，犹为难得。据云，渠此次之免职重要原因之一，为一月廿六吴大信五人释放（时）沿途游行并大贴标语，特务报告更夸大其词一事所致。余得此消息于公洽之口，心中极为不安，因公洽去浙是一极大损失，因其人确有理想，且具胆量也。②

其实，陈仪可能对竺隐瞒了某些事实，因为陈仪之去职，显然不是因为取缔学生太宽，竺当时都还这么认为，而且竺也对陈仪表现出赞赏之意，反而对新的主席不甚赞同。后来在 3 月 4 日时，竺知道了陈仪被监视于汤恩伯的家中，因为陈曾亲笔写信给某人，希望能采取个别与共

---

① 竺可桢：《竺可桢全集》第 11 卷，《日记》1949 年 2 月 18 日，第 376~377 页。
② 竺可桢：《竺可桢全集》第 11 卷，《日记》1949 年 2 月 21 日，第 379 页。

在日记中找寻历史

产党谈和平之事，竺才真正理解陈被去职的原因，但这也为他心态的转变埋下伏笔。[①]

蒋的下野，带来李宗仁的短暂代理。2 月 28 日，竺在日记中写下要去拜访李宗仁和行政院，并拟了呈文，提出一系列要求，包括改善教职员待遇、提高研究费、学生伙食费、工人数量等。隔天，即与李见面，记下了"李德邻比蒋介石要从容（得）多而无架子，可说比较平民化。渠即说对于沪杭一带教职员之生活极为关心"。[②] 3 月 4 日，竺在火车上遇到一位从徐州战场退败的国民党军人，谈到国民党军之败，竺记下了"共区情形富人被清算，但穷人亦无好处云云"，[③] 似乎还是对共产主义政治有所担忧。4 月 1 日，竺在日记中写到他对一次在纽约左派召开的会议进行批评："世界和平，第一要做到'恕'字，要能消弥猜忌、妒嫉、仇恨的心理。吾人检讨自己，学校、整个社会及民族均如此。整天说人家的坏话，总不会产生世界和平。要复兴中国，须得和平。惟和平始能增进生产、安定民生，建设和教育才有办法。我们在大学亦应自己检讨，不要开口便骂政府的贪污无能。学校应当改良之处甚多，如公物之不知爱惜，房屋、草地、马路之不整洁，以及公共图书之失落破坏，即是吾人不顾公德之表示。"[④] 此应该是批评左派攻击政府的言论。4 日，竺与张其昀、汪日章谈，知道张去了奉化溪口三天，并与工务局俞局长同往见蒋，张带来的消息是：蒋计划不离溪口，"风采甚潇洒，但以其不能辞去国民党总裁为恨，并谓其左右尚希望美援甚烈"。另外，还指出："蒋之左右仍不能与李、白派合作也。"竺在日记中写道，美援不可恃，因美国人士对于中央政府过去作风已失信用，即使今后中央能有所作为，亦需靠自己。[⑤] 由此可以看出，竺到此时对政局仍是乐观的。4 月 7 日，竺发现中央发给浙大的款项变多，但他并没有太高兴。因为这其中仍有不公平之处，而且播下

---

① 竺可桢：《竺可桢全集》第 11 卷，《日记》1949 年 3 月 4 日，第 387 页。
② 竺可桢：《竺可桢全集》第 11 卷，《日记》1949 年 2 月 28 日 ~ 3 月 1 日，第 384 ~ 385 页。
③ 竺可桢：《竺可桢全集》第 11 卷，《日记》1949 年 3 月 4 日，第 387 页。
④ 竺可桢：《竺可桢全集》第 11 卷，《日记》1949 年 4 月 1 日，第 409 页。
⑤ 竺可桢：《竺可桢全集》第 11 卷，《日记》1949 年 4 月 4 日，第 441 页。

的款项较当时物价上涨的比率还要更高，竺不禁感叹，认为是政府对南京"四一惨案"的补偿。竺认为："国家已濒破产，如此无计划之发款，吾为前途危。"他又提到台湾大学也被军警包围，是为"四六事件"，传逮捕20多位学生，竺不禁感叹："欲安定大学，最好不要再乱拘学生"，"如此一波未平、一波又起，起尚能安定耶？"① 语多无奈与绝望。过去的学生运动和这一次不同，或许是因为浙大学生多有共产党嫌疑，竺不积极处理，再加上他密会陈仪等，4月20日，促使竺政治立场转变的最大原因，笔者以为就是日记中记载的："周普文告余，云渠见特务人员之二张黑名单，一为反动分子，不易见到；一为和平分子，朋友甚多在内，而余亦名列其中云。"② 竺可能认为根本没做什么，就变成反政府的鸽派，这件事情应该令他很震惊。

接下来竺在日记中的记载，开始有着更多共产党军队的新闻与动向。4月22日记载："共军已在荻港度江攻芜湖，首都六小时政府官员用飞机撤退一空。"③ 接下来几日，共产党军队已入南京，局势益加紧张。25日，更传言共产党军队已进入杭州郊外，店家纷纷关闭店门，如临大敌。④ 而学生自治会始终存在，并且此时张贴海报说共产党军队进来的消息，多为学生自治会放出，这也是竺一直没有好好"处理"的问题，即比较反政府的学生组织。竺的日记对当时人民与官员"留或走"的情形有许多描述，撤退的扰乱，秩序的崩解，大家对共产党多所顾忌的情形，等等，这当然多是南方的情况。例如竺写下："余闻一军官谈国民党与共产党之战，目前共军得势已无可挽回。将（来）共军必分为三派，即毛、朱及林自相争夺。又一军人谈在沈阳如何脱走情形，从不闻有同仇敌忾之意气，亦无愤恨复仇之心理，所谓军无斗志也。"⑤ 几乎可以说国民党已确定败退，但竺还是对共产党有一些些的担忧。4月30日，竺写下了他与

① 竺可桢：《竺可桢全集》第11卷，《日记》1949年4月7日，第413页。
② 竺可桢：《竺可桢全集》第11卷，《日记》1949年4月20日，第415页。
③ 竺可桢：《竺可桢全集》第11卷，《日记》1949年4月22日，第424页。
④ 竺可桢：《竺可桢全集》第11卷，《日记》1949年4月25日，第427页。
⑤ 竺可桢：《竺可桢全集》第11卷，《日记》1949年4月30日，第430页。

友人杭立武等人的两次会面，表明了他绝对不去广州、厦门或台湾。① 5月 2 日，竺非常惊讶地写下："八点至街上购烧饼充早餐。见《新闻报》载钮永建、竺可桢飞台湾之消息，见之使我（大）为惊惶，不知此消息之何来。缘张默君确于卅日乘坐考试院专机赴台北，钮永建亦在内云。回寓。张晓峰来，知其已上轮将赴广州。"② 身边的人都往南跑或往台湾去了，但竺仍不愿离开故乡。5 月 4 日，竺写下："知蒋已飞台湾，因之上海决定抵抗之程度为之减少。"又说："不知好景能常，举目无山河之变否？"③ 尚显示了一种政权将转移的担忧。当时已有不少人因一点风声而被抓，竺自谓"毛发为之森然"。隔天又记下一警察刑事科科长喝醉时狂言要一律枪毙逮捕之可疑分子，竺写下："其草菅人命如此云。"这时竺也听到消息，认为蒋在上海的人事安排已是"交代地步"，即蒋已离开，需有人收拾、主持各处残局，竺应认定蒋已放弃。④

最后，傅斯年还是来了通电报，希望竺能渡海来台大任教，竺于日记中自陈将函复辞谢，写下："因余十四年掌浙大，若欲重执教鞭，亦非有一年之温习、静读不可也。"⑤ 在日记中不知是否为推辞？据说蒋经国也曾奉蒋介石之命去劝竺来台，最后弄到不欢而散，因为竺认为大势已去，台湾也撑不了很久，故反劝蒋经国也不用去台湾，把蒋经国气得半死，仅丢下一句："人各有志！"⑥ 又，如果日记可信，笔者以竺仍认为未来可以去台湾，中国只是换一个政党执政而已，竺并无法预料到后来的隔绝状态。如果这个可信，接下来他看到共产党军队的情况，或许印证了他期待中政局与国家发展的乐观。5 月 25 日，竺早上在上海看到青年穿着解放军绿色制服，写下"政府虽已改易，而人民可说毫无骚扰"。⑦ 隔天，他记下上海仍有零星战事、小规模战事，"解放军在路站岗，秩序极佳，绝

---

① 竺可桢：《竺可桢全集》第 11 卷，《日记》1949 年 4 月 30 日，第 431 页。
② 竺可桢：《竺可桢全集》第 11 卷，《日记》1949 年 5 月 2 日，第 432 页。
③ 竺可桢：《竺可桢全集》第 11 卷，《日记》1949 年 5 月 4 日，第 433 页。
④ 竺可桢：《竺可桢全集》第 11 卷，《日记》1949 年 5 月 8 ~ 9 日，第 436 页。
⑤ 竺可桢：《竺可桢全集》第 11 卷，《日记》1949 年 5 月 17 日，第 441 页。
⑥ 谢鲁渤：《浙江大学前传——烛照的光焰》，浙江大学出版社，2011，第 211 页。
⑦ 竺可桢：《竺可桢全集》第 11 卷，《日记》1949 年 5 月 25 日，第 446 页。

不见欺侮老百姓之事。在研究院门前亦有岗位，院中同人予以食物均不受。守门之站岗者倦则卧地，亦绝不扰人，纪律之佳，诚难得也"。① 可见解放军纪律之严明，令竺印象深刻。他和翟秉志（动物学家，中国近代生物学的主要奠基人）谈到时局，都认为国民党之失败，是自己招致的。这次，竺写下他对蒋和国民党最严厉的批评："民国廿五六年，蒋介石为国人众望所归，但十年来刚愎自私，包揽，放纵贪污，卒致身败名裂，不亦可惜乎？余谓唐明皇开元、天宝二个时（期）截然不同。有一杨国忠已足以偾事，何况如杨国忠者尚不止一人乎？"② 隔天，竺又在日记中描述上海仿佛另一个世界，但是言语中能够觉察出来，他已习惯这种改变，而且乐观的看法又重新燃起。他记载："午后睡廿分钟，即乘22路公共汽车赴大世界，下车走至先施公司。知四大公司均尚未开门。而沿途如霞飞（路）、南京路、福煦路，均人山人海，如上元、元旦假日状态。时有鼓吹之汽车疾驰而这，喊口号'共产党万岁'、'毛主席万岁'等。在大新公司有毛泽东、陈毅司令象高悬空际。……吴正之来谈，谓上海科学学术各团体定于六月一日下午在科学社集会，讨论如何参加其他团体之活动云。正之询余意见，余谓民十六年国民党北伐，人民欢腾一如今日。但国民（党）不自振作，包庇贪污，赏罚不明，卒致有今日之颠覆。解放军之来，人民如大旱之望云霓。希望能苦干到底，不要如国民党之腐化。科学对于建设极为重要，希望共产党能重视之。"③ 竺此语已对国民党彻底失望，反倒是开始对共产党政府有所期待，甚至对解放军的描述也开始转向正面，例如："昨日市政府召集上海专科以上学校之校长及教授代表、学生代表各一人谈话。……又谓解放军接管人员精神可佩，一不接受应酬，二公事未完不谈私事，即家在上海者亦不敢回家。"④ 至此，我们可以确认竺在政治认同上已完全转向，整个政治思想与认同转变之考察，到此可告一段落。

---

① 竺可桢：《竺可桢全集》第 11 卷，《日记》1949 年 5 月 26 日，第 447 页。
② 竺可桢：《竺可桢全集》第 11 卷，《日记》1949 年 5 月 26 日，第 447 页。
③ 竺可桢：《竺可桢全集》第 11 卷，《日记》1949 年 5 月 27 日，第 448 页。
④ 竺可桢：《竺可桢全集》第 11 卷，《日记》1949 年 6 月 7 日，第 455 页。

六　结论

每个人的政治抉择，都是一连串特定事件与人际网络之间的交会形成的结果。竺可桢身处其中，他并不知道自己的选择与后来的发展关系，无法推断自己的历史评价，甚至也不知道台湾与大陆的未来，是如此这般地发展。[①] 我们不能那样理所当然地来看竺的政治抉择，而应该分析他整体心境转变的因素，考察他的人际网络与讯息交换，才能正确地分析他的决定与政治发展之间的可能关系，而日记恰好给了我们很好的资料源。

整体而言，竺可桢是一位科学家，他的政治敏感度并不算很强。1948年，他自己曾记载："上午教授会代表苏步青、谭家桢、余坤珊、张晓峰、王爱予五人来谈，为余拟于四月间辞职事。余告以在校十二载，已属忧患余生。抗战时期，日在流离颠沛之中，抗战胜利以后物质条件更坏，同事所得不敷衣食住，再加学生政治浓厚，如此环境，实非书傻子如余者所可胜任。"[②] 他自谦是"书傻子"，还真谈出了一些他个性上的真实面貌。竺在日记中很直白地批评了很多事情，但是关于自己的政治出路，却从不计较也不强求，倒是会感谢国民党或蒋给他学术或教育的经费补助，所以竺的知识分子性格还是很强的，而非政治人物。史家在看待竺和蒋、两个党的历史关系时，其实能够掌握彼此对人的了解，恐怕不会比当事者——蒋或竺个人少；因为史家可以看到全面且长时期的史料，而当事者（竺）却只能从几个事件来观察蒋和国民党，当然各有所偏。虽难免一隅之见，但真是替我们补充了一些历史的面向。

事实上，竺对国民党的感情并不算深厚，没有革命的热诚，对三民主义的信仰也不能算深刻，但他对蒋作为一个国家领导人还是很认可的，最后一刻才改变了总体的评价。他常透过谈话了解国民党内部的一些问题，

[①] 这类研究范例与呼吁，可参考萧邦齐《血路：革命中国中的沈定一（玄庐）传奇》，周武彪译，江苏人民出版社，2010，第 272～283 页。

[②] 竺可桢：《竺可桢全集》第 11 卷，《日记》1948 年 1 月 31 日，第 27 页。

并对时政、军事保持一定的关注。故事的一开始，浙江人的"圈子"，是蒋选才的重点区域，而竺也透过许多浙江政治圈内人，如陈布雷、朱家骅、翁文灏、陈仪、张其昀，甚至也有部分非浙江人士，但为教育学术中人，如傅斯年、王世杰等人之消息，来了解、掌握政治与教育之动向；①特别的是，虽然大家讨论政治，但竺喜欢把政治上较黑暗与负面的记录下来，这是不是代表浙江人也有许多对政治的不满？那倒未必，应该还是竺喜欢把他厌恶的事情记录下来；对总体的政治观察，他总是批评多于赞美的，这是在野知识分子对政治的态度，而历代士人议政之传统，在此已不需多论。② 此外，竺也很少谈到国民党政治宣传的部分，恐怕知识分子多听到政治坏的一面，却少看到，即使是宣传的也好——那好的一面吧，或许值得史家省思，作为观察国民党宣传史的一个侧面。

1949 年竺的政治转向，还可以这样看。他是学科学的，不是学人文社会的，他对国民党没有强烈之主义上的认同，这就导致了他最后抉择之可能：对共产主义有所担忧，但也一样，在不甚信仰政治主义和思想的前提下，他也能接受共产党，他不需要完全服膺共产主义，才接受共产党。从头到尾可以看到的是他希望国家变强。1949 年恐怕对竺而言是一次政党的转移，而非国家主权之消灭；竺就曾批评："政府号召青年从军，从的应是国军，而非国民党军，不然国民党如何能指责共党养共军呢？"③可见在竺的心中，一个国家的超然形象是高过于党国的，对竺这类知识分子来说，1949 年当不致有亡国的沉痛之感，而是认为乃两种不同政治立场的团体在争夺国家的政权。又，竺是学科学的，这一点必须先了解，他讲究的是眼见为凭、实事求是，他看到、听到的国民党或国民党军，都一直处在腐败、退步中；他最讨厌的贪污问题，国民党却是最无力解决的。与之相对，共产党及其军队，愈来愈表现出的却是纪律之严明、不去骚扰

---

① 杨维真：《蒋介石的地缘关系》，吕芳上等：《蒋介石的亲情、爱情与友情》，时报出版社，2011，第 197～198 页。
② 知识分子有抗议传统和批判精神，参见余英时《中国知识分子论》，河南人民出版社，1997，第 116～131 页。
③ 竺可桢：《致陈训慈函》，《竺可桢全集》第 2 卷，第 588 页。

人民。虽然竺对共产主义恐不能完全信任，但加上本文所述之乡土地缘因素、贵重科学仪器与设备之问题，他在 1949 年躲到上海思考未来时，就是在一处实验室中，[①] 这些实验仪器，是竺这样理工型知识分子的本钱，他必须确保其实验和成果可以持续下去，所以竺不会轻易选择离开他熟悉的环境；若加上国民党将他列为黑名单等种种因素，他最后选择不去台湾是可以理解的。就本文的梳理来看，这个改变其实是缓慢的，而且是到最后一刻，积累各种因素，竺才做出决定，没有掺杂太多的伤感在其中。国民党无法整顿经济问题，而竺治校与发展自身研究，都需要充足的经费，这跟研究文科的知识分子也大不相同。[②] 可以说竺的选择是实际生活之考虑、所见所闻超过哲学与政治信念（对共产主义之疑虑）的例子。又，而国民党对学生运动之镇压，虽对前期的竺影响不大，但最后恐怕也是竺选择留在大陆的原因之一。吕芳上已指出民国时期学生政治运动之诸多性质，"谁有青年，谁有将来"，后来国民党无法争取青年、运动青年，反而被赋予镇压学生运动的形象，[③] 焉能不失败？而国民党特务的负面行为，其实竺最后描写的并不多，但国民党的暗杀行动，竺不可能完全不了解，既然他已在黑名单上，当然不愿意去台湾，以免变成暗杀或政治迫害的对象，这一点也是必须指出的。最后，早期穿梭连接竺、蒋关系的，是陈布雷，陈死后，可以看出竺失去了和蒋或最高层的联系，[④] 也增强了一定程度的疏离感，这对竺之最后之决定，应该有一定的影响。

---

① 施雅风：《民主精神与科学创新——纪念竺可桢先生诞辰 120 周年》，秦大河主编《纪念竺可桢先生诞辰 120 周年文集》，第 84 ~ 85 页。
② 人文型知识分子的抉择，应较不受环境与实验器材影响，这是一己之推测，仅附记于此。今后若能将 1949 年前后两种不同类型的知识分子之政治抉择做一对比研究，或许是个不错的切入点。
③ 吕芳上：《从学生运动到运动学生（民国八年至十八年）》，台北，中研院近代史研究所，2004，第 432 ~ 435 页。
④ 何文也有指出，可参见何方昱《党化教育下的学人政治认同危机：去留之间的竺可桢》，《史林》2010 年第 6 期。

《雷震日记》中的蒋介石

任育德[*]

内容提要 雷震与蒋介石的关联互动有其变化。笔者观察雷震个人从政经历变化后指出，从 1940 年代中期至 1950 年代前期，雷震身为蒋介石智囊之一，得以近身观察蒋氏决策行为，运用《雷震日记》分析雷、蒋互动有其意义。至于 1950 中期以后，雷震脱离权力核心，透过其他讯息管道得知蒋介石言行，《雷震日记》记载来自多方汇集的讯息，在辨析真伪之余，亦可借此观察雷震透过书写流露之个人心路思索之蛛丝马迹。

本文即尝试以时间为经纬，分进入权力核心、观念及关系转变、晚年描述史事角度等，依序陈述及分析《雷震日记》呈现之个人心思与叙述观察蒋介石的转变历程，以期在既有研究成果上有所进展。

关键词 雷震 蒋介石 个人日记

前　言

1975 年 4 月 5 日，蒋介石逝世，同月下旬，雷震（1891～1979）以民间顺口溜为基础随手写下对联。① 综雷震一生，与蒋介石关联互动实有

＊　台北中正纪念堂管理处副研究员。

①　对联为"承先启后，东征、北伐、抗日，三者不朽。盖棺论定，反共、戡乱、建国，一事无成"。傅正主编《雷震全集》第 47 册，1975 年 4 月 25 日，台北，桂冠图书公司，1989～1990，第 38 页。

所变化，雷撰对联内容以蒋对外有其"成"及对内有其"败"，值堪玩味。由于蒋介石是中国近现代史重要人物之一，透过来自各方及多种来源史料分析并建构蒋氏形象，或许是在《蒋中正总统档案》（简称《蒋档》）及《蒋中正日记》（简称《蒋日记》）开放之前常为史学工作者所采用的方式之一。在《蒋档》及《蒋日记》相继可供学界利用后，以后者为主要素材叙述蒋介石在各重大事件之内心思虑及行动之对照研究，亦已丰富历史研究内容。多重来源与不同角度史料的相互对证，由历史工作者进行有意义的分析，有助于个人或群体内心世界之探索及理解，则是可再行延伸之研究。[①] 笔者此文亦属本信念下之尝试作品。

　　相较于蒋介石个人史料的涉及时间之长（1917~1972）及相对完整的档案资料保存，雷震个人史料的留存时间相对短暂也有所缺漏，与本文相关之日记最早虽起自1941年1月7日，但中间记载零散，较为完整者集中于1948年至1977年9月。至于书信部分获得整编出版，部分以个人档案形式保存于档案馆供研究者申请利用。如从雷震个人从政经历变化言，1940年代中期至1950年代前期确是其与蒋介石显著接近之时，也因此具有近身观察意义，使得在蒋日记开放阅览前，史学工作者得运用先获整理出版之《雷震日记》为历史文本之一进行分析。[②] 至于1950中期以后，由于雷震地位角色变化，透过其他讯息管道得知蒋介石言行，《雷震日记》从分辨各方汇集讯息真伪之余，亦可观察雷震在书写中透露之个人心路的蛛丝马迹。

---

① 如2014年王奇生教授文章《抗战时期国军的若干特质与面向——国军高层内部的自我审视与剖析》（《抗日战争研究》2014年第1期）即运用徐永昌、丁治磐、何成濬日记进行比勘互证，审视私密性日记的特质与面向。

② 运用例证如马之骕《雷震与蒋介石》，台北：自立晚报社文化出版部，1993；吕芳上：《痛定思痛：战后中国国民党改造的酝酿（1947~1950）》，《一九四九年：中国的关键年代学术讨论会论文集》，台北，"国史馆"，2000；刘维开：《蒋中正的一九四九——从下野到复行视事》，台北：时英出版社，2009；王良卿：《改造的诞生》，政治大学历史学系，2010；等等。针对雷震个人理念陈述，在张忠栋的先驱性著作《胡适·雷震·殷海光：自由主义人物画像》（台北：自立晚报社文化出版部，1990）之外，还有薛元化《〈自由中国〉与民主宪政——1950年代台湾思想史的一个考察》，台北：稻乡出版社，1996；任育德：《雷震与台湾民主宪政的发展》，台北：政治大学历史学系，1999。中国大陆则由范泓在台湾各著作基础上完成《雷震传：在民主风雨中前行》，广西师范大学出版社，2013。

本文即尝试以时间为经纬，分成进入权力核心、观念及关系转变、晚年描述史事角度等，依序陈述及分析《雷震日记》呈现之个人心思与叙述观察蒋介石的转变历程，以期在既有研究上有所突破。

一　逐步进入权力核心圈

1916 年，雷震毕业于浙江省立第三中学，旋即留学日本完成中学及大学教育，并在日本京都帝国大学法学院攻读宪法学，回国后一度担任教职，国民政府 1927 年成立后即由戴季陶（1891～1949）引介进入法制局工作，自此成为政界中人。

1929 年 6 月 22 日，雷震参与由留学日本高中及帝国大学学生组成的联谊性团体大高同学会，该会曾为建筑固定会所筹募资金 3 万元，而由日本驻南京领事冈本一策（1889～?）呈报外务省请求拨助款项。[1] 雷震另于 1930 年 7 月 15 日获得日本外务省同意在“对支文化事业特别会计事业费项下之讲演及视察费”拨发 500 元奖助赴日本考察研究相关法制两个月，以为将有助于日本对中国文化事业计划发展。[2] 这既反映日本政府对于曾经留学日本者之持续注意，欲多培养中国知日者及亲日势力的深层心理，或也给予雷震争取中国政府与领导人奖助之启发。

雷震参与政界事务之初，一度在中央大学兼课，得参与以该校教师杨公达（1906～1972）等人组织之《时代公论》，并加入以留日学友徐逸樵（1898～1989）、刘百闵（1898～1969）等人为主成员之《中国新论》月刊。后者于 1934 年 2 月在南京创刊，以“作为政府推动政策之一助”、“以民族复兴为中心”，刊登政治、经济、军事、教育、外交等相关文章，以期对

---

[1]　日本领事官员陈述此同学会组织可与外交系统以王正廷为主导集结之留美学生系统团体分庭抗礼。三井福岛赞助建筑经费三分之一，1931 年 1 月 21 日建议从南京事件赔偿金拨出部分金额协助兴建。「1. 南京大高同学会建设资金募集自昭和四年至昭和八年分割 1」，昭和 6（1931）年 1 月 21 日，『外务省记录』，外务省外交史料馆・アジア歴史資料センター（JACAR）藏，B05015855200。

[2]　「10. 中国国民政府考試院秘書雷震氏」，昭和 5（1930）年 7 月 25 日，『外務省記録』，外務省外交史料館・アジア歴史資料センター（JACAR）藏，B05015751000。

政府政策有所贡献。刊物既然"立论持中",刊物相关人士或策身公教界,难以独力支撑刊物营运,期盼蒋介石"按月津贴八百元,并予以宣传上之便利",即感激不尽。这和当时其他国民党人办理杂志时函蒋氏请求获得经费赞助的做法是相同的。该函由军事委员会侍从室 6 月 15 日收文后上呈,经陈布雷(1890～1948)秘书长批示"存",① 未知后续发展。

雷震步入政坛担任较显著之职位,确与王世杰(1891～1981)有关。王任国民政府法制局局长时,雷为该局编审,结下公私交谊。1933 年 4 月王世杰任教育部部长,7 月雷震出任该部总务司司长。当王担任国民参政会秘书长时,雷任议事组主任,升任副秘书长亦获蒋同意。② 他在幕僚工作上是王的助手之一,当无疑义,部分军政界人士便视雷震为"王(世杰)的人"。③

雷震担任教育部总务司司长期间,曾向军事委员会秘书长杨永泰(1880～1936)及委员长蒋介石检举行营军法处执法科科长李晋孚④吸食鸦片,以及联合法官出卖要案以共同生财,生活豪奢与收入不符,着制服、佩政章出入无忌有损军誉,在军法处内结党严重。雷震同时列举事迹和相关人士,希望收函者据此线索调查。雷震也表示"震亦系国民革命份子,既有闻知,焉敢不报理合,上渎钧听?恳请派员澈查,尽法惩治,以儆贪污,以符民生"。该函亦获蓝铅笔批示"此函已阅"字样。⑤ 而雷

---

① 《雷震徐逸樵呈请补助出版经费健全文化事业函》(1934 年 6 月),《国民政府档案》,台北"国史馆"藏,典藏号:001 - 054300 - 0001。以 1930 年代因中国城市物价波动激烈与美国经济萧条,美国国会通过《购银法案》,导致中国白银外流与通货紧缩情形而言,刊物欲争取蒋介石资助也就不令人感到意外。

② 中研院近代史研究所编印《王世杰日记(手稿本)》(下称《王世杰日记》)第 4 册,1943 年 9 月 24 日,台北:中研院近代史研究所,1990,第 161 页。

③ 一例为宋子文幕僚列举名单,二例为 1948 年 9 月 4 日翁文灏主持行政院临时会,国防部部长何应钦之指称。郑会欣:《民国政要的私密档案》,中华书局,2014,第 104 页;傅正主编《雷震全集》第 31 册,1948 年 9 月 4 日,第 56 页。

④ 李晋孚毕业于浙江法政专门学校,曾任上海法院推事,承理盛家女眷请求遗产分配诉讼案,离开法院后以律师身份开业,事务所设在上海北京路 100 号。《1933 年上海市指南》,第 254 页,台北中研院近代史研究所"近代史全文数据库"。

⑤ 《雷震函蒋中正陈述行营军法处执法科长李晋孚吸毒及引用私人联合法官团体出卖要案共同生财等事实》(1935 年 8 月 17 日),《蒋中正总统文物》,台北"国史馆"藏,典藏号:002 - 080200 - 00245 - 045。

震提出检举后，未在官方文件记录窥见其后续活动。后者在一定程度上透露雷震期望贡献国事与效忠蒋介石领导之心理，以及痛恶利用职权营私违法。他曾说过："无论何人，稍涉贪污者，即须治以应得之罪，不得以私害公，尤不得因人而枉法也。"① 如以 1936 年《中国名人录》（*Who's Who in China*）为观察，雷震以"政府官员"身份入列，或亦可见其在政坛事实上已有一定地位及能见度。② 以雷震在日本攻读政治及宪法学的背景，终透过在国民参政会、政治协商会议办理事务工作得以崭露头角。

雷震办事有一定效率，也为外间称道。③ 从 1946 年至 1947 年初，雷震参与国民政府与民社、青年党之协商，参与定调"对付民主同盟"，促请民社、青年两党参与制宪国民大会，商议政府改组之席次分配。此时之外在局势，国民党与共产党在美国派遣马歇尔特使来华时处于边打边谈的状态，尚未全面决裂。美国也的确给予中国政府相当压力，期望其进行政治改革，国民党则期望如愿在控制之下完成制宪工作。如 6 月 17 日黄少谷（1901～1996）约餐，商谈对付民主同盟方策，唐纵（1905～1981）、许孝炎（1900～1980）、陶希圣（1899～1988）、黄少谷及雷震五人共商后，以为民盟组织已属中共之"应声虫"，无益和平与统一团结工作，亦系罗隆基（1896～1965）操纵。众人同意"必须拆散之"。此时必须拉拢民主社会党，"内中一部分，对于民盟早已不满，今后如民主社会党发展，则民盟散伙，自然很快。其实此等团体，为一时之利害所组织成，决难（按：原文作"定"，今依文意校改之）延续长久也"。④ 次日，雷震与张君劢（1887～1969）会谈，张氏期望国民党公平对待各党派，雷震"允为租借房屋，其余各事，当与主管机关言之，希该党能以公正中立之

① 雷震：《党国当局应有之觉悟——为三中全会开幕而作》，《时代公论》第 38 号，1932 年 12 月 16 日，第 10 页。
② *The China Weekly Review* ed., *Who's Who in China* (Shanghai: The China Weekly Review, 5th edition, 1936), pp. 134 – 135.
③ 阮毅成：《制宪日记》，1946 年 11 月 10～11 日，台北：台湾商务印书馆，1970，转引自《黄花岗》（美国纽约）总 31 期，2010 年 1 月，第 44～45 页。
④ 《雷震日记选》，薛化元主编《中华民国制宪史——制宪国民大会》，台北：自由思想学术基金会，2011，第 331 页。

态度，则国事前途，始有裨益"。① 由此可知，雷震从国民参政会、政治协商会议以降执行与各党派工作是持续为之。10月孙科（1891～1973）介入与各党派谈判工作后，雷震亦参与相关会议，并在南京随陈布雷面见蒋介石请示。陈氏坦陈：上海接洽，原系雷震往致迎候，并使中共以外各党派不因张垣攻下与政府发布报到令动摇参与国大决心。雷震返京后，孙科加派吴铁城（1888～1953）、邵力子（1882～1967）二人与各党派及中共接触，而使外间有在上海和谈之说。②

蒋介石在1946年10月间自记，在马歇尔（George C. Marshall, 1880–1959）施压下，他同意其"休战十日之建议"，"忍受其不能忍之难堪"，而国民党军收复张家口成功渡过危机，让他在政治上增添信心，使制宪国大召集令"如期发表，此为政治措施，对共匪及其外卫与一般投机政客重大之打击，亦一重大之决心也"。稍后决定尽管各党派仍期望来南京谈判国共两党之事，即先以"飞台湾视察，暂视若辈之如何形态也"。③ 完成视察工作后，蒋自评"本周巡视台湾如愿以偿，初恐为共党谈判纠缠不能离京，乃只展期一日，待一般奸匪到京相见，说明余巡台之意，仍能顺利出发，而马歇尔亦未为之强留，殊出意外。离京一周，对于军事、政治之效用甚大……"④ 蒋氏并未对外有更进一步之让步姿态，因此社会贤达傅斯年（1896～1950）、王云五（1888～1979）等人又至南京协商，期盼争取延迟开会，以利最后努力。11月间，蒋一度提到自身性格"一生嫉恶如仇之天性与羞与为伍之傲气，在政治生涯上实为最大损失，此而不改是否于国家有益？"10日，蒋接见后稍显转圜，"政府对第三方面之态度应加以重新之研究也。如果开会延期三日于我有利，其他党派能参加国

① 《雷震日记选》，薛化元主编《中华民国制宪史——制宪国民大会》，第332页。
② 陈布雷：《陈布雷从政日记稿样》（以下简称《陈布雷日记》）第4册，1946年10月19日、21日，东南印务出版社，时间不详，第874页，台北"国史馆"藏，档案号：0160.40/7540.01－04。
③ 《蒋中正日记》，1946年10月12日"上周反省录"、10月19日，原件藏于美国斯坦福大学胡佛研究所。
④ 《蒋中正日记》，1946年10月26日"上周反省录"。

大，使民主同盟拆散，使共党孤立，则不妨一试也"。① 民主同盟于 11 月
12 日通过决议，决定未完成政协决议前，不参加国民大会。此时民社党
尚未脱离民主同盟，仍与民盟行动一致，青年党则透露"多要制宪国大
名额"与会之意。据《黄炎培日记》载，早于 10 月 28 日获曾琦告知与
蒋介石会谈内容，提到"行政院必须改组，吾辈无所谓，吾辈部下就希
望分得几部做官吃饭"。此语被练达世事的黄炎培（1878～1965）视为三
句"赤裸裸地含有奇味的话"之一。11 月 14 日交通银行会谈，张君劢、
李璜（1895～1991）"皆报告不提国大名单"。张君劢和黄炎培乘同班火
车离京返沪，明示现阶段不参加国大。② 北方与会社会名流中，以胡适
（1891～1962）的动向最受注目，据称周炳琳（1892～1963）曾劝胡无须
到南京，胡向阮毅成表示国家总应早日走上民主法制途径，注重不使总统
集大权于一身，负过多的责任。③

　　雷震为执政者能顺利于 11 月举行制宪国民大会、完成制宪全力以赴，
而蒋介石给予之支持必不可少。他日后回忆坦陈"我极力做这些'侧面'
（按：和民社党沟通）工作，只要蒋中正不开金口，我决不敢正式邀请，
盖恐不得下台也。惟国民党在党部开会时，我极力强调，制宪国民大会不
能只有国民党代表参加，必须要青年和民社两党联合参加，不仅制宪工作
可以圆满达成，亦可塞住共产党和民主同盟宣传的毒舌"。④ 他也在能力
范围内转达民社、青年党人要求时，为他们着想，不免引起国民党人不
满。11 月 13 日，立法院审查宪草遇到波折，加以民青两党并未与会，令
蒋中正积压不满发作，陈布雷就观察到"委座情绪甚激昂不宁，知其刺
激深矣"。⑤ 14 日，蒋介石召集茶会，面对党内不同意见，重申以政协宪

① 《蒋中正日记》，1946 年 11 月 9 日"上周反省录"、11 月 11 日。
② 中国社会科学院近代史研究所整理《黄炎培日记》第 9 卷，1946 年 10 月 31 日、11 月
　14 日，华文出版社，2008，第 212、217～218 页。
③ 阮毅成：《制宪日记》，1946 年 11 月 12 日，第 45 页。
④ 薛化元主编《中华民国宪政史——制宪国民大会》，第 103 页。近有论者据《陶希圣日
　记》指，雷震此时显然不知陶希圣另以私人关系与民社党沟通。邱炳翰：《战后中国宪
　政之路：以行宪前后的党派协商为中心的探讨（1946～1948）》，台北："国史馆"，
　2014，第 50 页。
⑤ 《陈布雷日记》第 4 册，1946 年 11 月 13 日，第 879 页。

草为原则，同意彻底研究行政院与政府关系，不可使中共指责国民党包办国大为真，此语令听者感受讲者"初则委婉而深入，最后则宏毅而坚定"。① 16 日，民社党代表在雷震安排下抵达南京，提出书面条件，蒋介石嘱咐雷震"最好将其书面稿与余覆稿彼此先行交换意见，说妥后再发，以免再生波折也"。② 次日，民社党张君劢要求蒋介石函覆通过政协宪草，结束党治再提与会名单，即被陈布雷视为"迂回作态"，雷震在电话中为张缓颊，使陈不自觉"正言驳诘""言之激切"。陈于 11 月 23 日在遴选会闲谈又"语侵雷震，事后思之，殊悔太讦直，后宜戒之"。次日陈氏知道蒋介石与张君劢交换信函，直书其感：蒋氏"宽大之怀，深不可量"。③ 这或许在反映陈布雷精神与工作压力之大、信赖与景仰蒋介石的情绪之外，显示出雷震沟通工作及保持立场之辛劳。陈布雷的情绪和蒋介石比较接近，蒋介石知民社党条件后感想是"本日民社党有加入国大之势，惟其条件甚烦琐不快也"，但他仍得耐下性子布置相关工作完成，以展现诚意，于是 11 月 20 日"下午召集常会，通过宪草与国府改组法，指定国大主席团候选人，直至八时半回寓，实为最忙迫之一日也"。事成后，蒋也相对将紧绷情绪略微放松："虽用心甚苦，然其效亦大也。"④ 上述显示，蒋介石为完成个人意志要执行之事，耗费不少心思向党人申明意向，并对外间展现诚意。

雷震总结，如是说：

国大一幕，总因民社、青年及社会贤达之参加，共党所谓"一

---

① 阮毅成：《制宪日记》，1946 年 11 月 14 日，第 45 页。

② 《蒋中正日记》，1946 年 11 月 16 日。

③ 《陈布雷日记》第 4 册，1946 年 11 月 17 日、11 月 23～24 日，第 879、880～881 页。11 月 16 日，雷震亦由南京尾随至上海，以两小时谈话劝黄炎培出席制宪国大，为黄"笑而谢之"。黄随即转往杭州，19 日返上海。潘公展、钱新之、杜月笙另亦参与游说黄炎培，陶希圣也传递讯息（中国社会科学院近代史研究所整理《黄炎培日记》第 9 卷，1946 年 11 月 14～23 日，第 217～221 页）。许汉三分在 11 月 14 日、20 日列出游说人名，指一再劝参加国大和政府，"终拒之"为结（许汉三编《黄炎培年谱》，文史资料出版社，1985，第 199～200 页）。

④ 《蒋中正日记》，1946 年 11 月 18 日、20 日、23 日"上周反省录"。

党独办"之口实，可以免去。但各要求民社、青年两党参加国大一事，实用了很大的力量。两党参加之后，政协宪草本应予以顺利通过，但因旧国大一部分代表之捣乱，又费尽了心血始能通过。民社、青年两党甚满意，而主其事，口吃了苦头，总裁之努力与苦心，使党外人士增加了百倍乃至千倍对总裁个人之信仰。①

其后，雷震秉承蒋介石之命，赴上海与民社、青年两党商谈政府改组问题，按时向蒋介石、王世杰汇报进度。② 雷震专职且长期从事协商之经历，并展现出一定的办事及沟通能力，应该给蒋介石留下了正面印象。而雷震判断民社党参加政府仅为"时间问题"之观察，③ 的确也获得应验。1947 年行宪前国民政府改组，宋子文辞职获准，4 月 23 日张群就任行政院院长，雷震也成为国民政府改组及行宪后首任内阁之不管部政务委员之一，在蒋介石授权下继续肩负与其他党派的协商工作一年有余。④ 余家菊亦提及雷震与之协谈蒋介石指示国代名额贯彻以党让党办法、国代名额数量，邀请青年党人面见蒋介石谈立委问题，并协助宴请青年党常委，进行集体说服，他以重视人情自尊方式缓和该党态度，并是青年党询问立委名额国民党是否退让之窗口等事，⑤ 可为雷震记述之旁证。蒋介石即将心思

---

① 《雷震日记选》，薛化元主编《中华民国制宪史——制宪国民大会》，1947 年 1 月 22 日，第 336 页。

② 《雷震日记选》，薛化元主编《中华民国制宪史——制宪国民大会》，1947 年 1 月 22 日，第 336 页。曾有国民党人谷正鼎、黄宇人质疑雷震是否具有代表性，逼使雷震回复时表明"每出皆奉总裁之派"。中研院近代史研究所编印《徐永昌日记》第 8 册，1947 年 3 月 22 日，1991，第 392 页。

③ 《雷震日记选》，薛化元主编《中华民国制宪史——制宪国民大会》，1947 年 1 月 22 日，第 338 页。陶希圣则于笔记称，他向陈布雷报告，雷震向蒋介石及民社、青年党报告可考虑宋子文任命，致使两党反对参加政府，陈布雷因此对雷不满。陶晋生编《陶希圣日记（1947~1956）》上册，1947 年 1 月 22 日，台北：联经出版事业公司，2014，第 11 页。

④ 雷震自言，担任政务委员一年有余，未获官方应予派车待遇，联络邮电、电话、宴客、交通费均系自出。傅正主编《雷震全集》第 31 册，1948 年 8 月 27 日，第 50 页。

⑤ 余家菊：《余家菊景陶先生论著》第 7 辑《余家菊先生日记手稿》，1948 年 3 月 27 日、5 月 5 日、5 月 16 日、6 月 5 日，台北：财团法人台北市慧炬出版社，2008，第 410、423、427、435 页。

放在对中共之"武力戡乱",认为至多一年内可平定关内。① 如由此发展观之,当时蒋介石确实在国内外时势要求下,让政治协商会议宪草大致获得通过。雷震在此过程中也确实出了相当力,从内心拥护并支持蒋介石领导。因此,如研究者所言视之为蒋介石之扈从,亦属事实。雷震此时对党政军领袖的信服支持及抱持正面肯定态度,亦不在话下。

二　从"拥蒋"为先到"民主"为先

从1947年至1948年党政事务发展言,蒋介石在党务与政治事务方面是在并未大幅度动摇党内各派势力之权力基础下,重组现有势力,也发现自己的权力基础不再处在高枕无忧的地位,不仅受到国民党内其他势力的挑战与威胁,连自己内部所能控制的派系也将成为他行使权力的阻力。1949年1月21日,蒋介石总统宣布下野,返回浙江奉化溪口。随后一段时间,以亲信或部属为主之党政军人士赴奉化者不断,② 王世杰、雷震也在其中。

1949年初,王世杰、雷震均力主蒋氏不宜下野。雷震主张"能战始能和"(1949年1月17日对中央社记者表示),应不分党派地联合超党派反共人士奋斗。此时中国自由主义代表人物胡适针对如何集结自由人士力量以支持政府,提议成立周刊,经过讨论后提出办日报的主张。王世杰也亲率雷震去溪口,向国民党总裁蒋介石报告,请胡适出面领导可能的"自由中国运动反共组织"或办报案,获蒋同意资助经费。③ 这使作为蒋介石幕僚的雷震获得授权,为与胡适等非国民党人士接触合作产生了空

---

① 1947年6月21日,蒋介石召宴国府委员时之宣示。余家菊:《余家菊景陶先生论著》第7辑《余家菊先生日记手稿》,1947年6月21日,第287页。

② 刘维开:《蒋中正的一九四九——从下野到复行视事》,第85页。

③ 相关内容见《雷震谈和平问题——先决条件必须现地停战,无谈和力量即不能言和》(1949年1月17日),转引自雷震著,林淇瀁校注《雷震回忆录之新党运动黑皮书》,台北:远流出版公司,2003,第333页;傅正主编《雷震全集》第31册,1949年1月18日、1月21日、3月25日、4月1日、4月4日,第122~123、125、166~167、172、174页。

间。以蒋氏立场言，此举或与支持徐复观（1904～1982）成立《学原》和学界往来，希望"三民主义信徒能和自由主义信徒团结合作"，由徐在香港办《民主评论》之基本态度相近。①

1949 年 4 月间蒋介石筹组智囊团，② 党务系统在借重"CC 派"之余，政务与外交系统相对开放，用人格局相对宽广，王世杰也在其列。在此基本态势下，蒋与自由主义人士便有共同合作之可能。胡适方于 1948 年底离开北京，情绪低落，视己为"逃兵""难民"，③ 因此在他登船赴美时仍无法写成杂志宗旨文，只有拟稿"一篇短文字"。他促请雷震一定要和愿意参与编务的崔书琴、张佛泉、毛子水仔细斟酌文字内容，"最好完全重写过"，并推傅斯年重写。④《自由中国》在台湾创刊，与雷震力求整合诸人意见、坚定支持毛子水（1893～1988）办刊物有关。⑤ 雷震甚至因此选择"先斩后奏"——并未征询胡适同意，径将拟稿充作刊物宗旨定稿，且同意王聿修、张佛泉提议将胡列名为"发行人"。1940 年代不办刊物的胡适，竟然成为台湾一本刊物的发行人，凸显刊物坚持"反共"、结合爱好自由者之意义，此举事后为胡适所知，即便寄出短文以示支持刊物新办，也在函文中表达不悦之意。⑥ 事实上，胡适函文也透露出几分认定雷震不属"作文章"之学者群的意味，也有可能认为雷震（或其代表的政界）有求于他，言词中无形流露出一些距离感。此时的确也没人料到，"反共"并支持蒋介石领导之雷震，会在未来与蒋介石关系破裂进而至对

① 徐复观：《我的教书生活》，《无惭尺布裹头归·生平》，台北，九州岛出版社，2014，第 67 页。张群曾向雷震表示，蒋言办《民主评论》是其出钱，劝徐见蒋经国以化解意见歧异。傅正主编《雷震全集》第 34 册，1952 年 6 月 12 日，第 82～83 页。
② 《蒋中正日记》，1949 年 4 月 2 日 "上周反省录"。
③ 曹伯言整理《胡适日记全集》第 8 册，1949 年 1 月 1 日，台北，联经出版事业公司，2005，第 375 页。
④ 万丽鹃编注，潘光哲校阅《万山不许一溪奔——胡适雷震往来书信选集》（以下简称《万山不许一溪奔》），台北，中研院近代史研究所，2001，第 2 页。张、毛、崔的参与，见傅正主编《雷震全集》第 31 册，1949 年 4 月 1 日，第 172 页。
⑤ 傅正主编《雷震全集》第 31 册，1949 年 11 月 2 日，第 354 页。
⑥ 《胡适致雷震》（1950 年 1 月 9 日），万丽鹃编注，潘光哲校阅《万山不许一溪奔》，第 9～10 页。相关过程可参见任育德《胡适与〈自由中国〉的互动》，《国史馆馆刊》第 36 期，2013 年 6 月，第 13～15 页。

立的地步。

事实上，1954年底雷震遭到"注销"国民党籍处分前，他并未如海外民主人士（如张君劢）一般持质疑蒋介石领导"反共"态度，反而是为支持蒋氏领导而奔走并充当说客之人。在政治角色上，雷震担任总裁办公室设计委员会委员参与机务，筹划国民党改造（1949～1950），[①] 以及"总统府"国策顾问、"中央银行"监事（1950～1953）；在文化角色上，雷震是《自由中国》社长（1949～1960）。或许可以如此说，雷震当时是以政治优先、新闻其次的态度行事。在设计委员会研拟党路线问题时，雷震主张"民主是反共的有效武器"，采取英美式的"和平民主"路线，与"积极革命"路线及"革命民主"路线主张不同，最后蒋介石定案为"革命民主"路线。[②] 雷震参与《自由中国》编辑工作，调解社内编辑委员的不同意见，使刊物在"拥蒋反共"大原则下顺利运作；社内成员（特别是少壮派）也曾怀疑雷震是否能超越党派，坚持《自由中国》宗旨。立场倾向少壮派的许冠三之回忆道出一二：

> 事实上，我们的顾虑并非多余。不管大家如何争辩，若干批评政府的文稿，不是给改成温吞水，就是整篇见不了天。当争到无词以对时，他总是伙同毛子水劝我们年轻人莫动火气，须以大局为重。他从不大声说话，只是慢慢的跟大家磨，更不发脾气，几个月下来，我们终于明白，他那"各党各派之友"的绰号得来绝非偶然。他的健忘，也冲淡了编委间不少的紧张。[③]

雷震也在1950年10月到香港考察《香港时报》的发行，并受蒋介石指派于次年1月底至3月初与洪兰友赴港代表"政府"宣慰"反共

---

① 滕杰晚年回忆，蒋介石召集18位中央设计委员会成员时，要他们"当建党的工程师"。劳政武编撰《从抗日到反独——滕杰口述历史》，台北，净名文化中心，2014，第338页。

② 劳政武编撰《从抗日到反独——滕杰口述历史》，第338～339页。

③ 许冠三：《儆寰先生辞世十一年祭》，傅正主编《雷震全集》第2册，第252页。

人士，一并探听第三势力在港之发展。① 雷震提出报告时，传达在港人士废除军队党部（这也是他个人信念②）及学校三民主义课程讯息，引发蒋经国斥责雷震受共产党唆使，建议废除军队党部。蒋介石也在 4 月中旬军队党部改造会就职会斥责雷震等人的建议与"匪谍"、汉奸无异，令雷震深感难过。数日后，雷向王世杰求证是否有汉奸等语，王以"没有此话"回应缓颊。③ 现在雷震方面的记载，在蒋日记中倒也获得部分印证。在 4 月 16 日日记中，蒋如是表示：

> 十时前到高级班纪念周，监誓军队最高党部委员就职典礼，训示、痛斥党中游离分子，军队不设党部，以为争取联合阵线之组织，若辈仍不知此次革命大失败之祸根所在也。④

蒋当日的不满尚未宣泄完毕，之后几日他再度抱怨军政坏在"差不多"三字，革命败在"无所谓"三字，他更忧惶于一般干部"思维不正、敌我不分、精神恍惚、漫不在乎之习尚"。⑤ 蒋在 16 日不点名斥责的"党中游离分子"即暗指雷震，如将之后"思维不正、敌我不分"与蒋自认国共内战失利根本原因相对照，要掌握军队与党部"组织"并使思想领

---

① 傅正主编《雷震全集》第 33 册，1951 年 1 月 11 日，第 7 页。第三势力如按日本学者菊池贵晴（1920～1984）研究及定义，可指 1927 年起至 1945 年独立于国共两党势力外，保持政治中立立场的各政党及政团总称。其中持续较久者包括第三党、青年党、国家社会党（后身为民主社会党）、救国会派、乡村建设派、职业教育派等三党三派，及三党三派合组之中国民主政团同盟，及至 1944 年删除"政团"二字改称"民主同盟"。民主同盟在战后提出举办政治会议、组织联合政府，以及召开国民大会等主张，也参与斡旋国共和谈工作。1946 年以参与制宪国民大会为分界，青年党与民社党参与制宪工作，和国民党合作。民盟拒绝参与制宪，与中共统一路线。详见菊池贵晴『中國第三勢力史論——中國革命における第三勢力の総合的研究』（汲古書院，1987），第 10～53 页。
② 雷震以符合"宪法"平等精神为由，反对国民党在军中设立党部。傅正主编《雷震全集》第 32 册，1950 年 12 月 27 日，第 240～241 页。
③ 傅正主编《雷震全集》第 33 册，1951 年 3 月 29 日、4 月 16 日、4 月 22 日，第 70、81、84 页。
④ 《蒋中正日记》，1951 年 4 月 16 日。
⑤ 《蒋中正日记》，1951 年 4 月 23 日、24 日。

导"集中",显然在蒋氏思想中是比组织海外"反共联合阵线"更需优先进行之基本工作。事实上,蒋在1948年东北军事失利后即已树立"改"的共识,而在1949年中他更确立绝不能放弃党领袖等于革命领袖的权力想法,"余在台决不放弃革命领袖之责任与权力,无论对军、对政,必尽我监督与指导之职责,任何人亦不能加以违抗也"。① 由此或可观察其在1951年4月间的反应其来有自,1952年3月的事件确实标示雷震和蒋介石之间思想差异。

紧接着《自由中国》刊登社论《政府不可入人民于罪》引起军事机关不满,胡适称誉该文为刊物"出版以来数一数二的好文字"〔夏道平(1907~1995)执笔〕,使刊物遭受军政党压力,不得不刊登经陶希圣修改的《再论经济管制的措施》作为道歉。该删修之社论让毛子水"晚上睡不着觉",自尊心大为受伤。② 胡适为此事发函抗议,函文为《自由中国》刊登。国民党人事后则有不满雷震与"政府"对立而将胡适牵扯在内,甚至王世杰亦批评"对胡先生太不公道"。③ 雷震因为刊登信函,为蒋介石获知后,即在圆山纪念周"对教育问题多所批评,并引北大及五四运动被共党利用之错误……",并本拟在改造会决议"开除党籍",雷震表示杂志"宁可关门"意见,不轻言退缩,经在场人士反对始改为

---

① 《蒋中正日记》,1948年11月24日、1949年6月11日。有关这段蒋氏心理态度可参见笔者前作《蒋中正对国民党的省思与改造(1949~1952):以党务及领导权威为例》,黄克武主编《迁台初期的蒋中正》,台北,中正纪念堂管理处,2011,第279~281页。

② 傅正主编《雷震全集》第33册,1951年6月12日,第112页。毛之所以夜晚难眠,正因陶文有学者所言"标志新闻自由遭到十足践踏的可耻记录"的作用。林淇瀁:《从"侍从"在侧到"异议"于外:试论〈自由中国〉与国民党机器的合与分》,李金铨编《文人论政:知识分子与报刊》,广西师范大学出版社,2008,第326页。何卓恩认为夏文是《自由中国》全面自由化之标志。何卓恩:《〈自由中国〉与台湾自由主义思潮——威权体制下的民主考验》,台北,水牛出版社,2008,第137页。章清谓陶希圣删修是"检讨的文字",也有其道理。章清:《"胡适派学人群"与现代中国自由主义》,上海古籍出版社,2005,第104页。

③ 陈诚去函外,雷震则遭到责怪处理不周到。《罗家伦致胡适函》(1951年10月15日),罗久芳、罗久蓉编《罗家伦先生文存补遗》,台北,中研院近代史研究所,2009,第276~278页。罗家伦于9月曾转达王世杰相同意见,见傅正主编《雷震全集》第33册,1951年9月1日、4日,第150~151、153页。

"警告"一事。① 这也可说是让雷震从蒋介石原先的追随扈从逐步关系疏离，到 1955 年初由政治人转为专职新闻人角色之始。雷震日后也承认，相关言论风波使他对"政府"不走民主路线与保安司令部压迫有感，转而全力照料刊物。②

雷震在这般转折中，行动逐步为国民党方所关注。如 1952 年 10 月下旬唐纵呈报雷震疑似抄予蒋匀田（1903～1994）"七全大会未公开发表议案及落选中委名单"，与 12 月初中央委员会张炎元即呈报雷震与蒋匀田接触及谈话内容。③ 巧合的是两份报告均由军统出身的组主任呈报，或可说党内部分单位关注异议非国民党人士动态时，也注意到雷震与他们的接触往来，关注其动态已可预期。雷震与蒋介石关系之转变轨迹也始自《自由中国》刊登社论及雷震《监察院之将来》提及党歌事。其为保安司令部政治部向中央党部第四组检举，经总政治部加上意见后，国民党欲予雷震纪律处分，相关签呈至蒋介石处，蒋震怒，下令免去雷"国策顾问"职。3 月 19 日，王世杰劝雷震主动辞职，"以免外面不好看"，雷震坚持二文无错，"由他（蒋中正）免职可也"。雷震认为因此事遭免职，"不仅他无容人之量，而且没有把事情弄明白，故我不能（不）答辩。答辩书今日送第四组"。雷震另致函沈昌焕表示，针对《自由中国》的政治重大事件，如不为文批评，将有失办理刊物立场。"一味歌功颂德，不仅于国事无补，亦失去独立人格。"25 日雷震收到"总统府"人事室发布解聘函。④ 此时起，雷震似乎也逐步在日记中提及蒋氏用人及容人宽容与否问题，但还是在正面期盼立论。如王世杰于 1953 年底遭蒋介石免除"总统府"秘书长职，曾在以签呈向蒋解释"疏略有过，职当受钧座惩处，至

① 《张群日记》，1951 年 9 月 3～4 日，台北，中国国民党文化传播委员会党史馆藏，档案号：群 7/4；傅正主编《雷震全集》第 33 册，1951 年 9 月 7 日，第 155 页。
② 傅正主编《雷震全集》第 38 册，1956 年 12 月 30 日，第 356 页。
③ 《台（41）改秘室字 0444 号张其昀、唐纵呈蒋匀田等最近活动》（1952 年 10 月 31 日），《蒋中正总裁批签档案》（以下简称《总裁批签》），台北，中国国民党文化传播委员会党史馆藏，档案号：总裁批签 41/0355；《张其昀、张炎元呈雷震与民社党蒋匀田等最近密谈情形》（1952 年 12 月 2 日），《总裁批签》，毛笔原件，档案号：总裁批签 41/0380。
④ 傅正主编《雷震全集》第 35 册，1953 年 3 月 19、24～25 日，第 46、50～51 页。

取巧蒙蔽，则职绝无此心"之余，善意提醒雷震不要去探望，也以任何
说明都将与国以不利而保持缄默。雷以自身立场有所把持为由回应。他也
不禁感叹这样的做法，"不仅与国家不利，与总统自身亦不利也"。① 蒋介
石在日记中，记及他与王世杰之争执情形：

> 彼认余言为对其有不信任之意，似不应该。余乃忍之，以此人已
> （无）可救药，不足再予指责，彼蒙混至此，矢口为太负责，可谓无
> 耻之至。余只言此事未交监察院查明以前，你再不能负秘书长之职责
> 矣。余从未见有如此胆大妄为，不讲廉耻之幕僚也。②

到了 17 日，蒋介石怒气未消，仍欲将王移送"监察院"调查，并
拒绝陈诚、张群缓颊。19 日更认为外间有关王世杰免职风波传言是王
之左右捏造，"应将其府内亲信者五、六人全部免职，并加以警告，使
之不再作祟也"。次日更命与王不睦之许静芝、黄伯度出面警告王氏下
属。蒋在日记中尽情宣泄怒气，指称王世杰为"无耻政客"，"阴险愚
拙""贪得无厌"。坚主勿移送"监察院"调查之陈诚稍后也成为蒋余
怒发泄对象，指其侧近遭受包围，"不智与懦弱，毫无定识，几乎与何
不相上下矣"。③

1954 年 3 月下旬，前台湾省主席吴国桢（1903～1984）在美国投书
批评台湾政局，引发蒋介石、张道藩（1897～1968）等人响应抨击时，
王显然有感而发，才向雷震表示要求军法案件应由"行政院"上呈文而
非由参谋总长及侍卫长径自处理，以及针对"救国团"力争无效，都是

---

① 《王世杰呈处理民航空运公司债务情形并补备书面陈述询责诸点》，《蒋中正总统档案》，
台北"国史馆"藏，典藏号：002-080101-00013-004；傅正主编《雷震全集》第 35
册，1953 年 11 月 26～27 日，第 178～179 页。接下来一段时间，海外一度流传王世杰
"被扣留""失踪"。李焰生：《吴国桢事件》，李焰生等著，蔡登山编《吴国桢事件解
密》，台北，独立作家，2014，第 146～147 页。
② 《蒋中正日记》，1953 年 11 月 14 日。
③ 《蒋中正日记》，1953 年 11 月 17、19、21 日"上星期反省录"、28 日"上星期反省录"。
何为何应钦。

他离职原因之一。① 这或许是现阶段在王氏日记无记述及蒋日记外的另一种说法。此一讯息其实也反映自由派在台湾政坛势力已逐步淡出权力核心，丧失作为统治者顾问及成为改革党政之新血力量之事实。至于蒋介石之"怒"与容人问题也在此陈述中有所隐含。蒋氏老友曾不讳言向力赞蒋可用王世杰"敢说话"及"通晓外事"长才之徐永昌表示，王"量窄且贪"为"总统府多数人恶之"，② 或许也是可观察的蛛丝马迹。

雷震等人在台湾的言论，较诸香港"第三势力"人士实显温和，后者公然质疑蒋氏父子权力与行事作风。诸如代表性的在野领袖级人物张君劢曾以英文出版《中国第三势力》（The Third Force in China），指出美国第一个争取真正民主实现于中国之机会，"就必须是撤回对一个始终拒绝并否定宪政的政权（按：即蒋介石政权）之支持"。他也以 1941～1944 年被禁足于重庆汪山的亲身经历及观察批评了蒋氏行事：一个领袖依据个人喜好做决策时，公正毫无保证，更为各种权力滥用大开便门。官员会揣摩上位者心意并加以利用。蒋氏封建心态无法建立现代政府，他不愿意受到法律约束，也不相信法治及宪政制度，视宪法及国会为可以操纵的工具。③ 张氏从个人经验提出之意见，已见与蒋介石之间理念差异及对立，故虽有"反共"之共同前提，亦无怪蒋毫不容情地称之为"研究系余孽"，④ 在日记中流露出贬斥敌视之意。

李微尘于 1950 年 8 月毫不容情地批评：

---

① 傅正主编《雷震全集》第 35 册，1954 年 3 月 26 日，第 251 页。王、雷谈话固有"自清"作用，与之前外间流言有称王世杰免职事件与吴国桢赴美携带外汇，公文为王批示有关，也因此事件导致吴铁城之死。另一说是怀疑王宅为特务私设录音，并将其谈话报告蒋介石招致免职。中研院近代史研究所编印《徐永昌日记》第 11 册，1953 年 11 月 21 日，第 226 页；薛月顺编辑《陈诚先生回忆录——建设台湾》上册，台北"国史馆"，2005，第 429 页。

② 张群、徐永昌、王世杰为同一国民党小组会议成员。中研院近代史研究所编印《徐永昌日记》第 11 册，1954 年 11 月 1 日，第 343 页。

③ Carsun Chang, The Third Force in China（New York：Bookman Associates, 1952），pp. 13, 103 - 106. 中文版文字见张君劢《中国第三势力》，"中华民国张君劢学会"编译，台北，稻乡出版社，2005，第 ix、98～100 页。

④ 《蒋中正日记》，1950 年 5 月 20 日"上周反省录"、1950 年 7 月 4 日、1951 年 1 月 25 日。

在日记中找寻历史

自胡汉民汤山被囚后，国民党的领导者已没有涵容诤谏的雅量了，国民党内敢于诤谏的人物也绝迹了。自西安事变被释归来后，国民党的领导者已不是人而是"神"了！——最少他的变态心理已使他自视为"神"了，而国民党中攀龙附凤的人们也奉他为"神"了。自抗战胜利后，他更自视为"天神"了，而国民党中的奴颜婢膝的人们也千呼百诺的奉他为"天神"了。如果他还自安于"神龛"中，到如今还不肯从"神龛"中下来，还不肯自动脱去他神圣尊严的面具，如果改造后的国民党还不敢从"神龛"中请他下来，还不敢揭去他那副神圣尊严的面具，使他立即泯除了他历年所造成那种神与人的距离，使他重新做"人"，日常从事人与人的接触，则国民党还缺乏面对现实的勇敢，还无法消除失败主义者的懦怯！①

稍后，李微尘不满台湾收买伍宪子（1881~1959）以分化第三势力，亦在《中国之声》为文称："蒋介石个人独裁的政权是今日中国的毒瘤。这毒瘤已使民主政治在中国流产，今日又使台湾无法进行有效的反共斗争。这个毒瘤如果不及时割治，它可能陷中华民国的台湾和反共基地的台湾于沦亡。""近数月来，蒋先生每听到在台湾以外的反共力量在酝酿，在长成，他便不惜用尽权谋，加以打击，或设法使之拆散，这亦是由于错误观念的作祟。"② 顾孟余亦曾批评蒋"无知、低能、自私"。③ 这类尖锐的批评及想法在当时并不可能出现于《自由中国》。

雷震面对外间视《自由中国》为蒋介石资助刊物，认为其不宜发出

---

① 李微尘为李大明之弟，美国华侨，曾为康有为门人，加入中国民主社会党，后至香港、南洋活动，办过《热风》《中国之声》杂志，参与中国自由民主战斗同盟，后任新加坡《南洋商报》总编辑、李光耀总理新闻秘书。李微尘：《中国局势的必然发展》，台北，自由出版社，1950，第 71~72 页。

② 《我们对台湾的态度》，《中国之声》第 1 卷第 6 期，1951 年 11 月 15 日，第 3 页。该文原不具名，由李微尘稍后具名发表的回应《香港时报》批评的《"团结反共"问题的再检讨》[《中国之声》第 1 卷第 12 期（1951 年 12 月 27 日）、第 2 卷第 1 期（1952 年 1 月 3 日），第 2~4、4~6、23 页] 比对，方可确定《我们对台湾的态度》为李微尘主稿。

③ 傅正主编《雷震全集》第 39 册，1957 年 6 月 3 日，第 108 页。

批评蒋之声音的说法，表示刊物实际上并未接受蒋分毫资助，一度接受之台湾省政府资助亦已停止，与政治当局之物质联系已不存在。① 刊物经费维系靠雷震友人国内外募款捐助、美国亚洲协会购书、订户支持，经济基础逐步稳定。② 在此时间表达此意绝非偶然或只是气话，追求言论自主的用心已属鲜明。若再观夏道平1954年间言"今日对总统威严要保持，其他则可任意批评也，不能客气，要针对现实"及徐复观日后所言"离开由反省而更生的立场，我们又何必办此刊物"，则可理解雷氏心思。③ 在1954年春台湾政界及台湾大学（含毛子水在内）、省立师范学院教授等在内一片公开言论声讨吴国桢的声浪中，④《自由中国》显得相对冷静，刊登朱启葆（夏道平笔名）文章，以吴氏宜回国说明"立法院院长"张道藩发言宜以维护国家声誉为优先之外，也向"政府"建议"重新加以明智的考虑"新闻政策与言论自由的尺度，因为"民主政治最重要的条件是公开。是非公开、善恶公开、功过公开"。⑤ 这同样也显示雷震的立场已有微妙转变，在维护国家存在大前提下，"拥蒋"已非最优先与唯一选项，隐然浮现以民主为核心态度，脱离领袖扈从角色即非意外。

---

① 《雷震致王纪五函》（1952年2月26日），H.17《与王纪五相关信函：民国38年至民国41年》，《雷震档案·雷震、傅正信函档》，台北中研院近代史研究所藏。雷震同年4月26日也再度表明外间传说刊物接受总裁美金"真是冤枉人"。5月11日毛子水也听张其昀说，草山总裁办公室曾将刊物经费列入。傅正主编《雷震全集》第34册，1952年4月26日、5月11日，第59、67页。

② 马之骕：《雷震与蒋介石》，第113~127页。

③ 傅正主编《雷震全集》第35册，1953年9月24日，第142页；徐复观：《〈民主评论〉结束的话》，《无惭尺布裹头归·生平》，第183页。

④ 现从《蒋中正日记》1954年3月的记载中，可知蒋介石甚为关切外间及美国反应，并亲自监督言论立场与说法。初任张道藩发言，但见张言趋于凌乱而出面干预，由陶希圣接手。最后对张、陶与党政宣传发言均不满意，认为情报人员如毛人凤、彭孟缉找到的线索更为得力（3月20日"上周反省录"）。

⑤ 朱启葆：《吴国桢事件发展中的平议》，《自由中国》第10卷第6期，1954年3月16日，第11~12页。毛子水列名启事，见韩道诚《吴国桢案有关资料汇辑》，收入李焰生等著，蔡登山编《吴国桢事件解密》，第37页。徐永昌的看法值堪玩味："蒋先生自来于用人一事，虽亲信如辞修，亦言其决不假人，乃执政以来于财政一端，竟至无一人不奢、很少不贪，然则蒋先生于生活方面实为很俭朴者，于此益见己俭不能止人奢，己廉不能（止人）贪，同时奢即生贪，小私即害大公，政府对人民代表有不可告人者，恐为举世奇闻矣。"中研院近代史研究所编印《徐永昌日记》第11册，1954年3月5日，第262页。

　　雷震的反省与期盼是为使国家与政党"更生",也就是他相信之透过和自由主义者合作以改革国民党,从而达成"反攻"目标。但是国民党在蒋介石主导下完成"改造",则是一个以巩固领导中心为目标之设计,"革命民主"之内涵毕竟与"自由民主"有着清楚的差距。这一差距逐步导致雷震脱离以拥蒋优先为"反共"之思考,步向以民主为优先。

　　蒋介石的观点截然不同,更集中在个人修身与威望之联结。他自认在针对吴国桢事件中犯下"急迫浮露"之缺失,"对此横逆叵测之来,虽自反毫无愧怍,然于声威之损失实已不少,今后处事待人更应以宽容静默自修也"。① 显然这和事情应否公开与理解事件之基本前提是截然不同的,他更在意的是事情曝光造成的个人领导声望损失,呈现出领袖与扈从之间思想及出发点的差异。

三　《雷震日记》中的蒋介石点滴

　　雷震遭注销国民党籍后,即以议政者角色议论时政,并全心全力投注于《自由中国》之社务运作,为刊物之"火车头"。② 此后《雷震日记》中虽不再有直接与蒋介石见面之言谈,但从雷震记载各方友人之叙述、评论或台北政坛传闻,亦可窥见时人观感或事件相关背景之线索,于理解雷震怎样书写及描述蒋介石仍有作用。将雷、蒋二人日记相对照,即呈现不同角度与立场,值得注意的就是在宪政制度、言论自由面相,以及透露出自由主义人士与蒋介石之间的微妙互动及各自立场差异。

　　1956 年 10 月间,蒋介石为了即将到来的七十岁生日发表求言声明。蒋自信满满地称:"发表生日纪念六条办法,一般舆论反响甚佳也。"并自勉"今后对于自由文人之政策,只要其无匪谍嫌疑与关系者,则其反

---

　　①　《蒋中正日记》,1954 年 4 月 6 日。
　　②　马之骕:《雷震与蒋介石》,第 146 页。

对政府与恶意批评者皆可宽容不校，以此时反蒋之恶意言论，不能减低政府之权威也"。① 但或许超出意外的是《自由中国》在社内成员"借此机会贡献一些国是意见"，以期"知无不言、言无不尽的言责"心理下发行的"祝寿专号"引发外间轰动，加印三万本。② 胡适即便从 1948 年 12 月起对蒋"雪中送炭"，此时仍在"祝寿专号"撰文重复 1930 年代赠蒋《淮南王书》的重点，希望蒋少管事，显示对蒋观感如故。然当时立意规划"反攻大陆"的蒋介石又何能接受此一说法？有论者称，将国民党人的祝寿举动相比于胡适等人的言论，后者是书生意气和不合时宜，公开谈领袖的缺点更像"自讨苦吃"。③ 该文也因此成为蒋、胡关系再次转变之重要指标，增加双方紧张关系，胡适及《自由中国》雷震往后言论形同在测试蒋介石的容忍底线，此时也显示蒋越发不服输的态势。雷震定位自己向蒋介石"诤谏"的意识显然已趋明朗。

1956 年 12 月 26 日，在第 43 次"反共抗俄总动员会议"上，蒋介石指示："迩来海内外报刊对本党与政府颇多批评，各单位主管均应指定同志随时搜集研究，如属正确的批评，应即采纳改进，如系共匪份子故意诬蔑，亦应根据事实，加以辨明，以正视听。"笔者以为，看似气度宽宏底下之重点实在"辨正诬蔑"。④ 此举显系因"祝寿专号"热销引发国民党收编刊物之香港《自由人》重拾大胆言论，逼使国民党无从忽视，随即重拾镇压手段，除中常会随即决议纠正刊物言论外，亦由张厉生致函许孝炎，责成由其"劝导"刊物收敛言论，并以《香港时报》停止印刷、代为发行相胁；国民党方亦考虑"羁縻"香港自由派人士需要，以软硬兼

---

① 《蒋中正日记》，1956 年 10 月 19 日"上星期反省录"、11 月 22 日。
② 傅正主编《雷震全集》第 38 册，1956 年 10 月 17 日，第 323 页。
③ 陈漱渝、宋娜：《胡适与蒋介石》，武汉人民出版社，2011，第 143 页。
④ 分见敬礼《何以没有读〈自由中国〉的自由？》，《自由中国》第 15 卷第 10 期，1956 年 11 月 16 日，第 31 页；《中国国民党第七届 210 次中央委员会工作会议纪录》（1956 年 12 月 20 日），油印本，台北中国国民党党史馆藏，档案号：会 7.4/210；《第 43 次反共抗俄总动员运动会议纪录》（1956 年 12 月 26 日），油印本，台北中国国民党党史馆藏，档案号：会 7.6/55；傅正主编《雷震全集》第 39 册，第 3 页。陈永发院士面告，尽管党方下令，但各中等学校禁阅实施情况并不一致。

在日记中找寻历史

施方式向刊物负责人施压。① 蒋介石得知胡适仍然主张"毁党救国",并和《自由中国》主张一致——召开"反共救国会议",借以"修改宪法""解决国是问题",在"殊出意外"之余,怒称"此种文人政客真是无耻共匪之不若矣,实予我以在政治上重大之教训也",并即在宣传会上做出指示"不予姑息",因其"不仅反对本党革命,而其存心毁灭本党,宁为共奴而不恤也,此一趋势非加以消除,无法再谈革命也"。② 1957 年初官方系统发动"向毒素思想总攻击"等活动,与打击视胡适为保护伞的《自由中国》一样,都是"祝寿专号"激出的反应,也无形透露蒋的心思与气度,与在日记中期许自己"雍容""自在"的自勉有差距。

事实上,胡适所言并非无支持者,只在于选择表达方式之区别,大多以私下熟人言谈方式宣泄,少见像雷震以公开方式表达者。私下表达者如 1956 年 12 月底,王世杰在一场国民党元老云集的小组会议上发言,主张"一面改革内政,因举经济措施之不合理诸端,一面准备召开救国会议",与会众人亦以该会轮其主持,由其研拟决议报陈党中央。徐永昌也表示"按于蒋不利于国亦难于有利,不过果使一再失信其不利亦不在小,所以余主审慎尤其要必使蒋先生明了其后果之接受也"。③ 重点在于执行内政经济之"改革",以准备召开"反共救国会议"收拢人心,并无意挑战领导者执政威信。因此,当张群转述,蒋介石在 12 月 28 日表示如召开该会议,将是"反国救共会议",实无意愿召开,徐永昌就质疑既然如此,何以令小组会议研究召开问题,"岂非又一次昨是今非?(不加审慎的许愿开支票,势必有此后悔)"。④ 由曾与蒋共事者发此感言,实非无的放矢。

---

① 见《张厉生呈》(1957 年 1 月 7 日),《总裁批签》,台北中国国民党党史馆藏,毛笔原件,档案号:总裁批签 46/0003。按许函之言,张厉生在 1956 年 9 月间指示三点言论原则:"一、反共立场要坚定;二、总统的尊严不能损伤;三、对政府的人与事俱可批评,但必须根据可靠的事实,而且是善意的,和建设性的,希望避免谩骂和讽刺。"但是,如何解释底线是存乎国民党一心,对经费受制的《自由人》已属紧身索。有关《自由人》受控遭收编之个案分析,可见任育德《中国国民党宣传决策机制与媒体的互动(1951～1960)》(《政治大学历史学报》第 32 期,2009 年 11 月,第 242～248 页)的分析。

② 《蒋中正日记》,1957 年 1 月 8 日、9 日。

③ 中研院近代史研究所编印《徐永昌日记》第 12 册,1956 年 12 月 15 日,第 122 页。

④ 中研院近代史研究所编印《徐永昌日记》第 12 册,1956 年 12 月 29 日,第 126 页。

1957 年 5 月 20 日，雷震在日记中记下王世杰一段读杜勒斯（John Foster Dulles，1888 – 1959）传记的感想，或许也可视为雷、王对蒋介石行事的观感。杜氏到任国务卿后先接到艾森豪威尔电话，表示今日起"一切有关国际事件由杜负责报告，用不着情报，以专责成，可见艾总统之办事精神，大可值得我们效法的"。① 此语与胡适所言在相互呼应之余，强调"分层负责"之意亦甚鲜明。在现存王世杰并无此段时期日记记述时，雷震在其个人日记中提及此，实反映政界自由派人士所具有之蒋介石印象。雷震以前参政者资历，在野议政者身份，在《自由中国》结合一群书生针对蒋介石领导陈词，呼吁实行政治改革，除成为观察台湾言论自由指标之外，言行举动更令外间侧目，甚且有某些知识人认为，刊物是"有政治背景才可以这么写"，故规劝学生切勿仿效作文。②

在"五二四事件"爆发台湾民众集会示威，侵入美国新闻处及美国"大使馆"，王世杰亦持"悲观态度"，认为"蒋先生不会改变作风，故无希望"。雷震表示改变现状须做到：第一，"必须组织使美国相信之政府，并起用美国政府相信之人"；第二，"改变制度，使行政院长可以指挥军人警察宪兵及特务"。王回应道："Gims（按：Generalissimo，指蒋介石）不会这样变的，故无希望。他是七十岁之人，有何改变之可能，除因利害关系或可使其改变外，在理论上他不会相信这一套的。"雷再问："如 Gims 做刘备，三顾茅庐，你愿不愿意做诸葛亮？"王说："Gims 绝不会做刘备。"③

双方在针对文人"行政院院长"无法指挥军警宪、情治系统，"内阁"阁揆人选是否能获得美国及台湾双方信任立论之外，又提及蒋介石决策倾向，指其在基于明确利害考虑之下才有可能改变，否则在人格和心理均已定型之七十岁是很难改变行事作风的。因此，王世杰坦言不相信蒋会做低声下气、识贤优礼有加的刘备，而他更不可能是蒋眼中的诸葛亮。

---

① 傅正主编《雷震全集》第 39 册，1957 年 5 月 19 日，第 96 页。
② 张炎宪、陈美蓉、尤美琪访问、记录《台湾自救宣言：谢聪敏先生访谈录》，台北，"国史馆"，2008，第 37 页。
③ 傅正主编《雷震全集》第 39 册，1957 年 5 月 30 日，第 104 页。

尽管王世杰只在私下议论主张"政府"改革、走民主化路线，但外间仍传出其在小组会议"很敢说话"，"有建议助成第三党之言论"，颇有中伤之意。① 反观雷震反应则不同。他在忧心政局发展之余，反倒更在构想是否可以透过"改变制度"来改变现况。如果对照雷震期待美国给予军事、经济援助外，也能给予政治援助，使受援方走上民主自由道路的意见，②他也在刊物刊登系列社论《今日的问题》，以"反攻大陆"问题为始，以组织反对党做结，或许反映出雷震思考改革现实政治问题更优先于维护蒋介石最高统治权力、领袖地位。1958 年 3 月，雷震相继向美国驻台"外交官"欧思本（David L. Osborn，1921 - 1994）、台北的汪渝表示，希望"在军事反攻目前无望之际先从政治反攻，以民主政府来影响大陆之独裁政府"。"就是要使国民党取销特权，然后可走上民主政治的轨道。"③ 在此，雷震已逐步向外间宣示蒋介石未能尊重并听从不同意见、执行政治改革，已有独裁态势，必须有所努力以行调整。

但雷震言论和 1957 年初一篇由褚定民署名"衣爵"在香港发表的《解决中国问题的途径》相较仍相属温和。按褚氏文章公开抨击蒋氏父子执政与宪政体制问题。该文称中共无力"解放台湾"，台湾无力"反攻大陆"。蒋介石复职"总统"是重温独裁狭隘自私作风，"更进一步培植曾经是共产党徒而今日仍弄玩共产作风的儿子"。将自由地区人民的"反攻"要求和"家天下"的事业结合。该作者以八个字"独裁无胆，民主无量"评价蒋，称其在台若欲取得最大成就即"自动退休"。④ 这样的猛烈抨击言论当时并未在台湾广泛流传。

但党政军最高领袖蒋介石以军事"反攻"、领导统御专一之念，从 1949

---

① 此语由与王世杰不尽和睦之李石曾口中传出，更显特殊。中研院近代史研究所编印《徐永昌日记》第 12 册，1958 年 3 月 8 日，第 285 页。

② 傅正主编《雷震全集》第 39 册，1957 年 7 月 15 日，第 131 页。

③ 傅正主编《雷震全集》第 39 册，1958 年 3 月 8、10 日，第 242～243 页。"反攻无望"引发官方媒体"围剿"，并有国民党党方宣传会拟议停刊处分，经黄少谷出面始打消。1958 年，胡适表示"凡是有希望象征的招牌，都不应该去碰的"。胡适：《从争取言论自由谈到反对党》，《自由中国》第 18 卷第 11 期，1958 年 6 月 1 日，第 9 页。

④ 衣爵（褚定民）：《解决中国问题的途径》，台北，中国与世界出版社，1957，第 6～7 页。

年国民党政权迁台起未曾断绝。1958 年 6 月，"行政院"改组，以陈诚再度出长"行政院"，蒋经国、王世杰、薛岳任为"行政院政务委员"，"教育部部长"易为梅贻琦。但蒋实不满于陈诚坚持更易张其昀，且释放讯息予胡适等人，"党性与忠诚度何在？"① 蒋稍后打起精神，7 月 14 日招待宾客，"忍耐求全"未发言嘉奖离职之张其昀、郑彦棻，令客感受其"精神至佳，对十数客人每人皆能作扼要有礼的周旋，不能不令人钦佩"。②

7 月 16 日（该年 8 月 23 日金门战役爆发），蒋介石在国民党中央评议委员会第一次会议大会上致辞，分别宣读《本党又面临时代一次考验》《革命民主政党的性质与党员重新登记的意义》讲词，有闻者产生在掌握议会优势情况下，主张"无异议通过"，"这样到底成了什么议会？"之问，并有蒋"大似刚愎自是"之感。蒋在结束致辞即席表示，"台湾 60 万兵员共党无孔不入"，今乘兵员待遇低乃乘势煽惑所谓"民主自由人士"响应，其计"至工至辣"。③ 在在显示其要求党内一致服从其领导主观意念之强烈。7 月 24 日，雷震即从友人处获知报告内容，并秘密抄录底稿，④ 作为文章写作的背景素材。《自由中国》于 11 月 1 日发表社论驳斥，随即引发同月中旬许孝炎出面缓颊及以人情攻势试图让雷震软化，雷震则以"已缓和"，双方无共识而散。胡适则认为该文"有凭有据、天公地道"，⑤ 自有鼓励作用。在许说辞中提及，国民党欲要求四点原则："不评蒋先生、不评既定国策、不评宪法、不评国民党"，均经许以雷不可能接受而未提出。蒋介石、国民党、"既定国策"（"宪法"实属附带提出）

---

① 《蒋中正日记》，1958 年 7 月 9 日。东南大学出身、任教中大的郭廷以（时为中研院近代史研究所筹备时期所长）在美国纽约听到胡适表示，张其昀"处处想以南高、东大、中大为主，打击北大及胡适之，专与台湾大学为难，以钱思亮不肯受其支配。……清华梅月涵亦饱受其欺凌。此次陈辞修组阁，必须使张离教育部。"郭廷以：《郭量宇先生日记残稿》，1958 年 7 月 9 日，台北，中研院近代史研究所，2012，第 82 页。

② 《蒋中正日记》，1958 年 7 月 14 日；中研院近代史研究所编印《徐永昌日记》第 12 册，1958 年 7 月 14 日，第 329 页。

③ 中研院近代史研究所编印《徐永昌日记》第 12 册，1958 年 7 月 16 日，第 332 页；《蒋中正日记》，1958 年 7 月 16 日。

④ 傅正主编《雷震全集》第 39 册，1958 年 7 月 24～25 日，第 339～341 页。

⑤ 傅正注释更说明雷震等人修稿的"缓和"作用。傅正主编《雷震全集》第 39 册，1958 年 11 月 15～17 日，第 398～401 页。

均不可评，也侧面反映了包装蒋介石最高领袖地位之不可侵犯及批评所下之言论底线。双方道路之不同已鲜明可见，这的确是雷震等人所无法想象与接受由蒋统治之"自由中国"，竟产生如是言论政策，无法接受自属必然。

笔者曾指出：总体情形言，为免落人口实，并为顾及内外观感，国民党内处理《自由中国》，1957～1958 年仍趋持重方式。但《自由中国》无意服从党政宣传单位的"指导"，党政当局对之处理渐不手软。至迟从 1958 年 4 月 1 日起，针对《自由中国》，更由党中央六组出面邀集"行政院"、"司法行政部"、"内政部"、台湾省警备总司令部等从政主管，成立专门审查小组，每月召开审查会议两次，研究分析刊物各期言论及处理意见，且综整分析刊物所有不妥言论，汇编成册，分送有关单位作为研议对策的参考。党政高层也曾指示警备总部检扣者放行，"俟查明其违法罪证再予惩处"。上述显示蒋介石等党政高层已知"收编"手段在理念与事实均属不可能，以"敌人"视之态势即属必然。①

更何况 1958 年一段蒋日记记载显示，蒋已推想外头有一个"共匪与香港第三势力阴谋集团"成形中与其可能实行步骤："甲、政治瓦解台湾（匪）。乙、要求民主改革台湾。丙、不合作大团结。丁、实施民主宪政为号召。戊、先反台再反共，此为其第三势力之口号也。"② 若由"权力中人"思路观察即知，一旦外间批评蒋介石父子，很容易被执政者视为"阴谋颠覆"，建言者别有动机，这也就是雷震、胡适等人如何建言都难获得接纳之深层心理动机。

雷震编辑《自由中国》成立十周年特刊，或亦反映因就事论事而意

---

① 主要叙述参见任育德《中国国民党宣传决策机制与媒体的互动（1951～1960）》，第 251～253 页。法办指示见陈世宏编辑《雷震案史料汇编——黄杰警总日记选辑》，1958 年 12 月 1 日，台北，"国史馆"，2002，第 5 页。陈诚曾记载王世杰观感："行政院事务，军事、特务、军法等行政院完全不能过问，任何人均难负责，决非培植人才之法"，这也侧面显示"总统"掌管军事、特务、军法事务决策权。林秋敏、叶惠芬、苏圣雄编辑、校订《陈诚先生日记》（以下简称《陈诚日记》）第 2 册，1958 年 1 月 20 日，台北，"国史馆"，2015，第 814 页。
② 《蒋中正日记》，1958 年 3 月 28 日。

见不同，不视蒋介石为对立死敌，但他深知蒋未必如是想。按该专号刊登张君劢专文《社会主义之方向转变》、胡适专文《记美国医学教育与大学教育的改造者弗勒斯纳先生》、毛子水《十周年感言》、夏道平《从所谓"康隆报告"谈起》、社论《解决中国问题必须以民意为依归》，① 或也可说是以让蒋介石感到不快的重量级人物汇集一堂发言议论时政及学术，做刊物后盾表现。是故，雷震听闻外传蒋表示"宁可人负我，不可我负人"之后，会认为"后面两句话不像是蒋先生说的话"。② 但雷震评价蒋介石个性争胜好强之余，仍称蒋介石为"蒋先生"，和其尊称胡适为"胡先生"两相对照，或可见其仍保持为人基本礼貌，政见之争并非只有以"寇仇"二元对立处理之法。这和青年编辑傅正日记文字中浮现的显得直接而尖锐的论调——批蒋用"以退为进"的手法，发动民间操作签名运动"表示是民意要求蒋总统连任三任以至终身，然后蒋总统再以一种为国牺牲的姿态出现，把自己的私心，完全隐蔽起来，欺骗一般老百姓"相较，③ 差别清晰可见。

在 1960 年间，眼见蒋介石三度连任"总统"态势趋于明朗，台港人士联署声明反对违法"修宪"以达连任"总统"之目的，《自由中国》予以全文转载，并以专号方式刊载反对"修宪"言论；雷震在"国民大会"开议期间，亦曾劝胡适在讨论发表临时条款时发言，并以书面文字留在记录内，胡以意见已发表甚多，不必为此留下历史记录云云回应。雷震则从"宪法"施行及现实"政府"权力分布观点，观察蒋介石允诺"国大"代表待遇与"立法委员""监察委员"平等的言论，指出：

> 有钱能使鬼推磨，信不诬也。惟此则每月增加支出近三百万元，而国大代表不做事，立、监委员经常做工作，如此作法，一定影响军公教人员的心理，蒋先生要做总统而出此代价，殊不值得，并允在六

---

① 傅正主编《雷震全集》第 40 册，1959 年 10 月 30 日、11 月 8～9 日，第 183、190 页。
② 傅正主编《雷震全集》第 40 册，1959 年 11 月 7 日，第 188 页。
③ 潘光哲编《傅正〈自由中国〉时期日记选编》，1958 年 12 月 30 日，台北，中研院近代史研究所，2011，第 142 页。

年以内召开临时会，讨论修宪和创制复决之事。这种允诺，如果是敷衍，则太无诚意，如果真来做，则这部宪法完之大吉。①

也因此，雷震采取与胡适相异的做法，在夏涛声（1899～1968）拜托下，写出书面意见，请主席团在"国民大会"上宣读，列入记录。雷震以不出席该次"国民大会"会议、不投票，明示反对。他听到因心脏病住院疗养的胡适出院投票，"心中很难过"，身为胡适支持者的他设想胡必"有不得已之苦衷，因为他今后不能不和蒋先生见面也"。雷听闻电台歌颂广播，更觉"实际上这都是加重责任的"。② 雷震、《自由中国》与蒋介石此时关系已形同对立，但由雷震上述文字观之，他秉持尊重宪政及宪法之同时，内心仍为蒋介石的历史定位及形象着想。针对外间传言指，蒋介石要陈诚转告胡适，王世杰转告雷震，"行政院长仍是陈辞修，叫他们不要闹了"，雷震感到"可笑之至"。③ 雷震以身为"胡适同路人"自傲之余，也认为他是"对事不对人"，但权力中人却视为"对人不对事"，和 1948 年何应钦的言论相较，或有几许似曾相识。

蒋介石、雷震二人之反应差异原因何在？与二人教育背景、经历不同自不脱关系。蒋、雷相差十岁，年纪较长之蒋考过秀才，为中国传统私塾、半新半旧学校及明治时期日本军事学校预备校教育背景，以军事起家；雷震则为中国新式中学、日本高校、京都大学教育背景，留学期间（1916～1926）历经日本近代政治经济思想相对自由多元的"大正民主"时期，以文人学者经历从政。双方除有留日经历外，其余差异鲜明，且于宪政宪法位阶观点、民主理念认识及定位不同，即便在国难当头之际合作，而有长官僚属关系，但要在没有共同目标下取得共识及长期合作，终究会因理念歧异而分手。但如

---

① 傅正主编《雷震全集》第 40 册，1960 年 3 月 3～4 日，第 262～263 页。

② 傅正主编《雷震全集》第 40 册，1960 年 3 月 5、21 日，第 264、275 页。

③ 傅正主编《雷震全集》第 40 册，1960 年 4 月 5 日，第 284～285 页。陈诚也提及，蒋介石指示局部改组"行政院"时想换掉陈雪屏，蒋甚不满陈雪屏"比用《自由中国》自重"，陈诚代为澄清。这在蒋介石的主观记载之外，也从旁证实其与《自由中国》对立的局势，以及蒋不满官员为《自由中国》同路人的观感。林秋敏、叶惠芬、苏圣雄编辑、校订《陈诚日记》第 2 册，1960 年 3 月 18 日，第 1179 页。

何就事论事不出恶言，确实需要各种因素相互配合。

如从蒋日记观察，1959 年中，青年党左舜生已遭称"左逆"。① 至迟于 1960 年日记内容已明指雷震为"叛徒"或称"雷逆"而不名，于 7 月中旬起益发明显。此因蒋介石已凌驾"宪法"连任限制，权力不受制衡；抑或因 1960 年间韩国、土耳其政潮引发执政当局之不安，《自由中国》针对韩国政情登载殷海光执笔之社论《"反共"不是黑暗统治的护符》与傅正执笔之《评〈工商日报〉对南韩政治风暴的看法》专论，外间认为文章"太厉害"，雷震响应"国民党有六十万大军、特务警察和无数报刊，还怕什么？"② 1960 年中，雷震记及社论书写重点，意在"建立政治制度"。其关怀与社中同仁夏道平坚持以宪政框架"政府"的路线理念共通。③ 雷震与部分台湾政治人物在关切改革政治及地方选举议题上取得共识，进而密切合作推动筹组反对党运动。如从"逆"字带有"不顺从""抗拒"，以及"叛逆"两层意义而言，这正显示突破"宪法"连任限制之蒋介石为解释逮捕决定并将其合理化，已将前扈从之不再服从而抗拒与叛徒行为相结合。

蒋日记的相关记载正好显示此番踪迹。如 7 月 18 日"召见谷、郑、唐、张等商讨《自由中国》刊与雷震叛徒之处置的法律问题"；20 日"本日对于《自由中国》的反动刊物必欲有所处置，否则台省基地与人民皆将为其煽动而生乱矣"；23 日"正午商讨《自由中国》刊物与雷震、傅正处治问题指示方针。下午带仲虎与孝勇上角坂山休息"。④ 蒋在角板山度假时进一步思考，尝试说服自己下决心且强化"惩办"雷震及关闭《自由中国》之必要，"如不速即处置即将噬脐莫及"，并思考对外公告如何撰写等问题。25 日，蒋经国特上角板山报告。蒋氏思路强调"法纪"、防止"效尤共匪假借民主实行颠覆政府之故技，而为匪共侵台铺路，而

① 《蒋中正日记》，1959 年 6 月 22 日。
② 傅正主编《雷震全集》第 40 册，1960 年 5 月 16 日，第 308 页。
③ 傅正主编《雷震全集》第 40 册，1960 年 6 月 20 日，第 332 页；夏明：《愿记忆与历史同行——缅怀夏道平先生》，《经济前瞻》第 149 期，2013 年 9 月，第 85～86 页。
④ 18 日四人为谷凤翔、郑彦棻、唐纵、张群。《蒋中正日记》，1960 年 7 月 18 日、20 日、23 日。23 日同在者，按《张群日记》记载应有唐纵、陶希圣、郑彦棻、谷凤翔、曹圣芬（中国国民党文化传播委员会党史馆藏，档案号：群 7/13）。

在日记中找寻历史

为匪共侵台铺路"。① 7 月 30 日返回阳明山后草庐"晡约张、唐、陶等谈
《自由中国》刊与雷逆问题，谈及辞修行态，不胜奇异之至，奈何"。8 月
11 日蒋在情报会谈获报美国"情报与宣传人员皆与此次所发起的所谓反
对党有关，殊为可痛，美国外交行动之无信不义，安能使受援各国不痛恨
反对耶，其拙劣卑鄙，何能对俄不败耶"。13 日即预备进一步安排"查
证"雷震之"准备"。② 由此过程可观察到，蒋在角板山度假及返回阳明山
后，已顺任情治机构往"办"雷震的方向走，并关注相关工作的执行进度，
也防范美国涉入可能，同时宣泄其对美国可能"扶植"反对势力之不满。但
蒋并未在日记中记载蒋经国的报告内容，只能推知大致方向。现存已公布情
治机构档案显示，至迟于 1958 年中，警备总部等单位先行成立"田雨""支
流"等项目积极研析《自由中国》言论、罗列罪名，以设想起诉作业执行。8
月 5 日，警备总部政治部即签请以"涉嫌叛乱"为由逮捕雷震、傅正，由司
令黄杰签饬依法拘办，再度进行内部缜密研究，并对雷震等人行踪密切监
控。③ 同月中，雷震从他处（可能是美方驻台人员）得知情治机构可能设
计构陷社内人员（傅正、马之骕）为"匪谍"，遭受全天候监控也不禁冒
火，但仍劝一同参与筹组反对党之傅正要忍耐低调。傅正则萌生"逼上
梁山"之感慨。④

　　8 月 27 日，蒋介石再带蒋孝武、蒋孝勇再上角板山，并在该周"预
报工作"项记下"处治雷逆案之审慎决定"。8 月 29～31 日的日记"雪
耻"栏都记下如何对外宣示处治"匪"之方针、面对胡适与美国干涉时

---

① 《蒋中正日记》，1960 年 7 月 23 日"上周反省录"、25 日、26 日。《张群日记》记载 7
　　月 25 日，蒋经国"催办项目"（中国国民党文化传播委员会党史馆藏，档案号：群 7/
　　13）。或在此之后上角板山与蒋介石谈话。
② 按 29 日《张群日记》记载，张群、唐纵、陶希圣在"总统府"召开项目小组会议，黄
　　杰、倪文亚、陈大庆、谷凤翔、郑彦棻、曹圣芬与会，故次日由三人向蒋报告（中国国
　　民党文化传播委员会党史馆藏，档案号：群 7/13）。《蒋中正日记》，1960 年 7 月 30 日、
　　8 月 11 日、8 月 13 日"本周预备工作"。
③ 《导言》、《雷震等叛乱案侦察经过述要》，陈世宏等编辑《雷震案史料汇编——国防部
　　档案选辑》，台北，"国史馆"，2002，第 17～19、618 页；傅正主编《雷震全集》第 40
　　册，1960 年 7～9 月相关记载。
④ 潘光哲编《傅正〈自由中国〉时期日记选编》，1960 年 8 月 16 日、27 日，第 322、337
　　页。

的可能选择方案含"甲、置之不理。乙、间接警告其不宜返国"。"对美间接通知其逮雷原因,以免误会。"① 这显示蒋努力说服自己是在办真实的"匪",督促自己下决定。9月1日下午自角板山返回阳明山后草庐,次日下午修改文告稿,并召见张群、黄杰、唐纵"研讨对雷逆之手续,闻辞修必欲由其行政院负责承办,余乃允之"。9月3日蒋为逮捕雷震拍板,"决定逮捕叛逆雷震等反动不法分子,此为安定台湾必要之举也"。9月4日"上午重审文告稿,以干部认雷案为法律而不涉政治问题,无需由余发表文告,故暂作罢。九时半逮捕雷震、傅正等交军法审判,礼拜后记事,记上周反省录"。9月6日,在情报会谈获报刘子英自承"匪谍",让蒋如获至宝,确认自己判断无误:"其通匪之罪确立矣。"9月7日,中常会讨论"讨论三中全会议案与党友运动案,指示乃建雷案主要问题,因转移于刘子英匪谍与雷有重大关系方面,而以其社论叛乱涉嫌为次要因素矣"。②

上列记载显示,逮捕雷震后警备总部的对外声明,以及行政部门通过张群告知美国驻"大使"庄莱德(Everett F. Drumright,1906-1993)逮捕决定,的确都是由蒋授权许可;美方视案件"笨拙的执行手法"(handled so clumsily)反映"政府"抹黑之余,分析方向亦与张氏告知相符。③ 黄杰《警总日记》曾记载9月4日"总统亲自电话查询逮捕雷震等经过情

---

① 《蒋中正日记》,1960年8月27、29~31日。《张群日记》载30日"总统府"召开第四次项目小组会议,"适总统由角板山来电,仍对上午与乃建所谈实施日期尚待考虑,但准备须继续进行"(中国国民党文化传播委员会党史馆藏,档案号:群7/13)。这显示蒋尚未做出最后决定,但准备工作已近完成。

② 《蒋中正日记》,1960年9月1~4、6~7日。9月2日《张群日记》载"下午五时在草山官邸总裁召乃建、达云及余三人会谈田雨项目准备事项及行动日期"(中国国民党文化传播委员会党史馆藏,档案号:群7/13)。若对照《陈诚日记》,陈于9月2日由唐纵、黄杰秉蒋意报告将逮捕雷震,亦可证实此时逮捕已布置完成。纵使陈诚建议时机稍缓,亦未改变蒋介石心意。林秋敏、叶惠芬、苏圣雄编辑、校订《陈诚日记》第2册,1960年9月2日,第1258页。

③ "Telegram from the Embassy in the Republic of China to the Department of State," Oct. 7, 1960 in *Foreign Relations of United States*, *1958 - 1960*, Vol. XIX: China(Washington: United States Government Printing Office, 1996), p. 725. 《张群日记》10月2日载"中午偕育英赴庄莱德夫妇便餐约会。在雷案发生后,庄夫妇赴日休息,近始返台,因之其欲借机与我谈此问题。饭后便谈时,我就经过情形及政治不得已之措施告知,彼表示同情政府立场,并谓任何中国内政问题,美政府固会关心,恐影响中国声誉,但决无过问之意"(中国国民党文化传播委员会党史馆藏,档案号:群7/13)。

形。……分呈总统、行政院陈兼院长、省府周主席，报告执行田雨项目之经过情形。……十七时至阳明山晋谒总统，报告今晨执行雷案之经过，及搜查时所获之若干文件，将有助于侦察本案时之发展。总统指示：应注意查明该设经费之来源及该刊发行至港澳地区所获之外汇，如何套汇来台，及此项外汇之用途如何，均应详为查报"。① 这显示最初是往香港、台湾合谋着眼，转移至刘子英方向甚至成为主线，是在进展中做出的修正。

　　近年亦有文章特别描述一次国民党召开中央常务委员会议，由陶希圣、谷正纲提出三封由香港截抄信函并传阅与会者，希望由常会决议通过逮捕雷震事。② 经笔者翻检国民党相关中常会记录及蒋日记，均未提及 9 月 3 日有此事，作者或有弄错时间之可能。反而是在 9 月 5 日 8 届239 次中常会，第四组主任曹圣芬报告处理经过情形后，陶希圣、陈建中、张道藩、郑彦棻、谷正纲、马超俊、连震东、唐纵、谷凤翔相继发表意见或做有关情况报告，始做三点决议，决定由党为配合逮捕进行宣传。③

　　雷震遭逮捕后，国民党承受内外压力，党政界一度讨论到民间及陶百川、端木楷等人主张将审判移交一般法院审判之意见，但"恐久不结案引发纠纷"未成事实，只让谢冠生、赵琛参与警备总部拟案小组讨论。9 月 26 日，经蒋指示并修正后之起诉书发表。④ 雷震最终经由军事审判、

---

①　陈世宏编辑《雷震案史料汇编——黄杰警总日记选辑》，1960 年 9 月 4 日，第 104、106 页。

②　阮大仁在该文中言及三封"双钩廓填"信件有可能是伪造之判断。阮大仁：《蒋中正日记中的当代人物》，台北，台湾学生书局，2014，第 105～110 页。

③　三点决议为："（一）对雷震既已依法逮捕，应以坚定态度，迅即完成侦察及军法审讯程序，依法判决。（二）本案可能引起若干反响，尤以海外为烈，应加强宣传工作并运用一般口头说明机会，揭露雷震为有利于叛逆之宣传，并已开始颠覆政府阴谋之事实，俾消弭各种错觉，形成对本案之正确认识。本党并应积极开展其他联战等有关工作以压缩由本案可能引起之消极影响。（三）对《自由中国》半月刊，可俟本案判决后再依出版法处理。"《中国国民党第八届 239 次中央委员会中常委会议纪录》（1960 年 9 月 5 日），油印本，台北中国国民党党史馆藏，档案号：会 8.3/239。

④　《张群日记》，1960 年 9 月 20 日、9 月 22～23 日、9 月 26 日、10 月 5 日，中国国民党文化传播委员会党史馆藏，档案号：群 7/13。

复判，确定以"知匪不报"罪名判处十年有期徒刑。在接近一审判决宣布之前的 10 月 6 日，蒋介石"晚召集军法有关人员，指示其对雷案判决书方针，拟立两种方案候核"。8 日上午"审阅雷案判决书甲、乙、丙三稿，十一时召集辞修、岳军、冠生、赵琛、凤翔等研讨判决书二小时后，最后决定用第（乙）种，避免引用意图颠覆罪之法条而仍处以十年徒刑"。这和黄杰记载之"办案犹如作战，参谋（幕僚）人员至少须提出两个腹案，以供采择……"，以及"总统认为'乙'案件既可判刑不少于十年，而撤销登记及复判均不致发生困难乎则采乙案较为不致刺激社会上一般人之心理乎于是裁决采用'乙'案"，① 两相一致。也因此有学者指出这是政治干涉司法。蒋更有自信地在 10 月 8 日"上周反省录"写下"对雷案审判与指导以及判决理由书皆予悉心注意指正，或比起诉书为妥也"。这的确也证实蒋介石不以干预为意的态度。

1960 年 12 月，筹组中的"中国民主党"宣布延缓成立，蒋氏认为"此在内政上本年法办雷逆之最重要收获也，否则基地必将为共匪与美国左派合谋而动摇矣"。"此二十余年来，不肖中正最大之罪恶，乃在政治上不能自运其枢机，而一任无知无识之市侩政客与军阀所操纵而不能自拔，此为毕生所不能自恕之悔恨也。"② 显然，蒋介石借由决定逮捕雷震，宣示"自运枢机"，表示压过胡适等人的"指手画脚"，显示他三连任"总统"成功之自信及自满。蒋介石既视雷震为"恶棍""叛徒"，不容"姑息"，③ 以及展现其权威自主之象征，驳回雷震声请法律救济（非常上诉）与无视他人发动特赦签署请求，也视顶住美方压力免其"干涉内政"，④ 显然在蒋内心也益发坚定其权威不容各方质疑及挑战。也因此，王世杰在雷震服满五年刑期，建议张群陈请准"政治犯"雷震同张学良

---

① 《蒋中正日记》，1960 年 10 月 6 日、8 日；陈世宏编辑《雷震案史料汇编——黄杰警总日记选辑》，1960 年 10 月 8 日，第 195、201~202 页。

② 《蒋中正日记》，1960 年 12 月 31 日"上月反省录"、1960 年"全年反省录"。

③ 《蒋中正日记》，1961 年 1 月 10 日、14 日。

④ 《蒋中正日记》，1961 年 3 月 8 日、3 月 23 日、9 月 11 日。1960 年 11 月 15 日，陈诚亦曾建议蒋介石可酌情于复判决定后予以减刑，明确建议改处较马之骕更轻的"感化"三年。林秋敏、叶惠芬、苏圣雄编辑、校订《陈诚日记》第 2 册，第 1282 页。

待遇相同（即居家软禁），张即认为"不易办到"。① 或许都是旁人体认到蒋心思，只好顺任其意之表现。

四　晚年《雷震日记》中的蒋介石评价

雷震在新店军人监狱服刑期间，接受胡适建议撰写回忆录以自遣，"政府因其在监狱中撰有长文（回忆录），对国民党及至孙中山先生主义均有评驳，颇感处置之困难"。对"政府"内有延长"感化"之议，黄少谷、王世杰均表反对。因手稿遭到狱方扣押，雷震拒绝出狱。经黄少谷建议并穿梭沟通，要求雷震老友（王世杰建议王云五、谷正纲、陈启天）出面"劝其出狱后放弃政治活动"操作，雷震经家属宋英及三位友人劝说后，始抄写"出狱后守法爱国"誓书并放弃索还手稿，办理出狱手续返家，由情治机构全天候监视。② 这些遭遇使雷震出狱之后，得到老长官"意气仍盛"之评语，③ 并非无因。

雷震出狱后，不欲为其他朋友制造困扰，只与齐世英、吴三连、王新衡、郭雨新等人聚会，偶尔会透过婚丧喜庆探访故旧。张群曾问王世杰雷震言行如何，王答"彼虽狂态未全改，其对蒋先生仍称谓甚尊，不会有何意外言行"。④ 随后即由张群下条子由塑料公司和水泥公司给予顾问费，以雷毕竟曾"有功于国家"，以此补雷震失去"国大"代表之费用及生活费。王云五主持的中山文化基金会亦与雷震签约，以三年为期，给予研究费，从事"中华民国宪法诠真"专题研究，期望以此代替制宪后从未完成的《中华民国宪法起草说明书》，也成为《中华民国制宪史》（下称

---

① "政治犯"语出中研院近代史研究所编印《王世杰日记》第 7 册，1963 年 8 月 17 日，第 95 页。余见中研院近代史研究所编印《王世杰日记》第 7 册，1964 年 9 月 2 日，第 184～185 页。

② 中研院近代史研究所编印《王世杰日记》第 8 册，1970 年 4 月 5 日、7 月 18 日、8 月 15 日、8 月 30 日、9 月 3 日，第 165、185、192、196～197 页。

③ 中研院近代史研究所编印《王世杰日记》第 8 册，1970 年 9 月 3 日，第 197 页。

④ 中研院近代史研究所编印《王世杰日记》第 8 册，1971 年 3 月 17 日，第 251 页。

《制宪史》）手稿部分内容的核心。① 雷氏书写日记已逐渐直呼蒋介石名讳，如对"中华民国"退出联合国，雷震以为是"关着门作皇帝的结果"。眼见街上悬挂"国旗"，为蒋祝寿，在日记直书真是"党人不知被逐恨，蒋介石犹要做寿"，市民只敢窃议而不敢公开批评。他也批评"监察院大会"通过吁请蒋介石竞选五任，"看样子，国民党是不预备革新的，现在的社会是要求老人退休，但蒋介石已是八十五岁老人……自己仍不欲退休，其他的老人当亦不欲退休也"。② 雷震有感于时事，就在 1972 年 1 月 10 日上书《救亡图存献议》给蒋介石、张群、严家淦、蒋经国、黄少谷五人，未获接纳。③ 在该建议书中，雷震主张"政府"采取完全责任内阁制，不欲有权者专擅其权，而必须达到"政府"与人民之间权力制衡的目的，显亦有感而发。他在与老友回忆往事时，不禁注意到蒋的统治术是"采取多元主义，某事只交某人办，不给他人知道，下面于是各自为政"，他不肯在下面设"智囊团"，大都是"恐怕有一天要受到胁制或者是尾大不掉"。④ 这类出自他本身之经验观察，即以散乱的方式间杂在日记和其他作品手稿中。

1973 年 5 月 12 日，雷震、王世杰两位老人曾起了一场争执。雷震谈及"政府"控制言论更为严厉，以及台湾地方选举不公，王"责其不应轻听反乎事实的浮言，应清除其因往日曾受委屈仍存的不平心情，不作偏激无当之评论。彼此争论甚久，不欢而散。事后余觉余当时只应和婉纠正，不当以呵责态度与之争辩"。雷则说王以为"似乎我被国民党关了十年，怀恨之心在所不免，因而论事失去公平"。雷认为"这是侮辱我，所以以选举不妥的实例已告"。雷次日并写长信辩白，以为王平日接触国民党要人，"所听尽是颂扬"，"为要表示我所言者系目击，而非耳闻，所以

---

① 傅正主编《雷震全集》第 45 册，1971 年 4 月 9、13、24 日，第 56、58、62 页。
② 傅正主编《雷震全集》第 45 册，1971 年 10 月 27~28 日、11 月 10 日，第 123、126~127 页。
③ 傅正主编《雷震全集》第 45 册，1972 年 1 月 10 日，第 145 页。
④ 傅正主编《雷震全集》第 45 册，1972 年 4 月 10 日，第 187 页。

举例说明，要他不要偏听……"① 换句话是双方各有坚持及立场，但仍为君子之交，雷震依然出席在台"参政会"联谊活动及至王宅贺寿。②

雷震此刻专心写作《制宪史》以弥补军监没收回忆录之憾，在日记透露一些对民国史事的观感，也论及蒋介石个性。如蒋"过于自私"，关了胡汉民，以特务暗杀《申报》总经理史量才，在台湾关了雷震。和陈鼓应、陈少廷、张俊宏、王晓波等人吃晚饭时，也谈及蒋在大陆失败的原因，认为可归纳为：自私、度量狭小。③ 雷震也着墨于蒋介石、胡适在雷震案期间之互动，以夏道平听胡适讲述胡适日记记载对话经过及陈少廷转述徐道邻谈话，指胡"太天真"，并以不去探望以期营救雷震等为例。④ 说明雷震一直对胡适采取维护与辩解态度。这也一并呈现了他对蒋借"匪"为名制造假案逮捕入狱之不满。以雷震个人遭遇言，十年光阴为之蹉跎，有此应对及情绪并不为过。雷震虽曾为国民党党员，亦不以国民党人"神格化"，要求人民一体遵照的"国父"抬头为然。笔者观察，他在日记与《制宪史》通篇均称"孙文"而非早年用过的"总理"，⑤ 更不厌其详地征引孙氏讲词，指出并批评其讲词中依政治需要而产生前后不一致的政治论点。他也批评了"联俄容共"政策，认为是国民党因此在思想上无法和共产主义划清界限之处。这在处处奉孙氏为圭臬的正统人士眼中，自是一番"大逆不道"。但是，这正显示雷震心理已超脱党派立场，求真求实的态度。

1975 年 4 月 5 日蒋介石过世，雷震次日日记载如此：

---

① 傅正主编《雷震全集》第 45 册，1973 年 5 月 12～13 日，第 81～82 页；中研院近代史研究所编印《王世杰日记》第 9 册，1973 年 5 月 12 日，第 173 页。

② 傅正主编《雷震全集》第 46 册，1974 年 2 月 6 日、3 月 8 日，第 214、227 页。

③ 傅正主编《雷震全集》第 46 册，1974 年 1 月 6～7 日、3 月 23 日，第 198～199、234 页。

④ 傅正主编《雷震全集》第 46 册，1972 年 9 月 30 日、1973 年 3 月 23 日，第 157、234 页。

⑤ "总理"之使用，见雷震《南京市党部选举前党员应有之认识》，《时代公论》第 23 号，1932 年 9 月 2 日，第 12 页。在 1960 年代末，"国史馆"馆长兼中国国民党党史会主任黄季陆亦曾查问胡适《竞业旬报》有无"反孙言论"，或可见"反孙"与否之敏感意涵。蒋永敬：《浮生忆往》，台北，近代中国出版社，2002，第 114 页。

今日报载蒋中正于四月五日下午十一时二十分死亡。

今日报头均不用红字，电视停止娱乐节目。完全是一些挽祭的节目，报载停止娱乐一个月，实在太长了。①

他完全不用国民党人"抬头"或空格之做法，② 直呼名讳更外显欲超脱国民党派之心思。4月7日，"今日魏先生说，蒋中正死去的第二日，即昨日，我家四周满布特务"。4月8日，胡学古陪同雷震赴"国父纪念馆"向蒋介石行礼致祭，排队四十分钟，"国父纪念馆布置全用白花，耗钱不少"。③ 蒋介石16日移灵暂厝慈湖当日，则无记载。

两个月后，雷震又在他阅读蒋匀田《中国近代史转折点》连载（次年结集出版）中提及蒋行事作风："蒋介石于六十二年患病，系闻日本和共产党。他的'以德报怨，不要日本赔偿损失'，落得如此结果，他一气之下，就倒下床了。""尤其在抗战初期，重要事找各党派首领会商，惟对'以德报怨'政策，蒋介石则独断独行，未和任何商量。"④ 雷震书写至此，自是要针对政策议论，进而扩张至由个人经验出发产生评价。而在当时有关战时与战后政局的一手史料仍少有公开，扣除自藏国民参政会资料、《国民大会实录》外，只有部分无党派（如王云五）、部分青年党人（陈启天、曾琦、李璜、左舜生）与民社党人（张君劢）之回忆及应时著作，这使得雷震在写作《制宪史》时，出自个人的回忆及判断也显现在分析与论述主轴，如其视国民参政会第一届第四次大会的提案为抗战时期相关宪政运动之起始，就是从宪政运动是以挑战国民党政治秩序所主导，并力图以为支配秩序主轴之五五宪法着眼。笔者以为相关叙述实投射他透过反省抗战经验，陈述个人对蒋介石统治下台湾政局之期望与关注焦点，亦在结束党治、施行宪政、从事政治改革，自有几分借古喻今的意味。1976年，雷震经诊断罹患前列腺癌，展开治疗，日记记载因体力日衰而

---

① 傅正主编《雷震全集》第47册，1975年4月6日，第31页。
② 蒋永敬曾提及写民国史教材未用抬头称呼即遭申斥。蒋永敬：《浮生忆往》，第122页。
③ 傅正主编《雷震全集》第47册，1975年4月7~8日，第31~32页。
④ 傅正主编《雷震全集》第47册，1975年6月5日，第53页。

减少并时有中断，但他仍在意自己写的《我的母亲》无法在台湾发行一事，在日记中写下这样一段话：

> 蒋经国天天说台湾是开放的社会，人权有保障，言论有自由，但我不能发表我写的东西，完全说假话，真是狗彘之不如也。[①]

1977 年 9 月 7 日，雷震写下一段话，也成为其日记最后的话语：

> 今日起开始写年谱，这是友人一再劝我写，我实在不愿意写。[②]

雷震挂念的《我的母亲》，则透过人权工作者陈菊（时为郭雨新秘书）等人协助将复写手稿运出海外，由香港七十年代杂志社于 1978 年发行。1979 年 3 月 7 日，雷震逝世。

结　论

从前述雷震在日记中书写及评析蒋介石的文字，已可知是随着雷震见闻、亲身经历与地位角色差异而有所不同。在雷震在中央政府地位逐步爬升时，他对于政府施政有其信心，对党政军领袖也展现高度支持与信赖态度，其描述趋于正面及肯定。

1949 年底，国民党丧失中国大陆领土治权后，雷震在台开办《自由中国》，以团结港台自由人士支持蒋介石"反共"为目标，在维护蒋介石形象考虑之下，的确让刊物文字比起香港第三势力之抨击显得温和，但雷震逐步意识到在维护国家存在大前提下，"拥蒋"已非最优先与唯一选项。一旦国民党与自由主义者合作以民主方式改革国民党未能告成之时，就将导致雷震对蒋介石观察与描述，虽仍保有尊敬肯定其领袖之尊严，却

---

① 傅正主编《雷震全集》第 47 册，1977 年 9 月 3 日，第 136 页。
② 傅正主编《雷震全集》第 47 册，1977 年 9 月 7 日，第 137 页。

也就事论事予以批评。

1957 年初，《自由中国》遭到来自军方政战单位及党宣传单位之抨击，加以台北爆发反美事件，雷震思考改革现实政治问题更优先于维护蒋介石最高统治权力、领袖地位。如从日记所载，1958 年 3 月，雷震已逐步向外间宣示蒋介石未能尊重并听从不同意见，执行政治改革，已有独裁态势，必须有所努力以行调整。与雷震有互动之国民党人亦已知雷震不可能接受国民党方所提出的底线"蒋中正、国民党、既定国策（宪法实属附带提出）均不可评"，雷震与国民党、蒋介石之分歧已显。但雷震日记文字仍对蒋介石保持基本尊重，不以恶言为之，蒋介石至迟在 1960 年日记已称雷震为雷"逆"或"叛徒"，双方态度与立场判然可分。蒋介石也从 7 月中旬起陆续密集关注雷震逮捕工作之筹备，思虑何时逮捕，最后拍板定案。逮捕之后，从起诉到判决，他也关注事件发展，并予以指示及决定，借以彰显领袖之至高权威不容他人质疑与挑战。

雷震于十年刑期期满出狱后，集中心力重写回忆录。在《雷震日记》中已直呼蒋介石名讳，并就其历史往事及行事予以批评。但毕竟有过长官部属关系，因此蒋介石过世时雷震仍到场吊祭且签名。这种注重酬酢往来之行事方式也就是殷海光称之为"老国民党人"的理由之一。也就是这样的人留下其亲身经历并传承予后辈，从而使得后人对于现实政治与历史有更清楚的认识。

日记与民国史研究

关于民国人物研究的几个问题

——以蒋介石生平思想研究状况为例

杨奎松[*]

内容提要 当下民国人物研究具有相当不错的条件，蒋介石生平思想研究尤具代表性。但是，今人要想读到一部好的民国人物传记，包括蒋传，依旧十分不易。历史人物传记从来有各种不同的写法和类型，既无可能，也无必要强求一致。问题是，对于打算从事人物传记研究的专业历史研究学者来说，用学术标准来要求自己，恐怕还是一项最基本的专业性要求。所谓学术标准，其实就是在写作中切实从研究出发，时时处处注意到前人的研究成果，并坚持与已有研究保持对话。

关键词 民国 人物研究 学术标准 蒋介石

历史人物的生平思想研究，或曰历史人物传记研究，无论在中国还是在世界，都有着十分悠久的历史，并产生了多种多样的写作方法和作品形式。随着近几十年实行档案开放制度的国家越来越多，再加上工业社会以来人类书写、印刷、出版、报刊等信息记述和传播方式的广泛普及，私人保存下来的文献史料也越来越多。这些资料的大批涌现，不可避免地引发了关于近代以来各种历史研究，包括人物史研究的热潮。在中文世界范围内，近几十年资料发现、发掘、披露和出版最多的，就是民国以来的各种

---

[*] 华东师范大学历史系教授。

公私史料了。民国人物研究热，也因此变得一发不可收。自然，由此出现的问题，也颇值得重视。本文在此仅尝试着对这方面的情况和问题略做一些说明和讨论。

一 新史料

自 1990 年代迄今二十多年，民国人物①研究很热。除了因时过境迁，政治敏感度降低，政治禁忌较过去少了不少外，一个重要原因，是国人发现、发掘、整理、开放并出版了许多新史料。这里首先值得提到的，是美国哥伦比亚大学珍本和手稿图书馆、斯坦福大学胡佛研究所、哈佛燕京图书馆的收藏。像蒋介石、蒋经国、张学良、胡汉民、宋子文、孔祥熙、李宗仁、顾维钧、蒋廷黻、颜惠庆、张歆海、黄郛、陈光甫、熊式辉、毛炳文、赵恒惕、吴稚晖、李璜、张君劢、梅贻琦、曾昭抡、金问泗、胡世泽、何其采、黄仁霖、彭述之、陈洁如等人的日记、函电、手稿及文件，陈公博、王正廷、张嘉璈、陈启天等人的自传手稿，顾维钧、蒋廷黻、王正廷、张学良、李宗仁、孔祥熙、陈立夫、陈果夫、张发奎、李汉魂、陈光甫、沈亦云、何廉、吴国桢、张嘉璈、胡适、李璜、左舜生、李书华、蔡增基、刘瑞恒、陈公博、陈启天等数十人的口述史料等，大都是 90 年代以来两岸学人才得以开始系统利用到的。

除美国外，对于民国人物史料的开放与出版，台湾方面近二十多年也做了许多重要的工作。90 年代后半期，台北"国史馆"就陆续对研究者开放了《蒋中正总统档案》，内含日记、筹笔、文献、文电 9 大类 4200 册 27 万余件。2003 年起，除重新修订出版《蒋中正先生年谱长编》外，"国史馆"还陆续出版了《蒋中正总统档案：事略稿本》（82 册）、《阎锡山档案：要电录存》（10 册）和陈诚档案（含日记 3 册、回忆 7 册、书信

---

① 所谓"民国人物"，在这里不过是指那些曾在民国年间产生过较大影响的人物，但他们同时也可能是晚清人物或共和国人物。

6 册、史料 11 册），以及胡宗南和吉星文的日记（各两册）。台北中研院近代史研究所档案馆、"国防部史政局"还分别藏有朱家骅、徐永昌、刘峙、居正、谭延闿、王世杰、王叔铭、李国鼎和顾祝同等人的专档。自 1980 年代以来，中研院近代史研究所更出版了包括众多民国名人在内的口述史料近百部之多。自 1990 年代以来，中研院近代史研究所以及台湾民间出版社还影印或铅印出版了徐永昌、王世杰、王子壮、丁治磐、林献堂、傅秉常、胡适、孙连仲、何成濬、万耀煌、王仲廉、李品仙等数量可观的日记、回忆及年谱长编等。

对于民国人物史料的开放，大陆档案管理部门这二十多年一般控制较严，但对北京政府时期和源自国外的个人档案相对放得宽一点。因此也就出版了一些成套的民国重要人物的个人档案集或文献史料集。如"北洋军阀史料"（含袁世凯 2 册、黎元洪 14 册、徐世昌 9 册、吴景濂 8 册）、《辽宁省档案馆珍藏张学良档案》（10 册）、《胡汉民未刊往来函电稿》（15 册）、《冯玉祥军事要电汇编》（2 册）、《吴佩孚档案资料选编》等。

与政府部门保存的档案文献比较起来，民国人物日记对外开放和出版的限制相对少得多，因而自 80 年代中期以后至今，民国时期各类人物的日记已经发表或出版的就有数百种之多。人们知道较多的有宋教仁、杨度、郑孝胥、张耀曾、谭人凤、居正、谢持、吴稚晖、邵元冲、冯玉祥、白坚武、胡景翼、周佛海、沈焕昌、唐纵、陈克文、颜惠庆、蒋作宾、傅秉常、黄炎培、曾琦、鲁迅、周作人、郁达夫、徐志摩、蔡元培、竺可桢、梅贻琦、经亨颐、吴虞、杨昌济、钱玄同、张元济、梁漱溟、陶行知、吴梅、许寿裳、叶圣陶、邓之诚、金毓黻、朱希祖、朱自清、吴宓、马衡、陈克文、潘光旦、唐君毅、夏济安、郑振铎、季羡林、丰子恺、吴湖帆、余绍宋、徐兆玮、刘大鹏等人的日记，都有发表或出版。其中有些多达 120 册，数百万字，如徐世昌（24 册）、竺可桢（24 册）、吴宓（20 册）、黄炎培（16 册）、顾颉刚（12 册）、金毓黻（10 册）、夏鼐（10 册）等即是。

除了个人档案和日记外，各方家极尽所能搜集文献史料编纂而成的历史人物的"文集""全集",特别是"年谱长编"之类,有时候提供的信息,更为系统周详。即使有良莠不齐的情况,但对有较好史学训练的研究者来说,这些资料的利用价值往往还是很高。在这方面,两岸学界都做了不少工作,如孙中山、蒋中正、孙连仲、蔡元培、张元济、胡适之、王国维、陈寅恪、鲁迅、李大钊、闻一多、郁达夫、冯友兰、邹韬奋、陶行知、张伯苓、叶圣陶、郭沫若、丁玲、穆藕初,以及毛泽东、周恩来、刘少奇、朱德、任弼时等,都有相当详尽的年谱长编,甚至还有分类年谱之类。其他像本人、亲朋以及时人所写的回忆、侧记等可称为二手史料,但又是档案史料研究不可或缺的重要补充的各类文字,发表、出版的数量虽因人而异,但也十分可观。

这里还值得提到个别工具书的作用。如傅德华等编撰的 4 卷本《二十世纪中国人物传记资料索引》一书,收录人物 4.8 万,传记资料 20 余万条,辑录了 2000 年以前 1500 余种报刊和 2800 余种论文集上涉及人物史的研究信息。其中辑录了 19 种档案类刊物上 740 余篇目,多为电文、函稿、自述、履历、日记、回忆资料,涉及人物 484 人。此书收录资料研究信息虽仅截止于 2000 年,但作为一种工具书,对从事民国人物研究无疑还是有助益的。①

另外,可以当作工具书来运用的这类人物传记资料,还有台北"国史馆"编撰的《近代华人生卒简历表》与《民国人物传记史料汇编》,中国国家图书馆主持编撰的《地方志人物传记资料丛刊》(人名索引)②,以及中国第二历史档案馆编的《中华民国时期军政职官志》《民国职官年表》《民国人物别号索引》《民国人物大辞典》,国家图书馆出版社数字出版部与北京大学数据分析研究中心联合研制的"中国历史人物传记文献数据库",甚至像虞坤林著《二十世纪日记知见录》③ 等,都可做民国人

---

① 傅德华等编《二十世纪中国人物传记资料索引》,上海辞书出版社,2010。
② 国家图书馆编《地方志人物传记资料丛刊》,北京图书馆出版社,2001~2015,西北卷,2001;东北卷,2001;华北卷,2007;华东卷,2007;西南卷,2015。同时并出版有东北、华北、西北等各卷人名索引。
③ 虞坤林:《二十世纪日记知见录》,国家图书馆出版社,2014。

物资料信息的查找检索之用。

当然，无论什么时期和哪个方面的历史人物研究，都离不开与其生平思想相关的社会的、政治的、文化的、教育的、党派团体组织的，以及其他与传主所从事行业密不可分的历史背景资料。而近二三十年来，民国时期这类档案文献资料的开放、出版和披露，更是层出不穷，至今已有浩如烟海之势，颇为壮观。再加上此前出版及发表的各种相关文献史料，如今进行任何方面的民国人物研究，相信多半能获得较为充实的史料支撑。这也是近些年来民国人物研究颇有蒸蒸日上的发展势头的一个重要原因。

二 新进展

近二三十年呈井喷状的史料发现、发表、出版和利用，自然会带来新的研究成果的强劲涌现。只不过，这种表现之强劲，除了研究史料井喷外，还有近二十年来国人研究视角发生变化的原因在起作用。

以两岸学界为例，直到改革开放初期，所谓"民国人物"研究，多半沿袭着司马迁《史记》的写法，将研究对象定位在帝王、世家、人臣的范围内。由于在很长时期里统治者高度重视政治、军事、外交问题，这类历史记述也就更多指向党政军外交方面的精英人物。进入 90 年代以来，大陆改革开放、台湾开放党禁，以及国际冷战时代宣告结束，直接使得社会中人对传统政治及其"伟人"的关注度降低。再加上西方学界人类学、社会学等新的研究方法的日渐兴盛，传统史学的研究视角和方法发生改变，两相作用，两岸史学界政治史、军事史、外交史研究热自然日渐降温，社会史、文化史、生活史、性别史、医疗史、身体史以及知识分子研究逐渐兴起。而在此期间两岸政治领袖几度代际更迭后，列入官修部门立传的人选越来越多，大批非官方学者，包括相当多民国故人的家属子女，亦纷纷加入到人物传记的写作中来，所有这些都将民国人物史研究范围扩展到了社会阶层的方方面面，不仅过去一些名不见经传的企业家、商人、中小知识分子被纳入进来，就连民国时期个别农民都有人在研究了。[①]

　　值得注意的是，研究范围、对象和总量的增加，包括眼光向下的扩展，并不就意味着传统的研究热点和研究趋向因此发生根本性的改变。毕竟，历史人物研究不同于一般意义上的人类学、社会学研究。人物研究主要是建立在个人史料基础上的，如果精英人物研究的史料都存在很大的局限性，研究非精英人物的困难就更不必说了。非精英人物，包括那些可能属于精英阶层，但非公众性人物者，数量虽多，其单个人物可供研究的史料却极其有限。这也就使得研究者的这类研究往往难于持续和扩展开来，往往只是"一锤子买卖"。纵观西方人物史研究，也是一样的情况。以阿历克斯·哈利的《根》，汤亭亭的《女勇士》和《中国佬》，以及张戎的《鸿：三代中国女人的故事》等为例，就可以看出，着眼于小人物及其家族历史的作品，个别的可以写得很成功，但这样的写作却大都是当事人或其子女才有资格进行的，他研究者很难参与进来。在过去十多年里，大陆曾经出现过知识分子研究热，不少历史系的学生和青年学者自认为啃不动那些前人已经研究很多的民国年间的大知识分子，因而转去发掘并研究了不少缺少知名度的民国知识分子，而这几年就已经很少再能看到这类研究了，其原因也在于此。

　　由此可知，民国人物史研究固然会像整个民国史研究一样将视界扩展到民国社会的方方面面，一时会较多地注重社会层面的研究和小人物的研究，但长远看问题，政治、文化、经济、社会等方面精英人物，特别是公众人物的研究，依旧会占据主流的和醒目的地位。根据最近一二十年研究进展的情况可知，即使在相关研究已经呈现饱和现象的情况下，任何新史料的出现和新方法的运用，都可以带来新的历史叙事，推动新一波的考证与讨论的展开。民国时期知名度越高的人

[①]　如朱鸿召《吴满有：一个延安农民的天上人间》，《档案春秋》2011年第6期；朱鸿召：《吴满有的两段人生》，《炎黄春秋》2011年第6期；岳谦厚、张基辉：《中共重构下的晋西北乡村领地——以张初元模式为例的个案研究》，《中共党史研究》2007年第6期；等等。

物，留下来的各种资料的数量也就越大，其生平思想的争议性也就越多，新资料和新议题的发现往往层出不穷，反而不大会受研究饱和的影响。以下仅举出知网上的几则人物研究数据，即可看出这一情况（见表 1）。

表 1　以民国人物人名为题的文章年代平均数统计

单位：篇

	1980～ 1989 年	1990～ 1999 年	2000～ 2009 年	2010～ 2015 年	新资料发现和出版情况
孙中山	约 112	204	337	约 484	80 年代中后期陆续出版了孙中山全集及其续编补编等
蒋介石	约 13	约 83	162	267	90 年代中期台湾蒋档开放,2006 年美国胡佛研究所蒋日记手稿开放
张学良	约 9	44	约 85	83	2002～2009 年美国哥伦比亚大学及中国大陆陆续开放并出版了张学良口述资料及年谱资料
阎锡山	3	约 18	26	19	90 年代末至 2010 年两岸陆续开放并部分出版了阎锡山的文电档案和日记
李宗仁	约 4	约 12	16	21	
汪精卫	约 4	10	18	约 15	
胡适	约 18	81	213	315	1984、1985、1990、1994、2001、2003、2005 年胡适年谱长编、日记及未刊书信、遗稿陆续出版
鲁迅	448	480	1159	1607	
周作人	约 17	33	98	131	1981～2011 年大陆出版周作人各种文集,包括书信集 211 种
陶行知	44	78	230	506	2005 年出版陶行知全集(含日记)
邓之诚	2	9	13	20	2007 年日记影印出版
陈衡哲	4	15	53	54	
吴满有		2	7	18	

表 1 统计的文章类别较杂，含硕博士学位论文、学术论文，也包括报刊上各种类型的文字。但它们所展示的研究及社会关注的热度和趋势基本上是一致的。即自从大陆基本开放民国史研究以来，民国精英人物的研究总体上一直保持着上升的趋势。过去在大陆关注度就较高的人物，如孙中

在日记中找寻历史

山、鲁迅、陶行知等，如今关注度多半不减反升；过去因政治上敏感，鲜有研究的人物，如阎锡山、汪精卫等，虽因照样研究者少，文章数却也一样在增多。而特别值得注意的，一是非精英人物的介绍研究 2000 年后虽有增长，但数量极其有限，越是底层的人物，资料越少，越少有真正的研究成果出现，如所列吴满有的文章多半属于介绍性质；二是精英人物研究成果数量的增长并不因史料发现多就一定有突飞猛进的情况。比如，近 20 年来涉及蒋介石研究的新史料披露较多，自 90 年代以来，大陆学界对蒋的研究也一直保持着较高热度，但从文章发表数量看，这 20 年来其增长幅度与并无大量新史料发现的其他人物的文章增长幅度相比，也并无明显的不同。

有关这种情况我们还可以拿蒋介石的传记研究的发展状况略做对照。

在 1980 年代两岸开放或解禁前，记述蒋生平最系统的一部蒋介石传记，多半就是日本产经新闻记者古屋奎二于 1974 年开始连载，1978 年被译成中文在台湾出版的《蒋总统秘录》了。由于台湾当局需要这样一本书，对古屋奎二开放了当时还严格保密的"大溪档案"的部分内容，从而使得这本书在那个年代里变得颇具史料价值。10 年后，大陆改革开放，因始终没有一本蒋的生平传记，该书也就此得以在 1988 年被湖南人民出版社引进发行过一段时间。

这之后，虽然先后有大陆学者杨树标、王俯民、严如平、张宪文，包括海外的黄仁宇、李敖和汪荣祖等编写出版过蒋介石传记[1]，但除了在历史评判和史实解读上不同于台湾官方学者以及古屋奎二等人外，这一批传记在史料发掘、占有和利用方面，都没有能够跟上台湾方面开放档案的速度，以至于史实研究上落后很多。

台湾当局还在 90 年代中期就陆续开始对外开放蒋介石"大溪档案"

---

[1]　杨树标：《蒋介石传》，团结出版社，1989；王俯民：《蒋介石传》，经济日报出版社，1989；严如平、郑则民：《蒋介石传稿》，中华书局，1993；罗时叙：《祈祷的王朝：1926～1949 年蒋介石政治生涯》，四川人民出版社，1996；黄仁宇：《从大历史的角度读蒋介石日记》，台北，时报文化企业公司，1994；李敖、汪荣祖：《蒋介石评传》，中国友谊出版公司，2000。

（又称"蒋中正总统档案"）了。1996年之后，不少大陆学者陆续开始前往台北查阅和搜集这方面的资料。但是，人物生平思想传记研究不同于事件等专题性研究，需要较长时间的研究积累，故这之后差不多经过了十多年的时间，两岸学者在蒋介石研究上的推进，多半还只是集中在专题上。这一阶段虽然仍有几部蒋的传记出版，但因基础史料研究跟不上，价值不高，很少引起学界和社会的重视。①

已知自2010～2015年在大陆以外发表的以蒋介石为题的研究文章，已超过250篇，②连同中国大陆发表的研究论文，其数量已超过500篇。如此集中且大量的研究，足以反映蒋生平思想研究的进展之快。在这种情况下蒋介石传记研究相对滞后，相信主要是两个因素在起作用：一是自台北蒋档开放以来，研究者尚未研究消化，蒋日记手稿又接着开放了。且这一波开放因受到日记手稿整理进度影响，直到2012年才全部推出，这就不可避免地影响影响了研究者的研究进度。二是无论台北蒋档，还是美国蒋日记手稿，都只能手抄，不能复制，光是面对至少十几万件非过目不可的"大溪档案"和长达50多年的日记，要想在短时间内将蒋的生平思想研究贯通下来，更是很少可能的事情。在这方面，杨天石的研究推进情况就很能说明问题。

杨是最早开始去台湾查阅"大溪档案"的大陆研究者之一，也是最早前往美国斯坦福大学胡佛研究所查阅蒋介石日记手稿的大陆研究者之一。其研究特长，从来就是注重对新发现的档案史料做介绍和解读。他1987年即首发涉蒋论文，1996年最早赴台北查阅"大溪档案"和国民党党史馆档案，然而，直到2000年，其前后发表直接与蒋生平思想有关的

---

① 如李理等《一世枭雄蒋介石》，金城出版社，2004年；李敖：《蒋介石评传》，中国友谊出版公司，2004；何虎生：《蒋介石传》，华文出版社，2005；刘红：《蒋介石大传》，团结出版社，2006；方永刚：《蒋介石：从溪口到慈湖》，华文出版社，2007；程舒伟等：《蒋介石秘史》，团结出版社，2007；陈廷一：《乱世枭雄：蒋介石》，东方出版社，2008；等等。

② 据"中正纪念堂管理处"所办"蒋中正研究学术专网"统计，2010～2014年台港澳三地期刊发表以蒋为题的研究论文在190篇左右，加上2015年的文章数及2010年以来两岸出版的以蒋为题的数种论文集，总篇数当超过250篇。

论文 10 篇左右，却没有一篇利用到"大溪档案"。① 杨第一篇基于"大溪档案"研究蒋介石的文章，发表于 2001 年。② 在 2006 年首度赴美查阅蒋介石日记手稿之前，他仅利用台湾藏档发表过 5 篇有关蒋介石生平史实问题的研究文章。③ 直至 2008 年出版《找寻真实的蒋介石——蒋介石日记解读》④ 一书，杨才开始比较系统地运用前期查阅到的"大溪档案"等台湾史料，结合分步开放的蒋介石日记手稿，接连发表了多篇"蒋介石日记解读"的文章。⑤ 但迄今为止，他也仅仅辑成了两本论文集，其中部分文章还是旧文（多经补充修订）。照此情况看，尽管杨是大陆专业研究者中最先全部阅读并考察过蒋日记手稿中所述史实的人，但他纵然要想拿出一部比较成熟的蒋生平传记来，似乎也还需要再过相当一段时间的研究和沉淀才有可能。

① 杨天石：《蒋介石刺杀陶成章的自白》，《近代史研究》1987 年第 4 期；《"中山舰事件"之谜》，《历史研究》1988 年第 2 期；《蒋介石与北伐时期的江西战场》，《中共党史研究》1989 年第 5 期；《抗战前期日本"民间人士"和蒋介石集团的秘密谈判》，《历史研究》1990 年第 1 期；《北伐时期左派力量同蒋介石斗争的几个重要回合》，《中共党史研究》1990 年第 1 期；《蒋孔关系探微——读孔祥熙致蒋介石书》，《民国档案》1992 年第 4 期；《济南交涉与蒋介石对日妥协的开端——读黄郛档之一》，《近代史研究》1993 年第 1 期；《蒋介石与前期北伐战争的战略策略》，《历史研究》1995 年第 2 期；《蒋介石与韩国独立运动》，《抗日战争研究》第 4 期；《"约法"之争与蒋介石软禁胡汉民事件》，《中国社会科学》2000 年第 1 期；等等。
② 杨天石：《卢沟桥事变前蒋介石的对日谋略——以蒋氏日记为中心所做的考察》，《近代史研究》2001 年第 2 期。
③ 另外 4 篇分别为杨天石《九一八后的蒋似是而非一生一世——读蒋介石未刊日记》，《蒋氏秘档与蒋介石真相》，社会科学文献出版社，2002，第 350~369 页；《宋明道学与蒋介石早年修身——读蒋介石未刊日记》，《上海档案》2002 年第 5 期；《蒋介石与 1937 年的淞沪、南京之战》，《学术探索》2005 年第 2 期；《蒋介石对孔祥熙谋和活动的阻遏——抗战期间中日关系研究之二》，《历史研究》2006 年第 5 期。
④ 杨天石：《找寻真实的蒋介石——蒋介石日记解读》，山西人民出版社，2008。
⑤ 2010 年以后杨的文章多发在台湾，且数量似不如过去多。发在台湾期刊上的文章有：《抗战期间中德关系的惊天秘密——蒋介石策动德国军队推翻希特勒》，《传记文学》第 574 期，2010 年 3 月；《蒋介石企图策动"德国军队倒戈"的事实应该得到承认——敬答汪荣祖教授》，《传记文学》第 577 期，2010 年 6 月；《蒋介石收复新疆主权的努力——蒋介石日记解读》，《传记文学》第 609 期，2013 年 2 月；《蒋介石何以拒绝在〈延安协议〉上签字——罗斯福派赫尔利调停国共经过》，《传记文学》第 616~617 期，2013 年 10 月；等等。

三　新视角

在最近十多二十年，近代人物日记的发现、发掘、披露及出版势头甚猛，直接影响了晚清民国人物研究者研究视角的变化。依据中国知网不完全统计，80 年代以人物日记为基本研究题材的文章年均数约 60 篇；90 年代中期数量猛增，10 年平均下来年均近 150 篇，较前增长 1 倍有多，若以 1996 年以后每年 200，直升至 300 篇算，较 90 年代初以前年均不足百篇的情况，已是两三倍的增长了。然而，2000～2009 年 10 年间的增长更猛，年均已达到 900 篇有余；2010～2015 年则又增 3 成左右，年均已近 1200 篇了。这中间，蒋介石日记研究增长的趋势亦大体相同。也据知网，80 年代以蒋日记为研究题材的文章数为 0，90 年代因南京第二历史档案馆先后出版了《蒋介石年谱初稿》① 并刊布《蒋介石日记类钞》②，开始出现零星的以蒋日记研究为标题的论文，年均不足一篇，此一情况一直延续到 2005 年。但随着 2006 年蒋日记手稿开放，从当年开始至 2009 年，年均已达 17 篇。接下来 2010～2015 年，年均则达到 19 篇，目前还有增长的趋势。

人物日记研究对历史人物生平思想及传记研究究竟能起怎样的作用，从来都是存在争议的。这一方面是因为研究者对日记内容所反映的种种信息真实度的判断不尽相同，故重视及运用程度不同；另一方面也和历史人物日记的完整与否，以及记述内容对历史研究价值大小等因素有关。因为许多人的日记时断时续，留下来可用的内容甚少，多数人如鲁迅、张元济、许宝蘅等，主要是记一点每天自己和迎来送往的"流水账"；有些人如胡适，每到关键时期，日记就避实就虚，语焉不详；还有个别人如阎锡山等，日记主要只记一点关于道德伦理的点滴心得，连每日所做之事都很少记。同时记日记者年龄、身份、地位等条件的变化，也会影响其心理和

---

① 万仁元、方庆秋编，毛思诚撰稿《蒋介石年谱初稿》，中国档案出版社，1992。
② 《蒋介石日记类钞》（一——四），《民国档案》1998 年第 4 期，1999 年第 1、2、4 期。

目的，进而影响到日记文本的可信度和价值。①

当然，无论从何种角度，与中华民国史几乎是一同起伏跌宕的民国政治领袖蒋介石的日记，其史料价值无论如何都是比较高的。更何况其日记不仅 56 年基本连贯、完整，而且不仅记事，也记所思所想。其日记固然也会因心怀圣贤志，记什么不记什么会加选择，怎样记怎样言也会小心处置，地位变化后时不时还会反复修订并编为经典，以留后人观摩学习。但是，蒋毕竟不同于一般知识分子，或只是短暂左右过中国政治的政客军阀，其一举一动、一言一行，都可能造成重要的历史影响，因而对其言行由来及目的意图的考察研究，对于还原历史真相，每每具有重要意义。而蒋的日记，又并非如鲁迅、胡适、阎锡山者，生怕被后人用来贬损自身形象。蒋日记之不同在于，一方面，坚持"修身"与"灵修"的双重努力是成圣贤的关键所在，② 因此他必须勇于正视自身问题，时常点醒敲打自己，以实现"立德""立功""立言"的不朽事业；另一方面因性格急躁孤傲，他常常容易发怒，缺少宽容之心，不善冷静处事，因而不仅会在人前动怒发火，在日记里更是容易不加掩饰地发泄对人、对事、对敌、对友的愤怒不满之情。当然，对自己言行思想的某些不当之处，包括对部属动粗、发火，冷静之后也能直言不讳地承认错误。因此，蒋日记手稿的价值，对于蒋介石生平思想研究的重要性，确是不言而喻的。

自 2006 年美国斯坦福大学胡佛研究所对公众开放蒋日记手稿以来，我们可以清楚地注意到，国人对日记的关注出现过两拨热潮。最初研究者的关注无疑还较多地集中在传统的政治、外交、军事方面，尝试着从中找到新的隐秘故事；③ 但很快，不少研究者开始注意到，蒋日记手稿的研究，很难带来

---

① 可参见罗志田《科举制的废除与四民社会的解体——一个内地乡绅眼中的近代社会变迁》，《清华学报》（新竹）第 25 卷第 4 期，1995 年 12 月。

② 黄克武：《修身与治国：蒋介石的省克生活》，《杭州师范大学学报》（社会科学版）2013 年第 2 期。

③ 如杨天石《蒋氏秘档与蒋介石真相》；杨天石：《找寻真实的蒋介石——蒋介石日记解读》；吕芳上主编《蒋介石与民国政治》，台北，中正纪念堂管理处，2009；吕芳上主编《蒋介石与民国史研究》，台北，世界大同出版社，2010；黄自进、潘光哲主编《蒋介石与现代中国的形塑》，台北，中研院近代史研究所，2013；等等。

改写中国近现代历史的可能，相反，如何从这样一部几乎连续记录了 56 年中国一代统治者成长及挫败经历的日记中，了解并发现传统中国社会文化在与西方政治文化碰撞和交融中，对中国政治人物的影响和作用情况，理当更具价值和意义。多半正是出于这样一种考量，我们发现，两岸学者对蒋日记手稿研究的侧重，明显地又偏向了文化、生活方面，不少研究者开始关注到蒋介石兼具中国儒学和西方基督教双重信徒色彩的这一特色，并因此高度重视起蒋的教育、训练、读书、性爱、婚恋情感、家庭观念，乃至于蒋本人的穿衣着装、卫生医疗、作息时间等日常生活方式和生活习惯问题来了。[①]

个人情感经历、生活观念以及生活方式的研究，对于一个曾经的大国的统治者生平思想的研究，真的有那么重要吗？澳大利亚罗斯·特里尔曾经讲过他的一段经历。他于 2006 年时为中文版《毛泽东传》写序时说：1980 年我出版《毛泽东传》后，因为太多关注毛的个性和个人事务，诸如关于毛的心理，毛对信仰、对死亡、对他自已孤独的极度痛苦，以及其他生活方面情节的揭示，而受到很多西方学者的批评。"然而，近十年以来，在中国和海外相当数量的严肃著作中，在中国国内和国外，毛泽东的私人生活细节占据了中心舞台。"[②]

这件事清楚地说明，至少在 1990 年以前，西方学界对在政治人物生平思想研究中过于关注私人生活、情感之类的情况，还多持反对态度，但 1990 年代中期以后，这种情况已经发生了根本性的转变。关注和考察历史上的政治人物个人的生活、情感及其心理等，已经成为历史人物研究中不可或缺的重要内容了。之所以非如此不可，或许可以用得上陈铁健所说的一句话，即历史研究者理当尽可能把历史中那些非神即鬼，长期被概念化、符号化的人物，"还原为一个有血有肉的普通人"。[③] 无论基于当代价

---

① 王奇生等：《蒋介石的亲情、爱情与友情》，台北，时代文化出版有限公司，2011；汪朝光等：《蒋介石的人际网络》，社会科学文献出版社，2011；汪朝光等：《天下得失：蒋介石的人生》，山西人民出版社，2012；罗敏等：《蒋介石的日常生活》，社会科学文献出版社，2015。

② 《中文版序》，罗斯·特里尔：《毛泽东传》，胡为雄等译，中国人民大学出版社，2006，第 10 页。

③ 陈铁健：《往事风雨堪评说》，《北京晨报》2012 年 12 月 9 日，第 A22 版。

在日记中找寻历史

值观我们有多喜欢或不喜欢我们的研究对象，都理当像理解身边那些熟悉的人一样努力去理解他们。

这就像史景迁在评论陶涵那本《蒋介石与现代中国的奋斗》一书时所说到的，他一点也不赞同陶涵给予蒋的政治评价，但他依旧很信服陶涵对蒋的描述，因为在他看来，那才是一个"完整的人"。这种信服感恰恰来自一些看起来微不足道，却显示着"传主的人性光芒"的很私人化的细节。如"蒋介石多年以来一直饱受尿道疾病之苦。到1960年，这种疾病已经严重到让蒋介石接受劝说，同意让一个从冲绳来的美军泌尿科医生为他做手术。手术并不成功，蒋介石决定再次尝试——这次是位更著名的外科医生，后者在纽约开业，专程飞到台湾为蒋介石做手术。这次一效果更好，不过却让蒋介石在其余生中都经受小便失禁的折磨"。"因为这个原因，让蒋介石保持着一个习惯，那就是在所有会议结束之后坐在原地不动，直到他助手之外的所有人已经离开。"史景迁写道："这幅景象既平淡无奇又具有一种奇特的感染力。平淡无奇是因为这个细节如此平常，它也许会是许多人人生记录中的一个小偏差。不过，如果病人是一位大帅，某种特别的惨痛就很明显了：这个人曾经历北伐和西安事变的生死关头，他曾梦想击溃日本人、压倒共产党，并将中国永远嵌在世界强国的版图中；他曾梦想反攻大陆，最后他曾梦想使台湾成为美好世界的一个小小的模型。可他只能静静地坐在一滩潮湿之中，等待着每次公务会议结束。年复一年，这个场景一再重演。"①

让传记中的历史人物变得"有血有肉"，根本上就是要把他们还原成"完整的人"。这样做的目的有两个，一是我们所经历、所研究的历史，本来就是一个个具体的人活动和思想相互作用的历史，具体的人与人有再多不同，人性的本质、生老病死的过程都是相似并相通的，因而对任何一个具体的个人都是可以从人性的视角去理解、考察和进行研究的。二是只有基于人性的视角，把历史中人还原为我们所能理解的具体的人，今人才可能根据自身可以理解的共通的人性特质，来理解历史中人所作所为的种种原因、理由，以及他们所处时代条件带给他们的历史局限性，并因此让

---

① 史景迁：《蒋介石之谜》，《东方历史评论》2013年第1期。

自己活得更明白一些，也变得更聪明一些。

基于人性视角来理解并研究历史，是当今史学研究发展的一个重要趋向。也正是这一人性视角，使得当今的历史人物生平思想研究变得更加重视包括日记在内的种种私人史料，更关注传主个人生活、性格、情感、心理等种种看似属于私生活范围的问题。赵世瑜说得好，政治人物也是人，尤其是对于一个影响了历史的政治人物来说，我们就非得去了解其个人性格、心态以及形成其成年性格、心态的他的童年、家庭、婚姻情况不可，非得去研究他的童年、老年及心理不可。① 毫无疑问，政治历史人物的研究，离不开档案文献，但用来发现不同人物的不同特点，日记、回忆等直接或间接史料有时往往能够起到比一般著述文章和档案文献更重要，也更直观的作用。因为，仅靠著述文章、档案文献，研究者通常很难像我们理解身边那些熟悉的普通人那样，人性化地理解一个历史人物的成长经过及其个性与环境之间可能的碰撞，更不易体察其所言所行"不得不如是之苦心孤诣"，结果也就很难做到使我们的人物研究最大程度地接近于历史真实。

四　新标准

值得注意的是，迄今为止，中文界有关蒋介石生平思想的传记作品，大都还建立在台湾蒋档及美国胡佛研究所蒋介石日记手稿全面公开之前的资料基础上。今天写蒋传必须要阅读和研究的蒋日记手稿全部开放至今也不过六七年时间，虽然有些写过蒋传的研究者已着手根据部分的阅读和零星的研究，对过去的作品做了一些修订和增补，但他们中真能够系统地读完这些日记的人还难得见到。事实上，今天要写蒋传，只利用蒋日记手稿还远远不够。仅台湾前"大溪档案"以及党史馆档案中就还有大量与蒋生平思想关系密切的史料，另外像近年陆续出版出来的陈诚日记档案、胡宗南日记档案等，许多也是写蒋生平思想不得不读的新史料。要系统地并

---

① 赵世瑜：《历史人物传记应该怎样写——〈乾隆皇帝全传〉读后》，《历史研究》1996年第3期。

综合这些史料来参照着做研究，对于任何人来说都是一件需要耗费大量时间和精力的事情。而现在的情况是，蒋日记手稿的开放，促使研究者必须先要对蒋作为一个"完整的人"有更全面、更深入的了解与把握，结果使人们把相当多的精力和时间放在了最基础部分的关于蒋个人生活和精神的层面的研究上来了，形成了大量碎片化，却极具启发性的研究成果。面对这样一种研究越来越深入、微观，并开始四散蔓延的状况，大概每一个中国的历史研究学者想要迅速拿出一部能够让多数人信服的蒋的传记作品来，也是一件需要勇气的事情吧。

一方面是蒋介石公私文献史料层出不穷，自90年代中期以后掀起了一波又一波蒋介石研究热；另一方面是蒋介石研究基本上停留在专题和具体史实上，传记作品少数东拼西凑，多数修修补补，总体上踏步不前。用吕芳上的话来说，无论蒋去世前，还是蒋去世后，无论在中文界，还是在西文界，"迄今仍看不到一本完整学术性的蒋传"。①

就是在这样一种情况下，美国前"驻台外交官"陶涵2009年推出了《蒋介石与现代中国的奋斗》②一书，一时间异军突起，在两岸引发了一段销售热和评论热。③严格地说，就像陈永发指出的，如果不是从美国学界较传统的观点出发的话，陶书对蒋的评价整体上未必有多少新意。陶对

---

① 吕芳上：《重评蒋介石（导读）》，陶涵：《蒋介石与现代中国的奋斗》（上），林添贵译，台北，时代出版，2010，第8页。

② 参见 Jay Taylor, *The Generalissimo, Chiang Kai-shek and the Struggle for Modern China*, The Belknap Press of Harvard University Press, 2009；陶涵：《蒋介石与现代中国的奋斗》；陶涵：《蒋介石与现代中国》，林添贵译，中信出版社，2012。

③ 可见两岸众多评论和中文报刊对陶涵所做的访谈，如《经济观察报》、《时代周报》和"凤凰历史网"等均对陶涵做过长篇采访。用中文发表的书评则更多，如陈之岳《委员长：蒋介石和近代中国的奋斗》，《亚洲评论》2009年第15期；汪荣祖：《评说陶涵蒋介石新传》，《传记文学》第572期，2010年1月；余敏玲：《最高统帅：蒋介石与现代中国的奋斗》，《汉学研究》第28卷第2期，2010年6月；陈永发：《论评陶涵著〈蒋介石与现代中国的奋斗〉》，《传记文学》第579期，2010年8月；郑义：《推动中国现代化的顶天立地巨人——介绍陶涵力作〈蒋介石与现代中国的奋斗〉》，《传记文学》第579期，2010年8月；史景迁：《蒋介石之谜》，胡新宇译，《东方历史评论》2013年第3期；张弘：《〈蒋介石与现代中国〉：翻案太过，反失其真》，《博览群书》2013年第2期；蒋永敬：《陶涵〈蒋介石与现代中国的奋斗〉阅读杂记》，《国史研究通讯》第7期，2014年6月；等等。

中国历史，对蒋介石国民党在大陆革命、夺权和统治时期，包括对其对手的复杂情况，不仅缺少研究，而且知识不足，因而书中叙述上、判断上错误甚多。作者在史实叙述上着墨最多，也是唯一让人感到有些创新之处的，基本上都是作者比较熟悉的中美外交的历程，但是，身为美国人，作者恰恰又极度缺乏齐锡生作为中国学者所具有的那种文化的敏感性，体会不到身为中国最高领袖，高度重视"礼貌和面子"的蒋介石，"处在民族主义的极端自尊以及居高临下强权外交两者的煎熬"。① 坦率地说，陶书在解析蒋内心情感冲突的极度不足多少有些让人感到不可思议。因为，就像中研院近代史研究所前所长、时任"国史馆"馆长的吕芳上在该书繁体中文版导言中介绍过的那样，陶涵是"大量利用二〇〇六年才开放的蒋介石私人日记的第一人"，大量使用第一手史料和运用蒋日记手稿正是"本书绝大特色"。②

不久前，笔者为完成出版社交给的任务，仔细阅读了同样也是颇受两岸出版界重视的新版《毛泽东传》③。和由一位美国前"驻华外交官"来写一部《蒋介石传》一样，由一位熟悉苏联档案的俄罗斯学者来写一部《毛泽东传》，不免会使众多中文读者充满期待。然而，这两位传记作者对中国历史文化近乎天然的隔膜，以及对中国历史本身研究的欠缺，导致他们的写作几乎出现了一样的问题：观点上先入为主，叙述上错误连篇，并常常在用西方人的思维方式来解读或演绎毛、蒋的思维逻辑。

作为历史学者，笔者自然不认为存在一劳永逸或一锤定音的历史研究论述以及传记作品。就像我们所熟悉的克罗齐的那个说法，即任何历史本

---

① 陈永发：《论评陶涵著〈蒋介石与现代中国的奋斗〉》，《传记文学》第 579 期，2010 年 8 月。类似的积极评价，还可见古屋奎二《蒋总统秘录》；杨天石：《蒋氏秘档与蒋介石真相》；墨尔：《蒋介石的功过——德使黑尔驻华回忆录》，张采欣译，台北，台湾学生书局，1994；Bruno Zoratto：《蒋介石——现代中国的建造者》，辛达谟译，台北，幼狮文化事业公司，1986；等等。

② 吕芳上：《重评蒋介石（导读）》，陶涵：《蒋介石与现代中国的奋斗》（上），第 10 页。

③ A. V. Pantsov and S. I. Levine, *Mao*: *The Real Story*, Simon & Schuster, New York, 2012；亚历山大·潘佐夫、梁思文：《毛泽东：真实的故事》，林添贵译，台北，联经出版事业股份有限公司，2015；潘佐夫：《毛泽东传》，卿文辉等译，中国人民大学出版社，2015。

质上其实都是当代史一样，作为人类历史长河中转瞬即逝的一滴水花，我们每个人留给后人的研究成果，再好也注定只能是反映我们所处时代的认识水平的一个阶段性成果。问题在于，面对几近泛滥成灾、五花八门的历史人物传记及其写法，面对出于不同动机、目的，有着完全不同知识背景、文化基础和写作取向的传记作者，历史学研究的专业学者是否应该像对待自己的专业研究著述一样，保持一种有别于非专业写作的专业标准？换言之，相对于那些缺少学术研究意识的非专业的传记作品，我们是否应当写出有区别的，建立在学术标准之上的学术传记作品来？

需要说明的是，当今学界中存在一种不正确的认识，即相信凡是按照学术研究的写作形式，注意到第一手史料，并多半注明了引文出处的，就可以称为"学术性传记"了。陶涵一书也正是在这种认识的基础上，被学界中人认同为"完整的学术性蒋传"。[①] 因为，陶书不仅像历史学者的著述那样，大量引用各种史料来叙述和论证，而且书中的引文和转见的说法不少注明了出处。但是，我们所从事的历史学研究的学术性质，是否主要表现在引用史料和注明引文出处这两点上呢？抑或我们是否能够仅凭引用了史料和注明了引文出处，就判定一篇论文或一部著作是学术性著述呢？可以肯定，引用史料、注明出处，就研究写作而言，确实是一种必要的方法与形式，但也仅此而已。学术性研究需要这类方法和形式，而学术研究的本质却不在这里。

在笔者看来，陶书之所以不学术，并不是因为作者对中国历史和中国文化不熟悉，也不在史料解读和史实说明上存在太多先入为主的想象和曲解。这样的错误在一篇或一部学术研究著述中有时也会出现。陶书之不学术，关键在于作者完全没有尽到与已有的各种相关的学术研究成果有意识地保持对话的努力。事实上，对中国史再不熟悉，研究之初存在再多先入为主的想象，如果严格掌握学术研究的基本路数，对自己的任何判断及已有的史实记载中存疑之处都注意广泛阅读查证，与已有研究成果中的说法认真对照比较的话，作者理当能够少犯许多错误。

---

① 吕芳上：《重评蒋介石（导读）》，陶涵：《蒋介石与现代中国的奋斗》（上），第 10 页。

比如，作者不相信蒋介石是 1912 年 1 月刺杀光复会领袖陶成章的主凶，断言蒋只帮助查出了陶藏身的医院，刺杀当天应该不在现场。但是，作者却丝毫没有提到蒋介石自己在日记及自述中对这件事的说法，没有注意到得到蒋认可的毛思诚早年撰稿的《民国十五年之蒋介石先生》一书中的说法。作者如此述史所依据的史料和史实出处，也注明系引用自杨天石的相关论文，然而杨文不仅没有否认蒋行刺的事实，而且文章标题即为《蒋介石为何刺杀陶成章》。杨文正是基于这一事实认定，进一步探讨了陈其美及蒋介石必欲杀害陶成章的原因所在。陶书对此全然视而不见，不仅未置一词，而且坦然以杨文为己说之依据和史实出处，让人颇难理解。①

比如，作者按照美国华人学者陆培涌早年著述的分析，断言 1921 年夏天蒋介石不理会孙中山等人要他赶回桂林的"函电急催"，是因为蒋想要借为母亲守丧的机会，"替自己拟定新的人生计划"，因为他已经意识到，"自己可能继承 56 岁、身体仍然健康的孙中山之地位"，"会领导孙中山麾下部队北伐、统一全国"，"将是现代中国的伟人之一"。② 作者在这里不仅对中国传统文化习俗和蒋受传统观念影响的特点缺乏了解，而且完全没有注意到陆培涌几十年前发表论文时，还看不到蒋的日记。作者毫无根据地把自己对蒋坚持留下为母亲守灵、下葬的动机以及想法，当作事实描绘出来，却完全不理会相关研究者早在他成书多年前就已经公开披露了的相关日记内容和初步的研究成果中的说法。作者在中文版中宣称阅读并利用了蒋的日记手稿，却只字不曾引述过 1921 年 6 月 14 日蒋母去世至 8 月 9 日蒋离开家乡期间每天在日记中念的、想的到底是什么。③

---

① 陶涵：《蒋介石与现代中国的奋斗》，第 39 页；并见杨天石《蒋介石为何刺杀陶成章》，《近代史研究》1987 年第 4 期；毛思诚撰稿《蒋介石年谱初稿》，第 17 页；《蒋介石日记》，1943 年 7 月 26 日，美国斯坦福大学胡佛研究所藏手稿；等等。
② 陶涵：《蒋介石与现代中国的奋斗》（上），第 53～54 页。
③ 《蒋介石日记》，1921 年 6 月 14 日～8 月 9 日。并可参见秋颖《蒋介石笔下的家庭与婚姻——蒋介石日记摘编》，《民国档案》1993 年第 1 期；萧心力等编《蒋介石家事·家书》，华文出版社，1995，第 23～26 页；等等。陶涵：《蒋介石与现代中国的奋斗》（上），第 69～70 页。

　　又比如，作者讲述 1925 年中央政治委员会委员兼广州政府军事部部长和许崇智被放逐经过时，一小段文字里同时提到了三个原因，一是说许手下有些将领涉嫌廖仲恺被刺案，并"阴谋铲除广州的左派分子"，因而被"处以极刑"；一是说许涉嫌与广州政府的敌人陈炯明"有秘密接触"；一是说许"名声腐败人尽皆知"。对这三种说法的来源和它们对许被逐一事的影响具体如何，书中几乎没有任何分析考据。作者只是武断地称，许本人并未因部下谋反而被认为涉及廖案，却被指控"涉嫌和陈炯明有秘密接触"。至于何人指控，书中亦未说明，只说蒋随后亲率士兵包围了许的住处，却不加解释地告诉读者说，蒋只是"要求名义上仍是上司的许崇智，离开广州 3 个月"。蒋此举是否经过中央政治委员会授权，书中也未交代，反而说政治委员会是鉴于"许崇智的腐败名声人尽皆知"，因而"同意他立刻前往上海"。① 对上述说法，作者只举出一个出处，即《李宗仁回忆录》。然而查李书，该书仅提到"蒋氏凭借苏联顾问的声势，突率卫士数十人包围其长官许崇智的住宅，逼许氏立刻离开广州。申言许氏不去，渠便无法整顿部队，待渠将部队整理就绪，三个月后，再请许氏回粤主持大政云云"。桂系将领对此颇不以为然，"不过我们都知道许总司令处在革命高潮之下，生活还这样腐化，故对蒋氏此一行动，也颇谅解他的苦衷"。② 据此可知，第一，我们不知道作者对事件经过的描述及其所提到的三个原因的由来如何；第二，作者也未曾对自己所说的明显矛盾的说法加以分析考据，完全不能自圆其说；第三，作者举出的论据出处本身就是道听途说，且是几十年后并不牢靠的个人回忆。实际上，一个严肃的学术研究者理当能够判断这里面的矛盾与问题，并通过学术的方法梳理疏通其中的逻辑和症结。实际上，围绕着许崇智被逐一事，前人已有过不少说法和研究可供参考。而作者如果确实系统地读过蒋日记手稿的话，也不难通过 1925 年夏天蒋日记来了解蒋、许矛盾冲突之由来及发展的经过。③ 问题是，作者不仅没有系统读过蒋日记，而且面对充满矛盾的各种说法亦

---

① 陶涵：《蒋介石与现代中国的奋斗》（上），第 69 ~ 70 页。
② 《李宗仁回忆录》，第 220 页。
③ 《蒋介石日记》，1925 年 9 月 17 日、18 日、19 日、20 日。

不知去找来事发前后蒋的日记来做了解和研究之用。

综上不难看出，传记写作是大有学问在其中的，学术性传记必须要用学术的方法才能达成。而所谓学术的方法，就是我们平时做论文、写专著，包括训练学生的最基本的方法。这里面最重要的，就是必须要重视学术史的研究和必须要坚持学术对话。大概没有哪位从事专业学术研究的学者不明白，真正的学术研究是建立在前人研究成果，包括前人史料发掘的基础上的。没有人是从无到有、凭空开始研究的，也没有人只要按照自己的主观印象，随便抽取若干符合自己推测方向的新史料或旧叙事，就能够创建起一套令人信服的新说法来的。实际上，任何一项新的学术研究都是在充分了解并比较了已有研究的各种说法及其史料之后，在对已有研究进行修正、补充，以至于颠覆、创新的过程中，奠定起自己独特的成果的。离开了对前人研究成果及其所创立的种种史实、概念、观点及其论述逻辑，包括对前人研究存在不足和问题的清楚了解，就没有形成新的学术进步的可能性。在这一点上，不仅陶书，当今许多历史人物传记恐怕都未能达到学术研究所要求的标准。

简言之，历史人物传记从来就有各种不同的写法和类型，没有人能够，事实上也不应该强求标准一致。任何人都有权利按照自己的方式来写历史人物的故事，但是，对于打算从事人物传记研究的专业的历史研究学者来说，坚持用学术标准来要求自己，恐怕是一项最基本的专业性要求。所谓学术标准，其实就是要在写作中始终保持一种严谨的研究的态度，时时处处注意到前人已有研究，并注意与已有研究保持对话。笔者相信，只有这样去研究，我们才可能看到真正的"学术性的传记"。

日记与民国史书写

——以《蒋介石日记》文本为题的分析（2006～2016）

林桶法[*]

内容提要　《蒋介石日记》开放十年来已有相当多的研究引用日记内容或直接以日记作为文本为题进行探讨，对于蒋介石的评价渐趋于客观，也较能贴近蒋的角度去分析当时的情势；然由于作品数量甚多，难免参差不齐，有些论著有许多待讨论的空间，文中引用日记也有断章取义之问题。本文在《蒋介石日记》开放十年之后进行以文本为题的盘整，首先分析目前以《蒋介石日记》为题的文本有哪些类别之研究，希望借此了解过去十年来有哪些重要著作，有哪些方面仍可做研究之处；其次介绍《蒋介石日记》开放后对民国史研究的影响；最后检讨使用《蒋介石日记》的一些问题。

关键词　蒋介石　日记　蒋介石日记　历史书写

一　前言

日记是一种供个人使用、以日期为排列顺序的笔记，一开始的日记是生意的记录本，后来用日记来记录天气、事件及个人的心理感受，是个人较私密性的记忆。依冯尔康的看法，日记可分成四大类，即生平日记、学

---

* 台湾辅仁大学历史学系教授。

术日记、差事日记、其他（包括旅行日记）。① 差事日记数量甚多，如出使日记；② 以生平日记最长，如《蒋介石日记》；以旅行日记较有趣，如颜国年的《最近欧美旅行记》；以学术日记最枯燥，如李慈铭的《越缦堂日记》。

蒋介石自担任黄埔军校校长以来，历任国民革命军总司令、国民政府主席、军事委员会委员长、国民党总裁等要职，历经国民革命军北伐、抗日战争、国共内战、国民党迁台等重要事件，所涉事务甚广，对某件事的意见，因为不同的时空，记载常有所不同。若直接阅读《蒋介石日记》（以下简称《蒋日记》），有时仍不免感到缺憾。原因当然不完全是蒋刻意隐藏一些事实，而是日记本就有其局限性。《蒋日记》何以重要？这是一套有血、有肉、有灵魂的资料。它提供的不只是历史的发展线索，更重要的是人性的揭露。历史的研究本来就应该以人性做基础，这套日记正好提供了这样一份珍贵材料。吕芳上曾提到："1970 年代曾有美籍华裔学者陆培涌，运用心理史学方法，撰写 *The Early Chiang Kai-shek: A Study of His Personality and Politics, 1887 – 1924*。设若当年作者有幸一览蒋日记，成果自可更为丰硕。"③

运用日记进行研究，固不能彻底颠覆过往历史的书写，唯确实可提供可观的历史资料，补足近代重大史事的来龙去脉。史学研究者都明白，除需长时期阅读单一日记，还需要各种日记参照，以民国史研究而言，有许多日记内容丰富，如《王世杰日记》《徐永昌日记》《王子壮日记》《胡适日记》《陈克文日记》《陈诚日记》《胡宗南日记》《钱大钧日记》《黄炎培日记》《陶希圣日记》《余家菊日记》《吴宓日记》《傅秉常日记》

---

① 冯尔康：《清代人物传记史料研究》，天津教育出版社，2006，第 165 页。

② 如薛福成的《出使四国日记》，刘锡鸿的《英韶私记》，见尹翔《东海两海之间：晚清使西日记中的文化观察认证与选择》，北京大学出版社，2009。此书共介绍 10 本相关日记。

③ 吕芳上：《蒋介石日记研究案》，"绪论"，第 2~3 页，主持人林桶法，协同主持人吕芳上、刘维开，2009 年中正纪念堂未刊行。

《陈布雷日记》《王叔铭日记》等,① 此外，更需佐以其他相关档案,② 较能客观地认识到事件的脉络。

　　自从《蒋日记》开放以来，许多学者相继前往阅览，大量引用及相互转引，有鉴于日记的价值，本来蒋家一度有意将其打字出版，然由于其他家族成员有不同的意见至今未能出版问世，虽有"爱国华侨"将抗战时期的《蒋日记》打字流通，仍不免有未能完全窥其全貌的遗憾；由于《蒋日记》所涉时间与议题甚广，加以蒋在民国史上的重要角色，《蒋日记》已成为研究民国史不可或缺的重要材料。《蒋日记》开放十年来已有相当多的研究引用日记内容或直接以日记作为文本为题进行探讨，对于蒋介石的评价渐趋于客观，也较能贴近蒋的角度去分析当时的情势，然由于作品数量甚多，难免参差不齐，有些论著有许多待讨论的空间，文中引用日记也有断章取义之问题。本文在《蒋日记》开放十年之后进行以文本为题的盘整，希望借此了解过去十年来有哪些重要著作，有哪些方面仍可做研究之处，并检讨使用《蒋日记》的一些问题。

二　蒋介石书写日记的动机及日记的版本

　　蒋介石自 1915 年开始写日记（28 岁），每天大约用 30 分钟左右书写日记，每天日记的字数不一，但以一页为原则。早期使用商务印书馆印制的"国民日记"，而后自行印制固定格式，除每日记事外，每年有该年大事表，每月有本月大事预定表、本月反省录（后改为"上月反省录"），每周有本周反省录（后改为"上星期反省录"）、下周预定表（后改为"本星期预定工作课目"）。早期的日记较简略，北伐成功后日记的内容较多，二三百字。1927 年济南惨案后，日记上加上"雪耻"栏（每日都

---

① 以上日记除王叔铭日记、陈布雷日记之外，均已出版。其他方面的日记介绍见虞坤霖编《二十世纪日记之见录》，国家图书馆出版社，2014。

② 黄自进、潘光哲编著《蒋中正总统五记》，台北，"国史馆"，2011；吕芳上主编《蒋中正先生年谱长篇初稿》，台北，"国史馆"，2015，共 12 册；"国史馆"主编《蒋中正总统档案：事略稿本》，台北"国史馆"，2010～2015；等等。

有），是年 5 月 10 日记道："余自定日课——以后每日六时起床，必作国耻纪念一次，勿间断，以至国耻洗雪净后为止。"① 1931 年后加上"注意"栏（非每日都有注意栏）。

蒋以毛笔书写，有读日记、改日记习惯。蒋因 1969 年车祸受伤，其后又有心脏等疾病，长期卧床，致手部萎缩，无法正常执笔，1972 年停止长达 57 年的写日记习惯。最后一年的日记较简单，以最后两天日记为例。1972 年 7 月 20 日："上午，假眠后，审阅特报并核定中日关系，阐明我严正立场。下午，假眠后，与妻车游一匝，心绪烦闷。大丈夫能屈能伸。"1972 年 7 月 21 日："近日体力疲倦益甚，心神时觉不支，下午安国来访后，与经儿车游山下一匝。"②

目前遗失 1915 年、1916 年、1917 年、1924 年的日记，前三年的日记遗失于 1918 年底的永泰战役，1924 年日记据蒋自己陈述为中共所窃，③ 其他部分都相当完整。蒋日记是众多有关蒋介石相关资料的源头，过去长时期有关蒋的生平，学者多利用同源的各种不同资料进行研究。在近代史学界，最为研究者熟知的是"大溪档案"，即现藏于"国史馆"的《蒋中正总统文物档案》，台湾解严以前（1987 年）鲜少学者能够利用。其中，蒋档中庋藏的《困勉记》《省克记》《爱记》《游记》《蒋中正总统档案：事略稿本》等资料，摘抄蒋介石日记部分内容。另运用日记编写之《民国十五年以前的蒋中正先生》《总统蒋公大事长编初稿》《蒋总统秘录——中日关系八十年之证言》等书，有参考价值，以《蒋中正先生年谱长篇》为例，其中每周反省录、每月反省录等更大量摘抄《蒋日记》。如无法前往斯坦福大学胡佛研究所阅读者，可先参考以上数据进行研究。

现存的《蒋日记》大约 450 万字，共 55 册，从 1918 年至 1972 年，

---

① 《蒋介石日记》，1928 年 5 月 10 日，美国斯坦福大学胡佛研究所藏。

② 《蒋介石日记》，分别参考 1972 年 7 月 20 日、21 日。

③ 蒋介石提到："审检旧日记，自民国六年至十二年各年日记皆得保在，惟已潮湿与虫蚀多为可惜，十三年日记被共匪偷窃窃总未能发现为憾，好在当时军校日记尚有一部事可以参考耳。"《蒋介石日记》，1951 年 11 月 28 日。

前后长达 55 年。蒋对于自己的恒心颇为自得。① 对于蒋氏书写日记的恒心，担任蒋氏侍从秘书长达 25 年的秦孝仪回忆："领袖日记，是几十年来如一日的，虽其间如何纷烦，如何忧苦，始终没有间断中辍。"② 有时因病或因事亦有间断几天未当天书写，但蒋都会补写，如西安事变期间，未写日记，后根据宋美龄及其他资料和回忆补写。如外出未带日记本，也会先用便笺书写，再誊写，在斯坦福大学胡佛研究所典藏的日记中有同一天有两个日记的情况。

　　关于蒋写日记的动机，自 2006 年《蒋日记》开放后，许多学者前往斯坦福大学抄阅，虽然都是学界的同好，但对于蒋书写日记的动机看法不同。③ 有学者将蒋介石写日记的动机归纳为：①作为个人备忘录与行事历；②作为个人发抒负面情绪的管道；③作为修身的记录与警惕；④作为协助他思考的"草稿纸"。④ 从某种程度言，蒋写日记带有告解式及压力宣泄的作用。蒋在日记中对人物臧否，并非盖棺论定式的评论。对蒋氏个人而言，记日记还有一个重要意义，即抒发个人情绪以及记录个人主观上认为重要的事件。蒋氏在日记中常有臧否人物的字句，用语有时十分激烈，但在实际生活上与所斥责之人却常有往来，关键在于日记是他抒发个人情绪的工具。

　　此外，蒋写日记也有作进德修业的功能，这与宋明理学修身日记的传统十分接近。⑤ 明清理学家认为日记有两种功用，一记思虑，自警自惕，一记内心活动，生活细节，供自勘，或请成德君子代为诊治之用，故记日

---

① 蒋介石提到："几十年来，我每日必有日课，每日必有日记，虽在造次颠沛中，也从没有一天间断。"蒋介石：《建立三民主义的中心思想——有恒、务实、力行、革新、动员、战斗》，秦孝仪主编《先总统蒋公思想言论总集》第 27 卷"演讲"，台北，中国国民党中央委员会党史委员会，1984，第 513～514 页。

② 秦孝仪：《蒋总统的思想生活操持》，《总统蒋公哀思录》第 1 册，第 376 页。

③ 中山大学教授袁伟时认为是写给后人看的，斯坦福大学胡佛研究中心研究员郭岱君及段瑞聪教授则认为蒋为自己写日记。其他学者吕芳上、杨天石、汪朝光、汪荣祖、王奇生、刘维开、宋曹莉璇等在公开与非公开场所已有不少的讨论。

④ 张淑雅：《蒋介石一瞥：1950 年代后期日记中的观察》，中研院台湾史研究所编《台湾史研究》第 18 卷第 1 期，第 191～198 页。

⑤ 吕芳上：《蒋中正日记与民国史研究》，周惠民主编《民国史事与档案》，台北，政治大学出版社，2013，第 11 页。

记需在人之隐微处记下细节，功过并录，不能嫚饰。透过日记"自省"，蒋常记自己"大过"，也常反省自己的个性：心躁性急、骄矜厌恶、贪得无厌、暴戾凌人、私心邪念、喜怒无常、不能容忍、急躁愤慨、淫佚妄念、刚愎自用等。① 蒋在演讲中一再提到记日记不只是记事，也是个人反省日常生活，进德修业的重要工具，他提到：

> 一个人最要紧的是自反工夫，不论公私行为，都要随时检讨。不但一年要检讨，一月要检讨，甚至每天都要检讨。我们为什么要写日记？就是要检讨一天工作，反省日常生活，也不是单独记事而已。②

蒋自己记日记，同时鼓励部属写日记，他于每年年终时送日记本给党政军各部门主管以及他的侍从人员，希望他们能养成记日记的习惯。③ 蒋介石崇拜曾国藩，在许多方面都仿效曾，认为自我检讨与工作上的检讨一样重要，曾经于抗战期间在中央训练团党政班第六期毕业典礼上，以曾国藩告诫子弟治家方法的八字箴言"早、扫、考、宝、书、蔬、鱼、猪"训示受训学员，其中对于"考"字的解释，他将其引申为考核的意思，有对上级、对下级的报告，还有对自己的检讨，就是"记日记"。④

杨天石提到：日记有两种，一种是主要为写给别人看的，这种日记往往装腔作势，把真实的自我包裹起来，例如阎锡山的《感想日记》，满篇都是《论语》式的格言，一望而知是教人如何成圣成贤的，没有多大价值。一种是主要为写给自己看的，此类日记，目的在于自用，而不在于示人传世，其记事抒情，或为备忘，或为安排工作与生活，或为道

---

① 蒋日记中记道："优柔寡断，为余对内政策之大病，刚愎自用，为余对外政策失败之总因。"《蒋介石日记》，1938年1月9日。

② 蒋介石：《本年度工作检讨与明年努力的方向——并阐明组织的精神与内容》（1950年12月24日主持革命实践研究院第九期毕业典礼讲），秦孝仪主编《先总统蒋公思想言论总集》第23卷"演讲"，第465页。

③ 俞国华口述《财经巨擘——俞国华生涯行脚》，台北，商周文化，1999，第151～153页。

④ 蒋介石：《建国之非常精神典基本要务》（1940年2月19日在中央训练团党政班第六期毕业讲），秦孝仪主编《先总统蒋公思想言论总集》第17卷"演讲"，第32页。

德修养，或为总结人世经验，或为宣泄感情，往往具有比较高的真实
性，蒋的日记大体属于此类。① 杨天石将《蒋日记》分为原稿本、仿抄
本和类抄本三种，协助蒋氏家属处理日记事宜的潘邦正则表示蒋日记分为
五大版本：

> 蒋中正日记原本、蒋中正日记手抄本、蒋中正日记摘抄本、蒋中
> 正日记微胶本及蒋中正日记复印本，其中日记摘抄本早见于世。而史
> 坦佛大学胡佛研究院目前暂存之蒋中正日记分为四大部分：蒋中正日
> 记原本、蒋中正日记手抄本、蒋中正日记复印本及蒋中正日记微胶
> 本；蒋中正日记复印本目前提供学者阅读。②

刘维开则认为日记的版本应该只有一种，即目前暂存美国斯坦佛
大学胡佛研究所之日记原本的"手稿本"，其他所有与日记相关的"版
本"，都是由"手稿本"发展出来，以典藏机构为区分，分别是南京中
国第二历史档案馆典藏的《蒋介石年谱初稿》、《蒋介石日记类钞》与
蒋氏日记仿抄本，以及台北"国史馆"庋藏《蒋中正总统档案》中之
"事略稿本"及《困勉记初稿》、《游记初稿》、《学记初稿》、《省克记
初稿》、《爱记初稿》等日记类钞。但"事略稿本"所引用资料亦并非
全部见于《蒋中正总统档案》，以蒋夫人于 1948～1949 年访美期间致
蒋氏文电为例，即有部分仅见于"事略稿本"之引录。③ 至于秦孝仪主
编《总统蒋公大事长编初稿》、日本产经新闻古屋奎二编撰《蒋总统秘
录——中日关系八十年之证言》中之"日记"内容等，不适宜独立看
待。④

---

① 杨天石：《寻找真实的蒋介石》，香港，三联书店，2010，"前言"，第ⅩⅦ页。
② 潘邦正：《蒋中正日记的保存，开放及其影响》，"开拓或窄化？蒋介石日记与近代史研
　究"学术研讨会，台北，中研院近代史研究所，2008，第 3 页。
③ 参见刘维开《台湾地区蒋中正先生资料之典藏与整理——兼论"事略稿本"之史料价
　值》，《档案季刊》第 7 卷第 3 期，2008 年 9 月，第 32～53 页。
④ 刘维开：《日记、事略稿本、大事长编——蒋中正日记及衍生数据的介绍》，林桶法主持
　《蒋介石日记研究案》，第 22～23 页，2009 年未刊本。

　　日记的性质与价值，过去已有诸多讨论。^① 日记是研究记主及其家族的顶级资料，日记提供平民观点的历史素材，日记也可以印证大历史，甚至弥补大历史的不足。但日记的保存确实相当不容易，以台湾地区记主的日记而言，往往因为天候、习俗、政治、家庭等因素不能完整留存。^② 然近几十年来，日记被视为一手史料，随着思想的改变，日记不仅被保存下来，且被大量出版。但日记应用于历史研究的可靠性也引起诸多的论辩。史学界对于将日记作为历史研究的材料，一直存在正反两面的意见。赞成者认为历史人物的日记多半会记载当事人对于事件的第一手记录，最接近历史事实的真相。晚近文化史研究取径兴起，日记可提供史学家探究小人物的心境、日常生活、人际交网；女性史研究者亦十分注重日记，盖大叙事的历史往往不见女性踪影，唯女性日记能勾描女性自身的生命历程。反对者则以为即使是事件当事人，也会因种种私人因素而未必将所见所闻在日记中和盘供出，或者即使记载，也多少带着当事人的偏见而扭曲了事实；反对者也以为文化史、女性史所珍视的日记内容，不过是鸡零狗碎之事，无经国济世之用。尽管意见纷歧，但将日记适当地使用，仍然是大多数史学者所同意的。

　　《蒋日记》开放阅览后，2008 年 7 月，中国社会科学院近代史研究所以"近代中国研究的新视野：新史料与民国史研究"为题召开座谈会，与会者针对蒋介石日记开放所带来研究新局面进行讨论，认为"新史料的发现与公布，摆在近代史研究者前面的则是新问题，近代史研究需要换种眼光看历史"；^③ 同年 12 月，台北中研院近代史研究所由蒋介石研究群主办的"开拓或窄化？蒋介石日记与近代史研究"学术讨论会，亦在探讨蒋介石日记开放后，对于近代史研究的影响。显然蒋介石日记的开放，

---

① 如吕芳上编《蒋中正日记与民国史研究》，台北，世界大同出版社，2011；许雪姬编《日记与台湾史研究：林献堂先生逝世50周年纪念论文集》，台北，中研院台湾史研究所，2008。
② 如台湾地区潮湿，台湾人死去时家属将其衣物及遗物一起烧毁，加上经历"白色恐怖"事件，不想留证据等因素。
③ 《中国近代史研究面临新史料变局 "蒋日记"公开胡佛背景》（2008年7月7日），新华网，http://news.xinhuanet.com/politics/2008-07/07/content_8504576.htm。

对于民国史研究者而言，是一个重要的事件。吕芳上提到："两蒋日记不见得能改写民国历史，但日记内容记载和透露了一个国家领导人对国事的想法与做法，也显示其个人的为人与行事，当然是国家历史的一部分，重要的意义在它的确能弥补民国历史的不足。就已开放的蒋介石日记（1917～1955）而言，不论个人个性、家庭生活、宗教信仰、感情故事、交友应酬、社会观感、国之大事等'公''私'种种记录，均令人印象深刻。……未来学者多半可由他的日记中深挖，配以其他史料，各自开出崭新观点和方向，做出有别往昔的历史诠释来。"①

三　以《蒋介石日记》文本为题的研究

历史的论述最重要的是以史料为文本，然史料的价值端视其载体内容的完整性及影响性。自《蒋日记》公开阅览后，引起各方的关注，记者、政治家、家属及好奇者纷纷至斯坦福大学胡佛研究所阅览。本文比较关注的是来自各地的历史学者，其中以中国、日本等地学者居多，中国大陆方面有：杨天石、杨奎松、王奇生、袁伟时、周秋光、马振犊、郭必强、王建朗、汪朝光、陈红民、金以林、罗敏等。台湾方面有：张玉法、吕芳上、黄自进、习贤德、王成勉、林桶法、潘邦正、陈立文、张淑雅等，加上本身即是斯坦福大学胡佛研究所的学者郭岱君、林孝庭等。日本方面有：山田辰雄、段瑞聪、鹿锡俊、吉田丰子、家近亮子等学者。这些学者多半是为研究而阅读，长期抄写，短则一两个星期，长则一年半载。但也有单位（如中国社会科学院近代史研究所）是集合许多研究员的力量，抄录后提供所内同仁进行研究。此外有些外国学者因限于时间与文字的解读，请学生代为抄录翻译后使用（如陶涵等）。这些史学家在斯坦福大学胡佛研究所建立了相当深厚的感情，由于蒋在写日记时有特殊的书写方式，有些字不容易辨认，学者都互相请益，午餐及下午工作时间结束时

---

① 吕芳上：《蒋介石的日记与日记中的蒋介石》，"开拓或窄化？蒋介石日记与近代史研究"学术研讨会，第 1 页。

是抄写日记外最大的收获，学者会在联谊厅中相互讨论日记的内容，蒋方智怡、郭岱君、潘邦正、宋曹莉璇等也会加入讨论，史学界朋友间常抽空聚会，这段时间培养的情谊成为史学研究的另一动力。除累积个人的研究果之外，彼此之间的互动更为频繁，带动蒋介石及民国史的研究。

《蒋日记》开放阅览后对蒋介石评价带来一些转变,[①]大致归纳为几类：

（1）形成"蒋学研究"，或"日记学研究"。近十年来有许多机关及单位积极举办有关蒋介石的学术研讨会，如中研院近代史研究所举办的"蒋介石的权力网络及其政治运作"（台北，中研院近代史研究所，2009年9月14~16日）、浙江大学举办的"蒋介石与近代中国"国际学术研讨会（浙江大学，2010年4月10~12日）、文化大学史学研究所召开的"蒋介石与世界"国际学术研讨会（台北，文化大学史学所，2010年8月25~26日）、中正文教基金会等联合召开的"蒋中正日记与近代中国"国际学术研讨会（台北，圆山饭店，2010年12月2~4日）、中研院近代史研究所召开的"蒋介石与现代中国的再评价"国际学术研讨会（台北，中研院近代史研究所档案馆，2011年6月27~28日）。这些学术讨论会上发表超过上百篇的论文，大部分学者大量使用《蒋日记》，或以日记为题，或从蒋介石的私领域到公领域，从政治、军事、国际外交到个人的人际网络等探讨蒋介石在民国史上的角色。

日记等史料的开放，带动"蒋学"的研究，许多专书陆续出版，有杨天石《寻找真实的蒋介石——蒋介石日记解读》（香港，三联书店，2009）、刘维开《蒋中正的一九四九：从下野到复行视事》（台北，时英，2009）、陈红民《蒋介石的后半生》（浙江大学出版社，2010）、陶涵（Jay Taylor）《委员长：蒋介石和现代中国的奋斗》（台北，时报文化，2009）等，以及吕芳上编《蒋中正日记与民国史研究》（台北，世界大

---

① Paul H. Tai and Tai-chun Kuo, "Research Notes: Chiang Kai-shek Revisited," *American Journal of Chinese Studies*, 17: 1 (April 2010), pp. 81 – 86.

同，2011）、黄自进主编《蒋介石与现代国家的形塑》（台北，中研院近代史研究所，2012）、黄道炫与陈铁健《蒋介石：一个力行者的精神世界》（香港中和出版公司，2013）、黄克武《蒋中正总统侍从人员访问纪录》（台北，中研院近代史研究所，2012）、黄自进《蒋介石与日本：一部近代中日关系史的缩影》（台北，中研院近代史研究所，2012）、汪朝光等《天下得失：蒋介石的人生》（山西人民出版社，2012）、何虎生《八年抗战中的蒋介石：1937～1945 纪实》（台北，风云出版社，2012）、汤晏《蒋廷黻与蒋介石》（台北，大块文化，2014）等。这些专书的特色即运用《蒋日记》作为其撰写的重要题材。

（2）青年学者投入蒋介石研究。本文所指的青年，是以在学学生为主，大陆地区以蒋介石为题的硕士、博士学位论文，已超过 100 篇，内容涵盖政治、军事、外交、党务与对人事的折冲。对蒋的批判固然仍不少，但大都能站在同情之理解的立场。特别是有些学校在教授的带领下，投入蒋介石的研究，其中以北京大学及浙江大学成果斐然。以浙江大学为例，在陈红民等教授的指导下，有一批青年硕士、博士生选择以蒋介石作为学位论文的研究方向，有吕娜《蒋介石与浙籍军人关系初探》（2013）、罗树丽《蒋介石兼理川政研究（1938～1940）》（2013）、雷成《胡适与蒋介石关系研究（1945～1949）》（2012）、曹桂红《西安事变前后蒋介石的形象及其塑造》（2013）、许心恒《论蒋介石对地方实力派策略的变化（1928～1937）》（2010）、曾芬《蒋介石与察哈尔抗战》（2010）、段智峰《蒋介石与汪精卫在二次合作格局下的斗争与合作》（2009）、郭昌文《黄埔训练时期蒋介石治校研究》（2008）、柯琼晓《1927 年前蒋介石革命观之研究》（2011）、郑勇《蒋介石与福建事变》（2009）、周倩倩《蒋介石与知识青年从军运动》（2011）等。其他学校亦有许多年轻学者投入，如在中国知网（CKNI）以"蒋介石"查阅博士、硕士学位论文，将会出现 1223 个数据，其中以"蒋介石"为题者高达 80 笔以上。① 本文无法一一罗列，可见"蒋学"方兴未艾。

---

① 2017 年 2 月 1 日查阅。

（3）许多单位积极推动蒋介石研究。学术的研究需要有学者带动，这些学者具有"领头羊"的作用。举台湾方面为例，在吕芳上、刘维开、唐启华、林桶法等带领下，政治大学与"国史馆"，每月的"事略稿本读书会"（至2017年已持续5年），每年与中国社会科学院近代史研究所举办"神仙会"，并将成果陆续出版，目前已有三本专书。① "国史馆"在吕芳上担任馆长期间，除出版有关蒋介石的相关史料及《蒋中正先生年谱长篇初稿》外，更举办多次学术研讨会。中研院近代史研究所在黄自进及黄克武的大力推动下，也出版专书及举办学术研讨会。中正纪念堂早期并未进行研究工作，在学者的建议下，除奖励蒋介石的研究外，委托林桶法、吕芳上、刘维开等进行"蒋中正日记研究"（2009），并出版有关蒋介石的口述历史。此外，还集结学者的论著，出版许多蒋介石专书。② 大陆方面，浙江大学、南京大学、北京大学等高校及中国社会科学院近代史研究所等举办多次学术研讨会；浙江大学每周都举行蒋日记的解读；甚至有许多单位或个人，如李摩西与政治大学人文中心合作出版"事略稿本"打字版（抗日战争时期部分已于2016年7月出版），银泰基金会等单位奖励蒋介石的相关研究（2016年通过鼓励专书出版及专题研究，并于2016年7月在浙江大学举办"蒋氏家族与中国近现代史研究研习营"），带动另一波的研究风潮。

《蒋日记》正式开放后，出现一波蒋介石及其相关问题的研究风潮，除了一般性介绍文字外，对日记本身的文本性质、史料意义之研究，也成为不少研究者的主题。由于研究成果丰富，许多研究将蒋日记与其他史料掺杂使用，无法一一罗列。经初估近十年来以《蒋日记》文本为题的学术论著（含专书及专文）超过200篇，其他非学术论著更多，这些论著大约可归为几大类。

---

① 已出版有吕芳上主编《蒋介石的日常生活》，台北，天地图书，2014；吕芳上主编《蒋介石的亲情爱情与友情》，台北，时报文化，2011；《日记中的蒋介石》（排印中）；等等。

② 如吴祖胜总策划，刘维开主编《蒋中正先生与民国军事》，台北，中正纪念堂，2013；吴祖胜总策划，刘维开主编《蒋中正先生与民国政治》，台北，中正纪念堂，2013；等等。

　　第一类，摘抄，不做分析，如张秀章《蒋介石日记揭密》（团结出版社，2007）、卞客生《蒋介石日记秘事》（河南人民出版社，2007）、王晓华《蒋介石日记秘档》（台海出版社，2014）。这些专书的出版，虽然带动了对蒋日记的兴趣，但由于资料不齐全，抄录亦有许多错误，学界普遍不予重视。张秀章的书更被评为"此书实在是一本大胆作伪，以假充真，一拼二凑，无秘可言的出版物"。① 这类的书由于是摘抄，甚至有些内容并非日记的原貌，因此如欲使用（建议不使用）应特别注意。

　　第二类，摘抄，做初步归类及解读。如阮大仁《蒋中正日记中的抗战初始》（台北，台湾学生书局，2015）、阮大仁《蒋中正日记中的当代人物》（台北，台湾学生书局，2014）、阮大仁《蒋中正日记揭密：从风雨飘摇到大局初定》（华文出版社，2012）、郝柏村《郝柏村解读蒋公日记：一九四五～一九四九》（台北，天下文化，2012）、《郝柏村解读蒋公八年抗战日记：一九三七～一九四五》（台北，天下文化，2013）。郝柏村的两本专书，以日记为文本，将自己的意见溶杂其中。郝柏村经历抗战与国共内战，书中大量引用《蒋日记》，并由日记证明蒋介石确实积极准备抗战，透过该书肯定国民党军队在抗战中的贡献。郝在序言中提到：

　　　　日记（蒋介石日记）的本质是主观的，读者可各依自己的立场，有不同面向的解释，但抗战是以落后、贫穷而分裂的国家，敢于对世界一流强权说"不"，全凭蒋委员长在内外交迫、危疑震撼中，坚持抗战到底，铁一般的意志。②

　　郝书的特色是以经历抗战及国共内战者的角度，对《蒋日记》的内容进行解读，然有时无法分辨何者是《蒋日记》的原文，何者是郝本人的意见。

　　阮大仁虽未受历史专业训练，然对民国史相当有兴趣，因此长期抄阅日记，挑选其有兴趣者集结成书，出版许多有关《蒋日记》的专书，并

---

　　① 《文汇读书周报》2007 年 2 月 1 日。该文为杨天石所撰。
　　② 郝柏村：《郝柏村解读蒋公八年抗战日记：一九三七～一九四五》，"序言"。

企图做归纳。以《蒋中正日记揭密：从风雨飘摇到大局初定》为例，该书分两大部级分，第一部分为陈立夫阻挡张群"组阁"之政争，第二部分为陈诚、严家淦脱颖而出之经过，两个部分涵盖大陆时期与台湾时期。阮书的优点是有锐利的眼光，掌握一些民间好奇或所欲知晓的课题，然所解构者大部分史学家已有专书或专文做更细讨论，阮书并未参酌，[①] 加以缺乏其他史料的佐证，有孤证之弊病。

此外，有些短文，如刘继兴《蒋介石日记中盛赞共产党》（《廉政瞭望》2010 年第 10 期）、薛念文《蒋介石日记中的宋美龄》（《档案春秋》2008 年第 3 期）、薛念文《蒋介石日记中的原配毛福梅》（《文史博览》2010 年第 7 期）等，[②] 涵盖政治、军事、个人情感，并做简评，具新闻性，但缺乏深入的学术论点，论证不足。

第三类，以《蒋日记》做主题，进行序列研究与分析。如杨天石《找寻真实的蒋介石——蒋介石日记解读》（香港，三联书店，2014）。该书不断增补，有不同的版本，实际上以第一版本为基础，其后杨天石发表于大陆许多刊物的文章大抵可以归类于此。[③] 杨天石学思严谨，行事小

---

① 如国民党迁台后的吴国桢案，已有陈进金、吕芳上等的专文，如陈进金《蒋中正迁台初期的人事布局——以省主席的递嬗为中心》，《迁台初期的蒋中正》，台北，中正纪念堂管理处，2011。

② 薛念文：《蒋介石日记中史迪威的五宗罪》，《档案春秋》2010 年第 5 期；薛念文：《蒋介石日记中的陈洁如》《文史博览》2010 年第 11 期；杨东晓：《蒋介石日记的不同版本》，《新世纪周刊》2007 年第 5 期；翟翔：《蒋介石日记密集谈钓鱼岛》，《国家人文历史》2013 年第 11 期；王舜邦：《从蒋介石日记看 1937 年蒋经国回国真相》，《钟山风雨》2015 年第 1 期；岳峙：《蒋介石日记与历史真相》，《上海国资》2011 年第 12 期；王洪岳：《论〈蒋介石日记秘事〉的特点与传记价值》，《现代传记研究》2014 年第 1 期。

③ 杨天石：《蒋介石日记的现状及其真实性问题》，《中国图书评论》2008 年第 1 期；《蒋介石在日记中如何反省》，《同舟共进》2009 年第 10 期；《蒋介石提议胡适参选总统前后——蒋介石日记解读》，《近代史研究》2011 年第 2 期；《1923 年蒋介石的苏联之行——蒋介石日记解读》（上）（下），《世纪》2007 年第 2 期、第 3 期；《且看蒋介石如何反腐败——蒋介石日记解密系列》（上）（下），《同舟共进》2008 年第 8 期、第 9 期；《陈洁如回忆录何以尘封近 30 年——蒋介石日记解读》，《社会科学战线》2013 年第 5 期；《从〈蒋介石日记〉看重庆谈判》，《报刊荟萃》2011 年第 3 期；《蒋介石为何提议胡适参选总统？——蒋介石日记解读》，《江淮文史》2013 年第 1 期；《绥远抗战与蒋介石对日政策的转变——蒋介石日记解读》，《江淮文史》2013 年第 2 期；《蒋介石收复新疆主权的努力——蒋介石日记解读》（上）（下），《江淮文史》，2013 年第 4 期、第 5 期。

在日记中找寻历史

心，专研民国史课题甚深，又有时代的敏锐性，甚受记者、媒体的好评。杨也确实能针对一些历史上转折的课题进行深度的分析，杨大量引用日记的内容，又为满足媒体的需求，并符合两岸的论述，对蒋介石时褒时贬，甚至直接论述蒋在民国史上的功过。如提到蒋介石既有大功又有大过："大过之一是 1927～1937 年的清党和剿共。大过之二是 1946～1949 年三年反共内战。"① 过于简化，甚至有解读错误之处，如重庆会谈期间，蒋是否有欲暗杀毛，举《蒋日记》的情绪之言做例证。如果观察蒋当时对中共的态度及其对美的态度，择其所记的片段为证，并不符合事实，但由于杨氏的论著甚多，难免有"挂一漏万"的问题。大体言杨教授大多数的讨论还算忠于日记的稿本。

　　陈红民也是最常以日记为题的作者之一，其解读日记著作大都发表于《世纪》杂志。② 陈红民是浙江大学历史系教授兼蒋介石中心主任，对于带动蒋氏的研究贡献卓著，其主题具有敏锐性，然有些则过于依赖单一史料。杨天石及陈红民可说是近年来推广蒋介石研究的重要推手，优点之一是两位作者确实有锐利的眼光，掌握大众性的好奇，并提出以日记的解读。优点之二是两位作者都将视角延伸至台湾，将民国史延续至 1949 年之后，然此序列的论著也有其盲点，或有断章取义的问题，或有夸大某一现象的毛病，其所犯的问题将于后文一并讨论。

---

① 杨天石：《蒋介石日记中的蒋介石》，《东北之窗》2008 年第 5 期。
② 陈红民：《揭开"白团"的神秘面纱——〈蒋介石日记〉解读之一》，《世纪》2009 年第 5 期；《1952 年日台和约签订前后的蒋介石——〈蒋介石日记〉解读之三》，《世纪》2010 年第 1 期；《蒋介石对母亲的追思——〈蒋介石日记〉解读之四》，《世纪》2010 年第 2 期；《蒋介石围绕蒋经国归国的纠葛——〈蒋介石日记〉解读之五》，《世纪》2010 年第 3 期；《败退台湾前后蒋介石的父子情——〈蒋介石日记〉解读之六》，《世纪》2010 年第 4 期；《蒋介石追忆青少年生活——〈蒋介石日记〉解读之七》，《世纪》2010 年第 6 期；《蒋介石与国民党特务组织的兴起——〈蒋介石日记〉解读之八》，《世纪》2011 年第 1 期；《蒋介石与胡适的首次见面——〈蒋介石日记〉解读之九》，《世纪》2011 年第 4 期；《蒋介石与邓演达关系的破裂——〈蒋介石日记〉解读之十》，《世纪》2012 年第 1 期；《1961 年蒋介石缘何罢免叶公超——〈蒋介石日记〉解读之十一》，《世纪》2012 年第 3 期；《介石缘何与鲍罗廷决裂——〈蒋介石日记〉解读之十三》，《世纪》2013 年第 3 期；《蒋介石与蒋纬国父子情深——〈蒋介石日记〉解读之十四》，《世纪》2015 年第 8 期；《蒋介石与 1937 年国府迁都——〈蒋介石日记〉解读之十五》，《世纪》2015 年第 4 期。

第四类，进行专题学术分析。这类论著最多，又分为几种。第一，以《蒋日记》研究一段时期的蒋介石。此类由于研究数量甚多，将之分为台湾、大陆及日本三大部分。台湾方面，有王正华《从〈蒋介石日记〉看1961年中华民国的对美交涉》（《蒋中正日记与民国史研究》，台北，世界大同，2011）；吕芳上《最后关头已到：1937年〈蒋中正日记〉的考察》（《纪念抗战胜利60周年学术讨论会论文集》，台北，"国防部"，2006）和《面对强邻：1935年〈蒋介石日记〉的考察》（《蒋中正与近代中日关系》上册，台北，稻乡出版社，2006）。张淑雅《蒋介石一瞥：1950年代后期日记中的观察》（《台湾史研究》第18卷第1期，2011年）和《扩大冲突、操控美国、放弃反攻？从〈蒋介石日记〉看八一三炮战》（《蒋中正日记与民国史研究》）；刘维开《蒋中正先生西安事变日记》（《近代中国》第153期，2003年3月）和《蒋中正〈西安半月记〉之研究》（《政治大学历史学报》第20期，2003年5月）；林桶法《从委员长的一周谈蒋介石的生活作息与时间观》（《蒋介石日常生活》，台北，政治大学，2012）和《从蒋介石日记探讨战后蒋宋关系与蒋介石来台的问题》（《宋美龄及其时代国际学术讨论会论文集》，香港珠海书院亚洲研究中心，2009）；陈立文《从日记看蒋介石与苏俄在中国》（《蒋介石与世界国际学术研讨会》，台北，文化大学，2000）。

大陆方面，有汪朝光《抗战胜利的喜悦与对日处置的纠结——由蒋介石日记观其战后对日处置的双面性》（《抗日战争研究》2013年3期，该文另刊于《江淮文史》2014年5期）；陈红民《台湾当局对1962年中印边境冲突的反应——以蒋廷黻资料与〈蒋介石日记〉为中心》（《军事历史研究》2015年第1期）；王建朗《试论抗战后期的新疆内向：基于〈蒋介石日记〉的再探讨》（《晋阳学刊》2011年第1期）；王建朗《信任的流失：从蒋介石日记看抗战后期的中美关系》（《近代史研究》2009年第3期）；王建朗《从蒋介石日记看抗战后期的中英美关系》（《民国档案》2008年第4期）；马振犊《〈蒋介石日记〉原本与毛思诚作类抄年谱比较初探——以1926年7月为例》（《蒋中正日记与民国史研究》）；周天度《从七七事变前后蒋介石日记看他的抗日主张》（《抗日战争研究》

2008年第2期）；周天度《蒋介石日记揭秘"九一八"事变》（《共产党员》2007年第22期）；刘大禹《蒋介石对1958年炮击金门的应对——以〈蒋介石日记〉为中心》（《台湾研究集刊》2012年第1期）；薛念文《从一二八到八一三蒋介石以战求和抗战策略的转变——以胡佛研究所藏〈蒋介石日记〉为中心》（《社会科学》2008年第10期）；郑会欣《抗战前后的蒋介石——以1945年〈蒋介石日记〉为中心》（《蒋中正日记与民国史研究》）；郑会欣《"忍气吞声，负重致远"：从蒋介石日记看他对雅尔塔协议的态度》（《社会科学》2008年第7期）；安云《对〈蒋介石日记揭秘"九一八"事变〉的几点质疑》（《大连教育学院学报》2009年第4期）；吴景平《1938年国民党对日和战态度述评——以蒋介石日记为中心的考察》（《民国档案》2010年第3期）；李玉《蒋介石日记中对日"雪耻"——以1928年济南惨案为中心的考察》[《暨南学报》（哲社版）2015年第8期]；孙彩霞《蒋介石、宋子文西安事变日记之差异》（《海内与海外》2008年第6期）；刘贵福《从〈蒋介石日记〉看淞沪抗战的一个问题》（《中国图书评论》2008年第1期）；李义彬、周天度《〈蒋介石日记〉与西安事变的几个问题》（《百年潮》2009年第1期）。

日本方面，有家近亮子《从〈蒋介石日记〉解读1937年12月的南京形势》（《民国档案》2009年第2期）和《蒋介石1927年秋的访日——〈蒋介石日记〉与日本新闻报导的比较分析》（《蒋中正日记与民国史研究》）。

撰写上述文章的学者，大都是从事民国史研究的知名学者，分别从其专业及研究领域进行探索析论；由于《蒋日记》内容以叙述军事、政治、外交或者一个事件的记载最多，研究者以军事、政治、外交或一个事件为主题的研究也最多。

以一段时间为观察者最多，其原因主要是主题明确、资料较集中、时间较短，不需要阅读长期的日记，书写的课题包括对一个事件，如针对西安事变、九一八事变、"一·二八"事变、济南惨案、八一三炮战等，如《扩大冲突、操控美国、放弃反攻？从〈蒋介石日记〉看八一三炮战》

（张淑雅）、《蒋介石日记中对日"雪耻"——以 1928 年济南惨案为中心的考察》（李玉）等文。也可能是蒋介石对某一问题的态度，如《抗战胜利的喜悦与对日处置的纠结——由蒋介石日记观其战后对日处置的双面性》（汪朝光）、《最后关头已到：1937 年〈蒋中正日记〉的考察》（吕芳上）等文。亦有针对蒋在某一时期的外交态度，如《从蒋介石日记看抗战后期的中英美关系》（王建朗）、《1938 年国民党对日和战态度述评——以蒋介石日记为中心的考察》等文。以短时间的观察，其特色是大量引用蒋在此时期的日记，优点是提供日记的素材，其盲点在于历史是有延续性，这一时期的态度，可能是更早时期或长期的酝酿，但也可能是针对特殊性，因此在分析上有时也会犯以偏概全的毛病。

第二，以日记归类出的某一特定专题。如杨奎松《蒋介石与战后国民党的政府暴力——以〈蒋介石日记〉为中心的分析》（《近代史研究》2011 年第 1 期）；吴景平《中国战时外交的再研究与再思考——以蒋介石日记、宋子文档案等海外文献为中心》（《中学历史教学参考》2015 年 11 期）；陈红民《〈蒋介石日记〉中的"约法之争"》（《史学月刊》2014 年第 4 期）；田波兰《蒋介石日记中的对日作战》（《天津政协》2012 年第 12 期）；杨奎松《蒋介石与外蒙独立问题——以日记为中心看蒋介石对领土问题的看法与处置》（《蒋介石与现代中国的形塑》，台北，中研院近代史研究所，2013）；李玉：《试论蒋介石在日记中关于国民党弊端的忧思（1927～1937）》（《安徽史学》2013 年第 6 期）；林桶法《从蒋介石、王叔铭、胡宗南日记看 1949 年蒋胡的战略分歧》（《日记中的蒋介石》，2015 未刊本）；郑会欣《蒋介石日记中的香港受降》（《读书文摘》2014 年第 15 期）。

这类研究的优点是透过长时间的日记进行比较，但也容易有以材解义的问题，如《蒋介石与战后国民党的"政府暴力"——以蒋介石日记为中心的分析》（杨奎松），其优点是较敏锐地提出观察蒋对日记书写的一些问题，值得讨论的是先假设蒋与国家暴力有关，再检视蒋日记有些地方隐晦不谈，以推断方式论述。另有些学者会讨论蒋对预测的准确性，检视蒋日记所谈，再找事实做论证，推出蒋具有准确的判断性。再如蒋在国共内战期间是否使用生物武器对付中共军队，在日记中也得到证实，诸如此类的问题，也凸显学者使用日记上的一些问题。桑兵在《日记内外的历史》中提到：

> 不要简单地以为日记即第一手资料，应将各类文献比勘印证，以便把握其中真的部分和真的程度，不要以日记所记即为全部事实，应掌握基本事实来看日记所记，不要仅仅从日记各取所需地寻找自己要的材料，而要了解日记之人的为人行事及其记日记的习惯方式。[①]

然有时研究者会被资料左右，搜罗资料或日记内容时常忽略相矛盾的叙述。

第三，讨论蒋介石的感情与生活。方新德《从〈蒋介石日记〉看蒋介石的故乡情结》（《浙江学刊》2010年第5期）；秋颖《蒋介石笔下的家庭与婚姻——蒋介石日记摘编》（《民国档案》1993年第1期）；肖如平《蒋介石日记中的两封蒋经国家书》（《档案与建设》2012年第5期）；王奇生《蒋介石的阅读——以1920～1940年代〈蒋中正日记〉为中心的探讨》（《蒋介石的日常生活》，台北，政治大学人文中心，2012）；高纯淑《蒋介石的故乡情怀——从来台后日记的观察》（《蒋介石与世界国际学术研讨会》，台北，文化大学，2000）；习贤德《蒋介石早年日记中的感情世界（1917～1931）》（1）（2）（3）（《传记文学》第90卷第2、3、4期，2007年2月、3月、4月）；罗敏《“家事难言”：蒋介石笔下之情爱世界（1927～1937）》（《南京大学学报》2010年第5期）；等等。这类的论著将蒋的研究从政治、军事、外交延伸到宗教信仰、人际关系、日常生活等私领域的探讨，使研究者对于蒋介石有更丰富的理解，也使蒋介石不再是高高在上的"领导人"，而趋近于一个"人"，[②]这些都值得鼓励，然有时在"公"与"私"之间是否有一定的强联结？如国家领袖的旅游

① 桑兵：《日记内外的历史》，《蒋中正日记与民国史研究》，第72页。
② 刘维开：《蒋介石研究在台湾》，《澳门理工学报》2014年第1期。

与国计民生有何关系？这些私领域生活对于公的决策有何影响，如蒋对时间的安排是否也影响到部属或机关的时间作息？又如其基督信仰，是否带动部属的信仰？这些方面单一日记可能无法窥其全貌。

第四，探讨人际网络及日记性质。蒋介石的政治生涯中，其交往关联的人物层面相当复杂，有当年成长培植他的师长，有被抛弃的妻妾，有三教九流各帮人物，也有达官显贵、同盟元老；有江浙祖籍亲信幕僚，也有全力提携的黄埔嫡系；有党内不同派系人士，也有党外政治对手。① 蒋对这些人物有崇拜、有褒许，更有批判与责骂。人际网络方面有戴鸿超《从新近公布的蒋介石日记看孙蒋交往》（《中国近代》第 17 辑，2007年）；聂云霞《从新公开的蒋介石日记谈张学良》（《档案与建设》2006年第 8 期）；肖如平《从日记看蒋介石与蒋经国的父子情》（《蒋介石与世界国际学术研讨会》）；吕芳上《陈炯明与孙中山、蒋介石的关系：由蒋介石日记观察》（《二十世纪初期的广东与香港国际学术研讨会论文集》，香港，岭南大学，2008）。

从《蒋日记》可以了解蒋的性格与用人：蒋对人物的臧否反映其性格。蒋不容易信任人，翁文灏日记中转述美国大使约翰逊（Y. F. Johnson）对胡汉民、汪精卫、蒋介石三人的观察和评价：胡汉民思想坚决，但教条、窄隘，不易与人合作；汪精卫善于变化，但无甚原则；蒋介石"目光动人，但对人从不信任，各事亲劳"。翁认为约翰逊的观察颇为独到。② 蒋介石认为："天下事之难，莫难用人及用于人也。"③ 恰在"用人"和"用于人"方面，蒋表现出特异之个性。一方面，他非常看重别人对他的信任与忠诚，另一方面，又十分疑心别人对他的信任与忠诚。因为如此常感"所用之人，所有机关，几无一如意"。④ "除妻之外无一人能为余代负一分责，代用一分心。"⑤ 蒋也了解自己的问题，曾提到："畅卿

① 吕芳上：《蒋介石：一个"继承性创业"初期人际网络的建立》，吕芳上主编《蒋介石的亲情、爱情与友情》，台北，时报文化，2011，"导言"，第 7 页。
② 《翁文灏日记》，1936 年 2 月 21 日，中华书局，2010，第 20 页。
③ 《蒋介石日记》，1923 年 4 月 21 日。
④ 《蒋介石日记》，1933 年 7 月 17 日。
⑤ 《蒋介石日记》，1937 年 8 月 3 日。

（杨永泰）说我从前缺点：一、在精神过于集中，故有轻重不均，顾此失彼之弊，此无组织之故。二、在重事而不择人，赏罚分明，善之不能用，恶之不能去，此无干部之故。三、不能独裁而遇事轻裁，用人行事皆无审察负责机关，此革命之所以不成也。以后必须有干部之组织，且不必事事之躬行，又须门无留客，案无留牍，方得事半功倍也。"[1] 蒋以忠作为将领行事考虑的重要准绳。

许多学者以此探讨蒋的人际网络、领导风格及日记的性质。蒋的人际网络与其性格有关，蒋虽服膺儒学，特别是阳明学说，但内心有法家的精神，德里克（Dirlik Arif）即认为蒋介石所追求政治制度的"复古"只是手段，"复兴"才是目的。与其说它要恢复的是儒家传统，毋宁说它更接近失落的法家精神。[2] 过去研究蒋介石人际网络的文章甚多。[3] 领导风格方面如吕芳上《领导者心路历程的探索：蒋介石日记与民国史研究》（《近代中国国家的型塑：领导人物与领导风格国际学术研讨会论文集》，台中，东海大学，2007）；吕芳上、林孝庭 "Chiang Kai-shek's Diaries and Republican China: New Insights on the History of Modern China," *The Chinese Historical Review*, 15: 2 （2008）。

另有探讨日记性质及如何运用，如胡新民《〈蒋介石日记〉有多少可以相信》（《文史博览》2014）；薛念文《〈蒋介石日记〉的史料价值》

---

[1] 《蒋介石日记》，1932 年 5 月 24 日。
[2] Dirlik Arif, "The Ideological Foundations of the New Life Movement: A Study in Counterrevolution," *Journal of Asian Studies*, 34: 4 （August 1975）, pp. 968 – 971.
[3] 举刘维开、吕芳上、林桶法的文章为例，如林桶法《战后蒋介石、白崇禧关系的探讨（1945～1950）》，《国史馆馆刊》第 35 期，2013 年 3 月；《胡宗南与蒋介石关系的转折（1945～1950）》，《民国人物与档案》，台北，政治大学出版社，2015；《蒋介石的亲族观怀》，汪朝光主编《蒋介石的人际网络》，社会科学文献出版社，2011。刘维开《西安事变后的蒋中正先生与张学良》，《近代中国》第 10 卷第 146 期，2001 年 12 月；《蒋中正与民国军事》，《蒋中正研究论文选辑》，台北，中正纪念堂管理处，2013；《1949 年前张群与蒋中正之关系——兼介绍张群〈中行庐经世资料〉的史料价值》，《民国人物与档案》，台北，政治大学出版社，2015。吕芳上《中央与地方：抗战前蒋介石中央化的策略——以蒋介石与广东陈济棠关系为例的探讨》，《国际东方学者会议纪要》第 45 册，东京，2000；《日记、档案中的蒋介石、宋子文和史迪威，1940～1944》，吴景平主编《宋子文生平与资料文献研究》，复旦大学出版社，2010；《蒋介石：一个"继承性创业者"初期人际网络的建立》，汪朝光主编《蒋介石的人际网络》。

（《民国档案》2007 年第 3 期）；骆墨《从大历史的角度读蒋介石日记》（《党史研究与教学》1999 年第 3 期）；辛灏年《最后的侮辱：中共学者阅读〈蒋介石日记〉文章点评》（台北，博大国际文化，2014）；郭岱君《蒋介石日记与蒋介石研究》（《蒋介石与世界国际学术研讨会》）；黄仁宇《从大历史角度读蒋介石日记》（台北，时报文化，1994）；杨天石《解读蒋介石日记》（《报刊荟萃》2007 年第 2 期）；杨天石《鬼？神？人？——解读蒋介石日记》（《文史博览》2006 年第 21 期）；薛念文《〈蒋介石日记〉的史料价值》（《民国档案》2007 年第 3 期）。

从上述的成果可以看出近十年来《蒋日记》的开放，带动了蒋介石及民国史研究的高潮。

四 《蒋介石日记》作为文本书写的反思（代结论）

日记为研究历史的绝佳材料，日记既然是逐日将个人行事、感知写成文字保存而成，记主在一生中所扮演不同的角色，在不同的时空背景下主客观留下的资料，就是研究记主最重要的参考资料。日记反映记主的性格，同时反映记主当时所处的情境，不论日记书写内容为何，毕竟是心情的记录，甚至王汎森研究明末清初士人社群时，特别强调日记在个人修身实践上的作用。[①] 然而日记的记载本来就有选择性的问题，一个重要的政经领袖面临极复杂的事务，记与不记，无关事务的重要与否，更何况何为重要毕竟是极主观的问题，如果能长时期阅读一个记主的日记，较能掌握记主书写的特性，也能明白前后的关联性。如能比照同时期不同记主的日记，特别是亲历同样事务的记主的日记，如 1948 年选举总统时，蒋介石意欲推举胡适为总统候选人一事，比对《蒋日记》《王世杰先生日记》《胡适先生日记》等，将更能了解该事务的原委。有关史迪威事件，比对《蒋日记》及《史迪威日记》，将更能看到问题之症结。

---

① 王汎森：《日谱与明末清初思想家——以颜李学派为主的讨论》，《中央研究院历史语言研究所集刊》第 69 期，1998 年 6 月，第 245～294 页。

在日记中找寻历史

这十年来以《蒋日记》文本为题进行探讨，整体而论，有几种现象值得注意。

其一，对大陆而言，确实有修正或颠覆过去对蒋、国民党评价之处，如王建朗、周天度、郑会欣、薛念文等学者都能看到这一现象，大抵亦肯定蒋氏为"民族主义者"。新研究趋向是肯定蒋乃"功过并俱"的历史人物，与过去丑化的"阶级敌人"形象已大异其趣。以杨天石对"中山舰事件"的研究为例，杨透过蒋日记等材料的勘合，强调事件真相不同于以往国共两党的官方说法，既非出于"共党阴谋"，也非蒋氏一手炮制。实际上，幕后主导者是当时国民党的"右派"，试图破坏广州国共合作的成局。换言之，透过新史料的解读、讨论，中国大陆学界确能渐跳脱以往的框架。王奇生、金以林、陈红民等人，都在既有对民国史、国民党史的研究基础上，酌添蒋日记材料，深化了研究成果。如陈红民运用日记、档案等材料，证明 1934 年国民党五全大会的延期召开，表面上系"剿共"战事正殷所致，实则南京正面对西南当局之挑战，设若坚持召开五全大会，则可能出现国民党公开分裂的局面。为此，蒋介石只得以捭阖纵横之法，利用对手阵营的矛盾，再寻借口来掩饰对妥协的真相。专研外交史的王建朗则从《蒋日记》中解析抗战前后中美关系的变化，并肯定蒋所做的努力。由此可见，相关史料的爬梳，既可以显示丰富的历史细节，亦能折射出样貌多变的政治文化课题。跳脱过去革命史观非"神"即"鬼"的套路。陈永发即认为："使用日记的研究已经把蒋介石从恶魔与圣人的两极描述中，还原成有血有肉、有爱有恨的人。"[1]

其二，扩大蒋的研究面向。过去较重视政治、军事层面，蒋日记的体裁甚广，因此有学者关注蒋先生的阅读、信仰、旅游、感情、医疗、电影等，将其视为一个"平凡人"，两岸学界在此方面已有相当大的突破成果。[2] 然此方面的文章可开发展甚多，青年学者可投入此区域的研究。

其三，《蒋日记》开放，大陆学者的论述不论是直接以日记作为文

---

① 陈永发：《评杨天石新著〈找寻真实的蒋介石：蒋介石日记解读〉》，《传记文学》第 92 卷第 6 期，2008 年 6 月，第 113 页。

② 吕芳上主编《蒋介石的日常生活》、吕芳上主编《蒋介石的人际网络》等。

本，还是论著中引述《蒋日记》的篇幅，数量多于台湾，2009 年 3 月中国社会科学院近代史研究所出版的《近代史研究》，就刊载汪朝光、王建朗、罗敏、鹿锡俊四位学者利用《蒋日记》的研究成果。原因在于台湾研究民国史的学界者，大都已大量阅读国民党所出版或典藏的相关史料，甚至早在蒋日记于美国公开之前，已有若干学者亲睹日记原文。因此，当《蒋日记》开放之后，大陆及日本学者兴趣最高，论著亦较多，然而台湾学者对《蒋日记》性质及版本的了解远胜于其他地区的学者，如刘维开、吕芳上、邵铭煌等。① 此外，台湾学者将《蒋日记》作为材料，而非作为主题，因此如以日记文本为题，大陆学者的论著确实丰富，但如以内容而论的，台湾学者的析论性大于新闻性，如吕芳上、刘维开、黄自进及本人等都是长期对蒋日记及其衍生文本进行研究，亦能参酌蒋日记之外的相关文献。黄自进在《青年蒋中正的革命历练（1906～1924）》一文中，则以蒋日记及日方资料交互参酌，呈现出蒋氏早年生涯中的片段，特别是中华革命党时期旅日的部分。吕芳上不仅使用《蒋日记》而且驾驭《蒋日记》，充分了解蒋性格，其最大的贡献是将蒋"凡人化"。从学者分析，由于《蒋日记》典藏在美国斯坦福大学胡佛研究所，基于经费的考虑，一般年轻研究生大都无法亲往阅读，从开放以来大都是已有若干研究基础的学者，虽然不无遗憾，但如果从解读的成熟度而言，这批学者确实较能精准地掌握到日记的精髓。

在庆幸许多菁英以《蒋日记》文本为题进行研究的同时，有几点反思：其一，历史的研究固然史料相当重要，新史料的公开固然有助于开阔新的研究领域，但其实以目前公开的档案，已足以对某课题进行更深入的研究，"看别人看得到的资料，写出别人所无法体悟的观点"才是史家的最高境界。此外，《蒋日记》只是研究民国史及蒋介石的题材之一，有时运用现有典藏档案及已出版的档案，如《蒋中正总统档案：事略稿本》等，反而可以更完整地了解事件的来龙去脉，长期阅读比对，研究成果更

---

① 如刘维开《台湾地区蒋中正先生资料之典藏与整理——兼论"事略稿本"之史料价值》（《档案季刊》第 7 卷第 3 期，2008 年 9 月）等。

可期待。

　　其二，太多学者以单一的日记作为论述的文本，甚有全文一半以上都是《蒋日记》文本。固然在《蒋日记》出版之前，有其"话语权"，但文章的问题漏洞甚多，太相信《蒋日记》的内容，缺乏内部考证。《蒋日记》具有真实性，但《蒋日记》的内容未必全真。而且必须了解日记的背景，蒋每天的日记二三百字，不可能详述所记事物的来龙去脉，有时发生重要的事件，在日记中所提有限，甚至只字未提。如西安事变前，张学良捣毁国民党省党部并带走一些档案，蒋得知应该会有所反应，但日记未记此事。因此要有历史观，特别是参酌相关史料进行补正与解读绝对必要。

　　其三，放大及断章取义之弊。对于大陆学者使用《蒋日记》批评最力的是辛灏年，其提到："中共的一些学者，借研究日记为名，断章取义，歪曲和污蔑蒋介石。"[1] 当然这样的评论也未必公允，但确实有些学者有放大《蒋日记》内容之嫌，如毛泽东到重庆开会蒋介石是否有意杀毛、是否使用化学武器对付中共。又如以"二二八事件"为例，蒋的态度是镇压或怀柔，有学者（陈仪深）主张是镇压，[2] 另有学者（杨天石）主张是怀柔，但观看文本，以 1947 年 3 月 7 日为例："本日全为台湾自上月 28 日起由台北延至全台各县市，对中央及外省人员与商民一律殴击，死伤已知者达数百人之众。公侠不事先预防又不实报，及至事态燎原乃始求援，可叹！特派海陆军赴台增强兵力。此时共匪组织尚未深入或易为力。惟无精兵可派，甚为顾虑。善后方案尚未决定，现时唯有怀柔。此种台民初附，久受日寇奴化，遗忘祖国，故皆畏威而不怀德也。"[3] 即使佐证其他资料做结论都有断章取义的问题。在国共内战时曾考虑用化学武器对付中共，学者不能以此放大蒋对中共的残忍，又曾提到斯大林是其知己，便以为斯大林真的是蒋的知己等等，审慎运用、多方查证才是阅读日

---

[1]　辛灏年：《最后的侮辱：中共学者阅读〈蒋介石日记〉文章点评》，台北，博大国际文化，2014，第 17 页。
[2]　陈仪深：《蒋介石日记与 228 责任》，《自由时报》2008 年 9 月 12 日，第 8 版。
[3]　《蒋介石日记》，1947 年 3 月 7 日。

记应有的涵养与态度。

再以蒋介石对胡适的评论而言，挑选 1958 年 5 月反省录中的一段："对于政客以学者身份向政府投机要挟，而以官位与钱财为其目的，伍子宪等于骗钱，左舜生要求钱，唱中立不送钱就反腔，而胡适今日所为一等于此矣，殊所不料。"① 以一句日记的评论来论述蒋介石对胡适观感的改变，可能并不公允，使用日记应像进行口述历史一样进一步查证，将会发现"内部考证"的重要性。

其四，未真正阅读过日记，转引其他著作据为己有。已故学者黄仁宇《从大历史角度读蒋介石日记》抽绎不同来源的日记片段，补缀成篇，已能彰显诠释及解读历史的功力，但其实际并未阅读过日记抄本。

《蒋日记》作为中国近现代史研究的新史料，带来的意义是还蒋介石本来面目，由此，台湾学者感受到蒋在各历史事件中承受的压力、抉择、心路历程；大陆学者则重新思考蒋作为领导人物的历史定位；欧美学界对蒋也有不同以往的看法。本文在撰述期间，即发现仍有不少新文正在撰述，如王文隆《从日记看对日宣战的抉择》、任育德《日记与战后史研究的回顾与发展》、张智玮《蒋介石日记与"事略稿本"中的现代国家观》、高纯淑《日记与战后东北接收》、陈佑慎《制度移植或派系之争——由日记观察蒋白争执（1947～1948）》、罗敏《日记与函电中的剿共博弈：以西南与蒋介石为中心的考察》、王良卿《从"空命"到"总裁"——蒋介石日记中的党务记事及其心境自剖》等，可预见的未来，当《蒋日记》出版后，必有可观的研究，值得期待。然而除日记的引用之外，参酌其他史料仍为撰写民国史研究的必要途径。

---

① 《蒋介石日记》，1958 年 5 月 10 日。

Contents

Abstract: From the Zhongshan Warship Incident to the completion of the Northern Expedition, Chiang Kai-shek as a military man had been expanding his power beyond the military arena. However, in the most time of the Nanjing decade, his official title in the Guomindang was only member of the central committee, so his power was not justified by his title. Using Chiang's diaries as the major primary source, this article investigates the process in which Chiang actively expanded his power to dominate party affairs without the endorsement of proper position in the party and how he finally became the highest leader of the party in the early stage of the War of Resistance against the Japanese Aggression. This research focuses on Chiang's self-reflection on his search for the legitimacy in dominating the party affairs and his anxiety in this process and analyzes how Chiang interacted with the political situations then, so as to better understand his decision-making and logic of actions.

Keywords: Chiang Kai-shek; Guomindang; the Nanjing decade; leadership; diaries

The Operation of the Bureau of Investigation and Statistics to Undermine the Foundation of Wang Jingwei's Puppet Regime: Dai Li in Chiang Kai-shek's Diaries

Wu Shufeng / 029

Abstract: Chiang Kai-shek fully understood the importance of information and secret service in consolidating his power. After returned to power in 1932, he established the division of special agents and chose Dai Li to lead this unit. Thus, Dai Li became a spymaster of Chiang's regime. Dai claimed he was absolutely loyal to Chiang, while Chiang's attitude toward Dai was ambiguous and he seldom mentioned Dai in his diaries. Based on Chiang's and Dai's archival materials, this article focuses on how Dai Li led the operation of the Bureau of Investigation and Statistics, or *Juntong*, one of the major secret services in Chiang's regime, to assassinate people in Wang Jingwei's cliques and to communicate with the Japanese secretly and how Chiang closely monitored Dai's operation, so as to illustrate Chiang's true attitude toward Dai and explain why Chiang seldom mentioned Dai in his diaries. This research shows that Chiang was moralistic in his self-perception, so he intentionally avoided leaving clues about violence and conspiracy in his diaries, which he assumed would be open to the public in the future.

Keywords: Chiang Kai-shek; Dai Li; Bureau of Investigation and Statistics (*Juntong*); Assassination

The Abortive Meeting of Chiang Kai-shek and Mao Zedong: Rethinking the GMD-CCP Relationship in 1942 −1943

Jin Yilin / 048

Abstract: After the War of Resistance against the Japanese Aggression entered the stage of standstill, the relationship between the Guomindang and the Chinese Communist Party gradually changed from cooperation to conflict. There were three anti-CCP high tides in this period: the New Army Incident in

Shanxi in December 1939, the Wannan Incident in January 1941, the Guomindang's attempt to attack Yanan in May 1943. However, in the two years between the second and third anti-CCP high tides, the GMD-CCP relationship was quite good. In particular, in 1942, Chiang proposed to meet Mao and Mao also planned to go to Chongqing. Because of Zhou Enlai's opposition, Lin Biao replaced Mao to meet Chiang. The negotiation did not succeed due to the unbridgeable difference between the expectations of the two parties. Soon after that, along with the disband of the Cominter, the two parties started a new round of conflict.

Keywords: Mao Zedong; Chiang Kai-shek; War of Resistance against the Japanese Aggression; GMD-CCP relationship; "Anti-CCP high tides"

The Interactions between Chiang Kai-shek and Local Taiwanese (1945 − 1949): An Observation Based on the Diaries of Chiang Kai-shek and Lin Xiantang

Gao Chunshu / 076

Abstract: Based on the diaries of Chiang Kai-shek and Lin Xiantang, this article sketches Chiang's understanding of Taiwan and the local Taiwanese before his retreat to Taiwan, and describes the interactions between Chiang and the local Taiwanese represented by Lin Xiantang. Before Taiwan was reclaimed from the Japanese occupation in 1945, Chiang only knew limited information about the Taiwanese and hardly had contact with the Taiwanese gentry, such as Lin, who used mild methods to resist the Japanese rule. In the years immediately after China recovered the sovereignty in Taiwan, Lin Xiantang actively played the role of bridging the local society and the government and joined the Guomindang. In August 1946, Lin participated in the "Greeting Group for the Recovery of Taiwan" to visit the mainland of China and invited Chiang to visit Taiwan when they met on September 30. After the February 28 Incident in 1947, the Nationalist government reorganized the provincial government in Taiwan and Lin was appointed as a committee member of the provincial government. Lin met Chiang for the last time on August 23, 1949 and was disappointed by the different standpoints between them. He finally left Taiwan to resist the rule of the Guomindang, a method that he had been using for a long time since the period of the Japanese occupation.

Keywords: Chiang Kai-shek; Lin Xiantang; diaries; Taiwan

Chiang Kai-shek from a Wang Jingwei's Follower's Perspective: A Case Study Based on Chen Kewen's Diaries

Huang Kewu, Zhao Xixiong / 099

Abstract: This article uses Chen Kewen's diaries to investigate his attitudes toward Wang Jingwei and Chiang Kai-shek between 1937 and 1949. In 1923, Chen joined the Guomindang and became Wang's follower. After Wang Jingwei was elected head of the Executive Yuan, Chen started working for the Nationalist government. He served as the Director of Education in the Ministry of Overseas Chinese, Counselor of Administrative Affairs in the Executive Yuan, and finally as Secretary-General of the Legislative Yuan. In the first two years of the War of Resistance, he worked closely with Wang as his secretary, but Chen refused to accept Wang's collaboration with the Japanese after 1939. He stayed in Chongqing with Chiang Kai-shek. Yet Chen was still identified as a Wang's follower and could not win Chiang's trust. On the one hand, Chen admired Chiang as the leader of the country fighting against the Japanese, but on the other hand criticized Chiang for his failure to delegate, his "dual leadership" policy, and his dictatorship. Chen thus experienced the shift from admiration to disappointment toward Chiang Kai-shek, a same shift in his attitude toward Wang Jingwei.

Keywords: Chiang Kai-shek; Wang Jingwei; Chen Kewen; the Wang Jingwei clique

Chiang Kai-shek's Attitude toward the Postwar Sino-Soviet Relationship:
A Study Based on the Diaries of Wang Shijie and Fu Bingchang

Wang Wenlong / 159

Abstract: During the World War Ⅱ, the United Kingdom and the
United States as Allies fought with the Republic of China (ROC) against the
Japanese aggression since December 1941. In contrast, the Soviet Union joined
the military operation in East Asia only in the last stage of the war. The
government of the ROC had to consider many related issues such as the dispute
about the Outer Mongol and the long borderline between China and the Soviet
to maintain the postwar Sino-Soviet relationship. This article uses the diaries
of Wang Shijie, who served as minister of the Foreign Affairs, and the diaries of Fu
Bingchang, the ambassador of the ROC in Moscow then, to show how the
Chinese and Soviet governments planned the postwar Sino-Soviet relationship
and Chiang Kai-shek's attitude toward this issue.

Keywords: Sino-Soviet Relationship; War of Resistance against the
Japanese Aggression; the Sino-Soviet Treaty of Friendship and Alliance; Wang
Shijie; Fu Bingchang

Chiang Kai-shek in 1948: An Observation Based on the Diaries of Party
and Government Officials

Liu Weikai / 179

Abstract: In 1948, Chiang Kai-shek faced challenges in multiple arenas.
Militarily, the Nationalist army was defeated and retreating in the Civil War. In
politics, the election of the vice president, the head of the Executive Yuan and
the head of the Legislative Yuan turned out different from Chiang's expectation.
In finance, the failure of the currency reform resulted in severe inflation. The
series of failures undermined Chiang's leadership significantly. More and more
party and government officials criticized him openly. Xiong Shihui, Chiang's
military assistant, Chen Bulei, Chiang's brain trust, and Tao Xisheng, Chiang's

ghost writers, all mentioned their interactions with Chiang in their diaries during this period. Chen Kewen also recorded Chiang's interactions with the members of the Legislative Committee in his diaries. Mainly based on these four persons' diaries, this article shows Chiang Kai-shek's situation in 1948.

Keywords: Chiang Kai-shek; Xiong Shihui; Chen Kewen; Chen Bulei; Tao Xisheng

The Reality and Myth of the "Model Army": Chiang Kai-shek and the First Division of the Nationalist Army in Hu Zongnan's Diaries

Abstract: During the Chinese War of Resistance against the Japanese Aggression, Hu Zongnan, one of the major Chinese Nationalist generals, was once referred as the Japanese military's most tenacious enemy. However, after the War of Resistance, Hu's troops had battles with the People's Liberation Army and almost all of his troops were lost by the year of 1950. The fall of Hu's troops has caused considerable controversy. In fact, Hu was not unaware of the problems that the Nationalist army had faced, but as a loyalist of Generalissimo Chiang Kai-shek, Hu failed to seek solutions. Mainly using Hu Zongnan's dairies and other historical sources, this article focuses on the organization, tactical thinking, personnel, orders of battle, weapons and equipment, education and training, logistics, command ability, morale and other aspects of Hu's First Division of the Army to explain the actual problems of Hu's troops.

Keywords: Hu Zongnan; Chiang Kai-shek; First Division of the Army; "Model Army"

The 300th Anniversary of Jiashen Year: Chen Cheng's Description of
the Current Situation and Chiang Kai-shek in His Diaries in 1944

Su Shengxiong / 236

Abstract: 1944 was a dangerous year for the Nationalist government.
Historian Guo Moruo wrote an article "Commemoration of the 300th
Anniversary of Jiashen Year" in that year and published it in newspapers. The
article caused a sensation and people who read it thought the signs of the falling
Ming dynasty reappeared in contemporary China. Indeed, it was the most
important year before the end of the Chinese War of Resistance against the
Japanese Aggression. In 1944, the Japanese Army launched Operation Ichi-Go
and the Nationalist Army was seriously defeated. Hence Joseph Stilwell quarreled
with Chiang Kai-shek and China-US relation was in its all-time low. In
addition, corruption was widespread in government and military. Facing the
life-or-death moment of the nation, Chiang Kai-shek held the Huangshan
meeting to discuss how to reorganize the army. In the end of the year, Chiang
reflected on the whole passing year and considered it as "seeing the tragedy and
causes of a falling nation". In this paper, the author uses Chen Cheng's diaries
and other materials to reconstruct Chen Cheng's actions at that time and brief his
account of Chiang Kai-shek, expecting to understand the political development,
the relation between Chiang and Chen, and Chen's impression about Chiang
more deeply.

Keywords: Chen Cheng; Chiang Kai-shek; the First War Zone;
Minister of War; War of Resistance against Japanese Aggression

The Battlefield in Shandong in the Early Stage of the Civil War: A Study
Based on the Diaries of Chiang Kai-shek and Other Nationalist Higher Officials

Wang Chaoguang / 275

Abstract: Shandong was one of the major battlefields in the Civil War and
played an essential role in the war. The war process in Shandong illustrated the

strategies of the headquarters of GMD and CCP and the frontline officers'
respective abilities to implement the strategies. The CCP armies stuck to their
strategy, while the GMD armies changed their strategy. However, in terms of
tactics, the GMD troops were rigid in following the orders, while the CCP
troops were flexible enough to take initiatives to fight. When directing fights,
the CCP leaders were willing to give frontline troops enough agency and
independence, while Chiang Kai-shek intervened in military operation too much
and his direction was often unsuitable to the real situations in the battlefields, so
the command chain in the GMD troops was too long to function efficiently. As
a result, the CCP troops could defeat the GMD troops in the battlefields in
Shandong. Their success in Shandong could also explain their overall victory in
the Civil War.

Keywords: the Civil War; the battlefields in Shandong; Guomindang
(GMD); Chinese Communist Party (CCP)

Chiang Kai-shek, the Guomindang and the Chinese Communist Party
from Intellectuals' Perspective: A Study on Zhu Kezhen's Diaries
(1936 −1949)

Pi Guoli / 309

Abstract: This study intends to investigate Zhu Kezhen's diaries to explore
his observations on the Nationalist government and its leader, Chiang Kai-shek.
Zhu left relatively complete diaries starting from 1936 in which year he was
appointed president of the Zhejiang University in April. From April 1936 to
1949. Zhu Kezhen, as an outstanding scientist, intellectual, and university
president, had to deal with university affairs and political issues. At first, he did
not have prejudices against any political party. When the Nationalist government
moved the capital to Chongqing in the end of 1949, Chu had called the
Communist army "our army". This study tries to understand Zhu Kezhen's
opinions on party politics and political leaders and investigate the following
questions. What was the turning point of his attitude to the CCP? How did he

view the actions of the GMD and the CCP and deal with the relationship between political parties and student movements? When he faced the accusation that "Zhejiang University is the center of the Communist movement" gradually formed in a long run, what was his opinion? Based on his insightful and detailed descriptions in diaries, this study intends to explore his observations and analysis of the political situations then and possible future developments, his unique ideas about internal issues of the GMD, and the subtle changes in his political attitude.

Keywords: Zhu Kezhen; Chiang Kai-shek; Zhejiang University; intellectuals; the GMD

Chiang Kai-shek, the Guomindang and the Chinese Communist Party from Intellectuals' Perspective: A Study on Zhu Kezhen's Diaries (1936 −1949)

Ren Yude / 349

Abstract: Lei Zhen was one of Chiang Kai-shek's brain trusts from the mid 1940s to the early 1950s. In his diaries, Lei recorded some first-hand observation of Chiang's decision-making, so his diaries in this period can be used to analyze the interactions between Lei and Chiang. After the mid 1950s, Lei gradually left the power center, and he could only know what Chiang said and did through other sources of information, but his analysis of information in his diaries still revealed his mentality. This article was organized based on the three stages of Lei's political career, namely the period of being Chiang's aid in the political core, the transition of his idea and relationship with Chiang in the early 1950s, and Lei's recollection of historical events in his late years.

Keywords: Lei Chen; Chiang Kai-shek; personal diaries

Several Issues about the Studies on Republican Figures: Based on the
Example of the Studies on Chiang Kai-shek's Life and Thoughts

Yang Kuisong / 391

Abstract: Nowadays, the condition for research on Republican figures is
quite good, and the research on Chiang Kai-shek's life and thoughts is a
representative case in particular. However, with the favorable condition, it is
still not easy to write a high-quality biography of a Republican figure. There are
surely many methods to write a biography and multiple types of biography, but
for professional historians, the basic guideline to write a biography was to follow
the academic standards, which include referring to the previous research and
keeping dialogue with the existing scholarship.

Keywords: Republic of China; biographic research; academic standards;
Chiang Kai-shek

Diaries and the Writing of the Republican History: A Review of the
Scholarship Based on Chiang Kai-shek's Diaries (2006 −2016)

Lin Tongfa / 412

Abstract: Since Chiang Kai-shek's diaries were open to the public in 2006, a
large amount of research has been citing his diaries or directly using his diaries as the
topics. The evaluation of Chiang tends to be more and more objective and the
analysis of Chiang's behaviors also tends to be closer to Chiang's real situations.
However, some research using Chiang's diaries does not interpret the sources
properly. Reviewing the research on Chiang's diaries published in the past decade,
this article points out the most important scholarship on this topic and the potential
directions for future research. It also discusses how the opening of Chiang's diaries
has influenced the research of the Republican history and some problems with using
Chiang's diaries as primary sources in historical research.

Keywords: Chiang Kai-shek; diaries; Chiang Kai-shek's diaries;
historical writing

图书在版编目(CIP)数据

中华民国史研究. 第 3 辑, 在日记中找寻历史/罗敏
主编 . – – 北京: 社会科学文献出版社, 2019.8
ISBN 978 – 7 – 5201 – 2571 – 0

Ⅰ. ①中⋯ Ⅱ. ①罗⋯ Ⅲ. ①中国历史 – 研究 – 民国
Ⅳ. ①K260.7

中国版本图书馆 CIP 数据核字(2019)第 064059 号

中华民国史研究 第 3 辑
在日记中找寻历史

主　　编／罗　敏

出 版 人／谢寿光
责任编辑／邵璐璐

出　　版／社会科学文献出版社・历史学分社 (010) 59367256
　　　　　地址:北京市北三环中路甲 29 号院华龙大厦　邮编:100029
　　　　　网址:www. ssap. com. cn
发　　行／市场营销中心 (010) 59367081　59367083
印　　装／三河市东方印刷有限公司

规　　格／开　本:787mm × 1092mm　1/16
　　　　　印　张:29　字　数:437 千字
版　　次／2019 年 8 月第 1 版　2019 年 8 月第 1 次印刷
书　　号／ISBN 978 – 7 – 5201 – 2571 – 0
定　　价／158.00 元